Introduction to Computing Using Python
AN APPLICATION DEVELOPMENT FOCUS

2ND EDITION

파이썬을 이용한 실전 프로그래밍

— 응용프로그램 개발을 중심으로 —

Ljubomir Perkovic 저

우균 · 김경미 · 김수환 · 김영섭 · 김재훈 · 김흥식 공역

WILEY

홍릉과학출판사

역자소개

우 균 부산대학교 교수
김경미 한동대학교 교수
김수환 부산외국어대학교 교수
김재훈 한국해양대학교 교수
김흥식 인제대학교 교수
김영섭 한동대학교 교수

파이썬을 이용한 실전 프로그래밍 2/E

Introduction to Computing Using Python 2/E

인 쇄: 2019년 3월 18일 초판 인쇄
발 행: 2019년 3월 25일 초판 발행

저 자: Ljubomir Perkovic
역 자: 우 균 · 김경미 · 김수환 · 김영섭 · 김재훈 · 김흥식
발행인: 송 준
발행처: 홍릉과학출판사
주 소: 01093 서울시 강북구 인수봉로 50길 10
등 록: 1976년 10월 21일 제5-66호

전 화: 02-999-2274~5, 903-7037
팩 스: 02-905-6729
e-mail: hongpub@hongpub.co.kr
http://www.hongpub.co.kr
ISBN: 979-11-5600-583-4(93000)

정 가: 35,000원

역자와의
협의하에
인지생략

낙장 및 파본은 구입처나 본사에서 교환하여 드립니다.

서 문

이 책은 프로그래밍과 컴퓨터 응용 프로그램 개발 및 컴퓨팅 과학을 소개하기 위한 책입니다. 대학 수준의 입문 프로그래밍 교과에서 사용할 수 있도록 저술하였습니다. 이 책은 프로그래밍에 대한 소개뿐만 아니라 컴퓨터 과학 개념, 최신 컴퓨터 응용 프로그램 개발에 사용되는 도구도 함께 소개하고 있습니다.

이 책에서는 컴퓨터 프로그래밍 언어 Python을 사용하고 있습니다. Python은 배우기 쉽기 때문에 부드러운 학습 곡선을 그리는 특징이 있습니다. 또한, Python에는 강력한 소프트웨어 라이브러리가 탑재되어 있어서 그래픽 응용 프로그램 개발이나 웹 문서의 링크 검색과 같은 복잡한 작업을 단번에 수행할 수 있습니다. 이 책에서는 배우기 쉬운 Python과 쉽게 사용할 수 있는 라이브러리를 최대한 활용하여 컴퓨터 과학의 여러 개념과 최신 기술 수준의 응용 프로그램 개발에 초점을 맞추어 설명하고자 노력하였습니다.

이 책에서는 컴퓨팅 개념 및 Python 프로그래밍을 너비 우선(breadth-first) 방식으로 전개하며 소개하고 있습니다. 이 책에서는 Python 구조를 하나씩 차례로 소개하는 방식 대신 자연어를 배울 때 사용하는 방식을 취하고 있는데, 일반적으로 통용되는 몇 개의 어휘를 배운 후 이를 점진적으로 확대해 가는 방식을 취하고 있습니다. 또한, 문제 지향적 방식을 취하고 있는데, 관련 컴퓨팅 개념, Python 구조, 알고리즘 기술 및 기타 도구는 필요할 때에 소개하는 방식을 취하고 있습니다. 말하자면 "적재적소에 적합한 도구"를 사용하는 방식입니다.

이 책에서는 먼저 명령형 및 절차형 패러다임(imperative-first and procedural-first paradigm)을 사용하여 설명하고 있지만, 객체에 대해서도 주저하지 않고 일찍 소개하고 있습니다. 사용자 정의 클래스와 객체지향 프로그래밍은 후반부에, 학생들이 준비되었을 때 소개합니다. 이 책의 마지막 세 장에서, 또 관련 사례연구에서는 웹 크롤링(web crawling), 검색 엔진, 데이터 마이닝(data mining) 등을 소재로 광범위한 주제를 소개하고 있습니다. 여기에서 소개하고 있는 주제를 열거하면 재귀 호출(recursion), 정규식(regular expression), 깊이 우선 탐색(depth-first search), 데이터 압축(data compression), Google의 맵리듀스 프레임워크(MapReduce framework)는 물론 GUI 위젯, HTML 파서(parser), SQL, JSON, I/O 스트림(stream), 멀티코어(multicore) 프로그래밍 등입니다.

이 책은 컴퓨터 과학 및 전산학 전공에서 개설되는 개론 교과, 즉 컴퓨터 과학 및 프로그래밍을 소개하는 교과목에서 사용하기에 적합합니다. 기본적인 컴퓨터 과학 주제뿐만 아니라 최신 수준의 기술에 대해서도 폭넓게 다루고 있으므로 해당 분야에 대한 학생들의 이해를 높일 수 있으며 또한 웹 및 데이터베이스를 활용하는 "실제" 수준의 현대적 응용 프로그램 개발에 대해서도 학생들로 하여금 자신감을 가질 수 있도록 할 것입니다. 따라서 이 책은 또한 컴퓨터 전공 교과를 수강할 수 없는 상황에서 프로그래밍과 컴퓨팅 핵심 개념을 습득하고자 하는 학생들에게도 이상적인 책이라고 할 수 있습니다.

이 책의 구성 및 특징

이 책에는 학생들을 참여를 높이고 직접 사용해 볼 수 있는 여러 가지 특징이 있습니다. 이 책은 Python **대화형 셸을 사용하는 예제**를 많이 수록하고 있습니다. 학생들은 이 한 줄짜리 코드를 쉽게 스스로 실행해 볼 수 있습니다. 이런 과정을 통해 학생들은 대화식 셸의 즉각적인 피드백을 이용하여 더 많은 실험을 계속할 수 있을 것입니다.

이 책 전반에 걸쳐 방금 배운 개념을 확실히 이해할 수 있도록 본문 중에 **실습문제**를 제시하였습니다. 또한, 실습문제 해답을 해당 장 및 사례연구의 말미에 수록하여 학생들로 하여금 자신들의 해답을 확인할 수 있도록 할 뿐 아니라 문제 해결 도중에 막혔을 때 해결의 실마리를 찾을 수 있도록 하였습니다.

이 책에서는 주의 섹션을 통해 잠재적인 위험성을 학생들에게 알려 주고 있습니다. 또한, Detour 섹션을 통해 흥미로운 연관 주제를 간략하게 소개하고 있습니다. 이렇게 다양한 섹션과 실습 문제, 그림 및 표를 통해서 시각적 여유를 줌으로써 책을 더 쉽게 읽을 수 있도록 배려하였습니다.

끝으로 이 책의 각 장 말미에는 **다수의 연습문제와 실전문제**를 수록하였는데 이 중 많은 문제는 입문 교과서에서 일반적으로 볼 수 없는 참신한 문제입니다.

이 책의 **E-Book 버전**에는 11개의 사례연구로 구성된 추가 자료가 포함되어 있습니다. 각 사례연구는 책의 각 장(2장 ~ 12장)과 연관되어 있는데, 해당 장에서 다루는 개념과 도구를 설명하고 있습니다. 사례연구에도 실습문제 및 해답, 연습문제가 수록되어 있습니다.

인터넷 보조 자료

이 책의 보조 자료로서 다음과 같은 자료가 책의 웹 사이트를 통해 제공됩니다.

- 각 장의 파워포인트 슬라이드
- 각 절의 학습 목표
- 책에 수록된 예제 코드

- 연습문제와 실전문제 해답(교강사 용)
- 시험문제(교강사 용)

학생을 위한 이 책 읽는 법

이 책은 학생 여러분의 프로그래밍 연습을 돕기 위해, 또 컴퓨팅 사고 기술을 수련하는 데 도움을 주기 위해 쓴 책입니다. 프로그래밍과 컴퓨팅 사고는, Python 통합 개발 환경뿐만 아니라 펜과 종이를 이용하여 끄적거리며 계산하는 작업이 필요한 실습 활동입니다. 가장 이상적으로 이 책을 읽는 방법은 여러분 곁에 이러한 도구들을 갖추고 읽는 것입니다.

이 책에는 Python 대화형 셸을 사용하는 작은 예제를 많이 수록하고 있습니다. 이들 예제를 직접 여러분의 Python 셸에서 실행해보기 바랍니다. 자유롭게 더 많이 실험해 보세요. 여러분이 실수한다고 해서 컴퓨터에 불이 나거나 하지 않습니다!

또한, 책에 수록된 모든 실습문제를 풀어 보시기 바랍니다. 실습문제 해답은 해당 장 끝에 나와 있습니다. 풀다가 더 이상 진행할 수 없는 경우에는 해답을 조금 보고 힌트를 얻어도 됩니다. 다만 힌트를 얻은 다음에는 해답을 보지 말고 실습문제를 해결해 보기 바랍니다.

본문 사이에 수록된 주의 섹션은 여러분이 실수할 수 있는 잠재적인 위험을 경고하기 위한 것입니다. 주의 섹션의 내용은 매우 중요하므로 건너뛰면 안 됩니다. 그러나 Detour 섹션은 본문에서 논의 중인 내용과 관련 있는 주제에 대해서 좀 더 토론하기 위한 것입니다. Detour 섹션은 건너뛰어도 상관없습니다. 물론 관심 있는 경우 이 섹션을 통해 주제를 더 깊이 살펴볼 수 있습니다.

이 책을 읽는 동안 언제든지, 카드 게임 앱이든 주식 시장의 주가 지수 추적 앱이든, 자신만의 앱 개발에 관한 영감을 얻을 수 있습니다. 이런 경우에는 바로 앱을 작성해 보십시오! 이 과정을 통해 더 많은 것을 배우게 될 것입니다.

책 둘러보기

이 책은 컴퓨팅 개념 및 Python 프로그래밍을 너비 우선 방식으로 전개하며 소개하는 12개의 장으로 구성되어 있습니다. 이 책의 E-Book 버전에는 각 장에서 다룬 내용을 배경으로 개념 및 도구를 보여주는 사례연구가 수록되어 있습니다.

서 문

Python 및 컴퓨터 과학 둘러보기

1장에서는 **기본적인 컴퓨팅 개념과 용어**를 소개합니다. 컴퓨터 과학이 무엇이고 개발자가 하는 일이 무엇인지에 대한 논의를 시작으로 모델링, 알고리즘 개발, 프로그래밍 개념을 정의합니다. 이 장에서는 프로그래밍 언어, Python 개발 환경 및 계산적 사고를 중심으로, 프로그램 로직에서 시스템에 이르기까지 컴퓨터 과학자 및 응용 프로그램 개발자의 사용하는 도구에 대해 설명합니다.

2장에서는 **핵심적인 Python 내장 데이터 형**인 정수형, 논리형, 부동소수형, 문자열형, 리스트형, 튜플형을 설명합니다. Python 대화형 셸을 이용하여 여러 형의 기능을 설명합니다. 이 장에서는 각 형에 대해 세세히 설명하는 대신 각 데이터 형의 목적과 데이터 형 사이의 차이점 및 유사점에 초점을 맞추어 설명합니다. 이 방법을 통해 객체와 클래스에 대해 더 추상적으로 논의할 수 있는데, 이는 데이터 형의 적절한 사용을 마스터하기 위해 궁극적으로 필요합니다. 사례연구 CS.2에서는 이 논의를 이어 터틀 그래픽스 클래스를 소개하며 이를 통해 학생들이 간단하고 재미있는 그림을 대화식으로 그려 볼 수 있도록 합니다.

3장에서는 **기본적인 실행 제어 구조**를 포함하여 **명령형 및 절차형 프로그래밍**을 소개합니다. 이 장에서는 파일에 저장된 일련의 Python 명령문 형태로 프로그램을 표현합니다. 명령문이 실행되는 방식을 제어하기 위한 기본 조건 제어 구조와 반복 제어 구조를 소개합니다. 단방향 및 양방향 if 문은 물론, 명시적인 순열이나 두 수 범위를 반복하는 가장 단순한 형태의 for 문 반복 패턴을 소개합니다. 이 장에서는 작은 응용 프로그램을 깔끔하게 정리하기 위한 방법으로 함수를 소개합니다. 또한 2장에서 다루었던 객체와 클래스를 바탕으로 Python의 대입 연산과 매개 변수 전달 방법을 설명합니다. 사례연구 CS.3은 터틀 그래픽을 이용한 시각적 환경 하에서 프로그램 및 함수를 통한 추상화가 왜 필요한지 살펴봅니다.

이 책의 처음 세 장에서는 Python 프로그래밍 및 컴퓨터 과학에 대해 **간단하면서도 폭넓게** 소개합니다. 핵심 Python 데이터 형과 기본적인 실행 제어 구조를 소개함으로써, 간단하지만 완전한 프로그램을 학생들이 일찍 작성해 볼 수 있도록 하고 있습니다. 함수를 초기에 소개함으로써 학생들에게 프로그램이 하는 일, 즉 어떤 입력을 받아 무슨 출력을 내는지에 대한 개념을 잡을 수 있도록 하고 있습니다. 다시 말해서, 함수의 추상화 및 캡슐화를 이용하여 학생들이 프로그램을 더 잘 이해할 수 있도록 돕고 있습니다.

■ 알고리즘적 사고 중심

4장에서는 텍스트와 파일 처리에 대해 자세히 다룹니다. 문자열 값 표현, 문자열 연산자 및 메서드, 형식에 맞춘 출력에 대해 설명하며, 2장에서 논의했던 문자열에 대한 논의를 이어갑니다. 또한 파일 입출력(파일 I/O)도 소개하는데, 특히 텍스트 파일을 읽는 다양한 패턴을 소개합니다. 마지막으로, 파일 I/O를 다루는 상황 하에서 Python 예외처리 및 다양한 유형의 예외에 대해 논의합니다. 사례연구 CS.4에서는 이미지 파일(일반적으로 텍스트 파일이 아닌 이진 파일로 저장됨)을 읽고 쓰는 방법과 Python을 이용하여 이미지를 처리하는 방법에 대해 설명합니다.

5장에서는 **실행 제어 구조와 반복 패턴**에 대해 자세히 다룹니다. 3장에서 소개한 기본적인 조건 구조 및 반복 구조를 우리는 이미 4장에서 사용한 바 있습니다(예: 파일을 읽을 때 사용함). 5장에서는 다중 분기 조건문을 필두로 논의를 시작합니다. 이 장에서는 상당 부분을 할애하여 여러 가지 반복 패턴을 설명하는데, for 반복문과 while 반복문을 활용하는 여러 가지 방법을 설명합니다. 다차원 리스트도 중첩 반복 패턴을 설명할 때에 소개합니다. 단순히 Python의 반복 구조를 다루는 것을 넘어서, 이 장에서는 문제를 나누어 해결하는 다양한 방법을 설명합니다. 따라서 5장의 내용은 근본적으로 **문제 해결 및 알고리즘**에 관한 것이라고 할 수 있습니다. 사례연구 CS.5에서는 이미지 처리 뒤에 감춰진 세부 사항을 살펴보고 고전적인 이미지 처리 알고리즘의 구현 방법을 설명합니다.

6장에서는 **Python 내장 컨테이너 데이터 형과 그 사용법**을 다룹니다. 사전(dictionary), 집합(set), 튜플(tuple) 데이터 형이 나타나게 된 이유를 살펴보고 이들 데이터 형을 소개합니다. 이 장에서는 또한 문자 인코딩과 유니코드에 대한 논의를 끝으로 문자열에 대한 설명을 마무리합니다. 마지막으로, 컨테이너의 항목을 선택하고 뒤섞는 작업을 설명하며 무작위성 개념을 소개합니다. 사례연구 CS.6에서는 이 장에서 소개한 개념을 사용하여 블랙잭 응용 프로그램의 개발 방법을 설명합니다.

4장에서 6장까지의 내용은 이 책에서 추구하는 너비 우선 방법의 두 번째 계층이라고 할 수 있습니다. 입문 프로그래밍 과정에서 학생들이 마주치게 되는 주요 과제로 조건 구조와 반복 구조의 습득을 들 수 있는데, 더 나아가서는 계산적 문제 해결 방법 및 알고리즘 개발 기술을 습득하는 것을 들 수 있습니다. 따라서 학생들이 **기본적**인 조건문과 반복 패턴, Python 언어에 대해 익숙해진 **다음**에 핵심적인 5장을 소개하고 있습니다. Python 언어와 기본적인 반복 구조에 익숙해졌으므로, 학생들은

서 문

이제 입출력과 같이 상대적으로 덜 중요한 주제보다는 알고리즘 문제에 집중할 수 있습니다.

프로그램 복잡성 관리

7장에서는 기어를 한 단계 높여 소프트웨어 개발 과정 자체에 초점을 맞추어 더 크고 복잡한 프로그램을 관리하는 문제를 다룹니다. **프로그램 복잡성을 관리하기 위한 방법으로 이름공간(namespace)**을 소개합니다. 이 장에서는 3장에서 다루었던 함수 및 매개 변수의 스코프(scope)에 대해 설명하는데, 이들을 소프트웨어 공학의 목표인 코드 재사용, 모듈화, 캡슐화 등을 촉진하기 위한 방법으로 설명합니다. 함수, 모듈, 클래스는 기본적으로 별도의 이름공간을 정의하기 때문에 이러한 목표를 달성하는 데 사용할 수 있는 도구라고 할 수 있습니다. 이 장에서는 또한 예외가 발생되어 예외 처리기가 수행될 때, 정상적 수행 흐름과 예외적 수행 흐름에서 이름공간이 어떻게 관리되는지도 설명합니다. 사례연구 CS.7에서는 이 장의 내용을 토대로 디버거를 사용하여 프로그램에서 버그를 찾는 방법, 나아가 프로그램 실행을 분석하는 방법 등을 설명합니다.

8장에서는 **Python에서 새로운 클래스를 개발하는 방법과 객체 지향 프로그래밍(OOP) 패러다임**에 대해 다룹니다. 이 장에서는 7장의 내용을 토대로 어떻게 이름공간을 이용하여 Python 클래스가 구현되는지 설명하고 새로운 클래스 개발 방법을 설명합니다. 이 장에서는 Python의 디자인 철학의 핵심이라고 할 수 있는 연산자 겹지정(overloading) 개념과 상속(inheritance) 개념을 설명하는데, 이 중에서 상속 개념은 강력한 OOP 특성으로서 9장과 11장에서 사용됩니다. 추상화 및 캡슐화를 통해 클래스는 모듈화 및 코드 재사용이라는 바람직한 소프트웨어 공학적 목표를 달성한다고 할 수 있습니다. 추가로, 추상화 및 캡슐화의 관점에서 사용자 정의 예외 클래스의 필요성을 설명합니다. 사례연구 CS.8에서는 한 단계 더 나아가 사용자 정의 컨테이너 클래스를 통하여 반복자 연산을 구현할 수 있음을 설명합니다.

9장에서는 **그래픽 사용자 인터페이스(GUI)를 소개하고 GUI 개발을 위한 OOP 접근법의 강력함**을 소개합니다. 9장에서 우리는 Python 표준 라이브러리의 일부인 Tk 위젯 툴킷을 사용합니다. 대화형 위젯을 다룸으로써 이벤트 기반 프로그래밍(event-driven programming) 패러다임에 대해 논의하게 됩니다. GUI 개발에 대한 소개 외에도, 이 장에서는 재사용 가능한 모듈화 프로그램 구현에 사용되는 OOP의 위력을 보여줍니다. 사례연구 CS.9에서는 기본적인 계산기 GUI를 구현하며 OOP에 대해 다시 한 번 설명합니다.

7장에서 9장까지 내용의 전반적인 목표는 프로그램의 복잡성 및 코드 구조화 문제를 학생들에게 소개하는 것입니다. 이름공간을 이용하여 기능적 추상화와 데이터 추상화를 어떻게 달성할 수 있는지, 나아가 궁극적으로 캡슐화되고 모듈화된, 재사용 가능 코드를 어떻게 만들 수 있는지 설명합니다. 8장에서는 사용자 정의 클래스와 OOP에 대해 전반적으로 설명합니다. 그러나 OOP의 최대 강점은 9장의 내용을 다룰 때 가장 잘 알 수 있습니다. OOP에 대한 추가적인 설명과 예제는 후속 장을 통해 이어지는데, 특히 사례연구 CS.10에서는 물론 11.2절, 12.3절, 12.4절에서 자세히 설명합니다. 7장부터 9장까지의 내용은 향후 자료구조 및 소프트웨어 공학 방법론을 학습하기 위한 토대를 마련합니다.

기초부터 응용 프로그램까지 기어오르기[1)]

10장에서 12장까지, 이 책의 마지막 세 장에서는 재귀(recursion), 정규식(regular expression), 데이터 압축(data compression), 깊이 우선 탐색(depth-first search) 등 컴퓨터 과학의 근본적인 개념부터 HTML 파서, JSON, SQL, 멀티코어 프로그래밍 등 실용적인 최신 도구에 이르기까지 다양한 고급 주제를 다루고 있습니다. 이러한 주제에 동기를 부여하고 서로 연결하기 위해 사용되는 문제로는 웹 크롤러, 검색 엔진, 데이터 마이닝 응용 프로그램 개발이 사용됩니다. 그러나 이들 주제는 약하게 결합되어 있으며 각 개별 주제는 독립적으로 제시되고 있으므로 교・강사께서는 적절한 주제를 선택하여 문제 상황과 주제를 설명하셔도 됩니다.

10장에서는 컴퓨터 과학의 근본적인 주제인 **재귀, 검색, 알고리즘의 실행시간 분석**에 대해 소개합니다. 이 장에서는 먼저 재귀적으로 생각하는 방법에 대해 논의합니다. 이후, 재귀적 기법은 도형 그리기에서부터 바이러스 검사에 이르기까지 다양한 문제에 적용됩니다. 이 마지막 예인 바이러스 검사는 깊이 우선 탐색의 예를 보이기 위해 사용됩니다. 재귀 호출의 이점과 단점은 알고리즘 실행 시간 분석에 대한 논의로 이어지고, 다양한 리스트 검색 알고리즘의 성능을 분석할 때 실행 시간 분석 기법을 사용합니다. 이 장에서는 컴퓨팅의 이론적 측면에 초점을 맞추어 자료구조 및 알고리즘 등 후속 교과 과정의 기초를 다지는 역할을 합니다. 사례연구 CS.10에서는 하노이 탑 문제를 대상으로 재귀적 해법을 시각적으로 보여주는 응용 프로그램을 개발합니다.

---

1) 역주: '기어오르기'는 원문 '크롤링(crawling)'을 해석한 것이다. 11장에서는 웹 크롤러 방법을 설명하고 있는데 이에 대한 언어유희(pun)로 이런 소제목을 정한 것으로 생각된다.

서 문

11장에서는 혁신적인 컴퓨터 응용 프로그램을 개발하기 위한 **주요 계산 플랫폼 및 방대한 데이터 원천으로서 웹**(World Wide Web)을 소개합니다. 웹의 언어인 HTML을 먼저 간단히 소개하고 웹 상의 자원에 접근하는 방법, 웹 페이지를 파싱(parsing)하는 도구에 대해 다룹니다. 웹 페이지 및 기타 텍스트 컨텐츠로부터 원하는 내용을 추출하기 위한 방법으로서 정규식을 소개합니다. 입문 과정에서 HTML 구문 분석 및 정규 표현식을 다룸으로써 형식언어 과목 등에서 이러한 주제를 엄밀히 다루기 전에 미리 학생들로 하여금 이러한 주제에 대해 익숙해지도록 준비한다는 장점이 있습니다. 사례연구 CS.11에서는 이 장에서 다룬 여러 주제를 사용하여 기본적인 **웹 크롤러** 개발 방법을 설명합니다.

12장에서는 **데이터베이스 및 대용량 데이터 처리** 방법을 다룹니다. 웹 페이지에서 수집한 데이터를 저장하는 문제를 통해 데이터베이스 언어 SQL을 설명하며, 또한 Python에서 제공하고 있는 데이터베이스 응용 프로그램 인터페이스도 함께 간략하게 설명합니다. 오늘날 컴퓨터 응용 프로그램에서 데이터베이스가 광범위하게 쓰이고 있음을 감안할 때, 일찍부터 학생들에게 데이터베이스를 소개하고 사용할 수 있도록 하는 것이 중요합니다(그렇지 않으면 처음 인턴십을 시작할 때 알게 될 가능성이 높음). 데이터베이스와 SQL에 대해서는 아주 개략적으로만 소개하고 있으므로 후속 데이터베이스 교과를 위한 준비 정도로만 생각해야 할 것입니다. 또한 이 장에서는 대용량 데이터를 더 빠르게 처리하기 위한 방편으로 멀티코어 활용 방법을 고려하고 있습니다. 리스트 조건제시법 및 함수형 프로그래밍(functional programming) 패러다임을 소개하며 Google의 맵리듀스(MapReduce) 문제 해결 프레임워크를 설명하고 사용법을 배웁니다. 이 장은 데이터베이스, 프로그래밍 언어, 데이터마이닝 등에 대한 학습 토대를 마련하는 역할을 합니다. 사례연구 CS.12에서는 이러한 상황에서 **데이터 교환** 문제를 논의하는데, 즉 데이터를 필요로 하는 모든 프로그램에서 쉽게 효율적으로 참조할 수 있도록 데이터를 형식화하고 저장하는 방법에 대해 논의합니다.

개정판에서 수정된 내용

이 책의 초판과 개정판 사이의 가장 큰 차이는 구조적인 변화입니다. 개정판에서는 각 장에서 다루는 기초적인 내용과 사례연구를 명확히 구별하고 있습니다. 사례연구는 따로 분리하여 E-Book 버전에 포함시켰습니다. 이렇게 구조를 바꿈으로써 두 가지 이점을 얻을 수 있습니다. 첫째, 각 장에서는 이제 기초 내용에 더 중점을 두게 되었습니다. 또한 내용을 간결하게 바꾸고 흑백 인쇄로 전환함으로써 책 가격을 낮출 수 있었습니다. 사례연구를 E-Book 버전으로 옮김으로써 넉넉한 분량을 통해 더 자세히 사례연구를 다룰 수 있었는데, 이것이 두 번째 이점입니다. 개정판에는 네 가지 사례연구가 새로 추가되었으며 결과적으로 책의 모든 장("기술적" 내용을 포함하고 있지 않은 입문 장 제외)에 연관된 사례연구를 수록할 수 있게 되었습니다.

이러한 구조적 변화 외에, 새로운 내용을 추가하였고 일부 내용의 위치를 바꾸었으며, 오류를 수정하고, 표현 방법을 향상시켰습니다. 이렇게 변화된 내용을 요약하여 설명하면 다음과 같습니다.

2장에서 튜플 형을 다루었습니다(초판에는 6장에서 다루었음). 튜플 형은 여러 표준 라이브러리 모듈 및 응용 프로그램에서 다루고 있으므로 이렇게 바꾸는 것이 타당하다고 생각하였습니다. 예컨대 4장과 5장에서 다루는 이미지 처리 모듈에서 튜플 형을 사용하고 있습니다. 튜플 형은 리스트 형과 매우 유사하기 때문에, 이렇게 추가한다고 하더라도 2장의 내용을 다루는 데 추가로 많은 시간을 요하지 않습니다 .

3장에서는 함수 설명 기법이 향상되었습니다. 특히 매개변수 개수 및 형이 다른 경우를 설명하기 위한 예제 및 연습문제를 보강하였습니다. 4장의 사례연구는 새로운 내용인 이미지 파일 처리로 대체하였습니다. 이로 인해 학생들은 시각적 매체를 통해 책의 내용을 이해할 수 있으며 이는 재미있는 경험이 될 것입니다. 또한, 날짜 및 시간에 관한 문자열을 처리와 형식지정 내용은 4.2절로 옮겼습니다. 중요한 내용을 다루는 5장에는 개정판에서 이미지 처리 알고리즘 구현과 관련된 사례연구를 추가하였습니다. 추가된 사례연구에서는 매력적인 시각적 환경에서 중첩 루프와 같은 기초 개념을 설명하고 있습니다.

6장에서는 더 이상 튜플 형을 다루고 있지 않습니다(튜플 형은 2장으로 이동되었음). 개정판에서는 7장에 디버깅과 연관된 사례연구를 추가하여 디버거 사용법을 설명합니다. 7장에서 다룬 개념을 효과적으로 사용하여 디버깅에 도움이 되는 새로운 도구를 학생들에게 제공합니다. 8장과 9장에는 미세한 수준으로만 변경되었습니다. 10장에서는 선형 재귀 및 반복문과의 관계에 대해 더 자세히 명시적으로 설명하였습니다. 11장은 거의 변경되지 않았습니다. 마지막으로, 12장에도 이번 개정판에서는 데이터 교환에 관한 사례연구를 추가하였는데, 이 사례연구를 통해 학생들은 여러 데이터로 이루어진 데이터 집합을 다루는 실질적인 경험을 얻을 수 있을 것입니다.

마지막으로, 개정판에는 약 60개의 실습문제 및 연습문제, 실전문제가 추가되었습니다.

서 문

교 · 강사를 위한 이 책 사용법

이 책의 내용은 컴퓨터 과학 전공자에게 컴퓨터 과학 및 프로그래밍을 소개하기 위한 두 학기 교과과정을 위해 개발되었습니다. 따라서 이 책에는 일반적인 15주 코스에 필요한 것보다 더 많은 양을 포함하고 있습니다(어쩌면 학습 준비성이 높고 동기 부여가 높은 학생들에게는 적합한 것입니다).

책의 처음 여섯 장에서는 명령형/절차형 Python 프로그래밍을 전반적으로 다루고 있습니다. 이 부분의 내용은 차례대로 강의하는 것을 가정하고 집필하였지만, 4장을 다루기 전에 5장을 다루어도 됩니다. 또한 6장은 건너뛰거나 필요한 만큼만 다룰 수 있습니다.

7장부터 9장까지는 OOP를 효과적으로 보여주기 위한 내용입니다. 여기서는 8장을 다루기 전에 7장을 먼저 다루는 것이 중요합니다. 그래야 클래스를 구현하기 위한 Python의 접근 방법을 명확히 알 수 있으며 연산자 겹지정(operator overloading) 및 상속(inheritance)과 같은 OOP 주제를 더 효율적으로 다룰 수 있습니다. 꼭 그럴 필요는 없지만, 8장 이후에 9장을 다루는 것이 좋은데, 그 이유는 그렇게 함으로써 실질적 예를 통해 OOP가 매우 바람직한 상황을 느낄 수 있기 때문입니다.

9장에서 12장까지의 내용은 모두 선택적으로 다룰 수 있으며－책에 언급한 일부 예외를 제하고는－1장에서 6장의 내용만 알면 다룰 수 있습니다. 따라서 일반적으로 교・강사의 재량에 따라 건너뛰거나 순서를 바꾸어 다루어도 됩니다. 단 9.4절과 11.2, 12.3, 12.4절은 예외인데, 9.4절은 GUI를 개발하기 위한 OOP 접근법을 예시하고 있으며 11.2, 12.3, 12.4절은 사용자 정의 클래스를 다루고 있습니다. 이들 내용은 8장을 다룬 후에 다루어야 합니다.

OOP를 나중에 다루고 싶은 교・강사께서는 1장부터 7장을 먼저 설명하고 9장에서 12장의 내용 중에서 OOP와 관련 없는 주제를 선택적으로 다루시면 됩니다. OOP를 다루고 싶은 교・강사께서는 1장부터 9장까지의 내용을 설명한 다음 10장에서 12장 사이의 주제를 선택하여 다루시면 됩니다.

감사의 글

이 책의 초판 자료는 드폴 대학(DePaul University)에서 CSC241/242(컴퓨터 과학 개론 I/II) 과정을 가르쳤던 3년간의 경험을 바탕으로 개발되었습니다. 이 교과를 가르치던 3년 동안 컴퓨터 과학의 신입생 집단을 6번 새로 가르치게 되었는데, 그때마다 다양한 교육법을 시도해 보고 강의 내용 순서를 바꾸어 보기도 했으며 일반적으로 기초 교과에서 다루지 않는 내용도 시험 삼아 가르쳐 보았습니다. 그 과정에서 다루는 내용이 다소 매끄럽지 못한 경우가 있었으며 너무 도전적인 경우도 있었습니다. 특히 첫 번째로 가르쳤던 신입생의 경우에 그랬습니다. 하지만 놀랍게도 이런 경우에조차도 학생들은 매우 열정적이었으며 그래서 저 스스로 마음을 다잡게 되었습니다. 이점에 대해 수강생 여러분 모두에게 진심으로 감사드립니다.

드폴 대학의 컴퓨터 학부 교수진과 직원 여러분께도 특별히 감사의 말씀을 드리고 싶습니다. 정말 독특한 교육 환경을 만들어 주시고 실험적이고 혁신적인 교육을 장려해 주심에 대해 특히 감사드립니다. 이런 교육 환경 덕분에 이 책이 틀을 잡고 나올 수 있었습니다. 부학장 루시아 드또리(Lucia Dettori) 교수님은 이 책을 쓸 수 있도록 수업 시간을 잘 조정해 주셨습니다. 책 집필 경험이 풍부하신 커트 화이트(Curt White) 교수께서는 저에게 책 저술을 권유하고 격려해 주셨을 뿐 아니라 John Wiley & Sons 출판사 측에 저를 좋게 소개해 주셨습니다. web2py 웹 프레임 워크의 작성자이자 나보다 훨씬 Python 권위자인 마시모 디 피에로(Massimo DiPierro) 교수께서는 CSC241/242 교과 과정 개요의 초안을 잡아 주셨는데, 이 초안은 이 책의 출발점이 되었습니다. CSC241을 처음 가르치신 이야드 카니(Iyad Kanj) 교수는 직접 개발한 강의 자료를 내가 마음껏 사용할 수 있도록 허락해 주셨습니다. 앰버 세틀(Amber Settle) 교수는 저 자신 이외에 이 책을 교재로 사용해 주신 첫 번째 교수입니다. 물론 세틀 교수의 교수법이 뛰어났기 때문이겠지만, 다행스럽게도 그 강의는 성공적이었습니다. 크레이그 밀러(Craig Miller) 교수는 그 누구보다도 전산학의 근본 개념을 매우 깊게 이해하고 있는 분입니다. 밀러 교수와의 대화를 통해 저는 여러 번 감화를 받았는데 이 책에도 그러한 내용이 반영되었습니다. 끝으로 마르쿠스 섀퍼(Marcus Schaefer) 교수는 이 책의 절반 이상의 내용에 대해 철저하게 기술적인 검토를 수행해 주셨습니다.

Wiley 출판사 대표 니콜 딩글리(Nicole Dingley)가 아니었다면 제 강의 노트는 그냥 강의 노트로만 남아있었을 것입니다. 니콜 소개로 만나게 된 Wiley 편집장인 베스 골루브(Beth Golub)는 경험이 전무한, 이상한 이름의 외국인에게 책 저술을 맡기는 용기 있는 결단을 내려 주었습니다. Wiley의 수석 디자이너인 마들린 레저(Madelyn Lesure)는, 나의 친구이자 이웃인 마이크 리오르단(Mike Riordan)과 함께, 간결하고 깔끔한 책을 만드는 데 큰 도움을 주었습니다. 마지막으로, Wiley의 수석 편집 보조인 사만다 만델(Samantha Mandel)은 끊임없는 노력으로 이 책 초안을 검토하여 책으로 만들어 주었습니다. 이 과정에서 사만다는 더 좋은 책을 만들기 위해 무수한 많은 아이디어를 제시하였으며 모범적인 전문가적 자세와 우아한 성품을 보여주었습니다.

서 문

결과적으로 이 책의 최종 버전은 책의 원고와 피상적으로만 유사하게 되었습니다. 수많은 익명 리뷰어 덕분에 원고에 방대한 개선이 이루어졌습니다. 친절한 여러 리뷰어 덕분에 이 책은 더 나아질 수 있었으며 저 스스로도 리뷰 과정에 대해 새삼 고마움을 느끼게 되었습니다. 리뷰어들은 고맙게도 문제점만 지적한 것이 아니라 해결 방법도 제시하였습니다. 여러 리뷰어들의 세심하고 체계적인 피드백에 정말 감사드립니다. 특히 로즈헐맨 공과대학(Rose-Hulman Institute of Technology)의 데이비드 머츨러(David Mutchler) 교수(이 분은 향후 연락을 위해 이름과 이메일 주소를 알려 주셨음)께서는 리뷰어의 경지를 넘어 제 원고에 묻혀있는 잠재력을 발굴하도록 도와주셨습니다. 조나단 런델(Jonathan Lundell) 교수께서는 이 책의 마지막 장의 기술적 검토를 도와 주셨습니다. 시간 제약으로 인해 리뷰어분들의 소중한 검토안을 모두 반영할 수는 없었습니다. 이는 전적으로 제 책임입니다.

특별히 이 책의 제1판을 사용하여 강의를 진행하고 소중한 검토 의견을 주신 교수진들께 감사드립니다. 맨하탄 대학(Manhattan College)의 앙쿠르 아그라왈(Ankur Agrawal), 페이엣빌 주립대학(Fayetteville State University)의 앨버트 챈(Albert Chan), 헨드릭스 대학(Hendrix College)의 가브리엘 파레(Gabriel Ferrer), 어바인 소재 캘리포니아 대학(University of California, Irvine)의 데이비드 케이(David G. Kay), 뉴저지 공과대학(New Jersey Institute of Technology)의 제라드 라이언(Gerard Ryan), 알링턴 소재 텍사스 대학교(University of Texas at Arlington)의 스리다 세사드리(Sridhar Seshadri), 에버그린 주립 대학(Evergreen State College)의 리처드 바이스(Richard Weiss), 오레곤 대학교(University of Oregon)의 미할 영(Michal Young)이 바로 이분들입니다. 2판에서는 이분들의 제언을 반영하기 위해 최선을 다했습니다.

마지막으로, 저술 기간 내내 인내심을 보여 준 제 아내 리사(Lisa)와 딸 마를레나(Marlena)와 엘라노어(Eleanor)에게 고마움을 전합니다. 책 쓰는 작업은 엄청난 시간을 필요로 합니다만, 이 시간을 할애하기 위해서는 가족과 함께하는 시간을 줄이거나 잠을 줄이는 수밖에 없었습니다. 이 책을 저술할 때에도 결국 가족과 함께하는 시간을 희생하였으며, 또 엎친 데 덮친 격으로, 수면 부족으로 인해 신경질적이 될 수밖에 없었습니다. 다행스럽게도 저술 작업을 시작하기 전에 제게 어떤 선견지명이 있어서인지 강아지를 키우게 되었습니다. 강아지 머핀(Muffin)은 저의 빈자리를 더 큰 즐거움으로 채워주었습니다. 고마워 머핀.

역자 서문

■ 저자 소개

이 책의 저자인 류보미르 페르코빅(Ljubomir Perkovic) 교수는 현재 시카고의 드폴 대학(DePaul University)에서 컴퓨터 학부 부교수로 재직하고 있습니다. 페르코빅 교수는 1990년 뉴욕 시립 헌터 대학(Hunter College of the City University of New York)에서 수학 및 컴퓨터 과학 학사 학위를 받았습니다. 1998년 카네기 멜론 대학(Carnegie Mellon University) 컴퓨터 과학부에서 알고리즘, 조합론 및 최적화로 박사학위를 취득하였습니다.

페르코빅 교수는 2000년대 중반부터 드폴 대학에서 교편을 잡아 전공 학생들을 대상으로 프로그래밍을 교육하고 있습니다. 페르코빅 교수의 목표는 멋진 새 앱을 개발할 때 개발자들이 느끼는 느낌을 초보 프로그래머와 공유하는 것이었습니다. 페르코빅 교수는 현대 응용 프로그램 개발에 사용되는 실전 기술을 교과목에서 소개하는 개념과 융합하여 설명하고 있습니다.

페르코빅 교수의 관심 분야는 계산 기하학, 분산 컴퓨팅, 그래프 이론 및 알고리즘, 컴퓨팅 사고 등입니다. 페르코빅 교수는 계산 기하학 연구 성과를 인정받아 풀브라이트 연구자 상(Fulbright Research Scholar Award)을 수상하였으며, 컴퓨팅 사고를 일반 교육과정 전반에 확대하는 연구 주제로 국립 과학재단(National Science Foundation) 프로젝트를 수행한 바 있습니다.

프로그래밍을 어떤 일에 비유할 수 있을까? 역자는 프로그래밍을 간혹 '수영'이나 '자전거 타기'에 비유하곤 한다. 공부를 싫어하는 사람은 있어도 수영이나 자전거 타기를 싫어하는 사람은 별로 없다. 역자도 중학교 때 한 시간 넘게 자전거를 타곤 했던 기억이 떠오른다. 이처럼 프로그래밍은 사실 재밌는 일이다.

하지만 수영이나 자전거 타기의 공통점은 넘어야 할 어떤 장벽이 있다는 것이다. 자전거를 잘 타려면 한두 번쯤은 넘어질 각오를 해야 하고 수영을 잘 하려면 역시 한두 번쯤은 물을 먹을 각오를 해야 한다. 프로그래밍도 마찬가지이다. 한두 번쯤 실패할 수 있다고 생각하고 한 번에 잘할 생각은 애초부터 버려야 한다.

페르코빅 교수는 이 어려운 장벽을 매우 쉬운 방법으로 극복할 수 있도록 소개하고 있다. 컴퓨터 과학, 컴퓨터 공학, 전산학의 방대한 분야에 걸쳐, 재미있는 주제를 예로 들어서 쉽게 풀어 설명하고 있다. 웹 크롤링이나 데이터베이스 사용법은 사실 전산학 분야의 2학년 이상이 되어야 접하게 되는 개념이다. 그러나 이를 최대한 단순하게 설명하며 Python을 통해 쉽게 설명하고 있다.

이 책의 단점을 굳이 꼽자면 바로 이 방대한 분량이다. 방대한 분량으로 인해 학생들은 한 학기에 이 책을 소화하기 어려울지도 모르겠다. 그러나 과목을 담당하신

역자 서문

교수님들께서 잘 선택하여 지도해 주실 수 있으리라 믿는다. 사실 역자들도 이 방대한 분량 때문에 좀 고생을 했으며, 번역 과정 중에서 역자 일부가 교체되는 어려움을 겪기도 했다. 이로 인해 일정 상 출판사에 폐를 끼치게 되어 죄송스러운 마음뿐이다. 방대한 분량을 번역하다 보니 표현이 매끄럽지 못하거나 오역이 있을 수밖에 없다고 예상하고 있다. 이는 전적으로 마지막 검토를 맡은 대표 역자 책임이다. 대표 역자에게 질책해 주시기 바란다.

이 책에서 프로그래밍 언어로 Python을 선택한 것도 매우 바람직하고 적합한 선택이라고 생각한다. 사실 Python은 Java와 비슷한 시기에 나타난, 꽤 오래된 언어이다. 하지만 성능 제한으로 인해 그간 주목받지 못하고 있었다. 하지만 몇 년 전부터, 컴퓨터 성능의 발전에 힘입어 다시 주목받고 있으며 이러한 인기는 앞으로도 지속될 것이라고 생각된다. 오랫동안 기초 프로그래밍 언어로 Scheme을 고수하고 있었던 MIT도 Python을 수용하기 시작한 것을 보면 Python의 인기를 짐작할 수 있다.

아무리 몸에 좋고 맛있는 도시락이라도 뚜껑을 열지 않으면 먹을 수 없다. 뚜껑을 여는 정도의 수고라면 그깟 진입 장벽쯤은 쉽게 넘어버릴 수도 있지 않을까? 아무쪼록 이 책이 프로그래밍을 처음 시작하는 학생들에게 조금이라도 길잡이가 된다면 그것만으로도 역자들의 수고는 보상을 받고도 남을 것이다. 그럼 행복한 코딩의 세계로 빠져 보시길 바란다!

2018년 새해

역자 대표 우균
woogyun@pusan.ac.kr

CONTENTS

CONTENTS

제4장

텍스트, 파일, 예외 처리

CONTENTS

CONTENTS

제8장
객체지향 프로그래밍

CONTENTS

CONTENTS

제12장 데이터베이스와 데이터 처리

CONTENTS

제1장

컴퓨터 과학 소개

이 장에서는 앞으로 이 책에서 다루게 될 주요 개념 및 용어를 소개한다. 먼저 우리는 몇 가지 질문을 통해 논의를 시작하고자 한다. 컴퓨터 과학이란 무엇인가? 컴퓨터 과학자들과 컴퓨터 응용 소프트웨어 개발자들은 무슨 일을 하는가? 또 이들이 사용하는 도구는 무엇인가?

컴퓨터는, 더 일반적으로 말해서 컴퓨터 시스템은, 여러 도구를 하나로 묶은 집합이다. 이 장에서 우리는 컴퓨터 시스템의 여러 구성요소, 즉 하드웨어, 운영체제, 네트워크 및 인터넷, 프로그램 작성에 사용되는 프로그래밍 언어 등에 대해 논의한다. 특히 이 책에서 채택하고 있는 Python 프로그래밍 언어에 대해 배경 지식을 설명한다. 컴퓨터 응용 소프트웨어를 개발하기 위해 필요한 기타 도구로는, 논리학 및 수학에 밑바탕을 둔 추론 능력을 들 수 있다. 이 장에서는 또한 컴퓨팅 사고 방법에 대해 소개하고 컴퓨팅 사고 방법을 통해 작은 웹 검색 응용 프로그램을 개발하는 과정을 예시한다.

이 장에서 소개할 기본 개념과 용어는 Python 프로그래밍 언어에만 해당되는 것이 아니다. 이들 개념과 용어는 특정 하드웨어나 소프트웨어 플랫폼, 개발 프로그래밍 언어와 무관하게, 어떤 종류의 응용 소프트웨어를 개발한다고 하더라도 알아야 하는 것들이다.

1.1 컴퓨터 과학

이 책에서 우리는 프로그래밍에 대해 소개한다. 아울러 프로그래밍 언어 Python도 소개한다. 하지만 이 책에서 우리가 가장 중요하게 생각하는 것은 컴퓨터 과학자의 관점으로 세상을 보는 방법과 계산하는 방법을 소개하는 것이다. 컴퓨터 과학 및 컴퓨터 과학자의 관점을 이해하기 위해 먼저 컴퓨터 전문가가 어떤 일을 하는지 살펴보자.

■ 컴퓨터 전문가는 어떤 일을 하나?

이 질문에 대한 단순한 대답은 '프로그램을 작성한다.'는 것이다. 많은 컴퓨터 전문가들이 프로그램을 작성한다는 것은 사실이다. 그러나 이 단순한 대답은 극작가(영화나 TV 드라마의 대본을 작성하는 작가)가 글을 쓴다고 대답하는 것과 다를 바 없다. 영화를 한 번 보면 우리는 극작가에 대해 더 잘 이해할 수 있다. 극작가는 어떤 세상을 창조하고 그 세상 안에서 계획을 세워 이야기를 만들어 나감으로써 관객들이 인간의 본성을 이해하는 데 필요한 해답을 제시한다. 뭐 모든 극작가가 꼭 그런 것은 아닐지라도 말이다.

자, 그럼 컴퓨터 전문가들이 어떤 일을 하는지 다시 정의해 보자. 많은 전문가들은 사실 프로그램을 작성하지 않는다. 프로그램을 작성하는 전문가조차도 실제하는 일은 인간의 특정 활동에 필요한 요구사항을 충족시키기 위해 컴퓨터 응용 프로그램을 개발하는 것이다. 이런 일을 담당하는 컴퓨터 전문가들을 통상 **컴퓨터 응용 프로그램 개발자**(computer application developer), 간단히 **개발자**(developer)라고 부른다. 게임 개발자들과 같은 어떤 개발자들은 극작가와 마찬가지로 가상의 세계에서 복잡하게 구성된 이야기를 바탕으로 응용 프로그램을 개발하기도 한다.

모든 개발자가 컴퓨터 게임을 만드는 것은 아니다. 어떤 개발자는 투자 은행을 위해 금융 도구를 만들기도 하고 어떤 개발자는 의사들을 위해 시각화 도구를 만들기도 한다(더 많은 다른 예는 표 1.1 참고).

개발자가 아닌 컴퓨터 전문가는 어떤가? 이들이 하는 일은 무엇일까? 어떤 사람들은 고객과 대화하며 고객이 필요로 하는 컴퓨터 응용 프로그램에 대한 요구사항을 이끌어낸다. 어떤 사람들은 관리자로서 응용 프로그램 개발 팀을 관리한다. 또 어떤 전문가는 고객이 새로 설치한 소프트웨어 운영을 지원하며 어떤 전문가는 소프트웨어를 최신 상태로 유지하는 일을 한다. 네트워크나 웹서버, 데이터베이스 서버를 관리하는 컴퓨터 전문가도 많다. 예술 분야의 컴퓨터 전문가는 사용자와 응용 프로그램 사이의 인터페이스를 디자인한다. 어떤 전문가(예컨대 이 책의 저자와 같은 전문가)는 컴퓨터 교육을 담당하며 어떤 전문가는 정보기술(IT: information technology)에 관한 컨설팅 서비스를 제공한다. 끝으로, 적지 않은 컴퓨터 전문가들이 기업가로서 새로운 소프트웨어 사업을

표 1.1
컴퓨터 과학의 범위
인간 활동 분야와 해당 분야를 지원하기 위해 컴퓨터 응용 프로그램 개발자가 만든 소프트웨어의 예를 들면 이 표와 같다.

분야	컴퓨터 응용 프로그램
국방	목표물 감지 및 추적을 위한 이미지 처리 소프트웨어
운송	스마트폰 및 내비게이션을 통해 교통 정보를 시각화하기 위한 GPS 내비게이션 소프트웨어
교육	위험하거나 많은 비용이 드는 생물학 실험을 가상으로 실행할 수 있는 시뮬레이션 소프트웨어
농업	인공위성을 기반으로 한, 토양 품질 추적 및 작황 예측을 계산하는 농장 관리 소프트웨어
영화	컴퓨터를 이용하여 영화의 한 장면을 만들기 위한 3D 컴퓨터 그래픽 소프트웨어
미디어	텔레비전 오락 프로그램이나, 영화, 비디오 클립을 실시간으로 재생해 주는 주문형(on-demand) 비디오 스트리밍
의약	여러 전문의 간의 정보 공유를 원활하게 하기 위한 환자의 병력 관리 소프트웨어
물리학	입자 가속기를 통해 수집된 정보를 계산 처리하는 계산 그리드(computational grid) 시스템
정치활동	실시간 통신 및 정보 공유를 가능하도록 하는 소셜 네트워크(social network) 기술
쇼핑	고객의 관심 여부 및 성향을 분석하여 관련성 높은 상품을 추천하는 추천 시스템
우주탐사	화성 내 과거 물의 존재 여부를 파악하기 위해 토양을 분석하는 화성 탐사선 시스템

하고 있으며 이들 중에는 일반인도 알만한 유명한 사람들이 많다.

컴퓨터 세계 내에서 각자가 맡은 최종 업무와 상관없이, 모든 컴퓨터 전문가는 컴퓨터에 관한 기본 원리와 응용 프로그램이 어떻게 개발되고 작동되는지 알고 있다. 따라서 컴퓨터 전문가 교육과정은 항상 프로그래밍 언어와 소프트웨어 개발 과정을 소개하는 것부터 시작된다. 소프트웨어 개발 과정을 좀 더 일반적인 말로 설명하기 위해서 몇 가지 추상적인 용어를 살펴보자.

모델과 알고리즘, 프로그램

특정 분야의 인간 활동을 지원하기 위한 컴퓨터 응용 프로그램을 작성하기 위해, 개발자들은 실제 활동이 일어나는 "실세계" 환경을 표현하는 **모델(model)**을 만든다. 모델이란 어떤 환경에 대한 추상적인(가상의) 표현으로서 논리적, 수학적인 언어로 표현한다. 모델은 컴퓨터 게임이나 주가지수, 인간 신체, 비행기의 좌석 등 다양한 대상을 나타낸다.

개발자는 또한 모델에 대해 작동하여 정보를 생성하고 가공하며 보여주기 위한 **알고리즘(algorithm)**을 만든다. 알고리즘이란 음식 조리법과 마찬가지로 일련의 명령어로 구성된다. 각 명령어는 정보를 매우 구체적이고 명확히 정의된 방법으로 처리하며 따라서 알고리즘을 수행하면 원하는 목표를 달성할 수 있게 된다. 예컨대 알고리즘을 통해 컴퓨터 게임에서 물체 사이의 충돌을 계산할 수도 있고 비행기 좌석의 중복예매를 검사할 수도 있다.

알고리즘을 개발함으로써 얻을 수 있는 이점은 알고리즘을 수행함으로써 어떤 일을 **자동화(automation)**할 수 있다는 점이다. 모델과 알고리즘을 만들고 난 후에 개발자는 알고리즘을 **컴퓨터 시스템(computer system)** 상에서 동작할 수 있도록 **컴퓨터 프로그램(computer program)**으로 구현한다. 알고리즘과 프로그램 모두 원하는 결과를 얻기 위한, 단계별 명령어를 나타낸다는 공통점이 있지만 표현하는 언어에 차이가 있다. 알고리즘은 우리가 잘 이해할 수 있는 반면에 컴퓨터 시스템 상에서는 수행될 수 없는 언어로 기술되지만, 프로그램은 우리가 이해할 수도 있고 컴퓨터 시스템 상에서도 수행될 수 있는, 두 가지 조건을 **모두** 만족하는 언어로 기술된다.

구체적인 예로 제1장의 끝부분(1.4절)에서 간단한 작업에 대한 모델과 알고리즘을 구현하는 과정을 한 단계씩 살펴볼 예정이다.

■ 실제 사용되는 도구

우리는 이미 개발자가 컴퓨터 응용 프로그램 개발에 사용하는 도구에 대해 조금 언급한 바 있다. 초기 단계에 개발자는 모델과 알고리즘을 개발하기 위해 논리학과 수학을 도구로 사용한다. 지난 반세기에 걸쳐 컴퓨터 과학자들은 논리학과 수학에 기초하여 정보 및 계산의 이론적 토대를 엄청난 지식 체계로 발전시켰다. 개발자들은 이러한 지식을 자신의 업무에 활용한다. 컴퓨터 과학에 대한 대부분의 훈련 과정은 이런 지식을 체득할 수 있도록 구성되어 있으며 이 책도 이러한 훈련의 첫 단계를 위한 것이다.

개발자가 사용하는 다른 종류의 도구로는 물론 컴퓨터, 더 일반적으로 컴퓨터 시스템을 들 수 있다. 컴퓨터 시스템은 하드웨어, 네트워크, 운영체제, 프로그래밍 언어, 프로그래밍 언어 도구를 망라한다. 이러한 시스템의 세부사항은 1.2절에서 다루고 있다. 이론적 토대는 기술이 바뀌어도 바뀌지 않지만 컴퓨터 시스템은 계속 진화하고 있다. 하드웨어와 운영체제, 프로그래밍 언어는 미래의 응용 프로그램을 위해 날마다 새롭게 발전하고 있다.

■ 컴퓨터 과학이란 무엇인가?

지금까지 우리는 응용 프로그램 개발자가 하는 일과 이들이 사용하는 도구를 살펴보았다. 그렇다면 컴퓨터 과학이란 무엇일까? 컴퓨터 과학은 컴퓨터 응용 프로그램 개발과 어떻게 연관되어 있을까?

대부분의 컴퓨터 전문가들은 컴퓨터 분야 이외의 사용자들을 위해 응용 프로그램을 개발하고 있지만 어떤 전문가들은 개발자가 사용하는 이론적인 도구 및 시스템 도구를 연구하고 개발한다. 이런 종류의 일을 다루는 분야가 바로 컴퓨터 과학이다. 컴퓨터 과학이란 정보와 계산에 관한 이론적 토대 및 컴퓨터 시스템의 실질적 구현에 관한 학문으로 정의할 수 있다.

응용 프로그램 개발이 컴퓨터 과학 분야의 핵심인 것은 분명하지만, 사실 컴퓨터 과학의 범위는 이보다 더 넓다. 컴퓨터 과학자들이 만든 계산 기술은 정보, 계산, 지능의 본질에 관한 문제를 연구하는 데 사용된다. 컴퓨터 과학자들은 또한, 물리학의 상전이, 사회과학의 사회 연결망처럼, 다른 학문 분야의 자연적, 인공적 현상을 이용하기도 한다. 실제로 어떤 컴퓨터 과학자들은 과학, 수학, 경제학 등 다른 분야의 가장 흥미로운 난제를 연구하고 있다.

응용 프로그램 개발과 컴퓨터 과학 사이의 경계(마찬가지로 개발자와 컴퓨터 과학자의 경계)가 선을 긋듯이 명확하지만은 않다는 것을 강조하고 싶다. 컴퓨터 과학의 이론적인 토대는 대부분 응용 프로그램 개발에서 유래되었으며 컴퓨터 과학 이론에서의 새로운 발견은 대개 컴퓨터 응용 분야의 혁신적인 결과를 이끌어냈다. 즉, 대부분의 컴퓨터 전문가는 두 개의 모자를, 즉 개발자의 모자와 컴퓨터 과학자의 모자 두 개를 모두 쓰고 있다고 볼 수 있다.

1.2 컴퓨터 시스템

컴퓨터 시스템은 하드웨어와 소프트웨어의 조합으로서 이 둘은 함께 작동하며 응용 프로그램을 수행한다. 하드웨어는 물리적 요소로 구성되어 있는데, 물리적 요소란 메모리칩이나 키보드, 네트워크 케이블, 스마트폰처럼 여러분이 만질 수 있는 구성요소를 뜻한다. 소프트웨어는 비물리적 요소를 모두 포함하는데, 운영체제, 네트워크 프로토콜(protocol), 프로그래밍 언어 도구 및 관련 프로그래밍 인터페이스(API: application programming interface)를 포함한다.

컴퓨터 하드웨어

컴퓨터 시스템의 물리적 구성요소를 컴퓨터 하드웨어라고 한다. 데스크톱 컴퓨터, 모니터, 키보드, 마우스, 기타 컴퓨터에 연결된 외부장치 등은 모두 컴퓨터 하드웨어에 포함되는데, 중요한 것은 내부 구성요소를 포함하고 있는 물리적인 "케이스"도 하드웨어에 포함된다는 것이다.

케이스 내의 구성요소 중 핵심적인 하드웨어는 **중앙처리장치**(CPU: central processing unit)로서 실제로 계산이 이루어지는 곳이 바로 CPU다. CPU는 프로그램 명령어와 데이터를 읽어 와서 데이터에 해당 명령어를 수행한다. 다음으로 중요한 구성요소는 **주기억장치**(main memory)인데, 통상 **램**(RAM: random access memory) 혹은 **메모리**라고 부른다. 주기억장치는 프로그램 수행 시 프로그램의 명령어와 데이터를 저장하고 있는 곳이다. CPU는 주기억장치로부터 명령어와 데이터를 읽어 오며 주기억장치에 계산 결과를 기록한다.

CPU와 주기억장치 사이에서 명령어와 데이터를 전송하는 연결선을 **버스**(bus)라고 한다. 기타 주변장치(예컨대 하드디스크)나 주변장치의 **어댑터**(adapter: 모니터나 마우스, 네트워크 케이블 등이 연결된 곳)와 CPU를 연결하는 데에도 버스가 사용된다.

컴퓨터 케이스 내에 있는 구성요소 중에서 세 번째로 중요한 것은 **하드디스크**(hard drive)다. 하드디스크는 파일(file)이 보관되는 곳이다. 컴퓨터 전원이 꺼지면 주기억장치의 모든 데이터는 사라지지만 하드디스크의 파일은 컴퓨터 전원과 상관없이 보관된다. 하드디스크는 또한 주기억장치보다 저장 용량이 매우 크다.

컴퓨터 시스템이란 용어는 컴퓨터(데스크톱, 노트북, 스마트기기 등) 한 대를 지칭할 수도 있지만 네트워크로 연결된 여러 컴퓨터를 지칭할 수도 있다. 후자의 경우에 네트워크 선과 **라우터**(router) 등 네트워크 하드웨어도 하드웨어 범주에 포함된다.

중요한 것은 개발자가 직접 컴퓨터 하드웨어를 다루지 않는다는 점을 이해하는 것이다. 프로그래머가 하드웨어 구성요소를 직접 다루는 명령어를 작성해야 한다면 이는 매우 어려운 일이 될 것이다. 이는 또한 매우 위험할 수 있는데, 프로그래밍 실수로 인해 하드웨어가 망가질 수도 있기 때문이다. 이런 이유 때문에 하드웨어와 응용 프로그램 사이에 사용할 수 있는 **인터페이스**(interface)가 존재한다.

운영체제

응용 프로그램이 키보드나 컴퓨터 하드디스크, 네트워크(인터넷 포함), 디스플레이 등을 직접 제어하지는 않는다. 대신 **운영체제**(OS: operating system)에 요청하여 운영체제의 도움을 받아 필요한 일을 한다. 운영체제란 컴퓨터 시스템 중 소프트웨어 부분에 해당하며, 하드웨어와 개발자가 작성한 응용 프로그램 사이를 중개하는 기능을 한다. 운영체제의 주요 기능은 다음과 같다.

a. OS는 프로그래머나 프로그램의 오작동으로부터 하드웨어를 보호한다.
b. OS는 응용 프로그램이 요청하여 하드웨어 장치를 사용할 수 있도록 인터페이스를 제공한다.

본질적으로 OS는 컴퓨터에서 수행되는 프로그램이 하드웨어를 사용할 수 있도록 하드웨어 접근을 제어하고 관리한다.

DETOUR

현재 운영체제의 기원

오늘날 사용되는 주요 운영체제는 Microsoft Windows와 UNIX(Linux와 Apple OS X와 같은 UNIX 변종 포함)의 두 갈래로 분류할 수 있다.

UNIX 운영체제는 1960년대 후반에서 1970년대 초에 걸쳐 AT&T 벨 연구소(AT&T Bell Labs)에서 켄 톰슨(Ken Thompson)이 개발하였다. 1973년까지 톰슨과 데니스 리치(Dennis Ritchie)는, 리치가 만든 프로그래밍 언어 C로 UNIX를 다시 작성하였다. C는 무료로 사용할 수 있는 언어였기 때문에 꽤 인기가 높았으며 프로그래머들은 C와 UNIX를 다양한 컴퓨터 플랫폼에 이식하였다. 오늘날 Apple의 Mac OS X를 포함한 여러 UNIX 변종이 사용되고 있다.

Microsoft의 Windows 운영체제의 기원은 개인용 컴퓨터의 출현과 깊은 관련이 있다. Microsoft 사는 1970년대 빌 게이츠(Bill Gates)와 폴 알렌(Paul Allen)에 의해 설립되었다. 1981년 IBM이 IBM 개인용 컴퓨터(IBM PC)를 개발했을 당시, Microsoft는 MS DOS(Microsoft Disk Operating System)라는 운영체제를 제공하였다. 이후 Microsoft는 MS DOS에 그래픽 인터페이스를 추가하고 Windows라고 명명하였는데, 현재 최신 버전은 Windows 10이다.

Linux는 리누즈 토발즈(Linus Torvalds)에 의해 1990년대 초에 개발된, UNIX와 유사한 운영체제이다. 당시 UNIX는 고성능 워크스테이션이나 메인프레임 컴퓨터에서만 사용되고 있었는데, 토발즈의 목표는 개인용 컴퓨터 상에 UNIX 유사 운영체제를 만드는 것이었다. 초기 개발 후에 Linux는 개발자 커뮤니티 주도 하에 오픈소스(open source) 소프트웨어 개발 프로젝트로 진행되었다. 이는 어떤 개발자라도 Linux OS 개발에 참여할 수 있음을 의미한다. Linux는 오픈소스 개발 프로젝트의 가장 대표적인 사례라고 할 수 있다.

네트워크와 네트워크 프로토콜

우리가 늘 사용하는 컴퓨터 응용 프로그램들 중 대부분이 인터넷 연결을 필요로 한다. 인터넷 연결 없이는 이메일도 보낼 수 없고 웹 서핑도 불가능하며 인터넷 라디오는 물론 소프트웨어 업데이트도 불가능하다. 컴퓨터를 인터넷에 연결하려면 물론 인터넷에 포함된 네트워크에 먼저 연결해야 한다.

컴퓨터가 서로 통신할 수 있도록 해 주는 시스템을 컴퓨터 네트워크라고 한다. 현재 사용되고 있는 통신 기술에는 여러 가지가 있는데, 와이파이(Wi-Fi)와 같은 무선통신(wireless) 기술과 이더넷(Ethernet)과 같은 유선통신 기술로 나눌 수 있다.

인터네트워크(internetwork)란 네트워크들 사이의 연결을 뜻한다. **인터넷**(Internet)은 인터네트워크의 한 사례라고 볼 수 있다. 인터넷은 방대한 양의 데이터를 전송할 수 있는 플랫폼으로서 이 위에서 월드와이드웹(WWW: World Wide Web)이나 이메일을 사용할 수 있다.

DETOUR

인터넷의 시작

1969년 10월 29일, LA 소재 캘리포니아 대학(UCLA: University of California at Los Angeles)의 컴퓨터 한 대가 스탠포드 연구소(SRI: Stanford Research Institute)의 컴퓨터와 네트워크로 연결되었다. 오늘날 인터넷의 전신인 ARPANET이 탄생하는 순간이었다.

이 네트워크 연결을 가능하게 한 기술은 1960년대 초부터 개발되기 시작하였다. 당시 컴퓨터가 널리 보급되어 있었으며 컴퓨터 사이의 데이터 공유를 위해 네트워크 연결이 필요하다는 것은 명백한 사실이었다. 미 국방성(U.S. Department of Defense)의 부속기관인 ARPA(Advanced Research Projects Agency)는 이 문제를 해결하기로 결정하고 여러 미국 대학에 네트워크 연구 프로젝트를 의뢰하였다. 현재 사용되고 있는 대부분의 네트워크 기술과 개념이 1960년대에 개발되었으며 1969년 10월 29일 실용화되었다.

1970년대엔 지금까지도 사용하고 있는 TCP/IP 네트워크 프로토콜이 개발되었다. TCP/IP 프로토콜의 중요성은 무엇보다도 인터넷 상에서 어떤 컴퓨터의 데이터가 다른 컴퓨터로 전송되는 방법을 규정하고 있다는 점이다. 1970년대와 1980년대에 인터넷은 빠르게 성장했지만 일반 대중에게는 그다지 알려지지 못했는데 1990년대 초 웹이 개발된 이후에 일반 대중에게 널리 사용되기 시작했다.

프로그래밍 언어

컴퓨터가 다른 기계와 다른 가장 큰 특징은 프로그램에 의해 동작한다는 점이다. 이는 즉, 하드디스크에 저장된 파일의 명령어를 주기억장치로 불러들여 필요에 따라 실행할 수 있다는 것을 뜻한다. 사람과 달리 기계는 모호함을 처리할 수 없기 때문에 명령어는 정확해야 한다. 컴퓨터는 지시된 대로만 수행하며 프로그래머의 "의도"를 이해하지는 못한다.

실제로 컴퓨터가 수행하는 명령어는 **기계어**(machine language) 명령어다. 기계어는 이진표기(0, 1로만 나열된 표기)로 나타낸다. 기계어를 다루기는 매우 어렵기 때문에 컴퓨터 과학자들은 프로그래밍 언어와 언어 번역기를 만들었으며, 이 도움으로 개발자는 사람이 읽을 수 있는 언어로 명령어를 작성하고 이를 기계어로 번역할 수 있게 되었다. 이런 언어 번역기를 언어에 따라 **어셈블러**(assembler), **컴파일러**(compiler), **인터프리터**(interpreter)라고 부른다.

현재 많은 프로그래밍 언어가 존재한다. 어떤 언어는 3차원 모델링이나 데이터베이스에 특화되어 있는 반면, 어떤 언어는 **범용**(general-purpose)으로 사용되는데 C, C++, C#, Java, Python 등이 범용 언어에 속한다.

기본적인 편집기로도 프로그램을 작성할 수는 있지만, 개발자들은 소프트웨어 개발에 필요한 다양한 기능을 갖춘 **통합개발환경**(IDE: Integrated Development Environment)을 선호한다. 통합개발환경에는 코드를 편집할 수 있는 편집기와 언어 번역기, 이진 실행파일을 생성하기 위해 자동화된 도구, **디버거**(debugger) 등이 탑재되어 있다.

DETOUR

컴퓨터 버그

프로그램이 컴퓨터를 멈추게 하거나 잘못된 출력을 내는 등 의도되지 않은 대로 동작할 경우에 우리는 프로그램에 **버그**(bug, 즉 오류)가 있다고 한다. 오류를 제거하고 프로그램을 수정하는 과정을 **디버그**(debugging)라고 부른다. 오류를 발생시킨 명령어를 개발자가 찾게 도와주는 도구를 **디버거**(debugger)라고 한다.

시스템의 오류를 "버그"라고 지칭한 시기는 컴퓨터 및 컴퓨터 과학이 나타나기 이전 시점으로 거슬러 올라간다. 1870년대 토마스 에디슨은 기계를 만들 때 발생되는 결함이나 오류를 버그라고 지칭하였다. 흥미롭게도 **실제** 벌레가 컴퓨터 오류를 발생시킨 경우도 있었다. 한 예로, 초창기 컴퓨터 전문가였던 그레이스 하퍼(Grace Hopper)가 1947년에 보고한 바에 따르면 하버드(Havard) 대학의 Mark II 컴퓨터에 나방이 들어가 오류가 발생된 경우가 있었다고 한다.

소프트웨어 라이브러리

Python과 같은 범용 프로그래밍 언어는 범용 명령어 몇 개로 구성되어 있을 뿐이다. 이 범용 명령어 집합에는 웹페이지 다운로드나 이미지 그리기, 음악 재생, 문서의 패턴 검색, 데이터베이스 접근 등에 필요한 명령어가 없다. 이렇게 만든 이유는 언어가 "간결"할수록 개발자가 더 쉽게 다룰 수 있기 때문이다.

물론 웹페이지나 데이터베이스를 다루는 명령어가 필요한 프로그램이 존재한다. 이런 명령어는 핵심 언어와 별도로 제공되는 소프트웨어 **라이브러리**(library)에 의해 정의되며 이러한 명령어를 사용하려면 명시적으로 라이브러리를 **임포트**(import)해야 한다. 라이브러리에 정의된 명령어 사용법을 통상 **응용 프로그램 인터페이스**(API: application programming interface)라고 부른다.

1.3 프로그래밍 언어 Python

이 책에서는 컴퓨터 과학의 개념을 예시하고 프로그램을 배우기 위해, 또 일반적인 응용 프로그램 개발 과정을 배우기 위해 프로그래밍 언어 Python을 사용한다. 이 절에서는 Python에 대한 기초 지식과 Python IDE를 설치하는 방법을 설명한다.

Python의 간략한 역사

프로그래밍 언어 Python은 1980년대 후반 네덜란드 프로그래머 귀도 반 로썸(Guido van Rossum)이 CWI(the Centrum voor Wiskunde en Informatica in Amsterdam, Netherlands, 수학 및 정보학 센터)에서 일할 때에 개발되었다. 언어 이름은 큰 뱀의 종 이름을 딴

것이 아니라 BBC 코미디 시리즈 ≪**몬티 파이썬의 날아다니는 서커스**(Monty Python's Flying Circus)≫에서 따온 것이다. 귀도 반 로썸은 이 코미디 프로그램의 팬이었다. Linux OS와 마찬가지로 Python은 공개소스 소프트웨어 개발 프로젝트로 바뀌게 되었다. 하지만 귀도 반 로썸은 언어가 진화하는 방향을 결정하는 데에 아직도 중심적인 역할을 하고 있다. 그는 Python 커뮤니티에서 "인생의 자비로운 독재자(Benevolent Dictator for Life)"라는 직함을 얻음으로써 이러한 역할을 공고히 하고 있다.

Python은 프로그램의 가독성에 특화된 범용 프로그래밍 언어다. Python에는 또한 풍부한 라이브러리가 탑재되어 있어서 복잡한 응용 프로그램을 상대적으로 간단하게 작성할 수 있다. 이런 특성 덕분에 Python은 매우 인기있는 응용 프로그램 개발 언어로 자리매김할 수 있었으며 "처음" 배우는 프로그래밍 언어로 높은 유명세를 누리고 있다.

CAUTION

Python 2와 Python 3

현재 사용되고 있는 Python에는 크게 두 가지 버전이 있다. 2000년부터 사용된 원래 버전이 Python 2이며 Python 2의 최신 버전은 2.7이다. Python 3은 초기 Python의 미비한 점을 수정한 새 버전이다. 하지만 불행히도 Python 3은 Python 2로의 하위 호환성(backward compatibility)이 결여되어 있다. 이는 Python 2로 작성된 프로그램이 Python 3 인터프리터 상에서 대개 동작하지 않음을 의미한다.

이 책에서 우리는 설계 일관성이 높은 Python 3을 선택하였다. 두 버전의 차이에 대한 자세한 사항은 아래 사이트를 참고하기 바란다.

http://wiki.python.org/moin/Python2orPython3

Python 개발환경 설정

여러분 컴퓨터에 Python 개발 도구가 설치되어 있지 않다면 Python IDE를 다운로드하여 설치해야 한다. 아래 사이트에 공식 Python IDE 목록이 나타나 있다.

http://wiki.python.org/moin/IntegratedDevelopmentEnvironments

우리는 IDLE IDE를 포함하고 있는 표준 Python 개발 키트를 기준으로 IDE 설치를 설명할 예정인데, 아래 사이트에서 무료로 다운로드할 수 있다.

http://python.org/download/

위 사이트에는 주요 운영체제에 대한 설치 파일이 나열되어 있다. 여러분의 시스템에 적합한 것을 선택하여 설치하면 된다.

Python을 시작하기 위해서는 Python 대화형 셸 창을 열어야 한다. Python IDE에 포함된 IDLE **대화형 셸**(interactive shell)은 그림 1.1과 같은 형태이다.

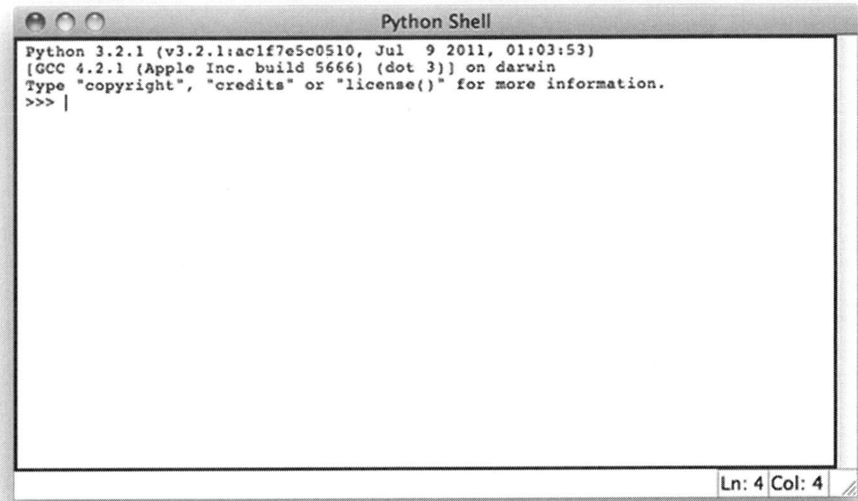

그림 1.1
IDLE IDE
준 Python 배포판에는 LE 통합개발환경이 포함 어 있다. 이 그림은 IDLE 화형 셸을 보여준다. 프롬 트 >>> 뒤에 Python 명령 를 입력할 수 있다. Enter 은 Return 키를 누르면 ython 인터프리터는 입력 명령어를 수행한다.

대화형 셸은 사용자가 Python 명령어를 입력하기를 기다린다. 사용자가 `print('Hello world')` 명령어를 입력하고 Enter 혹은 Return 키를 누르면 다음과 같은 인사말이 출력된다.

```
Python 3.2.1 (v3.2.1:ac1f7e5c0510, Jul 9 2011, 01:03:53)
[GCC 4.2.1 (Apple Inc. build 5666) (dot 3)] on darwin
Type "copyright", "credits" or "license()" for more information.
>>> print('Hello world')
Hello world
```

대화형 셸은 `print('Hello world')`와 같은 Python 명령어를 하나씩 수행할 수 있다. 여러 명령어로 구성된 프로그램은 수행 전에 파일 형태로 저장되어야 한다.

1.4 컴퓨팅 사고

소프트웨어 개발 과정과 관련 용어를 소개하기 위해서 자동 웹 검색 작업을 수행하는 문제를 생각해 보자. 이 작업과 관련된 모델을 결정하고 알고리즘을 기술하기 위해 먼저 "컴퓨팅" 관점을 **이해**해야 한다. 자연적, 인공적 과정이나 작업을 이해하고 컴퓨팅 과정으로 기술하는 데 필요한 지적 접근법을 **컴퓨팅 사고**(computational thinking), 혹은 계산적 사고라고 한다. 컴퓨팅 사고 기법은 컴퓨터 과학자로서 훈련하기 위해 가장 중요한 기법이다.

예제 프로그램

우리가 자주 방문하는 온라인 쇼핑 웹사이트에서 각종 대회 수상작 소설 열두 권을 구매한다고 가정해 보자. 문제는 책값을 정가대로 모두 지불하고 싶지 않다는 것이다. 대신 할인 가격으로 판매할 때까지 기다리고자 한다. 더 정확히 말해서 각 책마다 목표 가격을 정해두고 판매 가격이 이 가격보다 낮아질 때 책을 구매하고자 한다. 따라서 며칠마다 한 번씩 상품 웹페이지를 방문하고 각 책에 대하여 판매 가격이 목표 가격보다 낮아졌는지 검사하려고 한다.

웹페이지를 하나씩 수동으로 방문하여 가격을 검사해도 되지만 이는 컴퓨터 과학 자로서의 자존심이 허락하지 않는다. 대신 우리는 이 검사 과정을 자동화하고자 한다. 다시 말해서 우리가 원하는 책들에 대한 웹페이지를 방문하고 가격이 목표 가격보다 낮은 책을 검색하는 응용 프로그램을 개발하고자 한다. 이를 위해서는 검색 과정을 컴퓨팅 용어로 기술해야 한다.

추상화와 모델링

먼저 문제를 단순화하는 것부터 시작해 보자. 문제가 놓인 "실세계"는 실제로 관련이 없는 정보들도 포함하고 있다. 예컨대 이 문제에서 원하는 책이 대회에서 수상한 책이라는 것은 물론이고 구매하고자 하는 상품이 책이라는 것은 전혀 중요하지 않다. 원하는 상품이 등산 장비나 패션 신발이라고 해도 검색 과정 자동화는 같은 문제가 된다.

우리의 구매 목록에 12개의 상품이 있다는 사실도 그다지 중요하지 않다. 더 중요한 것은 상품 **목록**(list, 리스트)이 있다는 것이므로 목록에 12개든, 13개든, 11개든, 임의의 수만큼 상품이 있어도 우리 응용 프로그램은 동작해야 한다. "12개의 소설"이라는 세부 사항을 무시함으로써 얻을 수 있는 이점은 임의 개수의 아무 상품에나 우리가 작성할 응용 프로그램을 사용할 수 있다는 점이다.

그렇다면 문제와 관련이 있는 사실은 도대체 무엇일까? 첫 번째 사실은 각 상품마다 관련된 웹페이지가 있고 여기에 가격이 나타나 있다는 점이다. 다른 사실로는 각 상품마다 우리가 원하는 목표 가격이 있다는 점을 들 수 있다. 끝으로 웹 자체도 문제와 관련이 있다. 문제와 관련된 정보를 요약하면 다음과 같다.

a. 웹
b. 상품 웹페이지 주소를 보관하고 있는 목록
c. 목표 가격을 보관하고 있는 목록

첫 번째 목록을 `Addresses`라고 하고 두 번째 목록을 `Targets`라고 하자.

우리가 정한 목록을 어떻게 나타낼 것인가에 대해서는 조금 구체적으로 생각해 봐야 하는데, 왜냐하면 `Addresses`의 주소가 `Targets`의 가격과 어떻게 대응되는지 아직

불분명하기 때문이다. 상품에 0, 1, 2, 3, ...으로 번호(컴퓨터 과학자들은 0부터 세는 관례가 있음)를 붙임으로써 이 문제를 분명하게 정할 수 있다. 즉, 그림 1.2와 같이 주소 목록과 목표 가격 목록의 순서를 상품 번호대로 정함으로써 각 목록의 같은 위치는 같은 상품에 대한 주소 및 목표 가격으로 정할 수 있기 때문이다.

그림 1.2

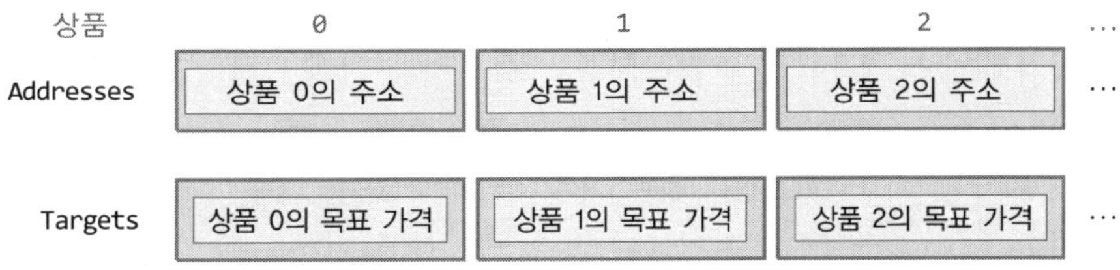

어떤 상황에서 해결하려는 문제와 관련된 특성만 뽑아내는 과정을 **추상화**(abstraction)라고 한다. 추상화 단계는 논리학과 수학의 방식으로 문제를 정확히 기술하기 위해 꼭 필요하다. 추상화의 결과로 얻어진, 문제와 관련된 것만 나타낸 것을 **모델**(model)이라고 부른다.

알고리즘

우리가 개발할 검색 응용 프로그램은 각 상품에 대해 상품 웹페이지를 "하나씩" "방문"해야 하며 가격이 목표 가격 미만인지 "검사"해야 한다. 응용 프로그램의 동작을 이렇게 기술한 것이 우리에게는 명확할지 모르지만 충분히 정확한 것은 아니다. 예컨대 "방문"이나 "하나씩", "검사"가 의미하는 것은 무엇일까?

우리가 웹페이지를 "방문"할 때, 우리는 실제로 해당 웹페이지를 다운로드하고 웹 브라우저 내에 나타난 내용을 읽는다. 우리가 페이지를 "하나씩" 방문한다고 얘기할 때 우리는, 각 페이지를 정확히 한 번 방문하는지, 페이지를 어떤 순서로 방문하는지 명확하게 정해야 한다. 끝으로 가격이 충분히 내려갔는지 "검사"하기 위해서는 웹페이지 내에서 가격을 검색해야만 한다.

궁극적으로 검색 과정을 프로그램으로 구현하기 위해서는 검색 작업을 단계별 명령어로, 즉 알고리즘으로 나타내야 한다. 알고리즘은 모호하지 않게 기술된 단계로 구성되어야 하며 명세에 맞는 입력에 대해 수행되었을 때 사용자가 원하는 출력을 생성해야 한다.

알고리즘을 기술할 때에는 **입력** 데이터(input data, 시작할 때 주어지는 정보)와 **출력** 데이터(output data, 얻고자 하는 정보)를 명확하게 기술하는 것부터 시작해야 한다.

입력: 웹페이지 주소를 순서대로 저장하고 있는 리스트 `Addresses`와 목표 가격을 순서대로 저장하고 있는 리스트 `Targets`. 두 리스트의 길이는 같음

출력: 상품의 가격이 목표 가격보다 작은 상품 웹페이지 주소(화면에 출력함)

이제 다음과 같이 알고리즘을 기술할 수 있다.

```
1   리스트 Addresses에 있는 상품 개수를 N이라고 하자.
2
3   각 상품 I = 0, 1, ..., N-1에 대하여 다음 문장을 수행한다.
4
5       리스트 Addresses 내에서 상품 I의 주소가 ADDR이라고 하자.
6
7       주소가 ADDR인 웹페이지를 출력하고
8           PAGE가 이 웹페이지의 내용이라고 하자.
9
10      PAGE 내에서 상품 I의 현재 가격을 검색하고
11          CURR이 검색된 값이라고 하자.
12
13      리스트 Targets에서 상품 I의 목표 가격이 TARG라고 하자.
14
15      CURR < TARG 이면:
16          ADDR을 출력
```

위 알고리즘은 컴퓨터에서 실행할 수 있는 실제 코드가 아니다. 위 알고리즘 기술은 우리가 원하는 작업을 정확하게 기술한 것뿐이며, 통상 **의사코드**(pseudocode)라고 부른다. 실제 수행 가능한 코드로 알고리즘을 기술할 수도 있다. 이 책에서는 지금부터 알고리즘을 Python 프로그램으로 기술하고자 한다.

■ 데이터 형

앞에서 기술한 검색 알고리즘에는 여러 데이터가 포함되어 있다.

a. 상품 개수 N
b. 웹페이지 주소 ADDR
c. 웹페이지 내용 PAGE
d. 현재 가격 CURR 및 목표 가격 TARG
e. 두 리스트 Addresses 및 Targets

여기서 사용된 이름 N, I, ADDR, PAGE, CURR, TARG를, 수학 분야에서와 마찬가지로 변수라고 한다. Addresses와 Targets도 마찬가지로 변수이다. 변수를 사용하는 이유는 나중에 참고할 값을 기억하기 위해서이다. 예를 들어서 알고리즘의 5행에서 설정한 ADDR 값을 16행에서 참고하여 출력한다.

데이터가 취할 수 있는 **값의 종류**(type of values)를 더 자세히 살펴보자. 상품의 개수 N은 0이상의 정수 값일 것이다. 현재 가격 CURR과 목표 가격 TARG는 소수점 표기로 나타

낼 수 있는 양수가 될 텐데 양의 정수로 표현할 수 있다.[1] 웹페이지 주소 ADDR의 "값"과 웹페이지 내용의 "값"은 무엇일까? 두 값 모두 문자열(이미지나 동영상 등 문자열이 아닌 내용은 무시함)로 나타낼 수 있다. 남은 것은 두 개의 리스트다. 주소 리스트 Addresses는 주소(문자열)의 나열이며 목표 가격 리스트 Targets는 가격(수)의 나열이다.

데이터가 취할 수 있는 값 범위(예컨대 정수, 정수가 아닌 수, 문자들의 나열, 기타 값들의 리스트)와 **더불어** 데이터에 대해 수행할 수 있는 연산을 합쳐 **데이터 형**(data type)이라고 한다. 앞의 알고리즘에서는 데이터에 대해 다음과 같은 연산을 수행하였다.

a. 두 수 CURR과 TARG를 비교함
b. 리스트 Addresses에서 상품 I의 주소를 찾음
c. 웹페이지 내용을 검색하여 가격을 찾음
d. 정수 N으로부터 수열 0, 1, 2, ..., N-1을 생성함

연산 a의 경우에 우리는 수 데이터 형을 비교할 수 있다고 가정하고 있다. 연산 b의 경우에 우리는 리스트 Addresses로부터 상품 I를 참조할 수 있다고 가정하고 있다. 연산 c의 경우에 우리는 문자열을 검색할 수 있으며 가격처럼 여겨지는 대상을 찾을 수 있다고 가정하고 있다. 연산 d의 경우에 0 이상에서 특정 정수 바로 앞까지 수열을 만들 수 있다고 가정하고 있다.

우리가 말하고 싶은 것은, 알고리즘은 데이터를 다루는 명령어로 구성되어 있으며 데이터를 다룰 수 있는 방법은 데이터 형에 의해 결정된다는 것이다. 위 연산 d의 경우를 예로 들면, 정수형 N에 대해 수열을 만드는 것은 의미가 있지만 웹페이지 주소 데이터 ADDR에 대해서 수열을 만드는 것은 의미가 전혀 없다는 것이다. 즉, 정수형은 수열을 만드는 연산을 지원하지만 "문자열" 데이터 형은 이를 지원하지 않는다.

그래서 "계산적"으로 생각하기 위해서 우리는 어떤 형의 데이터를 사용할 수 있는지, 그 데이터에 어떤 연산을 수행할 수 있는지 알아야만 한다. 우리는 Python 프로그램 환경에서 "계산적"으로 생각할 예정이므로 Python이 지원하는 데이터 형과 연산을 알아야 한다. 따라서 우리가 먼저 해야 할 일은 Python의 핵심 데이터 형과 특히나 이들 데이터 형에 적용할 수 있는 다양한 연산을 배워야 한다. 이러한 내용을 제2장에서 배우게 될 것이다.

대입문과 실행 제어 구조

앞서 기술한 상품 검색 알고리즘에서는 **다양한 데이터 형** 외에도 **다양한 종류의 명령어**를 사용하였다. 알고리즘에 사용된 몇몇 명령어는 변수에 값을 대입하는 명령어다.

---

1) 역주: 미국에서는 달러와 센트를 소수점으로 표시하기 때문에 이렇게 말한 것이다. 예컨대 2달러 27센트는 2.27로 나타낼 수 있고 이는 양의 정수 227로 나타낼 수 있다.

a. 1행에서는 변수 N에 값을 대입하였다.
b. 5행에서는 변수 ADDR에 값을 대입하였다.
c. 8행에서는 변수 PAGE에 값을 대입하였다.
d. 11행에서는 변수 CURR에 값을 대입하였다.
e. 13행에서는 변수 TARG에 값을 대입하였다.

변수에 대입한 값의 데이터 형은 다르지만 대입 연산에 사용한 명령어는 같다. 이러한 명령어를 **대입문**(assignment statement)이라고 한다.

15행에서는 다양한 종류의 명령어를 사용하고 있다. 먼저 현재 가격 CURR과 목표 가격 TARG를 비교하고, CURR 값이 TARG 값보다 작다면(그럴 때만) 16행의 문장이 수행된다(그래서 ADDR 값이 출력된다). 15행의 "이면(if)" 명령어는 **조건 제어 구조**(conditional control structure)라는 명령어의 일종이다.

3행에는 또 새로운 형태의 명령어가 나타나고 있는데, 이 명령어는 I의 각 값에 대해 5행에서 16행까지를 반복적으로 수행한다. 그래서 5행에서 16행까지의 문장이 I가 0일 때, 1일 때, 2일 때 등 각 값에 대해 수행된다. I가 N-1일 때 5행에서 16행까지의 문장이 수행된 후에야 3행의 명령어가 끝난다. 이런 명령어를 **반복 제어 구조**(iteration control structure)라고 부른다. 여기서 **반복**이란 "어떤 처리가 계속된다."는 의미이다. 우리 알고리즘에서는 5행에서 16행까지의 문장 수행이 바로 반복되는 처리이다.

조건 제어 구조와 반복 제어 구조를 합쳐서 **실행 제어 구조**(execution control structure)라고 부른다. 실행 제어 구조는 프로그램 문장의 **실행 흐름**(flow of execution)을 제어하는 데 사용된다. 즉, 실행 제어 구조는 실행되는 문장이 어떤 조건에서 몇 번 수행될지 그 순서를 결정한다. 주어진 문제의 계산적 해법을 기술하고 알고리즘을 개발하기 위해 실행 제어 구조는 대입문과 더불어 기본적인 구성단위(building block)를 이룬다. 제2장에서 Python의 핵심 데이터 형을 살펴본 후에 제3장에서 Python의 실행 제어 구조를 소개할 예정이다.

요약

이 장에서는 컴퓨터 과학 분야를 소개하고 컴퓨터 과학자들과 개발자들의 업무, 이들이 사용하는 도구에 대하여 개략적으로 살펴보았다.

컴퓨터 과학 분야는 정보와 계산에 대한 이론적인 기초를 다루는 한편, 컴퓨터 시스템 상에서 동작하는 응용 프로그램을 구현하기 위해 필요한 실질적인 기술을 연구한다. 컴퓨터 응용 프로그램 개발자는 응용 개발 분야에서 컴퓨터 과학의 여러 개념을 활용한다. 개발자들은 실세계나 가상 세계의 특정 환경을 모형화한 추상 표현을 만들어

내고 생성된 모형 내의 데이터를 다루기 위한 알고리즘을 구상하며 컴퓨터 시스템 상에서 수행될 수 있는 프로그램 형태로 이 알고리즘을 구현한다.

구체적인 컴퓨터 시스템 도구뿐만 아니라 수학이나 논리학 등 추상적인 도구도 컴퓨터 과학 도구의 범주에 포함된다. 컴퓨터 시스템 도구로는 하드웨어와 소프트웨어가 있다. 특히 프로그래밍 언어와 관련 도구도 여기에 포함되는데, 이를 이용하여 개발자는 다양한 시스템 구성요소를 궁극적으로 제어할 수 있게 된다.

논리학과 수학에 기초한 계산적 사고 기법도 컴퓨터 과학자들이 사용하는 추상적 도구라고 할 수 있는데, 이는 추상화 관점 및 컴퓨팅 시각으로 문제와 업무, 절차 등을 기술하는 데 필요한 도구이다. 이런 일을 할 수 있으려면 추상화 및 컴퓨팅 언어에 능통해야 한다. 결과적으로 프로그래밍 언어는 개발자의 추상화 도구와 컴퓨터 시스템을 연결하는 접착제라고 볼 수 있다. 그래서 프로그램 언어를 습득하는 것이 컴퓨터 과학의 핵심 기술이 되는 것이다.

제2장

Python 데이터 형

이 장에서는 Python의 아주 작은 일부를 소개한다. 소개할 부분이 작긴 하지만 흥미로운 일을 바로 시작할 수 있을 정도이다. 이 장에서 다루는 내용에 대한 세부사항은 3장 이후에서 다룰 예정이다. 이 장에서는 먼저 산술식을 계산하는 계산기처럼 Python을 사용할 예정이다. 그 다음에는 계산한 값을 "기억"하기 위한 방법으로 변수를 소개한다. 끝으로 Python을 이용하여 수 외에 다른 값, 즉 참, 거짓을 나타내는 논리값이나 문자열 값, 여러 값을 포함하는 리스트 등을 어떻게 다룰 수 있는지 살펴본다.

Python이 지원하는 핵심 데이터 형을 살펴본 후에는 더 넓은 관점에서 데이터 형의 개념과 특정 데이터 형의 값을 저장하는 객체의 개념을 정확하게 정의한다. 객체에 저장된 데이터를 다룰 때에는 데이터 표현 방식과 컴퓨터에 저장되는 방식을 몰라도 객체의 형이 명시적으로 정의하고 있는 추상적인 속성만 이용하면 친숙하게 다룰 수 있다. 우리에게 중요한 속성만을 추상화해 내는 이러한 아이디어는 컴퓨터 과학의 중심이 되는 아이디어로서 앞으로도 여러 번 반복하여 살펴볼 예정이다.

핵심 내장 데이터 형과 더불어 Python에는 모듈로 정리되어 있는 방대한 라이브러리가 있다. 우리는 두 가지 수학 모듈을 통하여 Python 표준 라이브러리 사용법을 살펴본다.

2.1 수식과 변수, 대입문

먼저 우리에게 익숙한 것부터 살펴보자. 우리는 Python IDE의 대화형 셀을 계산기처럼 사용하여 Python 수식을 계산해 보고자 한다. 먼저 간단한 산술식부터 시작해 보자. Python이 우리의 기대대로 직관적으로 동작한다는 것을 확인하는 것이 우리 목표이다.

■ 산술식과 함수

대화형 셸 프롬프트 >>>에서 3+7과 같은 산술식을 입력하고 Enter 키를 누르면 수식의 결과 값을 볼 수 있다.

```
>>> 3 + 7
10
```

다른 산술 연산자도 사용해 보자.

```
>>> 3 * 2
6
>>> 5 / 2
2.5
>>> 4 / 2
2.0
```

입력한 처음 두 산술식에서는 두 정수를 더하고 곱했는데 예상한 대로 결과 값도 정수로 나왔다. 세 번째 수식에서는 정수를 정수로 나누었는데 소수점 표기로 결과 값이 출력되었다. 정수를 정수로 나눈다고 결과 값이 항상 정수가 되는 것은 아니기 때문이다. Python의 규칙에 따르면 나눗셈 결과가 정수라고 하더라도 항상 소수점과 소수 부분이 출력된다. 맨 마지막 예에서 이 규칙을 볼 수 있는데, 4를 2로 나누었는데, 2 대신 2.0이 출력되었다.

소수점 없이 나타낸 값을 **정수형**(integer type)이라고 부르는데 간단히 `int`라고 한다. 소수점과 소수 부분이 있는 값을 **실수형**(부동소수형, floating point type), 혹은 간단히 `float`라고 부른다. 두 가지 자료형의 값을 사용한 예를 좀 더 살펴보자.

```
>>> 2 * 3 + 1
7
>>> (3 + 1) * 3
12
>>> 4.321 / 3 + 10
11.440333333333333
>>> 4.321 / (3 + 10)
0.3323846153846154
```

앞 예에서는 한 수식에 여러 연산자가 사용되었는데, 당연히 어떤 순서로 연산자를 계산하는지 궁금할 것이다. 일반 수학의 **우선순위 규칙**(precedence rule)이 Python에서도 그대로 적용되는데, 즉 곱셈이나 나눗셈이 덧셈이나 뺄셈보다 먼저 수행되며 괄호를 사용하여 연산 순서를 명시적으로 나타낼 수 있다. 그 외의 경우에는 **좌측에서 우측으로 계산**(left-to-right evaluation)되는 규칙이 적용된다. 이 마지막 규칙이 적용되는 예로 아래 수식을 생각해 볼 수 있는데, 뺄셈 **후에** 덧셈이 수행된다.

```
>>> 3 - 2 + 1
2
```

지금까지 계산한 수식은 모두 수 값(int 형이나 float 형의 값)과 산술연산자(+, -, /, * 등과 같은 연산자), 괄호만 사용한 단순한 산술식이었다. Enter 키를 누르면 Python 인터프리터는 수식을 읽어 여러분이 예상한 대로 계산하였다. 약간 특이한 수식의 예로는 아래 수식을 들 수 있다.

```
>>> 3
3
```

Python은 3을 무엇으로 계산할까? 그 값은 바로 3이다.

두 정수 값, int와 float 값은 서로 다른 특징을 지니고 있다. 예를 들어서 두 개의 int 값을 더하거나 빼거나 곱하면 결과 값도 int 값이 된다. 하지만 이들 수식에서 하나라도 float 값이 되면 결과 값은 항상 float 값이 된다. 두 정수 값을(예컨대 4를 2로) 나누면 float 값이 된다는 사실에도 주의하자.

앞서 소개한 연산자 외에도 자주 사용되는 연산자가 있다. 2^4을 계산하려면 지수 연산자 **를 사용해야 한다.

```
>>> 2**3
8
>>> 2**4
16
```

따라서 x^y는 Python 수식 x**y로 계산할 수 있다.

두 정수 값을 나누었을 때 정수 몫과 나머지를 계산하려면 연산자 //와 %를 사용한다. 수식 a//b에서 연산자 //는 정수 a를 b로 나눈 몫을 계산한다. 수식 a%b에서 연산자 %는 정수 a를 b로 나눈 나머지를 계산한다. 구체적 예를 보면 다음과 같다.

```
>>> 14 // 3
4
>>> 14 % 3
2
```

첫 번째 수식에서 **14 // 3**의 결과는 4인데 왜냐하면 14에 3이 네 번 들어가 있기 때문이다. 두 번째 수식에서 **14 % 3**의 결과는 2인데 왜냐하면 14를 3으로 나눈 나머지는 2이기 때문이다.

Python은 또한 여러분이 대수학 과목에서 사용하는 것과 같은 수학 함수도 지원한다. 대수학 과목에서는 입력 **x**를 받아 결과 값 **x+1**을 반환하는 함수 **f()**를 다음과 같이 정의할 수 있다.

```
f(x) = x + 1
```

입력 값 3에 대해 이 함수를 사용하려면 **f(3)**과 같이 사용하면 되고 그 결과 값은 **4**가 된다.

Python 함수도 이와 마찬가지다. 예를 들어서 Python 함수 **abs()**는 주어진 수의 절댓값을 계산하기 위해 사용된다.

```
>>> abs(-4)
4
>>> abs(4)
4
>>> abs(-3.2)
3.2
```

Python에 정의된 다른 함수의 예로는 **min()**과 **max()**를 들 수 있는데, 각각 주어진 입력의 최솟값과 최댓값을 계산한다.

```
>>> min(6, -2)
-2
>>> max(6, -2)
6
>>> min(2, -4, 6, -2)
-4
>>> max(12, 26.5, 3.5)
26.5
```

실습 2.1

다음 각 문장에 대한 Python 산술식을 작성하라.

(a) 양의 정수 중 처음 다섯 개의 양의 정수의 합
(b) 새라(Sara, 23세)와 마크(Mark, 19세), 팻티마(Fatima, 31세)의 평균 나이
(c) 73이 403에 몇 번 들어가 있는지 그 횟수(403을 73으로 나눈 몫)
(d) 403을 73으로 나눈 나머지
(e) 2의 10승
(f) 새라의 키(54인치)와 마크의 키(57인치)의 차(절댓값)
(g) $34.99, $29.95, $31.50 중에서 가장 낮은 가격

논리식과 논리 연산자

산술식 결과는 int 형이든 float 형이든, 아니면 Python이 지원하는 다른 형이든 수 값으로 계산된다. 대수학 분야에서는 다른 형태의 수식도 흔히 사용된다. 예를 들어서 수식 2 < 3의 결과는 수가 아니라 True나 False로(이 경우에는 True로) 계산된다. Python은 이런 수식도 계산할 수 있는데 이런 수식을 **논리식**(부울 식, Boolean expression)이라고 부른다. 논리식은 두 개의 **논리값**(Boolean value), True나 False 중 하나로 계산된다. 이런 자료형을 논리형(Boolean type)이라고 하는데 Python에서는 논리형을 int나 float와 마찬가지로 bool이란 이름으로 표기한다.

비교 연산자(<, >와 같은 연산자)는 논리식에 흔히 사용된다. 사용 예를 보면 다음과 같다.

```
>>> 2 < 3
True
>>> 3 < 2
False
>>> 5 - 1 > 2 + 1
True
```

위 예에서 마지막 식은 비교 연산자의 양쪽에 산술식을 사용한 예를 보여주는데, 이 경우 산술식을 비교 연산 전에 먼저 계산한다. 이 장의 말미에서 설명하겠지만 산술 연산자는 비교 연산자보다 우선순위가 높다. 예를 들어서 5 - 1 > 2 + 1에서 연산자 -와 +가 먼저 계산되고 그 결과 값에 대해 비교 연산이 수행된다.

두 값이 같은지 검사하기 위해서는 비교 연산자 ==를 사용한다. 이 연산자의 경우 두 개의 = 기호를 사용한다는 점에 주의하자. 비교 연산자의 사용 예를 몇 가지 보면 다음과 같다.

```
>>> 3 == 3
True
>>> 3 + 5 == 4 + 4
True
>>> 3 == 5 - 3
False
```

다른 비교 연산자도 있는데 몇 가지 예를 들면 다음과 같다.

```
>>> 3 <= 4
True
>>> 3 >= 4
False
>>> 3 != 4
True
```

논리식 3 <= 4에서는 왼편 수식(3)이 오른편 수식(4) **이하**(less than or equal)인지 검사하기 위해 <= 연산자를 사용하였다. 이 식은 물론 True로 계산된다. 연산자 >=는 좌측 피연산자가 우측 피연산자 이상인지 검사할 때 사용된다. 수식 3 != 4에서는 좌측 및 우측 수식이 다른 값인지 검사하기 위해 != 연산자를 사용하였다.

실습 2.2

다음 각 문장에 대한 Python 논리식을 작성하고 계산하라.

(a) 2와 2의 합이 4보다 작다.

(b) 7 // 3 값은 1 + 1과 같다.

(c) 3의 거듭제곱과 4의 거듭제곱의 합은 25이다.

(d) 2, 4, 6의 합은 12보다 크다.

(e) 1,387은 19로 나눌 수 있다.

(f) 31은 짝수이다. (힌트: 2로 나누었을 때의 나머지를 통해 무엇을 알 수 있을까?)

(g) $34.99, $29.95, $31.50 중 가장 작은 가격은 $30.00보다 작다.

산술식을 조합하여 더 큰 산술식을 만들 수 있는 것처럼 논리식도 논리 연산자 and, or, not 등을 이용하여 조합하여 더 큰 논리식을 만들 수 있다. 두 개의 논리식에 and 연산자를 적용하면 두 논리식이 모두 True로 계산될 때만 True가 된다. 어느 하나가 False로 계산되면 False로 계산될 것이다.

```
>>> 2 < 3 and 4 > 5
False
>>> 2 < 3 and True
True
```

위 두 수식 예에서 볼 수 있는 것처럼 비교 연산자를 수행한 후에 논리 연산자가 수행된다. 그 이유는 비교 연산자의 우선순위가 더 높기 때문인데, 이에 대해서는 뒤에 더 자세히 살펴볼 것이다.

두 개의 논리식에 or 연산자를 적용하면 두 논리식이 모두 거짓일 때 False로 계산된다. 어느 하나라도 참이 되면 True로 계산된다.

```
>>> 3 < 4 or 4 < 3
True
>>> 3 < 2 or 2 < 1
False
```

not 연산자는 **단항**(unary) 논리 연산자인데, 즉 **하나**의 논리식에 적용된다[반면 and와 or는 **이항**(binary) 논리 연산자임]. 해당 논리식이 참이면 False로 계산되고 거짓이면 True로 계산된다.

DETOUR

조지 부울과 부울 대수

조지 부울(George Boole, 1815–1864)은 부울 대수를 개발하였는데, 부울 대수는 디지털 컴퓨터 하드웨어와 프로그래밍 언어의 기초가 된다.

부울 대수는 참과 거짓 값을 사용하는 대수학이다. 부울 대수는 참이나 거짓으로 계산되는 수식에 적용할 수 있는 and, or, not 연산자를 포함한다. 부울 연산자의 계산법은 아래 **진리표**(truth table)로 정의된다.

p	q	p and q
True	True	True
True	False	False
False	True	False
False	False	False

p	q	p or q
True	True	True
True	False	True
False	True	True
False	False	False

p	not p
True	False
False	True

변수와 대입문

지금까지 다룬 대수학 관련 주제를 조금 더 살펴보자. 대수학의 관례대로 값에 이름을 붙이는 것이 유용한 경우가 있는데, 이런 이름을 **변수**(variable)라고 한다. 예를 들어 대수학에서 3 값에 x라는 변수 이름을 붙이려면 $x = 3$과 같이 쓴다. 변수 x는 값 3을 나중에 사용하기 위해 정한 이름이라고 생각할 수 있다. 이 값을 참조하려면 그냥 수식에서 x 값을 쓰면 된다.

Python에서도 이와 같은 일을 할 수 있는데, 즉 변수에 값을 대입할 수 있다.

```
>>> x = 4
```

x = 4와 같은 문장을 **대입문**(assignment statement)이라고 한다. 대입문의 일반적인 형식은 다음과 같다.

```
<변수> = <수식>
```

<수식>이라고 나타낸 수식은 = 연산자의 우변에 놓이며, 산술식, 논리식 등 아무 수식이나 될 수 있다. 좌변에는 <변수>라고 나타낸 변수를 적는다. 위 대입문은 <변수>에 <수식> 값을 계산하여 저장한다. 위 대입문은 x에 4 값을 저장한다.

Python에서 일단 값을 저장한 변수는 나중에 사용할 수 있다.

```
>>> x
4
```

Python에서 변수가 포함된 수식을 계산할 때는 먼저 변수에 저장된 값을 계산하고 수식의 연산자를 계산한다.

```
>>> 4 * x
16
```

대입문의 우변에 변수가 포함된 수식을 사용할 수도 있다.

```
>>> counter = 4 * x
```

문장 counter = 4 * x에서 x를 먼저 4로 계산한 후, 수식 4 * 4를 16으로 계산하고, 끝으로 16을 변수 counter에 대입한다.

```
>>> counter
16
```

지금까지 4가 저장된 x와 16이 저장된 counter를 정의하였는데, 아직 값이 저장되지 않은 변수, 예컨대 z를 사용하면 어떻게 될까? 결과는 다음과 같다.

```
>>> z
Traceback (most recent call last):
File "<pyshell#1>", line 1, in <module>
z
NameError: name 'z' is not defined
```

어떤 결과가 나올지 잘 모르는 상태에서 우리는 첫 번째(아쉽게도 마지막은 아니겠지만) 오류 메시지를 보게 되었다. 어떤 변수(여기서는 z)에 값을 대입하지 않으면, 그 변수는 존재하지 않는 것과 마찬가지다. Python에서 아무 값도 대입되지 않은 변수를 계산하라고 하면 오류가 발생되며 오류 메시지(위 예에서는 "name 'z' is not defined")가 출력된다. 오류[**예외**(exception)라고도 함]에 대해서는 제4장에서 더 배울 예정이다.

실습 2.3

다음 각 문장을 수행하는 Python 문을 작성하고 수행하라.

(a) 정수 값 3을 변수 a에 대입하라.

(b) 4를 변수 b에 대입하라.

(c) 변수 c에 수식 a * a + b * b의 값을 대입하라.

대수학에서 변수의 값을 바꿀 수 있다고 배웠는지 모르겠다. Python에서도 마찬가지다. 예컨대 변수 x의 값이 처음에 4였다고 가정하자.

```
>>> x
4
```

이제 변수 x에 7을 대입하자.

```
>>> x = 7
>>> x
7
```

즉 대입문 x = 7을 수행하면 x의 값이 4에서 7로 바뀐다.

CAUTION

대입 연산과 동등 비교 연산

대입 연산자 =와 동등 비교 연산자 ==를 주의하여 구별하기 바란다. 변수 x에 7을 대입하는 대입문은 아래와 같다.

```
>>> x = 7
```

하지만 다음 코드는 변수 x의 값과 수 7을 비교하여 같으면 True를 반환하는 논리식이다.

```
>>> x == 7
True
```

변수 x의 값이 7이므로 True로 계산되었다.

■ 변수 이름

변수 이름에는 영문 대소문자(a에서 z, A에서 Z)와 밑줄 문자(_)를 사용할 수 있으며, 첫 번째 문자만 아니라면 숫자도 사용할 수 있다.

- 변수 이름으로 `myList`와 `_list`는 괜찮지만 `5list`는 사용할 수 없다.
- 변수 이름으로 `list6`와 `l_2`는 괜찮지만 `list-3`은 사용할 수 없다.
- `mylist`와 `myList`는 다른 변수 이름이다.

변수 이름이 "적합"하다고 할지라도 "좋은" 이름이 아닐 수도 있다. 좋은 이름을 짓기 위해서는 흔히 다음과 같은 원칙을 따른다.

- 의미 있는 이름이어야 한다. `p`보다는 `price`로 쓰는 것이 좋다.
- 여러 단어로 구성된 이름의 경우에는 밑줄을 구분자로 사용하거나(예컨대 `temp_var`, `interest_rate`) 낙타체(camel case, 예컨대 `tempVar`, `TempVar`, `interestRate`, `InterestRate`)를 이용한다. 어느 것을 택하든 일관성 있게 사용하라.
- 의미 있는 이름 중에서는 짧은 이름이 긴 것보다 낫다.

이 책에서는 모든 변수 이름은 소문자로 시작하도록 한다.

CAUTION

Python 3에서의 변수 이름과 기타 사항

변수 이름에 사용되는 문자의 제한은 Python 3.0 전에 있던 제한이다. 3.0 버전 이전의 Python에서는 ASCII 문자 인코딩(영어 알파벳만 사용한 인코딩, 자세한 내용은 제6장 참고)을 기본 문자 집합으로 사용하고 있다.

Python 3.0부터는 유니코드 문자 인코딩(역시 제6장에서 설명함)을 기본 문자 인코딩으로 채택하고 있다. 이 변화로 인해 더 다양한 문자(키릴 문자, 한자, 아랍 문자 등)를 변수 이름에 사용할 수 있다. 이 변화를 보면 오늘날 세계화 관점에서 프로그래밍 언어가 얼마나 사회적, 경제적으로 중요한지 알 수 있다.

지금도 다른 대부분의 프로그래밍 언어에서는 변수 이름이나 다른 이름에 ASCII 문자 인코딩을 사용하도록 강제하고 있다. 그렇기 때문에—이 책이 Python 3.0을 따르고 있긴 하지만—이 책에서도 변수 이름에는 ASCII 문자 인코딩을 사용할 예정이다.

아래 명시된 이름은 Python의 키워드로 예약되어 있다. 따라서 Python 명령어 이외의 목적으로는 사용할 수 없다.

```
False      break      else       if         not        while
None       class      except     import     or         with
True       continue   finally    in         pass       yield
and        def        for        is         raise
as         del        from       lambda     return
assert     elif       global     nonlocal   try
```

2.2 문자열

수 자료형과 논리형 외에도 Python은 많은 복잡한 자료형을 제공한다. Python 문자열 자료형 `str`은 텍스트 데이터, 즉 문자와 공백, 구두점, 다양한 기호들로 이루어진 나열을 나타내기 위해 사용한다. 문자열 값은 따옴표로 감싼 일련의 문자들로 나타낸다.

```
>>> 'Hello, World!'
'Hello, World!'
>>> s = 'hello'
>>> s
'hello'
```

첫 번째 수식인 `'Hello, World!'`는 한 문자열 값으로 구성된 수식으로서 계산해도 자기 자신이 된다. 3이 3으로 계산된 것과 마찬가지다. 문장 `s = 'hello'`는 문자열 `'hello'`를 변수 s에 대입한다. 대입 연산 후에 s를 수식에 사용하면 문자열 값으로 계산된다는 사실에 주의하자.

문자열 연산자

Python은 텍스트, 즉 문자열 값을 처리할 수 있는 연산자를 제공한다. 수와 마찬가지로 문자열도 비교 연산자(==, !=, <, >등의 연산자)로 비교할 수 있다. 예컨대 연산자 ==는 양 변의 문자열이 같은 값이면 True를 반환한다.

```
>>> s == 'hello'
True
>>> t = 'world'
>>> s != t
True
>>> s == t
False
```

연산자 ==와 !=는 두 문자열이 같은지 여부를 검사하는 데 반해, 연산자 <와 >는 두 문자열을 사전순(the dictionary order)으로 비교한다.

```
>>> s < t
True
>>> s > t
False
```

🔊 지금은 그냥 직관적으로 사전순이라고 하지만 정확한 순서는 6.3절에서 설명한다.

연산자 +를 두 문자열에 적용하면 두 문자열이 **접합**[concatenation, 즉 연결(join)]된다.

```
>>> s + t
'helloworld'
>>> s + ' ' + t
'hello world'
```

두 번째 예에서 s와 t는 각각 문자열 값 'hello'와 'world'로 계산되고 그 다음에 하나의 공백 문자로 이루어진 문자열과 연결된다. 두 문자열을 **합할** 수 있다면 혹시 **곱할** 수는 없을까?

```
>>> 'hello ' * 'world'
Traceback (most recent call last):
File "<pyshell#146>", line 1, in <module>
'hello ' * 'world'
TypeError: cannot multiply sequence by non-int of type 'str'
```

음... 곱할 수는 없는 것 같다. 잠시 생각해 보면, 두 문자열을 곱한다는 것이 어떤 의미인지 명확하지 않다. 반면 더하는 것(즉, 접합하는 것)의 의미는 명확하다. 전반적으로 Python 프로그래밍 언어는 표준 연산자(+, *, / 등)를 다양한 형의 값(정수, 부동소수, 논리값, 문자열 등)에 적용하였을 때의 의미를 직관적으로 설계하고 있다. 그렇다면 문자열을 정수와 곱하였을 때 직관적으로 어떤 일이 일어날까? 직접 실행해 보자.

```
>>> 3 * 'A'
'AAA'
>>> 'hello ' * 2
'hello hello '
>>> 30 * '-'
'------------------------------'
```

문자열 s를 정수 k와 곱하면 문자열 s가 k번 접합된 문자열을 얻을 수 있다. 문자열 '-'를 30번 반복함으로써 정말 쉽게 가로줄(간단한 문자열 출력에 유용함)을 만들었다.

연산자 in을 이용하여 문자열에 어떤 문자가 나타나는지 여부를 검사할 수 있다.

```
>>> s = 'hello'
>>> 'h' in s
True
>>> 'g' in s
False
```

연산자 in은 문자열 내에 어떤 문자열이 나타나는지 검사할 때도 사용할 수 있다.

```
>>> 'll' in s
True
```

'll'이 문자열 s에 나타나므로 'll'을 s의 **부문자열**(substring)이라고 한다.

문자열의 길이는 함수 len()을 이용하여 계산할 수 있다.

```
>>> len(s)
5
```

자주 사용되는 문자열 연산을 표 2.1에 정리하였다.

표 2.1
문자열 연산자
여기 나타낸 연산자는 일부일 뿐 더 많은 연산자가 있다. 연산자 전체 목록을 보려면 대화형 셸에서 다음과 같이 문서화 함수 help()를 사용하면 된다.
>>> help(str)

사용 예	설명
x in s	x가 s의 부문자열이면 참, 아니면 거짓
x not in s	x가 s의 부문자열이면 거짓, 아니면 참
s + t	문자열 s와 문자열 t의 접합
s * n, n * s	s를 n번 복제하여 접합
s[i]	문자열 s에서 첨자 i위치의 문자
len(s)	문자열 s의 길이

실습 2.4

다음 대입문을 차례로 수행하라.

```
>>> s1 = 'ant'
>>> s2 = 'bat'
>>> s3 = 'cod'
```

그리고 s1, s2, s3과 연산자 +, *를 이용하여 다음과 같이 계산되는 Python 수식을 작성하라.

(a) `'ant bat cod'`

(b) `'ant ant ant ant ant ant ant ant ant ant'`

(c) `'ant bat bat cod cod cod'`

(d) `'ant bat ant bat ant bat ant bat ant bat ant bat ant bat'`

(e) `'batbatcod batbatcod batbatcod batbatcod batbatcod'`

■ 첨자 연산자

문자열 내의 개별 문자는 **첨자 연산자**(indexing operator) []를 이용하여 참조할 수 있다. 먼저 **첨자**(index)가 무엇인지 살펴보자. 문자열 내에서 어떤 문자의 첨자는 그 문자가 첫 번째 문자로부터 떨어진 거리[offset, 즉 위치(position)]를 나타낸다. 첫 번째 문자의 첨자는 0이고 두 번째 문자의 첨자는 1(첫 번째 문자로부터 한 칸 떨어져 있으므로), 세 번째 문자의 첨자는 2, 이렇게 반복된다. 첨자 연산자 []는 첨자 i를 인수로 받아 첨자 i 위치의 문자 하나로 이루어진 문자열을 반환한다(그림 2.1 참고).

```
>>> s[0]
'h'
>>> s[1]
'e'
>>> s[4]
'o'
```

그림 2.1
자열 첨자와 첨자 연산자
자 0은 첫 번째 문자를 나내며 첨자 *i*는 첫 번째 문로부터 오른쪽으로 *i*번째 있는 문자를 나타낸다. 첨 연산자를 사용한 수식 [0]은 문자열 'h'로, s[1] 'e'로, s[4]는 'o'로 계된다.

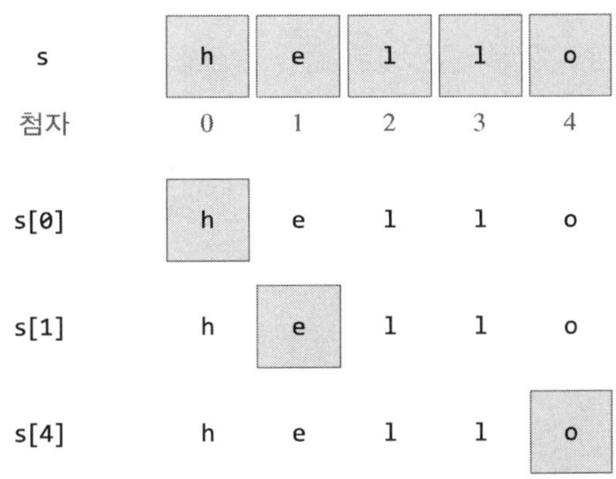

실습 2.5

다음 대입문을 먼저 수행하라.

```
s = '0123456789'
```

그리고 s와 첨자 연산자를 이용하여 아래와 같은 결과로 계산되는 수식을 작성하라.

(a) `'0'`

(b) `'1'`

(c) `'6'`

(d) `'8'`

(e) `'9'`

음수를 첨자로 사용하면 뒤(우측)부터 세어 문자를 찾는다. 예를 들어서 끝 문자와 끝에서 두 번째 문자는 각각 첨자 -1과 -2로 참조할 수 있다(그림 2.2 참고).

```
>>> s[-1]
'o'
>>> s[-2]
'l'
```

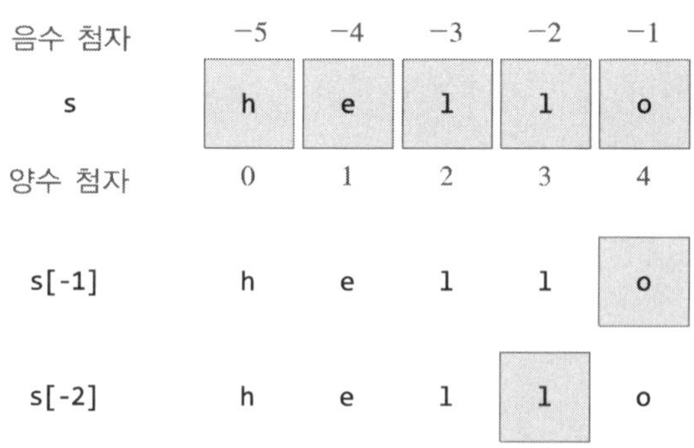

그림 2.2
음수 첨자를 이용한 첨자 연산자
첨자 -1은 끝 문자를 나타내며 그래서 s[-1]은 'o'로 계산된다. s[-2]는 'l'로 계산된다.

이는 Python의 텍스트 처리 기능의 맛보기에 불과하다. 문자열과 텍스트 처리에 관해서는 나중에 더 자세히 살펴볼 예정이다. 지금은 Python의 다른 자료형을 계속 살펴보자.

2.3 리스트와 튜플

다양한 상황에서 우리는 데이터를 목록으로 묶어야 할 때가 있다. 그 예로 쇼핑 목록, 교과목 목록, 휴대폰의 연락처 목록, 음악 플레이어의 곡 목록 등을 들 수 있다. Python에서 목록은 대개 **리스트**(list)라는 데이터 형의 객체로 저장된다. 리스트는 여러 객체를 나열한 것이다. 이때 각 객체는 아무 데이터 형의 객체라도 상관없는데, 수, 문자열, 심지어 다른 리스트가 될 수도 있다. 예를 들어서 다음과 같이 pets라는 변수에 여러 애완동물을 나타내는 문자열을 저장할 수 있다.

```
>>> pets = ['goldfish', 'cat', 'dog']
```

변수 pets를 계산하면 리스트로 계산된다.

```
>>> pets
['goldfish', 'cat', 'dog']
```

Python에서 리스트는 쉼표로 분리된 객체를 각괄호로 감싸 나타낸다. 빈 리스트는 []로 나타낸다. 리스트는 다른 형의 원소를 포함할 수 있다. 예를 들어서 아래 리스트 things는 세 개의 원소로 구성되어 있는데,

```
>>> things = ['one', 2, [3, 4]]
```

첫 번째 원소는 문자열 'one'이고 두 번째 원소는 정수 2이며 세 번째 원소는 리스트 [3, 4]이다.

리스트 연산자

앞 절에서 살펴본 문자열 연산자 대부분을 리스트에 대해서도 유사하게 사용할 수 있다. 예를 들어서 문자열 내의 문자에 접근한 것처럼 리스트의 원소들에 대해서도 첨자 연산자를 통해서 개별적으로 접근할 수 있다.

```
>>> pets[0]
'goldfish'
>>> pets[2]
'dog'
```

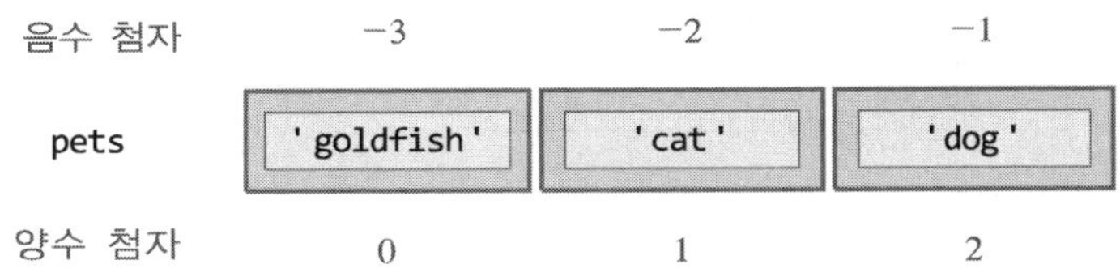

그림 2.3
문자열 리스트
스트 pets는 객체를 나
한 것이다. 첨자 0 위치의 첫
째 객체는 'goldfish'
다. 문자열에서와 마찬가
로 양수 첨자와 음수 첨자
모두 사용할 수 있다.

그림 2.3은 리스트 pets와 각 항목에 대한 첨자 연산을 보여준다. 다음과 같이 음수 첨자도 사용할 수 있다.

```
>>> pets[-1]
'dog'
```

리스트의 길이(리스트에 포함된 원소 개수)는 함수 len()으로 계산할 수 있다.

```
>>> len(pets)
3
```

문자열과 마찬가지로 리스트에도 "덧셈"이 정의되는데, 그 의미는 역시 **접합**(concatenation)이다. 리스트와 정수 k를 "곱셈"할 수도 있는데, 해당 리스트를 k번 복사하여 접합한다는 의미이다.

```
>>> pets + pets
['goldfish', 'cat', 'dog', 'goldfish', 'cat', 'dog']
>>> pets * 2
['goldfish', 'cat', 'dog', 'goldfish', 'cat', 'dog']
```

문자열 'rabbit'이 리스트에 있는지 검사하려면 논리식 내에서 in 연산자를 사용한다. 리스트 'rabbit'이 리스트 pets에 나타나면 True로 계산될 것이다.

```
>>> 'rabbit' in pets
False
>>> 'dog' in pets
True
```

리스트 연산자 몇 개가 표 2.2에 요약되어 있다. 이 표에는 함수 min()과 max(), sum()도 나와 있는데, 각각 리스트 원소의 최솟값, 최댓값, 원소들의 합을 반환한다.

```
>>> lst = [23.99, 19.99, 34.50, 120.99]
>>> min(lst)
19.99
>>> max(lst)
120.99
>>> sum(lst)
199.46999999999997
```

표 2.2
리스트 연산자와 함수
여기 나타낸 연산자는 일부일 뿐 더 많은 연산자가 있다. 연산자 전체 목록을 보려면 대화형 셸에서 다음과 같이 문서화 함수 help()를 사용하면 된다.
>>> help(list)

사용 예	설명
x in lst	x가 lst의 원소이면 참, 아니면 거짓
x not in lst	x가 lst의 원소이면 거짓, 아니면 참
lstA + lstB	리스트 lstA와 리스트 lstB의 접합
lst * n, n * lst	lst를 n번 복제하여 접합
lst[i]	리스트 lst에서 첨자 i위치의 원소
len(lst)	리스트 lst의 길이
min(lst)	리스트 lst에서 가장 작은 원소
max(lst)	리스트 lst에서 가장 큰 원소
sum(lst)	리스트 lst의 원소 합

실습 2.6

먼저 다음 대입문을 수행하라.

```
words = ['bat', 'ball', 'barn', 'basket', 'badminton']
```

리스트 words의 단어를 사전순으로 배열했을 때, 첫 번째 단어와 마지막으로 나타나는 단어를 구하는 수식을 각각 작성하라.

리스트는 변경 가능, 문자열은 변경 불가

리스트의 중요한 특징으로 **변경 가능**(mutable)함을 들 수 있다. 변경 가능함이란 리스트의 내용을 바꿀 수 있다는 뜻이다. 예를 들어서 리스트 pets에서 고양이의 품종을 더 자세히 쓰고 싶다고 하자. 예컨대 pets[1]을 'cat' 대신 'cymric cat'으로 바꾸고 싶다. 그렇게 하려면 'cymric cat'을 pets[1]에 대입하면 된다.

```
>>> pets[1] = 'cymric cat'
>>> pets
['goldfish', 'cymric cat', 'dog']
```

그러면 이제 리스트의 첨자 위치 1의 객체는 더 이상 'cat'가 아니라 문자열 'cymric cat'가 된다.

리스트가 변경 가능한 데 반해, 문자열은 변경할 수 없다. 이는, 즉 문자열 값의 각 글자를 바꿀 수 없다는 의미이다. 예컨대 고양이 종류를 잘못 입력하여 다음과 같이 입력했다고 하자.

```
>>> myCat = 'cymric bat'
```

잘못 입력한 첨자 7 위치의 'b'를 'c'로 바꾸려고 대입문을 수행해 보면 다음과 같은 오류가 발생한다.

```
>>> myCat[7] = 'c'
Traceback (most recent call last):
File "<pyshell#35>", line 1, in <module>
myCat[7] = 'c'
TypeError: 'str' object does not support item assignment
```

이 오류 메시지의 뜻은 결국 문자열의 개별 글자(item)를 바꿀(assigned to) 수 없다는 뜻이다. 문자열은 **변경 불가능**(immutable)하다. 그럼 잘못 입력한 myCat 값은 어쩔 수 없다는 뜻일까? 아니, 전혀 그렇지 않다. 변수 myCat에 완전히 **새로운 값**을 다시 대입하면 된다.

```
>>> myCat = 'cymric cat'
>>> myCat
'cymric cat'
```

문자열과 리스트(기타 변경 불가능 데이터 형 및 변경 가능 데이터 형)에 대한 대입 연산은 3.4절에서 더 자세히 논의할 예정이다.

튜플–"변경 불가능 리스트"

리스트와 더불어 Python은 **튜플**(tuple)이라는 데이터 형도 제공하고 있는데, 튜플은 리스트와 유사하지만 변경 불가능하다. 튜플 객체는 쉼표로 분리된 값의 나열을 각괄호([ ]) 대신 괄호(( ))로 감싸 나타낸다.

```
>>> days = ('Mo', 'Tu', 'We')
>>> days
('Mo', 'Tu', 'We')
```

다음의 대입문처럼 간단한 수식에서는 괄호를 생략할 수 있다.

```
>>> days = 'Mo', 'Tu', 'We', 'Th'
>>> days
('Mo', 'Tu', 'We', 'Th')
```

표 2.2에 나타낸 연산자는 모두 리스트뿐만 아니라 튜플에도 사용할 수 있다. 예를 들면 다음과 같이 사용할 수 있다.

```
>>> 'Fr' in days
False
>>> week = days + ('Fr', 'Sa', 'Su')
>>> week
('Mo', 'Tu', 'We', 'Th', 'Fr', 'Sa', 'Su')
>>> len(week)
7
>>> 2*week
('Mo', 'Tu', 'We', 'Th', 'Fr', 'Sa', 'Su', 'Mo', 'Tu', 'We', 'Th', 'Fr', 'Sa', 'Su')
```

특히 튜플도 리스트처럼 첨자 연산자를 이용하여 원소를 참조할 수 있다.

```
>>> days[2]
'We'
```

그러나 튜플을 변경하려고 하면 오류가 발생한다.

```
>>> days[4] = 'th'
Traceback (most recent call last):
File "<pyshell#261>", line 1, in <module>
days[4] = 'th'
TypeError: 'tuple' object does not support item assignment
```

리스트와 마찬가지로 튜플 원소들도 순서가 매겨져 있으며 첨자로 참조할 수 있다. 하지만 리스트와 달리 튜플은 변경할 수 없다. 즉, 일단 튜플을 생성한 후에는 내용을 변경할 수 없다. 튜플에 대해 사용 가능한 연산자를 더 많이 찾아보려면 온라인 문서를 참고하거나 간단히 문서화 함수 help()를 이용하면 된다. 일련의 데이터를 저장하기 위해서 리스트 대신 언제 튜플을 사용해야 하는지는 3.4, 3.5, 6.1절에서 살펴볼 예정이다.

CAUTION

원소 하나짜리 튜플

아래 코드 예처럼 원소 하나짜리 튜플을 만들어야 한다고 가정하자.

```
>>> days = ('Mo')
```

객체 days의 값과 형을 계산해 보자.

```
>>> days
'Mo'
>>> type(days)
<class 'str'>
```

우리가 만든 것은 전혀 튜플이 아니다. 그냥 문자열 'Mo'일 뿐이다. 괄호는 사실 무시되었다. 왜 그런지 살펴보기 위해 다른 예를 하나 더 살펴보자.

```
>>> t = (3)
>>> t
3
>>> type(3)
<class 'int'>
```

이때 괄호는 분명히 산술식 내의 괄호처럼 취급된 것이다. 사실 ('Mo')를 계산할 때도 마찬가지였다. 문자열을 괄호로 감싸는 것이 이상하긴 하지만 Python 문자열 연산자 *와 +를 사용할 때에도 연산 순서를 명시하기 위해 괄호를 사용해야 할 수도 있다. 다음 예를 보자.

```
>>> ('Mo'+'Tu')*3
'MoTuMoTuMoTu'
>>> 'Mo'+('Tu'*3)
'MoTuTuTu'
```

그럼 원소 하나짜리 튜플은 어떻게 생성할 수 있을까? 일반 tuple의 괄호와 수식에서 사용한 괄호의 차이는 tuple의 괄호 내에서는 쉼표가 사용된다는 점이다. 차이점이 쉼표뿐이라면, 원소 하나짜리 튜플을 만들기 위해 필요한 것은 첫 번째 원소 다음에 쉼표를 하나만 찍으면 된다.

```
>>> days = ('Mo',)
```

우리가 제대로 tuple을 만들었는지 검사해 보면 다음과 같다.

```
>>> days
('Mo',)
>>> type(days)
<class 'tuple'>
```

▩ 리스트 및 튜플 메소드

앞서 리스트에 대해 적용 가능한 함수, 예컨대 min() 함수를 살펴보았다.

```
>>> numbers = [6, 9, 4, 22]
>>> min(numbers)
4
```

min(numbers)와 같은 수식에서 우리는 함수 min()이 입력 인수인 리스트 numbers와 함께 **호출**(call)되었다고 한다.

이와 다른 형태로서 리스트에 대해 호출되는 함수도 있다. 예를 들어서 리스트 pets에 'guinea pig'를 추가하려면 다음과 같이 리스트 pets에 대해 함수 append()를 호출하면 된다.

```
>>> pets.append('guinea pig')
>>> pets
['goldfish', 'cymric cat', 'dog', 'guinea pig']
```

리스트 pets에 다른 원소 'dog'를 또 추가해 보자.

```
>>> pets.append('dog')
>>> pets
['goldfish', 'cymric cat', 'dog', 'guinea pig', 'dog']
```

함수 append()를 호출하는 방식을 주의 깊게 살펴보자.

```
pets.append('guinea pig')
```

위 코드는 리스트 pets에 대해 함수 append()를 입력 인수 'guinea pig'와 함께 호출한다고 해석해야 한다. 문장 pets.append('guinea pig')를 수행하면 입력 인수 'guinea pig'를 리스트 pets의 끝에 붙인다.

함수 append()는 list 함수이다. 이 말의 뜻은 함수 append()를 독자적으로 호출할 수 없다는 뜻이며 항상 어떤 리스트 lst에 대하여 lst.append() 형식으로 호출되어야 한다는 의미이다. 이러한 함수를 **메소드**(method)라고 부른다.

리스트 메소드의 다른 예로 count() 메소드가 있다. 어떤 리스트에 대해 어떤 입력 인수와 함께 이 메소드를 호출하면 그 리스트에 나타난 입력 인수 개수를 반환한다.

```
>>> pets.count('dog')
2
```

위 경우에 리스트 pets에 대해 메소드 count()를(입력 인수 'dog'와 함께) 호출했다고 한다.

리스트에서 첫 번째 나타나는 'dog'를 제거하려면 list 메소드 remove()를 이용한다.

```
>>> pets.remove('dog')
>>> pets
['goldfish', 'cymric cat', 'guinea pig', 'dog']
```

list 메소드 reverse()는 객체들의 순서를 거꾸로 배열한다.

```
>>> pets.reverse()
>>> pets
['dog', 'guinea pig', 'cymric cat', 'goldfish']
```

자주 사용되는 리스트 메소드는 표 2.3에 정리되어 있다. 리스트 메소드를 **전부** 보고 싶다면 대화형 셸에서 문서화 함수 help()를 이용하기 바란다.

```
>>> help(list)
Help on class list in module builtins:
...
```

표 2.3 대표적인 리스트 메소드

수 append(), insert(), p(), remove(), reverse(), ort()는 리스트 lst를 변 한다. 리스트 메소드 전체 록을 보려면 대화형 셸에 다음과 같이 문서화 함수 elp()를 사용하면 된다.
>> help(list)

사용 예	설명
lst.append(item)	lst의 끝에 item을 추가함
lst.count(item)	lst에 나타난 item 수를 반환함
lst.index(item)	lst에 나타난 첫 번째 item의 첨자를 반환함
lst.insert(index, item)	item을 첨자 index 위치 바로 앞에 추가함
lst.pop()	리스트의 마지막 원소를 지움
lst.remove(item)	리스트에서 처음 나타나는 item을 지움
lst.reverse()	리스트의 원소 순서를 거꾸로 함
lst.sort()	리스트를 정렬함

sort() 메소드는 리스트 원소들을 오름차순으로 정렬한다. 이때 비교 순서는 리스트 내 객체들에 따라 "자연스럽게" 정의되는 순서를 따른다. 리스트 pets는 문자열 객체로 구성되어 있으므로 순서는 사전순을 따른다.

```
>>> pets.sort()
>>> pets
['cymric cat', 'dog', 'goldfish', 'guinea pig']
```

수로 구성된 리스트라면 오름차순으로 정렬된다.

```
>>> lst = [4, 2, 8, 5]
>>> lst.sort()
>>> lst
[2, 4, 5, 8]
```

수와 문자열을 모두 포함하고 있는 리스트를 정렬하면 어떤 일이 벌어질까? 문자열과 정수는 서로 비교할 수 없으므로 리스트를 정렬할 수 없으며 따라서 오류가 발생할 것이다. 이는 각자 테스트해 보자.

실습 2.7

학생의 과제 점수 리스트가 다음과 같이 주어졌을 때,

```
>>> grades = [9, 7, 7, 10, 3, 9, 6, 6, 2]
```

아래 코드를 작성하라.

(a) 7점 맞은 과제 수를 세는 수식
(b) 마지막 과제 점수를 4점으로 바꾸는 문장
(c) 최대 점수를 계산하는 수식
(d) 리스트 `grades`를 정렬하는 문장
(e) 평균 점수를 계산하는 수식

계속 진행하기 전에 튜플에 대해 사용할 수 있는 메소드에 대해 생각해 보자. 튜플은 변경 불가능하다는 사실만 제외하면 리스트와 거의 유사하다고 말한 바 있다. 표 2.3에서 두 개의 메소드만 제외하고는 모두 리스트를 변경하는 메소드이다. 그 두 메소드는 `count()`와 `index()`이며 마침 튜플을 대상으로 사용 가능한 메소드도 이 두 개의 메소드뿐이다.

2.4 객체와 클래스

지금까지 Python이 지원하는 몇 가지 데이터 형을, 즉 `int`, `float`, `bool`, `str`, `list`, `tuple`을 살펴보았다. Python에서 값을 취급하는 방법을 직관적으로 설명하기 위해 다소 비격식적 방법을 택하여 설명하였다. 지금까지는 이런 직관적 설명이 괜찮았다. 이젠 한 발 물러서서 `type`이 무엇인지, 데이터 형이 지원하는 **연산자**와 **메소드**는 무엇인지 더 엄밀하게 살펴보고자 한다.

Python에서 모든 값은, 그 값이 단순한 정수 값(예컨대 3)이든 아니면 더 복잡한 값(예컨대 문자열 `'Hello, World!'`나 리스트 `['hello', 4, 5]`)이든 상관없이 메모리에 **객체**(object)로 저장된다. 객체는 컴퓨터 메모리에 저장된, 값을 포함하는 어떤 상자라고 생각할 수 있다.

상자라는 아이디어는 객체에 숨겨진 개발 동기를 이해하는 데 도움이 된다. 예컨대 정수 값을 컴퓨터 시스템에 저장하고 이를 처리하는 것은 매우 복잡하다. 하지만 정수 값을 이용하여 산술 연산을 수행하는 것은 꽤 직관적이다. 객체는 값을 보관하는 상자로서 이러한 복잡한 저장 방법과 처리 방법을 숨기고 프로그래머에게 필요한 정보만을, 즉 객체의 값 및 객체에 어떤 종류의 연산을 적용할 수 있는지만을 제공한다.

■ 객체 형

모든 객체에는 **형**(type)과 **값**(value)이 연관되어 있다. 그림 2.4에 나타낸 네 개의 객체(3 값의 정수 객체, `3.0` 값의 실수[1] 객체, `'Hello World'` 값의 문자열 객체, `[1, 1, 2, 3, 5, 8]` 값의 리스트 객체)를 보자.

객체의 형(object's type)은 객체가 어떤 종류의 값을 저장할 수 있는지, 또 객체에 어떤 종류의 연산을 수행할 수 있는지 나타낸다. 지금까지 살펴본 형의 예로는 정수형(`int`), 실수형(`float`), 논리형(`bool`), 문자열형(`str`), 리스트형(`list`)을 들 수 있다. 객체의 형을 알아보려면 Python의 `type()` 함수를 이용하면 된다.

그림 2.4
네 개의 객체
림에 나타낸 네 개의 객체
형이 서로 다르다. 각 객
에는 형과 값이 연관되어
다.

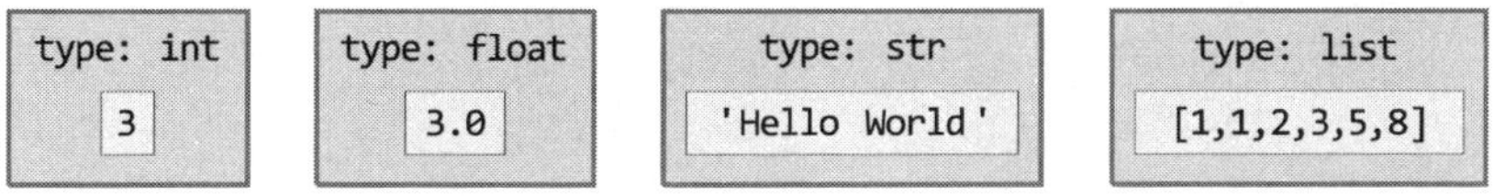


```
>>> type(3)
<class 'int'>
>>> type(3.0)
<class 'float'>
>>> type('Hello World')
<class 'str'>
>>> type([1, 1, 2, 3, 5, 8])
<class 'list'>
```

변수에 `type()` 함수를 적용하면 변수가 가리키는 객체의 형이 반환된다.

```
>>> a = 3
>>> type(a)
<class 'int'>
```

1) 역주: 엄밀히 말하면 3.0은 '부동소수점 수', 해당 형은 '부동소수점 수형'이라고 해야 하겠지만 편의상 '실수', '실수형'이라고 지칭하겠다.

CAUTION

변수엔 형이 없다

변수엔 형이 없다는 사실을 이해하는 것이 중요하다. 변수는 그냥 이름일 뿐이다. 변수가 나타내는 객체만 형을 가지고 있다. 따라서 다음과 같은 결과를 보았을 때,

```
>>> type(a)
<class 'int'>
```

위 결과가 실제로 의미하는 것은 **현재** 이 변수가 나타내는 객체의 형이 정수형이란 뜻이다.

```
a = 3.0
```

이후 a는 `float` 값을 나타낼 것이다.

```
>>> type(a)
<class 'float'>
```

Python에서는 값이 항상 객체로 저장되기 때문에 Python 언어는 **객체지향**(object-oriented) 언어라고 한다. 객체지향 언어가 아닌 언어에서는 특정 형의 값이 객체와 같은 추상적 형태로 저장되지 않고 그냥 메모리에 구체적인 형태로 저장된다. 객체 형태로 저장된 값의 형을 나타낼 때 **클래스**(class)라는 용어를 사용한다. Python에서 모든 값은 객체로 저장되기 때문에 Python의 모든 형은 클래스다. 이 책에서는 **클래스**와 **형**이라는 용어를 서로 같은 의미로 사용할 예정이다.

이 장의 앞부분에서는 Python의 수 형을 다소 비격식적으로 소개하였다. 이제 **객체의 형** 개념과 함께 더 자세히 수 형을 살펴볼 예정이다.

■ 수 데이터 형의 가능한 값

모든 객체의 **값**은 객체의 형이 규정하는 값이어야 한다. 예를 들어서 정수 객체의 값이 3일 수는 있지만 3.0이나 `'three'`이면 안 된다. 정수 값은 임의로 큰 값일 수 있다. 예컨대 값이 2^{1024}인 정수 객체를 생성할 수도 있다.

```
>>> x = 2**1024
>>> x
17976931348623159077293051907890247336179769789423065727343008
...
71633505106845862982399472459384797163048353563296242241372l6
```

실제로는 정수 객체에 저장할 수 있는 값의 한계가 존재한다. 이 한계는 사용 가능한 메모리의 한계에 따라 다르다. 그 이유는 간단히 말해서 컴퓨터 메모리에 저장될 수 있는 자릿수보다 더 많은 자릿수의 정수를 저장할 수 없기 때문이다.

Python의 실수형(`float`)은 정해진 자릿수의 소수를 나타내기 위해 사용된다.

```
>>> pi = 3.141592653589793
>>> 2.0**30
1073741824.0
```

정수 값이 임의로 많은 자릿수(컴퓨터 메모리가 허용하는 한도의 자릿수)를 나타낼 수 있는 데 비해 **float** 값을 저장하는 데 사용되는 비트 수는 정해져 있는데, 현재 사용되는 랩톱이나 데스크톱 컴퓨터에서는 대개 64비트로 정해져 있다. 이 사실로 인해 여러 가지 제약점이 발생하는데, 첫 번째 제약점은 매우 큰 수를 저장할 수 없다는 것이다.

```
>>> 2.0**1024
Traceback (most recent call last):
File "<pyshell#92>", line 1, in <module>
2.0**1024
OverflowError: (34, 'Result too large')
```

float 값에 사용 가능한 비트 개수보다 더 많은 비트 개수를 필요로 하는 **float** 값을 정의하려고 하면 오류가 발생한다(앞서 살펴본 것처럼 정수형 값 **2**1024**는 괜찮았지만 실수 값에서만 이런 오류가 발생한다는 사실에 주의할 것). 두 번째 제약점은 소수 부분도 정확히 표현할 수 없으며 근삿값으로만 나타낼 수 있다는 것이다.

```
>>> 2.0**100
1.2676506002282294e+30
```

위 표기는 어떤 의미일까? 이러한 표기법을 **과학 표기법**(scientific notation)이라고 하는데, 위 값은 $1.2676506002282294 \cdot 10^{30}$을 나타낸다. 이에 해당하는 정확한 값과 비교해 보자.

```
>>> 2**100
1267650600228229401496703205376
```

다음 예에서도 소수 부분이 근삿값으로 표현되는 것을 볼 수 있다.

```
>>> 2.0**-100
7.888609052210118e-31
```

그리고 아주 작은 값은 근삿값 0으로 표현된다.

```
>>> 2.0**-1075
0.0
```

수 데이터 형에 적용 가능한 연산

Python은 대수식에서 사용할 수 있도록 **abs()**나 **min()**과 같은 수학 함수를 내장 함수로 제공한다. Python이 제공하는 산술 연산자를 정리하면 표 2.4와 같다.

표 2.4
수 형 연산자
오른쪽에 열거한 연산자는 수 객체(예컨대 bool, int, float)에 사용할 수 있다. 어느 한 피연산자가 float라면 결과 값은 항상 float가 된다. 그렇지 않으면 int가 되는데, 단 나눗셈 연산(/)만 예외이다. 나눗셈 연산은 항상 float 값으로 계산된다.

연산	설명	형(x와 y가 정수일 때)
x + y	덧셈	정수형
x - y	뺄셈	정수형
x * y	곱셈	정수형
x / y	나눗셈	실수형
x // y	정수 나눗셈	정수형
x % y	x // y의 나머지	정수형
-x	x의 부호 변경	정수형
abs(x)	x의 절댓값	정수형
x**y	x의 y승	정수형

나눗셈(/)을 제외한 모든 연산에서 두 피연산자 x와 y(abs()와 같은 단항 연산의 경우에는 그냥 x)가 모두 정수이면 그 결과도 정수라는 규칙이 성립한다. 어느 한 피연산자가 float 값이면 결과도 float 값이 된다. 나눗셈(/)의 경우엔 피연산자와 상관없이 항상 결과가 float 값이다.

값을 비교하기 위해서는 비교 연산자를 사용할 수 있다. 표 2.5에 나타낸 바와 같이 Python에서는 6개의 비교 연산자를 사용할 수 있다. Python에서는 여러 비교 연산을 임의 개수만큼 연달아 사용할 수 있다.

표 2.5
비교 연산자
두 수의 형이 같든 다르든 비교 연산자를 이용하여 비교할 수 있다.

연산자	설명
<	작다
<=	작거나 같다(이하이다)
>	크다
>=	크거나 같다(이상이다)
==	같다
!=	다르다

```
>>> 3 <= 3 < 4
True
```

한 수식에 둘 이상의 연산자가 있으면 계산 순서가 중요하다. 예컨대 수식 2 * 3 + 1은 7이나 8 중에서 어느 값으로 계산해야 할까?

```
>>> 2 * 3 + 1
7
```

연산자 **계산 순서**는 괄호를 이용하여 **명시적**(explicitly)으로 나타낼 수도 있다. 그렇지 않으면 **암묵적**(implicitly)으로 **우선순위**(operator precedence) 규칙이 적용되며 연산자 우선순위가 같은 경우에는 **좌에서 우로 계산**(left-to-right evaluation) 규칙이 적용된다. 표 2.6에 나타낸 바와 같이 Python에서는 일반 대수학의 연산자 우선순위를 따른다. 좌에서 우로 계산 규칙에만 의존하면 실수할 가능성이 높기 때문에 경험 많은 개발자는 명시적으로 괄호를 사용한다. 예컨대 좌에서 우로 계산 규칙에 따라 아래와 같이 계산되지만

```
>>> 2 - 3 + 1
0
```

현명한 개발자는 다음과 같이 괄호를 이용하여 자신의 의도를 명확히 나타낸다.

```
>>> (2 - 3) + 1
0
```

표 2.6
연산자 우선순위
우선순위가 높은 것(위쪽)부터 낮은 것(아래쪽) 순으로 나열하였다. 같은 행에 있는 연산자는 우선순위가 같다. 우선순위가 높은 연산부터 먼저 수행되며 우선순위가 같으면 좌에서 우로 수행된다.

연산자	설명
`[expressions...]`	리스트 정의
`x[], x[index:index]`	첨자 연산자
`**`	거듭제곱
`+x, -x`	양의 부호, 음의 부호
`*, /, //, %`	곱셈, 나눗셈, 정수 나눗셈, 나머지 연산
`+, -`	덧셈, 뺄셈
`in, not in, <, <=, >, >=, <>, !=, ==`	원소 연산, 비교 연산
`not x`	논리 NOT
`and`	논리 AND
`or`	논리 OR

실습 2.8

아래 각 수식을 계산할 때 연산자의 계산 순서는 어떻게 되는가?

(a) `2 + 3 == 4 or a >= 5`

(b) `lst[1] * -3 < -10 == 0`

(c) `(lst[1] * -3 < -10) in [0, True]`

(d) `2 * 3**2`

(e) `4 / 2 in [1, 2, 3]`

객체 생성

값이 3인 정수 객체를 생성하기 위해(그리고 변수 x에 저장하기 위해) 다음과 같은 문장을 사용할 수 있다.

```
>>> x = 3
```

위 문장에서는 정수 객체의 형을 명시적으로 나타내지 않았다는 사실에 주의하자. Python에서도 객체의 형을 명시적으로 나타내며 객체를 생성할 수도 있다.

```
>>> x = int(3)
>>> x
3
```

위 함수 `int()`를 **생성자**라고 부르는데 여기서 생성자는 정수 객체를 **명시적**(explicitly)으로 만들기(instantiate) 위해 사용되었다. 객체의 값은 생성자의 인수에 의해 결정된다. 이 생성자 호출로 생성된 객체의 값은 3이다. 생성자 인수가 주어지지 않으면 객체의 기본값(default value)이 사용된다.

```
>>> x = int()
>>> x
0
```

위 코드에서 알 수 있는 것처럼 정수의 기본값은 0이다.

실수, 리스트, 문자열 형의 생성자 함수는 각각 `float()`, `list()`, `str()`이다. 이들 형에 대한 기본값이 무엇인지 파악하기 위해 인수 없이 생성자를 호출해 보겠다. 실수 객체의 기본값은 0.0이다.

```
>>> y = float()
>>> y
0.0
```

문자열과 리스트의 기본값은 각각 `''`(빈 문자열)과 `[]`(빈 리스트)이다.

```
>>> s = str()
>>> s
''
>>> lst = list()
>>> lst
[]
```

암시적 형 변환

산술식과 논리식에 여러 데이터 형의 피연산자가 사용되는 경우에 Python은 다른 피연산자들을 **포함**(contain)하는 큰 데이터 형으로 각 피연산자의 형을 변환한다. 예를 들어서 정수와 덧셈을 수행할 때 `True`는 1로 변환된다.

```
>>> True + 5
6
```

이렇게 다소 이상한 변환을 수행하는 이유는, 그림 2.5에 보인 바와 같이 논리형이 실제로는 정수형의 "**부분형**(subtype)"이기 때문이다. 거의 대부분 논리값 `True`와 `False`는 각각 1과 0인 것처럼 동작한다.

그림 2.5
수 형 사이의 형 변환
러 다른 형의 피연산자가
인 산술식에서는 다른 형
포함된 값은 포함하고 있
형으로 변환되는데, 형 사
의 포함관계는 그림과 같
. 정수형이 부동소수형으
변환됨에 따라 오버플로
발생할 수 있다.

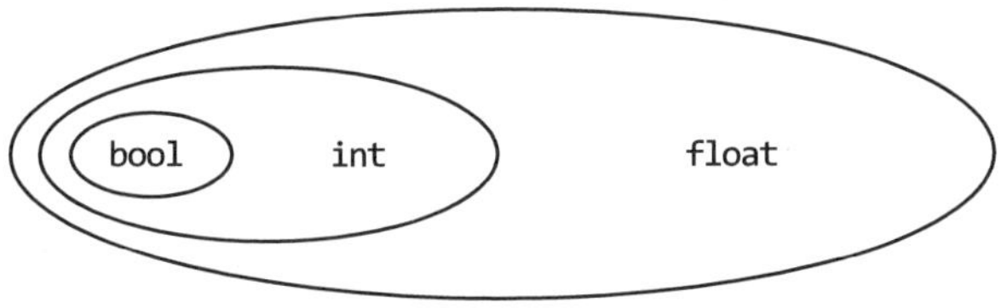

정수는 소수점 표기로 나타낼 수 있지만(3을 3.0으로 나타낼 수 있음) 그 역은 불가능하기 때문에(2.65는 정수로 나타낼 수 없음), 그림 2.5에 나타낸 것처럼 `int` 형은 `float` 형에 포함된다. 예를 들어서 `3 + 0.35`의 경우처럼 `int` 값과 `float` 값을 더해야 하는 경우를 생각해 보자. `float` 형이 `int` 형을 포함하고 있으므로 3을 3.0으로 자동 변환한 후, 두 실수 값을 더한다.

```
>>> 3 + 0.35
3.35
```

CAUTION

int에서 float로의 형 변환

`int` 객체가 취할 수 있는 값의 범위가 `float` 객체의 값 범위보다 넓다는 것에 주의하라. `int` 형이 `float` 형에 포함되긴 하지만 이는 `int` 형의 값이 항상 `float` 형으로 변환될 수 있다는 것을 의미하지는 않는다. 예를 들어서 수식 `2**10000+3`은 아무 문제없이 `int` 값으로 계산되지만 `float` 결과로 변환하면 오버플로가 발생한다.

```
>>> 2**10000+3.0
Traceback (most recent call last):
File "<pyshell#139>", line 1, in <module>
2**10000+3.0
OverflowError: Python int too large to convert to float
```

명시적 형 변환

우리가 좀 전에 소개한 생성자 함수를 이용하여 명시적으로 형 변환을 수행할 수도 있다. 예를 들어서 `int()` 생성자는 `float` 입력 인수를 받아 정수를 생성할 수 있는데, 소수 부분을 제거함으로써 형 변환을 수행한다.

```
>>> int(3.4)
3
>>> int(-3.6)
-3
```

오버플로만 발생되지 않는다면 `float()` 생성자도 정수 입력을 부동소수로 변환할 수 있다.

```
>>> float(3)
3.0
```

문자열에서 수 형으로의 변환은 의미가 있는 경우(즉 문자열이 해당 수 형의 값을 나타낼 경우)에만 동작하며 그렇지 않은 경우에는 오류가 발생한다.

```
>>> int('3.4')
Traceback (most recent call last):
File "<pyshell#123>", line 1, in <module>
int('3.4')
ValueError: invalid literal for int() with base 10: '3.4'
>>> float('3.4')
3.4
```

문자열 생성자 str()을 어떤 수에 적용하면 그 수의 문자열 표현이 반환된다.

```
>>> str(2.72)
'2.72'
```

실습 2.9

아래 각 수식을 계산한 결과 값의 형은 무엇인가?

(a) `False + False`

(b) `2 * 3**2.0`

(c) `4 // 2 + 4 % 2`

(d) `2 + 3 == 4 or 5 >= 5`

■ 클래스 메소드와 객체지향 프로그래밍

어떤 데이터 형(즉, 클래스)을, 그 클래스의 객체에 적용 가능한 연산자 및 메소드의 집합으로 간주할 수도 있다. 예컨대 list 클래스는 list 클래스에 정의된 연산자와 메소드(일부는 그림 2.2와 2.3에 나타냄)로 정의할 수 있다. 지금까지 사용한 list 메소드는 append(), count(), remove()등 으로서 아래와 같이 동작 예를 볼 수 있다.

```
>>> pets = ['goldfish', 'cat', 'dog']
>>> pets.append('guinea pig')
>>> pets.append('dog')
>>> pets
['goldfish', 'cat', 'dog', 'guinea pig', 'dog']
>>> pets.count('dog')
2
>>> pets.remove('dog')
>>> pets
```

```
['goldfish', 'cat', 'guinea pig', 'dog']
>>> pets.reverse()
>>> pets
['dog', 'guinea pig', 'cat', 'goldfish']
```

클래스 list가 제공하는 모든 메소드를 보려면 문서화 도구 help()를 이용하면 편리하다.

```
>>> help(list)
```

이제 우리는 앞서 예로 든 메소드 호출의 의미를 정확하게 설명할 수 있다. 각 메소드 호출 예에서는 list 객체 pets 다음에 점(.)이 오고 그 다음 메소드(함수) 호출이 따라왔다. 다음과 같은 호출의 의미는

```
pets.append('guinea pig')
```

list **메소드** append()가 list 객체 pets에 **대하여** 문자열 입력 인수 'guinea pig'와 함께 **호출**된다는 뜻이다. 일반적으로 다음과 같은 표기의 의미는

```
o.m(x,y)
```

메소드 m이 객체 o에 대하여 입력 인수 x 및 y와 함께 호출된다는 뜻이다. 메소드 m은 객체 o가 속한 클래스의 메소드여야 한다.

Python의 모든 연산은 이런 형태의 메소드 호출이다. x + y와 같은 수식은 이 형식에 맞지 않으므로 어쩌면 이 말이 이상하게 들릴지 모르지만 제8장을 보고 나면 이해가 될 것이다. 데이터를 다루기 위한 이러한 방식, 즉 데이터를 객체에 저장하고 메소드를 객체에 대해 호출하는 방식을 **객체지향 프로그래밍**(OOP: object-oriented programming)이라고 부른다. OOP는 코드를 구조화하고 개발하기 위한 강력한 방법이다. OOP에 대해서는 제8장에서 더 자세히 배울 예정이다.

2.5 Python 표준 라이브러리

Python 프로그래밍 언어의 핵심 언어는 max()나 sum()과 같은 함수와 int, str, list와 같은 클래스를 함께 제공한다. Python 핵심 언어가 이들 함수와 클래스만으로 구성되었다고 볼 수는 없겠지만, 효율성과 사용 편의성을 높이기 위해 Python 핵심 언어는 의도적으로 작게 설계되었다. 이러한 핵심 함수 및 클래스와 더불어 Python은 아주 풍부하고 많은 함수와 클래스를 Python 표준 라이브러리로 제공하고 있다. Python 표준 라이브러리는 수천 개의 함수와 클래스를 module이라는 구성요소 형태로 구조화하여 제공한다.

각 모듈에는 특정 응용 분야와 관련된 함수 및 클래스 집합이 포함되어 있다. 200개 이상의 내장 모듈이 합쳐져 Python 표준 라이브러리를 이룬다. 표준 라이브러리의 각

모듈은 특정 응용 분야의 응용 프로그램 개발을 지원하기 위한 함수와 클래스를 포함하고 있다. 대표적으로 표준 라이브러리는 다음과 같은 모듈을 지원한다.

- 네트워크 프로그래밍
- 웹 응용 프로그래밍
- 그래픽 사용자 인터페이스(GUI: graphical user interface) 개발
- 데이터베이스 프로그래밍
- 수학 함수
- 의사난수 생성

궁극적으로는 위 모듈을 모두 사용해 볼 예정이지만, 지금은 일단 `math`와 `fraction` 모듈의 사용법을 살펴보자.

모듈 math

Python 핵심 언어는 이 장의 전반부에서 배운, 아주 기본적인 수학 연산자만을 지원한다. 제곱근 함수나 삼각함수 등 기타 수학 함수를 사용하려면 수학 모듈을 사용해야만 한다. 수학 모듈은 수학 상수 및 함수를 제공하는 라이브러리이다. 수학 모듈의 함수를 사용하려면 먼저 명시적으로 수학 모듈을 임포트(import)해야 한다.

```
>>> import math
```

위와 같은 `import` 문을 사용하면 모듈 `math`에 정의된 모든 수학 함수를 사용할 수 있다(`import` 문의 동작에 관한 자세한 사항은 다음 장과 제6장에서 자세히 살펴볼 예정임).

제곱근 함수 `sqrt()`도 모듈 `math`에 정의되어 있지만 다음과 같이 사용할 수는 없다.

```
>>> sqrt(3)
Traceback (most recent call last):
File "<pyshell#28>", line 1, in <module>
sqrt(3)
NameError: name 'sqrt' is not defined
```

위 결과를 보면 Python 인터프리터가 제곱근 함수 이름인 `sqrt`에 대해 모른다는 것을 알 수 있다. 우리는 어디(즉, 어느 모듈)에서 이 함수를 찾을 수 있는지 Python 인터프리터에게 알려주어야 한다.

```
>>> math.sqrt(3)
1.7320508075688772
```

표 2.7
모듈 math
이 표는 math 모듈에 정의된 함수 및 상수 일부를 나타낸 것이다. 모듈을 임포트한 후에는 대화형 셸에서 help() 함수를 이용하여 다음과 같이 전체 목록을 볼 수 있다.
>> help(math)

함수	설명
sqrt(x)	$\sqrt{x}$
ceil(x)	$\lceil x \rceil$ (즉, x 이상의 가장 작은 정수)
floor(x)	$\lfloor x \rfloor$ (즉, x 이하의 가장 큰 정수)
cos(x)	$\cos(x)$
sin(x)	$\sin(x)$
log(x, base)	$\log_{base}(x)$
pi	3.141592653589793
e	2.718281828459045

표 2.7에는 수학 모듈에서 흔히 사용되는 함수가 요약되어 있다. 또한 이 표에는 수학 모듈에 정의되어 있는 상수도 두 개 나와 있다. math.pi 값은 수학 상수 π의 근삿값을, math.e는 오일러 상수 e의 근삿값을 나타낸다.

실습 2.10

다음 각 항목에 해당하는 Python 수식을 작성하라.

(a) 직각삼각형에서 직각을 끼고 있는 양 변의 길이가 a, b일 때 빗변의 길이
(b) 위 문제의 빗변 길이가 5인지 검사하는 수식
(c) 반지름이 a인 원반의 넓이
(d) 중심이 (a, b)이고 반지름이 r인 원 내부에 좌표가 x, y인 점이 속하는지 검사하는 논리식

모듈 fractions

fraction 모듈은 새로운 형태의 수, 즉 Fraction 형을 정의한다. Fraction 형은 분수를 나타내는 데 사용되며 다음과 같은 유리수 연산을 수행한다.

$$\frac{1}{2}+\frac{3}{4}=\frac{5}{4}$$

fraction 모듈을 사용하려면 먼저 임포트해야 한다.

```
>>> import fractions
```

분자, 분모 두 개의 인수로 Fraction 생성자를 호출함으로써 Fraction 객체를 생성할 수 있다. 다음 코드는 $\frac{3}{4}$과 $\frac{1}{2}$을 생성하는 방법을 보여준다.

```
>>> a = fractions.Fraction(3, 4)
>>> b = fractions.Fraction(1, 2)
```

클래스 Fraction이 정의되어 있는 위치(fraction 모듈)를 명시해야 한다는 사실에 주의하자. 수식 a를 계산하면 다음과 같은 결과를 얻는다.

```
>>> a
Fraction(3, 4)
```

a가 0.75로 계산되지 **않는다**는 사실에 주의하자.

다른 수와 마찬가지로 Fraction 객체도 서로 더할 수 있으며 Fraction 객체를 결과 값으로 얻을 수 있다.

```
>>> c = a + b
>>> c
Fraction(5, 4)
```

float 형과 fraction.Fraction 형의 차이는 무엇일까? 컴퓨터 내에서 float 값은 정해진 수의 비트(대개 64 비트) 내에 저장된다고 앞서 언급한 바 있다. 이는 float 객체가 취할 수 있는 값의 범위가 제한되어 있음을 의미한다. 예를 들어서 0.5^{1075}은 float 값으로 나타낼 수 없으며 따라서 0으로 계산된다.

```
>>> 0.5**1075
0.0
```

fraction.Fraction 객체로 표현할 수 있는 값의 범위는 int 형과 마찬가지로 매우 매우 크며 사용 가능한 메모리 크기에 따라서만 그 범위가 제한된다. 따라서 $(\frac{1}{2})^{1075}$는 쉽게 계산할 수 있다.

```
>>> fractions.Fraction(1, 2)**1075
Fraction(1, 404804506614621236704990693437834614099113299528284236
713802716054860679135990693783920767402874248990374155728633623822
779617474771586953734026799881477019843034848553132722728933815484
186432682479535356945490137124014966849385397236206711298319112681
620113024717539104666829230461005064372655017292012526615415482186
989568)
```

그렇다면 항상 fractions.Fraction 형을 사용하지 않는 이유는 무엇일까? 그 이유는 바로 fractions.Fraction 값으로 작성된 수식보다 float 값으로 작성된 수식을 계산하는 것이 엄청나게 빠르기 때문이다.

E-Book 사례연구: Turtle 그래픽스

첫 번째 사례연구에서는 그래픽 도구를 활용하여 이 장에서 소개한 개념(객체, 클래스, 클래스 메소드, 객체지향 프로그래밍, 모듈)을 시각적으로 살펴본다. Turtle 그래픽스라는 도구를 이용하면 종이 위에 펜을 들고 그리는 것처럼 선이나 모양을 그릴 수 있다.

요약

이 장에서는 Python 개념을 개략적으로 살펴보고 Python의 핵심 내장 데이터 형을 살펴보았다.

수식을 계산하기 위해 대화형 셸을 사용하였다. 먼저 수 값을 계산하는 산술식부터 살펴보고 True나 False로 계산되는 논리식을 살펴보았다. 또한, 변수와 대입문도 소개하였는데, 대입문은 값에 이름을 붙일 때 사용한다.

이 장에서는 핵심 Python 내장 자료형(int, float, bool, str, list, tuple)을 살펴보았다. 그 다음에는 수치 계산 내장 연산자를 살펴보고 int 형과 float 형의 차이에 대해 설명하였다. 문자열(str) 연산자를 살펴보고(문자열 메소드는 제4장에서 배움) 특히 중요한 첨자 연산자에 대해 살펴보았다. list 형과 tuple 형에 대해서는 연산자와 메소드를 모두 살펴보았다.

몇 개의 내장 클래스를 살펴본 후에, 한 발 물러서서 객체와 클래스의 개념을 정의하였다. 그 다음에는 소개한 개념을 이용하여 클래스 생성자와 형 변환 연산을 정의하였다.

Python의 표준 라이브러리는 내장 함수 및 클래스보다 훨씬 많은 함수와 데이터 형을 제공한다. 유용한 수학 함수를 포함하고 있는 수학 모듈에 대해서도 소개하였다.

실습문제 해답

2.1 원하는 산술식은 다음과 같다.

(a) `1 + 2 + 3 + 4 + 5`

(b) `(23 + 19 + 31) / 3`

(c) `403 // 73`

(d) `403 % 73`

(e) `2**10`

(f) `abs(54 - 57)`

(g) `min(34.99, 29.95, 31.50)`

2.2 각 문장에 대한 논리식은 다음과 같다.

(a) `2 + 2 < 4`이며 `False`로 계산됨

(b) `7 // 3 == 1 + 1`이며 `True`로 계산됨

(c) `3**2 + 4**2 == 25`이며 `True`로 계산됨

(d) `2 + 4 + 6 > 12`이며 `False`로 계산됨

(e) `1387 % 19 == 0`이며 `True`로 계산됨

(f) `31 % 2 == 0`이며 `False`로 계산됨

(g) `min(34.99, 29.95, 31.50) < 30.00`이며 `True`로 계산됨

2.3 대화형 셸에 입력해야 하는 문장은 다음과 같다.

```
>>> a = 3
>>> b = 4
>>> c = a * a + b * b
```

2.4 원하는 수식은 다음과 같다.

(a) `s1 + ' ' + s2 + ' ' + s3`

(b) `10 * (s1 + ' ')`

(c) `s1 + ' ' + 2 * (s2 + ' ') + 2 * (s3 + ' ') + s3`

(d) `7 * (s1 + ' ' + s2 + ' ')`

(e) `3 * (2 * s2 + s3 + ' ')`

2.5 원하는 수식은 다음과 같다.

(a) `s[0]`

(b) `s[1]`

(c) `s[6]`

(d) `s[8]`

(e) `s[9]`

2.6 각 수식은 `min(words)`와 `max(words)`이다.

2.7 해당되는 메소드 호출은 다음과 같다.

(a) `grades.count(7)`

(b) `grades[-1] = 4`

(c) `max(grades)`

(d) `grades.sort()`

(e) `sum(grades) / len(grades)`

2.8 계산 순서를 괄호로 표시하면 다음과 같다.

(a) `((2 + 3) == 4) or (a >= 5)`

(b) `(((lst[1]) * (-3)) < (-10)) == 0`

(c) `(((lst[1]) * (-3)) < (-10)) in [0, True]`

(d) `2 * (3**2)`

(e) `(4 / 2) in [1, 2, 3]`

2.9 대화형 셀에 모든 수식을 입력하여 이 답이 맞는지 검사해 보라.

(a) 두 피연산자가 논리값이긴 하지만 + 연산자는 `bool` 연산자가 아니라 `int` 연산자이다. 결과 값(0)은 `int` 값이다.

(b) `float` 값

(c) `int` 값

(d) `or` 연산자 양 변의 수식이 `bool` 값으로 계산되고 따라서 결과 값은 `bool` 값이다.

2.10 각 수식은 다음과 같다.

(a) `math.sqrt(a**2 + b**2)`

(b) `math.sqrt(a**2 + b**2) == 5`

(c) `math.pi * a**2`

(d) `(x - a)**2 + (y - b)**2 < r**2`

연습문제

2.11 다음을 계산하는 Python 수식을 작성하라.

(a) −7에서 −1까지 음수 합

(b) 9살짜리 17명, 10살짜리 24명, 11짜리 21명, 12살짜리 27명으로 구성된, 여름 캠프에 참가하는 아이들의 평균 나이

(c) 2의 −20승

(d) 4356을 61로 나누었을 때의 몫

(e) 4365를 61로 나누었을 때의 나머지

2.12 대화형 셀에서 다음 대입문을 입력하라.

```
>>> s1 = '-'
>>> s2 = '+'
```

그 다음 `s1`과 `s2`, 문자열 연산자 `+`와 `*`를 이용하여 다음과 같은 결과를 내는 문자열 식을 작성하라.

(a) `'-+'`

(b) `'-+-'`

(c) `'+--'`

(d) `'+--+--'`

(e) `'+--+--+--+--+--+--+--+--+--+--+'`

(f) `'+-+++--+-+++--+-+++--+-+++--+-+++--'`

가능하면 간결하게 문자열 식을 작성하여라.

2.13 셸에서 다음 대입문을 실행하자.

```
>>> s = 'abcdefghijklmnopqrstuvwxyz'
```

그리고 s와 첨자 연산자를 이용하여 'a', 'c', 'z', 'y', 'q'를 계산하는 수식을 작성하라.

2.14 다음 문장을 수행하고

```
s = 'goodbye'
```

다음을 검사하는 논리식을 작성하라.

(a) s의 첫 번째 문자가 'g'인가?
(b) s의 일곱 번째 문자가 'g'인가?
(c) s의 처음 두 문자가 'g'와 'a'인가?
(d) s의 마지막 문자가 'x'인가?
(e) s의 정가운데 문자가 'd'인가?
(f) s의 첫 번째 문자와 마지막 문자가 같은가?
(g) s의 마지막 네 문자가 문자열 'tion'과 일치하는가?

🔊 위 일곱 개의 수식은 차례로 True, False, False, False, True, False, False로 계산되어야 한다.

2.15 다음 문장에 대응하는 Python 수식을 작성하라.

(a) 단어 "anachronistically"의 글자 수는 단어 "counterintuitive"의 글자 수보다 하나 많다.
(b) 사전에서 단어 "misinterpretation"은 단어 "misrepresentation"보다 먼저 나온다.
(c) 단어 "floccinaucinihilipilification"에는 글자 "e"가 나타나지 않는다.
(d) 단어 "counterrevolution"의 글자 수는 두 단어 "counter"와 "resolution"의 글자 수 합과 같다.

2.16 다음에 대응하는 Python 대입문을 작성하라.

(a) 변수 a에 6을, 변수 b에 7을 대입
(b) 변수 c에, 변수 a와 b의 평균을 대입
(c) 문자열 'paper', 'staples', 'pencils'를 원소로 하는 리스트를 변수 inventory에 대입
(d) 문자열 'John', 'Fitzgerald', 'Kennedy'를 각각 변수 first, middle, last에 대입
(e) 문자열 변수 first, middle, last를 연결한 결과를 변수 fullname에 대입(중간에 공백 문자를 적절히 넣을 것)

2.17 연습문제 2.16에 정의한 변수를 이용하여 다음 문장에 대응하는 논리식을 작성하고 계산하라.

(a) 17과 -9의 합은 10보다 작다.

(b) 리스트 `inventory`의 길이는 문자열 `fullname`의 길이의 다섯 배보다 더 크다.

(c) `c`는 24보다 크지 않다.

(d) 6.75는 정수 `a`와 `b`의 사이에 있는 값이다.

(e) 문자열 `middle`의 길이는 문자열 `first`의 길이보다는 크고 문자열 `last`의 길이보다는 작다.

(f) 리스트 `inventory`는 빈 리스트이거나 10개보다 많은 객체를 포함하고 있거나 둘 중의 하나이다.

2.18 다음 지시에 대응하는 Python 문장을 작성하라.

(a) 문자열 `'rose'`, `'bougainvillea'`, `'yucca'`, `'marigold'`, `'daylilly'`, `'lilly of the valley'`로 구성된 리스트를 변수 `flowers`에 대입하라.

(b) 문자열 `'potato'`가 리스트 `flowers`에 있으면 `True`를 반환하는 논리식을 작성하고 계산하라.

(c) 리스트 `flowers`의 처음 세 개의 객체로 구성된 부분리스트를 리스트 `thorny`에 대입하라.

(d) 리스트 `flowers`의 마지막 세 개의 객체로 구성된 부분리스트를 리스트 `poisonous`에 대입하라.

(e) 리스트 `thorny`와 `poisonous`를 연결한 것을 리스트 `dangerous`에 대입하라.

2.19 문자열 `'Y'`나 `'N'`의 임의의 순열로 구성된 리스트를 변수 `answers`에 대입하자. 예를 들면 다음과 같다.

```
answers = ['Y', 'N', 'N', 'Y', 'N', 'Y', 'Y', 'Y', 'N', 'N', 'N']
```

다음 지시에 대응하는 Python 문장을 작성하라.

(a) 리스트 `answers`에 나타난 `'Y'` 개수를 변수 `numYes`에 대입하라.

(b) 리스트 `answers`에 나타난 `'N'` 개수를 변수 `numNo`에 대입하라.

(c) `answers`의 `'Y'` 비율을 변수 `percentYes`에 대입하라.

(d) 리스트 `answers`를 정렬하라.

(e) 정렬된 리스트 `answers`에서 첫 번째 나타나는 `'Y'`의 첨자를 변수 `f`에 대입하라.

2.20 세 글자짜리 문자열 `s`가 주어졌다고 할 때, `s`의 문자들을 거꾸로 한 문자열을 계산하는 수식을 작성하라. 예를 들어서 `s`가 `'top'`이라고 하면 수식은 `'pot'`로 계산되어야 한다.

2.21 어떤 사람의 이름과 성이 영어로 각각 s와 t에 저장되어 있다고 할 때, 이 사람 이름의 첫 글자로 이루어진 약어를 계산하는 수식을 작성하라. 이 책의 원저자 이름(Ljubomir Perkovic, 류보미르 페르코비치)의 경우에는 수식 계산 결과가 'LP'여야 한다.

2.22 수로만 이루어진 리스트가 주어졌을 때, 리스트의 범위(range)란 리스트의 원소 사이의 차 중에서 최댓값을 뜻한다. 수 리스트 lst의 범위를 계산하는 Python 프로그램을 작성하라. 예컨대 lst가 [3, 7, -2, 12]라면 범위는 14(12와 −2의 차)로 계산되어야 한다.

2.23 문자열 'Jan', 'Feb', 'Mar', 'May'를 이 순서대로 리스트와 튜플에 저장하여 각각 monthsL, monthsT에 대입했다고 하자. 그리고 이 두 컨테이너 자료구조에 대해 다음을 수행해 보자.

(a) 문자열 'Apr'을 'Mar'와 'May' 사이에 삽입하라.
(b) 문자열 'Jun'을 맨 끝에 추가하라.
(c) 컨테이너에 대해 팝(pop) 연산을 수행하라.
(d) 컨테이너의 두 번째 항목을 제거하라.
(e) 컨테이너의 항목 순서를 거꾸로 변경하라.
(f) 컨테이너를 정렬하라.

monthsT 튜플에 대해서는 위 연산으로 인해 오류가 발생되어야 한다.

2.24 임의로 학점(문자열)이 저장된 리스트를 변수 grades에 대입하였다고 하자. 예컨대 다음과 같은 대입문을 생각해 볼 수 있다.

```
grades = ['B','B','F','C','B','A','A','D','C','D','A','A','B']
```

리스트 grades에서 각 학점 개수를 세어 학점의 알파벳 순서대로 리스트 count에 저장하도록 일련의 Python 명령문을 작성하라. 위 예와 같이 주어진 경우에 리스트 count는 [4, 4, 2, 2, 1]이어야 한다.

2.25 위 문제 2.24에서 리스트 형 list 대신 튜플 형 tuple을 사용하도록 문제가 수정되었다고 할 때, 수정된 문제를 풀어라.

```
grades = ('B','B','F','C','B','A','A','D','C','D','A','A','B')
```

변수 count는 여전히 리스트를 나타내야 한다.

2.26 반지름 10인 다트 과녁판(dartboard)이 걸린 벽을 2차원 좌표평면으로 나타낸다고 하자. 과녁판의 중심이 좌표 (0, 0)이며 다트가 꽂힌 부분의 x, y 좌표를 변수 x와 y로 나타내기로 하자. 변수 x와 y를 이용하여 다트가 과녁판 위에 맞으

면 True를 반환하도록 논리식을 작성하고 아래 다트 좌표에 대해 이 수식의 값을 계산하라.

(a) (0, 0)

(b) (10, 10)

(c) (6, -6)

(d) (-7, 8)

2.27 벽에 사다리를 걸칠 때 90도보다 적은 각도로 벽에 걸쳐 놓지 않으면 뒤로 자빠진다. 사다리 길이를 변수 `length`, 사다리와 지면과의 각도를 변수 `angle`로 나타냈을 때, `length`와 `angle`을 이용하여 사다리로 올라갈 수 있는 벽의 높이를 계산하는 Python 수식을 작성하라. `length`와 `angle`이 각각 다음과 같이 주어졌을 때 이 수식의 값을 계산하여라.

(a) 16피트와 75도

(b) 20피트와 0도

(c) 24피트와 45도

(d) 24피트와 80도

다음 삼각함수 공식을 참고하라.

```
height = length * sin(angle)
```

`math` 모듈의 `sin()` 함수는 라디안 각도를 인수로 받는다. 따라서 각도를 다음 식을 이용하여 라디안 각도로 변환해야 한다.

$$\text{radians} = \frac{\pi * \text{degrees}}{180}$$

2.28 수 리스트 `lst`에 대하여 다음에 해당하는 수식이나 문장을 리스트 연산과 메소드를 이용하여 작성하라.

(a) `lst`의 정가운데 원소의 색인을 계산하는 수식

(b) `lst`의 정가운데 원소를 계산하는 수식

(c) `lst`를 내림차순으로 정렬하는 문장

(d) `lst`의 첫 번째 원소(수)를 제거하여 마지막에 추가하는 문장

리스트의 길이가 짝수라면 정 가운데 원소는 가운데 두 원소 중 오른쪽 원소로 정의된다.

2.29 한 쌍 이상의 괄호를 사용하여 아래 각 수식이 True가 되도록 하여라.

(a) `0 == 1 == 2`

(b) `2 + 3 == 4 + 5 == 7`

(c) `1 < -1 == 3 > 4`

각 수식에 대하여 연산자가 어떤 순서로 계산되는지 설명하라.

2.30 임의의 문자열을 만들고 이를 명시적 형 변환을 이용하여 리스트로 변환하라. 문자열 입력에 대해 리스트 생성자가 어떻게 동작하는지 여러분 나름대로 설명하라.

2.31 이 장에서 `list` 메소드를 설명하긴 했지만 모두 설명하지는 못했다. 다음 대화형 셸 사용 예를 바탕으로 하여 `list` 메소드 `extend()`, `copy()`, `clear()`의 기능을 여러분 나름대로 설명하라.

```
>>> lst = [2, 3, 4]
>>> lst.extend([5, 6])
>>> lst
[2, 3, 4, 5, 6]
>>> lst2 = lst.copy()
>>> lst2
[2, 3, 4, 5, 6]
>>> lst.clear()
>>> lst
[]
>>> lst2
[2, 3, 4, 5, 6]
```

제3장

절차적 프로그래밍

이 장에서는 Python 프로그램 개발 방법을 소개한다. Python 프로그램은 Python 문장을 순서대로 나열해 놓은 것이다. 일반적으로 Python 문장은 적은 순서대로 실행되지만, 조건문이나 반복문을 사용하면 조건에 따라서 실행되는 문장이 달라진다. 조건문은 특정 문장들의 수행 여부를 제어하고, 반복문은 특정 문장들의 수행 횟수를 제어한다.

큰 프로그램을 개발할 때에는 여러 Python 문장들을 반복적으로 사용하면서 같은 일을 수행해야 하는 경우가 있다. 이렇게 반복적으로 사용되는 문장들을 하나의 함수로 정의하면 간단히 함수 호출만으로 같은 일을 할 수 있다. 함수의 장점으로는 코드의 재사용(reuse)과 개발 작업의 단순화를 꼽을 수 있다. 이 장에서는 함수 호출 방법과 함수 호출 시 인수 전달 방법을 소개한다.

이 장에서 소개되는 개념들은 Python에만 국한된 것이 아니라 근본적으로 모든 프로그래밍 언어에 적용되는 개념이다. 이 장에서는 또한 큰 문제를 작은 문제들로 나누어 처리하는 방법도 살펴볼 예정이다.

3.1 Python 프로그램

제2장에서는 Python 수식을 계산하기 위해서, 또 Python 문장을 실행하기 위해서 대화형 셸(interactive shell)을 사용하였다. 하지만 일반적으로 **Python 프로그램**(program)은 여러 파일에 저장된 다수의 Python 문장으로 구성된다.

■ 첫 번째 Python 프로그램

프로그램을 작성하려면 편집기가 필요한데, 여러분이 사용하고 있는 Python IDE에 포함된 편집기를 사용할 수 있다. 파일을 처음에 여는 방법은 IDE에 따라 조금씩 다르다. Python IDE인 IDLE 예를 보면, 메뉴바의 File을 클릭하고 New Window 메뉴를 클릭하여 새 파일 창을 연 다음 Python 프로그램을 입력하면 된다.

모듈
hello.py

```
1  line1 = 'Hello Python developer...'
2  line2 = 'Welcome to the world of Python!'
3  print(line1)
4  print(line2)
```

이 프로그램은 4개의 문장으로 구성되어 있으며, 각 문장은 한 행을 차지하고 있다. 처음 두 행은 대입문이며 마지막 두 문장은 `print()` 함수 호출문이다. 작성된 프로그램을 실행하는 방법은 IDE에 따라 조금씩 다르다. 예를 들어 Python IDE IDLE의 경우에는 F5를 클릭하면 프로그램이 실행된다. 마우스를 사용하여 IDLE 윈도우 메뉴에서 Run을 클릭하고 Run Module 메뉴를 선택하여 프로그램을 실행할 수도 있다. 프로그램을 파일에 저장할 것인지를 물어 볼 텐데, 이때에는 확인 버튼을 누르고 저장할 파일 이름을 입력하면 된다. 파일 이름의 확장자는 '`.py`'로 해야 한다. 파일이 저장된 후(예컨대 원하는 폴더에 `hello.py`로 저장된 후)에는 프로그램이 실행되고 대화형 셸에 다음과 같은 내용이 출력된다.

```
>>> ========================== RESTART ==========================
>>>
Hello Python developer...
Welcome to the world of Python!
```

Python 인터프리터는 모듈의 1행에서 4행까지 차례로 실행한다. 그림 3.1은 이 프로그램의 **흐름도**(flowchart)이다. 흐름도는 프로그램의 실행 순서를 그림으로 표현한 것이다.

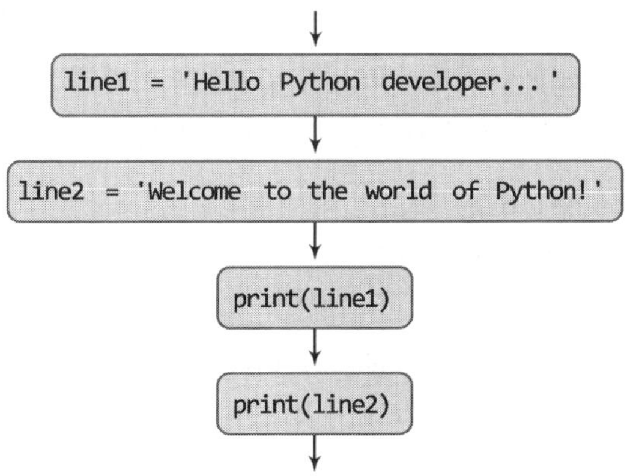

그림 3.1
번째 프로그램의 흐름도
문장은 둥근 사각형 상자
들어있고 프로그램의 실
흐름은 각 상자를 연결하
화살표로 표시한다.

이 흐름도에서는 4개의 문장이 차례대로 실행됨을 보여주고 있다.

CAUTION

Python 셸의 재시작

프로그램 **hello.py**가 실행될 때, Python 인터프리터는 프로그램의 결과를 출력하기 전에 다음과 같은 메시지를 출력한다.

```
>>> ======================== RESTART ========================
...
```

이 메시지는 Python 셸이 재시작되었음을 알려준다. 셸이 재시작되면 지금까지 정의된 모든 변수는 프로그램 실행 환경에서 지워진다. 프로그램이 실행될 때는 셸 환경을 초기화해야 하므로 반드시 거쳐야 하는 과정이다.

대화형 셸은 직접 재시작할 수도 있다. IDLE의 경우 [Shell] 탭을 클릭하고 [Restart Shell] 버튼을 클릭하면 된다. 다음은 변수 x에 3을 대입하고 수식 x의 값 3을 출력한 후에 셸을 재시작한 상황을 보여준다.

```
>>> x = 3
>>> x
3
>>> ======================== RESTART ========================
>>> x
Traceback (most recent call last):
  File "<pyshell#4>", line 1, in <module>
    x
NameError: name 'x' is not defined
>>>
```

재시작된 셸에서 x는 정의되지 않았음을 확인할 수 있다.

일반적으로 응용 프로그램은 IDLE과 같은 소프트웨어 개발 환경 밖에서 실행되므로 명령행(command line)에서 Python 프로그램을 어떻게 실행하는지 알아야 한다. 가장 간단한 방법은 명령행 윈도우의 프롬프트에서 다음과 같이 Python 명령어를 실행하는 것이다.

```
> python hello.py
Hello Python developer...
Welcome to the world of Python!
```

물론 Python 프로그램이 포함된 폴더에서 프로그램을 실행해야 한다.

DETOUR

편집기

프로그램을 작성할 때 Microsoft Word와 같은 워드 프로세서를 사용하는 것은 그다지 좋은 방법이 아니다. 프로그래머를 위한 전문 편집기를 사용하면 프로그램 개발 과정이 편리해질 뿐 아니라 개발 속도도 크게 향상된다. 이와 같은 프로그램 개발 환경을 IDE(integrated development environment, 통합 개발 환경)라고 한다.

Python 프로그램 개발을 위한 다양한 IDE가 있다. 이러한 IDE는 자동 들여쓰기, Python 프로그램 실행 및 디버깅, Python 표준 라이브러리의 검색 등과 같이 Python 프로그램을 작성할 때 편리한 다양한 기능을 포함하고 있다. 널리 사용되는 IDE로는 IDLE(Python 개발 환경에 포함되어 있음), Komodo, Eclipse의 PyDev, PyCharm 등이 있다.

Python 모듈

앞에서 작성한 `hello.py`는 **사용자 정의(user-defined)** Python 모듈의 한 예이다. 제2장에서 내장형 표준 라이브러리인 `math`, `fractions`, `turtle`을 사용할 때, **모듈(module)**이라는 용어를 사용했었다. 이러한 라이브러리를 바로 **내장(built-in)** Python 모듈이라고 부른다. 그렇다면 `hello.py`와 내장 모듈의 공통점은 무엇일까?

모듈이란 그냥 Python 코드를 포함하는 파일을 뜻한다. 확장자가 `.py`이면서 Python 코드를 포함하는 모든 파일은 Python 모듈이다. 따라서 `hello.py`도 모듈이고 `math.py`, `fractions.py`, `turtle.py`도 역시 모듈이다. 후자(내장 Python 모듈)는 다만 컴퓨터의 특정한 폴더에 저장되어 있으며 표준 라이브러리를 구현하고 있다는 것뿐이다.

모듈 안에 있는 코드는 물론 실행하기 위한 것이다. 예컨대 F5를 눌러 `hello.py` 모듈의 코드를 처음부터 끝까지 실행한 것처럼 말이다. `math`나 `turtle`에 대하여 `import` 문을 실행하면 F5를 누른 것과 같은 효과가 있다(정확히 똑같은 효과는 아닌데, 그 차이점은 제7장에서 다룸). 다음 코드를 실행하면 `math.py`에 포함된 코드들이 실행된다.

```
>>> import math
```

이 실행 결과로서 다양한 수학 함수가 정의된다.

내장 함수 print()

첫 번째 프로그램에는 함수 print()를 사용한 코드가 두 줄이나 들어 있다. print() 함수는 주어진 인수가 무엇이든 대화형 셸로 출력한다. 예를 들어, 주어진 인수가 정수면 정수를 출력한다.

```
>>> print(0)
0
```

인수가 리스트이면 리스트를 출력한다.

```
>>> print([0, 0, 0])
[0, 0, 0]
```

문자열 인수는 따옴표 없이 출력한다.

```
>>> print('zero')
zero
```

입력 인수가 수식이면 그 수식을 계산하고 나서 그 결과를 출력한다.

```
>>> x = 0
>>> print(x)
0
```

첫 번째 프로그램의 실행 결과에서 알 수 있듯이 각 print() 문의 결과는 각각 독립된 행에 출력된다는 사실에 주의해야 한다.

input()를 사용한 대화형 입력

프로그램을 실행하다 보면 사용자와의 대화가 필요한 경우가 있다. 이때, input() 함수가 사용된다. 다음 예처럼 input() 함수는 항상 대입문의 오른쪽에 사용된다.

```
>>> x = input('Enter your first name: ')
```

input()가 실행되면 다음과 같이 입력 인수(문자열 'Enter your first name: ')가 먼저 셀에 출력된다.

```
Enter your first name:
```

그리고 프로그램의 실행은 일시 정지되고 프로그램은 사용자의 키보드 입력을 기다린다. 출력된 'Enter your first name: '은 사실상 프롬프트 구실을 한다. 사용자가 뭔가를 입력하고 Enter/Return 를 치면 실행이 재개되며 변수 name에 입력된 내용이 대입된다.

```
>>> name = input('Enter your first name: ')
Enter your first name: Ljubomir
>>> name
'Ljubomir'
```

Python은 입력된 내용(위 예에서는 Ljubomir)이 무엇이든 상관없이 모두 문자열로 인식한다.

프로그램 내에서 input() 함수를 사용할 수도 있다. 개별 사용자에게 맞추어 인사하도록 변경한 hello.py 버전을 보자. 다음 프로그램은 사용자가 이름과 성을 입력하면 그 결과를 받아서 그 사람에게 인사하는 프로그램이다.

모듈 input.py

```
1 first = input('Enter your first name: ')
2 last = input('Enter your last name: ')
3 line1 = 'Hello ' + first + ' ' + last + '...'
4 print(line1)
5 print('Welcome to the world of Python!')
```

이 프로그램을 실행하면 1행의 문장은 먼저 'Enter your first name: '을 출력하고 프로그램의 실행을 일시 정지시킨다. 사용자가 키보드에서 무언가를 입력하고 Enter/Return 을 치면 실행이 재개된다. 이때 입력된 내용은 변수 first에 대입된다. 2행도 비슷한 방식으로 수행된다. 3행에서는 4행에서 출력될 문자열을 생성한다. 이 프로그램의 실행 예를 보면 다음과 같다.

```
>>>
Enter your first name: Ljubomir
Enter your last name: Perkovic
Hello Ljubomir Perkovic...
Welcome to the world of Python!
```

CAUTION

함수 input()는 문자열을 반환한다.

input() 함수를 통해 입력된 모든 내용은 문자열로 간주된다. 사용자가 숫자를 입력하면 어떤 일이 일어나는지 살펴보자.

```
>>> x = input('Enter a value for x: ')
Enter a value for x: 5
>>> x
'5'
```

Python 인터프리터는 입력된 문자열 '5'를 정수로 간주하지 않는다. 다음의 예를 통해서 이를 확인할 수 있다.

```
>>> x == 5
False
>>> x == '5'
True
```

input() 함수는 입력된 내용을 항상 문자열로 간주한다.

■ 함수 eval()

문자열 이외에 다른 형의 값이 필요한 경우도 있다. 그럴 경우에는 eval() 함수를 사용하면 된다.

함수 eval()은 문자열을 입력으로 받아서 그 문자열을 Python **수식**(expression)으로 간주하여 계산한다. 다음 예를 살펴보자.

```
>>> eval('3')
3
>>> eval('3 + 4')
7
>>> eval('len([3, 5, 7, 9])')
4
```

함수 eval()을 함수 input()과 함께 사용하면 입력 문자열을 수식이나 리스트로 사용할 수 있다. input() 함수를 eval() 함수로 감싸서 사용하기만 하면 된다. 이렇게 하면 사용자가 어떤 내용을 입력하더라도 그 결과를 항상 수식으로 간주하여 계산하게 된다. 사용자가 입력한 문자열 형태의 수를 정수로 바꾸는 예를 보면 다음과 같다.

```
>>> x = eval(input('Enter x: '))
Enter x: 5
```

x가 문자열이 아니라 정수인지를 확인해 보자.

```
>>> x == 5
True
>>> x == '5'
False
```

실습 3.1

사용자로부터 현재 온도를 화씨(fahrenheit)로 입력받아 섭씨(celsius)로 출력하는 프로그램을 작성하라. 화씨를 섭씨로 변환하는 공식은 다음과 같다.

$$\text{celsius} = \frac{5}{9}(\text{fahrenheit} - 32)$$

프로그램은 다음과 같이 실행되어야 한다.

```
>>>
Enter the temperature in degrees Fahrenheit: 50
The temperature in degrees Celsius is 10.0
```

3.2 제어 구조

Python 프로그램은 실행해야 할 문장들을 연속으로 나열한 것이다. 지금까지는 살펴본 짧은 프로그램들은 사용자의 입력에 관계없이 항상 같은 순서로 처음부터 끝까지 실행되는 프로그램이었다. 그러나 응용 프로그램은 보통 이렇게 실행되지 않는다. 응용 프로그램은 대개 입력 값에 따라서 다르게 실행된다. 예를 들어, 게임을 실행할 때에는 사용자가 [Exit]나 [Play Again]을 클릭함에 따라서 그 게임이 종료될 수도 있고 계속될 수도 있다. 이 절에서는 어떤 문장들을 실행하거나 반복할 수 있는 제어 구조를 소개하고자 한다.

■ 단방향 판단 구조

현재 온도를 사용자로부터 입력받고 86도(화씨) 이상일 때만 적절한 메시지를 출력하는 프로그램을 작성하려고 한다고 하자. 이 프로그램에 87을 입력하면 다음과 같이 실행되어야 한다.

```
>>>
Enter the current temperature: 87
It is hot!
Be sure to drink liquids.
```

67을 입력하면 다음과 같이 실행되어야 한다.

```
>>>
Enter the current temperature: 67
```

다시 말해서, 온도가 86도 이하인 경우에는 어떤 메시지도 출력하지 않고 86도보다 클 경우에는 다음과 같은 메시지를 출력하고 싶다고 하자.

```
It is hot!
Be sure to drink liquids.
```

이런 경우에는 어떤 조건에 따라서 그 코드가 실행될지를 제어해야 한다. 즉, 조건을 만족하면 그 코드를 실행하고 그렇지 않으면 실행하지 않도록 해야 한다.

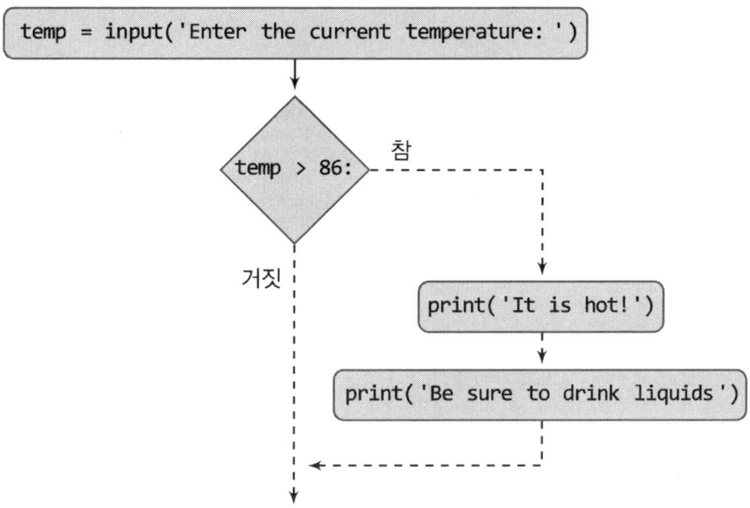

그림 3.2
로그램 oneWay의 흐름도
저 input() 문장을 실행 여 사용자로부터 입력된 을 temp에 대입한다. if 은 조건이 temp > 86인 를 검사하고 이 조건이 참 면 두 개의 print() 문장 실행하고 프로그램을 종 한다. 이 조건이 거짓이면 로 프로그램을 종료한다.

어떤 문장을 조건에 따라 실행하기 위해 if 문을 사용한다. 위에서 설명한 프로그램은 다음과 같이 구현할 수 있다.

모듈
oneWay.py

```
1   temp = eval(input('Enter the current temperature: '))
2
3   if temp > 86:
4       print('It is hot!')
5       print('Be sure to drink liquids.')
```

가독성을 높이고자 빈 줄을 사용한 점에 주의하자. 프로그램에서 if 문은 3행에서 5행까지이다. 조건이 참(True)이면 3행 다음에 들여 쓴 문장들을 실행하고 거짓(False)이면 실행하지 않는다. 그림 3.2에서는 프로그램의 가능한 두 흐름을 점선(dashed line)으로 보여주고 있다.

이 프로그램에 다른 기능을 추가해 보자. 프로그램이 종료되기 전에 'Goodbye!'를 출력하도록 하고 싶다고 하자. 이 메시지는 입력된 온도와 상관없이 항상 출력되어야 한다. 이 프로그램은 다음과 같이 실행되거나

```
>>>
Enter the current temperature: 87
It is hot!
Be sure to drink liquids.
Goodbye.
```

아니면 다음과 같이 실행되어야 할 것이다.

```
>>>
Enter the current temperature: 67
Goodbye.
```

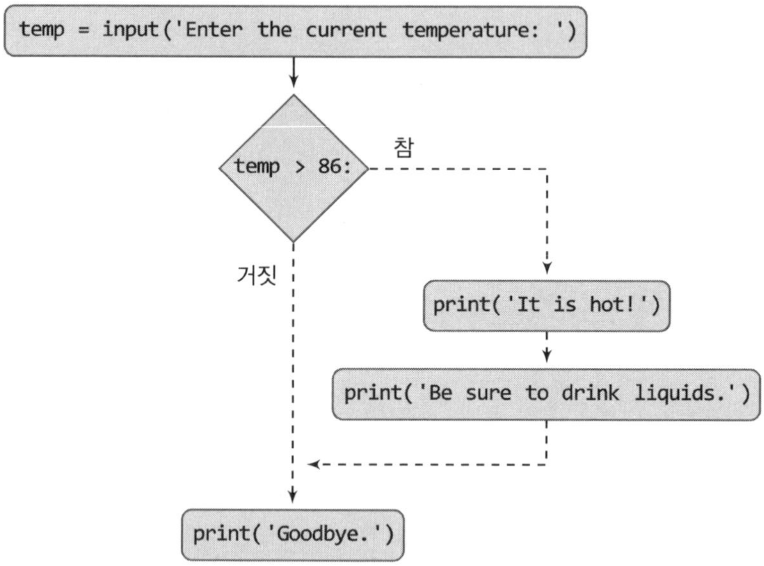

그림 3.3
프로그램 oneWay2의 흐름도
if 문 조건의 참, 거짓에 관계없이 if 문 다음의 print('Goodbye.')가 실행된다.

print('Goodbye.')는 if 문 **다음**에 실행되어야 한다. 그러려면 print('Goodbye.')는 (1) 들여 쓴 블록의 다음에 위치해야 하며 (2) if 문의 첫 줄과 같은 수준으로 들여써야 한다.

모듈
oneWay2.py

```
1   temp = eval(input('Enter the current temperature: '))
2
3   if temp > 86:
4       print('It is hot!')
5       print('Be sure to drink liquids')
6
7   print('Good bye.')
```

프로그램의 3행이 실행된 후에는 4~5행의 들여 쓴 코드가 실행될 수도 있고 그렇지 않을 수도 있다. 어느 경우든 그 다음에는 7행의 문장이 실행된다. 프로그램 oneWay2.py

에 대한 흐름도는 그림 3.3과 같다.

일반적으로 `if` 문의 형식은 다음과 같다.

```
if <조건>:
    <들여 쓴 코드 블록>
<들여 쓰지 않은 코드 블록>
```

`if` 문의 첫 줄은 키워드 `if`로 시작되고 그 다음에 부울 논리식(`True`나 `False`로 계산되는 식) <조건>이 나오며 그 다음에 콜론(:)이 온다. 콜론은 <조건>의 끝을 알리는 부호이다. 첫 줄 다음에 들여 쓴 블록은 <조건>이 참일 때 실행된다.

<조건>이 거짓이면 들여 쓴 블록은 실행되지 않는다. 들여 쓴 블록의 실행에 관계없이 <들여 쓰지 않은 코드 블록>은 실행되며 그 위치는 `if` 문의 첫 줄과 같은 수준으로 들여 써야 한다.

CAUTION

들여쓰기

Python에서 들여쓰기는 매우 중요하다. 다음 코드와

```
if temp > 86:
    print('Its hot!')
    print('Be sure to drink liquids.')
print('Goodbye.')
```

다음 코드를 비교해 보자.

```
if temp > 86:
    print('It is hot!')
    print('Be sure to drink liquids.')
    print('Goodbye.')
```

첫 번째 프로그램에서 문장 `print('Goodbye.')`는 `if` 문의 첫 줄과 들여쓰기 수준이 같다. 따라서 `print('Goodbye.')`는 `if` 문의 조건과 관계없이 `if` 문이 실행 후 실행된다.

두 번째 프로그램에서는 문장 `print('Goodbye.')`가 `if` 문의 들여 쓴 블록 내에 있다. 따라서 `print('Goodbye.')`는 `if` 문의 조건이 참일 때만 실행된다.

실습 3.2

다음 조건들을 Python `if` 문으로 표현하라.

(a) 나이(age)가 62 이상이면 `'You can get your pension benefits'`를 출력한다.

(b) 이름(name)이 리스트 `['Musial', 'Aaraon', 'Williams', 'Gehrig', 'Ruth']`에 속하면 `'One of the top 5 baseball players, ever!'`를 출력한다.

(c) `hits`가 10보다 크고 `shield`가 0이면 `'You are dead...'`를 출력한다.

(d) 부울 변수 `north`, `south`, `east`, `west` 중 적어도 하나가 `True`이면 `'I can escape.'`를 출력한다.

■ 양방향 판단 구조

단방향 if 문은 조건이 참일 때만 어떤 일을 수행한다. 즉 조건이 거짓이면 특별한 일을 수행하지 않는다.

때로는 조건이 참이면 어떤 일을 수행하고, 조건이 거짓이면 다른 일을 수행해야 할 때가 있다. 예컨대 앞에서 설명한 온도 예제를 좀 더 개선하여 **temp**의 값이 86보다 크지 않을 때에도 적절한 메시지를 출력하려고 한다고 하자. 이 문제는 **if/else** 문을 이용해서 해결할 수 있다. **twoWay.py**는 **if/else** 문의 사용 예를 보여준다.

모듈
twoWay.py

```
1    temp = eval(input('Enter the current temperature: '))
2
3    if temp > 86:
4
5        print('It is hot!')
6        print('Be sure to drink liquids.')
7
8    else:
9
10       print('It is not hot.')
11       print('Bring a jacket.')
12
13   print('Goodbye.')
```

프로그램의 3행이 실행되면 두 코드 중 하나가 선택된다. **temp**의 값이 86보다 크면 다음 들여 쓴 블록이 실행된다.

```
print('It is hot!')
print('Be sure to drink liquids.')
```

temp의 값이 86보다 크지 않다면 **else** 아래 들여 쓴 다음 블록이 실행된다.

```
print('It is not hot.')
print('Bring a jacket.')
```

어느 경우든 실행이 완료되면 **if/else** 문과 같은 수준으로 들여 쓴 13행의 문장이 실행된다. 그림 3.4는 양방향 판단 구조를 나타내는 흐름도이다.

그림 3.4
로그램 twoWay의 흐름도
f 문의 조건 temp > 86이 이면 if 문의 본체(body)가 행되고 거짓이면 else 의 본체가 실행된다. 두 우 모두, 실행이 완료되면 f/else 문 다음에 있는 문을 실행한다.

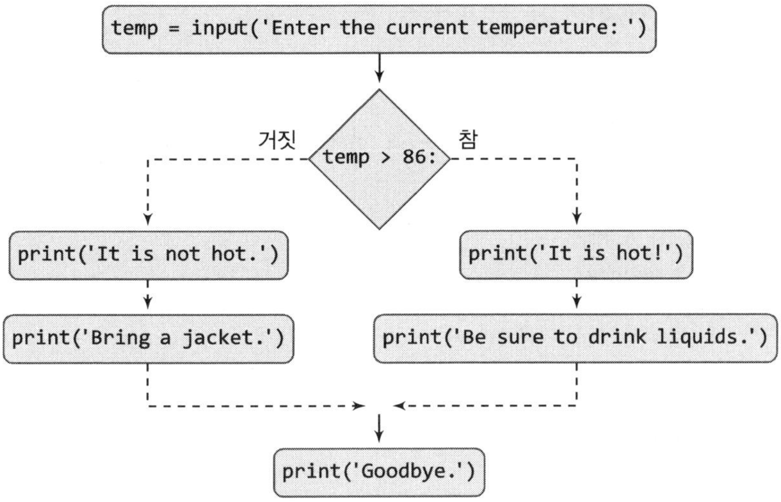

if/else 문의 일반적인 형식은 다음과 같다.

```
if <조건>:
    <들여 쓴 코드 블록 1>
else:
    <들여 쓴 코드 블록 2>
<들여 쓰지 않은 코드 블록>
```

<조건>이 참(True)이면 <들여 쓴 코드 블록 1>이 실행되고, <조건>이 거짓(False)이면 <들여 쓴 코드 블록 2>가 실행된다. 이들 두 코드 중에 어느 것이든 실행되고 나면 <들여 쓰지 않은 코드 블록>이 실행된다.

실습 3.3

다음 문장을 Python if/else 문으로 작성하라.

(a) year가 4로 나누어지면 'Could be a leap year.'를 출력하고 그렇지 않으면 'Definitely not a leap year.'를 출력한다.

(b) 리스트 ticket이 리스트 lottery와 같으면 'You won!'을 출력하고 그렇지 않으면 'Better luck next time...'을 출력한다.

실습 3.4

사용자에게 로그인 아이디(id, 즉 문자열) 입력을 요청하고 입력한 id가 리스트 ['joe', 'sue', 'hani', 'sophie']에 있는 유효한 사용자인지 확인하는 프로그램을 작성하라.
검사 결과에 따라서 적절한 메시지를 출력하고 유효한 사용자 여부와 관계없이 프로그램 종료 전에 'Done.'을 출력해야 한다. 유효한 사용자에 대한 실행 결과를 보면 다음과 같다.

```
>>>
Login: joe
```

```
You are in!
Done.
```

다음은 유효하지 않은 사용자에 대한 실행 결과이다.

```
>>>
Login: john
User unknown.
Done.
```

반복 구조

제2장에서 문자열과 리스트를 소개했다. 이 두 데이터는 모두 객체들의 **나열**(sequence)로 구성된다. 문자열은 문자의 나열이며 리스트는 객체(문자열, 숫자, 심지어 또 다른 리스트)의 나열이다. 이런 나열 구조에 대해 빈번히 수행되는 작업으로는 나열에 속한 모든 객체에 대해서 똑같은 일을 수행하는 작업을 들 수 있다. 예를 들면 연락처 리스트를 훑어 가면서 가까이 살고 있는 친구들에게 초청장을 발송할 수 있다. 또 구매할 물품 목록을 훑어보며 실제로 구매한 물건을 하나씩 확인할 수도 있다. 혹은 이름에 있는 글자를 하나씩 훑어 가며 철자들을 하나씩 출력할 수도 있다.

이중 마지막 예로 든 철자 출력 프로그램을 생각해 보자. 사용자가 입력한 문자열을 구성하는 문자를 하나씩 출력하는 프로그램 수행 예를 보면 다음과 같다.

```
>>>
Enter a word: Lena
The word spelled out:
L
e
n
a
```

이 프로그램은 먼저 사용자에게 문자열 입력을 요청한다. 그 다음에는 `'The word spelled out:'`을 출력한 후에 입력된 문자열에 속하는 문자를 한 줄에 한 자씩 출력한다. 이 프로그램을 작성한다면 다음과 같이 시작할 수 있을 것이다.

```
name = input('Enter a word: ')
print('The word spelled out:')
...
```

이 프로그램을 완성하기 위해서는 문자열 `name`에 들어있는 각 문자에 대해서 `print()`를 수행할 수 있는 어떤 방법이 필요하다. Python `for` 문을 이용하면 바로 이 작업을 수행할 수 있다. 이를 프로그램으로 작성하면 다음과 같다.

모듈
spelling.py

```
1    name = input ('Enter a word: ')
2    print('The word spelled out: ')
3
4    for char in name:
5        print(char)
```

프로그램 4행과 5행에 걸쳐 for 문이 사용되었다. 4행에 사용된 char은 변수명이다. for 문은 문자열 name에 들어있는 문자를 반복적으로 변수 char에 대입한다. 예를 들어 name이 'Lena'이라면 처음 char의 값은 'L'이 되고 그 다음에는 'e'가 되고 그 다음에는 'n'이 되며 마지막으로는 'a'가 된다. 모든 char의 값에 대해서 print(char)이 실행되는데 이 과정을 그림으로 나타내면 그림 3.5와 같다.

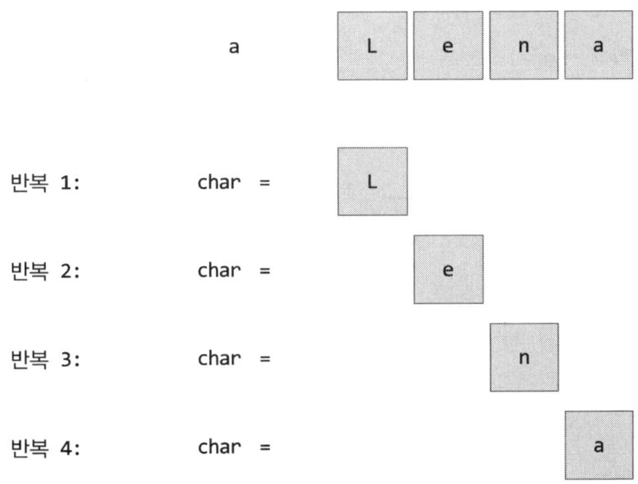

그림 3.5
문자열을 통한 반복
복 1에서 변수 char에는 L'이 대입되었고 반복 2에는 'e'가 대입되었고 반 3에서는 'n'이 대입되었 . 마지막으로 반복 4에서 char에 'a'가 대입되었 . 그래서 char이 'L'일 'L'이 출력되고 'e'일 'e'가 출력되는 식으로 복된다.

for 문은 리스트에 대하여 반복할 때에도 사용할 수 있다. 다음 예제는 대화형 셸에서 애완동물을 표현하는 문자열 객체를 for 문으로 처리하고 있다.

```
>>> animals = ['fish', 'cat', 'dog']
>>> for animal in animals:
        print(animal)
fish
cat
dog
```

위 코드에서 for 문은 각 animal 값에 대하여 들여 쓴 문장 print(animal)을 세 번 수행한다. 그림 3.6에 나타낸 것처럼 첫 번째 animal의 값은 'fish'이고, 그 다음은 'cat'이며, 그 다음은 'dog'이다.

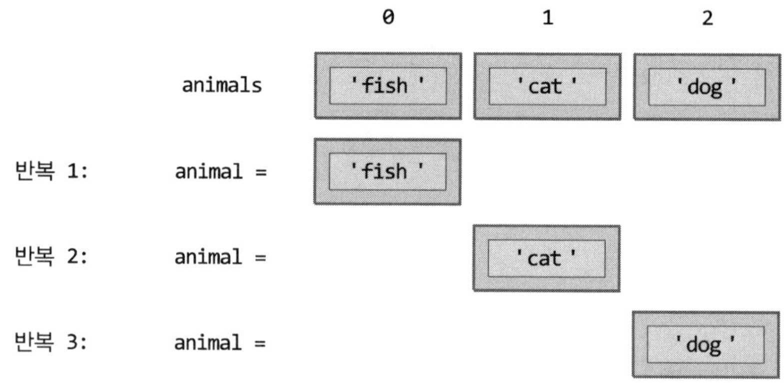

그림 3.6
리스트을 통한 반복
반복 1에서 변수 animal의 값은 'fish'이고 반복 2에서는 'cat'이며, 반복 3에서는 'dog'이다. 매번 반복하면서 animal의 값을 출력한다.

CAUTION

for 문의 변수

다음 for 문의 char나

```
for char in name:
    print(char)
```

다음 for 문의 animal은

```
for animal in animals:
    print(animal)
```

그냥 변수 이름일 뿐이다. 좀 더 프로그램 의미가 통하도록 이런 이름을 사용한 것이다. 다음과 같이 그냥 x를 반복문의 변수로 사용해도 된다.

```
for x in name:
    print(x)

for x in animals:
    print(x)
```

다만 for 문의 변수 이름을 바꿀 경우, for 문의 본체에서도 그 변수가 사용되는 곳에서 이름을 바꾸어 주어야 한다는 사실만 주의하면 된다.

일반적으로 for 문의 형식은 다음과 같다.

```
for <변수> in <나열>:
    <들여 쓴 코드 블록>
<들여 쓰지 않은 코드 블록>
```

for 문은 <나열>에 들어있는 항목들을 왼쪽에서 오른쪽을 차례대로 하나씩 <변수>에 대입한다. for 문에서 <들여 쓴 코드 블록>을 본체(body)라고 하는데 본체는 각 <변수> 값에 대해서 한 번씩 수행된다. 우리는 for 문이 나열 내 객체들에 대해 **반복**된다고 말한다. <들여 쓴 코드 블록>이 모두 수행되고 나면 for 문 다음에 오는 문장(<들여 쓰지 않은 코드

블록>)에서부터 실행이 계속되는데, 이 문장의 들여쓰기는 for 문의 첫 줄과 같은 수준이어야 한다.

중첩 제어 구조

for 문과 if 문이 결합된 프로그램을 작성해 보자. 사용자로부터 어떤 문구를 입력받은 다음, 그 문구에 포함된 글자 중에서 모음을 출력하는 프로그램을 작성해 보자. 이 프로그램은 다음과 같이 작동해야 한다.

```
>>>
Enter a phrase: test case
e
a
e
```

이 프로그램은 다양한 요소로 구성된다. 먼저 문구를 읽기 위해서 input() 문이 필요하다. 그 다음으로는 읽어 들인 문자열의 각 문자에 대해서 for 문을 반복해야 한다. 그리고는 각 문자가 모음인지를 확인하고 모음이면 출력해야 한다. 완성된 프로그램은 다음과 같다.

모듈 for.py

```
phrase = input('Enter a phrase: ')

for c in phrase:
    if c in 'aeoiuAEIOU':
        print(c)
```

이 프로그램에는 for 문과 if 문이 모두 사용되고 있지만 각 문장의 본체는 각 문장에 맞게 들여쓰기되어 있다는 점에 주의하자. if 문의 본체에는 print(c)만 포함되어 있으며 for 문의 본체는 다음과 같다.

```
if c in 'aeiouAEIOU':
    print(c)
```

실습 3.5

단어(문자열) 리스트를 입력받아서 각 단어의 길이가 4인 단어만 화면에 출력하는 프로그램을 작성하라.

```
>>>
Enter word list: ['stop', 'desktop', 'top', 'post']
stop
post
```

함수 range()

지금까지 리스트의 각 항목이나 문자열의 각 문자에 대해서 반복하기 위해 어떻게 for 문을 사용할 수 있는지를 살펴보았다. 이제 주어진 범위 내의 수에 대해서 반복하는 방법을 살펴보려고 한다. 구체적인 예로 어떤 수의 **인수(divisor)**를 찾거나 순열 객체의 첨자, 즉 0, 1, 2, ...에 대해서 반복하려고 할 때 구간 반복이 필요하다. 구간 반복을 수행하려면 내장함수 range()에 대해 for 문을 사용하면 된다. 정수 0, 1, 2, 3, 4에 대해서 반복하려면 다음과 같이 쓰면 된다.

```
>>> for i in range(5):
        print(i)
0
1
2
3
4
```

함수 range(n)은 정수열 0, 1, 2, ..., $n-1$에 대해서 반복할 때 사용한다. 위의 예에서 변수 i에는 첫 번째 반복에서 0이 대입되고, 그 다음 반복에서는 1, 2, 3이 차례로 대입되어 마지막으로 4가 대입된다($n=5$이기 때문).

실습 3.6

대화형 셸에서 for 문을 사용해서 다음과 같은 수열을 출력하라. 단 정수는 한 줄에 하나씩 출력하라.

(a) 정수 0에서 9까지(즉, 0, 1, 2, 3, 4, 5, 6, 7, 8, 9)

(b) 정수 0에서 1까지(즉, 0, 1)

좀 더 복잡한 순열을 반복하는 데에도 함수 range()를 사용할 수 있다. 영이 아닌 수 start에서 시작해서 end 직전까지 순열을 생성하려면 range(start, end)를 호출하면 된다. 예를 들어 순열 2, 3, 4에 대해서 반복하는 for 문은 다음과 같이 작성할 수 있다.

```
>>> for i in range(2, 5):
        print(i)
2
3
4
```

수열의 증분(step size)을 1 이외의 값으로 설정하려면 세 번째 인수를 이용하여 range(start, end, step)과 같이 사용한다. 예를 들어 수열 1, 4, 7, 10, 13에 대해 반복하는 for 문은 다음과 같다.

```
>>> for i in range(1, 14, 3):
        print(i)
```

위의 for 문에 의해 출력되는 수열은 1에서 시작해서 증분 3으로 14 전에서 끝나게 되므로 1, 4, 7, 10, 13이 된다.

실습 3.7

대화형 셸에서 for 문을 사용해서 다음과 같은 수열을 출력하라. 단, 각 정수는 한 줄에 하나씩 출력하라.

(a) 정수 3에서 12까지

(b) 증분이 2이고 정수 0에서 9 미만까지(즉, 0, 2, 4, 6, 8)

(c) 증분이 3이고 정수 0에서 24 미만까지

(d) 증분이 5이고 정수 3에서 12 미만까지

3.3 사용자 정의 함수

우리는 이미 내장함수를 여럿 사용해 본 바 있다. 예컨대 순차 데이터(리스트나 문자열)의 항목 수를 세기 위해 내장함수 len()을 사용하였다.

```
>>> len('goldfish')
8
>>> len(['goldfish', 'cat', 'dog'])
3
```

함수 max()는 두 수를 인수로 받아 두 수 중에 큰 수를 반환한다.

```
>>> max(4, 7)
7
```

함수 sum()은 수 리스트를 인수로 받아서 그 리스트에 들어 있는 모든 수의 합을 반환한다.

```
>>> sum([4, 5, 6, 7])
22
```

어떤 함수는 인수를 받지 않을 수도 있다.

```
>>> print()
```

일반적으로 함수는 0개 이상의 인수를 입력으로 받아서 그 결과를 반환한다. 여러 Python 문장을 필요로 하는 작업을 간단하게 함수 호출로 해결할 수 있다는 것은 함수의 매우 큰 장점이다. 더구나 개발자는 함수에 포함된 자세한 Python 문장들을 알 필요도 없다. 함수들이 어떻게 작동하는지를 구체적으로 알 필요가 없기 때문에 프로그램 개발이 훨씬 단순해진다. 그래서 Python뿐 아니라 다른 프로그래밍 언어들도 개발자가 나름대로 함수를 정의할 수 있도록 하고 있다.

■ 첫 번째 사용자 정의 함수

입력으로 정수 x를 받아서 x^2+1을 반환하는 함수 f를 통해 Python 함수 정의 방법을 살펴보자. 이 함수는 다음과 같이 수행되어야 할 것이다.

```
>>> f(9)
82
>>> 3 * f(3) + 4
34
```

함수 f()는 다음과 같이 Python 모듈로 정의할 수 있다.

모듈 ch3.py

```
def f(x):
    res = x**2 + 1
    return res
```

함수 f()를 사용하기 위해서는(즉, f(3)이나 f(5)를 계산하기 위해서는) 먼저 이 함수의 정의문이 포함된 모듈을 실행(F5를 누름)함으로써 함수가 정의되도록 해야 한다. 함수가 정의된 후에야 비로소 함수 f()를 사용할 수 있다.

다음과 같이 대화형 셸에서 직접 함수 f()를 정의할 수도 있다.

```
>>> def f(x):
        res = x**2 + 1
        return res
```

함수 f()를 정의한 후에는 다른 내장 함수처럼 사용하면 된다.

함수 정의문의 일반적인 형식은 다음과 같다.

```
def <함수 이름> (<0개 이상의 변수>):
    <들여 쓴 함수 본체>
```

함수 정의문은 예약어 def로 시작한다. 그 다음에는 f와 같은 함수 이름이 오고, 그 다음에는 괄호로 감싼 0개 이상의 변수들이 올 수 있는데 이 변수들을 입력 인수라고 한다. 위의 예에서 다음 함수 시작부분

```
def f(x):
```

의 입력 인수 x는 수학 함수 $f(x)$에서 x와 같은 구실을 한다.

함수 정의의 첫 번째 줄은 콜론(:)으로 끝난다. 함수의 본체는 **들여 써야** 하며 여러

개의 Python 문장으로 구성될 수 있다. 함수의 본체는 함수가 호출될 때마다 실행되며, 어떤 값을 반환해야 하는 경우에는 return 문을 사용해서 반환값을 지정해야 한다. 위의 예에서 반환값은 변수 res의 값이다. return 문이 실행되거나 함수 본체의 마지막 문장이 실행되면 함수의 실행이 종료된다.

실습 3.8

대화형 셀에서 함수 perimeter()를 정의하라.

이 함수는 원의 반지름(양의 정수)을 입력으로 받아서 원주의 길이를 반환해야 한다. 예를 들면 다음과 같이 실행되어야 한다.

```
>>> perimeter(1)
6.283185307179586
>>> perimeter(2)
12.566370614359172
```

원주의 길이를 구하기 위해서는 원주율 π 값이 필요한데 이 값은 모듈 math에 정의되어 있다.

함수의 입력 인수

함수 f()의 경우에는 입력 인수가 변수 x 하나였다. 둘 이상의 인수를 받는 함수를 정의하려면 각 인수의 변수 이름은 서로 달라야 한다.

예컨대 두 인수 x, y를 입력으로 받아서 x^2+y^2을 반환하는 함수 squareSum()을 정의하고 싶다면 다음과 같이 정의할 수 있다.

모듈 ch3.py

```
def squareSum(x, y):
    return x**2 + y**2
```

함수 f()와는 달리 함수 squareSum()에서는 대입문을 사용하지 않고 return 문 하나만 사용하였다.

실습 3.9

두 수를 입력으로 받아서 두 수의 평균을 반환하는 함수 average()를 구현하라.

이 함수는 다음과 같이 수행되어야 한다.

```
>>> average(1,3)
2.0
>>> average(2, 3.5)
2.75
```

지금까지 정의한 함수들은 모두, 수를 입력 인수로 받는 함수였다. 사실 수 이외에 문자나 리스트와 같은 자료형도 입력 인수로 받을 수 있다.

실습 3.10

문자열 s를 입력으로 받아서 s에 모음이 하나도 없으면 True를 반환하고 그렇지 않으면 False를 반환하는 함수 noVowel()을 구현하라.

이 함수는 다음과 같이 수행되어야 한다.

```
>>> noVowel('crypt')
True
>>> noVowel('cwm')
True
>>> noVowel('car')
False
```

실습 3.11

정수 리스트를 입력으로 받아서 그 리스트 안에 있는 모든 수가 짝수이면 True를 반환하고 그렇지 않으면 False를 반환하는 함수 allEven()을 구현하라.

이 함수는 다음과 같이 수행되어야 한다.

```
>>> allEven([8, 0, -2, 4, -6, 10])
True
>>> allEven([8, 0, -1, 4, -6, 10])
False
```

함수가 반드시 어떤 값을 반환해야만 하는 것은 아니다. 이제 값을 반환하지 않는 함수를 살펴보자.

print()와 return 문

또 다른 사용자 정의 함수로서 hello() 함수를 생각해 보자. 이 함수는 문자열(이름)을 입력으로 받아서 인사말을 출력하는 함수이다.

```
>>> hello('Sue')
Hello, Sue!
```

함수 f()와 마찬가지로 이를 모듈로 구현하면 다음과 같다.

모듈 ch3.py

```
def hello(name):
    print('Hello, '+ name + '!')
```

hello()가 호출되면 문자열 'Hello, '와 입력 문자열, 문자열 '!'가 하나로 이어져서 출력될 것이다.

🔊 함수 hello()는 화면에 문자열을 출력하지만 어떤 값도 반환하지는 않는다는 사실에 주의하자.

CAUTION

문장 return과 함수 print()

일반적으로 자주 범하는 실수 중에 하나는 어떤 함수 내에서 return 문 대신에 print() 함수를 사용하는 것이다. 다음과 같이 함수 f()를 정의했다고 해 보자.

```
def f(x):
    print(x**2 + 1)
```

다음과 같이 이 함수는 아무런 문제 없이 잘 동작하는 것처럼 보인다.

```
>>> f(2)
5
```

그러나 이 함수를 수식 내에서 사용하면 우리의 기대와는 아주 다르게 동작한다.

```
>>> 3 * f(2) + 1
5
Traceback (most recent call last):
  File '<pyshell#103>', line 1, in <module>
    3 * f(2) + 1
TypeError: unsupported operand type(s) for *:
           'int' and 'NoneType'
```

수식 3 * f(2) + 1에서 f(2)가 계산될 때 Python 인터프리터는 그 수행 결과로 5를 출력한다. "Trackback"이라는 오류 메시지 앞에 실제로 5를 볼 수 있다.

결국 f()는 계산된 값을 출력하지만 아무것도 반환하지 않는다. f(2)가 아무 것도 반환하지 않으므로 따라서 수식은 계산될 수 없다. 실제로 Python은 'None'이라는 값을 반환하지만 이 값은 정수(int)와 곱할 수 없다.

이 함수가 print()를 호출하는 것은 사실 아무런 문제가 되지 않는다. 하지만 개발자의 의도가 어떤 값을 반환하는 것이 아니라 출력하는 것이었을 때에만 그렇게 써야 한다.

실습 3.12

함수 negatives()를 작성하라.

이 함수는 리스트를 입력으로 받아서 그 리스트 안에 있는 음수를 한 줄에 하나씩 출력한다. 이 함수의 반환값은 없다.

```
>>> negatives([4, 0, -1, -3, 6, -9])
-1
-3
-9
```

■ 함수 정의는 대입문이다

함수 정의도 일반적인 Python 문장과 같다. 사실, 함수 정의는 대입문과 아주 유사하다.

모듈
dynamic.py

```
s = input('Enter square or cube: ')
if s == 'square':
    def f(x):
        return x*x
else:
    def f(x):
        return x*x*x
```

이 프로그램에서 함수 f()는 Python 프로그램 내에 정의되었다. 대입문을 프로그램 내에서 사용하는 것과 조금도 다를 바 없다. 이 프로그램에서는 사용자의 입력에 따라서 f()의 정의가 달라진다. 프롬프트에서 cube를 입력하면 함수 f()는 세제곱을 구하는 함수로 정의된다.

```
>>>
Enter square or cube: cube
>>> f(3)
27
```

그러나 square를 입력하면 제곱을 구하는 함수로 정의된다.

CAUTION

함수를 먼저 정의하고 사용하라

Python은 함수를 정의하기 전에 그 함수를 사용할 수 없다. 이것은 마치 변수에 어떤 값이 대입되기 전에 수식 내에서 사용할 수 없는 것과 같다.

이것을 이해했다면 다음 프로그램이 왜 오류인지 생각해 보자.

```
print(f(3))

def f(x):
    return x**2 + 1
```

이 모듈을 실행하면 Python 문장은 위에서 아래로 실행된다. 따라서 print(f(3))을 실행할 때 함수 f()가 아직 정의되어 있지 않다. 그래서 오류가 발생된다.

그렇다면 다음 모듈이 실행될 때에는 오류가 발생할까?

```
def g(x):
    return f(x)
```

```
def f(x):
    return x**2 + 1
```

답은 '아니오'이다. 이 모듈이 실행될 때에도 함수 f()와 g()는 실행되는 것이 아니라 정의되고 있기 때문이다. 정의된 후에는 함수들이 아무런 문제 없이 실행될 수 있다.

■ 주석

Python 프로그램은 다음과 같은 두 가지 이유로 문서화가 잘 되어 있어야 한다.

1. 프로그램 사용자가 그 프로그램이 어떤 일을 하는지 쉽게 이해할 수 있어야 한다.
2. 프로그램을 개발하고 관리하는 개발자들이 그 프로그램이 어떻게 동작하는지를 쉽게 이해할 수 있어야 한다.

프로그램 개발자나 관리자에게 문서화는 매우 중요하다. 왜냐하면 문서화가 제대로 되어 있지 않은 프로그램은 점점 관리하기 어려워지기 때문이다. 심지어 그 프로그램을 작성한 개발자들도 시간이 조금만 지나면 관리의 어려움을 느끼기 시작한다. 문서화에는 주로 주석이 사용되며 주석은 함수의 개발자가 해당 코드 바로 다음에 작성한다.

주석은 기호 #으로 시작해서 그 행의 끝까지 어떤 문자든지 포함할 수 있다. 다음은 함수 f(x)의 구현을 설명하기 위해 어떻게 주석을 추가할 수 있는지 보여주고 있다.

모듈 ch3.py

```
def f(x):
    res = x**2 + 1      # x**2 + 1를 계산하고 그 결과는 res에 저장한다.
    return res          # res의 값을 반환한다.
```

Python에서 주석은 무시된다. 따라서 # 다음에 나오는 문자는 모두 무시된다.

주석은 과하지 않게 기입하는 것이 중요하다. 즉, 주석이 프로그램을 이해하는 것을 방해해서는 안 된다. 변수의 이름에 구체적인 의미가 부여된다면 그 자체가 주석이 될 수 있으며 그렇게 하는 것이 이상적이다. 주석은 그 프로그램의 핵심을 설명하거나 아주 이해하기 어려운 부분에 대해서 부가적으로 설명하는 데 국한하여 사용해야 한다.

■ 문서문자열

함수 사용자를 위해서 함수 자체도 문서화되어야 한다. 지금까지 사용한 많은 내장 함수들은 모두 문서화가 잘 되어 있으며, 함수 help()를 사용하면 이것을 확인할 수 있다. 다음 예를 보자.

```
>>> help(len)
Help on built-in function len in module builtins:
```

```
len(...)
    len(object) -> integer

    Return the number of items of a sequence or mapping.
```

앞에서 정의한 함수 f()에 대해서 help를 사용하면 놀랍게도 어떤 문서화 정보를 얻을 수 있다.

```
>>> help(f)
Help on function f in module __main__:

f(x)
```

하지만 좀 더 유용한 정보를 제공하기 위해서는 함수를 정의할 때 개발자가 별도로 정보를 추가해야 하는데, 그러면 help를 통해서 그 정보를 얻을 수 있다. 이와 같이 주석 용도로 추가한 문자열을 **문서문자열**(docstring)이라고 한다. 문서문자열은 대개 함수 정의의 첫 줄 바로 다음에 주석처럼 추가하는데 해당 함수의 기능을 주로 기술한다. 함수 f()에 문서문자열 'x**2 + 1을 반환함'을 추가한 예를 보면 다음과 같다.

모듈 ch3.py

```
def f(x):
    'x**2 + 1을 반환함'
    res = x**2 + 1    # x**2 + 1를 계산하고 그 결과는 res에 저장한다.
    return res        # res의 값을 반환한다.
```

함수 hello()에 대해서도 문서문자열을 추가해 보자.

모듈 ch3.py

```
def hello(name):
    '이름을 부르며 인사하는 hello 함수'
    print('Hello, ' + name + ' !')
```

문서문자열을 제 위치(함수 정의 바로 다음)에 추가하면 help() 함수는 그 함수의 문서화 정보를 사용할 수 있다. 예를 들면, 함수 f()의 문서문자열 'x**2 + 1을 반환함'을 다음과 같이 볼 수 있다.

```
>>> help(f)
Help on function f in module __main__:

f(x)
    x**2 + 1을 반환함
```

함수 hello()에 대해서도 마찬가지로 문서문자열을 다음과 같이 확인할 수 있다.

```
>>> help(hello)
Help on function hello in module __main__:

hello(name)
    이름을 부르며 인사하는 hello 함수
```

실습 3.13

실습문제 3.9와 3.12에 정의된 함수 `average()`와 `negative()`에 적절한 문서문자열을 추가하라. 문서화 도구 `help()`를 사용해서 문서문자열이 제대로 추가되었는지 확인하라.

```
>>> help(average)
Help on function average in module __main__:

average(x, y)
    x와 y의 평균을 반환함
```

3.4 Python 변수와 대입문

함수는 대화형 셸이나 다른 프로그램에서 호출될 수 있다. 함수를 설계하기 위해서는 먼저 **호출 함수**(calling function)나 대화형 셸에서 생성된 값들이 어떻게 **피호출 함수**(called function)로 전달되는지를 이해해야 한다. 이것을 이해하기 위해서는 먼저 대입문이 어떻게 동작하는지를 정확히 이해해야 한다.

대입문 `a = 3`을 예로 대입문의 동작을 생각해 보자. 우선 이 대입문이 실행되기 전에 변수 a가 사용되지 않았다고 가정하자.

```
>>> a
Traceback (most recent call last):
    File "<pyshell#15>", line 1, in <module>
      a
NameError: name 'a' is not defined
```

다음과 같이 대입문이 실행되면 정수 객체 3과 이름 a가 생성된다.

```
>>> a = 3
```

Python에서 관리하는 표에 이름 a가 저장된다. 표의 구체적인 형태는 그림 3.7에 나타나 있다.

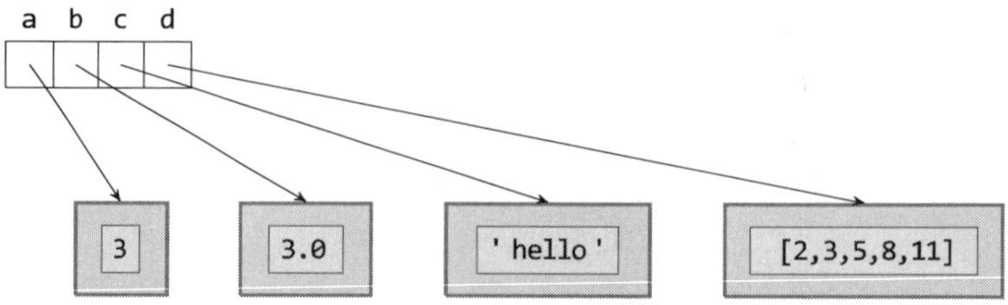

그림 3.7
새로운 변수에 값을 대입한 결과
객체 3은 변수 a에 대입되었고 `float` 객체 `3.0`은 변수 b에 대입되었으며 `str` 객체 `'hello'`는 변수 c에 대입되었고 `list` 객체 `[2, 3, 5, 8, 11]`는 변수 d에 대입되었다.

변수 a는 정수 객체를 참조하며 그 값은 3이다.

```
>>> a
3
```

그림 3.7의 표에는 다른 변수들도 있다. 변수 b는 `float` 객체 3.0을 가리키고 있고, 변수 c는 `str` 객체 `'hello'`를 가리키며, 변수 d는 `list` 객체 `[2, 3, 5, 8, 11]`을 가리키고 있다. 즉, 이 그림은 다음 대입문이 추가로 수행된 상황을 나타낸다.

```
>>> b = 3.0
>>> c = 'hello'
>>> d = [2, 3, 5, 8, 11]
```

일반적으로 Python 대입문의 형식은 다음과 같다.

```
<변수> = <수식>
```

대입 연산의 수행 순서는 다음과 같다. 먼저 대입 연산자 =의 오른쪽에 있는 <수식>을 계산하고 그 결과를 적절한 형의 객체에 저장한다. 그러고 나서 그 객체를 <변수>에 대입하는데, 여기서 대입의 의미는 <변수>가 그 객체를 **가리키도록(refer)**하는 것이다.

가변 자료형과 불변 자료형

다음과 같이 이미 존재하는 변수 a에 또 다른 대입이 일어날 수 있다.

```
>>> a = 6
```

이 대입문 수행 이후에 변수 a는 다른 정수 객체 6을 가리키게 된다. 따라서 어떤 변수도 `int` 객체 3을 더 이상 가리키지 않는다(그림 3.8 참조).

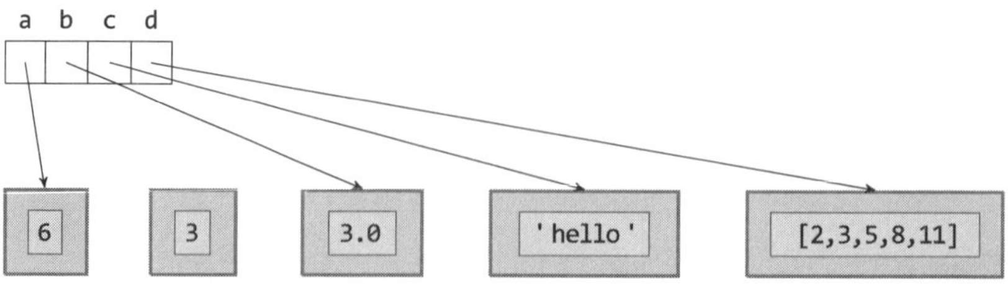

그림 3.8
이미 존재하는 변수에 변경 불가능한 객체를 대입한 결과
이미 존재하는 변수 a에 `int` 객체 6을 대입하면 어떤 변수도 `int` 객체 3을 더 이상 가리키지 않기 때문에 `int` 객체 3에는 어떤 방법으로도 접근할 수 없다.

여기서 중요한 사실은 대입문 `a = 6`을 수행해도 정수 객체 3의 값에는 아무런 변화도 일어나지 않는다는 것이다. 다만 정수 객체 6이 생성되고 변수 a가 그 객체를 가리키게 된다. 사실 객체 3은 어떤 방법으로도 변경할 수 없다. 이는 Python의 중요한 특징인데 Python의 `int` 객체는 변경할 수 없다. 이처럼 변경할 수 없는 객체를 **불변**(immutable) 객체라고 한다. Python에서 수를 나타내는 자료형(`bool`, `int`, `float`, `complex`)은 모두 변경 불가능하다.[2)]

2장에서 보았듯이 리스트는 **가변** 객체이다.

```
>>> d = [2, 3, 5, 8, 11]
>>> d[3] = 7
>>> d
[2, 3, 5, 7, 11]
```

위 두 번째 문장에서는 리스트 d를 수정하고 있다. 그림 3.9에 나타낸 것처럼 첨자 3 위치의 항목이 7로 변경되었다.

그림 3.9
스트는 변경 가능 객체이다
입문 d[3] = 7이 첨자가
긴 항목의 값을 새로운 정수
체 7로 변경하였다.

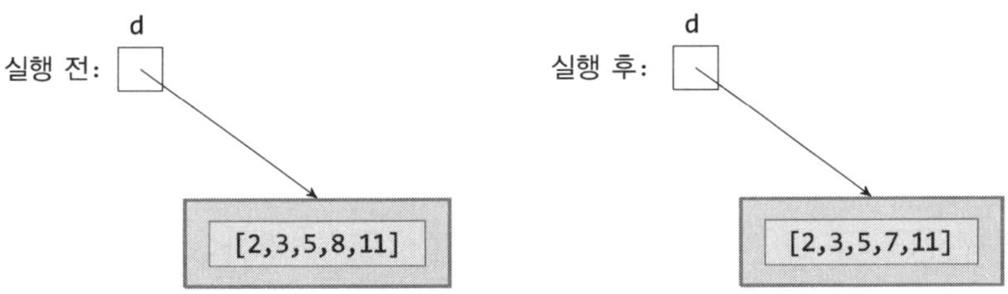

이처럼 변경될 수 있는 객체를 **가변**(mutable) 객체라고 한다. 리스트는 가변 객체이고 수는 불변 객체이다. 그렇다면 문자열 객체는 어디에 속할까?

```
>>> c = 'hello'
>>> c[1] = 'i'
Traceback (most recent call last):
    File "<pyshell#23>", line 1, in <module>
        c[1] = 'i'
TypeError: 'str' object does not support item assignment
```

위에서 알 수 있는 것처럼 문자열 객체의 개별문자는 변경할 수 없다. 즉, 문자열은 **불변** 객체이다.

대입과 변경 가능성

프로그램을 작성하다 보면 여러 변수가 같은 객체를 가리키는 경우도 흔히 발생한다. (특히 함수의 인수로 값을 전달할 때 이런 상황이 발생한다.) 이런 경우에 이들 변수

---

2) 역주: `bool`도 내부적으로는 수로 취급한다. 그래서 여기서는 수 자료형의 일부로 취급하였다.

중 한 변수에 다른 객체를 대입하면 어떤 일이 일어날까? 예를 들어, 다음과 같은 Python 문장이 실행되었다고 하자.

```
>>> a = 3
>>> b = a
```

첫 번째 대입문에서 값이 3인 정수 객체가 생성되고 그 객체의 이름은 a가 된다. 두 번째 대입문을 실행하면 수식 a를 계산한 결과 값인 정수 객체 3의 또 다른 이름인 b가 생긴다.

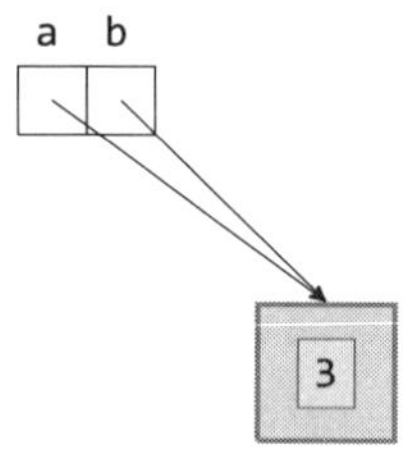

그림 3.10
같은 객체의 다중 참조
대입문 b = a는 대입 연산자 =의 우변 수식을 계산하고 그 객체(즉, 객체 3)를 변수 b에 대입한다.

변수 a와 b는 모두 같은 정수 객체 3을 참조한다. 이 상황에서 a에 다른 객체를 대입하면 어떤 일이 일어날까?

```
>>> a = 6
```

대입문 a = 6은 그 객체의 값을 3에서 6으로 변경하는 것이 아니다. 왜냐하면 정수형 객체는 불변 객체이기 때문이다. 변수 a는 값이 6인 새로운 객체를 가리킨다. 그렇다면 b는 어떻게 되었을까?

```
>>> a
6
>>> b
3
```

변수 b는 여전히 값이 3인 객체를 가리키고 있다(그림 3.11 참조).

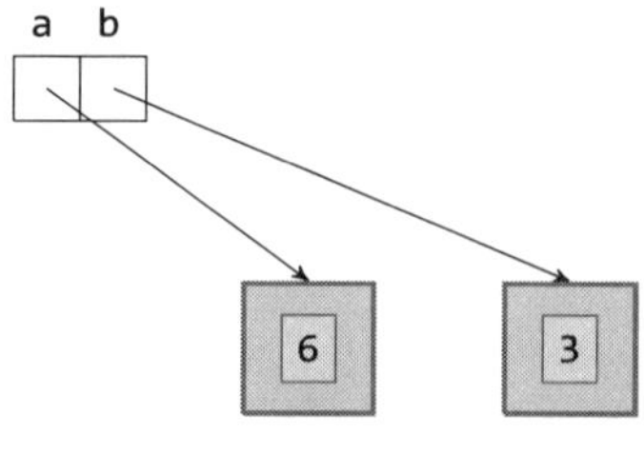

그림 3.11
연속 대입과 객체 불변성
a와 b가 같은 객체 3을 참조하고 있다가 객체 6을 a에 대입하면 b는 여전히 객체 3을 참조한다.

즉, 두 변수가 같은 변경 불가능 객체를 가리키면 한 변수를 변경한다고 해도 다른 변수는 영향을 받지 않는다.

이제 리스트의 경우는 어떻게 되는지 살펴보자. 마찬가지로 어떤 리스트를 a에 대입하고 a를 b에 대입해 보자.

```
>>> a = [3, 4, 5]
>>> b = a
```

a와 b는 같은 객체를 가리킬 것이다(그림 3.12 참조).

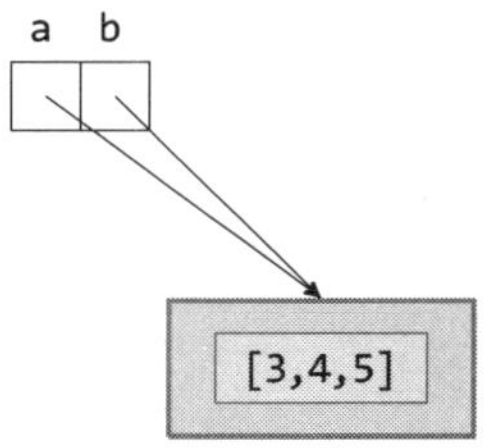

그림 3.12
경 가능 객체의 다중 참조
과 b가 같은 리스트를 참조 다. 대입문 b[1] = 8과 [-1] = 16은 같은 객체를 경할 것이다. 즉 a가 참조 는 객체를 변경하면 b가 참 하는 객체가 변경된다. 반 로 b가 참조하는 객체를 변 하면 a가 참조하는 객체도 경된다.

이제 b[1]에 새로운 객체를 대입했을 때 어떤 일이 일어나는지 살펴보자.

```
>>> b[1] = 8
>>> b
[3, 8, 5]
>>> a
[3, 8, 5]
```

2장에서 이미 살펴보았듯이 리스트는 변경할 수 있다. 대입문 b[1] = 8로 인해 리스트 b가 변경되었다. 변수 a도 같은 리스트를 가리키기 때문에 a도 변경된다. 마찬가지로 리스트 a를 변경하면 리스트 b도 변경될 것이다. 즉 대입문 a[-1] = 16은 리스트 a와 b의 마지막 항목을 새로운 객체 16으로 바꾼다.

실습 3.14

다음과 같은 Python 문장 실행 후에 이름과 객체들의 상태를 그림으로 그려라.

```
>>> a = [5, 6, 7]
>>> b = a
>>> a = 3
```

두 값의 교환

이제 기본적인 대입 문제를 살펴보자. 다음과 같이 a와 b가 서로 다른 두 정수를 참조한다고 하자.

```
>>> a = 6
>>> b = 3
```

a와 b의 값을 교환한다면 그림 3.13과 같이 a는 3을 가리키고 b는 6을 가리킬 것이다.

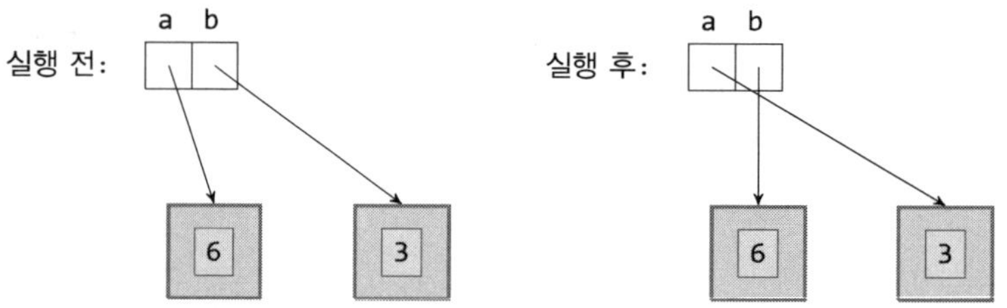

그림 3.13
두 값의 교환
변수 a와 b가 참조하고 있는 객체를 서로 교환한다. Python은 두 값의 교환을 용이하게 하기 위해서 다중 대입(multiple assignment)을 지원한다.

다음처럼 b의 값을 a에 대입하면 변수 a는 변수 b가 가리키는 객체를 가리킬 것이다.

```
a = b
```

그러면 변수 a와 b 모두 3을 가리키게 되며 객체 6에는 더 이상 접근할 수 없게 된다. 따라서 a = b를 실행하기 전에 객체 6을 적절한 곳에 저장해 두었다가 나중에 이 객체를 b에 대입해야 한다.

```
>>> temp = a            # temp는 6을 가리킨다.
>>> a = b               # a는 3을 가리킨다.
>>> b = temp            # b는 6을 가리킨다.
```

Python에서는 두 값을 교환하기 위해 아주 간단한 방법으로 다중 대입(multiple assignment)을 제공한다.

```
>>> a = 6
>>> b = 3
>>> a, b = b, a
>>> a
3
>>> b
6
```

다중 대입문 a, b = b, a에서는 대입 연산자 =의 오른쪽에 있는 두 수식을 먼저 두 개의 객체로 계산하고 각 객체를 대응되는 변수에 대입한다.

끝으로 Python 대입문의 멋진 특징을 하나 더 살펴보자. Python에서는 한 값을 여러 변수에 동시에 대입할 수도 있다.

```
>>> i = j = k = 0
```

위 문장을 수행하면 세 변수 i, j, k가 모두 0으로 설정된다.

실습 3.15

리스트 team에 어떤 값이 대입되어 있다할 때, 그 리스트의 첫 번째 값과 마지막 값을 서로 맞바꾸는 Python 문장을 작성하라.

team의 값이 다음과 같다면

```
>>> team = ['Ava', 'Eleanor', 'Clare', 'Sarah']
```

이 문장을 수행한 결과 값은 다음과 같아야 한다.

```
>>> team
['Sarah', 'Eleanor', 'Clare', 'Ava']
```

3.5 인수 전달

이제 대입문에 대해서 완벽히 이해하였으므로 함수 호출 시 인수 전달 방법에 대하여 살펴보자. 함수는 대화형 셀에서 호출할 수도 있고 다른 프로그램에서 호출할 수도 있는데 어떤 함수를 호출하는 프로그램을 **호출 프로그램**(calling program)이라고 한다. 함수 호출에서 입력 인수는 호출 프로그램의 객체에 대한 이름이다. 결국 이 이름이 변경 가능 객체나 변경 불가능 객체를 참조하게 될 것이다. 이제 각 경우에 대해 살펴보자.

불변 객체의 인수 전달

함수가 호출될 때 불변 객체가 어떻게 인수로 전달되는지 함수 g()를 통해서 살펴보자.

모듈
ch3.py

```
def g(x):
    x = 5
```

다음과 같이 변수 a에 정수 3을 대입하자.

```
>>> a = 3
```

이 대입문을 통해서 정수 객체 3이 생성되고 이름 a가 부여된다(그림 3.14 참조).

그림 3.14
주 프로그램에서의 대입
화형 셀의 주 프로그램에 정수 객체 3을 a에 대입다.

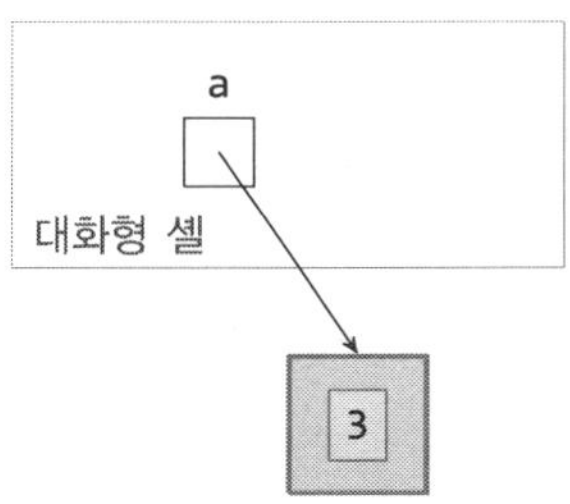

이 그림은 대화형 셀에서 이름 a가 정의되는 과정을 보여 준다. 변수 a는 값이 3인 정수 객체를 가리키고 있다. 이때 입력 인수 a와 함께 함수 g()가 호출되었다고 하자.

```
>>> g(a)
```

일단 함수가 호출되면 인수 a를 먼저 계산하여 그 결과로 정수 객체 3을 구한다. 함수 g()가 다음과 같이 정의되어 있다는 것을 기억하자.

```
def g(x):
    x = 5
```

def g(x):의 변수 x는 이제 정수 객체 3을 가리킨다. 결과적으로 대입문 x = a를 실행한 것과 같은 효과가 된다.

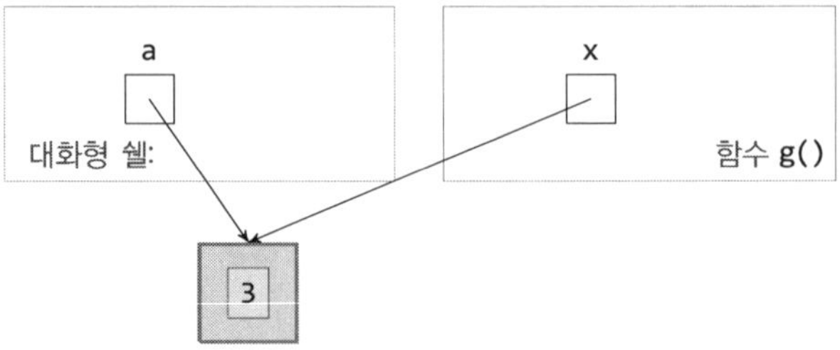

그림 3.15
인수 전달
함수 호출 g(a)를 수행하면 a에 대한 참조를 인수로 전달한다. 이 참조 값은 g()가 실행될 때 변수 x에 대입된다. 결국 a와 x는 같은 객체를 가리키게 된다.

따라서 g(a)가 실행되면 두 대화형 셸에 정의된 변수 a와 함수 g()에 정의된 변수 x가 같은 객체 3을 가리키게 된다(그림 3.15 참조).

g(a) 실행 중에 변수 x에는 5가 대입된다. 정수는 불변 객체이므로 변수 x는 더 이상 3을 가리키지 않고 이제부터는 5를 가리킨다(그림 3.16 참조). 그러나 변수 a는 여전히 객체 3을 가리킨다.

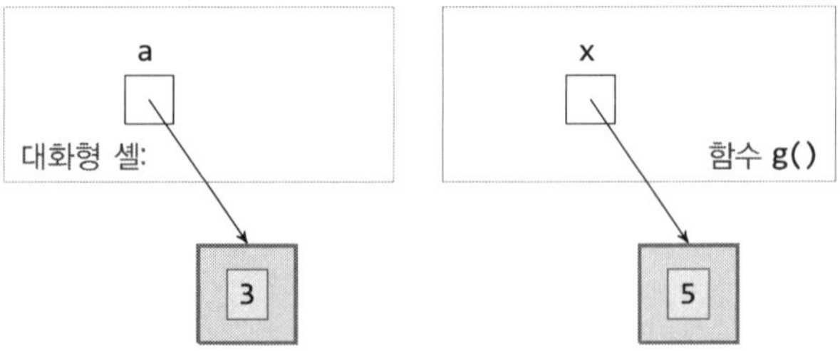

그림 3.16
불변 객체의 인수 전달
x = 5가 실행되면 x는 새로운 정수 객체 5를 가리킨다. 정수 객체 3은 변경되지 않고 대화형 셸의 변수 a는 여전히 객체 3을 가리킨다.

요약하면 함수 g()는 대화형 셸에 있는 a를 변경할 수 없다. 일반적으로 함수가 호출되고 실행될 때 인수가 불변 객체이면 함수는 인수로 전달된 어떤 변수도 변경할 수 없다.

그러나 가변 객체를 전달했다면 어떻게 될까?

■ 가변 객체의 인수 전달

다음 함수 h()를 통해서 가변 객체가 인수로 전달될 때 어떤 일이 일어나는지를 살펴보자.

모듈
ch3.py

```
def h(lst):
    lst[0] = 5
```

다음 Python 코드를 실행하면 무슨 일이 일어날지 생각해 보자.

```
>>> myList = [3, 6, 9, 12]
>>> h(myList)
```

대입문을 수행하면 리스트 객체가 생성되고, 그 객체의 이름은 **myList**가 된다. 그리고 나서 함수 호출 **h(myList)**가 실행된다. 함수 **h()**가 실행되면 변수 **lst**가 **myList**를 가리킨다. 따라서 결국 그림 3.17과 같은 상태가 된다.

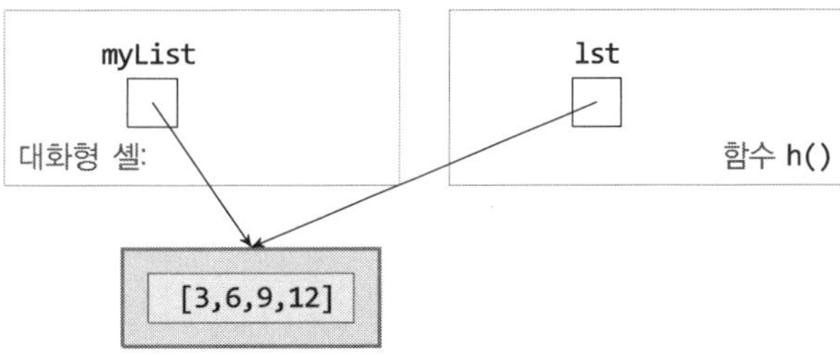

그림 3.17
가변 객체의 인수 전달
수 h()를 호출하면 입력수로 리스트가 전달된다. 래서 대화형 셀의 myList h()의 lst는 같은 리스를 가리킨다.

함수 **h()**가 실행되면 **lst[0]**에 5가 대입되며 결국 **lst[0]**은 새로운 객체 5를 가리키게 된다. **lst**가 가변 객체이므로 **lst**가 가리키는 객체가 변경된다. 대화형 셀의 변수 **myList**도 같은 객체를 참조하므로 **myList**가 참조하는 객체도 변경된다(그림 3.18 참조).

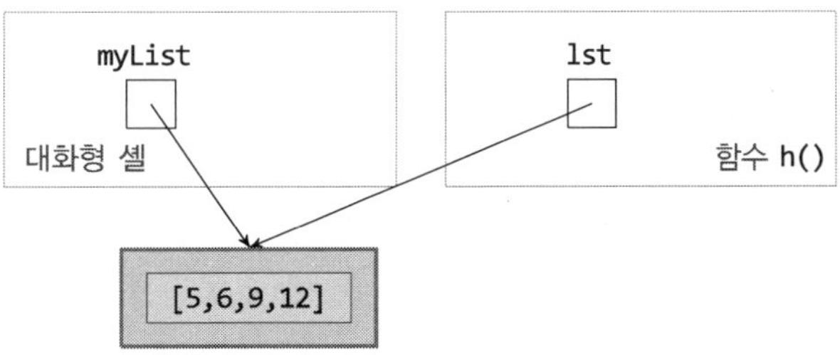

그림 3.18
수는 가변 객체를 변경할 수 있다
스트가 가변 객체이므로 입문 lst[0] = 5는 첨자 0인 항목의 값을 5로 바꾼. 대화형 셀의 myList가 은 리스트를 참조하므로 st가 변경된 내용은 대화 셀에서도 확인할 수 있다.

이 예제는 가변 객체(리스트 객체 **[3,6,9,12]**)가 함수 호출 시 인수로 전달되면 호출된 함수에 의해서 변경될 수 있다는 것을 보여준다.

실습 3.16

함수 `swapFL()`을 구현하라.

이 함수의 입력은 리스트이며 그 리스트의 첫 번째 원소와 마지막 원소를 서로 교환한다. 입력 리스트는 빈 리스트(empty list)가 아니며 함수의 반환값은 없다.

```
>>> ingredients = ['flour', 'sugar', 'butter', 'apples']
>>> swapFL(ingredients)
>>> ingredients
['apples', 'sugar', 'butter', 'flour']
```

E-Book 사례연구: Turtle 그래픽스의 자동화

일반적으로 프로그램의 여러 부분에서 같은 코드가 반복되는 경우가 많다. 이번 제3장의 사례연구에서는 이와 같이 반복되는 코드를 하나의 함수로 정의하고, 반복되는 코드를 그 함수 호출로 대체함으로써 얻을 수 있는 이점을 보여준다. 이 사례연구는 소프트웨어 공학에서 말하는 **캡슐화**(encapsulation)와 **추상화**(abstraction)의 개념을 효과적으로 설명하고 있다.

요약

3장에서는 Python 프로그램 작성 도구와 프로그램 개발의 기초 개념을 소개했다. 처음에는 `print()`, `input()`, `eval()`과 같은 내장함수를 활용한 대화형 프로그램을 작성했다. 그러고 나서 `if` 문을 소개하면서 사용자의 입력에 따라서 다르게 실행되는 프로그램을 작성해 보았다. 거기서 단방향 판단 구조(one-way decision)과 양방향 판단 구조(two-way decision)를 살펴보았다.

그 다음으로 가장 간단한 형태의 `for` 문을 소개했다. 즉, 리스트의 원소나 문자열의 문자에 대해서 반복하는 `for` 문을 소개했다. 또 주어진 범위 내에서 정수의 순열을 따라 반복하는 `range()` 함수를 소개했다.

이 장에서는 새로운 함수의 정의 방법에 초점을 맞추어 설명하였다. 함수 정의문의 문법을 소개하고 함수의 인수 전달(함수가 호출될 때 인수가 어떻게 전달되는가)에 대해서도 살펴보았다. 함수의 인수 전달은 대입문 동작 방식과 밀접한 관련이 있다. 따라서 인수 전달을 정확하게 이해하기 위해 대입문의 동작 원리를 자세히 살펴보았다. 마지막으로 주석과 문서문자열을 통해서 함수를 문서화하는 방법을 살펴보았다.

실습문제 해답

3.1 input() 문을 이용해서 온도를 입력받는다. 사용자가 입력한 값은 문자열이다. 문자열을 수로 변환하는 한 가지 방법은 eval() 함수를 사용하는 것이다. 즉 eval()은 문자열을 수식으로 취급하여 계산하는 함수이다. 화씨를 섭씨로 변환하는 수식을 사용해서 입력된 화씨를 섭씨로 출력한다.

```
fahr = eval(input('Enter the temperature in degrees Fahrenheit: '))
cels = (fahr - 32) * 5 / 9
print('The temperature in degrees Celsius is', cels)
```

3.2 대화형 셸에서 if 문의 실행 결과로 아무것도 나타나지 않을 수도 있다.

```
>>> if age > 62:
        print('You can get your pension benefits!')
>>> if name in ['Musial','Aaron','Williams','Gehrig','Ruth']:
        print('One of the top 5 baseball players, ever!')
>>> if hits > 10 and shield == 0:
        print('You\'re dead ...')
>>> if north or south or east or west:
        print('I can escape.')
```

3.3 대화형 셸에서 if 문의 실행 결과로 아무것도 나타나지 않을 수도 있다.

```
>>> if year % 4 == 0:
        print('Could be a leap year.')
    else:
        print('Definitely not a leap year.')
>>> if ticket == lottery:
        print('You won!')
    else:
        print('Better luck next time...')
```

3.4 먼저 리스트 users를 정의한다. input() 함수를 사용해서 id를 받아들인다. 적절한 메시지를 출력하기 위해서 조건식으로 id in users를 if 문의 조건으로 사용하였다.

```
users = ['joe', 'sue', 'hani', 'sophie']
id = input('Login: ')
if id in users:
    print('You are in!')
else:
    print('User unknown.')
print('Done.')
```

그림 3.19는 이 프로그램의 실행을 흐름도(flowchart)로 나타낸 것이다.

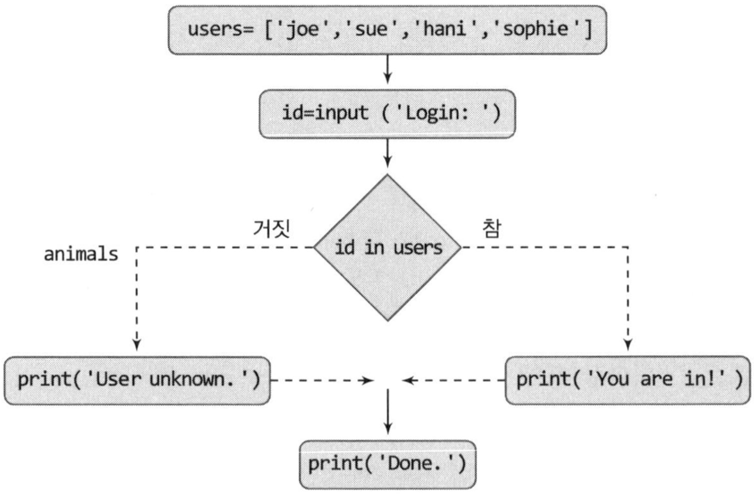

그림 3.19
프로그램 흐름도
실선으로 나타낸 화살표는 언제나 실행되는 흐름이고 점선으로 표현된 화살표는 조건에 따라서 실행되는 흐름이다.

3.5 리스트의 단어에 대해서 `for` 문을 사용하여 각 단어의 길이가 4인지를 확인한다. 단어의 길이가 4라면 그 단어를 출력한다.

```
wordList = eval(input('Enter word list: '))
for word in wordList:
    if len(word) == 4:
        print(word)
```

3.6 작성할 `for` 문은 다음과 같다.

```
>>> for i in range(10):
        print(i)
>>> for i in range(2):
        print(i)
```

3.7 전체 `for`문 대신 순열식만 적으면 다음과 같다.

(a) `range(3, 13)`

(b) `range(0, 10, 2)`

(c) `range(0, 24, 3)`

(d) `range(3, 12, 5)`

3.8 반지름이 `r`일 때 원주의 길이는 $2\pi r$이다. `math.pi`를 사용하기 위해 `math`를 `import`하여야 한다.

```
import math
def perimeter(radius):
    return 2 * math.pi * radius
```

3.9 함수 average()는 인수 두 개를 입력으로 받는다. 매개변수명을 x, y라고 하면 평균은 (x + y)/2로 구할 수 있다.

```
def average(x, y):
    return (x + y) / 2
```

3.10 for 문을 사용해서 문자열의 각 문자가 모음인지를 확인한다. 한 문자라도 모음이면 바로 False를 반환한다. 모든 문자가 모음이 아니라고 확인되었을 경우에만, 즉 for 문의 실행이 끝까지 진행되었을 때에만 True를 반환한다.

```
def noVowel(s):
    '문자열 s에 모음이 없으면 True를, 그렇지 않으면 False를 반환함'
    for c in s:
        if c in 'aeiouAEIOU':
            return False
    return True
```

3.11 for 문을 사용해서 리스트 내의 각 원소가 짝수인지 확인한다. 한 원소라도 짝수가 아니면 False를 바로 반환하고 for 문의 실행이 끝난 후에만 True를 반환한다.

```
def allEven(numList):
    'num Lisst의 모든 정수가 짝수이면 True를, 그렇지 않으면 False를 반환함'
    for num in numList:
        if num%2 != 0:
            return False
    return True
```

3.12 작성할 함수는 리스트 안에 있는 모든 원소에 대해 반복하며 어떤 원소가 음수인지 아닌지 확인하는 함수이다. 어떤 원소가 음수이면 그 수를 출력한다.

```
def negatives(lst):
    '리스트 lst 내의 음수를 출력함'
    for i in lst:
        if i < 0:
            print(i)
```

3.13 각 실습문제의 해답에는 이미 문서문자열이 포함되어 있다.

3.14 변수 a에 3이 대입되면 a는 새로운 객체 3을 가리킨다. 변수 b는 그대로 리스트를 가리킨다.

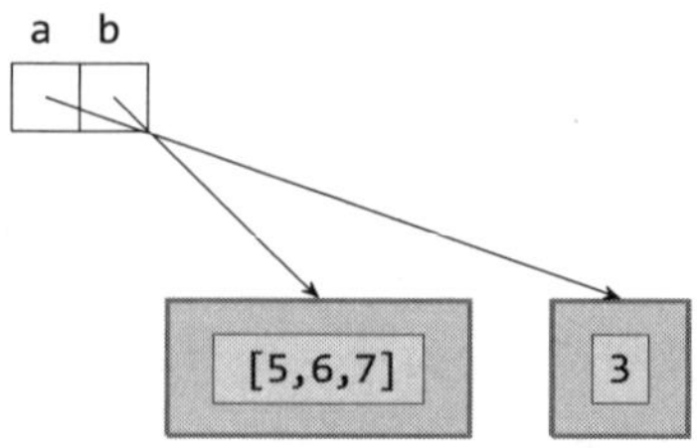

3.15 두 값을 교환하는 가장 간단한 방법은 다중 대입문이다.

```
>>> team[0], team[-1] = team[-1], team[0]
```

다른 방법으로 임시 변수를 사용할 수도 있다.

```
>>> temp = team[0]
>>> team[0] = team[-1]
>>> team[-1] = temp
```

3.16 이전 실습문제에서 구현한 두 값을 교환하는 코드를 함수로 작성하기만 하면 된다.

```
def swapFL(lst):
    lst[0], lst[-1] = lst[-1], lst[0]
```

연습문제

3.17 eval() 함수를 사용하여 아래 문자열을 Python 수식으로 계산하라.

(a) '2 * 3 + 1'

(b) 'hello'

(c) "'hello' + ' ' + 'world!'"

(d) "'ASCII'.count('I')"

(e) 'x = 5'

어떤 수식 계산에 오류가 있는가? 있다면 그 이유는 무엇일까?

3.18 대화형 셸에서 a, b, c를 다음과 같이 정의하였다고 하자.

```
>>> a, b, c = 3, 4, 5
```

대화형 셸에서 다음과 같은 조건이 만족될 때 'OK'를 출력하는 if 문을 작성하라.

(a) a가 b보다 작다.

(b) c가 b보다 작다.

(c) a와 b의 합이 c와 같다.

(d) a의 제곱과 b의 제곱의 합이 c의 제곱과 같다.

3.19 위 문제에서 각 조건이 만족되지 않을 때 'NOT OK'를 추가로 출력하도록 프로그램을 다시 작성하라.

3.20 for 문을 사용해서 문자열 리스트 lst에 대해서 각 원소의 처음 세 문자를 출력하는 프로그램을 작성하라. lst가 리스트 ['January', 'February', 'March']라면 다음과 같이 출력되어야 한다.

```
Jan
Feb
Mar
```

3.21 for 문을 이용해서 수 리스트 lst의 원소 중 짝수인 원소를 출력하는 프로그램을 작성하라. 리스트가 [2, 3, 4, 5, 6, 7, 8, 9]이라면 2, 4, 6, 8을 출력해야 한다.

3.22 for 문을 이용해서 수 리스트 lst의 원소 중 제곱이 8로 나누어지는 원소를 출력하는 프로그램을 작성하라. 리스트가 [2, 3, 4, 5, 6, 7, 8, 9]이라면 4, 8을 출력해야 한다.

3.23 for 문과 range() 함수를 사용해서 다음 순열을 출력하는 프로그램을 작성하라.

(a) 0 1

(b) 0

(c) 3 4 5 6

(d) 1

(e) 0 3

(f) 5 9 13 17 21

실전문제

🔊 프로그램을 작성할 때 대화형 입력으로 주어진 문자열을 다른 값으로 취급하려면 함수 `eval()`을 사용해야 한다. `eval()` 함수는 사용자의 입력을 Python 수식으로 간주하여 값으로 변환한다.

3.24 사용자로부터 단어 리스트를 입력으로 받아서 리스트의 원소가 `'secret'`가 아니면 그 단어를 출력하는 프로그램을 작성하라.

```
>>>
Enter list of words: ['cia','secret','mi6','isi','secret']
cia
mi6
isi
```

3.25 사용자로부터 학생명 리스트를 입력으로 받아서 리스트의 원소가 A에서 M까지의 글자로 시작하면 그 단어를 출력하는 프로그램을 작성하라.

```
>>>
Enter list: ['Ellie', 'Steve', 'Sam', 'Owen', 'Gavin']
Ellie
Gavin
```

3.26 사용자로부터 비어 있지 않은 리스트를 입력으로 받아서 첫 번째 원소와 마지막 원소를 출력하는 프로그램을 작성하라.

```
>>>
Enter a list: [3, 5, 7, 9]
The first list element is 3
The last list element is 9
```

3.27 사용자로부터 양수 n을 입력으로 받아서 n의 배수(0 이상의 배수)를 작은 것부터 4개만 출력하는 프로그램을 작성하라.

```
>>>
Enter n: 5
0
5
10
15
```

3.28 사용자로부터 정수 n을 입력으로 받아서 0부터 $n-1$까지의 모든 수 제곱을 출력하는 프로그램을 작성하라.

```
>>>
Enter n: 3
0
1
4
```

3.29 사용자로부터 양수 n을 입력으로 받아서 모든 양의 제수(divisor)를 출력하는 프로그램을 작성하라. 0은 어떤 수의 제수도 아니며 n은 자신의 제수라는 사실에 주의해야 한다.

```
Enter n: 49
1
7
49
```

3.30 사용자로부터 4개의 수(정수 혹은 실수)를 입력으로 받는다. 처음 세 수의 평균을 구하여 그 평균과 마지막 수를 비교한 후, 같다면 `'Equal'`이라고 출력하는 프로그램을 작성하라.

```
>>>
Enter first number: 4.5
Enter second number: 3
Enter third number: 3
Enter last number: 3.5
Equal
```

3.31 사용자로부터 다트의 좌표(과녁 상의 좌표)를 x, y(-10과 10사이의 값)로 입력받아서 다트가 다트판[중심은 (0, 0)이고 반지름은 8임]을 맞추었지 확인하는 프로그램을 작성하라. 맞춘 경우에는 문자열 `It is in!`을 출력하라.

```
>>>
Enter x: 2.5
Enter y: 4
It is in!
```

3.32 사용자로부터 4개의 숫자로 구성된 양수를 입력으로 받아서 각 자리수의 숫자를 출력하는 프로그램을 작성하라. 입력된 수는 문자열로 취급해서는 안 된다. 따라서 입력으로 정수를 받고 그것을 표준 연산(+, *, -, /, % 등)을 사용해서 처리해야 한다.

```
>>>
Enter n: 1234
1
2
3
4
```

3.33 함수 `reverse_string()`을 구현하라. 이 함수는 3개의 문자로 구성된 문자열을 입력 인수로 받아서 그 문자열의 역문자열(reversed string)을 반환한다.

```
>>> reverse_string('abc')
'cba'
>>> reverse_string('dna')
'and'
```

3.34 함수 `pay()`를 구현하라. 이 함수는 두 개의 입력 인수를 받는데, 하나는 종업원의 시급이며 다른 하나는 한 주간의 작업시간이다. 이 함수는 종업원의 주급을 계산해서 반환해야 한다. 1주일에 40 시간을 초과한 경우에는 초과시간에 대해서 정상적인 주급의 1.5배를 지급해야 한다.

```
>>> pay(10, 35)
350
>>> pay(10, 45)
475.0
```

3.35 동전을 n번 던졌을 때 연달아 n번 앞면이 나올 확률은 2^{-n}이다. 양의 정수 n을 입력 인수로 받아서 동전을 n번 던졌을 때 연달아 n번 앞면이 나올 확률을 반환하는 함수 `prob()`를 구현하라.

```
>>> prob(1)
0.5
>>> prob(2)
0.25
```

3.36 세 자리 정수를 입력 인수로 받아서 각 자릿수가 역순인 정수를 반환하는 함수 `reverse_int()`를 구현하라. 예를 들어 입력이 123이라면 반환값은 321이어야 한다. 입력은 정수로 받아야 하며 문자열 연산을 사용하지 말고 정수 연산만

사용해야 한다. 예컨대 //와 %와 같은 연산자를 사용할 수 있다. 입력된 정수의 마지막 자릿수는 0이 아니라고 가정해도 된다.

```
>>> reverse_int(123)
321
>>> reverse_int(908)
809
```

3.37 두 좌표 (x_1, y_1), (x_2, y_2)의 좌푯값을 나타내는 4개의 수 x_1, y_1, x_2, y_2를 입력 인수로 받아서 다음 값을 계산하는 함수 points()를 구현하라.

- 두 점을 잇는 선의 기울기(수직선이 아닌 경우에 한함)
- 두 점 사이의 거리

이 함수는 다음 형식으로 기울기와 거리를 출력해야 한다. 수직선이면 기울기의 값은 문자열 'infinity'로 출력한다. 기울기와 거리를 출력하기 전에 계산된 값을 문자열로 변환해야 함에 주의하자.

```
>>> points(0, 0, 1, 1)
The slope is 1.0 and the distance is 1.41421356237
>>> points(0, 0, 0, 1)
The slope is infinity and the distance is 1.0
```

3.38 요일을 입력을 받아서 약자로 앞의 두 문자를 반환하는 함수 abbreviation()을 구현하라.

```
>>> abbreviation('Tuesday')
'Tu'
```

3.39 컴퓨터 게임 함수 collision()을 구현하라. 이 함수는 두 원 객체가 서로 겹치는지를 확인하는 함수로서 두 원이 서로 겹치면 True를 반환하고 그렇지 않으면 False를 반환한다. 각 원은 반지름과 중심 좌표 (x, y)로 주어지며 따라서 입력 인수는 총 6개(첫 번째 원의 반지름과 중심 좌표 r_1, x_1, y_1과 두 번째 원의 반지름과 중심 좌표 r_2, x_2, y_2)이다.

```
>>> collision(3, 0, 0, 3, 0, 5)
True
>>> collision(1.4, 0, 0, 1.4, 2, 2)
False
```

3.40 축구선수 이름 리스트를 받아서 둘로 분리하는 함수 partition()을 구현하라. 구체적으로 선수 명단 중 이름의 첫 자가 A에서 M 사이에 속하는 선수의 이름을 출력하는 함수를 작성하라.

```
>>> partition(['Eleanor', 'Evelyn', 'Sammy', 'Owen', 'Gavin'])
Eleanor
Evelyn
Gavin
```

3.41 'FirstName'과 'LastName'과 같은 형식의 두 문자열을 입력으로 받아서 'LastName, F.'와 같은 형식의 문자열(이름의 첫 글자만 출력함)을 반환하는 함수 lastF()를 구현하라.

```
>>> lastF('Albert', 'Camus')
'Camus, A.'
```

3.42 수 리스트의 리스트를 입력으로 받는 함수 avg()를 구현하라. 각 수 리스트는 한 학생이 수강한 과목의 성적을 나타낸다. 예를 들면 다음은 4명의 학생이 수강한 과목들의 성적이다.

```
[[95, 92, 86, 87], [66, 54], [89, 72, 100], [33, 0, 0]]
```

함수 avg()는 각 학생의 성적 평균을 각각 한 줄에 출력한다. 성적 리스트가 비어 있는 경우는 없으며 모든 학생이 같은 수의 과목을 수강해야 한다는 제한도 없다.

```
>>> avg([[95, 92, 86, 87], [66, 54], [89, 72, 100], [33, 0, 0]])
90.0
60.0
87.0
11.0
```

3.43 컴퓨터 게임 함수 hit()를 구현하라. 이 함수의 입력은 5개로서, 원 C의 중심 좌표 x, y와 반지름, 한 점 P의 좌표 x와 y이다. 이 함수는 점 P가 원 C 안에 있으면 True를 반환하고 그렇지 않으면 False를 반환한다.

```
>>> hit(0, 0, 3, 3, 0)
True
>>> hit(0, 0, 3, 4, 0)
False
```

3.44 번개 친 후 천둥소리가 날 때까지의 시간을 입력으로 받아서 번개가 발생한 지점까지의 거리를 킬로미터로 반환하는 함수 distance()를 구현하라. 소리의 속도는 초당 340.29 미터이고 1 킬로미터는 1000미터이다.

```
>>> distance(3)
1.0208700000000002
```

제4장

텍스트, 파일, 예외 처리

이 장에서는 텍스트와 파일 처리를 위한 Python 도구와 문제 해결 방법을 다룬다.

먼저 제2장에서 다룬 문자열 클래스를 좀 더 자세히 살펴보고, 구체적으로 텍스트 처리를 위한 문자열 메소드를 살펴본다. 그러고 나서 출력 형식을 제어하는 텍스트 처리 도구에 대해 자세히 설명한다. 특히 날짜나 시간 데이터를 포함하는 문자열을 생성하고 해석하는 도구에 초점을 맞추어 설명한다.

텍스트 처리 방법을 터득한 후에는 파일과 파일 입출력(I/O)을 다룬다. 즉 Python 프로그램에서 데이터를 파일로부터 읽고 파일에 쓰는 방법을 다룬다. 사실 오늘날 대부분의 컴퓨터 처리는 파일에 저장된 텍스트를 처리하는 작업을 수반하게 된다. 이 장에서는 파일 처리를 위해 파일을 읽는 다양한 패턴을 소개한다.

사용자로부터, 혹은 파일로부터 받아들인 데이터를 처리하다 보면 어쩔 수 없이 발생되는 다양한 오류가 있게 마련이다. 이 장에서는 일반적인 오류의 유형을 소개하고 예외의 개념과 예외적 제어흐름에 대해서도 살펴본다.

4.1 문자열 복습

제2장에서 우리는 문자열 클래스 str과 더불어 정수 및 실수 등 Python에서 제공하는 다양한 값들을 살펴보았다. 문자열 연산자를 사용해서 문자열 수식을 작성하는 방법도 살펴보았는데, 문자열 수식은 대부분 일반 수식과 같은 방법으로 문자열을 처리한다. 문자열에 대해 첨자 연산자 []를 사용하는 방법도 함께 소개했다.

이 절에서는 문자열을 좀 더 자세히 다룬다. 특히, 첨자 연산의 다양한 사용법과 일반적으로 널리 사용되는 문자열 메소드를 살펴볼 예정인데, 이들 덕분에 Python은 더욱 강력한 텍스트 처리 도구로 사용될 수 있다.

문자열 표현

이미 알고 있는 바와 같이 문자열은 문자들의 나열로서 따옴표(작은따옴표 혹은 큰따옴표)를 이용해서 표현한다.

```
>>> "Hello, World!"
'Hello, World!'
>>> 'hello'
'hello'
```

CAUTION

따옴표를 빠뜨리지 말자

문자열을 쓸 때 흔히 범하는 실수 중 하나는 따옴표를 빠뜨리는 것이다. Python에서 따옴표를 생략하면 Python은 이를 문자열이 아니라 이름, 즉 변수명으로 인식한다. 이런 경우, 대개 변수에 값이 대입되지 않았다는 오류가 발생된다. 그 예를 보면 다음과 같다.

```
>>> hello
Traceback (most recent call last):
    File "<pyshell#35>", line 1, in <module>
        hello
NameError: name 'hello' is not defined
```

위의 오류 메시지 내용은 "이름 hello가 정의되지 않았다."는 것이다. 즉, hello를 변수로 인식하여 hello의 값을 찾으려고 하여 오류가 발생한 것이다.

따옴표로 문자열 값의 범위(문자열에 포함된 문자들)를 한정한다면 따옴표를 포함하는 문자열은 어떻게 만들 수 있을까? 문자열에 작은따옴표가 포함될 경우에는 큰따옴표를 사용하고, 큰따옴표가 포함될 경우에는 작은따옴표를 사용하면 된다.

```
>>> excuse = 'I am "sick"'
>>> fact = "I'm sick"
```

문자열에 작은따옴표와 큰따옴표 모두 포함되어야 한다면 **확장열**(escape sequence) \' 혹은 \"를 사용한다. 확장열에 사용된 따옴표는 문자열의 경계를 나타내는 것이 아니라 문자열 값의 일부로 간주된다. 구체적인 예로 다음과 같은 문자열을 나타내려면

```
I'm "sick"
```

확장열을 이용하여 다음과 같이 쓰면 된다.

```
>>> excuse = 'I\'m "sick"'
```

확장열 표기가 제대로 작동하는지 확인해 보자.

```
>>> excuse
'I\'m "sick"'
```

위 결과를 보면 확장열 표기가 제대로 작동하지 않은 것처럼 보인다. `I'm "sick"`과 같은 형태로 나오지 않았기 때문이다. 여기서 여전히 확장열 형태로 나타나는 \'를 우리가 원하는 작은따옴표로 보이도록 하려면 `print()` 함수를 사용해야 한다. `print()` 함수는 문자열에 포함된 확장열을 정확히 해석하고 더불어 문자열의 경계를 나타내기 위해 사용했던 따옴표도 제거하여 출력한다.

```
>>> print(excuse)
I'm "sick"
```

일반적으로 문자열에 포함된 확장열은 \로 시작하는 문자의 나열로서 특수문자를 나타내기 위해 사용되며 함수 `print()`는 이를 해석하여 출력한다.

작은따옴표나 큰따옴표로 감싼 문자열은 한 줄 내에 정의되어야 한다. 문자열을 여러 줄로 표현하려면 두 가지 방법이 있다. 하나는 **삼중따옴표**(triple quotes)를 사용하는 것이다. 예를 들면 Emily Dickinson의 시를 다음과 같이 나타낼 수 있다.

```
>>> poem = '''
To make a prairie it takes a clover and one bee, -
One clover, and a bee,
And revery.
The revery alone will do
If bees are few.
'''
```

변수 poem에 저장된 데이터를 확인해 보자.

```
>>> poem
'\nTo make a prairie it takes a clover and one bee, -\nOne clover,
and a bee,\nAnd revery.\nThe revery alone will do\nIf bees are few.\n'
```

이 결과에도 확장열이 포함되어 있다. 확장열 \n은 **줄바꿈문자**(new line character)이다. print() 함수에서 문자열 인자에 줄바꿈문자가 포함되어 있으면 새 줄에서 시작된다.

```
>>> print(poem)

To make a prairie it takes a clover and one bee, -
One clover, and a bee,
And revery.
The revery alone will do
If bees are few.
```

여러 줄 문자열을 생성하기 위한 또 다른 방법은 줄바꿈문자를 명시적으로 표현하는 것이다.

```
>>> poem = '\nTo make a prairie it takes a clover and one bee, -\n
One clover, and a bee,\nAnd revery.\nThe revery alone
will do\nIf bees are few.\n'
```

■ 첨자 연산자 사용법

우리는 제2장에서 첨자 연산자를 살펴보았다.

```
>>> s = 'hello'
>>> s[0]
'h'
```

첨자 연산자는 첨자 i를 받아서 첨자 i 위치의 문자 하나로 구성된 문자열을 반환한다.

첨자 연산자를 사용하여 문자열의 일부분, 즉 **슬라이스**(slice)를 구할 수도 있다. 예를 들어 아래과 같은 수식을 사용할 수 있다.

```
>>> s[0:2]
'he'
```

수식 s[0:2]는 문자열 s에 대해서 첨자 0에서 시작해서 첨자 2 바로 앞에서 끝나는 슬라이스로 계산된다. 일반적으로 s[i:j]는 첨자 i에서 시작해서 첨자 j-1에서 끝나는 문자열 s의 부분 문자열이다. 몇 가지 예를 더 살펴보면 다음과 같고 이에 대한 자세한 설명은 그림 4.1에 나타나 있다.

```
>>> s[3:4]
'l'
>>> s[-3:-1]
'll'
```

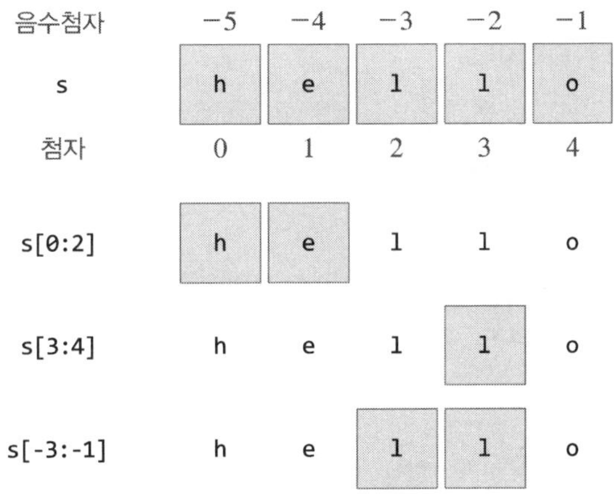

그림 4.1
슬라이싱(slicing)
[0:2]는 문자열 s에 대해 첨자 0에서 시작해서 첨자 바로 앞에서 끝나는 슬라이 를 구한다. 수식 s[:2]는 [0:2]와 같고, 수식 s[3:4] s[3]과 같다. s[-3:-1] 첨자 −3에서 시작해서 첨자 바로 앞에서 끝나는 슬라이 이다.

마지막 예는 **음수 첨자**(negative index)를 사용해서 슬라이스를 어떻게 구하는지 보여 준다. 첨자 −3에서 시작해서 첨자 −1 바로 앞(즉 첨자 −2)에서 끝나는 부분 문자열을 구한 것이다. 만약 첫 문자에서 시작하는 슬라이스를 구하려면 다음처럼 첫 번째 첨자를 생략할 수도 있다.

```
>>> s[:2]'
'he'
```

마지막 문자에서 끝나는 슬라이스를 구하기 위해서는 두 번째 첨자를 생략하면 된다.

```
>>> s[-3:]
'llo'
```

실습 4.1

먼저 다음과 같은 대입문을 실행한다.

```
s = '0123456789'
```

문자열 s와 첨자 연산자를 사용해서 다음 부분 문자열을 구하기 위한 수식을 작성하라.

(a) `'234'`

(b) `'78'`

(c) `'1234567'`

(d) `'0123'`

(e) `'789'`

CAUTION

리스트의 슬라이스

첨자 연산자는 문자열과 리스트 클래스에 모두 사용할 수 있는 연산자이다. 첨자 연산자를 사용하여 리스트의 슬라이스를 구할 수도 있다. 예를 들어 다음과 같이 pets를 정의해 보자.

```
>>> pets = ['goldfish', 'cat', 'dog']
```

첨자 연산자를 사용해서 pets의 다양한 슬라이스를 구할 수 있다.

```
>>> pets[:2]
['goldfish', 'cat']
>>> pets[-3:-1]
['goldfish', 'cat']
>>> pets[1:]
['cat', 'dog']
```

리스트의 슬라이스는 리스트가 된다. 즉 두 인수를 사용하는 첨자 연산자를 리스트에 적용하면, 그 결과는 리스트로 반환한다. 그러나 인수 하나만 사용하는 첨자 연산자는 리스트가 아니라 리스트의 항목을 반환한다는 점에 주의하자. 즉, 인수로 첨자 i가 주어지면 첨자 i에 있는 항목을 반환한다.

문자열 메소드

문자열 클래스는 많은 메소드를 제공한다. 이들 메소드는 개발자에게 텍스트 처리 도구로 제공되며 개발자들은 이를 사용하여 텍스트 처리 응용 프로그램을 간단하게 작성할 수 있다. 여기서는 흔히 사용되는 문자열 메소드를 소개한다.

먼저 find() 메소드부터 살펴보자. 이 메소드는 문자열 s에 대해서 탐색 대상인 문자열 target을 입력 인자로 받아서 target이 s의 부분 문자열인지를 확인한다. 만약 target이 s의 부분 문자열이라면 s에서 target이 처음으로 시작되는 부분의 첨자를 반환한다. 그렇지 않으면 -1을 반환한다. 예를 들어 'top secret'을 target으로 삼아 문자열 message에 대해 find() 메소드를 호출한 결과를 살펴보자.

```
>>> message = '''This message is top secret and should not
be divulged to anyone without top secret clearance'''
>>> message.find('top secret')
16
```

첨자 16은 find() 메소드에 의한 출력이다. 왜냐하면 문자열 'top secret'이 문자열 message의 첨자 16에서 처음으로 발견되기 때문이다.

다음으로 count() 메소드를 살펴보자. 문자열 s에 대해 입력 인자를 target으로 하여 count() 메소드를 호출하면 s의 부분 문자열로 target이 몇 번 나타나는지 알 수 있다.

```
>>> message.count('top secret')
2
```

문자열 'top secret'가 message에 2번 나타났으므로 2가 반환되었다.

다음으로 replace() 메소드를 살펴보자. 이 메소드는 문자열 s에 대해 두 문자열 입력 인수, old와 new를 받아서 부분 문자열 old를 new로 치환한 새로운 문자열을 반환한다.

```
>>> message.replace('top', 'no')
'This message is no secret and should not\n
be divulged to anyone without no secret clearance'
```

이때 문자열 message가 변경되었을까? 확인해 보자.

```
>>> print(message)
This message is top secret and should not
be divulged to anyone without top secret clearance
```

문자열 message는 replace()에 의해서 변경되지 않는다. 대신에 부분 문자열이 치환된 사본이 반환된다. 여기서는 이 사본을 다른 변수에 대입하지 않았기 때문에 나중에 사용할 수 없다. 따라서 일반적으로 replace() 메소드는 다음과 같이 대입문과 함께 사용된다.

```
>>> public = message.replace('top', 'no')
>>> print(public)
This message is no secret and should not
be divulged to anyone without no secret clearance
```

기억하겠지만, 문자열은 변경 불가능 객체이다(즉 문자열을 변경할 수 없다). 그래서 replace() 메소드는 수정된 문자열 사본을 반환하는 것이다. 다음 코드는 수정된 문자열 사본을 반환하는 다른 메소드 두 개의 사용 예를 보여준다.

```
>>> message = 'top secret'
>>> message.capitalize()
'Top secret'
>>> message.upper()
'TOP SECRET'
```

메소드 capitalize()는 첫 문자를 대문자로 변환하려고 할 때 사용하고, 메소드 upper()는 모든 문자를 대문자로 변환할 때 사용한다.

이제 매우 유용한 메소드인 split()를 살펴보자. split()는 문자열로부터 단어 리스트를 구할 때 사용한다.

```
>>> 'this is the text'.split()
['this', 'is', 'the', 'text']
```

이 문장에서 메소드 split()는 공백 문자를 기준으로 문자열 'this is the text'로부터 단어를 추출하고 추출된 단어를 리스트에 넣어서 반환하였다. 메소드 split()는 공백 문자 대신에 다른 **구분 문자열**(delimiter string)을 사용해서 단어를 분리할 수도 있다. 다음 문자열에서 정수 리스트를 추출하려면

```
>>> x = '2;3;5;7;11;13'
```

구분자로 ';'를 사용하면 된다.

```
>>> x.split(';')
['2', '3', '5', '7', '11', '13']
```

유용한 메소드의 마지막 예로 translate()를 살펴보자. 이 메소드는 문자열에 있는 어떤 문자를 다른 문자로 치환하는데 사용되며, 이를 위해서 문자 단위의 치환표가 필요하다. 이 치환표는 문자열 메소드에 있는 maketrans()라는 메소드를 사용해서 생성한다.

```
>>> table = str.maketrans('abcdef', 'uvwxyz')
```

이 코드를 수행하면 변수 table은 각 문자 a, b, c, d, e, f를 u, v, w, x, y, z로 치환하는 표를 가리키게 된다. 제6장에서 이 치환표를 좀 더 자세히 살펴볼 것이다. 여기서는 메소드 translate()의 입력 인수로 사용된다는 것만 알아도 충분하다.

```
>>> 'fad'.translate(table)
'zux'
>>> 'desktop'.translate(table)
'xysktop'
```

translate()에 의해서 반환되는 문자열은 치환표에 따라서 문자 단위로 치환된 문자열이다. 마지막 예에서 d와 e는 각각 x와 y로 치환되었고 그 외의 문자는 그대로 남아있는 것을 볼 수 있다. 즉 치환표에 없는 문자들은 치환하지 않고 그대로 둔다.

표 4.1에 주요 문자열 메소드들이 나와 있다. 여기에 소개되지 않은 메소드와 더불어 다른 문자열 메소드를 확인하려면 help()를 사용하면 된다.

```
>>> help(str)
...
```

표 4.1
문자열 메소드
주 사용되는 문자열 메소드 몇 가지 정리한 표이다. 문열은 변경 불가능 객체이므 여기서 소개한 모든 메소는 문자열 s를 변경할 수 다. count()와 find() 소드는 정수를 반환하고 다 나머지 모든 메소드는 문열 s의 수정된 사본을 반환다.

사용법	반환값
s.capitalize()	문자열 s의 첫 문자가 알파벳이면 대문자로 바꾼 사본
s.count(target)	문자열 s에서 부분 문자열 target가 출현한 횟수
s.find(target)	문자열 s에서 부분 문자열 target가 처음으로 출현한 위치의 첨자
s.lower()	소문자로 변환된 문자열 s의 사본
s.replace(old, new)	문자열 s를 왼쪽에서 오른쪽으로 탐색하면서 부분 문자열 old를 모두 new로 치환한 문자열 s의 사본
s.translate(table)	table에서 정의된 문자의 대응관계에 따라 각 문자를 치환한 문자열 s의 사본
s.split(sep)	구분 문자열 sep를 사용하여 분리한 단어들의 리스트. 기본 구분자는 공백 문자이다.
s.strip()	문자열의 처음과 끝에 있는 공백 문자를 모두 제거한 문자열 s의 사본
s.upper()	대문자로 변환된 문자열 s의 사본

실습 4.2

변수 forecast에 다음과 같은 문자열이 대입되어 있다고 가정하자.

```
'It will be a sunny day today'
```

다음과 같은 대입을 수행하는 대입문을 작성하라.

(a) 문자열 forecast에서 문자열 'day'의 출현 횟수를 변수 count에 대입한다.

(b) 부분 문자열 'sunny'가 시작되는 첨자를 변수 weather에 대입한다.

(c) 부분 문자열 'sunny'를 'cloudy'로 치환한 forecast의 사본을 변수 change에 대입한다.

4.2 형식에 맞는 출력

프로그램의 실행 결과는 대부분 화면에 보여 주거나 파일에 기록한다. 어떤 방법이든 그 결과는 보기에 좋은 형태로 나타내되어야 한다. Python의 출력 서식 도구를 이용하면 그렇게 할 수 있다. 이 절에서는 print() 함수와 문자열 format() 메소드의 기능을 사용해서 출력 서식을 맞추는 방법을 소개한다. 또한 날짜와 시간이 포함된 문자열을 어떻게 생성하고 해석할 것인지도 설명한다.

■ 함수 print()

print() 함수는 값을 화면에 출력할 때 사용된다. 이 함수의 입력은 객체인데 이 함수는 객체 값의 **문자열 표현**(string representation)을 출력한다(문자열 표현은 제8장에서 좀더 자세히 설명한다).

```
>>> n = 5
>>> print(n)
5
```

함수 print()의 입력 객체의 수는 정해져 있지 않으며 반드시 같은 형일 필요도 없다. 객체 값들은 모두 한 줄에 출력되며, 각 객체 출력은 공백 문자(즉 ' ')로 구분된다.

```
>>> r = 5/3
>>> print(n, r)
5 1.66666666667
>>> name = 'Ida'
>>> print(n, r, name)
5 1.66666666667 Ida
```

출력 값 사이에 추가된 공백 문자가 바로 **기본 분리자**(default separator)이다. 공백 문자 대신에 세미콜론(;)을 분리자로 사용하려면 print() 함수의 옵션 인수인 sep를 사용하면 된다.

```
>>> print(n, r, name, sep=';')
5;1.66666666667;Ida
```

인수 sep=';'는 출력될 n, r, name의 값들 사이에 세미콜론을 추가할 것을 지시한다.

일반적으로 print() 함수의 인수로서 sep=<문자열>을 명시하면, <문자열>이 값들 사이의 분리자로 사용된다. 만약 값들 사이에 ', '[쉼표(,)와 공백 문자]를 분리자로 추가하려면 다음과 같이 코드를 작성하면 된다.

```
>>> print(n, r, name, sep=', ')
5, 1.66666666667, Ida
```

또한 값들을 한 줄에 하나씩 출력하려면 분리자로 줄바꿈문자 '\n'을 사용하면 된다.

```
>>> print(n, r, name, sep='\n')
5
1.66666666667
Ida
```

실습 4.3

변수 last, first, middle의 값을 한 줄에 출력하는 Python 문장을 작성하라. 각 변수의 출력 값은 수평 탭(horizontal tab)으로 분리되어야 한다. (Python에서 수평 탭은 확장열 '\t'로 나타낸다.) 만일 변수 값이 다음과 같이 대입되어 있다면,

```
>>> last = 'Smith'
>>> first = 'John'
>>> middle = 'Paul'
```

출력 결과는 다음과 같아야 할 것이다.

```
Smith	John	Paul
```

print() 함수는 sep 이외에 다른 형식 지정 인수도 지원한다. 일반적으로 print() 함수를 연속으로 실행하면 각 출력 결과는 독립된 줄에 출력된다.

```
>>> for name in ['Joe', 'Sam', 'Tim', 'Ann']:
        print(name)
Joe
Sam
Tim
Ann
```

print() 문은 기본적으로 출력결과 뒤에 줄바꿈문자(\n)를 추가하기 때문이다. 만일 위 for 문의 실행 결과로 다음과 같이 출력되도록 하고 싶다고 하자.

```
Joe! Sam! Tim! Ann!
```

print() 문의 인수로 end=<문자열>이 추가하면, 모든 인수를 출력한 후에 <문자열>을 출력한다. 만일 end=<문자열>이 없다면 기본 문자열(default string)로서 줄바꿈문자 '\n'을 출력하여 현재 출력행을 끝낸다. 따라서 위와 같은 형식으로 출력하기 위해서는 print() 함수의 인수로 end = '! '를 추가하면 된다.

```
>>> for name in ['Joe', 'Sam', 'Tim', 'Ann']:
        print(name, end='! ')
Joe! Sam! Tim! Ann!
```

실습 4.4

함수 even()을 작성하라. 이 함수는 양의 정수 n을 입력으로 받아서 2와 n 사이에 있는 수 중에서 2 혹은 3으로 나누어질 수 있는 모든 수를 다음과 같은 형식으로 출력한다.

```
>>> even(17)
2, 3, 4, 6, 8, 9, 10, 12, 14, 15, 16,
```

문자열 메소드 format()

앞서 출력될 값들 사이에 같은 문자열을 추가하기 위해서 sep 인자를 사용했다. 하지만 항상 같은 문자열을 구분자로 사용하고 싶은 것은 아니다. 다음과 같은 변수가 주어졌을 때, 원하는 형식대로 요일과 시간을 출력한다고 가정해 보자.

```
>>> weekday = 'Wednesday'
>>> month = 'March'
>>> day = 10
>>> year = 2010
>>> hour = 11
>>> minute = 45
>>> second = 33
```

위에서 정의한 변수를 입력 인수로 사용해서 print() 함수를 이용하여 다음과 같이 출력하려고 한다.

```
Wednesday, March 10, 2010 at 11:45:33
```

이와 같이 출력하기 위해서는 분리자 인수, 즉 sep를 사용할 수 없다. 분명히 다른 방법을 사용해야 한다. 한 가지 방법으로는 출력 형식에 맞추어 다음과 같이 문자열 접합(string concatenation) 연산을 통해서 하나의 문자열로 만드는 것을 생각해 볼 수 있다.

```
>>> print(weekday+', '+month+' '+str(day)+', '+str(year)
    +' at '+str(hour)+':'+str(minute)+':'str(second))
SyntaxError: invalid syntax (<pyshell#36>, line 1)
```

맙소사! 오류가 발생하고 말았다. str(second) 앞에 +를 빠뜨렸다. 오류를 확인하고 그것을 고쳤다 하더라도 만족스럽지는 않을 것이다. 왜냐하면 이 방법은 너무 번거롭고 오류를 범하기도 쉽기 때문이다. 출력 서식을 맞추기 위한, 좀 더 쉽고 훨씬 더 매끄러운 방법이 있다. 바로 format() 메소드이다.

이 메소드는 문자열(str) 클래스에서 출력 서식을 맞추기 위해서 제공하는 강력한 클래스 메소드이다. format() 함수의 인수는 출력될 객체들인데, 날짜와 시간 출력 예를 통해 이 함수의 사용법을 살펴보자. 먼저, 다음은 시간만 출력하는 예이다.

```
>>> '{0}:{1}:{2}'.format(hour, minute, second)
'11:45:33'
```

출력될 객체(hour와 minute, second)가 format() 메소드의 인수로 주어진다. format() 함수를 호출하는 문자열('{0}:{1}:{2}')은 **형식문자열**(format string)로서 출력 형식을 나타내고 있다. 중괄호 밖에 있는 모든 문자(이 예의 경우에는 2개의 콜론)는 그대로 출력된다. 중괄호로 나타낸 {0}, {1}, {2}는 **위치지정자**(placeholders)라고 하며,

이곳이 바로 객체들이 출력될 자리이다. 숫자 0, 1, 2는 각각 `format()` 함수에서 인수들의 순서, 즉 첫 번째 인수, 두 번째 인수, 세 번째 인수를 나타낸다(그림 4.2 참조).

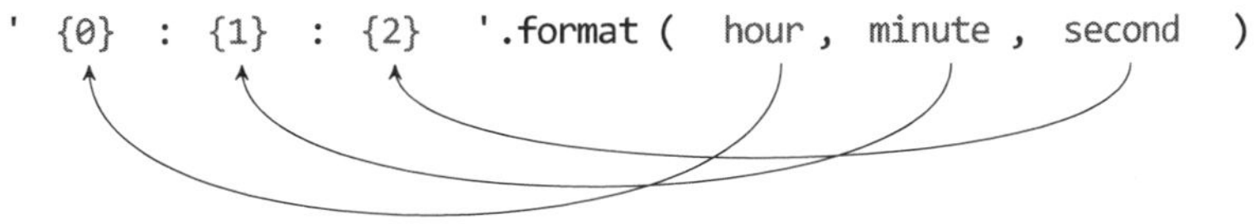

그림 4.2
출력 형식화
ormat() 함수의 인수는 괄호로 표현된 지정 위치 출력된다.

그림 4.3은 위 예제에서 첨자 0, 1, 2의 위치를 바꾸었을 때 어떤 결과를 얻을 수 있는지 보여준다.

```
>>> '{2}:{0}:{1}'.format(hour, minute, second)
'33:11:45'
```

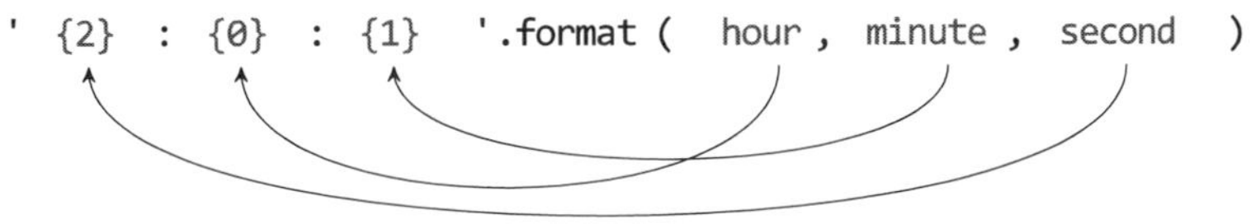

그림 4.3
위치지정자의 대응 관계

기본 위치지정자(default placeholder)는 중괄호 안에 숫자를 지정하지 않는 것이다. 이 경우에는 왼쪽에서 오른쪽으로 첫 번째 위치지정자에는 `format()`의 첫 번째 인수를 대입하고 두 번째 위치지정자에는 두 번째 인수를 대입한다. 그림 4.4는 이 상황을 보여준다.

```
>>> '{}:{}:{}'.format(hour, minute, second)
'11:45:33'
```

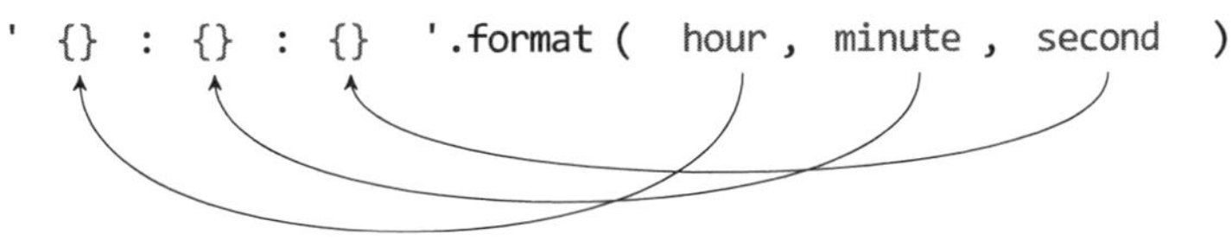

그림 4.4
본 위치지정자의 대응 관계

이제 다시 날짜와 시작을 출력하는 문제를 생각해 보자. 형식문자열은 `'{}, {} {}, {} at {}:{}:{}'`이고, `format()` 함수의 인수 변수는 순서대로 `weekday, month, day, year, hour, minute, second`이다.

그림 4.5는 변수와 위치지정자의 대응 관계를 보이고 있는데, 다음 코드를 통해 이를 확인할 수 있다.

```
>>> print('{}, {} {}, {} at {}:{}:{}'.format(weekday, month,
          day, year, hour, minute, second))
Wednesday, March 10, 2010 at 11:45:33
```

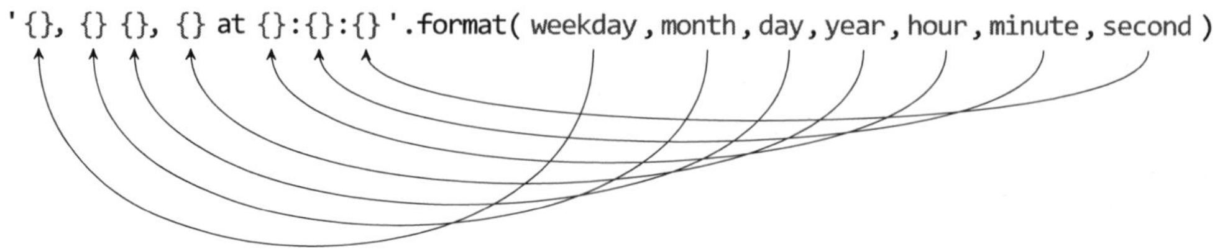

그림 4.5 날짜와 시간 변수와 위치지정자 간의 대응 관계

실습 4.5

변수 `first`, `last`, `street`, `number`, `city`, `state`, `zipcode`에 다음과 같이 값을 대입했다고 하자.

```
>>> first = 'John'
>>> last = 'Doe'
>>> street = 'Main Street'
>>> number = 123
>>> city = 'AnyCity'
>>> state = 'AS'
>>> zipcode = '09876'
```

다음과 같은 형식으로 주소가 출력되도록 `print` 문을 작성하라.

```
John Doe
123 Main Street
AnyCity, AS 09876
```

데이터를 세로로 정렬하기

데이터를 세로로 멋있게 정렬하는 문제를 생각해 보자. 이메일의 발신인(From)과 제목(Subject), 날짜(Date) 필드를 어떻게 구성할 것인지 혹은 기차역이나 공항에서 도착 시간을 화면에 어떻게 나타낼 것인지를 생각해 보자. 대량의 데이터를 다루다보면 결과를 세로로 정렬해야 하는 경우가 흔히 발생한다.

예를 들어 i = 1, 2, 3, ...에 대해서 함수 i^2, i^3, 2^i의 값을 정렬하는 문제를 생각해 보자. 이들 함수는 증가율이 매우 다르므로 이를 한눈에 확인하기 위해서는 이 값을 보기 좋게 정렬하는 것이 좋다.

```
 i   i**2   i**3   2**i
 1      1      1      2
 2      4      8      4
 3      9     27      8
 4     16     64     16
 5     25    125     32
 6     36    216     64
 7     49    343    128
 8     64    512    256
 9     81    729    512
10    100   1000   1024
11    121   1331   2048
12    144   1728   4096
```

어떻게 하면 위와 같이 출력할 수 있을까? 한 줄에 출력될 값들 사이에 적절한 공간을 주기 위해서 먼저 print() 함수에 sep 인수를 추가해 보자.

```
>>> print('i    i**2    i**3    2**i')
>>> for i in range(1,13):
        print(i, i**2, i**3, 2**i, sep='       ')
```

그러면 다음과 같이 출력될 것이다.

```
i    i**2    i**3    2**i
1       1       1       2
2    4       8       4
3    9       27       8
4    16       64       16
5    25       125       32
6    36       216       64
7    49       343       128
8    64       512       256
9    81       729       512
10       100       1000       1024
11       121       1331       2048
12       144       1728       4096
```

처음 몇 줄은 그럴듯하다. 그러나 전체적으로 같은 열의 데이터가 제대로 정렬되지 않았다. 문제의 원인은 숫자의 자리수가 증가하는데도 **일정한 크기의 구분자**(fixed-size separator)를 사용했기 때문이다. 이 경우에는 일정한 크기의 구분자를 사용하는 것이 적절하지 않은 것 같다. 수를 세로로 적절하게 표현하려면 모두 일정한 크기의 자리수로 출력되도록 하면 될 것이다. 즉 각 열의 출력 너비를 고정시키고 수를 **우측으로 정렬**하여 출력해야 한다. 형식문자열을 이용하면 이렇게 할 수 있다.

형식문자열의 중괄호 안에 값들이 어떻게 출력될지 지정할 수 있는데, **필드 너비**(field width), **좌우정렬**(alignment), 소수점 이하 **정밀도**(decimal precision), **서식**(type) 등을 지정할 수 있다.

(최소) **필드 너비**는 출력될 문자의 수를 정수로 기입하여 지정한다. 필드 너비가 지정되지 않거나 지정된 너비가 부족할 경우에는 출력 값의 문자의 개수가 바로 필드 너비가 된다. 예를 들면 다음과 같다.

```
>>> '{0:3},{1:5}'.format(12, 354)
' 12,  354'
```

이 예에서는 정수 12와 354를 출력하고 있다. 형식문자열에서 12를 위한 위치지정자에는 `'0:3'`이 있다. 0은 `format()` 함수의 첫 번째 인수임을 나타내고 `':'` 뒤의 내용이 출력 형식을 나타낸다. 여기서 3은 출력폭(필드 너비)이 3임을 나타내고 있다. 12가 두 자리 숫자이므로 출력 폭에 맞게 그 앞에 하나의 공백 문자가 추가되었다. 354를 위한 위치지정자에는 `'1:5'`로 표시되어 있으므로 앞에 두 개의 공백 문자가 추가되어 출력되었다.

필드 너비가 자리수보다 크면 기본적으로 수는 오른쪽으로 정렬된다. 그러나 문자열은 왼쪽으로 정렬된다. 다음 예제 인수 `first`와 `last`의 필드 너비가 모두 10으로 지정된 경우를 보여준다. 공백 문자가 출력 문자열 뒤에 추가되었음을 확인할 수 있다.

```
>>> first = 'Bill'
>>> last = 'Gates'
>>> '{:10}{:10}'.format(first, last)
'Bill      Gates     '
```

정밀도(precision)는 실수 값에 대해서 소수점 앞과 뒤로 얼마나 많은 자리수를 출력해야 하는지를 지정한다. 정밀도는 필드 너비 뒤에 나타내며 점(.)으로 구분한다. 다음의 예는 필드 너비 8 내에 네 자릿수로 실수 값을 출력하는 예이다.

```
>>> '{:8.4}'.format(1000 / 3)
'   333.3'
```

다음과 같이 출력 서식을 지정하지 않은 경우와 비교해 보자.

```
>>> 1000 / 3
333.3333333333333
```

형식 문자열의 **서식**을 통하여 같은 값을 다양한 방식으로 표현할 수 있다. 표 4.2에는 정수를 표현하는 다양한 서식이 정리되어 있다. 정수 10에 대한 다양한 출력 서식 사용 예를 살펴보면 다음과 같다.

```
>>> n = 10
>>> '{:b}'.format(n)
'1010'
>>> '{:c}'.format(n)
'\n'
```

```
>>> '{:d}'.format(n)
'10'
>>> '{:x}'.format(n)
'a'
```

표 4.2
정수 출력 서식
력 서식을 이용하여 정수 을 다양한 형태로 출력할 있다.

출력 서식	설명
b	이진수로 출력한다.
c	수에 해당하는 유니코드 문자를 출력한다.
d	십진수로 출력한다.
o	8진수로 출력한다.
x	16진수로 출력하며 9보다 큰 숫자는 소문자로 출력한다.
X	16진수로 출력하며 9보다 큰 숫자는 대문자로 출력한다.

실수 값의 출력 서식으로는 `f`와 `e`가 있다. `f`는 고정 소수점 방식으로 출력한다. 즉 정수부와 소수점과 소수부(fractional part)로 표현된다.

```
>>> '{:6.2f}'.format(5 / 3)
'  1.67'
```

출력 형식 `':6.2f'`는 소수점을 포함한 최소 필드 너비가 6이고 소수점 이하 두 자릿수로 출력해야 함을 나타낸다. 출력 형식 `e`는 문자 `e` 뒤에 지수(exponent)가 출력되는 과학표기법(scientific notation)을 나타낸다.

```
>>> '{:e}'.format(5 / 3)
'1.666667e+00'
```

이 출력 내용은 $1.666667 \cdot 10^0$을 의미한다.

이제 $i = 1, 2, 3, \ldots, 12$에 대해서 함수 i^2, i^3, 2^i의 값을 정렬하는 문제로 돌아가 보자. 이 문제에서는 i 값의 출력폭을 최소 2로 지정하고 i^2, i^3, 2^i의 값에 대해서는 출력폭을 6으로 지정하면 된다.

모듈
ch4.py

```
def growthrates(n):
    'i = 1, ..., n에 대하여 아래 세 함수의 값을 출력한다.'
    print(' i   i**2   i**3   2**i')
    formatStr = '{0:2d} {1:6d} {2:6d} {3:6d}'
    for i in range(2, n+1):
        print(formatStr.format(i, i**2, i**3, 2**i))
```

실습 4.6

다음과 같은 함수 roster()를 구현하라.

이 함수는 학생 정보가 포함된 리스트를 입력받아서 다음과 같은 학생 명부를 출력한다. 학생 정보는 성, 이름, 학년, 평균 성적으로 구성되며, 리스트에 차례로 들어있다. 따라서 입력 리스트는 리스트의 리스트이다. 출력 명부에서 모든 문자열의 필드 너비는 10이고 성적의 필드 너비는 8이며 소수점 이하 두 자리만 출력한다.

```
>>> students = []
>>> students.append(['DeMoines', 'Jim', 'Sophomore', 3.45])
>>> students.append(['Pierre', 'Sophie', 'Sophomore', 4.0])
>>> students.append(['Columbus', 'Maria', 'Senior', 2.5])
>>> students.append(['Phoenix', 'River', 'Junior', 2.45])
>>> students.append(['Olympia', 'Edgar', 'Junior', 3.99])
>>> roster(students)
Last      First     Class     Average Grade
DeMoines  Jim       Sophomre     3.45
Pierre    Sophie    Sophomre     4.00
Columbus  Maria     Senior       2.50
Phoenix   River     Junior       2.45
Olympia   Edgar     Junior       3.99
```

날짜와 시간을 구하고 서식 정하기

프로그램을 작성하다 보면 날짜와 시간이 포함된 문자열을 해석하거나 생성해야 하는 경우가 흔히 발생한다. 현재 시간을 알아야 하는 경우도 있을 것이다. 현재 날짜와 시간은 운영체제로부터 구할 수 있는데 Python의 **time** 모듈은 운영체제로부터 시간을 구하는 방법과 날짜와 시간의 출력 서식 도구를 제공한다. 이를 위해 먼저 **time** 모듈을 **import**해야 한다.

```
>>> import time
```

time 모듈에는 현재 시간을 반환하는 다양한 함수가 있다. **time()** 함수는 특정 **기준시점**(the epoch) 이후의 경과 시간을 초로 반환한다.

```
>>> time.time()
1268762993.335
```

gmtime() 함수를 이용하면 컴퓨터 기준시점을 알 수 있다. 이 함수는 **time()**과 매우 다른 형식으로 시간을 반환한다.

```
>>> time.gmtime(0)
time.struct_time(tm_year=1970, tm_mon=1, tm_mday=1, tm_hour=
0, tm_min=0, tm_sec=0, tm_wday=3, tm_yday=1, tm_isdst=0)
```

DETOUR

기준시점, 시간, UTC 시간

컴퓨터는 기준시점(the epoch) 이후로 몇 초가 경과되었는지를 이용하여 시간을 관리한다. Unix나 Linux 컴퓨터(Mac OS X 포함)의 기준시점은 1970년 1월 1일 00:00:00(그리니치 표준시)이다.

기준시점 이후로 경과된 시간을 정확히 기록하기 위해서 컴퓨터의 CPU에는 수정 시계(quartz clock)가 장착되어 있으며, 이 시계를 이용하여 클럭 주기(clock cycle)도 제어한다. 문제는 수정 시계가 완벽하지 않아서 일정시간이 지나면 실제 시간(real time)과 조금씩 달라질 수 있다는 점이다. 이는 네트워크에 연결된 컴퓨터에서 큰 문제를 야기시킬 수 있다. 왜냐하면 많은 인터넷 프로그램에서는 정확한 시간(최소한의 오차 범위 내에서)을 맞추어야 하기 때문이다.

네트워크에 연결된 컴퓨터는 시간 서버(time server)를 통해서 수정 시계를 맞춘다(동기화한다). 시간 서버의 주된 임무는 인터넷을 통해서 UTC 시간(Coordinated Universal Time)이라는 공식시간(official time)을 제공하는 것이다. UTC는 몇 개의 원자시계(atomic clock)의 평균 시간이며 영국 그리니치 천문대에서 제공하는 평균 태양시간(solar time, 태양 주위로 도는 지구의 공전에 기반함)을 따르도록 되어있다.

인터넷에 연결된 시간 서버가 국제적으로 표준 시간을 제공하므로 여러 컴퓨터들 사이의 시간을 일치(작은 오차 범위 내에서)시킬 수 있다.

함수 `gmtime()`이 반환한 객체의 형(`time.struct_time`)은 **튜플**(tuple)이다. 우리에게 익숙하지는 않지만 기준시점이 1970년 1월 1일 00:00:00(UTC)이라는 것은 이해하기에 크게 어렵지 않다. 이 시간을 UTC 시간이라고 부르는데 그 이유는 함수 `gmtime(s)`가 `s`에 대한 UTC 시간(기준시점으로부터 `s`초)을 반환하기 때문이다. `gmtime()`에 인수가 없으면 현재 UTC 시간을 반환한다. 함수 `localtime()`은 그 지역의 현재 시간을 반환한다.

```
>>> time.localtime()
time.struct_time(tm_year=2010, tm_mon=3, tm_mday=16, tm_hour=
13, tm_min=50, tm_sec=46, tm_wday=1, tm_yday=75, tm_isdst=1)
```

위와 같은 출력 형식(output format)은 읽기 어렵다. 모듈 `time`은 서식 지정 함수 `strftime()`을 제공한다. 이 함수를 이용하면 원하는 형식으로 시간을 출력할 수 있다. 이 함수는 형식문자열과 `gmtime()`이나 `localtime()`이 반환한 시간을 입력으로 받아서 형식문자열의 서식대로 시간을 출력한다. 사용 예를 보면 다음과 같다(그림 4.6 참고).

```
>>> time.strftime('%A %b/%d/%y %I:%M %p', time.localtime())
'Tuesday Mar/16/10 02:06 PM'
```

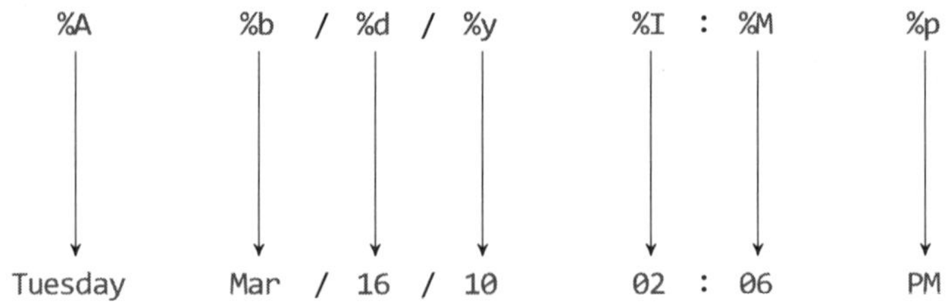

그림 4.6
시간 출력 서식의 지시어
지시어 %A, %b, %d, %y, %I, %M, %p는 표 4.3에 나타낸 대로 날짜와 시간을 출력 문자열에 대응시킨다.

이 예에서 `strftime()`은 `time.localtime()`에 의해서 반환된 시간을 출력한다. 그 형식은 형식문자열 `'%A %b/%d/%y %I:%M %p'`로 지정되어 있다. 이 형식문자열에는 지시어 `%A`, `%b`, `%d`, `%y`, `%I`, `%M`, `%p`가 포함되어 있는데 이 지시어는 날짜와 시간의 어떤 값을 해당 위치에 출력해야 하는지 나타내며 이는 표 4.3에 정리되어 있다. 그 외의 모든 문자(/, :, 공백 문자)는 형식문자열에 있는 그대로를 출력한다.

표 4.3
시간 출력 서식 지시어
자주 사용되는 출력 서식만 정리한 것이다.

지시어	출력
%a	요일 이름의 약어
%A	약어가 아닌 요일 이름
%b	월 이름의 약어
%B	약어가 아닌 월 이름
%d	00~31 사이의 십진수로 나타낸 날짜
%H	00~23 사이의 수로 나타낸 시간
%I	00~12 사이의 수로 나타낸 시간
%M	00~59 사이의 수로 나타낸 분
%p	AM이나 PM
%S	00~61 사이의 수로 나타낸 초
%y	00~99 사이의 수로 나타낸 연도(세기 정보는 제외)
%Y	십진수로 나타낸 연도
%Z	시간대 이름

실습 4.7

먼저 현지 시간 t를 1,500,000,000초(1970년 1월 1일 UTC로부터 경과 시간)로 설정하자.

```
>>> import time
>>> t = time.localtime(1500000000)
```

그 다음 시간 서식 지정 함수 `strftime()`을 사용해서 다음 문자열을 생성하라.

(a) `'Thursday, July 13 2017'`

(b) `'09:40 PM Central Daylight Time on 07/13/2017'`

(c) `'I will meet you on Thu July 13 at 09:40 PM.'`

4.3 파일

디스크 드라이브와 같은 보조기억장치에 저장된 바이트(byte)의 나열을 파일이라고 한다. 파일은 텍스트 문서일 수도 있고 스프레드시트나 HTML 파일, Python 모듈이 될 수도 있다. HTML 파일이나 Python 모듈과 같은 파일을 **텍스트 파일**(text file)이라고 한다. 텍스트 파일은 문자의 나열로서 각 문자는 특정 코드(ASCII, utf-8 등)에 따라 부호화되어 있다. 실행할 수 있는 응용 프로그램이나 이미지, 오디오 등 데이터도 파일로 저장되는데 이와 같은 파일을 **이진파일**(binary file)이라고 한다. 이진파일은 바이트의 단순 나열로서 특정 코드로 부호화된 것이 아니기 때문에 이진파일이라고 부른다.

모든 파일은 파일 시스템이 관리한다.

■ 파일 시스템

파일 시스템은 컴퓨터 시스템의 구성요소로서 파일 생성, 접근, 수정 방법을 제공한다. 파일은 물리적으로 다양한 보조기억장치에 저장될 수 있지만, 파일 시스템은 다양한 하드웨어 장치에 따라 서로 다를 수 있는 저장 방식을 감추고 동일한 방식의 처리 방법을 제공해준다. 즉 하드 드라이브이든 플래쉬 메모리이든 DVD-RW이든 관계없이 모든 파일에 대해 같은 방식으로 읽거나 쓸 수 있게 해준다.

파일은 **디렉터리**(directory) 혹은 **폴더**(folder)로 묶을 수 있다. 폴더는 (일반) 파일뿐 아니라 다른 폴더도 포함할 수 있다. 파일 시스템은 파일과 폴더를 트리 구조로 표현한다. 그림 4.7은 MAC OS X의 파일 시스템 예를 보여준다. 일반적으로 컴퓨터 과학에서는 계층적인 트리 구조를 그릴 때 루트(뿌리)가 위에 있도록 트리를 거꾸로 그린다.

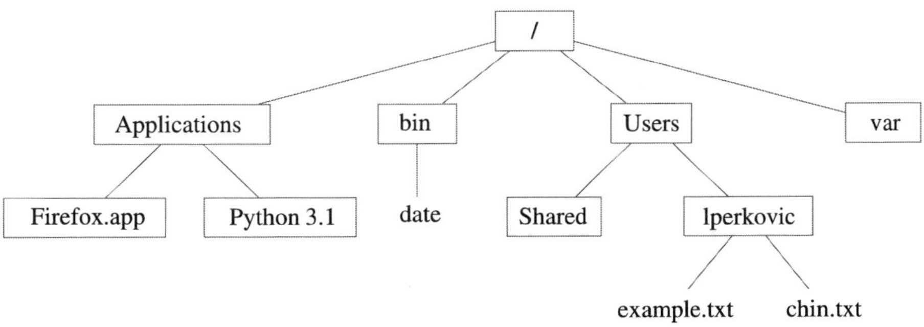

그림 4.7
Mac OS X 파일 구조
일 시스템은 텍스트 파일 example.txt와 chin.xt), 이진파일(예: date), 더(네모로 표시함)가 트리 층 구조로 구성되어 있다. 리의 루트도 폴더인데 /라 이름으로 나타낸다. 파일 스템은 일반적으로 수천 의 폴더와 파일로 구성되 만 이 그림에서는 그 일부 보이고 있다.

트리 구조에서 제일 위에 있는 폴더를 **루트 디렉터리**(root directory)라고 한다. UNIX, Mac OS X, Linux 파일 시스템에서 루트 폴더는 /라는 이름으로 나타낸다. MS Windows OS에서는 모든 하드웨어 장치에 개별적으로 루트 폴더(예컨대 `C:\`)가 있다. 파일 시스템에서 모든 폴더와 파일에는 이름이 부여된다. 그러나 이름만 가지고 파일의 위치를 알아낼 수는 없다. 파일의 위치를 정확하게 나타내기 위해 **경로명**(pathname)을 사용한다. 파일 경로명은 두 가지 방법으로 지정할 수 있다.

파일의 **절대경로명**(absolute pathname)은 폴더의 나열로 구성되는데, 즉 루트 디렉터리에서부터 그 파일에까지 도달하는 데 필요한 폴더의 나열로 나타낸다. 절대경로명은 슬래시(/)나 역슬래시(\)로 구분한 폴더 이름의 나열로 나타낸다.

예를 들면 폴더 Python 3.1의 절대경로명은 다음과 같다.

```
/Applications/Python 3.1
```

또 파일 `example.txt`의 절대경로명은 다음과 같다.

```
/Users/lperkovic/example.txt
```

위의 예는 UNIX, Max OS X, Linux 계열의 경우를 예로 든 것이다. Windows의 경우에는 역슬래시를 사용하고 루트 폴더는 슬래시 대신에 `C:\`로 표현한다.

컴퓨터 시스템에서 실행 중인 모든 명령어와 프로그램에는 현재 작업 디렉터리(current working directory)가 연관되어 있다. 명령어 셸을 사용할 때 현재 작업 디렉터리는 셸 프롬프트에 표시된다. Python 모듈이 실행될 때, 현재 작업 디렉터리는 그 모듈이 포함된 폴더이다. 대화형 셸에서 Python 모듈을 실행하면(예: IDLE 대화형 셸에서 F5를 눌러 실행하면) 그 모듈을 포함하는 폴더가 현재 작업 디렉터리가 된다.

파일의 **상대경로명**(relative pathname)도 디렉터리를 나열한 것이지만 경로의 시작이 현재 작업 디렉터리에서부터 시작된다는 점이 다르다. 그림 4.7에서 현재 작업 디렉터리가 `Users`라고 하면 `example.txt`의 상대경로명은 다음과 같다.

```
lperkovic/example.txt
```

현재 작업 디렉터리가 `lperkovic`라면 실행파일 `date`의 상대경로명은 다음과 같다.

```
../../bin/date
```

여기서 두 개의 점(`..`)은 **부모 폴더**(parent folder)를 의미하며, 현재 작업 디렉터리를 포함하고 있는 폴더를 나타낸다.

파일 열기와 닫기

파일 처리는 다음과 같은 세 단계로 구성된다.

1. 읽고 쓰기 위한 파일 열기
2. 파일로부터 읽기 및 파일에 쓰기
3. 파일 닫기

내장 함수 open()은 파일을 열 때 사용되며, 파일은 텍스트 파일이나 이진파일에 상관없이 사용된다. 파일 example.txt를 읽기 위해서는 먼저 다음과 같이 파일을 열어야 한다.

```
infile = open('example.txt', 'r')
```

함수 open()은 세 개의 문자열 인자를 입력으로 받는다. 즉 파일 이름, 모드(mode), 인코딩 방식(encoding)이다. 인코딩 방식은 제6장에서 자세히 다룰 예정이다. 파일 이름은 열고자 하는 파일의 경로명(절대경로명이나 상대경로명)이다. 위의 예에서 파일의 상대경로명은 example.txt이다. Python은 현재 작업 디렉터리(마지막으로 import된 파일이 포함된 폴더)에서 example.txt라는 이름의 파일을 찾는다. 만약 그 파일이 존재하지 않으면 예외(exception)가 발생된다. 예외 발생 예를 보면 다음과 같다.

```
>>> infile = open('sample.txt')
Traceback (most recent call last):
    File "<pyshell#339>", line 1, in <module>
    infile = open('sample.txt')
IOError: [Errno 2] No such file or directory: 'sample.txt'
```

파일 이름은 절대경로명이 될 수도 있는데, UNIX 계열이라면 다음과 같은 형태이고

```
/Users/lperkovic/example.txt
```

Windows 계열이라면 다음과 같은 형태이다.

```
C:/Users/lperkovic/example.txt
```

CAUTION

파일 시스템의 경로가 역슬래시인가 슬래시인가?

UNIX, Linux, Mac OS X에서는 경로의 구분자(delimiter)로 슬래시(/)를 사용한다. Microsoft Window에서는 경로 구분자로 다음처럼 역슬래시(\)를 사용한다.

```
C:\Users\lperkovic\example.txt
```

Python은 Windows 시스템에서도 경로 구분자로 슬래시(/)를 사용할 수 있도록 허용한다. 문자열 내에서 역슬래시(\)가 확장열의 시작으로 해석되기 때문에 이는 Python의 좋은 특징 중 하나이다.

모드(mode)는 파일을 열어서 어떻게 사용할 것인가를 지정한다. 함수 호출 open ('example.txt', 'r')에서 모드 'r'은 파일로부터 읽을 것을 나타낸다.

일반적으로 모드 문자열은 r, w, a, r+ 중 하나이다. r은 읽기, w는 쓰기, a는 추가하기, r+는 읽기 및 쓰기를 나타낸다. 모드를 생략하면 기본으로 r이 된다. 추가로 모드 문자열에 t와 b가 나타날 수도 있다. t는 텍스트 파일을 의미하고, b는 이진파일을 의미한다. 기본 파일 형태로는 텍스트 파일을 가정한다. 그래서 open('example.txt', 'r')은 open('example. txt', 'rt')와 같고 open('example.txt')와도 같다. 모드 문자열을 요약하면 표 4.4와 같다.

표 4.4
파일 모드
파일 모드는 문자열로서 어떻게 파일이 사용될지를 지정한다. 바이트 단위나 특정 인코딩의 텍스트 모드에서 읽기, 쓰기, 읽기 및 쓰기를 지정한다.

모드	설명
`r`	읽기 모드(기본)
`w`	쓰기 모드. 파일이 존재하면 파일의 내용이 모두 지워진다.
`a`	추가 모드. 파일의 끝부터 쓰기가 추가된다.
`r+`	읽기 및 쓰기 모드(이 책에서는 다루지 않음)
`t`	텍스트 모드(기본)
`b`	이진 모드

파일을 열 때 텍스트 모드와 이진 모드에는 차이가 있다. 이진파일 모드에서는 파일을 바이트의 나열로 간주하여 읽을 때 복호화를 수행하지 않고 쓸 때도 부호화를 수행하지 않는다. 그러나 텍스트 모드에서는 파일을 부호화된 파일로 간주한다.

open() 함수는 **입력 스트림**(input stream) 객체나 **출력 스트림**(output stream) 객체를 반환하는데 이 반환 객체를 **파일 객체**(file object)라고 한다. 모드가 다르면 다른 파일 객체를 반환한다. 모드에 따라서 표 4.5 메소드의 일부만 지원될 수 있다.

표 4.5
파일 메소드
open() 함수 등을 통해 생성된 파일 객체가 지원하는 메소드

메소드 사용 예	설명
`infile.read(n)`	infile로부터 n개의 문자를 읽는다. 혹은 파일의 끝(EOF)을 만날 때까지 읽는다. 읽은 문자들은 문자열로 반환한다.
`infile.read()`	파일의 끝까지 모든 문자를 읽고 읽은 내용을 문자열로 반환한다.
`infile.readline()`	줄바꿈문자를 만나거나 파일의 끝을 만날 때까지 파일 infile을 읽고, 읽은 내용을 문자열로 반환한다.
`infile.readlines()`	파일의 끝까지 파일 infile을 읽고, 읽은 각 줄을 원소로 하는 리스트를 반환한다.
`outfile.write(s)`	문자열 s를 파일 outfile에 쓴다.
`file.close()`	파일을 닫는다.

다양한 메소드를 통해서 다양한 방법으로 파일 내용을 읽을 수 있다. 구체적인 예로 다음 파일 example.txt를 통해서 다양한 읽기 방법을 살펴보자.

파일: example.txt

```
The 3 lines in this file end with the new line character.

There is a blank line above this line.
```

먼저 다음처럼 읽기 모드로 파일(텍스트 입력 스트림)을 연다.

```
>>> infile = open('example.txt')
```

파일 시스템에서는 각 열린 파일에 대해 **커서(cursor)**를 관리한다. 커서는 그 파일 내의 한 문자를 가리킨다. 파일이 처음으로 열렸을 때 커서는 파일의 시작 위치를 가리킨다. 즉 파일의 첫 문자를 가리킨다(그림 4.8 참조). 파일을 읽을 때 읽을 문자는 커서가 가리키는 문자에서 시작된다. 파일에 쓸 때도 쓸 내용을 커서가 가리키는 위치에서부터 쓴다.

그림 4.8
example.txt를 예로 하였을 때의 파일 읽기
일을 읽을 때 커서는 읽은 자만큼 이동하여 항상 읽 않은 첫 문자를 가리킨다. ead(1)을 수행하면 문자 T'를 읽고 커서는 'h'로 동한다. read(5)를 수행 면 문자열 'he 3 '을 읽고 서는 'l'로 움직인다. eadline()을 수행하면 줄의 나머지 부분을 모두 고 커서는 두 번째 줄의 시 위치로 이동한다. 두 번째 은 빈 줄로서 줄바꿈문자 에는 아무 문자도 없다.

파일을 열었을 때:
```
The 3 lines in this file end with the new line character.
^
There is a blank line above this line.
```

read(1)을 수행한 후:
```
The 3 lines in this file end with the new line character.
 ^
There is a blank line above this line.
```

read(5)를 수행한 후:
```
The 3 lines in this file end with the new line character.
      ^
There is a blank line above this line.
```

readline()을 수행한 후:
```
The 3 lines in this file end with the new line character.
^
There is a blank line above this line.
```

read()를 수행한 후:
```
The 3 lines in this file end with the new line character.

There is a blank line above this line.
^
```

read() 함수를 사용해서 한 문자를 읽으면 파일의 첫 번째 문자를 (문자 하나로 구성된) 문자열로 반환한다.

```
>>> infile.read(1)
'T'
```

문자 'T'를 읽은 후에 커서는 다음 문자인 'h'(읽지 않은 첫 문자)로 이동한다(그림 4.8 참조). 이제 한꺼번에 5개의 문자를 읽어보자. 반환값은 5개의 문자('T' 다음에 있는 5개의 문자)로 구성된 문자열이다.

```
>>> infile.read(5)
'he 3 '
```

함수 readline()은 한 행을 읽을 때 사용한다. 한 행의 범위는 현재 커서의 위치에서 줄바꿈문자를 만나거나 파일의 끝(EOF)을 만날 때까지이다. 이 예에서 readline()이 반환하는 문자열의 마지막 문자는 줄바꿈문자라는 사실에 주의하자.

```
>>> infile.readline()
'lines in this file end with the new line character.\n'
```

이제 커서는 두 번째 줄의 시작 위치를 가리킨다(그림 4.8 참조). 마지막으로 read() 함수를 사용해서 파일의 나머지 모두를 읽어보자. 이때 read() 함수는 인수 없이 호출한다.

```
>>> infile.read()
'\nThere is a blank line above this line.\n'
```

이제 커서는 EOF 문자를 가리키는데 이는 파일의 끝(end of file)을 의미한다.

열린 파일 `infile`을 닫으려면 다음 문장을 수행하면 된다.

```
infile.close()
```

파일을 닫으면 파일 시스템은 열린 파일에 관한 정보(커서의 위치 정보 등)를 더 이상 관리하지 않는다.

CAUTION

한 줄의 끝

이진파일을 읽고 쓸 때, 파일은 바이트의 열이므로 한 줄의 끝을 나타내는 정보가 없다. 한 줄의 끝을 인식하려면 인코딩 방식에서 새로운 줄을 의미하는 코드(즉 줄바꿈문자)를 지원해야 한다. Python에서 줄바꿈문자는 확장열 `\n`로 나타낸다. 그러나 텍스트 파일 형식은 운영체제에 따라 조금씩 다르며 이에 따라 줄바꿈문자 표기도 조금씩 다르다.

- MS Windows는 2개의 문자열 `\r\n`을 사용한다.
- Linux, UNIX, Mac OS X는 문자 `\n`을 사용한다.
- Mac OS의 버전 9까지는 문자 `\r`을 사용한다.

Python에서는 파일을 읽을 때 플랫폼에 따라 줄의 끝을 읽은 후 `\n`으로 변환하고 반대로 파일에 쓸 때 `\n`을 플랫폼에 해당하는 줄바꿈문자로 변환하다. 따라서 Python은 플랫폼에 독립적이라고 할 수 있다.

텍스트 파일을 읽는 패턴

파일로 어떤 일을 하느냐에 따라서 파일의 내용에 접근하는 방식도 다양해질 수 있다. 이 절에서는 파일을 열고 파일 내용을 읽는 다양한 패턴을 소개하려고 한다. 다시 한 번 파일 `example.txt`를 이용해서 파일 읽기 패턴을 살펴보자.

```
The 3 lines in this file end with the line character.

There is a blank line above this line.
```

파일 내용에 접근하는 패턴 중 하나는 파일 내용을 문자열 객체로 읽는 것이다. 이 패턴은 파일 내용이 너무 길지 않고 문자열 연산으로 파일 내용을 처리할 수 있을 때 매우 유용하다. 예를 들면, 파일 내용을 찾거나 부분 문자열을 다른 문자열로 치환할 때에 이 패턴을 사용할 수 있다.

이 패턴을 살펴보기 위해 함수 numChars()의 구현을 보자. 이 함수는 파일 이름을 입력으로 받아서 파일에 포함된 문자의 수를 반환한다. 이 함수에서는 파일 내용을 문자열로 읽기 위해 read() 함수를 사용한다.

모듈 ch4.py

```
def numChars(filename):
    '파일 filename의 문자 개수를 반환함'
    infile = open(filename, 'r')
    content = infile.read()
    infile.close()

    return len(content)
```

이 함수를 실행한 결과는 다음과 같다.

```
>>> numChars('example.txt')
98
```

실습 4.8

함수 stringCount()를 구현하라.

이 함수는 문자열 두 개(파일 이름과 원하는 문자열)를 입력으로 받아서 원하는 문자열이 파일에 나타난 횟수를 반환한다.

```
>>> stringCount('example.txt', 'line')
4
```

다음으로 소개할 패턴은 파일 내의 단어들을 효과적으로 처리하기 위한 읽기 패턴이다. 파일의 단어에 접근하기 위해서는 먼저 파일을 문자열로 읽고, split() 함수를 사용해서 파일의 내용에 해당하는 문자열을 단어 리스트로 분리한다(여기서 단어는 공백 문자를 포함하지 않는 연속된 문자열을 의미함). 이 패턴을 이용하는 예로 다음 함수를 보자. 이 함수는 파일 이름을 입력으로 받아서 파일에 포함된 단어 수를 반환한다. 또한 이 함수는 단어의 리스트를 출력하여 단어 목록을 확인할 수 있도록 한다.

모듈 ch4.py

```
def numWords(filename):
    'filename'인 이름의 파일 내 단어 수를 반환함
    infile = open(filename, 'r')
    content = infile.read()             # 파일을 문자열로 읽는다.
    infile.close()

    wordList = content.split()          # 파일을 단어 리스트로 분리한다.
```

```
        print(wordList)                      # 단어 리스트를 출력한다.
        return len(wordList)
```

이 함수의 실행 결과는 다음과 같다.

```
>>> numWords('example.txt')
['The', '3', 'lines', 'in', 'this', 'file', 'end', 'with',
 'the', 'new', 'line', 'character.', 'There', 'is', 'a',
 'blank', 'line', 'above', 'this', 'line.']
20
```

함수 numWords()에서 리스트에 저장된 단어에는 문장 부호도 포함되어 있다. 예를 들면 'line.'에는 마침표(.)가 포함되어 있다. 파일 내용을 단어로 분리하기 전에 문장 부호를 제거하면 좀 더 좋은 함수가 될 것이다. 다음 실습문제를 통해 이 문제를 해결해 보기 바란다.

실습 4.9

함수 words()를 구현하라.

이 함수는 파일 이름을 입력으로 받아서 파일에 포함된 단어(문장 부호 !,.:;?가 제거된 단어) 리스트를 반환한다.

```
>>> words('example.txt')
['The', '3', 'lines', 'in', 'this', 'file', 'end', 'with',
 'the', 'new', 'line', 'character', 'There', 'is', 'a',
 'blank', 'line', 'above', 'this', 'line']
```

때로는 텍스트 파일을 라인 단위로 처리할 필요가 있다. 예를 들면, 웹 서버 로그 파일에서 의심스러운 IP 주소를 검색할 때 이러한 처리가 필요하다. 일반적으로 로그 파일은 한 트랜잭션(예: 웹 서버가 요청한 웹페이지 처리 등)을 한 라인에 기록하는 파일이다. 우리가 소개할 세 번째 패턴은 readlines() 함수를 이용해서 파일의 내용을 라인 리스트로 읽는 패턴이다. 이 리스트의 길이를 계산함으로써 파일의 라인 수를 셀 수 있는데 이 작업을 수행하는 함수를 통해 이 패턴의 예를 살펴보자. 또한, 이 함수는 라인의 리스트를 출력함으로써 읽은 라인 리스트도 확인할 수 있도록 한다.

모듈 ch4.py

```
def numLines(filename):
    'filename인 이름의 파일 내 라인 수를 반환함'
    infile = open(filename, 'r')        # 파일을 연다.
    lineList = infile.readlines()       # 파일을 라인의 리스트로 읽는다.
    infile.close()
```

```

        print(linelist)                    # 라인의 리스트를 출력한다.
        return len(linelist)
```

예제 파일에 대해 이 함수를 수행해 보면 다음과 같다. 각 줄 끝에는 줄바꿈문자 \n이 포함되어 있다는 점에 주의하자.

```
>>> numLines('example.txt')
['The 3 lines in this file end with the new line character.\n',
 '\n', 'There is a blank line above this line.\n']
3
```

지금까지 우리가 살펴본 파일 처리 패턴은 모두 파일 내용을 하나의 문자열로 읽거나 문자열(라인)의 리스트로 읽는 방식이었다. 이런 패턴은 파일이 크지 않으면 별 문제가 없다. 하지만 파일 내용이 매우 크다면 파일을 라인 단위로 읽고 처리하는 것이 더 좋은데, 왜냐하면 전체 파일 내용을 메모리에 읽어 들일 필요가 없기 때문이다. Python은 파일 객체의 여러 라인에 대해 반복할 수 있는 기능을 제공한다. 이 기능을 활용하여 예제 파일의 각 라인을 출력해 보자.

```
>>> infile = open('example.txt')
>>> for line in infile:
        print(line,end='')
The 3 lines in this file end with the new line character.

There is a blank line above this line.
```

for 문에서 변수 line은 파일의 각 라인을 가리킨다. 첫 번째 반복에서 변수 line은 'The three lines in ...'을 가리키고, 두 번째 반복에서는 '\n'을 가리키며, 마지막 반복에서는 'There is a blank ...'을 가리킨다. 따라서 반복문 수행 중의 어느 한 시점에서는 한 라인만 메모리에 불러오면 된다.

실습 4.10

함수 myGrep()를 구현하라.

이 함수는 입력으로 두 개의 문자열(파일 이름, 원하는 문자열)을 입력으로 받아서 원하는 문자열을 포함하는 라인을 출력한다.

```
>>> myGrep('example.txt', 'line')
The 3 lines in this file end with the new line character.
There is a blank line above this line.
```

■ 텍스트 파일에 쓰기

텍스트 파일에 쓰기 위해서는 파일을 다음과 같이 쓰기 모드로 열어야 한다.

```
>>> outfile = open('test.txt', 'w')
```

현재 작업 디렉터리에 파일 test.txt가 없으면 open() 함수는 파일을 새로 생성한다. 파일 test.txt가 존재하면 파일의 내용은 모두 지워진다. 어떤 경우이든 커서는 해당 파일(비어 있는 파일)의 시작 위치를 가리킨다. (이미 존재하는 파일에 내용을 추가하고 싶다면 모드 'w' 대신에 'a'를 사용하면 된다.)

일단 쓰기 모드로 파일을 열고 나면 함수 write()로 파일에 문자열을 쓸 수 있는데 기록되는 문자열은 커서 위치부터 기록된다. 먼저 문자 하나로 구성된 문자열(one-character string)부터 기록해 보자.

```
>>> outfile.write('T')
1
```

함수 write()의 반환값은 파일에 기록된 문자의 개수이다. 커서는 이제 T 바로 뒤의 위치를 가리키게 되며 다음 쓰기 작업은 이 위치부터 쓰기 시작할 것이다.

```
>>> outfile.write('his is the first line.')
22
```

이번 쓰기 작업의 결과, 파일 첫 줄의 T자 바로 다음부터 22개의 문자가 기록되었다. 커서는 마침표 다음을 가리킨다.

```
>>> outfile.write(' Still the first line...\n')
25
```

줄바꿈문자를 만날 때까지 기록된 모든 문자는 같은 줄에 위치한다. 줄바꿈문자 '\n'이 나오면 그 다음부터는 두 번째 줄에 기록된다.

```
>>> outfile.write('Now we are in the second line.\n')
31
```

문자열 맨 끝의 확장열 \n은 두 번째 줄이 끝났음을 의미하고 그 다음부터는 세 번째 줄에 기록될 것이다. 문자열 이외에 다른 것을 쓰기 위해서는 먼저 문자열로 변환해야 한다.

```
>>> outfile.write('Non string value like '+str(5)+' must be
                  converted first.\n')
49
```

문자열 변환 작업에는 format() 함수가 유용하다. 형식지정 문자열을 사용해서 같은 내용을 다시 한 번 출력해 보자.

```
>>> outfile.write('Non string value like {} must be converted
                  first.\n'.format(5))
49
```

파일 읽기와 마찬가지로 파일 쓰기의 경우에도 기록할 내용을 모두 쓴 후에는 파일을 닫아야 한다.

```
>>> outfile.close()
```

현재 작업 디렉터리에 저장된 파일 `test.txt`의 내용은 다음과 같을 것이다.

```
This is the first line. Still the first line...
Now we are in the second line.
Non string value like 5 must be converted first.
Non string value like 5 must be converted first.
```

CAUTION

출력 내보내기

파일을 읽고 쓸 때, 메모리에 **버퍼(buffer)**가 생성된다. 파일에 기록할 모든 내용은 먼저 버퍼에 기록된다. 이 시점까지는 디스크에 어떤 내용도 저장되지 않는다.

디스크에 바로 쓰지 않는 이유는 디스크와 같은 보조기억장치에 쓰는 것이 매우 느리기 때문이다. 그래서 **내보내기(flushing)**를 수행할 때까지는 파일 시스템에 어떤 파일도 생성되지 않는다. `close()` 함수는 파일을 닫기 전에 버퍼의 내용을 디스크 파일에 내보낸다. `flush()` 함수를 사용하면 파일을 닫기 전에도 버퍼의 내용을 디스크로 내보낼 수 있다.

```
>>> outfile.flush()
```

4.4 오류와 예외

우리는 물론 프로그램이 오류를 발생시키지 않도록 노력하겠지만, 불행히도 아주 경험이 많은 개발자가 만든 프로그램조차도 죽는 경우가 있다. 프로그램이 완벽한 경우에도 외부 데이터(사용자나 파일로부터 읽은 데이터)의 문제로 인해 오류가 발생될 수 있다. 웹 서버나 메일 서버, 게임 서버의 경우에 이러한 오류는 큰 문제가 된다. 잘못된 사용자 요청 때문에 서버가 죽는 경우가 발생하면 안 되기 때문이다. 이 절에서는 프로그램 수행 전이나 수행 중에 발생되는 오류의 종류를 몇 가지 살펴보고자 한다.

구문 오류

Python 프로그램 수행 시 발생할 수 있는 오류의 유형에는 두 가지 유형의 오류가 있다. 그 중에서 **구문 오류(syntax error)**는 Python 문장이 정확하기 기술되지 않았을 때 발생된다. 구문 오류는 문장이 실행되기 전에 **기계어(machine language)**로 변환되는 과정에서 발생된다. Python 인터프리터 중에서 **파서(parser)**라는 구성요소가 구문 오류를 검출한다. 구문 오류의 예를 보자.

```
>>> (3+4]
SyntaxError: invalid syntax
```

위의 예제는 잘못된 수식이다. 따라서 파서가 정확하게 처리할 수 없다. 또 다른 예를 살펴보자.

```
>>> if x == 5
SyntaxError: invalid syntax
>>> print 'hello'
SyntaxError: invalid syntax
>>> lst = [4;5;6]
SyntaxError: invalid syntax
>>> for i in range(10):
print(i)
SyntaxError: expected an indented block
```

각 문장에는 Python 구문 규칙(형태)에 위배된 부분이 있으므로 오류가 발생하였다. 이러한 오류는 각 문장이 실행되기 전에 발생한다.

실습 4.11

위에서 설명한 각 오류에 대해서 오류가 발생한 원인을 설명하라. 그리고 오류가 없도록 각 문장을 수정하라.

내장 예외

이제 프로그램 수행 중, 혹은 문장의 실행 중에 발생하는 오류를 살펴보자. 이러한 오류는 Python 문장이나 프로그램을 잘못 작성해서 발생하는 것이 아니라 프로그램의 실행 도중에 오류 상태에 빠지기 때문에 발생한다. 이런 유형의 오류를 몇 가지 예를 통해서 살펴보자. 각 경우마다 구문(즉, Python 문장의 형식)은 정확하다는 것에 유의하라.

다음은 0으로 나누어 발생한 오류이다.

```
>>> 4 / 0
Traceback (most recent call last):
  File "<pyshell#52>", line 1, in <module>
```

```
    4 / 0
ZeroDivisionError: division by zero
```

다음은 잘못된 리스트 첨자를 사용해서 발생한 오류이다.

```
>>> lst = [14, 15, 16]
>>> lst[3]
Traceback (most recent call last):
  File "<pyshell#84>", line 1, in <module>
    lst[3]
IndexError: list index out of range
```

다음은 대입하지 않은 변수 이름을 사용해서 발생한 오류이다.

```
>>> x + 5
Traceback (most recent call last):
  File "<pyshell#53>", line 1, in <module>
    x + 5
NameError: name 'x' is not defined
```

다음은 잘못된 피연산자를 사용해서 발생한 오류이다.

```
>>> '2' * '3'
Traceback (most recent call last):
  File "<pyshell#54>", line 1, in <module>
    '2' * '3'
TypeError: can't multiply sequence by non-int of type 'str'
```

다음은 잘못된 값을 사용해서 발생한 오류이다.

```
>>> int('4.5')
Traceback (most recent call last):
  File "<pyshell#80>", line 1, in <module>
    int('4.5')
ValueError: invalid literal for int() with base 10: '4.5'
```

앞서 예시한 각 경우에서는 문장의 실행 도중에 잘못된 상태에 빠지는 오류가 발생하였다. 0으로 나누는 것은 허용되지 않는다. 또한 주어진 리스트에서 첨자의 범위를 벗어나서 접근하는 것도 허용되지 않는다. 이런 오류가 발생되면 Python 인터프리터는 **예외를 발생시킨다**(raise an exception). 예외가 발생된다는 것은 오류에 관련된 정보를 가진 어떤 객체가 생성된다는 것을 의미한다. 예컨대 오류의 종류와 오류가 발생한 프로그램(모듈)의 행번호 등이 포함될 수 있다. (앞서 예시한 경우는 모두 행번호가 항상 1이다. 왜냐하면 대화형 셸 문장으로 구성된 프로그램에는 항상 문장이 하나밖에 없기 때문이다.) 오류가 발생되면 기본적으로 프로그램은 실행을 멈추고 오류 정보를 출력한다.

오류가 발생되었을 때 생성된 객체를 **예외**(exception)라고 한다. 모든 예외에는 유형(`int` 혹은 `list`와 같은 자료형)이 부여되는데 예외의 유형은 오류의 종류를 나타낸다. 위의 예에서 발생된 예외의 유형(exception type)은 각각 `ZeroDivisionError`, `IndexError`, `NameError`, `TypeError`, `ValueError`이다. 이들 유형과 더불어 주요 오류 유형을 정리하면 표 4.6과 같다.

표 4.6
일반적인 예외 유형
프로그램 실행 중에 오류가 발생되면 예외 객체가 생성된다. 이 객체의 자료형은 오류의 유형에 따라 다르다. 여기서는 몇 가지 내장 예외 유형을 정리하였다.

사용 예	설명
`KeyboardInterrupt`	사용자가 [Ctrl-C](인터럽트 키)를 누를 때 발생한다.
`OverflowError`	실수형 수식의 계산 값이 너무 클 때 발생한다.
`ZeroDivisionError`	0으로 나누기를 시도할 때 발생한다.
`IOError`	I/O와 관련된 오류로 I/O 연산이 실패할 때 발생한다.
`IndexError`	순차 데이터의 첨자 범위를 벗어나 접근할 때 발생한다.
`NameError`	대입되지 않은 식별자(이름)를 계산하려고 할 때 발생한다.
`TypeError`	연산이나 함수가 잘못된 형의 객체에 적용될 때 발생한다.
`ValueError`	연산이나 함수의 인수 자료형은 맞지만 값이 잘못되었을 때 발생한다.

예외의 예를 좀 더 살펴보자. `OverflowError` 객체는 실수형 수식의 계산 결과가 너무 커서 실수형에서 표현할 수 있는 수의 범위를 벗어났을 때 발생한다. 제3장에서 살펴본 예를 다시 한 번 보면 다음과 같다.

```
>>> 2.0**10000
Traceback (most recent call last):
  File "<pyshell#92>", line 1, in <module>
    2.0**10000
OverflowError: (34, 'Result too large')
```

흥미롭게도 정수 수식을 계산할 때는 `OverflowError`가 발생되지 않는다.

```
>>> 2**10000
199506311688075838488374216268358508382349683188619245485200894985
... # many more lines of numbers
0455803416826949787141316063210686391511681774304792596709376
```

사실 정수형(`int`) 값의 범위에는 제한이 없다.

`KeyboardInterrupt` 예외는 다른 예외들과는 조금 다르다. 왜냐하면 이 예외는 프로그램 사용자에 의해서 발생되기 때문이다. 프로그램이 수행되는 동안에 Ctrl-C를 누르면 실행 중인 프로그램을 사용자가 중단시킬 수 있다. 이렇게 되면 프로그램이 오류 상태, 즉 중단된 상태에 빠지는데, 이때 Python 인터프리터는 `KeyboardInterrupt` 예외를 발생시킨다. 사용자는 대개 프로그램이 너무 오래 실행되면 Ctrl-C를 눌러 프로그램을 중단시킨다.

```
>>> for i in range(2**100):
        pass
```

Python 문장 pass는 아무 일도 하지 않는다. pass는 프로그램 구조 상 문장이 필요하지만(예컨대 for 문의 본체 등) 아무런 일도 수행할 필요가 없을 때 사용한다. Ctrl - C를 누르면 프로그램은 중단되고 KeyboardInterrupt 오류 메시지가 나타날 것이다.

```
>>> for i in range(2**100):
        pass

KeyboardInterrupt
```

IOError 예외는 입출력 연산이 실패하였을 때 발생한다. 예를 들어 파일을 열 때, 주어진 이름의 파일이 존재하지 않으면 발생한다.

```
>>> infile = open('exaple.txt')
Traceback (most recent call last):
  File "<pyshell#55>", line 1, in <module>
    infile = open('exaple.txt')
IOError: [Errno 2] No such file or directory: 'exaple.txt'
```

접근 금지된 파일을 열 때에도 IOError 예외가 발생한다.

E-Book 사례연구: 이미지 파일

이 장에서는 텍스트 처리와 파일 읽기 및 쓰기를 다루었다. 이번 사례연구에서는 이미지 파일(텍스트 파일이 아닌 이진파일)을 어떻게 읽고 쓸 수 있는지, 이미지 파일을 어떻게 처리할 수 있는지 살펴본다. 또한 Python 표준 라이브러리에 속하지 않은 Python 모듈을 설치하는 방법도 다룬다. 일반적으로 표준 라이브러리가 아닌 Python 모듈은 Python 패키지 인덱스(PyPi: Python Package Index)에 수록되어 있는데, PyPi는 공식적인 서드파티 Python 소프트웨어 저장소이다.

요약

이 장에서는 Python 텍스트 처리와 파일 처리 도구를 살펴보았다.

제2장에서 소개한 문자열 str 클래스에 대하여 작은따옴표, 큰따옴표, 삼중 따옴표를 사용해서 문자열 값을 정의하는 방법을 다루었다. 확장열을 사용해서 문자열 내에 특수문자들을 나타내는 방법도 살펴보았다. 마지막으로 제2장에서 소개한 문자열 연산자에 더하여 클래스 str이 지원하는 메소드를 소개했다.

문자열 메소드 `format()`은 `print()` 함수 내에서 문자열의 출력 서식을 제어할 때 사용한다. 출력 서식을 나타내는 형식문자열의 문법도 설명했다. 문자열 출력 형식 지정 방법을 습득하고 나면, 출력 형식 외에 복잡한 프로그램 로직에 더 집중할 수 있다. 또한, 표준 라이브러리 모듈 `time`을 통하여 현재 시간을 측정하는 방법과 원하는 형식으로 시간을 출력하는 방법도 살펴보았다.

이 장에서는 파일 처리 도구도 살펴보았다. 먼저, 파일과 파일 시스템의 개념을 소개한 후에, 파일을 열고 닫는 메소드와 파일을 읽는 메소드 `read()`, 문자열을 파일에 쓰는 메소드 `write()`를 살펴보았다. 파일 처리 방법에 따라서 다양한 파일 읽기 패턴을 살펴보았다.

이전 장에서는 프로그램 오류에 대해서 개략적으로만 설명하였지만 파일을 처리할 때에는 특히 오류가 발생할 수 있기 때문에 이 장에서는 오류와 예외의 정의에 대해 더 엄밀히 살펴보았다. 학생들이 흔히 접하게 되는 예외의 종류에 대해서도 살펴보았다.

실습문제 해답

4.1 해당 수식은 다음과 같다.

(a) `s[2:5]`

(b) `s[7:9]`

(c) `s[1:8]`

(d) `s[:4]`

(e) `s[7:]` (혹은 `s[-3:]`)

4.2 다음과 같이 메소드를 호출하면 된다.

(a) `count = forecast.count('day')`

(b) `weather = forecast.find('sunny')`

(c) `change = forecast.replace('sunny', 'cloudy')`

4.3 다음과 같이 탭 문자를 분리자로 사용한다.

```
>>> print(last, first, middle, sep='\t')
```

4.4 함수 range()를 이용하여 2에서 n까지의 정수에 대해서 반복하되 각 정수가 2나 3으로 나누어지는지 확인하여 나누어지면 그 정수를 출력한다. 출력 시 print() 함수의 인수로 end = ','를 사용한다.

```
def even(n):
    for i in range(2, n+1):
        if i%2 == 0 or i%3 == 0:
            print(i, end=',')
```

4.5 쉼표 하나와 줄바꿈문자 두 개를 적절히 배치하면 된다.

```
>>> fstring = '{} {}\n{} {}\n{}, {} {}'
>>> print(fstring.format(first,last,number,street,city,state,zipcode))
```

4.6 형식 문자열에 실수형 서식인 f를 사용한다.

```
def roster(students):
    'students 명단의 평균 평점 출력'
    print('Last      First     Class     Average Grade')
    for student in students:
        print('{:10}{:10}{:10}{:8.2f}'.format(student[0],
              student[1], student[2], student[3]))
```

4.7 형식 문자열은 다음과 같다.

(a) `time.strftime('%A, %B %d %Y', t)`

(b) `time.strftime('%I:%M %p %Z Central Daylight Time on %m/%d/%Y', t)`

(c) `time.strftime('I will meet you on %a %B %d at %I:%M %p.', t)`

4.8 파일 내용을 하나의 문자열로 읽고 부분 문자열 target의 출현 횟수를 세면 된다.

```
def stringCount(filename, target):
    '파일 filename의 target 빈도수 반환'
    infile = open(filename)
    content = infile.read()
    infile.close()
    return content.count(target)
```

4.9 translate() 메소드를 사용하여 문장부호를 공백 문자열 ' '로 치환함으로써 텍스트에서 문장부호를 제거할 수 있다.

```
def words(filename):
    '파일 filename의 단어 리스트 반환'
    infile = open(filename, 'r')
    content = infile.read()
    infile.close()
```

```
    table = str.maketrans('!,.:;?', 6*' ')
    content=content.translate(table)
    content=content.lower()
    return content.split()
```

4.10 파일의 각 라인에 대해 반복하면 된다.

```
def myGrep(filename, target):
    '파일 filename에서 문자열 target이 포함된 라인 출력'
    infile = open(filename)
    for line in infile:
        if target in line:
            print(line, end='')
```

4.11 문법 오류의 원인과 올바르게 수정된 코드는 다음과 같다.

(a) 왼쪽 괄호와 오른쪽 대괄호가 일치하지 않는다. 의도한 수식은 7로 계산되는 (3+4)이거나 7을 원소로 하는 리스트 [3+4]일 것이다.

(b) 쌍점(:)이 빠졌다. `if x == 5:`로 수정해야 한다.

(c) `print()`는 함수이므로 인수가 있다면 괄호로 감싸서 호출해야 한다. 수정된 코드는 `print('hello')`이다.

(d) 리스트에 있는 객체는 쉼표로 분리해야 한다. 수정된 코드는 `lst=[4,5,6]`이다.

(e) `for` 문의 본체를 들여 써야 한다. 수정된 코드는 다음과 같다.

```
>>> for i in range(3):
        print(i)
```

연습문제

4.12 대화형 셸에서 다음 대입문을 실행하라.

```
>>> s = 'abcdefghijklmnopqrstuvwxyz'
```

그리고 문자열 s와 첨자 연산자를 사용해서 다음 값을 구하기 위한 수식을 작성하라.

```
'bcd', 'abc', 'defghijklmnopqrstuvwx', 'wxy', 'wxyz'
```

4.13 문자열 s가 다음처럼 정의되었다고 하자.

```
s = 'abcdefghijklmnopqrstuvwxyz'
```

다음과 같은 명제에 해당하는 Python 논리식을 작성하라.

(a) s의 두 번째 문자와 세 번째 문자로 구성된 슬라이스는 'bc'이다.

(b) s의 처음 14개 문자로 구성된 슬라이스는 'abcdefghijklmn'이다.

(c) 처음 14개 문자를 제외한 s의 슬라이스는 'opqrstuvwxyz'이다.

(d) 첫 문자와 마지막 문자를 제외한 s의 슬라이스는 'bcdefghijklmnopqrstuvw'이다.

4.14 다음을 Python 문장으로 옮겨라.

(a) 변수 log에 다음과 같은 문자열을 대입하라. 이 문자열은 웹 서버에 텍스트 파일을 요청한 로그의 일부분이다.

```
128.0.0.1 - - [12/Feb/2011:10:31:08 -0600] "GET /docs/test.txt HTTP/1.0"
```

(b) 문자열 메소드 split()와 첨자 연산자를 사용해서 로그에서 첫 번째 공백 문자 전까지의 log의 부분 문자열을 변수 address에 대입한다.

(c) 첨자 연산자를 사용해서 날짜에 해당하는 문자열(12/Feb ... -0600)을 문자열 log에서 추출하여 변수 date에 대입한다.

4.15 다음과 같은 문자열 값 s에 대해서 문자열 메소드 split()를 사용해서 리스트 ['10', '20', '30', '40', '50', '60']을 구하는 수식을 작성하라.

(a) s = '10 20 30 40 50 60'

(b) s = '10,20,30,40,50,60'

(c) s = '10&20&30&40&50&60'

(d) s = '10 - 20 - 30 - 40 - 50 - 60'

4.16 사용자에게 3개의 단어(문자열)를 요청하고 읽은 단어들의 순서가 사전 순이면 부울 값 True를 출력하고 그렇지 않으면 아무 것도 출력하지 않는 프로그램을 작성하라.

```
>>>
Enter first word: bass
Enter second word: salmon
Enter third word: whitefish
True
```

4.17 적절한 문자열 메소드를 사용해서 다음 각 항목을 Python 문장으로 바꾸어라.

(a) 변수 message에 문자열 'The secret of this message is that it is secret.'을 대입한다.

(b) 연산자 len()을 사용해서 문자열 message의 길이를 변수 length에 대입한다.

(c) 문자열 메소드 count()를 사용해서 문자열 message에 나타나는 부분 문자열 'secret'의 출현 횟수를 변수 count에 대입한다.

(d) 문자열 메소드 replace()를 사용해서 문자열 message에 나타나는 모든 부분 문자열 'secret'를 'xxxxxx'로 치환하여 변수 censored에 대입한다.

4.18 변수 s가 다음과 같은 내용[찰스 디킨즈(Charles Dickens)의 "두 도시 이야기(A Tale of Two Cities)"의 시작 부분임]으로 대입되었다고 하자.

```
s = '''It was the best of times, it was the worst of times; it
was the age of wisdom, it was the age of foolishness; it was the
epoch of belief, it was the epoch of incredulity; it was ...'''
```

그리고 다음을 순서대로 수행하라.

(a) 문자열 s에 있는 문자 ., ,, ;, \n을 모두 공백 문자로 바꾸어 변수 newS에 대입하는 Python 문장을 작성하라.

(b) newS의 시작 부분과 끝 부분의 공백 문자를 모두 제거하여 문자열 변수 newS에 대입한다.

(c) newS에 있는 모든 문자를 소문자로 바꾸어 문자열 변수 newS에 대입한다.

(d) newS에서 문자열 'it was'의 출현 횟수를 구하라.

(e) newS에서 was를 is로 바꾸어 문자열 변수 newS에 대입한다.

(f) newS를 분리하여 단어 리스트로 만들고 새로운 문자열 변수 listS에 대입한다.

4.19 변수 first, middle, last에 다음과 같은 값이 대입되었다고 하자.

```
>>> first = 'Marlena'
>>> last = 'Sigel'
>>> middle = 'Mae'
```

다음과 같은 서식으로 출력하는 Python 문장을 작성하라.

(a) Sigel, Marlena Mae

(b) Sigel, Marlena M.

(c) Marlena M. Sigel

(d) M. M. Sigel

(e) Sigel, M.

4.20 이메일의 송신자(sender), 수신자(recipient), 제목(subject)이 다음과 같이 주어졌다고 하자. 변수 sender, recipient, subject를 사용해서 다음과 같이 출력되도록 형식문자열을 이용한 문자열 수식을 작성하라.

```
>>> sender = 'tim@abc.com'
>>> recipient = 'tom@xyz.org'
>>> subject = 'Hello!'
>>> print(???)                    # 물음표를 채우시오.
From: tim@abc.com
To: tom@xyz.org
Subject: Hello!
```

4.21 π와 오일러 상수 e의 값을 다음과 같은 형식으로 출력하는 Python 문장을 작성하라.

(a) `pi = 3.1, e = 2.7`

(b) `pi = 3.14, e = 2.72`

(c) `pi = 3.141593e+00, e = 2.718282e+00`

(d) `pi = 3.14159, e = 2.71828`

실전문제

4.22 1과 12 사이의 수를 입력으로 받아서 그 수에 대응하는 달의 약어(3개의 문자로 구성됨)를 반환하는 함수 month()를 작성하라. if 문을 사용하지 말고 문자열 연산만 사용하라. 힌트: 한 문자열에 약어를 순서대로 저장하여 사용하라.

```
>>> month(1)
'Jan'
>>> month(11)
'Nov'
```

4.23 입력 인수 대신 사용자로부터 문장을 입력받아서 그 문장에 포함된 단어의 평균 길이를 반환하는 함수 average()를 작성하라.

```
>>> average()
Enter a sentence: A sample sentence
5.0
```

4.24 팀 이름을 문자열로 입력받아서 다음과 같은 응원 메시지를 출력하는 함수 cheer()를 구현하라.

```
>>> cheer('Huskies')
How do you spell winner?
I know, I know!
H U S K I E S !
And that's how you spell winner!
Go Huskies!
```

4.25 문자열을 입력 인수로 받아서 그 문자열에 포함된 각 모음의 출현 횟수를 출력하는 함수 vowelCount()를 작성하라.

```
>>> vowelCount('Le Tour de France')
a, e, i, o, and u appear, respectively, 1, 3, 0, 1, 1 times.
```

4.26 현재 디렉터리 내의 파일 이름을 입력으로 받아서 파일 내의 문자열 'secret'를 'xxxxxx'로 모두 치환하여 출력하는 암호 함수 crypto()를 작성하라.

파일: crypto.txt

```
>>> crypto('crypto.txt')
I will tell you my xxxxxx. But first, I have to explain
why it is a xxxxxx.

And that is all I will tell you about my xxxxxx.
```

4.27 2개의 파일 이름을 문자열 인수로 받아서 첫 번째 파일의 내용을 두 번째 파일에 복사하는 함수 fcopy()를 작성하라.

파일: example.txt

```
>>> fcopy('example.txt','output.txt')
>>> open('output.txt').read()
'The 3 lines in this file end with the new line character.\n\n
 There is a blank line above this line.\n'
```

4.28 HTML 파일 이름을 입력으로 받아서 그 파일에 들어있는 하이퍼링크(hyperlink)의 수를 반환하는 함수 links()를 구현하라. 모든 하이퍼링크는 앵커 태그(anchor tag)에 포함된다고 가정하라. 또 모든 앵커 태그는 부분 문자열 </a>로 끝난다는 사실도 알고 있어야 한다.

HTML 파일 twolinks.html로 구현된 코드를 확인하거나 혹은 웹에서 HTML 파일을 내려받아서 구현된 코드를 확인할 수 있다. 내려받은 파일은 현재 작업 디렉터리에 있어야 한다.

파일: twolinks.html

```
>>> links('twolinks.html')
2
```

4.29 텍스트 파일 이름을 입력으로 받아서 그 파일에 포함된 줄 수, 단어 수, 문자 수를 화면에 출력하는 함수 stats()를 작성하라. 이 함수에서 파일 열기는 단 한 번만 수행해야 한다.

파일: example.txt

```
>>> stats('example.txt')
line count: 3
word count: 20
character count: 98
```

4.30 파일 이름을 문자열로 입력받아서 다음과 같이 평점 등급 분포를 출력하는 함수 distribution()을 구현하라. 입력 파일은 한 행으로 구성되며 이 행에는 평점 등급이 공백으로 구분되어 있다.

파일: grades.txt

```
>>> distribution('grades.txt')
6 students got A
2 students got A-
3 students got B+
2 students got B
2 students got B-
4 students got C
1 student  got C-
2 students got F
```

4.31 현재 디렉터리 내의 파일 이름을 문자열로 입력받아서 그 파일에 중복된 단어가 있으면 True를 반환하고 그렇지 않으면 False를 반환하는 함수 duplicate()를 구현하라.

파일: Duplicates.txt

```
>>> duplicate('Duplicates.txt')
True
```

파일: noDuplicates.txt

```
>>> duplicate('noDuplicates.txt')
False
```

4.32 파일 이름을 문자열로 입력으로 받아서 그 파일을 열고 읽은 후, 파일에 있는 4개의 문자로 구성된 단어를 문자열 'xxxx'로 치환하여 파일 censored.txt에 기록하는 함수 censor()를 구현하라.

파일: example.txt

```
>>> censor('example.txt')
```

이 함수는 아무것도 출력하지 않지만 현재 폴더에 파일 censored.txt를 생성해야 한다.

제5장

실행 제어 구조

이 장에서는 어느 코드 블록이 언제, 몇 번을 실행할지 제어하고 결정해주는 Python 구문들과 사용 방법에 대하여 더 자세히 살펴본다.

제일 먼저 다룰 것은 Python의 실행 제어문 중 하나인 if 문이다. if 문은 제3장에서 다룬 바 있는데 제3장에서는 if 문으로 된 단방향 구조와 if-else 문으로 된 양방향 구조를 소개하였다. 이번 장에서는 더 일반적인 if 문 구조를 소개할 예정인데, 수행 조건과 그때 수행될 코드 블록을 여러 번 정의할 수 있도록 하는 다중분기 처리 구조에 대해서 배운다.

그 다음에는 Python의 반복 제어문과 반복 기법에 대하여 자세히 다룬다. Python에는 코드 블록을 반복하게 실행할 수 있게 해주는 두 개의 구문이 있다. 이는 바로 for 문과 while 문인데, 이 두 구문은 다양한 방식으로 사용된다. 이 장에서는 다양한 반복 패턴과 각 반복 패턴을 언제, 어떻게 사용해야 하는지를 설명한다.

다양한 반복 패턴을 이해하기 위해서는 실제로 문제를 분할한 후에 반복해서 해결하는 방법을 이해해야 한다. 따라서 이 장에서 배우게 될 제어문은 근본적으로 문제 해결 방법을 배우는 초석이라고 할 수 있다.

5.1 분기 조건 처리와 if 문

if 문은 조건에 따라 코드 블록을 실행해 주는 아주 기본적인 분기 제어 구문이다. 제3장에서는 가장 간단한 if 문 형식인 단방향 형식에 대하여 설명했다.

```
if <조건>:
    <들여 쓴 코드 블록>
<들여 쓰지 않은 문장>
```

〈들여 쓴 코드 블록〉에 들어가는 구문들은 〈조건〉이 True일 때에만 실행된다. 만약 〈조건〉이 False일 경우 이 코드 블록은 실행되지 않는다. 들여쓰기 위치가 if 문과 같은 〈들여 쓰지 않은 문장〉은 〈조건〉의 값과 상관없이 실행된다.

if 문의 양방향 형식은 조건에 따라서 실행 여부가 결정되는 두 개의 택일 코드 블록이 있을 때에 사용한다.

```
if <조건>:
    <들여 쓴 코드 블록 1>
else:
    <들여 쓴 코드 블록 2>
<들여 쓰지 않은 문장>
```

만약 〈조건〉이 True일 경우 〈들여 쓴 코드 블록 1〉이 실행된다. 그렇지 않은 경우 〈들여 쓴 코드 블록 2〉가 실행된다. 여기서 주의할 점은 두 코드 블록은 상호배제적이기 때문에 조건에 따라 두 코드 블록 중 무조건 한 코드 블록만 실행된다는 것이다. 그 다음에는 〈조건〉 구문의 조건이 어느 쪽이든 if 문을 나오게 되며 if와 들여쓰기 위치가 같은 〈들여 쓰지 않은 문장〉을 실행한다.

■ 세 방향 이상의 다중분기 형식

가장 일반적인 Python if 문은 다중분기(multiway) 제어 구조이다.

```
if <조건1>:
    <들여 쓴 코드 블록 1>
elif <조건2>:
    <들여 쓴 코드 블록 2>
elif <조건3>:
    <들여 쓴 코드 블록 3>
else:    #elif 문이 더 있을 수도 있다
    <들여 쓴 마지막 코드 블록>
<들여 쓰지 않은 문장>
```

위의 구문은 다음 순서대로 실행된다.

- **〈조건1〉**이 True일 경우 **〈들여 쓴 코드 블록 1〉**이 실행된다.
- **〈조건1〉**이 False이며 **〈조건2〉**가 True일 경우 **〈들여 쓴 코드 블록 2〉**가 실행된다.
- **〈조건1〉**과 **〈조건2〉** 모두 False이며 **〈조건3〉**이 True일 경우 **〈들여 쓴 코드 블록 3〉**이 실행된다.
- 모든 조건이 False일 경우 **〈들여 쓴 마지막 코드 블록〉**이 실행된다.

어느 경우든 if 문 실행을 마치면 〈들여 쓰지 않은 문장〉을 실행한다.

elif 키워드는 "else if"를 의미한다. if 문과 같이 elif에도 또한 조건이 붙는다. 하나의 if 문 뒤에는 임의의 개수의 elif 문이 나올 수 있으며 제일 마지막에는 else 문이 나올 수 있다. if 문과 elif 문, else 문에는 모두 들여 쓴 코드 블록이 하나씩 붙는다. Python에서는 가장 처음 True가 되는 조건의 코드 블록이 실행되며 그 이후의 조건 검사 및 코드 블록은 실행되지 않는다. True인 조건이 하나도 없는 상황에서 else 문이 존재하면 else 문의 코드 블록이 실행된다.

다음 함수 temperature()는 제3장의 온도 예제 프로그램을 세 방향 if 문을 사용하여 확장한 것이다.

모듈 ch5.py

```
def temperature(t):
    '온도값 t에 따라 메시지를 출력한다.'
    if t > 86:
        print('It is hot!')
    elif t > 32:
        print('It is cool.')
    else:     # t <= 32
        print('It is freezing!')
```

t의 값에 따라 제일 먼저 참이 되는 조건의 코드 블록이 실행된다. 만약 첫 번째와 두 번째 조건이 모두 거짓이라면 else 절에 들여쓰기 된 코드 블록이 실행된다.

```
>>>temperature(87)
It is hot!
>>>temperature(86)
It is cool.
>>>temperature(32)
It is freezing!
```

이 함수의 흐름도는 그림 5.1과 같다.

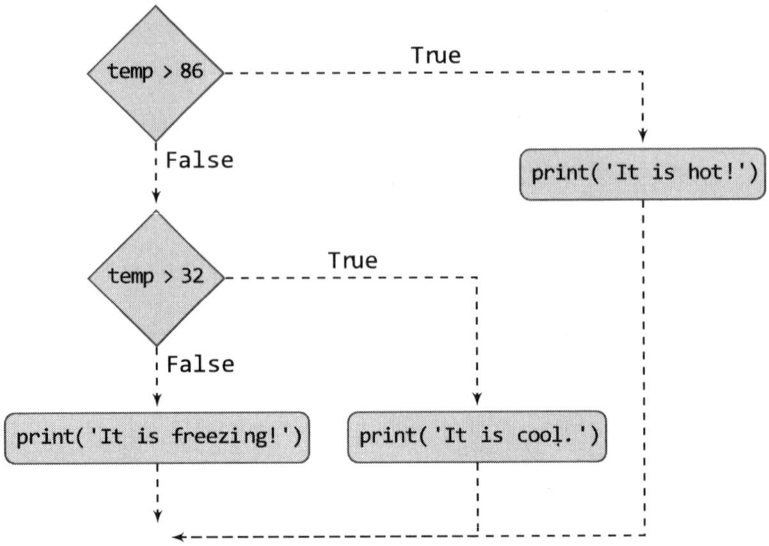

그림 5.1
temperature() 함수의 흐름도
제일 먼저 조건 t > 86을 검사한다. 만약 조건이 True라면 print('It is hot!')를 실행한다. 만약 False라면 조건 t > 32를 검사하여 만약 True라면 print('It is cool!')를 실행하고, 만약 False라면 print('It is freezing!')을 실행한다.

조건식의 순서

다중분기 **if** 문을 사용할 때에는 한 가지 사항을 더 고려해야 해야 하는데 그것은 바로 조건식의 순서이다. 단방향이나 양방향 **if** 문과 달리 조건식의 순서에 따라 결과가 달라질 수 있기 때문이다. 다음 함수 **temperature()**를 보고 조건식의 순서가 왜 틀렸는지 생각해 보자.

```
def temperature(t):
    if t > 32:
        print('It is cool.')
    elif t > 86:
        print('It is hot!')
    else:
        print('It is freezing!')
```

위에서 구현한 코드의 문제점은 **t**가 **32**보다 클 때 무조건 **'It is cool'**이 출력된다는 것이다. **t**가 **104**일 때에도 **t**는 **32**보다 크기 때문에 **'It is cool.'**이 출력된다. 그렇기 때문에 **t**의 값이 아무리 커도 사실상 **'It is hot!'**은 절대로 출력될 일이 없다. 이런 문제가 발생하는 이유는, 양방향 **if** 문 조건의 코드 블록이 자동으로 상호배제적이 되는 것과 달리 여기서는 두 조건식 **t > 32**와 **t > 86**은 **상호배제적**(mutual exclusive)이 되지 않고 조건 범위가 겹치기 때문이다.

위 문제를 해결하기 위한 한 가지 방법은 다음과 같이 상호배제적으로 조건을 명시해주는 것이다.

```
def temperature(t):
    if 32 < t <= 86:
        print('It is cool.')
    elif  t > 86:
        print('It is hot!')
    else:
        print('It is freezing!')
```

하지만 조건을 상호배제적으로 명시하다 보면 코드가 필요 이상으로 복잡해질 수 있다. 이 문제를 해결하기 위한 다른 방법으로는 원래의 `temperature()`에서 구현한 것처럼 **암시적으로**(implicitly) 조건을 상호배제적으로 만드는 것을 들 수 있다.

`temperature()`에는 세 개의 구분된 코드 블록이 있으며 각각 `t > 86°`, `32° < t <= 86°`, `t <= 32°`의 범위에 해당된다. 이 세 범위 중 하나는 세 방향 `if` 문의 첫 번째 조건이 되어야 한다. 예를 들어 `t > 86`을 첫 번째 조건으로 선택하였다고 하자.

세 방향 `if` 문에서 첫 번째 조건 이후에 나타나는 조건식은 모두 첫 번째 조건이 `False`여야(`t`가 `86`보다 작거나 같아야) 실행된다. 그러므로 첫 번째 조건 이후의 조건들은 암시적으로 `t <= 86` 조건을 포함하고 있는 것이다. 그러므로 두 번째 조건이 `t > 32`로 명시되어 있다고 해도 사실상은 `32 < t <= 86`가 되는 셈이다. 이와 마찬가지로 `else` 문의 조건 또한 `t`가 최대 `32`여야 실행되기 때문에 암시적으로 `t <= 32`가 된다.

실습 5.1

어떤 사람의 키(inch)와 몸무게(pounds)를 입력받아 그 사람의 체질량지수(BMI)를 계산하는 `myBMI()`함수를 구현하라. BMI 공식은 다음과 같다.

$$\text{bmi} = \frac{\text{weight} * 703}{\text{height}^2}$$

만약 계산한 `bmi`가 18.5보다 작을 경우 `'Underweight'` 문자열을 출력하고 18.5에서 25사이일 경우 `'Normal'`, 25보다 클 경우 `'Overweight'`를 출력한다.

```
>>> myBMI(190, 75)
Normal
>>> myBMI(140, 75)
Underweight
```

5.2 for 문과 반복 패턴

제3장에서 for 문에 대하여 언급한 바 있다. 일반적으로 for 문의 구조는 다음과 같다.

```
for <변수> in <순열>:
    <들여 쓴 코드 블록>
<들여 쓰지 않은 문장>
```

<순열>이 될 수 있는 객체는 문자열이나 리스트, 범위(range) 등 **내부를 순회할 수 있는** 컨테이너 형의 객체이다. 내부를 순회할 수 있다는 것의 의미에 대해서는 제8장에서 더 자세히 다룰 것이다. Python에서 for 문을 실행할 때에는 <순열>의 값들을 순차적으로 <변수>에 대입한 후에 <변수>의 각 값마다 <들여 쓴 코드 블록>을 실행하게 된다. <순열>의 마지막 값에 대하여 **〈들여 쓴 코드 블록〉**의 실행이 끝나면 for 문이 종료되고 for와 같은 수준으로 들여 쓴 <들여 쓰지 않은 문장>을 실행한다.

for 문을 비롯한 반복문들은 프로그램에서 매우 흔하게 사용되며 또 다양한 방식으로 사용된다. 이 절에서는 기본적인 반복문 사용 패턴을 설명한다.

반복 패턴: 순회 반복 패턴

지금까지 이 책에서 사용한 for 문은 다음과 같이 리스트의 각 항목에 대하여 반복하는 형태였다.

```
>>> l = ['cat', 'dog', 'chicken']
>>> for animal in l:
        print(animal)
cat
dog
chicken
```

또 문자열의 문자들을 차례로 접근할 때에도 for 문을 사용했다.

```
>>> s = 'cupcake'
>>> for c in s:
        if c in 'aeiou':
            print(c)
u
a
e
```

for 문의 가장 단순한 형태는 명시된 순열 내의 값을 차례로 순회하며 주어진 일을 반복하여 수행하는 것이다. 이러한 패턴을 **순회 반복 패턴**(iteration loop pattern)이라고 한다. 이 패턴은 지금까지 이 책에서 가장 많이 사용한 반복 패턴이기도 하다. 제4장에서 소개한, 파일을 한 줄씩 읽어와서 대화형 셸에 출력하는 프로그램도 이 패턴에 포함된다.

```
>>> infile = open('test.txt', 'r')
>>> for line in infile:
        print(line, end='')
```

이 예제에서는 문자열의 문자나 리스트의 항목에 대해 반복하는 대신 파일 객체 infile의 각 줄에 대해 반복하고 있다. 데이터가 저장되어 있는 컨테이너는 다르지만 기본적인 반복 패턴은 같다.

반복 패턴: 계수 반복 패턴

우리가 사용했던 또 다른 반복 패턴은 range() 함수로 생성된 정수열에 대해 반복하는 것이다.

```
>>> for i in range(10):
        print(i, end = ' ')
0 1 2 3 4 5 6 7 8 9
```

어떤 범위 내에 있는 모든 정수 값을 대상으로 특정 코드 블록을 반복하여 실행해야 할 때 계수 반복 패턴을 사용한다. 예를 들어 0에서 어떤 정수 n까지의 모든 짝수 값을 출력할 때 다음과 같은 for 문을 사용할 수 있다.

```
>>> n = 10
>>> for i in range(n):
        if i % 2 == 0:
            print(i, end = ' ')
0 2 4 6 8
```

실습 5.2

자연수 n을 사용자에게 입력받아 화면에 2^1부터 2^n까지 2의 제곱을 출력하는 함수 powers()를 작성하라.

```
>>> powers(6)
2 4 8 16 32 64
```

리스트든 문자열이든 어떤 형태의 순열이라도, 첨자를 생성하기 위해서는 정수열에 대한 반복 실행이 필요하다. 리스트 pets를 통해 첨자 생성 방법을 살펴보자.

```
>>> pets = ['cat', 'dog', 'fish', 'bird']
```

이 리스트의 동물들을 출력하려면 순회 반복 패턴을 사용할 수 있다.

```
>>> for animal in pets:
        print(animal)
cat
dog
fish
bird
```

리스트 pets의 **항목** 자체를 순회하는 대신 항목의 **첨자**를 사용해도 같은 결과를 얻을 수 있다.

```
>>> for i in range(len(pets)):        # i의 값은 순서대로 0, 1, 2, . . .
        print(pets[i])                # i 위치의 항목을 출력
cat
dog
fish
bird
```

위 예제에서 리스트 pets의 첨자 0, 1, 2, 3을 생성하기 위해 range()와 len() 함수를 함께 사용한 것에 주목하자. 반복문 실행 과정은 그림 5.2에 더 자세히 나타나 있다.

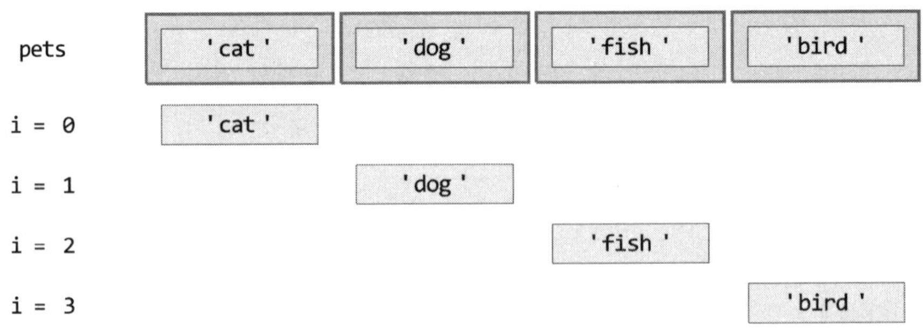

그림 5.2
계수 반복 패턴
for 문에서 변수 i에 0, 1, 2, 3이 차례대로 대입되고 각 i값마다 리스트 pets[i]가 출력된다. 그래서 i가 0일 때는 문자열 'cat'가 출력되고 i가 1일 때는 'dog'가 출력된다.

위에서 보인 것처럼 리스트 항목의 첨자를 사용하는 두 번째 방법이 훨씬 더 복잡하고 비직관적이다. 그렇다면 이 방법은 언제 사용하는 것일까?

어떤 경우에는 리스트에 들어있는 값 대신 첨자를 사용하여 순열을 반복해야 할 상황들이 있다. 예를 들어 리스트 lst에 들어있는 정수들이 오름차순으로 정렬되어 있는지 확인하는 함수를 만들어야 한다고 가정해 보자. 이를 위해서는 리스트의 모든 값들이 그 다음 값보다 작은지 확인하면 된다. 이 작업을 리스트의 모든 항목을 순회하는 방식으로 구현해 보자.

```
for item in lst:
    # 여기서 현재 항목과 리스트 lst내의 다음 항목과 비교해야 한다.
```

바로 여기서 문제가 발생한다. 리스트 내의 항목 값으로만 접근할 경우 그 다음 항목과 어떻게 비교할 수 있을까? 문제는 `lst`에서 `item` 다음 항목에 접근할 수 있는 방법이 없다는 점이다.

하지만 리스트의 **항목** 대신 **첨자**를 사용하여 접근한다면 가능하다. 첨자가 i인 항목의 다음 항목은 첨자가 $i+1$일 것이기 때문이다.

```
for i in range(len(lst)):
    # lst[i]와 lst[i+1] 값을 비교한다.
```

다음에 해결해야 할 것은 `lst[i]`와 `lst[i+1]`을 비교하는 것이다. 조건 `lst[i] < lst[i+1]`이 `True`라면 아무 변경도 하지 않고 그 다음 항목으로 넘어가면 된다. 조건이 `False`, 즉 `lst[i] >= lst[i+1]`이라면 `lst`가 오름차순이 아님이 확실하기 때문에 `False`를 반환하면 된다. 그러므로 `for` 문 안에 단방향 `if` 문만 있으면 오름차순인지를 확인하는 함수를 작성할 수 있다.

```
for i in range(len(lst)):
    if lst[i] >= lst[i+1]:
        return False
```

위의 경우 변수 `i`에는 리스트 `lst`의 첨자가 대입된다. 각 `i` 값마다 `i`번째 항목이 `i+1`번째 항목보다 값이 크거나 같은지 비교한다. 만약 그럴 경우 `False`를 반환한다. `for` 문이 종료되면 리스트의 모든 항목이 그 다음 항목보다 값이 작다는 것을 의미하므로 리스트가 오름차순으로 정렬되어 있음을 의미한다.

그런데 잘 살펴보면 위 코드에는 오류가 있다. 리스트의 항목을 비교할 때 첨자 0과 1, 1과 2, 2와 3을 비교하다가 마지막에는 첨자가 `len(lst)-1`인 항목과 `len(lst)`인 항목을 비교한다. 하지만 첨자가 `len(lst)`인 항목은 존재하지 않는다. 다시 말해서 리스트의 제일 마지막 항목은 그 다음 항목과 비교할 필요가 없다. 그러므로 `for` 문이 반복하는 범위를 하나 줄여야 한다.

리스트를 입력받아 리스트가 오름차순일 때에 `True`를 반환하고 그렇지 않을 경우 `False`를 반환해주는 함수의 최종 버전은 다음과 같다.

모듈 ch5.py

```
def sorted(lst):
    '리스트의 항목들이 오름차순이면 True를, 그렇지 않으면 False를 반환한다.'
    for i in range(0, len(lst)-1): # i = 0, 1, 2, . . . , len(lst)-2
        if lst[i] > lst[i+1]:
            return False
    return True
```

실습 5.3 사용자에게 정수 리스트를 입력받아 등차수열일 때에 True를 반환하는 함수 arithmetic()을 작성하라. 리스트에서 연속된 항목 사이의 차이 값이 모두 같을 때 등차수열이라 한다.

```
>>> arithmetic([3, 6, 9, 12, 15])
True
>>> arithmetic([3, 6, 9, 12, 14])
False
>>> arithmetic([3])
True
```

반복 패턴: 누적 반복 패턴

반복 실행될 때마다 무언가를 누적하여 계산하는 것 또한 아주 자주 쓰이는 반복 패턴이다. 수 리스트 numList가 있을 때에 리스트의 원소 합을 계산한다고 가정해 보자. for 문을 사용하여 이 문제를 해결하려면 먼저 원소 합을 저장할 mySum 변수가 필요하다. 이 변수를 0으로 초기화한 후에 for 문으로 리스트 numList의 값을 하나씩 mySum에 더한다. 이를 구현한 코드는 아래와 같다.

```
>>> numList = [3, 2, 7, -1, 9]
>>> mySum = 0                          # 누적하기 위한 변수 초기화
>>> for num in numList:
        mySum = mySum + num            # 누적변수에 값을 더하기

>>> mySum                              # numList의 항목 합
20
```

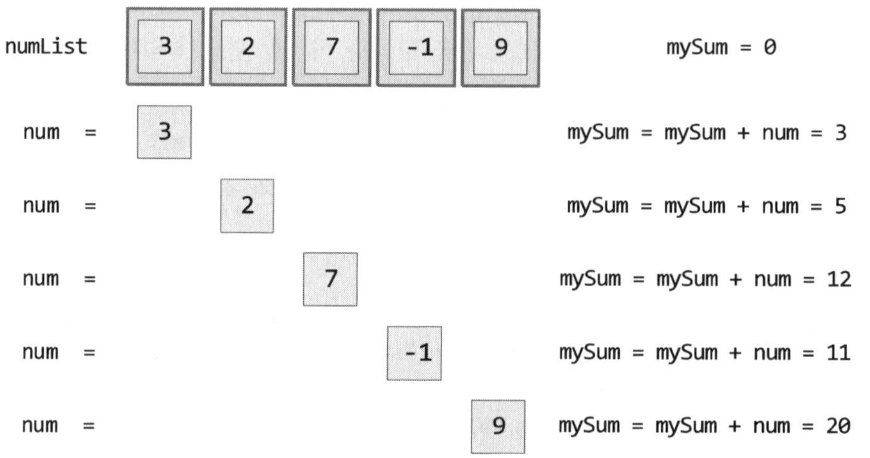

그림 5.3 누적 반복 패턴
for 문은 리스트 numList의 값들을 돌아가며 반복 실행한다. 한 번 반복될 때마다 mySum = mySum + num 대입 연산을 통하여 현재 값이 누산기 mySum에 저장된다.

그림 5.3을 보면 for 문이 어떻게 실행되는지 자세히 확인할 수 있다. 변수 mySum은 **누산기**(accumulator)[3] 역할을 한다. 위의 경우, mySum을 0으로 초기화하였는데 그 이유는 우리가 정수 덧셈을 수행하고 있으며 0은 덧셈의 항등원(0은 더해도 결과에 차이가 없음)이기 때문이다. 모든 num 값은 다음 대입 연산을 통해서 누산 변수에 누적된다.

```
mySum = mySum + num
```

대입 연산자 =의 오른쪽 표현식을 보면 누산된 mySum에 num 값을 더하였다. 그리고 다시 이 결과를 누산 변수 mySum에 저장했다. 이것을 일컬어 mySum이 num의 값만큼 **증가**(incremented)하였다고 한다. 이런 연산은 아주 흔히 사용되기 때문에 통상 다음과 같이 줄여 쓴다.

```
mySum += num
```

위 줄임 표기를 이용하여 다시 계산해 보자.

```
>>> mySum = 0
>>> for num in numList:
        mySum += num
```

이런 형식의 for 반복문 패턴을 **누적 반복 패턴**(accumulator loop pattern)이라고 부른다.

■ 다른 자료형에 대한 누적 반복 패턴

누적 반복 패턴에 대한 예제 몇 가지를 더 살펴보자. 제2장에서 Python 내장 함수 sum()에 대하여 소개한 바 있다. sum() 함수는 리스트의 모든 값을 더해주는 매우 유용한 함수이다.

```
>>> sum(numList)
20
```

sum()이라는 Python 내장 함수가 이미 존재하므로 리스트의 모든 값들을 더하기 위해 for 문을 사용하여 새로 코드를 작성할 필요는 사실 없다. 하지만 대부분 꼭 필요한 내장 함수가 없는 경우가 많다. 예컨대 리스트의 모든 값을 더하는 대신 곱하려고 한다면 어떻게 할 수 있을까? 그 답은 합을 구하기 위해 사용한 방식과 아주 비슷하다.

```
>>> myProd = 0                      # 곱하는 결과를 저장하는 변수. 값 0으로 초기화한다.
>>> for num in numList:             # 리스트 numList의 항목을 한 개 읽어서 num에 저장한다.
        myProd = myProd * num       # myPord에 읽은 num 값을 곱한다.
>>> myProd                          # 무엇이 잘못되었을까?
0
```

---

3) 역주: 누산기란 본래 CPU의 레지스터를 뜻하지만 여기서는 값을 누적하여 저장하는 '누산 변수'의 뜻으로 생각하면 된다.

무엇이 잘못되었을까? 그 이유는 바로 myProd를 0으로 초기화했기 때문이다. 0에는 무엇을 곱해도 0이 되므로 myProd에 numList의 모든 값을 곱해도 항상 결과는 0이 된다. 덧셈 연산을 할 때에는 0이 덧셈의 항등원이므로 올바른 초깃값이었다. 하지만 곱셈의 항등원은 1이다. 그러므로 최종 코드는 다음과 같아야 한다.

```
>>> myProd = 1
>>> for num in numList:
        myProd = myProd * num
>>> myProd
-378
```

실습 5.4

음수가 아닌 정수 값을 입력받아 그 값의 계승을 구하는 함수 factorial()을 작성하여라. 음수가 아닌 정수 n의 계승 $n!$은 다음과 같이 정의할 수 있다.

$$n! = \begin{cases} 1 & n = 0 \text{ 일 때} \\ n \times (n-1) \times (n-2) \times \cdots \times 2 \times 1 & n > 0 \text{ 일 때} \end{cases}$$

그러므로 $0! = 1,\ 3! = 6,\ 5! = 120$이 된다.

```
>>> factorial(0)
1
>>> factorial(3)
6
>>> factorial(5)
120
```

누적 반복 패턴으로 소개한 처음 두 예제 프로그램에서는 누산 변수가 정수형이었다. 하지만 문자열의 문자들을 누산[접합(concatenation)]하려고 한다면 누산 변수는 문자열형이어야 한다. 그렇다면 이 경우 누산 변수는 어떤 값으로 초기화되어야 할까? 초깃값은 문자열을 연결하는 연산(concatenation)의 항등원, 즉 어떤 문자열과 접합되었을 때 그 문자열이 그대로 나오게 되는 문자열이어야 한다. 그러므로 빈 문자열 ''(공백조차 포함하지 않는 문자열)이 항등원이 된다.

실습 5.5

어떤 구문의 각 단어 첫 번째 문자들로 만든 단어를 두문자어[혹은 약어(acronym)]라고 부른다. 예를 들어 RAM은 random access memory의 두문자어다. 사용자에게서 문자열로 된 구문을 입력받아 두문자어를 만드는 함수 acronym()을 작성하여라. 두문자어의 모든 문자는 원래 문구에서 소문자인 경우에도 대문자로 나타내어야 한다.

```
>>> acronym('Random access memory')
'RAM'
>>> acronym('central processing unit')
'CPU'
```

객체들을 리스트에 누산하려고 할 경우에는 누산 변수가 리스트여야 한다. 그렇다면 리스트를 연결할 때에 항등원은 무엇일까? 바로 빈 리스트 []이다.

실습 5.6

사용자에게 양의 정수 n을 입력받아 n의 모든 약수(divisor)를 리스트로 만들어 반환해주는 함수 divisors()를 작성하여라.

```
>>> divisors(1)
[1]
>>> divisors(6)
[1, 2, 3, 6]
>>> divisors(11)
[1, 11]
```

반복 패턴: 중첩 반복 패턴

양의 정수 n을 사용자에게 입력받아 다음과 같이 n개의 줄을 화면에 출력하는 함수 nested()를 작성해 보자.

```
0 1 2 3 . . . (n-1)
0 1 2 3 . . . (n-1)
0 1 2 3 . . . (n-1)
. . .
0 1 2 3 . . . (n-1)
```

예를 들어서 n이 5라면 다음과 같이 수행되어야 한다.

```
>>> n = 5
>>> nested(n)
0 1 2 3 4
0 1 2 3 4
```

```
0 1 2 3 4
0 1 2 3 4
0 1 2 3 4
```

한 줄만 출력하려면 다음의 코드만으로도 충분하다.

```
>>> for i in range(n):
        print(i, end=' ')
0 1 2 3 4
```

위와 같은 내용을 n줄(위의 경우 5줄) 출력하려면 위 반복문을 n번(위의 경우 5번) 반복하면 된다. 이는 for 문의 바깥에 다시 for 문을 추가하는 형태로 구현할 수 있는데 그러면 안쪽의 for 문이 반복하여 수행된다.

```
>>> for j in range(n):                  # 바깥 for 문 5번 반복
         for i in range(n):             # 내부 for 문 0 1 2 3 4 출력
              print(i, end = ' ')
0 1 2 3 4 0 1 2 3 4 0 1 2 3 4 0 1 2 3 4 0 1 2 3 4
```

이런! print(i, end = ' ') 때문에 **모든** 수가 한 줄에 출력되었다. 우리가 원하는 결과를 얻으려면 각 0 1 2 3 4를 출력한 **후에** 새 줄을 시작하여야 한다. 다시 말해서 아래 내부 반복문이 끝날 때마다 인수 없이 함수 print()를 호출하여야 한다.

```
for i in range(n):
    print(i, end = ' ')
```

최종 코드는 다음과 같다.

모듈 ch5.py

```
def nested(n):
    '0 1 2 ... (n-1)을 포함하고 있는 n개의 라인을 각각 출력한다.'
    for j in range(n):                  # n번 반복
        for i in range(n):              # 0, 1, ..., (n-1)을 출력한다.
            print(i, end = ' ')
        print()                         # 그 다음 줄로 커서를 이동한다.
```

여기서 내부 반복문의 변수 이름(i)과 구별하기 위해 바깥 반복문의 변수 이름을 다르게 정한 것에 주의하자.

이 프로그램에는 한 반복문이 다른 반복문 안에 담겨있다. 이런 형식의 반복 패턴을 **중첩 반복 패턴**(nested loop pattern)이라고 부른다. 중첩 반복 패턴에서는 셋 이상의 반복문이 중첩될 수도 있다.

실습 5.7

두 개의 정수 리스트를 입력받은 후에 첫 번째 리스트 원소와 두 번째 리스트 원소의 곱을 담고 있는 리스트를 생성하는 함수 xmult()를 작성하여라.

```
>>> xmult([2], [1, 5])
[2, 10]
>>> xmult([2, 3], [1, 5])
[2, 10, 3, 15]
>>> xmult([3, 4, 1], [2, 0])
[6, 0, 8, 0, 2, 0]
```

사용자에게서 양의 정수 n을 입력받은 후에 다음과 같이 n행을 출력하는 nested2()를 작성해 보자.

```
0
0 1
0 1 2
0 1 2 3
...
0 1 2 3 ... (n-1)
```

예를 들어 n이 5일 때에는 다음과 같이 출력되어야 한다.

```
>>> nested2(5)
0
0 1 2
0 1 2 3
0 1 2 3 4
```

위와 같이 출력하기 위해서는 nested() 함수에서 무엇을 수정해야 할까? nested() 함수에서는 각 j 값마다 0 1 2 3 ... (n-1) 전체가 출력되었다. 하지만 nested2()에서 원하는 것은 다음과 같다.

- j가 0일 때 0을 출력한다.
- j가 1일 때 0 1을 출력한다.
- j가 2일 때 0 1 2를 출력한다.
- 이렇게 계속 반복한다.

내부 루프 변수 i는 range(n)만큼 반복하는 대신 0, 1, 2, ... j만큼, 즉 range(j+1)만큼 반복해야 한다. 그러므로 이 문제의 답은 다음과 같다.

모듈
ch5.py

```
def nested2(n):
    'j = 0, 1, ..., (n-1)일 때, 0 1 2 ... j를 출력한다.'
    for j in range(n):                  # j = 0, 1, ..., (n-1)
        for i in range(j+1):            # 0 1 2 ... j를 출력한다.
            print(i, end=' ')
        print()                         # 다음 줄로 이동한다.
```

실습 5.8

n개의 서로 다른 수로 이루어진 리스트를 오름차순으로 정렬하는 한 방법으로 리스트를 $(n-1)$회 훑어보는 방법이 있다. 한 번 훑어볼 때마다 리스트의 모든 수를 바로 다음 수와 비교한 뒤 순서가 틀렸을 경우 두 수의 위치를 바꾼다. 이렇게 한 번 훑어보고 나면 가장 큰 원소가 리스트의 가장 마지막(첨자 $n-1$ 위치)에 놓이게 된다. 이제 마지막 원소는 제 위치에 있으므로 두 번째 훑어볼 때에는 마지막 원소 바로 앞에서 멈추면 되고 그 결과 두 번째로 큰 값이 끝에서 두 번째 위치에 놓이게 된다. 일반적으로 i번째 훑어볼 때에는 첨자 0과 1, 1과 2, 2와 3, . . . , $(i-1)$과 i 위치의 원소를 비교하며 그 결과 i번째로 큰 원소가 첨자 $(n-i)$위치에 놓이게 된다. 그러므로 $(n-1)$회 훑어보기가 끝나면 리스트는 오름차순으로 정렬되어 있을 것이다.

위 방법을 사용하여 사용자에게 리스트를 입력받아 오름차순으로 정렬하는 함수 **bubblesort()**를 작성하여라.

```
>>> lst = [3, 1, 7, 9, 2, 5]
>>> bubblesort(lst)
>>> lst
[1, 2, 3, 4, 5, 7, 9]
```

5.3 2차원 리스트

지금까지 우리가 다루었던 리스트는 1차원 리스트였다.

```
>>> l = [3, 5, 7]
```

위의 리스트는 아래와 같은 표로 나타낼 수 있다.

3	5	7

1차원 표는 Python에서 리스트로 쉽게 표현할 수 있다. 하지만 다음과 같은 2차원 표는 어떻게 표현해야 할까?

4	7	2	5
5	1	9	2
8	3	6	6

이러한 2차원 표는 Python에서 리스트의 리스트로 표현할 수 있다. 이런 형태의 리스트를 2차원 리스트라고 부르기도 한다.

2차원 리스트

2차원 표는 여러 개의 행(1차원 표)으로 구성되어 있다고 볼 수 있다. Python은 이 개념 그대로 2차원 표를 표현한다. 리스트의 각 원소들이 2차원 표의 각 행에 해당하는 리스트인 것이다. 예를 들어 위의 2차원 표는 Python에서 다음과 같이 표현할 수 있다.

```
>>> t = [[4, 7, 2, 5], [5, 1, 9, 2], [8, 3, 6, 6]]
>>> t
[[4, 7, 2, 5], [5, 1, 9, 2], [8, 3, 6, 6]]
```

리스트 `t`를 그림으로 나타내면 그림 5.4와 같다. `t[0]`은 표의 첫째 행, `t[1]`은 둘째 행, `t[2]`는 셋째 행에 해당한다. 이 사실은 다음과 같이 확인할 수 있다.

```
>>> t[0]
[4, 7, 2, 5]
>>> t[1]
[5, 1, 9, 2]
```

아직까지는 새로울 것이 없다. 리스트가 리스트를 포함할 수 있다는 것을 이미 알고 있었으니 말이다. 하지만 여기서 특이한 점은 각 리스트 원소들이 모두 같은 크기라는 점이다. 그렇다면, 표의 각 원소에는 어떻게 접근할(읽거나 쓸) 수 있을까? 2차원 표의 항목은 행의 첨자와 열의 첨자로 된 좌표를 이용하여 접근한다. 예를 들어 그림 5.4의 표에서 항목 `8`은 `2`행(첫 번째 행이 `0`번임), `0`열(가장 왼쪽 열)의 위치에 있다. 다시 말해 `8`은 리스트 `t[2]`의 첨자 `0`번 위치에 있다. 그러므로 2차원 리스트 `t`에서 `i`행, `j`열에 있는 항목은 `t[i][j]`로 접근할 수 있다.

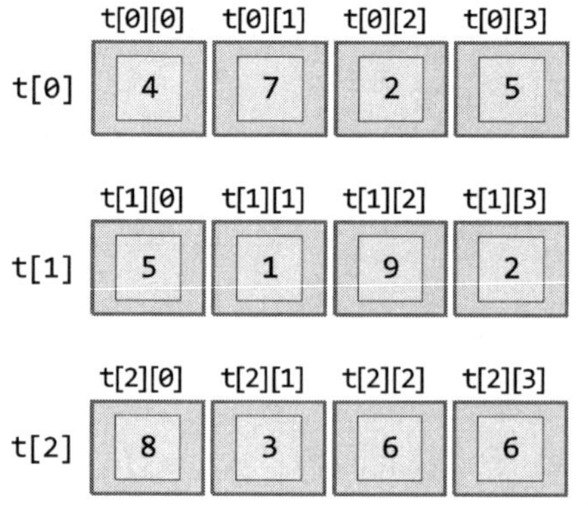

그림 5.4
2차원 리스트
리스트 t는 2차원 리스트를 나타낸다. 이 표의 첫 번째 열은 t[0]이고 두 번째 열은 t[1], 세 번째는 t[2]이다. 첫 번째 행의 항목은 t[0][0], t[0][1], t[0][2], t[0][3]이고 두 번째 열의 항목은 t[1][0], t[1][1], t[1][2], t[1][3]이다.

```
>>> t[2][0]              # 2행, 0열의 항목
8
>>> t[0][0]              # 0행, 0열의 항목
4
>>> t[1][2]              # 1행, 2열의 항목
9
```

i행, j열의 항목에 값을 지정해줄 때에는 대입문을 사용한다. 예를 들면 다음과 같다.

```
>>> t[2][3] = 7
```

위의 명령을 실행하면 리스트 t의 2행, 3열의 값이 7이 된다.

```
>>> t
[[4, 7, 2, 5], [5, 1, 9, 2], [8, 3, 6, 7]]
```

2차원 리스트에서 특정한 행, 열의 항목에 값을 지정하는 것이 아니라 어떤 순서에 따라 값을 입력하려고 할 때에는 리스트의 **모든** 항목에 접근해야 할 수도 있다. 이럴 때에 체계적으로 2차원 리스트의 값에 접근하려면 중첩 반복 패턴을 사용한다.

2차원 리스트와 중첩 반복 패턴 출력

2차원 리스트 t의 출력 결과는 여러 행, 여러 열로 구성된 표라기보다는 리스트로 이루어진 리스트였다. 2차원 리스트를 더 표처럼 보이게 하려면 반복 패턴을 사용하여 다음처럼 행별로 출력할 수 있다.

```
>>> for row in t:
        print(row)
[4, 7, 2, 5]
[5, 1, 9, 2]
[8, 3, 6, 7]
```

표 t의 각 행을 리스트로 출력하는 대신 print2D()라는 함수를 사용하여 아래와 같은 표 형식으로 출력하려고 한다고 하자.

```
>>> print2D(t)
4 7 2 5
5 1 9 2
8 3 6 7
```

이 함수는 중첩 반복 패턴을 사용하여 구현한다. 바깥쪽 for 문은 반복할 행을 결정하고 안쪽 for 문은 각 행의 항목을 하나씩 순회하며 출력한다.

모듈 ch5.py

```
def print2D(t):
    '2차원 표 형태로 2차원 리스트 값을 출력한다.'
    for row in t:
        for item in row:            # 각 항목에 대하여
            print(item, end=' ')         # 항목을 출력하고 공백문자를 출력한다.
        print()                     # 다음 행으로 이동
```

다른 예제를 하나 더 살펴보자. 2차원 리스트의 모든 값을 1씩 더하는 incr2D() 함수가 필요하다고 하자.

```
>>> print2D(t)
4 7 2 5
5 1 9 2
8 3 6 7
>>> incr2D(t)
>>> print2D(t)
5 8 3 6
6 2 10 3
9 4 7 8
```

위와 같은 결과를 얻기 위해서는 incr2D() 함수에서 리스트 t의 모든 i번 행과 j번 열에 대하여 다음 명령어를 실행해야 한다.

```
t[i][j] += 1
```

이때 모든 행과 열의 조합은 중첩 반복 패턴을 사용하여 생성한다.

바깥 루프는 t의 행을 생성한다. 그러기 위해서는 t에 행이 몇 개 있는지 알아야 하는데 len(t)를 사용하면 쉽게 알 수 있다. 그렇다면 t에 열이 몇 개 있는지는 어떻게 알 수 있을까? 열은 각 행에 있는 항목의 개수이며 모든 행의 항목 개수가 같다고 가정하고 있으므로 첫 번째 행을 임의로 선택하여 len(t[0])을 사용하면 열 개수를 알 수 있다. 이 두 가지만 알면 함수를 구현할 수 있다.

모듈
ch5.py

```
def incr2D(t):
    '2차원 리스트 t의 각 항목을 더한다.'
    nrows = len(t)                      # 행의 개수
    ncols = len(t[0])                   # 열의 개수

    for i in range(nrows):              # i는 행을 나타내는 첨자
        for j in range(ncols):              # j는 열을 나타내는 첨자
            t[i][j] += 1
```

위 프로그램에서 중첩 반복 루프 패턴은 2차원 리스트 t의 항목을 한 행씩 왼쪽에서 오른쪽으로, 위에서 아래로 훑어가며 접근하는 데에 사용된다. 가장 먼저 접근하게 되는 항목들은 0번 행의 `t[0][0]`, `t[0][1]`, `t[0][2]`, `t[0][3]`이며 접근 순서는 그림 5.5에 나타나 있다.

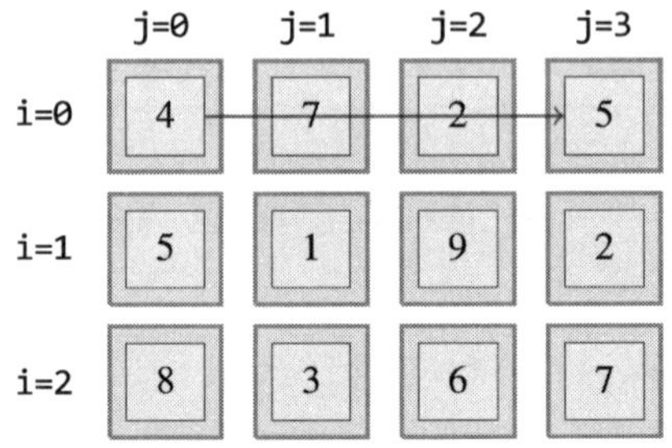

그림 5.5
중첩 반복 패턴
바깥 for 문은 행의 첨자를 생성한다. 내부 for 문은 열의 첨자를 생성한다. 그림의 화살표는 첫 번째 행이 내부 반복문에서 어떤 순서로 실행되는지를 나타낸다.

실습 5.9

같은 크기의 2차원 리스트 두 개를 사용자에게 입력받은 후에 첫 번째 리스트의 각 항목에 대응하는 두 번째 리스트의 항목을 더하는 함수 add2D()를 작성하여라.

```
>>> t = [[4, 7, 2, 5], [5, 1, 9, 2], [8, 3, 6, 6]]
>>> s = [[0, 1, 2, 0], [0, 1, 1, 1], [0, 1, 0, 0]]
>>> add2D(t,s)
>>> for row in t:
        print(row)
[4, 8, 4, 5]
[5, 2, 10, 3]
[8, 4, 6, 6]
```

5.4 while 문

Python에는 for 문과 더불어 조금 더 일반적인 반복 구조인 while 문이 있다. while 문이 어떻게 동작하는지 파악하기 위해서 단방향 if가 어떻게 동작하는지 다시 한 번 짚고 넘어가자.

```
if <조건>:
    <들여 쓴 코드 블록>
<들여 쓰지 않은 문장>
```

이미 알고 있다시피 위에서 **〈들여 쓴 코드 블록〉**은 **〈조건〉**이 True일 때에만 실행된다. **〈들여 쓴 코드 블록〉**의 실행을 마치면 프로그램은 **〈들여 쓰지 않은 문장〉**을 실행한다. **〈조건〉**이 False라면 **〈들여 쓴 코드 블록〉**을 건너뛰고 곧바로 **〈들여 쓰지 않은 문장〉**을 실행한다.

while 문의 **구조**도 이와 비슷하다.

```
while <조건>:
    <들여 쓴 코드 블록>
<들여 쓰지 않은 문장>
```

if 문과 마찬가지로 while 문의 **〈들여 쓴 코드 블록〉**은 **〈조건〉**이 True일 때만 실행된다. 그러나 **〈들여 쓴 코드 블록〉**의 실행을 마치면 다시 **〈조건〉**이 True인지 검사한다. True일 경우 다시 **〈들여 쓴 코드 블록〉**을 실행한다. 그리고 **〈조건〉**이 True인 한 **〈들여 쓴 코드 블록〉**은 계속해서 실행된다. 그러다가 **〈조건〉**이 False가 되면 **〈들여 쓴 코드 블록〉**을 실행하지 않고 while 문을 빠져나와 **〈들여 쓰지 않은 문장〉**을 실행한다. while 문의 실행 경로를 흐름도로 나타내면 그림 5.6과 같다.

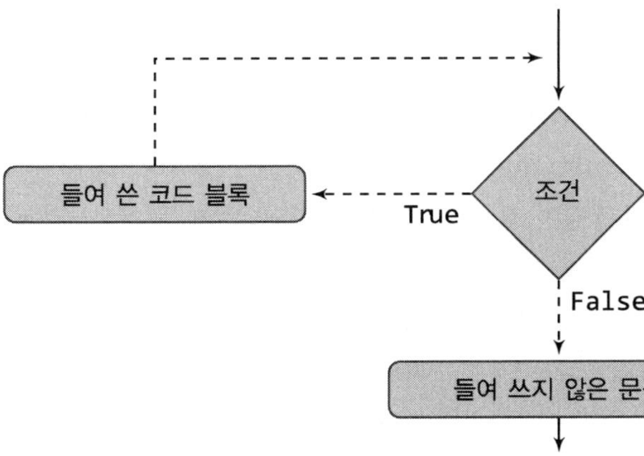

그림 5.6
while 문의 흐름도
건 블록은 조건이 True인 계속해서 실행될 것이다. 약 조건이 False가 되면 ile 문 다음에 있는 명령 가 실행된다.

while 문의 사용

그렇다면 while 문은 언제 사용하는 것일까? while 문의 유용성을 보기 위해 다음 문제를 생각해 보자. 좀 뜬금없지만 3,951보다 큰 73의 배수 중 가장 작은 수를 구하려고 한다고 하자. 이 문제를 해결하려면 3,951보다 큰 숫자가 나올 때까지 73의 배수를 계속 생성하면 된다. for 문으로 이를 수행하려면 아래와 같이 작성해야 할 것이다.

```
for multiple in range(73, ???, 73):
    . . .
```

위 코드에서는 73의 배수로 된 수열(73, 146, 219⋯)을 생성하려고 함수 range()를 사용하였다. 하지만 언제 수열 생성을 멈춰야 할까? 즉 ???를 어떤 값으로 정해야 할까?

이렇게 마지막 값을 모를 때 while 문을 사용하면 된다. 이 문제의 경우 73의 배수가 3,951 이하일 때까지 계속해서 배수를 생성하면 되므로 Python 코드로는 다음과 같이 쓸 수 있다.

```
while multiple <= 3951:
    multiple += 73
```

변수 multiple은 while 문을 시작하기 전에 초기화해 주어야 한다. 73의 첫 배수인 73으로 초기화해 주도록 하자. 〈들여 쓴 코드 블록〉의 구문인 multiple += 73을 반복할 때마다 조건인 multiple <= 3951이 True인지 검사한다. True일 경우 다시 반복을 하여 다음 배수를 생성한다.

```
>>> bound = 3951
>>> multiple = 73
>>> while multiple <= bound
        multiple += 73
>>> multiple
4015
```

while 문의 조건 검사 결과가 언젠가 결국 False가 되면 while 문을 빠져 나오게 되고, 이때의 multiple 값은 bound보다 큰 값이다. 최종 값 바로 전 multiple 값은 bound 이하였을 것이므로 최종 값이 바로 우리가 원하는 bound보다 큰 값 중 최솟값이다.

실습 5.10

실수로 된 이자율(예를 들어 6%의 이자율의 경우 0.06)을 사용자에게서 입력받아 투자한 금액이 몇 년 후에 두 배가 될지 계산하는 함수 interest()를 작성하라. 투자 금액이 두 배가 되는 동안의 햇수는 투자한 금액과는 상관이 없다는 사실에 주의하자.

```
>>> interest(0.07)
11
```

5.5 반복 패턴에 관하여

이제 while 문을 배웠으므로 몇 가지 반복 제어 구조와 더불어 유용한 반복 패턴에 대하여 더 살펴보고자 한다.

반복 패턴: 수열 반복 패턴

어떤 문제들은 원하는 답을 찾을 때까지 수열을 생성해야 한다. 특히 과학, 공학, 경제 쪽에 그런 문제들이 많다. 유명한 피보나치 수열(Fibonacci number sequence) 문제를 통해 수열 반복 패턴을 살펴보자.

1, 1, 2, 3, 5, 8, 13, 21, 34, 55, 89, ...

피보나치 수열은 정수 1과 1을 더하는 것으로 시작해서 특별한 규칙을 끝없이 반복 적용하여 생성되는 무한수열이다. 그 특별한 규칙이란 바로 수열의 현재 값은 이전 두 값의 합이라는 규칙이다.

DETOUR

피보나치 수열

피보나치 수열은 이 수열을 서방세계에 소개한 피보나치[본명: 레오나르도 다 피사(Leonardo of Pisa)]의 이름을 딴 것으로 인도 수학자들은 훨씬 전에 발견한 개념이다.

피보나치는 토끼 개체수의 증가에 대한 이상적 모델을 고안해냈다. 그는 이 모델에서 두 가지를 가정하였다. 그 가정은 (1) 토끼는 생후 한 달이 지나면 짝짓기를 할 수 있다는 것과 (2) 임신 기간이 한 달이라는 것이다. i 달이 지난 후의 토끼 쌍의 수는 i 번째 피보나치 수로 다음과 같이 표현할 수 있다.

- 초기에 첫 번째 달이 시작하기 전에는 한 쌍의 토끼가 있다.
- 한 달이 지나면 두 토끼는 짝짓기를 하지만 아직까지 토끼는 한 쌍이다.
- 두 달이 지나면 첫 쌍의 토끼가 한 쌍의 토끼를 낳고 짝짓기를 하므로 이제는 두 쌍의 토끼가 있다.

- 세 달이 지나면 첫 쌍의 토끼는 또 다시 한 쌍의 토끼를 낳을 것이고 짝짓기를 한다. 둘째 쌍의 토끼는 짝짓기를 하지만 아직 토끼를 낳지 않는다. 그러므로 총 세 쌍의 토끼가 있다.
- 네 달이 지나면 첫 쌍의 토끼와 둘 째 쌍의 토끼는 각각 한 쌍씩 토끼를 낳으므로 총 다섯 쌍의 토끼가 있다.

가장 기본적인 피보나치 수열 문제는 i번째 피보나치 수를 찾는 문제이다. 이 문제는 이 장 마지막의 연습문제 5.32에서 다룰 예정이며 지금은 조금 다른 문제를 풀어보자. 어떤 정수 한계 값이 주어졌을 때에 그 값보다 큰 첫 번째 피보나치 수를 계산해 보자. 이 문제를 풀기 위해서는 주어진 한계 값을 넘을 때까지 피보나치 수열을 생성해야 한다. 만약 현재 피보나치 수가 `current`라고 하면 `while` 문의 조건은 다음과 같아야 할 것이다.

```
while current <= bound:
```

만약 조건이 참일 경우 다음 피보나치 수, 즉 다음 `current` 값을 생성한다. 이를 위해서는 `current` 이전의 피보나치 수를 알고 있어야 한다. 그러므로 변수 `current`외에 이전 피보나치의 값을 저장해 둘 또 다른 변수 `previous`가 필요하다. `while` 문을 시작하기 전에 `previous`와 `current`를 첫 번째와 두 번째 피보나치 수로 초기화해준다.

모듈 ch5.py

```
def fibonacci(bound):
    '주어진 bound값보다 큰, 피보나치 수를 반환한다.'
    previous = 1              # 첫 번째 피보나치 수
    current = 1               # 두 번째 피보나치 수
    while current <= bound:
        # current 값을 previous에 저장하고, 새로운 current 값을 계산한다.
        previous, current = current, previous + current
    return current
```

`current`와 `previous`의 값을 구하기 위해 다중 대입 연산을 사용했다는 점에 주의하자.

`fibonacci()` 함수에서 `while` 문은 어떠한 조건이 성립되기까지 수열을 생성하기 위해 사용된다. 이러한 반복 패턴을 **수열 반복 패턴**(sequence loop pattern)이라고 한다. 다음 문제로는 수열 반복 패턴을 사용하여 오일러 상수 값 e의 근사치를 찾는 문제를 생각해 보자.

실습 5.11

e의 정확한 값은 아래의 무한한 값들의 합이다.

$$\frac{1}{0!}+\frac{1}{1!}+\frac{1}{2!}+\frac{1}{3!}+\frac{1}{4!}+\frac{1}{5!}+\cdots$$

위의 무한한 항의 합은 계산하는 것이 불가능하다. 그렇기 때문에 무한한 항 중 앞의 몇 항을 더하여 그 근사치를 구해야 한다. 예를 들어 $e_0=\frac{1}{0!}=1$은 e의 아주 대략적인 근사치가 된다. 그 다음 합, $e_1=\frac{1}{0!}+\frac{1}{1!}=2$는 아직도 답에서 아주 멀지만 이전보다는 조금 더 정확해진 근사치가 된다. 다음 합, $e_2=\frac{1}{0!}+\frac{1}{1!}+\frac{1}{2!}=2.5$는 두 항의 합보다 조금 더 정확해진 근사치가 된다. 이렇게 합을 더하다 보면 점점 더 정확한 근사치를 구할 수 있다.

$$e_3=\frac{1}{0!}+\frac{1}{1!}+\frac{1}{2!}+\frac{1}{3!}=2.6666\ldots$$
$$e_4=\frac{1}{0!}+\frac{1}{1!}+\frac{1}{2!}+\frac{1}{3!}+\frac{1}{4!}=2.7083\ldots$$

자, 그렇다면 몇 항까지를 더해야 할까? $e_4-e_3=\frac{1}{4!}$인데 이 값은 $\frac{1}{5!}+\frac{1}{6!}+\frac{1}{7!}+\cdots$보다 크므로 실제 e_4는 e의 실제 값보다 $\frac{1}{4!}$안에 있다는 것을 알 수 있다. 이 사실을 통해 e의 실제 값보다 특정 범위 안에 있다고 보장된 e의 근사치를 구할 수 있다. 사용자로부터 **error**를 부동소수형으로 입력받은 후에 **error**의 범위 이내로 상수 e의 근사치를 반환하는 함수 **approxE()**를 작성하여라. 이전 근사치와 다음 근사치의 차이가 **error**보다 작을 때까지 근사치의 순열 $e_0,\ e_1,\ e_2,\ldots$를 생성해 나감으로써 이를 구현할 수 있을 것이다.

```
>>> approxE(0.01)
2.7166666666666663
>>> approxE(0.000000001)
2.7182818284467594
```

반복 패턴: 무한 반복 패턴

while 문은 **무한**(infinite) 반복문, 즉 "영원히" 반복되는 반복문을 만들 때에도 사용할 수 있다.

```
while True:
    <들여 쓴 코드 블록>
```

조건 True는 항상 참이기 때문에 **〈들여 쓴 코드 블록〉**은 계속해서 실행된다.

무한 반복 패턴은 프로그램이 어떤 서비스를 계속해서 제공하려 할 때 아주 유용하다. 이런 프로그램의 예로 웹 서버(웹페이지를 제공하는 프로그램)를 들 수가 있다. 여러 사용자 웹페이지를 요청하면 그 요청을 받아들이고 웹페이지를 송신하는 작업을 계속해서 반복하기 때문이다. 무한 반복문의 사용 예로 매우 간단한 "인사 서비스" 프로그램을 생각해 보자.

hello2()는 사용자의 이름을 묻고 사용자가 이름을 입력하면 인사말을 출력하는 함수이다.

```
>>> hello2()
What is your name? Sam
Hello Sam
What is your name? Tim
Hello Tim
```

무한 반복 패턴을 사용하여 hello2()를 구현하면 다음과 같다.

모듈 ch5.py

```
def hello2():
    ''' 인사 서비스: 사용자에게 이름을 입력받아
        인사말을 출력하는 과정을 반복한다. '''
    while True:
        name = input('What is your name? ')
        print('Hello {}'.format(name))
```

무한 반복 패턴을 사용하는 프로그램을 종료하려면 어떻게 해야 할까? 무한 반복 패턴 프로그램뿐만 아니라 Python에서 실행 중인 모든 프로그램은 Ctrl - C를 입력함으로써 멈출 수 있다. 이를 전문용어로 중단(인터럽트, interrupt)이라고 하는데, 이 방법으로 hello2() 함수의 실행 또한 멈출 수 있다.

■ 반복 패턴: 중도 탈출 반복 패턴

while 문은 어떠한 **플래그**(flag) 값이 만족될 때까지 주어진 작업을 반복해야 할 때에도 사용할 수 있다. 플래그란 입력이 완료되었다는 것을 알려주기 위해 설정한 값을 의미한다.

사용자에게 반복적으로 도시의 이름 문자열을 입력받아 리스트에 저장하는 함수 cities()를 작성해 보자. 입력이 완료되었다는 것을 알리기 위해 빈 문자열을 입력하면 그동안 입력했던 모든 도시의 이름이 들어있는 리스트를 반환해야 한다. cities()의 실행 예는 다음과 같을 것이다.

```
>>> cities()
Enter city: Lisbon
Enter city: San Francisco
Enter city: Hong Kong
Enter city:
['Lisbon', 'San Francisco', 'Hong Kong']
>>>
```

사용자가 아무런 도시도 입력하지 않으면 아래처럼 빈 리스트가 반환된다.

```
>>> cities()
Enter city:
[]
```

이렇게 작동하도록 하려면 반복적으로 사용자에게 도시를 입력하라고 요청하는 루프를 사용해야 하는데, 반복 횟수를 미리 알 수 없으므로 while 문을 사용한다. while 문의 조건은 사용자가 빈 문자열을 입력하였는지를 검사하여야 하며 그러려면 while 문에 진입하기에 **앞서** 도시를 입력하라고 요청하여야 한다. 그리고 당연히 while 문 안에서도 반복을 할 때마다 사용자에게 도시를 입력하라고 요청해야 한다.

모듈 ch5.py

```
def cities():
    '''사용자에게 도시명을 여러 번 입력받아 리스트에 저장하여 반환한다.
       도시명으로 빈 문자열이 입력되면 도시명 입력받는 것을 끝낸다.'''
    lst = []

    city = input('Enter city: ')        # 사용자에게 첫 번째 도시명을 입력받는다.

    while city != '':                   # 도시명이 빈 문자열이 아닌 경우
        lst.append(city)                    # 리스트 lst에 도시명을 추가한다.
        city = input('Enter city: ')        # 다시 도시명을 입력받는다.

    return lst
```

도시들을 리스트에 저장하기 위해 누적 반복 패턴을 사용하고 있다는 점에 주의하자.

함수 cities()에서는 input() 함수를 두 번 호출하고 있다. 첫 번째는 while 문이 시작하기 전에 호출하고 있으며 두 번째는 while 문 코드 블록 안에서 호출하고 있다. while 문 안에 if 문을 추가함으로써 이러한 코드 중복을 제거할 수 있으며 코드를 더 직관적으로 바꿀 수 있다. 추가한 if 문은 사용자가 플래그 값을 입력했는지 검사하면 된다.

모듈 ch5.py

```
def cities2():
    '''사용자에게 도시명을 여러 번 입력받아 리스트에 저장하여 반환한다.
       도시명으로 빈 문자열이 입력되면 도시명 입력받는 것을 끝낸다.'''
    lst = []

    while True:                              # 다음 코드를 계속 반복한다.
        city = input('Enter city: ')         # 사용자에게 도시명을 입력받는다.

        if city == '':                       # 도시명이 빈 문자열이면
            return lst                       # 리스트를 반환한다.

        lst.append(city)                     # 리스트 lst에 도시명을 추가한다.
```

cities2() 함수에서 사용자가 빈 문자열을 입력하면 마지막 while 문을 실행하게 되는데 이때에는 lst.append(city)를 실행하지 않고 넘어가기 때문에 while 문의 "반" 정도만 실행하게 된다. 이런 이유 때문에 cities2() 함수에서 쓰이는 패턴을 '**중도 탈출 반복 패턴**(loop-and-a-half pattern)'이라고 부른다.

DETOUR

더 많은 반복 패턴을 보려면

이 책에서는 핵심적은 반복 패턴만을 다루고 있지만 더 많은 반복 패턴들이 있다. 이에 관해 더 알아보고 싶다면 컴퓨터 과학자들이 제안한 다양한 루프 패턴을 웹사이트에서 볼 수 있다.

https://www.cs.duke.edu/~ola/patterns/plopd/loops.html

5.6 추가 반복 제어문

반복 제어를 위한 추가적인 Python의 구문들을 다루면서 이번 장을 마치려고 한다. 이 절에서는 이들 구문이 어떻게 동작하는지 확실하게 이해하기 위해서 간단한 예제들을 살펴본다.

break 문

break 문은 while 문이나 for 문의 코드 블록 안에 추가할 수 있는데, 이 문장이 실행되면 실행 중인 반복문을 멈추고 반복문을 빠져나오게 된다. 그리고 반복문 다음 문장부터 실행이 재개된다. 만약 중첩 반복 패턴에서 break 문을 사용했다면 break 문을 포함하고 있는 가장 안쪽 반복문만 빠져나온다.

break 문의 사용예를 보기 위해 2차원 리스트를 2차원 표 형식으로 출력하는 함수를 다시 구현해 보자.

모듈 ch5.py

```
def print2D2(table):
    '2차원 표 형태로 2차원 리스트 값을 출력한다.'
    for row in table:
        for num in row:
            print(num, end=' ')
        print()
```

이 코드의 실행 결과는 다음과 같다.

```
>>> table = [[2, 3, 0, 6], [0, 3, 4, 5], [4, 5, 6, 0]]
>>> print2D2(table)
2 3 0 6
0 3 4 5
4 5 6 0
```

전체 행을 출력하지 않고 각 열마다 0 직전까지의 수만 출력하는 함수 before0()을 작성하고 싶다고 하자. before0()은 다음과 같이 동작해야 할 것이다.

```
>>> before0(table)
2 3

4 5 6
```

before0()을 구현하기 위해서는 print2D()의 안쪽 for 문에 현재 값이 0인지 검사하는 if 문을 추가해야 한다. 만약 0일 경우 break 문을 실행하여 내부 루프를 종료하고 빠져나온다. 이때 break 문은 외부 루프는 빠져나오지 않고 다음 행 반복으로 실행을 재개한다는 점에 주의해야 한다.

모듈 ch5.py

```
def before0(table):
    '''2차원 표 형태로 2차원 리스트 값을 출력한다.
       처음 0이 출력될 때까지 각 행의 원소를 출력한다.'''
    for row in table:

        for num in row:          # 내부 반복
            if num == 0:              # num 값이 0인 경우
                break                 # 내부 반복을 중단한다.
            print(num, end=' ')   # 그렇지 않으면 num 값을 출력한다.

        print()                  # 다음 줄로 이동한다.
```

break 문은 외부 for 문에는 영향을 미치지 않는다. 그렇기 때문에 위 프로그램은 break 문의 실행과 관계없이 모든 행에 대하여 반복하게 된다.

continue 문

continue 문도 break 문과 마찬가지로 반복문의 코드 블록 안에 추가할 수 있다. continue 문이 실행되면 현재 실행 중인 가장 안쪽 반복문의 현재 반복을 멈추고 다음 반복 동작을 실행한다. break 문과 달리 continue 문은 현재 수행 중인 반복만 중단하고 반복문을 빠져나오지는 않는다.

break 문과 비슷해 보이지만 예제를 보면 그 차이를 명확하게 알 수 있다. print2D2() 함수에서 0을 출력하지 않고 넘어가도록 수정하려 한다고 가정해 보자. 이렇게 동작하는 ignore0()은 다음과 같이 작동해야 할 것이다.

```
>>> table = [[2, 3, 0, 6], [0, 3, 4, 5], [4, 5, 6, 0]]
>>> ignore0(table)
2 3 6
3 4 5
4 5 6
```

위의 출력 결과를 보면 0이 출력되지 않은 것을 확인할 수 있다. 그럼 ignore0()을 구현해 보자.

모듈 ch5.py

```
def ignore0(table):
    '''2차원 표 형태로 2차원 리스트 값을 출력한다.
       값이 0인 경우 출력하지 않는다.'''
    for row in table:

        for num in row:         # 내부 반복
            if num == 0:            # num 값이 0인 경우
                continue            # 현재 내부 반복
            print(num, end=' ')     # 그렇지 않으면 num 값을 출력한다.

        print()                 # 다음 줄로 이동한다.
```

pass 문

Python의 모든 def 문이나 if 문, for 문, while 문에는 본체(들여 쓴 코드 블록)가 있어야 한다. 만약 본체에 해당하는 코드 블록이 없다면 프로그램의 구문분석(parse) 과정에서 구문 오류(syntax error)가 발생하게 된다. 그렇기 때문에 코드 블록에 아무 것도 적을 것을 것이 없는 상황에서도 구문 오류를 피하기 위해서 무언가를 적어야 한다. 이런 상황을 위해 Python은 아무 동작도 실행하지 않지만 유효한 문장인 pass 문을 제공한다.

다음 예제는 n이 홀수일 때만 출력하는 코드인데 pass 문의 사용법을 보여준다.

```
if n % 2 == 0:
    pass                # n이 짝수인 경우 아무것도 하지 않는다.
else:
    print(n)            # n이 홀수인 경우에 출력한다.
```

n이 짝수일 경우 첫 번째 코드 블록이 실행되는데 이 블록은 pass 문이므로 아무 것도 하지 않는다.

pass 문은 Python 구문 상 코드(함수나 실행 제어 구문의 본체)가 있어야 할 경우에 사용된다. pass 문은 아직 구현되지 않은 본체를 나타낼 때에도 유용하게 사용된다.

E-Book 사례연구: 이미지 처리

사례연구 제4장에서는 Python에서 이미지를 어떻게 처리하는지 살펴보았다. 특히 이미지를 복사하고 회전하며 자르고 흐리게 하는 기법들을 배웠다. 제5장 사례연구에서는 이런 이미지 처리 기법을 구체적으로 어떻게 구현할 수 있는지 살펴본다.

요약

이번 장에서는 Python의 제어 흐름 구조를 깊게 다루었다.

제일 먼저 제2장에서 소개했던 if 흐름 제어문을 다시 살펴보았다. 특히 가장 일반적인 형식인 다중분기 if 문을 elif 문과 함께 살펴보았다. 단방향 if 문과 양방향 if 문을 정의할 때에는 하나의 조건식만 있으면 되지만 다중분기 if 문을 정의할 때에는 일반적으로 여러 개의 조건식을 사용하게 된다. 다중분기 if 문의 여러 조건식이 상호 배제적이 아닐 경우에는 조건식의 순서가 중요하기 때문에 프로그램이 원하는 대로 동작되도록 순서에 주의해야 한다.

이 장에서는 많은 부분을 할애하여 다양한 반복 구조의 사용법에 대해 설명하였다. 우선 기본적으로 순회 반복 패턴과 계수 반복 패턴, 누적 반복 패턴, 중첩 반복 패턴을 다루었다. 이 기본 패턴들은 매우 자주 사용되는 패턴일 뿐만 아니라 더 복잡한 반복 패턴의 토대가 된다. 중첩 반복 패턴은 2차원 리스트를 다룰 때 특히 유용하다.

한층 심화된 반복 패턴을 설명하기에 앞서 또 다른 Python 반복문으로서 while 문을 소개하였다. while 문은 for 문보다 더 일반적인 형태로서 for 문으로 구현하기 힘든 반복 패턴을 구현하는 데에 사용된다. while 문을 사용하여 수열 반복 패턴과 무한 반복 패턴, 대화형 반복 패턴, 중도 탈출 반복 패턴을 설명하였다.

끝으로 반복문을 사용하여 프로그램을 개발할 때에 유용한 몇 가지 추가적인 반복 제어 구문(break, continue, pass)을 소개하였다.

분기 제어 구조와 반복 제어 구조는 문제 해결 알고리즘의 토대가 된다. 컴퓨터 전문가가 체득해야 할 핵심 기술 중 하나는 문제를 해결할 때에 있어 제5장에서 배운 구조들을 효과적으로 잘 사용하는 것이다. 다중분기 조건 구조를 통달하고 반복 패턴을 언제 어떻게 적용하는지 이해하는 것이 이런 기술을 터득하기 위한 첫걸음이 될 것이다.

실습문제 해답

5.1 BMI(body mass index)를 계산한 후에 다중분기 if 문을 사용하여 무엇을 출력할지 결정한다.

```
def myBMI(weight, height):
    'BMI 값을 출력한다.'
    bmi = weight * 703 / height**2
    if bmi < 18.5:
        print('Underweight')
    elif bmi < 25:
        print('Normal')
```

```
    else:                # bmi >= 25
        print('Overweight')
```

5.2 2^1, 2^2, 2^3, ..., 2^n(즉 1에서 n까지의 모든 정수 i에 대하여 2^i)을 출력해야 한다. 1에서 n까지 양 끝을 포함한 범위를 반복해서 실행하기 위해 range(1, n+1) 함수를 호출한다.

```
def powers(n):
    'i = 1, 2, ..., n 일 때  2**i 값을 출력한다.'
    for i in range(1, n+1):
        print(2**i, end=' ')
```

5.3 리스트에 들어있는 값 사이의 간격이 모두 동일한지 확인하여야 한다. 한 가지 방법은 값 사이 간격이 처음 두 값 ls[0]과 ls[1] 사이의 간격과 같은지 검사하는 것이다. 그러므로 리스트 ls의 크기가 n일 때 ls[2]-ls[1], ls[3]-ls[2], ..., ls[n-1]-ls[n-2]의 값이 diff = ls[1] - ls[0]과 일치하는지 검사한다. 다시 말해서 range(1, len(ls)-1)를 통해 생성된 i = 1, 2, ..., $n-2$인 i에 대하여 ls[i+1] - ls[i] = diff인지 검사한다.

```
def arithmetic(lst):
    '''리스트 lst의 숫자간의 차이가 일정한 값을 유지하는 경우에 True를 반환한다.
       그렇지 않은 경우, False 반환한다.'''
    if len(lst) < 2:     # 리스트의 항목 개수가 2보다 작으면 True를 반환한다.
        return True
    # 인접한 두 항목의 값 차이가 일정한지을 확인하기 위하여
    # 처음 두 항목의 차를 계산한다.
    diff = lst[1] - lst[0]
    for i in range(1, len(lst)-1):
        if lst[i+1] - lst[i] != diff:
            return False
    return True
```

5.4 1, 2, 3, ..., n까지의 정수를 누적해서 곱해야 한다. 누산기 res는 곱셈의 항등원인 1로 초기화한다. 그리고 2, 3, 4, ..., n까지의 수열을 순회하며 res와 곱한다.

```
def factorial(n):
    'n!을 반환한다.'
    res = 1
    for i in range(2, n+1):
        res *= i
    return res
```

5.5 이번 문제에서는 어떤 어절에 포함된 단어들을 순회하며 각 단어의 첫 번째 알파벳을 **누적**시킨다. 그러므로 split() 메소드를 사용하여 어절을 단어들로 쪼개고 리스트의 단어들을 대상으로 반복하면 된다. 그리고 문자열형 누산 변수 res에 각 단어의 첫 알파벳을 더해 나간다.

```
def acronym(phrase):
    '입력된 구의 두문자어를 반환한다.'
    # 구를 단어로 나누어서 리스트 word에 저장한다.
    words = phrase.split()
    # 첫 번째 글자만 대문자로 변환하여 변수 res에 저장한다.
    res = ''
    for w in words:
        res = res + w[0].upper()
    return res
```

5.6 n의 약수는 1과 n을 포함하여 이 둘 사이의 수를 추가로 포함할 수 있다. 약수를 찾기 위해서는 range(1, n+1)를 사용하여 1에서 n까지의 **모든** 정수를 생성하고 이를 대상으로 n의 약수인지 검사한다.

```
def divisors(n):
    'n의 약수를 반환한다.'
    res = []
    for i in range(1, n+1):
        if n % i == 0:
            res.append(i)
    return res
```

5.7 중첩 반복 패턴을 사용하여 첫 번째 리스트의 모든 정수를 두 번째 리스트의 모든 정수와 곱한다. 바깥 반복문은 첫 번째 리스트의 정수 값을 순회한다. 첫 번째 리스트의 각 정수 i에 대하여 내부 반복문은 두 번째 리스트의 정수 값을 순회하며 i와 곱한다. 곱한 결과는 리스트 누산 변수에 누적시킨다.

```
def xmult(l1, l2):
    '''리스트 l1의 값과 리스트 l2의 값들을 곱한 값을 반환한다.'''
    l = []
    for i in l1:
        for j in l2:
            l.append(i*j)
    return l
```

5.8 문제에 나타나 있듯이 첫 번째 훑어볼 때에는 첨자가 0인 항목과 1인 항목을 비교하고 그 다음은 첨자 1과 2의 항목, 2와 3의 항목을 차례대로 비교하여 `len(lst)-2`와 `len(lst)-1`의 항목까지 비교한다. 이 작업을 수행하려면 0에서 시작하여 `len(lst)-1` 바로 전까지 정수열을 생성해야 한다.

두 번째 훑어볼 때에는 첨자가 `len(lst)-1`과 `len(lst)-2`인 항목을 비교할 필요가 없으므로 0에서 `len(lst)-2` 바로 전까지 정수열을 생성한다. 이를 구현하기 위해 바깥 반복문을 이용하여 상한선을 생성하도록 한다. 첫 번째 훑어볼 때의 상한선은 `len(lst)-1`, 두 번째에는 `len(lst)-2`, 이런 방식으로 상한선을 계속 하나씩 줄여가며 생성한다. 그리고 끝으로 상한선이 1일 때에는 리스트의 맨 앞 두 개의 항목을 비교하게 된다.

내부 반복문에서는 첨자 0인 항목부터 시작하여 바로 오른쪽 항목과 비교하여 순서가 옳지 않을 경우 두 값을 교환한다. 이 과정을 바깥 반복문에서 생성한 상한선에 다다를 때까지, 즉 첨자 `i-1`의 항목과 `i`의 항목을 비교할 때까지 반복한다.

```
def bubblesort(lst):
    '리스트 lst를 오름차순으로 정렬한다.'
    for i in range(len(lst)-1, 0, -1):
        # i = len(lst)-1, len(lst)-2, ..., 1 순서로 진행한다.
        for j in range(i):
            # j = 0, 1, ..., i-1 대상으로 모든 lst[j]와 lst[j+1]을 비교한다.
            if lst[j] > lst[j+1]:
                # lst[j]와 lst[j+1]의 값을 서로 바꾼다.
                lst[j], lst[j+1] = lst[j+1], lst[j]
```

5.9 중첩 반복 패턴을 사용하여 행과 열 첨자의 모든 조합을 생성한다.

```
def add2D(t1, t2):
    '''t1과 t2 는 같은 크기의 2차원 리스트.
       t1[i][j]의 항목 각각에 t2[i][j] 값을 더한다.'''
    nrows = len(t1)               # 행의 갯수
    ncols = len(t1[0])            # 열의 개수
    for i in range(nrows):        # 각 행의 첨자 i에 대하여
        for j in range(ncols):        # 각 열의 첨자 j에 대하여
            t1[i][j] += t2[i][j]
```

5.10 우선 알아야 할 것은 원금을 두 배로 불리는 데 걸리는 햇수와 원금 액수와는 상관이 없다는 것이다. 그러므로 원금을 임의로 $100라고 가정한다. `while` 문을 사용하여 연간 이자를 투자 금액 `x`에 더한다. `while` 문의 조건은 이자를 더할 때마다 `x`가 원금의 두 배인 200보다 작은지 검사한다. 이 문제가 사실상 묻고 있는 것은 `while` 문이 몇 번 반복되는가이다. 그러므로 계수 반복 패턴을 사용하여 반복 횟수를 센다.

```
def interest(rate):
    '''주어진 이율에 따라 투자금이 2배가 되는 데 소요되는 기간(연으로)을 반환한다.'''
    amount = 100                # 투자금액을 지정한다.
    count = 0
    while amount < 200:
        # 투자금액이 2배가 되지 않았다면
        count += 1              # 1년을 추가로 더한다.
        amount += amount*rate   # 이율을 곱하여 투자금을 다시 계산한다.
    return count
```

5.11 우선 첫 번째 근사치 1을 `prev`에, 두 번째 근사치 2를 `current`에 대입한다. 그러고 나서 `while` 문의 조건을 `(current - prev) > error`로 설정한다. 조건이 `True`일 경우 `prev`와 `current`의 값을 생성해야 한다. `current`는 새로운 `prev`가 되고 새로운 `current` 값은 `prev + 1/factorial(???)`이 된다. 그렇다면 `???`에는 어떤 값이 들어가야 할까? 첫 번째로 반복할 때 `???`의 값은 `2`다. 왜냐하면 세 번째 근사치는 두 번째 근사치에 $\frac{1}{2!}$을 더한 값이기 때문이다. 두 번째 반복에서 `???`는 3이 되고, 세 번째 반복에서는 4가 된다. 이를 코드로 작성하면 아래와 같다.

```
def approxE(error):
    '주어진 error 값 내에서 계산된 e의 근사치를 반환한다.'
    prev = 1                    # 근사치 0
    current = 2                 # 근사치 1
    i = 2                       # 다음 계산될 근사치의 첨자
    while current-prev > error:
        # 현재 근사치와 이전 근사치의 차이값이 error보다 크면
        prev = current          # 현재 근사치를 이전 근사치에 저장
        current = prev + 1/factorial(i) # 첨자 i값으로 그 다음 근사치 계산
        i += 1                  # 첨자값을 1 증가시킴
    return current
```

연습문제

5.12 한 개의 정수 값을 입력받아 값에 따라 'Negative'나 'Zero', 'Positive'를 출력하는 함수 test()를 작성하라.

```
>>> test(-3)
Negative
>>> test(0)
Zero
>>> test(3)
Positive
```

5.13 연습문제 5.14에서 5.22까지의 문제들을 읽고 문제별로 어떤 반복 패턴을 사용해야 할지 결정하라.

5.14 정수 리스트를 입력받아 원소 중 3의 배수를 한 줄에 하나씩 출력하는 함수 mult3()을 작성하라.

```
>>> mult3([3, 1, 6, 2, 3, 9, 7, 9, 5, 4, 5])
3
6
3
9
9
```

5.15 문자열을 입력받아 문자열에 있는 모든 모음의 첨자를 한 줄에 하나씩 출력하는 함수 vowels()를 작성하라. 힌트: 모음은 문자열 'aeiouAEIOU'에 들어있는 문자라고 정의할 수 있다.

```
>>> vowels('Hello WORLD')
1
4
7
```

5.16 단어와 알파벳 문자를 문자열 형으로 입력받은 후, 해당 문자가 단어에 나타나는 위치의 첨자를 리스트로 반환하는 함수 indexes()를 작성하라.

```
>>> indexes('mississippi', 's')
[2, 3, 5, 6]
>>> indexes('mississippi', 'i')
[1, 4, 7, 10]
>>> indexes('mississippi', 'a')
[]
```

5.17 정수 리스트를 입력받은 후에 자신의 왼쪽 값의 정확히 두 배인 정수만 한 줄에 하나씩 출력하는 함수 doubles()를 작성하라.

```
>>> doubles([3, 0, 1, 2, 3, 6, 2, 4, 5, 6, 5])
2
6
4
```

5.18 단어 리스트를 입력받아 4개의 문자로 된 단어들만 리스트로 만들어서 반환하는 함수 four_letter()을 작성하라.

```
>>> four_letter(['dog', 'letter', 'stop', 'door', 'bus', 'dust'])
['stop', 'door', 'dust']
```

5.19 두 개의 정수 리스트를 입력받아 둘 사이에 공통된 값이 있으면 True를 반환하고 그렇지 않은 경우 False를 반환하는 함수 inBoth()를 작성하라.

```
>>> inBoth([3, 2, 5, 4, 7], [9, 0, 1, 3])
True
```

5.20 각 리스트에 중복된 값이 들어있지 않은 두 개의 리스트를 입력받은 후, 두 리스트의 교집합으로 구성된 리스트를 반환하는 함수 intersect()를 작성하라.

```
>>> intersect([3, 5, 1, 7, 9], [4, 2, 6, 3, 9])
[3, 9]
```

5.21 두 개의 정수 리스트와 한 개의 정수 n을 입력받은 후 각 리스트에서 선택한 값의 합이 n이 되는 쌍을 아래와 같이 출력하는 함수 pair()를 작성하라.

```
>>> pair([2, 3, 4], [5, 7, 9, 12], 9)
2 7
4 5
```

5.22 중복이 없는 리스트 lst와 정수 n을 입력받은 후 리스트에서 두 값을 더했을 때의 합이 n인 모든 쌍의 첨자를 출력하는 함수 pairSum()을 작성하라.

```
>>> pairSum([7, 8, 5, 3, 4, 6], 11)
0 4
1 3
2 5
```

실전문제

5.23 직원의 시급과 지난 한 주 동안 일한 시간을 입력받아, 직원이 받아야 할 주급을 계산하는 함수 `pay()`를 작성하라. 40시간이 넘는 근무는 초과 근무로 간주하여 40시간 초과 60시간 이하로 일한 시간은 시급의 1.5배로, 60시간을 초과한 시간은 시급의 2배로 계산한다.

```
>>> pay(10, 35)
350
>>> pay(10, 45)
475.0
>>> pay(10, 61)
720.0
```

5.24 단어를 문자열 형태로 입력받은 후, 첫 문자가 대문자일 경우 `'capitalized'`, 소문자일 경우 `'not capitalized'`, 영문자가 아닐 경우 `'unknown'`을 출력하는 함수 `case()`를 작성하라.

```
>>> case('Android')
'capitalized'
>>> case('3M')
'unknown'
```

5.25 연도를 입력받아 윤년(leap year)일 경우 `True`를 반환하고 그렇지 않을 경우 `False`를 반환하는 함수 `leap()`을 작성하라(4로 나눠지지만 100으로 나눠지지 않으면 윤년이고, 100으로 나눠지지 않아도 400으로 나눠지면 윤년이다. 예를 들어 1700년, 1800년, 1900년은 윤년이 아니지만 1600년과 2000년은 윤년이다).

```
>>> leap(2008)
True
>>> leap(1900)
False
>>> leap(2000)
True
```

5.26 가위바위보는 두 명이서 가위, 바위, 보 중 하나를 내는 게임이다. 두 명이 같은 것을 내면 무승부이며 그렇지 않은 경우는 아래와 같은 규칙을 따른다.

(a) 바위는 항상 가위를 이긴다(바위가 가위를 부순다).

(b) 가위는 항상 보를 이긴다(가위가 보자기를 자른다).

(c) 보는 항상 바위를 이긴다(보자기가 바위를 덮는다).

선수 1과 선수 2가 낸 손모양을 각각 입력받아 선수 1이 이겼을 경우 `-1`을 반환하고 선수 2가 이겼을 경우 `1`을 반환하고 무승부일 경우 `0`을 반환하는 함수 `rps()`를 작성하라. 입력으로는 가위를 선택할 경우 `'S'`, 바위를 선택할 경우 `'R'`, 보자기를 선택할 경우 `'P'`를 입력받는다.

```
>>> rps('R', 'P')
1
>>> rps('R', 'S')
-1
>>> rps('S', 'S')
0
```

5.27 학점에 해당하는 글자 A, B, C, D, F(+나 −가 붙을 수 있음)를 입력받고 해당 점수를 반환하는 `letter2number()` 함수를 작성하라. A, B, C, D, F에 대한 각 점수는 4, 3, 2, 1, 0이며 +가 붙으면 0.3 증가시키고 −가 붙으면 0.3 감소시킨다.

```
>>> letter2number('A-')
3.7
>>> letter2number('B+')
3.3
>>> letter2number('D')
1.0
```

5.28 등비수열을 입력받은 경우 `True`를 반환하고 그렇지 않은 경우 `False`를 반환하는 함수 `geometric()`을 작성하라. 수열 $a_0, a_1, a_2, a_3, a_4, \dots, a_{n-2}, a_{n-1}$이 주어졌을 때, $a_1/a_0, a_2/a_1, a_3/a_2, a_4/a_3, \dots, a_{n-1}/a_{n-2}$의 비율이 모두 같다면 그 수열을 등비수열이라 한다.

```
>>> geometric([2, 4, 8, 16, 32, 64, 128, 256])
True
>>> geometric([2, 4, 6, 8])
False
```

5.29 작성해야 할 함수 `lastfirst()`는 **<성, 성을 제외한 이름>**으로 된 문자열 리스트를 입력받아 다음 두 개의 리스트로 구성된 리스트를 반환한다.

(a) 성을 제외한 이름으로만 구성된 리스트

(b) 성으로만 구성된 리스트

```
>>> lastfirst(['Gerber, Len', 'Fox, Kate', 'Dunn, Bob'])
[['Len', 'Kate', 'Bob'], ['Gerber', 'Fox', 'Dunn']]
```

5.30 현재 디렉터리에 있는 파일명을 문자열 형식으로 입력받은 후에 한 개 문자, 두 개 문자, 세 개 문자, 네 개 문자로 구성된 단어의 개수를 각각 출력하는 함수 many()를 작성하라. sample.txt 파일로 작성한 코드를 테스트하라.

```
>>> many('sample.txt')
Words of length 1 : 2
Words of length 2 : 5
Words of length 3 : 1
Words of length 4 : 10
```

5.31 양의 정수 리스트와 양의 정수 target을 입력으로 받아서 리스트의 부분합이 target이 되는지 검사하는 함수 subsetSum()을 작성하라. 이 함수는 리스트에 존재하는 임의의 3개 값을 합하여 target이 되면 True를 반환해야 한다. 예를 들어 입력받은 리스트가 [5, 4, 10, 20, 15, 19]이고 target이 38일 경우 4+15+19=38이므로 True를 반환한다. 하지만 target이 10일 경우 어떤 조합으로도 10을 만들 수 없기 때문에 False를 반환한다.

```
>>> subsetSum([5, 4, 10, 20, 15, 19], 38)
True
>>> subsetSum([5, 4, 10, 20, 15, 19], 10)
False
```

5.32 양의 정수 n을 입력받아 피보나치 수열의 n번째 수를 반환하는 함수 fib()를 작성하라.

```
>>> fib(0)
1
>>> fib(4)
5
>>> fib(8)
34
```

5.33 양의 정수 n을 입력받아, 2로 나누어서 몫이 1이 될 때까지 나눠진 횟수를 반환하는 함수 mystery()를 작성하라.

```
>>> mystery(4)
2
>>> mystery(11)
3
>>> mystery(25)
4
```

5.34 작성해야 할 함수 statement()는 실수 리스트를 입력받는다. 리스트의 값 중 양수는 은행 계좌로의 입금을 의미하며 음수는 출금을 의미한다. 함수 statement()는 입금 금액의 합과 출금 금액의 합으로 된 리스트를 계산하여 반환한다.

```
>>> statement([30.95, -15.67, 45.56, -55.00, 43.78])
[120.29, -70.67]
```

5.35 작성해야 할 함수 pixels()는 0 이상의 정수로 된 2차원 리스트(이미지의 각 픽셀 값)를 입력받은 후 양수(검은색이 아닌 픽셀)의 개수를 반환한다. 이 함수는 2차원 리스트의 크기에 상관없이 동작해야 한다.

```
>>> l = [[0, 156, 0, 0], [34, 0, 0, 0], [23, 123, 0, 34]]
>>> pixels(l)
5
>>> l = [[123, 56, 255], [34, 0, 0], [23, 123, 0], [3, 0, 0]]
>>> pixels(l)
7
```

5.36 양의 정수를 입력받아 소수(prime number)일 때 True를 반환하고 소수가 아닐 때 False를 반환하는 함수 prime()을 작성하라.

```
>>> prime(2)
True
>>> prime(17)
True
>>> prime(21)
False
```

5.37 정수 리스트를 입력받은 후 합이 최대인 부분 리스트(maximum sum sublist)를 반환하는 함수 mssl()을 작성하라. 이 부분 리스트는 리스트의 연속된 값으로 구성되어야 하며 빈 리스트의 합은 0이라고 가정한다. 예를 들어 [4, -2, -8, 5, -2, 7, 7, 2, -6, 5]에서 합이 최대인 부분 리스트는 [5, -2, 7, 7, 2]로서 그 합은 19이다.

```
>>> l = [4, -2, -8, 5, -2, 7, 7, 2, -6, 5]
>>> mssl(l)
19
>>> mssl([3,4,5])
12
>>> mssl([-2,-3,-5])
0
```

마지막 예의 경우 리스트의 값이 모두 음수이기 때문에 최대 합 부분 리스트는 빈 리스트가 되며 이때의 합은 0이다.

5.38 양의 정수 x를 입력받은 후 x부터의 콜라츠(Collatz) 수열을 출력하는 함수 collatz()를 작성하라. 콜라츠 수열은 이전 x값에 대하여 다음의 법칙을 적용하여 생성된다.

$$x = \begin{cases} x/2 & x\text{가 짝수일 때} \\ 3x+1 & x\text{가 홀수일 때} \end{cases}$$

함수는 수열이 1일 때 멈춘다.

🔊 양의 정수의 콜라츠 수열이 항상 1로 끝나는지는 미결의 문제로 남아있다.

```
>>> collatz(10)
10
5
16
8
4
2
1
```

5.39 문자열을 입력받아 다음과 같이 변형된 문자열을 반환하는 함수 exclamation()을 작성하라. 변형된 문자열에서는 모든 모음이 연속으로 네 번씩 반복되어야 하고 마지막에는 느낌표(!)가 추가되어야 한다.

```
>>> exclamation('argh')
'aaaargh!'
>>> exclamation('hello')
'heeeelloooo!'
```

5.40 상수 π는 값이 약 3.1415928…인 무리수이다. π의 정확한 값은 아래와 같은 항을 무한히 합한 값과 같다.

$$\pi = 4/1 - 4/3 + 4/5 - 4/7 + 4/9 - 4/11 + \cdots$$

그러므로 앞의 항 몇 개를 합하면 오차범위 안의 π의 근사치를 얻을 수 있다. 작성해야 하는 함수 approxPi()는 부동소수형 값 error를 입력받은 후 error 범위 내에서 상수 π의 근사치를 구하는 함수이다. 그러기 위해서 이전 합과 항이 하나 더 추가된 다음 합의 차이가 error보다 작을 때까지 항을 계속해서 합하고 error 범위 안의 근사치를 구한 경우 새로 구한 합의 값을 반환한다.

```
>>> approxPi(0.01)
3.1465677471829556
>>> approxPi(0.0000001)
3.1415927035898146
```

5.41 차수가 n이며 계수가 $a_0, a_1, a_2, a_3, a_4, \cdots, a_n$인 다항식의 함수는 다음과 같다.

$$p(x) = a_0 + a_1 x + a_2 x^2 + a_3 x^3 + \ldots + a_n x^n$$

이 함수는 다양한 x값에 따라 다르게 계산된다. 예컨대 $p(x) = 1 + 2x + x^2$가 함수로 주어졌을 때 x가 2이면 함수 값은 $p(2) = 1 + 2*2 + 2^2 = 9$이다. 만약 함수가 $p(x) = 1 + x^2 + x^4$라면 $p(2) = 21$이며 $p(3) = 91$이다.

작성해야 할 함수 poly()는 계수를 나타내는 리스트와 정수 값 x를 받고 함수 값을 계산하여 반환하는 함수이다. 위에서 예로 든 세 경우를 Python으로 실행하면 다음과 같다.

```
>>> poly([1, 2, 1], 2)
9
>>> poly([1, 0, 1, 0, 1], 2)
21
>>> poly([1, 0, 1, 0, 1], 3)
91
```

5.42 작성해야 할 함수 primeFac()은 양의 정수 n을 입력받은 후 n을 소인수 분해하였을 때의 모든 소수를 담고 있는 리스트를 반환한다(양의 정수 n이 주어졌을 때 곱한 값이 n이 되는 소수의 리스트는 유일하게 결정되는데, 이 리스트를 n의 소인수분해라고 한다.

```
>>> primeFac(5)
[5]
>>> primeFac(72)
[2, 2, 2, 3, 3]
```

5.43 정수 2차원 리스트를 입력받은 후 각 행의 합이 모두 짝수일 때 True를 반환하고 그렇지 않으면, False를 반환하는 함수 evenrow()를 작성하라.

```
>>> evenrow([[1, 3], [2, 4], [0, 6]])
True
>>> evenrow([[1, 3, 2], [3, 4, 7], [0, 6, 2]])
True
>>> evenrow([[1, 3, 2], [3, 4, 7], [0, 5, 2]])
False
```

5.44 치환암호법(substitution cipher)에 따르면 각 숫자 0, 1, 2, 3, ..., 9는 또 다른 숫자 0, 1, 2, 3, ..., 9로 대체된다. 대체되는 방식은 10자릿수 문자열로 나타낼 수 있다. 예를 들어 10자릿수 문자열 '3941068257'이 주어졌다면 이는 0을 3, 1을 9, 2를 4로 대체하는 치환암호법 규칙을 나타낸다. 이 문자열을 암호화 키(key)라고 하는데, 0 이상의 정수의 각 자릿수를 암호화 키에 나타나있는 각 숫자로 대체하여 암호화할 수 있다.

10자릿수 문자열로 된 암호화 키와 문자열 형식의 암호 대상을 인수로 받아서 암호화된 수를 문자열로 반환하는 함수 encrypt()를 작성하라.

```
>>> encrypt('3941068257', '132')
'914'
>>> encrypt('3941068257', '111')
'999'
```

5.45 작성해야 할 함수 avgavg()는 3개의 수로 구성된 리스트의 리스트를 입력받는다. 리스트의 세 수는 한 학생이 한 학기동안 받은 점수를 의미한다. 예를 들어 아래의 리스트는 네 명의 학생들의 점수를 나타낸 것이다.

```
[[95,92,86], [66,75,54],[89, 72,100],[34,0,0]]
```

각 학생들의 평균 점수 리스트와 모든 학생의 평균 점수를 별도의 행에 출력하는 함수 avgavg()를 작성하라.

```
>>> avgavg([[95, 92, 86], [66, 75, 54],[89, 72, 100], [34, 0, 0]])
[91.0, 65.0, 87.0, 11.333333333333334]
63.5833333333
```

5.46 어떤 순열에서 두 값의 순서가 뒤바뀌었을 경우 그 쌍을 도치된 쌍이라 한다. 예를 들어 문자열 'ABBFHDL'에서 F와 D는 도치되었다고 하며(알파벳순으로는 D 다음에 F가 나오지만 이 문자열에는 F 다음에 D가 나옴) H와 D 또한 도치된 상태이다. 순열에서 총 도치 수(순서가 뒤바뀐 쌍의 수)는 그 순열이 얼마나 정렬되지 않았는지를 나타낸다. 'ABBFHDL'의 도치 수는 2이다. 대문자 A에서 Z로 이루어진 문자열을 인수로 받아서 해당 문자열 내의 총 도치 수를 반환하는 함수 inversions()를 작성하라.

```
>>> inversions('ABBFHDL')
2
>>> inversions('ABCD')
0
>>> inversions('DCBA')
6
```

5.47 0 이상의 정수 n과, 2와 9사이의 정수 x를 입력받아 숫자 n을 x진법으로 표현한 문자열을 반환하는 함수 `d2x()`를 작성하라.

```
>>> d2x(10, 2)
'1010'
>>> d2x(10, 3)
'101'
>>> d2x(10, 8)
'12'
```

5.48 `list1`과 `list2`가 정수로 된 리스트라고 하자. `list1`의 원소들이 `list2`에 같은 순서로 나타날 때 `list1`을 `list2`의 부분 리스트라 한다. 이때 공통으로 나타나는 원소들이 꼭 연속이어야 할 필요는 없다.[4] 예를 들어서 `list1`이 `[15, 1, 100]`이고 `list2`가 `[20, 15, 30, 50, 1, 100]`라고 할 때 `list1`은 `list2`의 부분 리스트이다. 왜냐하면 `list1`의 수 `15, 1, 100`이 `list2`에 같은 순서로 나타나기 때문이다. 하지만 리스트 `[15, 50, 20]`은 `list2`의 부분 리스트가 아니다. 작성해야 할 함수 `sublist()`는 두 개의 리스트 `list1`과 `list2`를 입력받은 후 `list1`이 `list2`의 부분 리스트인 경우 `True`를 반환하고 그렇지 않은 경우 `False`를 반환한다.

```
>>> sublist([15, 1, 100], [20, 15, 30, 50, 1, 100])
True
>>> sublist([15, 50, 20], [20, 15, 30, 50, 1, 100])
False
```

5.49 고대 그리스 사람들은 n의 제곱근을 계산할 때 헤론의 방법(Heron method)을 사용하였다. 이 방법은 계속해서 더 나은 $\sqrt{n}$의 근사치를 구하기 위해 수열을 생성한다. 수열의 첫 수는 임의로 선택한다. 그 이후의 모든 수는 이전 숫자 `prev`에 다음 식을 적용하여 구한다.

$$\frac{1}{2}\left(\text{prev} + \frac{n}{\text{prev}}\right)$$

두 실수값 n과 $error$를 인수로 받아 제곱근의 근사치를 구하는 함수 `heron()`을 작성하라. 수열의 첫 값은 `1.0`으로 설정하고 반복적으로 근사치를 생성하여 구한 근사치와 이전 근사치의 차이가 $error$보다 작거나 같을 때까지 반복하여 $error$ 범위 내로 제곱근 근사치를 반환하여라.

4) 역주: 엄밀히 말해서 부분 리스트는 연속이어야 하며 연속일 필요가 없는 경우는 부분 순열(subsequence)이라고 한다. 여기서는 부분 순열의 뜻으로 부분 리스트란 용어를 사용하였다.

```
>>> heron(4.0, 0.5)
2.05
>>> heron(4.0, 0.1)
2.000609756097561
```

제6장

컨테이너와 무작위성

이 장에서는 주로 이전 장에서 다루지 않은 Python 내장 컨테이너 클래스를 추가적으로 다룬다. 가장 보편적인 컨테이너는 리스트이지만 리스트를 사용하기에 곤란하거나 다른 기능이 필요한 경우가 있다. 이러한 이유 때문에 Python은 추가적인 내장 컨테이너 클래스를 제공한다.

사전 컨테이너는 '키(key)'라고 불리는 사용자 정의 첨자를 사용하여 저장된 값에 접근하기 위한 컨테이너이다. 사전은 리스트와 같이 일반적인 용도의 컨테이너로서 항목 수를 세는 작업 등 다양한 목적으로 사용할 수 있다. 더불어 또 다른 종류의 내장 컨테이너로서 집합이 있는데 언제 집합을 사용하면 좋은지 살펴본다.

또한, 전에 소개했던 문자열에 대해서도 문자의 컨테이너라는 관점에서 더욱 더 자세하게 다룬다. 요즘처럼 모든 것이 연결된 세상에서는 한 곳에서 생성된 문자를 다른 곳에서도 읽을 수 있어야 하며, 따라서 컴퓨터는 다른 시스템의 문자들을 인코딩하고 디코딩할 수 있어야 한다.

끝으로 컴퓨터 게임을 포함하여 다양한 분야에 필요한 "난수(random number)" 생성 방법에 대해서도 살펴본다.

6.1 사전 형

이 장에서는 제일 먼저 Python에서 아주 중요한 내장형 컨테이너인 사전(dictionary)에 대해서 다루고자 한다.

■ 사전 형에서 사용자 정의 첨자가 필요한 이유

5만 명의 직원이 있는 회사에서 각 직원의 정보를 관리하려고 한다. 아래 코드처럼 각 직원의 번호[주민등록번호나 사번, SSN(social security number) 등. 이후 사번으로 통일하여 부름]를 사용하여 정보에 접근하려 한다고 가정해 보자.

```
>>> employee[864209753]
['Yu', 'Tsun']
>>> employee[987654321]
['Anna', 'Karenina']
>>> employee[100010010]
['Hans', 'Castorp']
```

`employee`라는 컨테이너에는 첨자가 864209753인 위치에 사번이 864-20-9753인 직원의 성명 Yu Tsun이 저장되어 있다. 성(last name)과 이름(first name)은 리스트에 저장되어 있으며 필요에 따라 주소나 생년월일, 직무 등의 정보를 추가로 저장할 수 있다. 첨자가 `987654321`과 `100010010`인 위치에는 각각 `['Anna', 'Karenina']`와 `['Hans', 'Castorp']`이 저장되어 있다. 일반적으로 첨자가 `i`인 위치에는 사번이 `i`인 직원의 정보(성과 이름)가 저장되어 있을 것이다.

만약 `employee`가 리스트라면 그 크기는 적어도 사번 중 가장 높은 숫자보다 커야 한다. 첨자로 사용하는 사번이 9자리수이기 때문에 `employee`의 크기는 최소한 `1,000,000,000`이어야 한다. 사용하는 시스템이 이렇게 큰 리스트를 수용할 수 있다고 하더라도 그 중 50,000개만 사용되기 때문에 리스트 대부분은 빈 공간이 될 것이며 따라서 메모리를 크게 낭비하게 된다. 리스트를 사용할 때 생기는 다른 문제점으로는 사번이 사실 정수형이 아니라는 점이다. 일반적으로 사번은 `987-65-4321`처럼 하이픈(-)을 사용하여 표기하며 `012-34-5678`처럼 0부터 시작할 수도 있다. 따라서 사번 `987-65-4321`이나 `012-34-5678`을 나타내려면 `'012-34-5678'`이나 `'987-65-4321'`처럼 문자열을 사용하는 것이 더 낫다.

리스트는 항상 정수형 첨자를 사용하기 때문에 위와 같은 문제에 사용하기에는 부적합하다. 이 경우에는 그림 6.1처럼 "사용자 정의 첨자", 즉 `'012-34-5678'`이나 `'987-65-4321'`과 같은 첨자를 사용하여 항목에 접근하는 것이 필요하다.

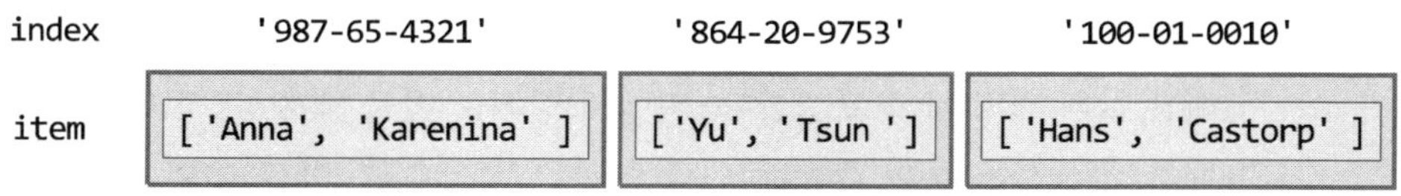

그림 6.1
전 형을 사용하는 이유
전형은 사용자가 지정한 자를 사용하여 항목에 접하는 컨테이너이다.

Python은 "사용자 정의 첨자"를 사용할 수 있는 내장형 컨테이너 **사전**을 제공한다. 위의 문제에서 사전을 사용하여 정의한 employee는 아래와 같다.

```
>>> employee = {
        '987-65-4321': ['Anna', 'Karenina'],
        '864-20-9753': ['Yu', 'Tsun'],
        '100-01-0010': ['Hans', 'Castorp']}
```

대입 연산자의 우변을 여러 줄로 나타냄으로써 첨자 '987-65-4321'이 ['Anna', 'Karenina']에 해당하고 첨자 '864-20-9753'이 ['Yu', 'Tsun']에 해당함을 한눈에 볼 수 있도록 하였다. 자, 이제 사용자 정의 첨자를 사용하여 employee에 저장된 직원의 정보를 확인해 보자.

```
>>> employee['864-20-9753']
['Yu', 'Tsun']
>>> employee['987-65-4321']
['Anna', 'Karenina']
```

사전 employee는 정수형 첨자가 아니라 사용자가 직접 지정한 첨자를 사용하여 항목에 접근한다는 점에서 리스트와 다르다.

■ 사전 클래스의 속성

Python 사전 형은 dict로서 list나 str처럼 컨테이너 형이다. 사전은 **(키, 값)**으로 된 쌍을 담고 있다. 사전 객체를 나타내는 일반적 표현은 다음과 같다.

```
{<키 1>:<값 1>, <키 2>:<값 2>, ..., <키 i>:<값 i>}
```

이 표현식은 i개의 **키:값 쌍**을 담고 있는 사전을 정의하고 있다. 여기서 **키**(key)와 **값**(value)은 모두 객체이다. **키**는 **값**을 찾기 위해 사용되는 색인이다. 이 표현식대로 위에서 우리가 정의했던 사전 employee에서 키는 '100-01-0010'이며 값은 ['Hans', 'Castorp']이다.

사전에서 여러 개의 키-값 쌍은 쉼표로 분리하며 대괄호([])를 사용했던 리스트와 달리 중괄호({})로 감싸 나타낸다. 키-값 쌍의 키와 값은 쌍점(:)을 사용하여 분리하며 키는 왼쪽에, 값은 오른쪽에 나타낸다. 키의 형은 변경 불가능한(immutable) 형이라면 어떤 형이든 가능하다. 그러므로 문자열이나 수 객체 등은 키가 될 수 있지만 리스트는 키가 될 수 없다. 값의 형에는 아무 제한도 없다.

보통 키와 값의 관계에 대해서 '키를 해당되는 값에 **대응**시킨다'고 하거나 혹은 '키가 해당 값의 첨자'라고 표현한다. 키에 해당되는 값을 대응시킨다(mapping)고 볼 수 있기 때문에 사전을 흔히 **맵(map)**이라고 부르기도 한다. 예를 들어 다음과 같이 요일의 약어 'Mo', 'Tu', 'We', 'Th'(키)를 'Monday', 'Tuesday', 'Wednesday', 'Thursday'(값)와 대응시키는 사전이 있다고 가정해 보자.

```
>>> days = {'Mo':'Monday', 'Tu':'Tuesday', 'We':'Wednesday',
            'Th':'Thursday'}
```

변수 days는 총 네 개의 키-값 쌍을 가지고 있는 사전이다. 그림 6.2를 보면 더 잘 이해할 수 있다. 키-값 쌍 'Mo':'Monday'의 키는 'Mo'이며 값은 'Monday'이다. 마찬가지로 키-값 쌍 'Tu':'Tuesday'의 키는 'Tu'이며 값은 'Tuesday'이다.

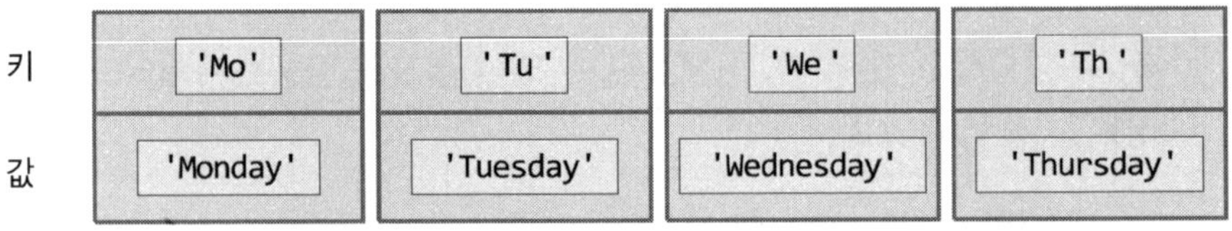

그림 6.2
사전 days
이 사전은 문자열 키 'Mo', 'Tu', 'We', 'Th'를 문자열 값인 'Monday', 'Tuesday', 'Wednesday', 'Thursday'와 각각 대응시킨다.

사전의 값은 정수 첨자[오프셋(offset)]가 아닌 키를 이용하여 접근한다. 사전 days에서 'Wednesday'에 접근하려면 정수 2가 아니라 키 'We'를 사용한다.

```
>>> days['We']
'Wednesday'
```

키를 사용하지 않고 첨자 2를 사용하면 다음과 같은 오류가 발생한다.

```
>>> days[2]
Traceback (most recent call last):
File "<pyshell#27>", line 1, in <module>
days[2]
KeyError: 2
```

KeyError 예외는 정의되지 않은 키를 사용하여 오류라는 것을 나타낸다.

사전의 키-값 쌍은 순서가 없기 때문에 순서에 대한 어떤 가정도 할 수 없다. 예를 들어서 사전 d를 다음과 같이 정의하였다고 하자.

```
>>> d = {'b':23, 'a':34, 'c':12}
```

사전 d에는 'b', 'a', 'c' 순서로 값을 넣었지만 d를 출력하면 입력한 순서대로 키-값 쌍이 출력되지 않을 수도 있다.

```
>>> d
{'a': 34, 'c': 12, 'b': 23}
```

사전은 리스트와 같이 변경 가능(mutable)하다. 사전을 수정하여 새로운 키-값 쌍을 아래처럼 추가할 수 있다.

```
>>> days['Fr'] = 'friday'
>>> days
{'Fr': 'friday', 'Mo': 'Monday', 'Tu': 'Tuesday',
'We': 'Wednesday', 'Th': 'Thursday'}
```

위 예를 통해 사전의 크기가 동적이라는 것을 알 수 있다. 또한 사전에 저장된 키-값 쌍 중에서 키를 새로운 값에 대응시킬 수도 있다.

```
>>> days['Fr'] = 'Friday'
>>> days
{'Fr': 'Friday', 'Mo': 'Monday', 'Tu': 'Tuesday',
'We': 'Wednesday', 'Th': 'Thursday'}
```

비어있는 사전은 기본 생성자 dict()를 사용하여 생성할 수도 있고 아니면 아래처럼 간단하게 대입문을 이용하여 생성할 수 있다.

```
>>> d = {}
```

실습 6.1

미국 대통령의 이름을 문자열로 입력받은 후, 그 대통령이 출생한 주의 이름을 반환하는 함수 birthState()를 작성하라. 사전을 사용하여 각 대통령과 출생한 주를 저장해야 한다.

```
{'Barack Hussein Obama II':'Hawaii',
 'George Walker Bush':'Connecticut',
 'William Jefferson Clinton':'Arkansas',
 'George Herbert Walker Bush':'Massachussetts',
 'Ronald Wilson Reagan':'Illinois',
 'James Earl Carter, Jr':'Georgia'}
```

```
>>> birthState('Ronald Wilson Reagan')
'Illinois'
```

사전 연산자

리스트 클래스와 마찬가지로 사전 클래스도 몇 가지 연산자들을 제공한다. 키를 사용하여 값에 접근하기 위해 첨자 연산자([])를 사용할 수 있다는 것은 이미 위에서 다룬 바 있다.

```
>>> days['Fr']
'Friday'
```

키에 새로운 값을 대응시키거나 새로운 키-값 쌍을 사전에 추가할 때에도 첨자 연산자를 사용할 수 있다.

```
>>> days
{'Fr': 'Friday', 'Mo': 'Monday', 'Tu': 'Tuesday',
'We': 'Wednesday', 'Th': 'Thursday'}
>>> days['Sa'] = 'Sat'
>>> days
{'Fr': 'Friday', 'Mo': 'Monday', 'Tu': 'Tuesday',
'We': 'Wednesday', 'Th': 'Thursday', 'Sa': 'Sat'}
```

사전의 크기(들어있는 키-값 쌍의 개수)는 함수 len을 사용하면 쉽게 알 수 있다.

```
>>> len(days)
6
```

어떤 객체가 사전의 키인지 아닌지 확인할 때에는 연산자 in과 not in을 사용한다.

```
>>> 'Fr' in days
True
>>> 'Su' in days
False
>>> 'Su' not in days
True
```

사전에서 사용할 수 있는 연산자는 표 6.1에서 확인할 수 있다.

표 6.1
클래스 dict의 연산자
자주 사용되는 사전 연산자의 사용법을 요약한 것이다.

연산	설명
k in d	k가 사전 d의 키일 때 True를 반환하고 그렇지 않은 경우 False를 반환한다.
k not in d	k가 사전 d의 키일 때 False를 반환하고 그렇지 않은 경우 True를 반환한다.
d[k]	사전 d에서 k에 대응되는 값
len(d)	사전 d에 들어있는 키-값 쌍의 개수

list 클래스에서는 지원되지만 dict 클래스에서는 지원되지 않는 연산들이 있다. 예를 들어 사전형 변수의 경우에는 **슬라이스**(slice)를 구하기 위해 첨자 연산자 []를 사용할 수 없다. 슬라이스 연산은 순서가 있어야 한다는 것을 전제하고 있는데 사전에 저장된 데이터 간에는 순서가 없기 때문이다. +와 * 연산자 또한 사전에서는 지원되지 않는다.

실습 6.2

전화번호부와 반대로 전화번호로 전화번호의 주인을 찾는 함수 rlookup()을 작성하라. 이 함수는 입력 값으로 전화번호부를 나타내는 사전을 입력받는다. 이 사전에서 전화번호(키)는 사람의 이름(값)과 대응되어 있다. 이 함수는 간단한 사용자 인터페이스를 통하여 사용자에게 전화번호를 입력받고 그 전화번호 주인의 이름과 성을 출력하는 과정을 반복해야 한다.

```
>>> rphonebook = {'(123)456-78-90':['Anna','Karenina'],
                  '(901)234-56-78':['Yu', 'Tsun'],
                  '(321)908-76-54':['Hans', 'Castorp']}
>>> rlookup(rphonebook)
Enter phone number in the format (xxx)xxx-xx-xx: (123)456-78-90
('Anna', 'Karenina')
Enter phone number in the format (xxx)xxx-xx-xx: (453)454-55-00
The number you entered is not in use.
Enter phone number in the format (xxx)xxx-xx-xx:
```

사전 메소드

list와 dict의 공통된 **연산자**들은 꽤 많이 있지만 공통된 **메소드**는 pop() 하나뿐이다. pop() 메소드는 키를 인수로 받아, 이 키가 사전에 있다면 해당하는 키-값 쌍을 사전에서 제거하고 그 값을 반환한다.

```
>>> days
{'Fr': 'Friday', 'Mo': 'Monday', 'Tu': 'Tuesday',
'We': 'Wednesday', 'Th': 'Thursday', 'Sa': 'Sat'}
>>> days.pop('Tu')
'Tuesday'
>>> days.pop('Fr')
'Friday'
>>> days
{'Mo': 'Monday', 'We': 'Wednesday', 'Th': 'Thursday',
'Sa': 'Sat'}
```

자, 이제 사전 메소드를 몇 개 더 살펴보자. 사전 d2를 인수로 하여 사전 d1의 update() 메소드를 호출하면 d2의 모든 키-값 쌍들이 d1에 추가된다. 이때 d1에 저장된 키-값 쌍들을 덮어쓸 수도 있다. 예를 들어 자신이 제일 좋아하는 요일을 아래와 같이 사전 favorites으로 정의했다고 하자.

```
>>> favorites = {'Th':'Thursday', 'Fr':'Friday', 'Sa':'Saturday'}
```

update() 메소드를 사용하여 이 요일들을 days 사전에 추가하면 다음과 같다.

```
>>> days.update(favorites)
>>> days
{'Fr': 'Friday', 'Mo': 'Monday', 'We': 'Wednesday',
'Th': 'Thursday', 'Sa': 'Saturday'}
```

키-값 쌍 'Fr':'Friday'가 days에 추가되었으며 원래 days에 들어있던 'Sa':'Sat'는 'Sa':'Saturday'로 대체된 것을 확인할 수 있다. 또 여기서 주목해야 할 점은 위와 같이 추가해도 'Th':'Thursday' 키-값 쌍은 사전에 하나만 존재한다는 점이다.

keys(), values(), items()는 사전 메소드 중 특히 더 유용한데, 이 메소드들은 사전에서 각각 키, 값, 키-값 쌍을 반환해준다. 이들 메소드의 사용법을 보기 위해 아래와 같이 정의된 사전 days가 있다고 하자.

```
>>> days
{'Fr': 'Friday', 'Mo': 'Monday', 'We': 'Wednesday',
'Th': 'Thursday', 'Sa': 'Saturday'}
```

메소드 keys()는 사전의 키를 반환한다.

```
>>> keys = days.keys()
>>> keys
dict_keys(['Fr', 'Mo', 'We', 'Th', 'Sa'])
```

위 수행 결과를 잘 살펴보면 keys() 메소드가 반환한 컨테이너 객체가 리스트가 아닌 것을 알 수 있다. 이 형을 살펴보자.

```
>>> type(days.keys())
<class 'dict_keys'>
```

아직 책에서 한 번도 등장하지 않았던 형이 나왔다. 이 형에 대해 자세히 알아야 할 필요가 있을까? 지금 이 시점에서는 그럴 필요가 없다. 그저 어떻게 사용하는지만 알고 넘어가자. 그렇다면 keys() 메소드가 반환한 이 객체는 어떻게 사용하는 걸까? 보통은 사전의 키에 하나씩 반복하여 접근할 때 사용한다.

```
>>> for key in days.keys():
        print(key, end=' ')
Fr Mo We Th Sa
```

아래 코드처럼 dict_keys 객체가 아니라 직접 사전에 접근하여 사용할 때에도 실제로는 Python 인터프리터가 for key in days를 for key in days.keys()로 변환한 후에 실행하기 때문에 같은 결과를 얻을 수 있다.

```
>>> for key in days:
        print(key, end=' ')
Fr Mo We Th Sa
```

자주 사용되는 Python 내장 사전 메소드가 표 6.2에 나타나 있다. 온라인 문서를 참고하거나 인터프리터 셸에 아래 명령어를 입력하면

```
>>> help(dict)
...
```

더 자세한 정보를 얻을 수 있다. 표 6.2에 나온 사전 메소드 values()와 items() 또한 하나씩 반복하여 접근할 수 있는 객체를 반환해준다. values() 메소드는 보통 사전의 값들을 차례로 접근할 때 사용한다.

```
>>> for value in days.values():
        print(value, end=', ')
Friday, Monday, Wednesday, Thursday, Saturday,
```

표 6.2
dict 클래스의 메소드
주 사용하는 사전 클래스 메소드가 적혀있다. d는 전을 의미한다.

연산	설명
d.items()	d의 키-값 쌍을 튜플로 반환한다.
d.get(k)	d[k]와 같이 키 k에 대응된 값을 반환한다.
d.keys()	d의 키의 뷰 객체를 반환한다.
d.pop(k)	d에서 키 k의 키-값 쌍을 제거하고 제거한 값을 반환한다.
d.update(d2)	사전 d2의 키-값 쌍을 d에 추가한다.
d.values()	d의 값의 뷰 객체를 반환한다.

items() 메소드는 각 키-값 쌍의 tuple 객체를 담고 있는 컨테이너를 반환한다.

```
>>> days.items()
dict_items([('Fr', 'Friday'), ('Mo', 'Monday'), ('We', 'Wednesday'),
           ('Th', 'Thursday'), ('Sa', 'Saturday')])
```

이 메소드는 사전의 키-값 쌍에 하나씩 반복하여 접근할 때 주로 사용된다.

```
>>> for item in days.items():
        print(item, end='; ')
('Fr', 'Friday'); ('Mo', 'Monday'); ('We', 'Wednesday');
('Th', 'Thursday'); ('Sa', 'Saturday');
```

DETOUR

뷰 객체

keys(), values(), items() 메소드가 반환하는 객체를 **뷰 객체(view objects)**라고 부른다. 뷰 객체들은 사전의 키, 값, 키-값 쌍을 **동적(dynamic view)**으로 볼 수 있도록 해준다. 즉 사전의 내용이 바뀌었을 때 뷰는 변경된 사항을 반영한다.

예를 들어 사전 days와 뷰 keys를 다음과 같이 정의하였다고 하자.

```
>>> days
{'Fr': 'Friday', 'Mo': 'Monday', 'We': 'Wednesday',
'Th': 'Thursday', 'Sa': 'Saturday'}
>>> keys = days.keys()
>>> keys
dict_keys(['Fr', 'Mo', 'We', 'Th', 'Sa'])
```

keys는 사전 days의 키의 뷰를 가리키고 있다. 이제 days에서 키-값 쌍을 하나 제거해 보자.

```
>>> del(days['Mo'])
>>> days
{'Fr': 'Friday', 'We': 'Wednesday', 'Th': 'Thursday', 'Sa': 'Saturday'}
```

다시 keys를 확인해 보면 days에서 바뀐 사항이 keys에도 적용된 것을 알 수 있다.

```
>>> keys
dict_keys(['Fr', 'We', 'Th', 'Sa'])
```

keys(), value(), items()가 반환한 컨테이너 객체의 데이터 형은 합집합이나 교집합 같은 집합 유사 연산들도 제공한다. 이런 연산자들을 통해 두 사전의 키를 합치거나 두 사전에서 공통된 값들을 찾을 수 있다. 이에 대해서는 6.2절에서 집합에 대해 설명할 때 더 자세하게 다룰 예정이다.

사전으로 다중분기 if 문 대신하기

이전에 설명하였듯이 사전이 만들어진 주된 이유는 사용자가 정의한 첨자를 사용하기 위해서였다. 이제 사전의 다른 용도를 살펴보자.

줄임말을 풀어주는 complete()라는 함수를 개발하려고 한다고 하자. 이 함수는 'Tu'처럼 각 요일의 줄임말을 입력받으면 해당하는 요일 'Tuesday'를 반환한다.

```
>>> complete('Tu')
'Tuesday'
```

다음 코드처럼 다중분기 if 문을 사용하여 이를 구현할 수도 있다.

```
def complete(abbreviation):
    '입력된 약어에 대응하는 요일을 반환한다.'
    if abbreviation == 'Mo':
        return 'Monday'
    elif abbreviation == 'Tu':
        return 'Tuesday'
    elif ...
         ...
    else: # 약어가 'Su'일 때임
        return 'Sunday'
```

쓸데없이 코드가 너무 길어지기 때문에, 또 여러분 스스로 충분히 작성할 수 있을 것이기 때문에 코드 일부를 생략하였다. 위와 같은 문제에서 다중분기 `if` 문을 사용하는 것은 효과적이지 못하다.

위 코드의 문제는 사실상 요일의 줄임말과 요일을 "대응"시켜야 할 상황에서 7분기 `if` 문을 사용하여 구현했다는 사실이다. 사전을 사용하여 요일을 대응시켜 구현하는 것이 훨씬 간단하다. 더 나은 버전의 `complete()` 함수는 다음과 같다.

모듈 ch6.py

```
def complete(abbreviation):
    '입력된 약어에 대응하는 요일을 반환한다.'

    days = {'Mo': 'Monday', 'Tu':'Tuesday', 'We': 'Wednesday',
            'Th': 'Thursday', 'Fr': 'Friday', 'Sa': 'Saturday',
            'Su':'Sunday'}

    return days[abbreviation]
```

계수 컨테이너로 사전 사용하기

사전 형은 "어떤 원소"가 특정 집합에 몇 번 나타나는지 셀 때에도 요긴하게 사용된다. 예를 들어 검색 엔진의 경우 질의어(query)가 웹페이지와 얼마나 관련성이 있는지를 파악하기 위해서 웹페이지에 나오는 각 단어의 빈도를 계산해야 할 수도 있다.

간단하게 아래에 정의된 리스트 `students`에서 각 학생의 이름의 빈도를 세려고 한다고 가정해 보자.

```
>>> students = ['Cindy', 'John', 'Cindy', 'Adam', 'Adam',
               'Jimmy', 'Joan', 'Cindy', 'Joan']
```

우리가 작성하려고 하는 함수 `frequency()`는 `students`와 같은 리스트를 입력받은 후 각 리스트 항목의 빈도를 계산하는 함수이다.

frequency()는 여러 가지 방법으로 구현할 수 있다. 하지만 최선의 방법은 리스트에서 서로 다른 항목마다 계수기를 두고 항목을 하나씩 순회가면서 해당하는 계수기를 증가시키는 것이다. 이렇게 구현하기 위해서는 다음 세 가지 질문에 답해야 한다.

1. 계수기가 몇 개 필요한지 어떻게 알 것인가?
2. 계수기를 어떻게 모두 저장할 것인가?
3. 계수기와 리스트의 항목을 어떻게 연관시킬 것인가?

첫 번째 질문에 대한 해결책은 동적 할당이다. 계수기를 필요할 때마다 동적으로 할당한다면 계수기의 개수를 미리 파악할 필요가 없다. 다시 말해서, 항목들을 하나씩 순회하며 접근할 때에 어떤 항목이 처음 등장한 경우에만 계수기를 생성하면 된다. 리스트 students에서 처음 세 개의 항목에 접근할 때에 어떻게 계수기가 생성되는지 그림으로 나타내면 그림 6.3과 같다.

그림 6.3
동적으로 만들어진 계수기
리스트 students의 원소를 하나씩 순회하며 접근하는 과정에서 계수기가 동적으로 생성된다. 첫 번째 항목 'Cindy'에 접근할 때에 문자열 'Cindy'의 계수기가 생성된다. 두 번째 항목 'John'에 접근할 때에 'John'의 계수기가 생성된다. 세 번째 항목 'Cindy'에 접근할 때에 'Cindy'의 계수기가 1 증가한다.

실습 6.3

리스트 students에서 그 다음 세 개의 항목에 접근한 후의 계수기 상황을 그림으로 나타내어라. 그림 6.3을 참고하여 첫 번째 'Adam'에 접근한 후와 두 번째 'Adam'에 접근한 후, 'Jimmy'에 접근한 후의 상황을 각각 그림으로 나타내어라.

그림 6.3을 보면 두 번째 질문에 대한 해답을 얻을 수 있다. 사전을 계수기로 사용하면 된다. 사전의 키-값 쌍에서 키에 항목을 저장하고 키에 해당하는 값을 그 키의 계수기로 한다. 예를 들어 문자열 'Cindy'는 키가 되고 해당하는 값은 그 계수기가 되는 것이다. 세 번째 질문도 사전에서 키와 값을 대응시키는 것으로 해결할 수 있다.

이제 함수 frequency()가 무엇을 반환해야 하는지 생각해 보자. 중복이 없는 항목들과 그 항목들의 빈도수를 대응시키는 사전을 반환하면 된다. 함수 frequency()의 동작을 나타내면 다음과 같다.

```
>>> students = ['Cindy', 'John', 'Cindy', 'Adam', 'Adam',
                'Jimmy', 'Joan', 'Cindy', 'Joan']
>>> frequency(students)
{'John': 1, 'Joan': 2, 'Adam': 2, 'Cindy': 3, 'Jimmy': 1}
```

frequency(students)가 반환한 사전을 그림으로 나타내면 그림 6.4와 같다. 키는 리스트 students의 중복 없는 이름이며 값은 각 이름의 빈도수이다.

그림 6.4
계수기 컨테이너 사전
사전은 리스트 students
frequency() 함수를
용한 결과를 보여준다.

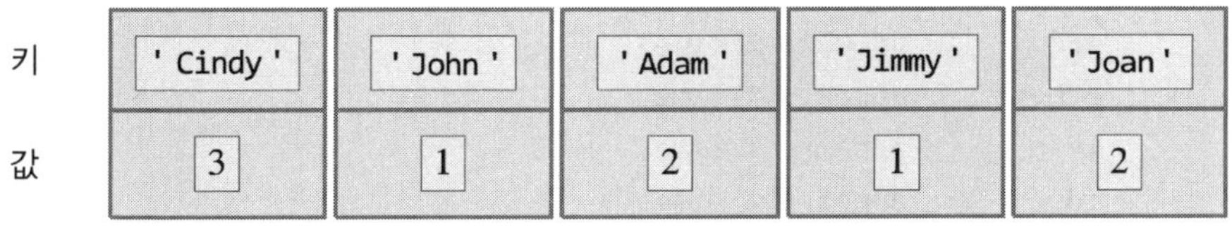

지금까지 찾은 퍼즐 조각을 다 맞추면 원하는 함수를 구현할 수 있다.

모듈
ch6.py

```
1   def frequency(itemList):
2       '입력된 itemList 내의 항목이 나타나는 빈도수를 반환한다.'
3       counters = {}                      # 사전형 counters를 초기화한다.
4
5       for item in itemList:
6
7           if item in counters:           # counters에 항목이 이미 존재하는 경우
8               counters[item] += 1        # 1 증가시킨다.
9           else:                          # counters에 새로운 항목 값 설정
10              counters[item] = 1         # 1로 초기화한다.
11
12      return counters
```

3행에서는 사전 counters를 빈 사전으로 초기화한다. for 문은 리스트 itemList의 각 항목에 대하여 다음을 수행한다.

- 항목에 해당하는 계수기를 증가시키거나
- 항목에 해당하는 계수기가 없으면 계수기를 생성하고 1로 초기화한다.

계수 프로그램을 작성하기 위해 누적 반복 패턴을 사용했다는 점에 주목하기 바란다.

실습 6.4

문자열로 된 문구를 입력받은 후 각 단어의 빈도수를 출력하는 함수 wordcount()를 구현하여라. 구두점은 포함되어 있지 않고 띄어쓰기를 통해 단어들이 분리되어 있다고 가정한다.

```
>>> text = 'all animals are equal but some \
animals are more equal than others'
>>> wordCount(text)
all        appears 1 time.
animals    appears 2 times.
some       appears 1 time.
equal      appears 2 times.
but        appears 1 time.
are        appears 2 times.
others     appears 1 time.
than       appears 1 time.
more       appears 1 time.
```

■ 사전의 키가 될 수 있는 tuple 객체

실습문제 6.2에서 전화번호와 사람의 이름을 대응시키는 사전에 대해서 살펴본 바 있다.

```
>>> rphonebook = {'(123)456-78-90':['Anna','Karenina'],
                  '(901)234-56-78':['Yu', 'Tsun'],
                  '(321)908-76-54':['Hans', 'Castorp']}
```

이전에는 위와 같은 사전을 사용하여 전화번호를 입력하면 이름을 반환하는 전화번호부를 구현했었다. 그런데 이름을 입력하였을 때 전화번호를 반환하는 일반적인 전화번호부를 구현하려고 한다면 어떻게 해야 할까?

rphonebook에서 사용한 사전으로는 구현할 수가 없기 때문에 약간의 수정이 필요하다. 이름으로 전화번호를 찾아야 하므로 rphonebook의 키-값 쌍을 바꾸어 키를 이름으로 하고 전화번호를 값으로 해야 한다.

```
>>> phonebook = {['Anna','Karenina']:'(123)456-78-90',
                 ['Yu', 'Tsun']:'(901)234-56-78',
                 ['Hans', 'Castorp']:'(321)908-76-54'}
Traceback (most recent call last):
    File "<pyshell#242>", line 1, in <module>
      phonebook = {['Anna','Karenina']:'(123)456-78-90',
TypeError: unhashable type: 'list'
```

하지만 오류가 발생했다. 왜 이런 오류가 발생했을까? 이 오류는 리스트를 키로 정의하였기 때문에 생긴 것이다. 이전에 사전의 키를 정의할 때 키의 형은 변경 불가능한 형이어야 한다고 언급한 바 있다.

이 문제를 해결하는 방법은 간단하다. Python 내장 **tuple** 클래스를 사용하면 된다. 튜플 객체는 변경 불가능하기 때문에 사전의 키로 사용할 수 있다. 그렇다면 다시 주어진 문제로 돌아가서 이름을 전화번호와 대응하는 전화번호부를 구현해 보자. 이번에는 리스트 대신 **tuple** 객체를 사용하여 키를 정의한다.

```
>>> phonebook = {('Anna','Karenina'):'(123)456-78-90',
                 ('Yu', 'Tsun'):'(901)234-56-78',
                 ('Hans', 'Castorp'):'(321)908-76-54'}
>>> phonebook
{('Hans', 'Castorp'): '(321)908-76-54',
('Yu', 'Tsun'): '(901)234-56-78',
('Anna', 'Karenina'): '(123)456-78-90'}
```

이제 새 전화번호부를 테스트해 보자.

```
>>> phonebook[('Hans', 'Castorp')]
'(321)908-76-54'
```

이제 여러분은 사전을 이용하여 전화번호부를 구현할 수 있게 되었다.

실습 6.5

전화번호부를 나타내는 사전을 인수로 받아 입력받은 이름에 따라 전화번호를 출력하는 함수 lookup()을 구현하라. 이름과 성으로 구성된 튜플(키)은 전화번호(값)와 대응시킨다. 전화번호부 예를 들면 다음과 같다.

```
>>> phonebook = {('Anna','Karenina'):'(123)456-78-90',
                 ('Yu', 'Tsun'):'(901)234-56-78',
                 ('Hans', 'Castorp'):'(321)908-76-54'}
```

구현할 함수는 이름과 성을 입력하여 전화번호를 찾을 수 있도록 간단한 사용자 인터페이스를 제공해야 한다.

```
>>> lookup(phonebook)
Enter the first name: Anna
Enter the last name: Karenina
(123)456-78-90
Enter the first name: Yu
Enter the last name: Tsun
(901)234-56-78
```

6.2 집합 형

이 절에서는 또 다른 Python 내장 자료형인 집합 set에 대해서 다룰 것이다. set 클래스는 수학에서 쓰이는 집합의 모든 특성을 지니고 있다. 집합은 항목들을 순서에 상관없이 저장하는데 사용되며 항목이 중복되는 것은 허용하지 않는다. 저장될 항목은 변경 불가능한 형이어야 한다. set 형은 합집합과 교집합, 대칭 차집합(symmetric difference), 집합 원소 연산 등 다양한 집합 연산들을 제공한다. 그렇기 때문에 set 형은 어떤 문제를 수학의 집합을 이용하여 모형화(modeling)할 때 특히 더 유용하다. 또한 리스트에 중복된 값을 넣고 싶지 않을 때에도 사용할 수 있다.

set는 수학의 집합 연산과 같은 방법으로 표기한다. 즉, 항목들을 쉼표로 구분하며 중괄호({})로 감싸 나타낸다. 다음은 세 개의 전화번호를 문자열을 집합으로 나타낸 것이다.

```
>>> phonebook1 = {'123-45-67', '234-56-78', '345-67-89'}
```

phonebook1의 형을 확인해 보자.

```
>>> phonebook1
{'123-45-67', '234-56-78', '345-67-89'}
>>> type(phonebook1)
<class 'set'>
```

아래 예에서 볼 수 있는 것처럼 집합에서는 중복된 값들이 무시된다.

```
>>> phonebook1 = {'123-45-67', '234-56-78', '345-67-89',
                  '123-45-67', '345-67-89'}
>>> phonebook1
{'123-45-67', '234-56-78', '345-67-89'}
```

■ set 생성자를 사용하여 중복 제거하기

집합에 속한 원소는 중복될 수 없기 때문에 리스트의 중복을 없애고 싶을 때에도 집합을 사용할 수 있다. 예를 들어 어느 반 학생들의 나이를 담고 있는 리스트가 있다고 하자. 당연히 나이는 중복될 수 있다.

```
>>> ages = [23, 19, 18, 21, 18, 20, 21, 23, 22, 23, 19, 20]
```

이 리스트에서 중복된 값들을 없애려면 집합의 생성자를 이용하여 리스트를 집합으로 변환한 후에 다시 리스트로 변환하면 된다. 집합에는 중복된 값이 있을 수 없기 때문에 집합 생성자는 모든 중복된 값을 제거한다.

```
>>> ages = list(set(ages))
>>> ages
[18, 19, 20, 21, 22, 23]
```

하지만 이 방법을 사용하면 원소 순서가 재배열된다는 것에 **주의**해야 한다.

CAUTION

공집합

공집합을 생성하려고 할 때 이렇게 하고 싶을 것이다.

```
>>> phonebook2 = {}
```

하지만 phonebook2의 형을 검사해 보면 집합이 아닌 사전 형임을 알 수 있다.

```
>>> type(phonebook2)
<class 'dict'>
```

그 이유는 사전을 정의할 때도, 중괄호({})가 사용되며 {}가 빈 사전을 나타내기 때문이다. 그렇다면 다음 두 가지 의문이 생긴다.

1. Python은 어떻게 사전과 집합을 구분할까?
2. 공집합은 어떻게 만들까?

첫 번째 질문에 대한 대답은 쌍점(:)이다. 사전과 집합 모두 중괄호를 이용하고 그 항목을 구분하기 위해 쉼표를 이용하지만 사전은 키-값 쌍을 쌍점을 사용하여 구분하는 반면 집합은 쌍점을 사용하지 않는다.

두 번째 질문에 대한 대답은 공집합을 생성할 때 명시적으로 집합 생성자를 사용해야 한다는 것이다.

```
>>> phonebook2 = set()
```

이제 다시 phonebook2의 형을 검사해 보면 다음과 같다.

```
>>> phonebook2
set()
>>> type(phonebook2)
<class 'set'>
```

set 연산자

set 클래스는 수학의 집합 분야에서 일반적으로 사용하는 연산들을 지원하고 있다. 집합 연산 중 몇 가지는 리스트, 문자열, 사전에서도 사용할 수 있다. 예를 들어 in 연산자와 not in 연산자는 집합의 원소 포함 여부를 검사하는 데에 사용된다.

```
>>> '123-45-67' in phonebook1
True
>>> '456-78-90' in phonebook1
```

```
False
>>> '456-78-90' not in phonebook1
True
```

len() 연산자는 집합의 크기를 반환한다.

```
>>> len(phonebook1)
3
```

비교 연산자 ==, !=, <, <=, >, >= 또한 집합에 대해 사용할 수 있는데, 그 의미는 집합 비교 연산으로 해석된다. 두 집합은 같은 원소들을 포함하고 있을 때에만 같다.

```
>>> phonebook3 = {'345-67-89','456-78-90'}
>>> phonebook1 == phonebook3
False
>>> phonebook1 != phonebook3
True
```

그림 6.5에 나타나 있듯이 집합 phonebook1과 phonebook3이 포함하고 있는 원소들은 다르다.

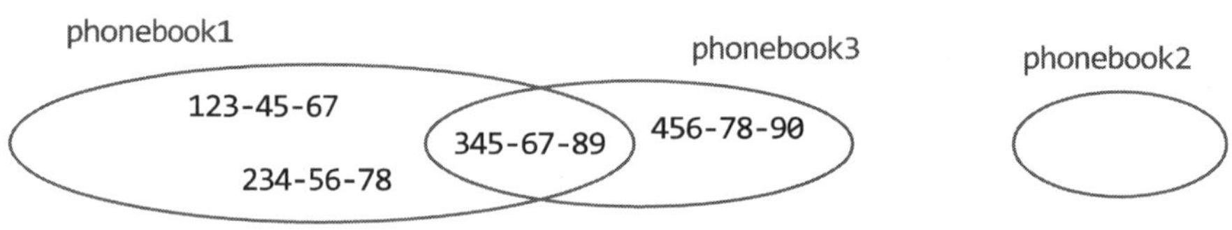

그림 6.5
세 개의 전화번호부 집합
집합 phonebook1, phonebook2, phonebook3의 벤 다이어그램이다.

어떤 집합이 다른 집합의 부분집합일 때 그 집합보다 "작거나 같다"고 하며 진부분집합일 경우에는 "작다"고 한다. 예제를 보자.

```
>>> {'123-45-67', '345-67-89'} <= phonebook1
True
```

그림 6.5를 보면 집합 {'123-45-67', '345-67-89'}가 phonebook1의 부분집합인 것을 알 수 있다. 그러나 phonebook1은 phonebook1의 진부분집합이 아니다.

```
>>> phonebook1 < phonebook1
False
```

Python에서 수학의 집합 연산인 합집합, 교집합, 차집합, 대칭 차집합(symmetric difference)은 각각 set 연산자 |, &, -, ^로 표기한다. 각 연산은 두 개의 집합을 받아 하나의 새로운 집합을 반환한다. 합집합은 두 집합의 모든 원소를 포함하고 있는 집합을 반환한다.

```
>>> phonebook1 | phonebook3
{'123-45-67', '234-56-78', '345-67-89', '456-78-90'}
```

교집합은 두 집합의 공통된 원소로 구성된 집합을 반환한다.

```
>>> phonebook1 & phonebook3
{'345-67-89'}
```

차집합은 첫 번째 집합에는 있지만 두 번째 집합에는 없는 원소들의 집합을 반환한다.

```
>>> phonebook1 - phonebook3
{'123-45-67', '234-56-78'}
```

대칭 차집합은 두 집합의 공통된 원소를 제외한 모든 원소들의 집합을 반환한다.

```
>>> phonebook1 ^ phonebook3
{'123-45-67', '234-56-78', '456-78-90'}
```

그림 6.5를 참고하여 위 여러 예제 코드에서 set 연산이 제대로 수행되었는지 검사해 보자.

자주 사용되는 set 연산을 정리하면 표 6.3과 같다.

표 6.3
클래스 set 연산자
자주 사용되는 집합 연산자 사용법을 정리하였다.

연산	설명
x in s	x가 집합 s에 있을 경우 True를, 없을 경우 False를 반환한다.
x not in s	x가 집합 s에 있을 경우 False를, 없을 경우 True를 반환한다.
len(s)	s의 크기를 반환한다.
s == t	집합 s와 t가 같은 원소들을 담고 있을 경우 True를, 아닐 경우 False를 반환한다.
s != t	집합 s와 t가 담고 있는 원소가 다를 경우 True를, 아닐 경우 False를 반환한다.
s <= t	집합 s의 모든 원소가 집합 t에 있을 경우 True를, 아닐 경우 False를 반환한다.
s < t	s <= t이고 s != t일 경우 True를 반환한다.
s | t	집합 s와 t의 합집합을 반환한다.
s & t	집합 s와 t의 교집합을 반환한다.
s - t	집합 s와 t의 차집합을 반환한다.
s ^ t	집합 s와 t의 대칭 차집합을 반환한다.

■ set 메소드

set 클래스는 연산자와 더불어 몇 가지 메소드를 제공한다. set 메소드 add()는 원소를 집합에 추가할 때 사용한다.

```
>>> phonebook3.add('123-45-67')
>>> phonebook3
{'123-45-67', '345-67-89', '456-78-90'}
```

remove() 메소드는 집합에서 원소를 제거할 때 사용한다.

```
>>> phonebook3.remove('123-45-67')
>>> phonebook3
{'345-67-89', '456-78-90'}
```

마지막으로 clear() 메소드는 집합의 모든 원소를 제거할 때 사용한다.

```
>>> phonebook3.clear()
```

정말 phonebook3이 비어있는지 확인해 보자.

```
>>> phonebook3
set()
```

set 클래스에 대해서 더 알고 싶으면 인터넷 자료와 help() 문서를 활용하기를 바란다.

실습 6.6

전화번호부(전화번호부는 전화번호의 집합임) 여러 개로 구성된 리스트를 받아 모든 전화번호부의 합집합을 반환하는 함수 sync()를 구현하라. 이때 반환하는 전화번호부는 집합 형이어야 한다.

```
>>> phonebook4 = {'234-56-78', '456-78-90'}
>>> phonebooks = [phonebook1, phonebook2, phonebook3, phonebook4]
>>> sync(phonebooks)
{'234-56-78', '456-78-90', '123-45-67', '345-67-89'}
```

6.3 문자 인코딩과 문자열

문자열 형 str은 Python에서 문자를 저장하는 데에 사용된다. 제2장과 제4장에서 어떻게 문자열 객체를 생성하고 문자열 연산자와 메소드를 사용하는지 다루었다. 이때 모든 문자열은 영문자라는 가정이 있었다. 그 덕분에 문자열을 처리를 훨씬 더 직관적으로 다룰 수 있었지만 반면 문자열 처리의 복잡성과 풍부함은 볼 수 없었다. 여기서는 우리가 말하고 쓰고 읽는 전 세계의 문자와 기호들로 구성된 문자열의 복잡성에 대해서 다루려고 한다. 특히 문자열에 어떤 종류의 문자를 담을 수 있는지 살펴보고자 한다.

■ 문자 인코딩

문자열 객체는 텍스트, 즉 문자 나열을 저장하기 위해 사용된다. 문자에는 알파벳의 대소문자, 숫자, 구두점은 물론 달러 기호($)와 같은 특수문자도 포함된다. 제2장에서 예로 든 것처럼 'An apple costs $0.99!'라는 값을 가진 변수를 만들려면 간단히 다음 명령어를 실행하면 된다.

```
>>> text = 'An apple costs $0.99!'
```

위의 명령어를 실행하면 변수 text의 값은 지정한 문자열로 계산된다.

```
>>> text
'An apple costs $0.99!'
```

아직까지는 별로 어려워 보일 것이 없지만 사실 문자열은 아주 복잡하다. 문제는 컴퓨터가 비트(bit)와 바이트(byte)를 다루기 때문에 문자 또한 비트와 바이트로 인코딩(encoding)되어야 한다는 점이다. 풀어서 말하면 문자열의 각 문자들은 특별한 비트 인코딩과 대응되어 있다는 것이다.

그렇다면 왜 인코딩을 알아야 할까? 제2장과 제4장에서 보았듯이 문자열을 다루는 것은 아주 직관적이었기 때문에 인코딩을 전혀 걱정할 필요가 없었다. 사실 대부분의 경우 인코딩을 특별히 신경 쓰지 않아도 된다. 하지만 전 세계에 걸쳐 있는 인터넷에서는 어떤 곳에서 만든 문서를 다른 곳에서 읽을 수 있어야 한다. 그렇기 때문에 다른 문자 체계(프랑스어, 그리스어, 아랍어, 중국어 같은 다른 언어의 문자가 될 수도 있고 수학, 과학, 공학 등에서 사용하는 특수기호가 될 수도 있음)로 작성된 문서를 다루는 방법을 알아야 한다. 무엇보다도 우리는 파헤치기 좋아하는 컴퓨터 공학자이기 때문이다.

■ ASCII

오래 전부터 영문자의 표준 인코딩은 ASCII 인코딩이었다. 정보교환을 위한 미 표준 코드인 ASCII(American Standard Code for Information Interchange)는 1960년대에 개발되었다. ASCII는 128개의 문자들과 구두점, 미국 영어에서 자주 사용되는 특수기호 몇 개를 포함하고 있다. ASCII 코드를 십진수로 나타내면 표 6.4와 같다.

이 표의 각 항목은 ASCII 코드와 대응되는 문자를 나타낸다. 소문자 **a**의 십진 ASCII 코드 값은 97이다. 기호 **&**의 ASCII 코드는 38이다. ASCII 코드 0에서 32까지와 코드 127은 보이지 않는(nonprintable) 특수문자[예컨대 코드 8은 백스페이스(backspace)이며 코드 9는 탭(tab), 코드 10은 라인피드(linefeed)임]를 나타내기 때문에 표에 나타내지 않았다. 어떤 문자에 어떤 십진 ASCII 코드가 인코딩되어 있는지는 Python 함수 **ord()**를 사용하여 확인할 수 있다.

```
>>> ord('a')
97
```

문자열은 각 문자에 대응하는 ASCII 코드 나열로 인코딩된다. 예컨대 문자열 **'dad'**는 ASCII 코드 나열 100, 97, 100으로 인코딩된다. 메모리에 실제 저장되는 내용은 이 코드나열이다. 당연히 각 코드는 이진수로 저장된다. ASCII 코드의 십진 범위는 0에서 127까지이므로 각 코드는 7비트로 인코딩되지만 바이트(8비트)가 최소 메모리 저장 단위이기 때문에 각 코드는 한 바이트로 저장된다.

예를 들어 소문자 **a**의 십진 ASCII 코드는 97이며 이것은 이진 ASCII 코드로 **1100001**이다. 그러므로 ASCII 인코딩에서 문자 **a**는 한 바이트에 저장되는데 그 첫 번째 비트는 **0**이며 나머지 7비트는 **1100001**이 된다. **01100001** 바이트는 4비트씩 나누어 16진수 **0x61**로 나타낼 수 있다(16진수로 왼쪽 4비트 **0110**이 6, 오른쪽 4비트 **0001**이 1이다). 실제로 이진법 ASCII 코드를 간단히 나타내기 위해 통상 16진법 ASCII 코드를 사용한다.

표 6.4
ASCII 인코딩
출력 가능한 ASCII 문자들과 해당하는 십진 코드를 정리한 표이다. 예를 들어 십진 코드 43에 해당하는 문자는 +이며 십진 코드 32에 해당하는 문자는 공백 문자로서 빈칸이다.

32		48	0	64	@	80	P	96	`	112	p
33	!	49	1	65	A	81	Q	97	a	113	q
34	"	50	2	66	B	82	R	98	b	114	r
35	#	51	3	67	C	83	S	99	c	115	s
36	$	52	4	68	D	84	T	100	d	116	t
37	%	53	5	69	E	85	U	101	e	117	u
38	&	54	6	70	F	86	V	102	f	118	v
3	'	55	7	71	G	87	W	103	g	119	w
40	(	56	8	72	H	88	X	104	h	120	x
41	)	57	9	73	I	89	Y	105	i	121	y
42	*	58	:	74	J	90	Z	106	j	122	z
43	+	59	;	75	K	91	[	107	k	123	{
44	,	60	<	76	L	92	\	108	l	124	|
45	-	61	=	77	M	93	]	109	m	125	}
46	.	62	>	78	N	94	^	110	n	126	~
47	/	63	?	79	O	95	_	111	o		

예를 들어 **&** 기호는 십진 ASCII 코드 38로 인코딩되어 있으며 그 이진 코드와 16진 코드는 각각 **0100110**과 **0x26**이다.

실습 6.7

문자열을 입력받은 후 각 문자의 십진, 16진, 이진 ASCII 코드를 출력하는 함수 **encoding()**을 작성하라.

```
>>> encoding('dad')
Char  Decimal    Hex     Binary
 d        100     64    1100100
 a         97     61    1100001
 d        100     64    1100100
```

함수 **chr()**은 **ord()**의 반대로 동작한다. **chr()**은 숫자 코드를 입력받아 해당하는 문자를 반환한다.

```
>>> chr(97)
'a'
```

실습 6.8

두 개의 정수 **low**와 **high**를 입력받은 후 **low**에서 **high**까지의 모든 십진 ASCII 코드를 출력하는 함수 **char(low, high)**를 작성하라.

```
>>> char(62, 67)
62 : >
63 : ?
64 : @
65 : A
66 : B
67 : C
```

유니코드

ASCII는 **미국**의 표준 인코딩이다. 그렇기 때문에 미국 영어에 없는 문자들은 ASCII에서 지원하지 않는다. 불어의 'é', 그리스어의 'Δ', 아니면 중국어 '世'는 ASCII 인코딩에 없다. 따라서 다양한 언어들을 지원하기 위해 ASCII 외에 다른 인코딩 방법들이 개발되었다. 하지만 이로 인해 새로운 문제가 발생하게 되었는데, 다양한 인코딩이 개발되었지만 그 중 몇몇 인코딩은 컴퓨터에 설치되어 있지 않을 수도 있다는 문제가 발생하게 되었다. 세계화 시대에 다른 나라에서 작성한 문서를 읽어야 하는 일은 빈번하게 발생한다. 하지만 그 문서에 맞는 인코딩이 설치되어 있지 않다면 어떻게 해야 할까?

유니코드는 전 세계적인 문자 인코딩 방법이다. 고대 문자를 포함하여, 과학, 공학, 수학의 모든 첨단 특수기호와 구두점까지 모든 언어의 모든 문자들을 지원한다. 유니코드의 각 문자는 정수 **코드 포인트**(code point)로 표현한다. 어떤 문자의 코드 포인트는 그 문자의 고유 번호이지만 문자의 실제 바이트 값이 아닐 수도 있다.

예를 들어 소문자 'k'의 코드 포인트는 십진수로 107이고 16진수로 `0x006B`인 정수이다. 표 6.4를 보면 'k'의 ASCII 코드 또한 107이다. 유니코드에서도 ASCII 문자의 경우 ASCII 코드와 같은 코드 포인트를 사용하기 때문에 매우 편리하다.

유니코드에 해당하는 문자를 보려면 어떻게 해야 할까? 예컨대 문자 'k'를 나타내려면 Python 확장열 `\u006B`를 사용하면 된다.

```
>>> '\u006B'
'k'
```

다음 예제에서는 확장열 `\u0020`을 이용하여 코드 포인트가 `0x0020`(십진수로는 32)인 문자를 사용하고 있다. 표 6.4에서 확인할 수 있는 것처럼 이 코드는 빈 칸을 나타낸다.

```
>>> 'Hello\u0020World !'
'Hello World !'
```

이제 다른 언어를 사용한 예제들을 살펴보자. 먼저 키릴 문자어로 필자의 이름을 출력하면 다음과 같다.

```
>>> '\u0409\u0443\u0431\u043e\u043c\u0438\u0440'
'Љубомир'
```

아래 코드는 그리스어로 쓴 'Hello World!'이다.

```
>>> '\u0393\u03b5\u03b9\u03b1\u0020\u03c3\u03b1\u03c2
     \u0020\u03ba\u03cc\u03c3\u03bc\u03bf!'
'Γεια σας κόσμο!'
```

마지막으로 중국어로 'Hello World!'를 써보자.

```
>>> chinese = '\u4e16\u754c\u60a8\u597d!'
>>> chinese
'世界您好!'
```

DETOUR

문자열 비교 다시 살펴보기

이제 문자 인코딩에 대해 알게 되었으므로 문자열을 비교하는 것 또한 내부적으로 어떻게 구현되어 있는지 이해할 수 있다. 우선 유니코드의 코드 포인트는 정수이므로 유니코드로 나타낼 수 있는 모든 문자의 순서는 그 정수 값에 따라 매겨진다. 그러므로 예를 들어 빈 칸 ' '은 키릴 문자 'Љ' 보다 순서가 앞에 있다. 왜냐하면 ' ' 문자의 코드 포인트 `0x0020`이 'Љ'의 코드 포인트 `0x0409`보다 작기 때문이다.

```
>>> '\u0020' > '\u0409'
False
>>> '\u0020' < '\u0409'
True
```

유니코드는 각 언어의 글자 집합(alphabet)에서 앞서 나오는 글자의 코드 포인트가 뒤에 나오는 글자의 코드 포인트보다 작도록 설계되었다. 예를 들어 알파벳에서 글자 `'a'`는 `'d'` 전에 있으므로 `'a'`의 코드 포인트는 `'d'`의 코드 포인트보다 작다. 이런 식으로 유니코드 문자들은 정해진 순서를 따르게 되는데, 이 순서는 유니코드가 표현할 수 있는 모든 문자 집합에서 일관된 형태로 정해져 있다.

이전에 Python은 두 문자열을 비교할 때에 사전 순으로 비교를 한다고 언급한 바 있다. 사전순(dictionary order, lexicographic order)을 가나다순(alphabetic order)이라고도 한다. 이제 유니코드 상에서 문자들의 순서가 정해져 있기 때문에 문자열의 순서는 다음과 같이 정의할 수 있다. 다음 두 단어

$a_1a_2a_3 \ldots a_k$

$b_1b_2b_3 \ldots b_l$

를 비교할 때, 아래 두 조건 중 하나를 만족하면 첫 번째 단어는 두 번째 단어보다 사전순으로 앞서는 것으로 정한다.

- $a_1 = b_1, a_2 = b_2, \ldots, a_k = b_k$이고 $k < l$이다.
- 문자 a_i와 b_i가 서로 다른 가장 작은 첨자 i에 대하여 a_i의 코드 포인트가 b_i의 코드 포인트보다 더 작다.

이제 기본 문자열 연산자가 유니코드에서도 잘 작동하는지 확인해 보자.

```
>>> len(chinese)
5
>>> chinese[0]
'世'
```

문자열 연산자는 알파벳에 상관없이 작동한다. 자, 이제 `ord()`와 `chr()` 함수를 ASCII뿐만 아니라 유니코드에도 확장하여 사용할 수 있는지 확인해 보자.

```
>>> ord(chinese[0])
19990
>>> chr(19990)
'世'
```

정말 된다! 19990은 16진수 `0x4e16`의 십진수이며 문자 世의 유니코드 코드 포인트이다. 그러므로 내장 함수 `ord()`는 유니코드 문자를 입력받은 후 유니코드 코드 포인트를 반환하며 `chr()`은 그 반대로 실행된다. 두 함수가 ASCII 코드와 유니코드에서 모두 잘 작동되는 이유는 유니코드 내에서 ASCII 문자의 코드 포인트가 해당 문자의 ASCII 코드와 같도록 설계되어 있기 때문이다.

유니코드 문자의 UTF-8 인코딩

유니코드 문자열은 `0`에서 `0x10FFFF`까지의 코드 포인트 수열이다. ASCII 코드와 달리 유니코드 코드 포인트는 메모리에 저장된 값과 다르다. 유니코드 문자 혹은 코드 포인트를 바이트 수열로 변환하는 규칙을 인코딩이라고 한다.

유니코드 인코딩은 하나가 아니라 여러 개(UTF-8, UTF-16, UTF-32 등)이다. UTF는 유니코드 변환 형식(Unicode Transformation Format)을 의미하며 각 UTF-x는 유니코드의 코드 포인트를 바이트 수열과 대응하는 다양한 방식을 의미한다. UTF-8은 네트워크를 통해 데이터를 보내거나 저장하는 이메일이나 웹페이지 등의 작업에 자주 사용한다. Python 3 프로그램을 작성할 때 기본 인코딩 또한 UTF-8이다. UTF-8에서 제공하는 기능 중 하나는 모든 ASCII 문자(표 6.4의 모든 문자)가 정확하게 8비트(1바이트) ASCII로 인코딩된다는 것이다. 즉 ASCII 문자는 UTF-8로 인코딩된 유니코드 문자라는 것이다.

가끔씩 Python 프로그램에서 인코딩이 명시되지 않은 문자를 받아야 할 때도 있다. 예를 들어 웹(World Wide Web)에서 문서를 다운로드 받은 경우 인코딩이 명시되어 있지 않을 수도 있다. 이런 경우에 Python은 바이트형의 객체에 저장된 바이트 수열대로 문자를 처리할 수밖에 없다. 왜냐하면 웹에서 다운로드한 파일이 문서가 아니라 그림, 비디오나 오디오일 수도 있기 때문이다.

웹에서 다운로드한 문서의 내용을 살펴보자.

```
>>> content
b'This is a text document\nposted on the\nWWW.\n'
```

변수 `content`는 `bytes`형의 객체를 나타낸다. 문자열 앞에 있는 알파벳 `b`는 그 내용이 `bytes`형이라는 것을 나타낸다.

```
>>> type(content)
<class 'bytes'>
```

UTF-8로 인코딩된 유니코드 문자열을 디코딩하려면 bytes 클래스의 decode() 메소드를 사용해야 한다.

```
>>> content.decode('utf-8')
'This is a text document\nposted on the\nWWW.\n'
```

인수 없이 decode() 메소드를 호출할 경우 기본적으로 플랫폼 종속적인 인코딩을 사용하게 되며 Python 3의 경우 UTF-8, Python 2의 경우 ASCII를 사용한다.

DETOUR

파일과 인코딩

파일을 열 때 사용하는 open() 함수의 세 번째 인수는 생략 가능한데, 텍스트 파일을 읽거나 쓸 때 사용하는 인코딩을 나타낼 때 사용한다. 따로 지정하지 않은 경우 플랫폼에 따라 다른 기본 인코딩이 사용된다. 이 인수는 텍스트 모드에서만 사용하며 이진 파일일 경우 이 인수를 설정하면 오류가 발생한다. UTF-8 인코딩을 명시하여 chinese.txt 파일을 열어보자.

```
>>> infile = open('chinese.txt', 'r', encoding='utf-8')
>>> print(infile.read())
你好世界!

(번역: Hello World!)
```

6.4 random 모듈

난수(random number)는 과학, 공학, 경제 분야에서 시뮬레이션(simulation, 모의실험)을 수행해야 할 때 아주 유용하게 사용된다. 또한 컴퓨터 보안과 통신의 개인정보 보호, 인증 서비스를 제공하기 위한 현대 암호 프로토콜에서도 사용된다. 또한 포커나 블랙잭 같은, 운에 맡기는 게임에서도 예측불가능성을 지원하기 위해 필요한 요소이다.

진짜 난수는 컴퓨터로 쉽게 구하기가 힘들다. 그렇기 때문에 난수를 필요로 하는 대부분의 컴퓨터 프로그램은 실제 난수 대신 **의사난수 생성기**(pseudorandom number generator)가 생성한 난수를 사용한다. "의사난수(pseudorandom)"란 용어에서 "의사(pseudo)"는 가짜, 즉 진짜가 아니란 것을 의미한다. 의사난수 생성기는 난수를 필요로 하는 대부분의 컴퓨터 프로그램에서 사용할 수 있는, 난수"처럼" 보이는 수를 생성하는 프로그램이다.

Python의 의사난수 생성기는 random 모듈을 통해 사용할 수 있다. random 모듈에서 제공하는 함수를 사용하려면 먼저 다음 명령어를 실행하여 모듈을 임포트해야 한다.

```
>>> import random
```

다음 절에서는 random 모듈에서 유용한 몇 가지 함수들을 설명한다.

■ 정수형 난수 선택하기

정수 a와 b를 입력받은 후 a에서 b까지(b는 포함하지 않음)의 범위 안의 수 하나를 무작위로 출력하는 함수 randrange()부터 살펴 보자. 이때 범위 안의 각 수가 나올 확률은 비슷해야 한다. 아래 코드는 이 함수를 사용하여 정육면체 주사위를 굴리는 시뮬레이션 코드이다.

```
>>> random.randrange(1,7)
2
>>> random.randrange(1,7)
6
>>> random.randrange(1,7)
5
>>> random.randrange(1,7)
1
>>> random.randrange(1,7)
2
```

실습 6.9

정수 n을 인수로 받아 정답을 알아맞히는 간단한 게임 guess()를 구현하라. 이 함수는 먼저 0에서 n의 범위(n은 포함하지 않음) 안의 난수를 선택하고 사용자에게 해당 난수를 맞추라고 반복하여 물어본다. 사용자가 맞췄을 경우에 함수는 'You got it!'(맞았어요)을 출력하고 종료한다. 사용자가 틀렸을 경우에는 'Too low.'(너무 작아요)나 'Too high'(너무 커요)를 출력하여 사용자가 알아맞힐 수 있도록 힌트를 준다.

```
>>> guess(100)
Enter your guess: 50
Too low.
Enter your guess: 75
Too high.
Enter your guess: 62
Too high.
Enter your guess: 56
Too low.
Enter your guess: 59
Too high.
Enter your guess: 57
You got it!
```

DETOUR

무작위성

우리는 보통 동전 던지기를 무작위 사건(random event)이라고 생각한다. 운에 맡기는 게임은 대부분 무작위 사건(주사위 던지기나 카드 섞기, 룰렛 돌리기 등)을 이용한다. 이런 무작위 사건을 이용하여 난수를 생성하면 컴퓨터 프로그램에서 필요한 속도만큼 빠르게 난수를 생성하지 못한다는 문제가 있다. 사실 컴퓨터 프로그램으로 정말 무작위한 난수를 생성하는 것은 쉽지 않다. 그렇기 때문에 컴퓨터 공학자들은 난수처럼 보이는 수를 생성하는 결정론적 알고리즘인 의사난수 생성기를 개발하였다.

■ 실수형 난수 선택하기

사용해야 하는 난수가 정수가 아닐 때는 어떻게 할 것인가? `uniform()`함수는 두 정수 a와 b를 입력받은 후 $a \leq x \leq b$인($a \leq b$라고 가정함) `float`형 난수 x를 반환한다. 이때 범위 안의 각 `float` 값이 나올 확률은 같아야 한다. 0에서 1 사이의 난수를 얻는 방법은 아래 코드와 같다.

```
>>> random.uniform(0,1)
0.9896941090637834
>>> random.uniform(0,1)
0.3083484771618912
>>> random.uniform(0,1)
0.12374451518957152
```

실습 6.10

다트판에 다트를 던져서 상수 π의 값을 추산하는 방법이 있다. π의 값을 추정 계산하는 것은 바람직하지 않지만 이 계산 방법은 꽤 흥미롭다. 만약 벽에 붙어있는 2×2 정사각형 안에 반지름이 1인 다트판이 있다고 하자. 이제 무작위로 n개의 다트를 던졌을 때 다트판에 k개가 맞았다고 하자(그림 6.6 참고).

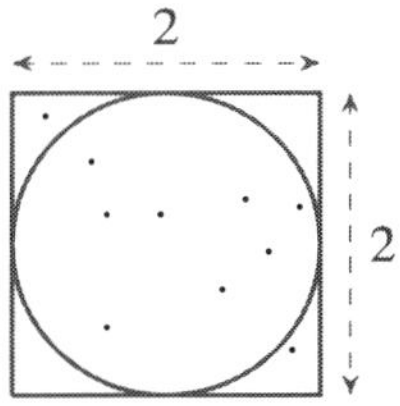

그림 6.6 정사각형 안의 다트판. 그림에는 무작위로 던진 10개의 다트 중 8개가 다트판에 맞았다. 이 경우 추산한 π의 값은 4*8/10 = 3.2이다.

다트를 무작위로 던지기 때문에 k/n 비율은 대략 다트판의 면적($\pi \times 1^2$)과 다트판을 감싸고 있는 정사각형의 면적(2^2)이 된다. 다시 말해서 다음 식이 성립한다.

$$\frac{k}{n} \approx \frac{\pi}{4}$$

이 식은 정리하면 다음과 같다.

$$\pi \approx \frac{4k}{n}$$

정수 n을 입력받은 후 2×2 정사각형 안에 있는 다트판에 n개의 다트를 무작위로 던지는 시뮬레이션 함수 approxPi()를 작성하라. 이 함수는 다트판을 맞춘 다트의 수를 센 후 그 값과 n의 값에 따라 추산한 π의 값을 반환한다.

🔊 위 정사각형 안에 있는 다트판을 시뮬레이션하려면 무작위로 던진 다트의 x 좌표와 y 좌표를 구해야 한다.

```
>>> approxPi(1000)
3.028
>>> approxPi(100000)
3.1409600000000002
>>> approxPi(1000000)
3.141702
>>>
```

무작위로 섞기, 선택하기, 고르기

random 모듈의 함수 몇 개를 더 살펴보자. shuffle() 함수는 블랙잭 같은 카드게임에서 시작하기 전 카드를 섞는 것처럼 순차적 컨테이너에 들어있는 객체를 섞는다. 모든 조합의 순열이 나올 확률은 유사하다. 아래 코드는 리스트를 두 번 섞는 코드이다.

```
>>> lst = [1,2,3,4,5]
>>> random.shuffle(lst)
>>> lst
[3, 4, 1, 5, 2]
>>> random.shuffle(lst)
>>> lst
[1, 3, 2, 4, 5]
```

choice() 함수는 컨테이너 안에 저장된 항목을 무작위로 하나 선택한다. 아래와 같이 정의된 리스트 lst가 있다고 가정하자.

```
>>> lst = ['cat', 'rat', 'bat', 'mat']
```

아래는 choice()를 사용하여 이 리스트에서 무작위로 항목을 선택한 결과이다.

```
>>> random.choice(lst)
'mat'
>>> random.choice(lst)
```

```
'bat'
>>> random.choice(lst)
'rat'
>>> random.choice(lst)
'bat'
```

하나의 항목이 아니라 k개의 항목을 선택하려면 `sample()` 함수를 사용한다. 이 함수는 컨테이너와 정수 k를 입력받아 무작위로 선택한 k개의 항목을 리스트로 반환한다.

```
>>> random.sample(lst, 2)
['mat', 'bat']
>>> random.sample(lst, 2)
['cat', 'rat']
>>> random.sample(lst, 3)
['rat', 'mat', 'bat']
```

E-Book 사례연구: 운에 맡기는 게임

포커나 블랙잭 같은 운에 맡기는 게임은 아주 성공적으로 디지털 시대에 안착하였다. 이 사례연구에서는 블랙잭 프로그램을 구현하는 방법에 대해서 다룬다. 구현하는 과정에서 이번 장에서 소개한 집합, 사전, 유니코드 문자, 난수생성을 사용하여 카드를 섞는 방법을 이용한다.

요약

이 장에서는 먼저 이제까지 사용했던 문자열과 리스트 클래스를 보완하기 위한 Python 내장 컨테이너 클래스를 살펴보았다.

사전 클래스 `dict`는 키-값 쌍의 컨테이너이다. 사전은 사용자가 지정한 첨자인 키를 사용하여 값에 접근할 수 있도록 하는 컨테이너이다. 키와 값을 대응시키는 컨테이너라고 볼 수도 있다. 사전은 리스트만큼이나 실용적이다. 예를 들어 다중분기 조건문 대신 사전을 사용할 수도 있고 여러 계수기 묶음을 사전으로 나타낼 수도 있다.

어떤 경우에는 리스트의 변경 가능성이 문제가 될 수 있다. 예를 들어 리스트는 변경 가능하기 때문에 사전의 키로 사용할 수 없다. 그래서 사전의 키로 사용하기 위해서는 `list` 클래스의 변경 불가능한 버전인 내장 `tuple` 클래스를 대신 사용해야 한다.

가장 마지막으로 다룬 내장 컨테이너 클래스는 수학의 집합을 구현한 `set` 클래스이다. 집합 클래스에는 합집합이나 교집합 같은 수학의 집합 연산들을 탑재되어 있다. 집합의 원소들은 중복될 수 없기 때문에 다른 컨테이너에서 중복된 값을 제거하려고 할 때에도 집합을 사용할 수 있다.

또한 제2장에서 소개한 Python 내장 문자열 str 형에 대하여 제4장에 이어 더 자세히 다루었다. 문자열 객체가 담을 수 있는 문자의 범위를 살펴보고 Python 3의 기본 인코딩 방법인 유니코드(Python 2의 경우에는 그렇지 않음)에 대해서도 살펴보았다. 유니코드를 이용하면 미국 영어가 아닌 다른 문자들도 표현할 수 있다.

끝으로 표준 라이브러리 모듈 random을 소개하였다. 이 모듈은 컴퓨터 게임이나 시뮬레이션에 필요한 의사난수를 생성하기 위한 모듈이다. 컨테이너 객체의 항목들을 섞거나 무작위로 항목을 선택하는 함수인 shuffle(), choice(), sample()도 아울러 살펴보았다.

실습문제 해답

6.1 작성할 함수는 대통령의 이름을 인수(president)로 받아와 해당 대통령이 출생한 주와 대응시키는 함수이다. 대통령의 이름과 주를 대응시키는 작업은 사전을 사용하여 자연스럽게 구현할 수 있다. 사전을 정의한 후, president 키에 해당하는 값을 반환하기만 하면 된다.

```
def birthState(president):
    '대통령의 이름이 입력되면, 그 대통령이 태어난 주를 반환한다.'
    states = {'Barack Hussein Obama II':'Hawaii',
              'George Walker Bush':'Connecticut',
              'William Jefferson Clinton':'Arkansas',
              'George Herbert Walker Bush':'Massachussetts',
              'Ronald Wilson Reagan':'Illinois',
              'James Earl Carter, Jr':'Georgia'}
    return states[president]
```

6.2 전화번호로 이름을 찾아야 하는 이 함수는 무한 반복 패턴과 대화형 패턴을 사용하여 구현한다. 반복문을 반복할 때마다 사용자에게 전화번호를 요청한다. 사용자가 입력한 전화번호는 전화번호부를 통해 이름과 대응된다. 이렇게 찾은 이름을 출력한다.

```
def rlookup(phonebook):
    '''대화형으로 전화번호를 찾는 기능(전화번호로 번호 주인을 찾는 함수)을 구현한다.
       phonebook은 전화번호와 이름이 대응된 사전형이다.'''
    while True:
        number = input('Enter phone number in the\
format (xxx)xxx-xx-xx: ')
        if number in phonebook:
```

```
        print(phonebook[number])
    else:
        print('The number you entered is not in use.')
```

6.3 정답은 그림 6.7과 같다.

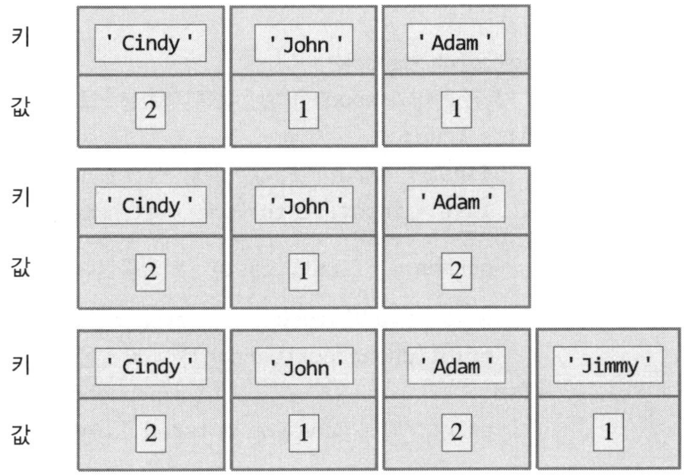

그림 6.7
계수기 상태
자열 'Adam'을 만나면 -값 쌍 ('Adam',1)이 전에 추가된다. 또 다시 문 열 'Adam'을 만나면 같 키-값 쌍의 값이 하나 증 된다. 문자열 'Jimmy'를 나면 새로운 키-값 쌍이 가된다.

6.4 가장 먼저 해야 할 일은 문구를 단어 리스트로 나누는 것이다. 그 이후부터는 사전을 계수기로 사용하는 패턴을 사용하면 된다.

```
def wordCount(text):
    '입력된 text를 구성하는 각 단어의 빈도수를 출력한다.'

    wordList = text.split()      # text 단어를 분리하여 리스트를 생성한다.
    counters = {}                # 사전형 counters 정의

    for word in wordList:
        if word in counters:     # wordList의 항목이 counter에 존재하면
            counters[word] += 1
        else:
            counters[word] = 1

    for word in counters:        # 출력하기
        if counters[word] == 1:
            print('{:8} appears {} time.'.format(word,\
                                           counters[word]))
        else:
            print('{:8} appears {} times.'.format(word,\
                                           counters[word]))
```

6.5 지속적으로 서비스를 제공해야 할 경우에는 무한 반복 패턴을 사용한다. 이 문제에서는 무한 루프를 반복할 때마다 사용자에게 이름과 성을 입력하도록 요청하고 입력받은 정보로 tuple 객체를 생성한다. 생성된 객체는 전화번호부 사전의 키로 사용된다. 만약 사전에 키 값이 있다면 그 값을 출력하고 없다면 오류 메시지를 출력한다.

```
def lookup(phonebook):
    '''사전형 phonebook을 활용하여 대화형으로 전화번호를 검색한다.'''
    while True:
        first = input('Enter the first name: ')
        last = input('Enter the last name: ')

        person = (first, last)  # 키를 생성한다.

    if person in phonebook:     # phonebook에 키가 존재하는 경우
        print(phonebook[person])  # 값을 출력한다.
    else:                       # phonebook에 키가 존재하지 않는 경우
        print('The name you entered is not known.')
```

6.6 이 문제의 목표는 리스트 내 모든 집합의 합집합을 구하는 것이다. 이런 문제에는 누적 반복 패턴을 사용한다. 누산 변수는 공집합으로 초기화한다.

```
def sync(phonebooks):
    'phonebooks 내의 집합의 합집합을 반환한다'
    res = set()                 # 저장할 res를 초기화한다.

    for phonebook in phonebooks:
        res = res | phonebook   # phonebook을 집합 res에 누적시킨다.
    return res
```

6.7 반복 패턴을 사용하여 문자열의 각 문자에 접근한다. 각 문자마다 문자의 ASCII 코드를 출력한다.

```
def encoding(text):
    '입력된 text를 구성하는 문자의 ASCII 값을 한 줄에 한 개씩 출력한다.'
    print('Char Decimal Hex Binary')    # 열 제목을 출력한다.

    for c in text:
        code = ord(c)                   # ASCII 값을 찾는다.
        # 문자, 십진코드, 16진코드, 이진코드를 출력한다.
        print(' {} {:7} {:4x} {:7b}'.format(c,code,code,code))
```

6.8 low부터 high까지의 정수를 생성하기 위해 계수 반복 패턴을 사용하고 각 정수에 해당하는 문자를 출력한다.

```
def char(low, high):
    '''입력된 low부터 high까지 ASCII 값을 출력한다.'''
    for i in range(low, high+1):
        # 문자에 대응하는 ASCII 값을 출력한다.
        print('{} : {}'.format(i, chr(i)))
```

6.9 알아맞혀야 할 비밀 숫자를 생성하기 위해 random() 모듈의 randrange() 함수를 사용한다. 그리고 무한 반복 패턴과 중도 탈출 반복 패턴을 사용하여 대화형 서비스를 구현한다.

```
import random
def guess(n):
    '대화형 숫자 추측 게임'
    secret = random.randrange(0,n)      # 맞출 값을 난수로 생성한다.

    while True:
        # 추측 값을 입력받는다.
        guess = eval(input('Enter you guess: '))
        if guess == secret:
            print('You got it!')
            break
        elif guess < secret:
            print('Too low.')
        else: # guess > secret
            print('Too high.')
```

6.10 시뮬레이션에서 무작위로 던진 다트의 위치는 -1과 1 사이의 x와 y값 난수를 생성하여 구현한다. 만약 x 좌표와 y 좌표가 가리키는 지점 (x, y)와 원점 (0, 0)과의 거리가 1 이하라면 다트가 다트판에 맞은 것으로 한다. 다트판에 맞은 다트를 세기 위하여 계수 반복 패턴을 사용한다.

```
import random
def approxPi(total):
    '"다트 던지기"를 기반으로 원주율의 대략적인 값을 반환한다.'
    count = 0            # 다트판에 다트를 던지는 횟수 counts 초기화한다.
    for i in range(total):
        x = random.uniform(-1,1)         # 다트판의 x 좌표 값
        y = random.uniform(-1,1)         # 다트판의 y 좌표 값
        if x**2+y**2 <= 1:               # 다트판에 다트가 맞으면
            count += 1                   # count, 1 증가
    return 4*count/total
```

연습문제

6.11 문자열을 입력받고 정의된 규칙으로 암호화하여 출력하는 함수 `easyCrypto()`를 작성하라. 암호화 규칙은 다음과 같다. 문자 위치 i가 홀수인 모든 문자는 (i+1)번째 문자로 암호화하고 위치가 짝수인 모든 문자는 (i-1)번째 문자로 암호화한다. 예를 들어 `'a'`는 `'b'`로 암호화하고 `'b'`는 `'a'`로, `'c'`는 `'d'`로, `'d'`는 `'c'`로 암호화하는 방식으로 모든 알파벳에 적용하면 된다. 암호화한 후에도 소문자는 소문자여야 하며 대문자는 대문자여야 한다.

```
>>> easyCrypto('abc')
bad
>>> easyCrypto('ZOO')
YPP
```

6.12 다중분기 `if` 문 대신에 사전을 사용하여 문제 5.27을 다시 구현하라.

6.13 CCC, FCC, FDIC, SSB, WPA의 두문자어(키)를 각각 연방정부기관명(값) 'Civilian Conservation Corps', 'Federal Communications Commission', 'Federal Deposit Insurance Corporation', 'Social Security Board', 'Works Progress Administration'에 대응시키는 사전 `agencies`를 정의한다. 참고로 이 기관들은 뉴딜 정책 당시 미국의 루즈벨트(Roosevelt) 대통령이 만든 것이다. 사전을 정의하였다면 아래의 작업을 수행하라.

(a) 두문자어 SEC가 'Securities and Exchange Commission'에 대응되도록 사전에 추가하여라.
(b) 키 SSB에 대응된 값을 'Social Security Administration'으로 변경하여라.
(c) 키 CCC와 WPA에 해당하는 키-값 쌍을 제거하라.

6.14 위의 문제 6.13에서 `agencies`를 수정하기 전에 키의 뷰 객체로 두문자어(`acronyms`)를 정의하고 (a), (b), (c)를 수행한 후 두문자어의 값을 확인하라.

6.15 실습문제 6.5에서 사용한 사전은 같은 이름과 성을 가진 사람이 없을 것이라는 가정을 하고 있다. 하지만 전화번호부에는 통상 이름과 성이 같은 경우가 여럿 있을 수 있다. 이번 문제에서는 (성, 이름) 튜플을 전화번호 **리스트**로 대응시켜 더 현실에 가까운 전화번호부 사전을 만들려고 한다. 실습문제 6.5의 `lookup()` 함수를 수정하여 값이 리스트 형으로 된 사전을 인수로 받고 (성, 이름) 튜플과 대응된 모든 전화번호를 반환할 수 있도록 하여라.

6.16 계수 반복 패턴을 사용하여 3, 5, 7의 배수 집합 `mult3`, `mult5`, `mult7`를 생성하여라. 각 집합은 0 이상 100 이하의 모든 배수를 원소로 포함한다. 각 집합을 생성한 다음에는 이 세 집합을 사용하여 다음 집합을 반환하는 집합 표현식을 작성하라.

(a) 35의 배수
(b) 105의 배수
(c) 3이나 7의 배수
(d) 3과 7의 공배수를 제외한 모든 배수
(e) 3의 배수를 제외한 7의 배수

6.17 알파벳 소문자와 각 문자에 해당하는 ASCII 코드의 16진수 값을 출력하는 함수 `hexASCII()`를 작성하라.

형식 지정 문자열과 `format` 문자열 메소드를 사용하여 16진수를 표기하여라.

```
>>> hexASCII()
a:61 b:62 c:63 d:64 e:65 f:66 g:67 h:68 i:69 j:6a k:6b l:6c m:6d
n:6e o:6f p:70 q:71 r:72 s:73 t:74 u:75 v:76 w:77 x:78 y:79 z:7a
```

6.18 같은 확률로 `'Heads'`(앞면)나 `'Tails'`(뒷면)를 출력하는, 동전 던지기 함수 `coin()`을 작성하라.

```
>>> coin()
'Heads'
>>> coin()
'Heads'
>>> coin()
'Tails'
```

6.19 구글 번역기와 같은 온라인 번역기를 사용하여 영어 구문 'My name is Ada'를 아랍어, 일본어, 세르비아어로 번역하라. 그리고 대화형 셸에 번역된 문자열을 복사하여 변수명 `arabic`, `japanese`, `serbian`에 각각 저장하여라. 끝으로 반복 패턴을 사용하여 각 문자열의 모든 문자의 유니코드 코드 포인트를 출력하라.

실전문제

6.20 이름(키)을 전화번호(값)에 대응시키는 사전형 전화번호부를 인수로 받은 후 전화번호(키)를 이름(값)으로 대응시켜 주는 사전을 반환하는 함수 `reverse()`를 작성하라.

```
>>> phonebook = {'Smith, Jane':'123-45-67',
                 'Doe, John':'987-65-43','Baker,David':'567-89-01'}
>>> reverse(phonebook)
{'123-45-67': 'Smith, Jane', '567-89-01': 'Baker,David',
 '987-65-43': 'Doe, John'}
```

6.21 파일 이름을 인수로 받는 함수 `ticker()`를 작성하라. 이 파일에는 여러 회사의 주식 종목명(ticker) 정보가 들어있다. 회사명 다음 줄에 주식 종목명이 나오고 그 다음 줄부터는 다음 회사명, 주식 종목명이 반복되는 방식으로 전체 파일에 저장되어 있다. 작성해야 할 함수는 파일을 읽어 들여 사전에 회사명과 주식 종목명을 저장하고, 간단한 사용자 인터페이스로 사용자에게 회사명을 입력받아 그 회사의 주식 종목명을 출력하는 함수이다.

파일: nasdaq.txt

```
>>> ticker('nasdaq.txt')
Enter Company name: YAHOO
Ticker symbol: YHOO
Enter Company name: GOOGLE INC
Ticker symbol: GOOG
...
```

6.22 문자열 `vow`의 경상(鏡像, mirror image: 좌우가 대칭된 형상)은 `wov`이며 `wood`의 경상은 `boow`이다. 그러나 문자열 `bed`의 경상은 문자열로 표현할 수 없다. 왜냐하면 `e`의 경상이 유효한 문자가 아니기 때문이다.

문자열을 입력받은 후 알파벳으로 표현 가능한 경상인 경우 출력하고, 그렇지 않은 경우 `'INVALID'`를 출력하는 함수 `mirror()`를 작성하라.

```
>>> mirror('vow')
'wov'
>>> mirror('wood')
'boow'
>>> mirror('bed')
'INVALID'
```

6.23 무서운 단어들로 된 아주 독특한 사전을 만들려고 한다. 그런데 이런 사전에 들어갈 여러 개의 단어들을 찾는 것이 어렵기 때문에 여러분은 전자책을 읽는 함수 `scaryDict()`를 만드는 기발한 생각을 했다. 이 함수는 **프랑켄슈타인**[Frankenstein, 메리 울스톤크래프트 셸리(Mary Wollstonecraft Shelley)가 쓴 공포소설] 같은 무서운 책의 전자책 버전을 읽어 들인 후, 각 단어들을 알파벳순으로 `dictionary.txt` 파일에 저장하고 표준출력에도 출력한다. 한 글자나 두 글자짜리 단어들은 별로 무섭지 않을 것이므로 제거한다. 문장부호로 인해 문제가 복잡해질 수 있으므로 모든 문장부호는 빈 칸이나 빈 문자열로 대체한다.

```
>>> scaryDict('frankenstein.txt')
abandon
abandoned
abbey
abhor
abhorred
abhorrence
abhorrent
...
```

6.24 아무 인수도 입력받지 않고 반복적으로 반 학생의 이름 입력을 요청하고 읽어 들이는 함수 `names()`를 구현하라. 빈 문자열을 입력하면 이름 읽는 것을 멈추고, 이전에 입력된 이름을 한 줄에 한 명씩 출력하되 해당 이름의 출현 빈도와 함께 출력한다. 출력 예를 보면 다음과 같다.

```
>>> names()
Enter next name: Valerie
Enter next name: Bob
Enter next name: Valerie
Enter next name: Amelia
Enter next name: Bob
Enter next name:
There is 1 student named Amelia
There are 2 students named Bob
There are 2 students named Valerie
```

6.25 2차원 표를 인수로 받아서 표에 있는 서로 다른 수의 개수를 반환하는 함수 different()를 작성하라.

```
>>> t = [[1,0,1],[0,1,0]]
>>> different(t)
2
>>> t = [[32,12,52,63],[32,64,67,52],[64,64,17,34],[34,17,76,98]]
>>> different(t)
10
```

6.26 인수를 받지 않는 대신, 사용자로부터 요일의 줄임말(Mo, Tu, We, Th, Fr, Sa, Su)을 입력받은 후 해당하는 요일을 출력하는 함수 week()를 작업하라. 빈 문자열을 입력하면 종료한다.

```
>>> week()
Enter day abbreviation: Tu
Tuesday
Enter day abbreviation: Su
Sunday
Enter day abbreviation: Sa
Saturday
Enter day abbreviation:
```

6.27 이 책도 그렇지만 보통 책의 뒷부분에는 색인이 수록되는데, 색인은 특정한 단어가 나타난 페이지 목록을 보여준다. 이 문제에서는 텍스트 파일의 색인을 만들고자 한다. 단, 페이지 대신 그 단어가 나타난 행 번호를 표시한다.

구현해야 할 함수 index()는 텍스트 파일의 이름과 단어 리스트를 인수로 받는다. 리스트의 각 단어마다 텍스트 파일의 몇 번째 줄에 있는지 찾아내고 그 행 번호를 출력한다(행 번호는 1부터 시작한다). 파일은 여러 번 열어서 읽을 수 없고 한 번만 열어 읽어야 한다고 하자.

```
>>> index('raven.txt', ['raven', 'mortal', 'dying', 'ghost',
         'ghastly', 'evil','demon'])
ghost 9
dying 9
demon 122
evil 99, 106
ghastly 82
mortal 30
raven 44, 53, 55, 64, 78, 97, 104, 111, 118, 120
```

6.28 기본적인 번역 서비스를 제공하는 함수 `translate()`를 구현하라. 이 함수는 첫 번째 언어의 단어를 두 번째 언어의 단어에 대응시키는 사전을 입력받는다. 그리고 이 함수는 대화형으로 사용자로부터 첫 번째 언어의 구문을 입력받고 Enter/Return 키를 누르면 두 번째 언어로 번역하여 출력하는 서비스를 제공한다. 사전에 없는 단어는 ____(밑줄 4개)로 번역한다.

6.29 한 반에서 여러 학생들은 서로 친구지간이다. 두 학생의 친구가 한 명이라도 겹친다면 두 학생은 서로 친구사이여야 한다고 가정하자. 예를 들어 학생 0과 학생 1이 친구이고 학생 1과 학생 2가 친구일 때 학생 0과 학생 2는 친구여야 한다. 이 규칙을 사용하면 친구 그룹으로 반 학생들을 나눌 수 있다.

이를 위해 두 개의 인수를 받는 함수 `networks()`를 작성한다. 첫 번째 인수는 반에 있는 학생 수 n이다. 모든 학생들은 0에서 $(n-1)$까지의 번호로 구별할 수 있다고 가정한다. 두 번째 인수는 친구 사이를 정의하는 튜플 객체들이다. 예를 들어서 튜플 (0, 2)는 학생 0과 학생 2가 친구라는 것을 나타낸다. `networks()` 함수를 실행하면 아래처럼 친구 그룹을 나누어서 출력한다.

```
>>> networks(5, [(0, 1), (1, 2), (3, 4)])
Social network 0 is {0, 1, 2}
Social network 1 is {3, 4}
```

6.30 함수 `simul()`은 정수 n을 입력받아 선수 1(Player 1)과 선수 2(Player 2)의 가위바위보 게임을 n번 시뮬레이션한다. 가장 많이 이긴 사람이 승자이며 무승부도 가능하다. 아래처럼 게임의 결과를 출력해야 한다(문제 5.26의 정답 프로그램을 사용해도 좋다).

```
>>> simul(1)
Player 1
>>> simul(1)
Tie
>>> simul(100)
Player 2
```

6.31 크랩스(Craps)는 주사위를 사용하는 카지노 게임이다. 블랙잭처럼 사용자는 딜러를 상대로 게임을 진행한다. 사용자가 정육면체 주사위 두 개를 던지면서 게임이 시작된다. 만약 사용자가 던진 주사위의 합이 7이나 11일 경우 승리한다. 만약 그 합이 2나 3, 12일 경우 패한다. 그 외의 경우 사용자는 계속해서 주사위를 던지게 되는데, 이 경우에는 처음 나온 값과 같은 값이 나오면 이기며 7이 나오면 진다.

(a) 아무 인수도 받지 않고 크랩스 게임을 한 번 시뮬레이션하는 함수 craps()를 작성하라. 이 함수는 사용자가 이겼을 때 1, 졌을 때 0을 반환한다.

```
>>> craps()
0
>>> craps()
1
>>> craps()
1
```

(b) 양의 정수 n을 인수로 받아서 크랩스 게임을 n번 시뮬레이션한 후 사용자의 승률을 반환하는 함수 testCraps()를 작성하라.

```
>>> testCraps(10000)
0.4844
>>> testCraps(10000)
0.492
```

6.32 맨해튼가의 거리는 격자 형태로 구성되어 있다. 이런 형태의 거리 상에서 무작위 걸음(random walk)을 걸을 수 있는데, 즉 격자의 교차점마다 동, 서, 남, 북 중 하나의 방향을 무작위로 선택하여 걸을 수 있다. 여기서 각 방향이 나올 확률은 같다고 가정한다. 예를 들어 5×11 격자에서 (5, 2)부터 시작하여 무작위 걸음을 걷는다고 가정하면 (6, 2)를 거쳐 (7, 2), (8, 2), (9, 2), (10, 2)를 차례로 방문한 후 (9, 2)로 돌아갔다가 다시 (10, 2)로 가고 다음엔 결국 격자를 벗어날 수도 있다.

격자의 열과 행의 수를 인수로 받아 격자의 한가운데부터 시작하여 무작위 걸음을 걷는 것을 시뮬레이션하는 함수 manhattan()을 작성하라. 격자를 나가면 시뮬레이션을 멈추어야 한다. 시뮬레이션이 끝나면 manhattan()은 각 교차점을 거쳐 간 횟수를 계산한 후 다음과 같이 이차원 표 형태로 출력한다.

```
>>> manhattan(5, 11)
[0, 0, 0, 0, 0, 0, 0, 0, 0, 0, 0]
[0, 0, 0, 0, 0, 0, 0, 0, 0, 0, 0]
[0, 0, 0, 0, 0, 1, 1, 1, 1, 2, 2]
[0, 0, 0, 0, 0, 0, 0, 0, 0, 0, 0]
[0, 0, 0, 0, 0, 0, 0, 0, 0, 0, 0]
```

6.33 주사위 두 개를 던졌을 때 나올 수 있는 눈의 합, 즉 2에서 12 사이의 정수 r을 인수로 받고, 값 r이 100번 나올 때 까지 두 주사위를 몇 번 던져야 되는지 시뮬레이션을 통해 계산하여 출력하는 함수 `diceprob()`을 작성하라.

```
>>> diceprob(2)
It took 4007 rolls to get 100 rolls of 2
>>> diceprob(3)
It took 1762 rolls to get 100 rolls of 3
>>> diceprob(4)
It took 1058 rolls to get 100 rolls of 4
>>> diceprob(5)
It took 1075 rolls to get 100 rolls of 5
>>> diceprob(6)
It took 760 rolls to get 100 rolls of 6
>>> diceprob(7)
It took 560 rolls to get 100 rolls of 7
```

6.34 2인용 게임인 전쟁게임(War)은 52장으로 구성된 표준 트럼프 카드를 사용한다. 게임의 규칙은 다음과 같다. 먼저 카드를 섞은 후 카드 모양이 보이지 않게 뒤집은 상태에서 두 선수에게 반씩 나누어 준다. 게임은 두 선수의 대결(battle)방식으로 진행되는데, 한 선수의 카드가 모두 없어질 때까지 계속된다. 매 대결마다 각 선수는 자신의 카드 뭉치에서 맨 윗 장을 뒤집어 내려놓는다. 더 높은 패의 카드를 뒤집은 사용자가 두 카드 모두 가져가며 다시 안 보이게 뒤집어 자신의 카드 뭉치 맨 아래에 넣는다. 뒤집은 두 카드의 패가 같은 값일 경우 전투를 치러야 한다.

각 전투에서 각 사용자는 자신의 카드 뭉치 맨 위에서 추가로 세 장의 카드를 패가 보이지 않게 내려놓고 그 중 하나를 골라 뒤집는다. 둘 중 더 높은 카드를 뒤집은 사용자는 내려놓은 8장(패가 같았던 카드 두 장 포함)의 카드를 모두 가져가며, 자신의 카드 뭉치 맨 아래에 안 보이게 다시 넣는다. 전투에서 비겼을 경우에는 누군가 한 명이 이길 때까지 위의 전투 과정을 다시 반복하며, 이 경우에도 승자는 각 전투 중에 깔린 모든 카드를 가져간다. 세 장을 내려놓을 때 손에 카드가 모자랄 경우에는, 있는 카드만으로 전투를 마무리할 수 있다.

전투에서 각 카드의 숫자가 높을수록 더 높은 패의 카드이며 `A`, `K`, `Q`, `J`는 각 14, 13, 12, 11로 취급한다.

(a) 전쟁게임을 한 번 시뮬레이션한 후에 대결 횟수, 전쟁 횟수, 연속으로 두 번 치른 전쟁 횟수를 담은 튜플을 반환하는 함수 `war()`을 작성하여라.

🔊 게임의 무작위성을 높이기 위해 가져온 카드를 카드 뭉치 맨 아래로 넣기 전에 다시 한 번 섞어주어야 한다.

(b) 양의 정수 n을 인수로 받아 전쟁게임을 n번 시뮬레이션하고 대결 횟수, 전쟁 횟수, 연속 전쟁한 횟수의 평균을 계산하는 함수 `warStats()`를 작성하라.

6.35 유치원생들에게 한 자릿수 덧셈을 가르쳐주는 간단한 게임을 개발한다. 함수 `game()`은 정수 n을 인수로 받아 n개의 한 자릿수 덧셈 문제를 물어본다. 덧셈의 피연산자로는 0에서 9사이의 값(0과 9를 포함) 중의 난수를 사용한다. 사용자가 입력한 답이 맞았을 경우 `'Correct'`를, 틀렸을 경우 `'Incorrect'`를 출력한다. n번의 문제를 모두 푼 후에는 n개 문제 중 맞은 개수를 출력한다.

```
>>> game(3)
8 + 2 =
Enter answer: 10
Correct.
6 + 7 =
Enter answer: 12
Incorrect.
7 + 7 =
Enter answer: 14
Correct.
You got 2 correct answers out of 3
```

6.36 **카이사르 암호법**(Caesar cipher)은 메시지의 각 문자를 고정된 거리만큼 밀어서 다른 알파벳으로 대체하는 방법이다. 이 "고정된 거리"를 암호의 키라고 부르며 1에서 25사이의 값으로 한다. 예를 들어 키가 4일 경우 A는 E로, B는 F로, C는 G로 대체한다. 알파벳 마지막에 있는 문자 W, X, Y, Z는 문자 A, B, C, D로 대체한다.

1에서 25사이의 키와 텍스트 파일의 이름을 입력받아 텍스트 파일의 내용을 카이사르 암호법을 이용해 암호화하는 함수 `caesar()`을 작성하여라. 암호화된 메시지는 `cipher.txt` 파일에 저장하며 화면에도 출력한다.

```
>>> caesar(3,'clear.txt')
"Vsb Pdqxdo (Wrs vhfuhw)\n\n1. Dozdbv zhdu d gdun frdw.\n2. Dozdbv
zhdu brxu djhqfb'v edgjh rq brxu frdw.\n"
```

6.37 조지 킹슬리 지프(George Kingsley Zipf, 1902-1950)는 텍스트에서 k번째로 자주 나오는 단어의 빈도수가 약 $1/k$에 비례한다는 사실을 발견하였다. 즉, **대부분의** 단어 w에 대해서 아래의 조건이 성립되는 상수 C가 존재한다는 것이다.

만약 k번째로 자주 나오는 단어가 w일 경우 freq(w) * $k \approx$ C

여기서 단어 w의 빈도수 freq(w)란 단어 w가 나온 횟수를 전체 단어 수로 나눈 것이다.

텍스트 파일 이름을 인수로 입력받아 지프의 주장을 검증하는 함수 `zipf()`를 작성하여라. 이 함수는 텍스트에서 가장 빈도수가 높은 10개의 단어 w에 대하여 freq(w) * k를 계산하여 출력한다. 파일을 처리할 때 대소문자는 구분하지 않고, 문장 부호는 무시한다.

```
>>> zipf('frankenstein.txt')
0.0557319552019
0.0790477076165
0.113270715149
0.140452498306
0.139097394747
0.141648177917
0.129359248582
0.119993091629
0.122078888284
0.134978942754
```

제7장

이름공간

이 장에서는 프로그램 복잡도를 관리하기 위한 기본 구성요소인 이름공간(namespace)에 대해 소개한다. 컴퓨터 프로그램의 복잡도가 증가하면 모듈화하는 것이 필요한데, 모듈화란 프로그램을 더 작은 여러 구성 단위로 나누어서 단위별로 개발하고 검사하며 디버깅하는 것이다. 이러한 함수와 모듈, 클래스와 같이 나누어진 구성요소들은 함께 동작해야 하지만 서로 의도하지 않은 형태로 간섭하지 않아야 한다.

모듈화와 "불간섭(보통 캡슐화라 함)" 원칙은 각 구성요소에 자체 이름공간을 부여함으로써 지킬 수 있다. 이름공간 덕분에 함수와 모듈, 클래스 등과 같은 구성요소 내에서 명명 방법을 구체화할 수 있으며, 한 구성요소 내부에서 정의한 이름이 다른 구성요소에서는 보이지 않도록 할 수 있다. 이름공간은 함수 호출 실행 및 프로그램의 정상적인 제어 흐름에 중요한 기능을 담당한다. 이 정상적인 제어 흐름은 예외가 발생하는 경우에 수행되는 예외적 제어 흐름과 대조를 이룬다. 이 장에서는 또한 이러한 예외적 제어 흐름을 제어하는 예외 처리 방법도 소개한다.

이 장에서 소개하는 프로그램 설계는 개념과 기법은 제8장에서 소개할 새로운 클래스를 만들 때, 또 제10장에서 다룰 재귀 함수 수행 방법을 이해할 때에도 그대로 적용된다.

7.1 함수의 캡슐화

제3장에서 우리는 코드 일부를 포장하기 위한 포장 도구(wrapper)로서 함수를 소개했다. 함수로 코드를 포장하는(포장하여 사용하는) 이유를 다시 한 번 살펴보기 위해 제3장 사례연구의 함수 jump()를 보자.

모듈 turtlefunctions.py

```
def jump(t, x, y):
    'turtle t를 좌표 (x, y)로 이동시킴'
    t.penup()
    t.goto(x, y)
    t.pendown()
```

함수 jump()를 사용하면 터틀 객체(즉, 펜) t를 새로운 위치로 자국을 남기지 않고 간단히 이동시킬 수 있다. 제3장에서 함수 emoticon()으로 웃는 얼굴을 그릴 때 jump()를 여러 번 사용했다.

모듈 urtlefunctions.py

```
def emoticon(t, x, y):
    '턱 위치가 (x, y)인 웃는 얼굴을 그림'
    t.pensize(3)                 # turtle 방향과 펜 크기 정하기
    t.setheading(0)
    jump(t, x, y)                # (x, y)로 이동 후 머리 그리기
    t.circle(100)
    jump(t, x+35, y+120)         # 이동 후 오른쪽 눈 그리기
    t.dot(25)
    jump(t, x-35, y+120)         # 이동 후 왼쪽 눈 그리기
    t.dot(25)
    jump(t, x-60.62, y+65)       # 이동 후 미소 그리기
    t.setheading(-60)
    t.circle(70, 120)            # 원의 120도 부분
```

함수 jump()와 emoticon()을 보면 함수를 사용할 때의 장점, 즉 코드 재사용, 캡슐화, 모듈화의 장점을 잘 알 수 있는데 각각에 대해 더 자세히 살펴보자.

코드 재사용

어떤 한 프로그램 또는 여러 프로그램에서 자주 사용되는 코드가 있다면 함수로 포장할 수 있다. 프로그래머는 함수 정의를 통해 단 한번 코드를 작성함으로써 해당 코드가 필요할 때마다 함수를 호출할 수 있다. 자주 사용되는 코드를 함수 호출로 대치함으로써 프로그램은 더 짧아지고, 해당 코드에 의해 수행되는 동작을 함수 이름으로 설명할 수 있기 때문에 프로그램에 대한 이해도를 높일 수 있다. 수정이 필요할 때도 코드 오류를 한 군데서 한 번만 고치면 되기 때문에 디버깅 역시 더 쉬워진다.

함수 emoticon()에서는 jump()를 네 번 사용하였는데, 이로 인해 함수가 더 짧아지고 함수를 읽기도 쉬워졌다. 아울러 함수 jump()를 수정하기도 쉽다. 함수 jump()의 수행 방법을 변경하려면 jump() 함수 내부 구현을 변경하기만 하면 되며, 사실 함수 emoticon()은 수정할 필요조차 없다.

제6장 사례연구에서 블랙잭 프로그램을 개발할 때 코드 재사용의 예를 확인한 바 있다. 52 카드의 표준 카드 덱(deck)을 섞는 작업과 게임 참가자에게 카드를 나누어 주는 작업은 대부분 카드 게임에서 공통적으로 사용되기 때문에 재사용 가능하도록 별도의 함수[shuffleDeck()과 dealCard()]로 구현했었다.

모듈화(절차적 분해)

프로그램을 더 작고 더 간단하고 독립적인(self-contained) 부분으로 분해함으로써 큰 프로그램 개발로 인한 복잡도를 줄일 수 있다. 작은 개별 프로그램 조각(즉, 함수)은 독립적으로 설계하고, 구현, 검사, 디버깅하는 것이 가능하다.

예를 들어 앞의 예에서는 웃는 얼굴을 그리는 문제를 함수 두 개로 분해했다. 함수 jump()는 함수 emoticon()과 서로 독립적이기 때문에 독립적으로 검사하고 디버깅할 수 있다. 일단 함수 jump()를 개발하면 함수 emoticon()을 구현하기는 더 쉽다. 제6장 사례연구에서도 블랙잭 프로그램을 위해 다섯 개의 함수를 이용하는 모듈화 접근법을 사용했다.

캡슐화(정보 감추기)

프로그램에서 함수를 사용할 때, 개발자는 함수 구현 세부사항을 알 필요 없고 함수가 무슨 일을 하는지만 알면 된다. 일을 더 쉽게 하려면 개발자는 구현 세부사항을 모르는 것이 낫다.

함수 emoticon()의 개발자는 함수 jump()가 어떻게 구현되었는지 알 필요가 없으며, 다만 터틀(즉, 펜) t를 들어서 좌표 (x, y)에 내리는 기능을 함수 jump()가 제공한다는 것만 알면 된다. 이는 함수 emoticon()의 개발하는 과정을 단순하게 한다. 캡슐화의 또 다른 장점은 함수 jump()의 구현 내용을 수정하더라도(예를 들면 더 효율적으로 이루어지도록 수정하더라도) 함수 emoticon()은 수정할 필요가 없다는 것이다.

블랙잭 응용 프로그램에서 카드 덱을 섞고 가진 패의 값을 계산하는 함수는 실제 동작 코드를 캡슐화한다. 이러한 캡슐화를 이용하면 블랙잭 메인 프로그램 내에서 이해하기 어려운 코드를 직접 쓰는 대신 다음과 같이 알아보기 쉽게 함수 호출을 사용할 수 있다.

```
deck = shuffleDeck()            # 카드 덱 섞기
dealCard(deck, player)          # 첫 참가자에 카드 나누어 주기
```

지역 변수

함수를 사용하는 개발자가 함수의 구현 세부사항을 모르는 경우에는 항상 잠재된 위험이 도사리고 있다. 만약 함수의 실행이 호출 프로그램(즉, 함수를 호출한 프로그램)에 의도하지 않은 영향을 미친다면 어떻게 될까? 예를 들면 호출 프로그램(calling program)에서 정의하여 사용하고 있는 변수명을 개발자가 우연히 호출된 함수에서 사용할 수도 있다. 캡슐화를 위해서는 이들 두 변수가 구별되어야 한다. 함수 내부에서 정의된(즉, 대입된) 변수명들은 호출 프로그램에서 볼 수 없어야 한다. 그 변수들은 호출된 함수가 실행되는 환경 내에서 지역적으로만 존재해야 하며, 호출 프로그램에 정의된 같은 이름의 변수들에 영향을 주지 않아야 한다. 함수 내부에서 정의된 변수는 **지역 변수**(local variable)가 된다는 사실 때문에 이러한 투명성이 보장된다.

다음 함수를 통해 이 사실을 살펴보자.

모듈 ch7.py

```
def double(y):
    x = 2
    print('x = {}, y = {}'.format(x,y))
    return x*y
```

모듈 ch7을 실행한 후에, 인터프리터 셸에서 이름 x와 y가 정의되지 않았는지 확인해 보자.

```
>>> x
Traceback (most recent call last):
  File "<pyshell#37>", line 1, in <module>
    x
NameError: name 'x' is not defined
>>> y
Traceback (most recent call last):
  File "<pyshell#38>", line 1, in <module>
```

```
    y
NameError: name 'y' is not defined
```

이제 double()을 실행하자.

```
>>> res = double(3)
x = 2, y = 3
```

함수가 실행되는 동안에는 변수 x와 y가 존재한다. y에는 3, x에는 2가 대입된다. 그러나 함수 실행 후에 인터프리터 셸에 이름 x와 y는 존재하지 않는다.

```
>>> x
Traceback (most recent call last):
  File "<pyshell#40>", line 1, in <module>
    x
NameError: name 'x' is not defined
>>> y
Traceback (most recent call last):
  File "<pyshell#41>", line 1, in <module>
    y
NameError: name 'y' is not defined
```

위 결과를 보면 분명히 변수 x와 y는 함수가 실행되는 동안에만 존재한다는 사실을 알 수 있다.

함수 호출과 관련된 이름공간

사실 실제 상황은 더 엄밀하게 관리되고 있다. double()이 실행되는 동안 정의된 이름 x와 y는 함수 double()이 실행되는 중에도 호출 프로그램(앞의 예에서는 인터프리터 셸)에 보이지 않는다. 이를 확인하기 위해 셸에서 값 x와 y를 정의한 후에 함수 double()을 다시 실행해 보자.

```
>>> x,y = 20,30
>>> res = double(4)
x = 2, y = 4
```

이제 (인터프리터 셸에서 정의된) 변수 x와 y가 변화되었는지를 점검해 보자.

```
>>> x,y
(20, 30)
```

전혀 변화 없다는 것을 알 수 있다. 이 예는 변수명 x와 y 쌍이 별도로 두 개가 존재함을, 즉 인터프리터 셸에 정의된 변수 쌍과, 함수의 실행동안 정의된 변수 쌍이 존재함을 보여준다. 그림 7.1에서 볼 수 있듯이 인터프리터 셸과 실행 함수 double()은 각자의 이름을 저장하기 위한 자신만의 별도 공간을 유지하고 있다. 각 공간을 **이름공간**(namespace)이라 한다. 인터프리터 셸도 자신만의 이름공간이 있고, 각 함수 호출마다 새로운 이름공간이 생성된다. 함수 호출이 다르면 이름공간도 별도로 생성된다. 결국 각 함수 호출은 호출 프로그램이나 다른 함수들의 실행을 간섭하지 않도록 자신만의 "실행 영역"을 확보하게 된다.

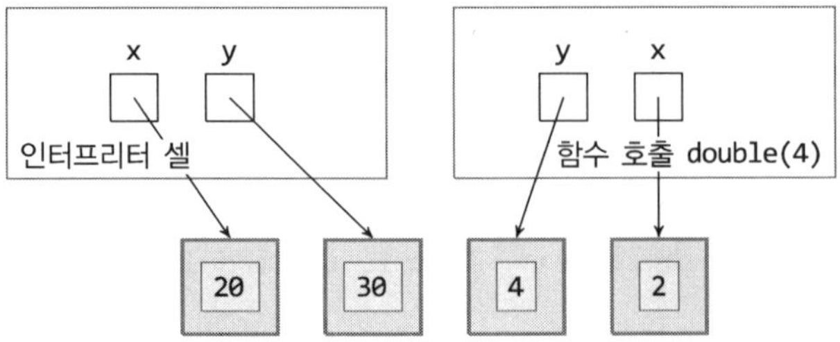

그림 7.1
이름공간
변수명 x와 y는 인터프리터 셸에 정의된다. double(4)가 실행되는 동안, 별도의 지역 변수 y와 x가 함수 호출의 이름공간에 정의된다.

호출된 함수가 실행되는 동안 대입된 이름을 **지역 이름**(local name)이라 하는데, 지역 이름은 함수 호출에 대하여 지역적이다. 함수의 지역 이름은 함수 호출과 관련된 이름공간에서만 존재한다. 지역 이름은 다음과 같은 특성을 지닌다.

- 함수 내부의 코드에서만 보인다.
- 같은 이름일지라도 함수 외부에서 정의된 이름에 간섭받지 않는다.
- 함수가 실행되는 동안에만 존재한다. 함수 실행 전에도 존재하지 않고, 함수 실행 후에도 더 이상 존재하지 않는다.

실습 7.1

함수 f()와 g()를 다음과 같이 정의하자.

```
>>> def f(y):
        x = 2
        print('In f(): x = {}, y = {}'.format(x,y))
        g(3)
        print('In f(): x = {}, y = {}'.format(x,y))

>>> def g(y):
        x = 4
        print('In g(): x = {}, y = {}'.format(x,y))
```

다음과 같이 함수를 호출했다고 할 때, 함수 g()가 실행되는 동안 변수명과 변수의 값, 함수 f()와 g()의 이름공간들을 그림 7.1처럼 그림으로 나타내어라.

```
>>> f(1)
```

이름공간과 프로그램 스택

어떤 함수든 함수가 호출될 때마다 새로운 이름공간이 생성된다. 어떤 함수를 호출하였을 때, 이 함수가 두 번째 함수를 호출하고 두 번째 함수가 다시 세 번째 함수를 호출하였다면, 각 함수 호출 당 하나씩 이름공간이 생기므로 총 세 개의 이름공간이 생길 것이다. 이제 이 이름공간들이 운영체제(OS)에 의해 어떻게 관리되는지를 논의하려고 한다. 이름공간 관리를 위한 OS 지원이 없다면 함수 호출이 이루어질 수 없기 때문에 이 논의는 중요하다.

구체적 예로서 다음 모듈을 살펴보자.

모듈 stack.py

```
def h(n):
    print('Start h')
    print(1/n)
    print(n)

def g(n):
    print('Start g')
    h(n-1)
    print(n)

def f(n):
    print('Start f')
    g(n-1)
    print(n)
```

모듈을 실행시킨 후, 셸에서 함수 `f(4)`를 호출하면 다음과 같이 수행된다.

```
>>> f(4)
Start f
Start g
Start h
0.5
2
3
4
```

`f(4)`의 실행 과정을 그림으로 나타내면 그림 7.2와 같다.

그림 7.2에는 세 개의 서로 다른 이름공간이 있는데 각 이름공간의 변수 `n` 값은 서로 다르다. 이 이름공간들이 어떻게 관리되는지를 이해하기 위하여, `f(4)`의 실행을 주의 깊게 살펴보자.

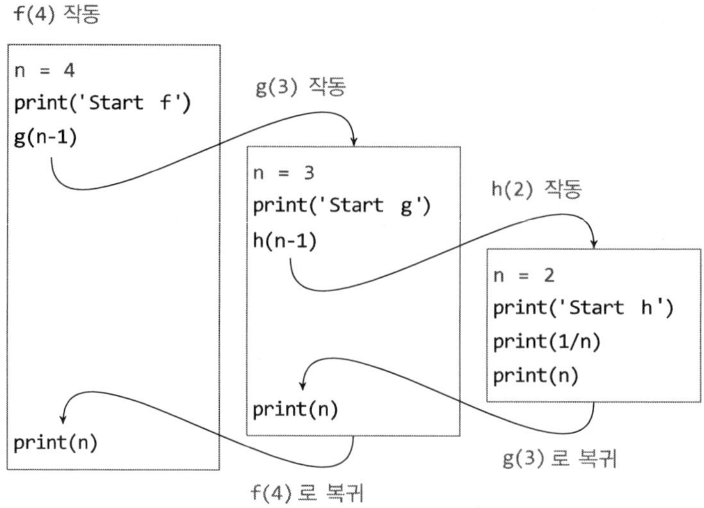

그림 7.2
f(4)의 실행
프로그램 실행은 함수 호출 f(4)의 이름공간에서 시작하며, n은 4이다. 함수 호출 g(3)은 n이 3인 새 이름공간을 생성한다. 함수 g()는 이 n 값을 사용하여 실행된다. 함수 호출 h(2)는 n이 2인 다른 이름공간을 생성한다. 함수 h()는 이 n 값을 사용한다. h(2)의 실행이 종료되면 g(3)의 실행과 관련된 이름공간이 복원되며 이 이름공간에서 n 값은 3이다. g(3)이 종료되면 f(4)의 실행이 복원된다.

f(4) 실행이 시작되면 n의 값은 4이다. 함수 호출 g(3)가 수행되면 g(3)의 이름공간에서 n의 값은 3이다. 그러나 f(4)의 실행이 완료되지 않았기 때문에 n의 옛 값 4는 아직 필요하다. 14행의 코드는 g(3)이 종료된 후에 실행되어야 한다.

g(3)의 실행을 시작하기 전에, OS는 f(4)의 실행을 완료하기 위해 필요한 모든 정보를, 즉 다음과 같은 정보를 저장한다.

- 변수 n의 값(이 경우, 값 n = 4)
- f(4)의 실행을 재개할 코드 행(이 경우, 14행)

OS는 이 정보들을 **프로그램 스택**(program stack)이라는 주기억장치의 한 영역에 저장한다. 그림 7.3에서처럼 OS가 g(3) 실행 전에 프로그램 스택의 **최상위**(top)에 이 정보들을 **밀어 넣기**(push) 때문에 이를 프로그램 스택이라고 부른다.

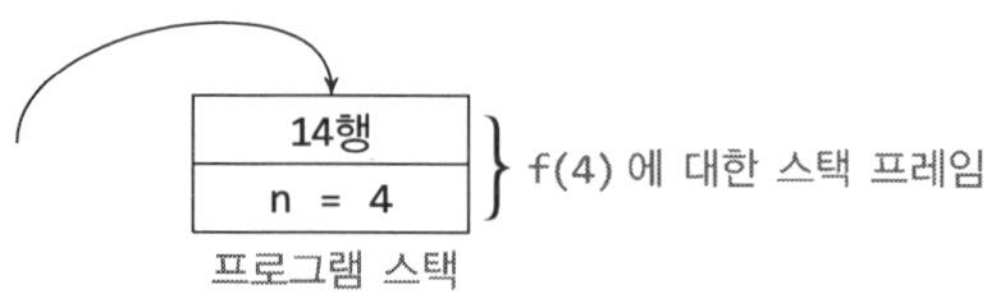

그림 7.3
스택 프레임
함수 호출은 스택 프레임에 지역 변수를 저장한다. 만약에 다른 함수가 또 호출되면, 이 호출 다음에 실행될 코드 행도 역시 저장된다.

아직 실행이 종료되지 않은 함수의 호출과 관련된 정보를 저장하는 프로그램 스택 영역을 **스택 프레임**(stack frame)이라 한다.

함수 호출 g(3)이 실행되기 시작할 때, n의 값은 3이다. g(3)이 실행되는 동안, 함수 h()는 입력 n-1 = 2로 호출된다. 이 호출이 이루어지기 전에, g(3)과 관련된 스택 프레임은 그림 7.4처럼 프로그램 스택 최상위에 저장된다.

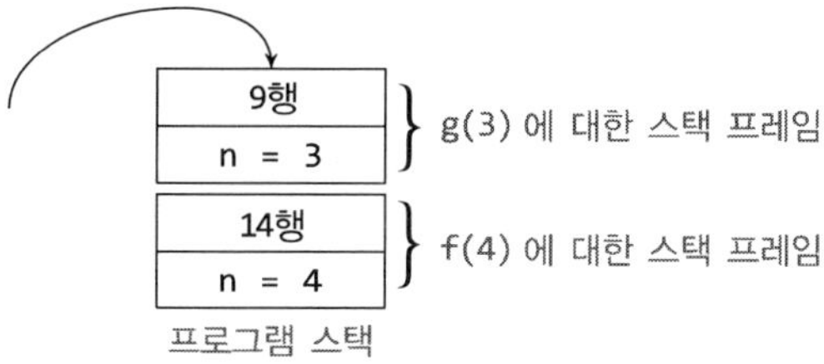

그림 7.4
프로그램 스택
…가 다른 함수 내에서 호…되면, 호출된 함수에 대한 …택 프레임은 호출한 함수의 …택 프레임 위에 저장된다.

그림 7.5는 함수 호출 `f(4)`의 실행을 다시 한 번 설명하고 있는데, 이번에는 함수 호출이 재개될 때 그 이름공간을 복구하기 위하여 OS가 프로그램 스택을 어떻게 사용하는지도 아울러 보여준다. 그림 7.5의 위쪽 절반에는 함수 호출 순서가 검은 화살표로 표시되어 있다. 각 함수 호출이 일어날 때마다 프로그램 스택에 프레임 하나를 "밀어 넣는(push)"데 이는 파란색 화살표로 나타내었다.

이제 `f(4)` 실행을 계속 자세히 분석해 보자. `h(2)`가 실행될 때, `n`은 2이며 `1/n = 0.5`와 `n = 2` 값이 출력된다. 그 다음에 `h(2)`는 종료된다. 이 시점에서 수행 흐름은 함수 호출 `g(3)`으로 되돌아간다. 그래서 `g(3)`과 관련된 이름공간은 복구되어야 하며 `g(3)`은 중단되었던 곳부터 계속 실행되어야 한다. 이를 위해서 OS는 프로그램 스택 최상위로부터 프레임 하나를 **제거(popping)**하고 이 프레임에 저장된 값을 사용하여 다음 작업을 수행한다.

- `n`의 값을 3으로 복구(즉, 이름공간 복구)
- 코드 9행부터 `g(3)`의 실행 재개

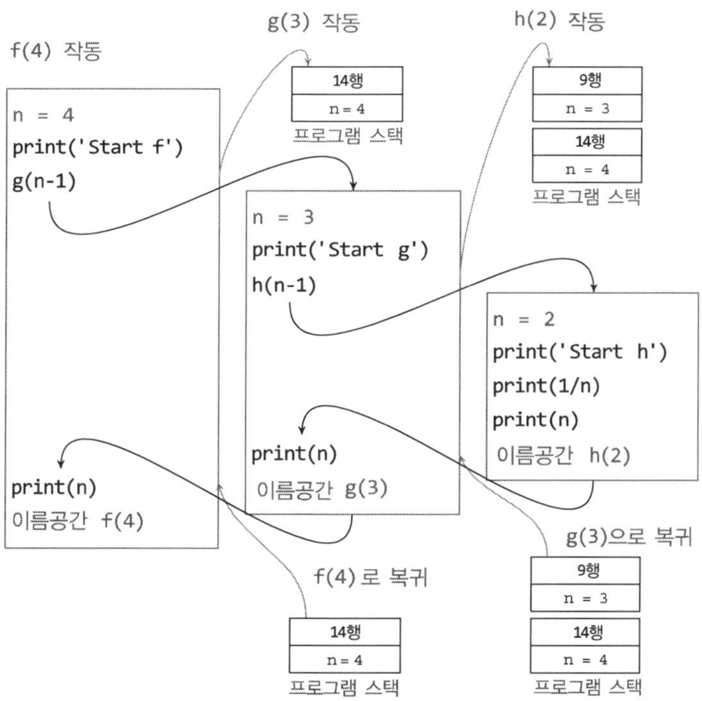

그림 7.5
f(4)의 실행 2부
…호출 f(4)는 자신의 이…공간에서 실행된다. 함수 …3)이 호출되면 f(4)의 …공간을 프로그램 스택…에 밀어 넣어 저장한다. 그… g(3)은 자신의 이름공…서 실행된다. h(2)가 호…면 g(3)의 이름공간 역…프로그램 스택 위에 저장…. 함수 호출 h(2)가 종…면 스택 최상위 프레임…배출되어 g(3)의 이름공… 복구되고 프로그램 실… 스택 프레임에 저장되…었던 프로그램 행(즉, 9행)… 계속된다. g(3)이 종…면 다시 프로그램 스택…배출되어 f(4)의 이름공…및 실행이 복구된다.

코드 9행이 실행되면 n = 3이 출력되고 g(3)이 종료된다. 그 다음에는 그림 7.5에 나타낸 것처럼 프로그램 스택 프레임이 다시 하나 더 제거되어 함수 호출 f(4)의 이름공간이 복구되고 14행부터 f(4)의 실행이 계속된다. 따라서 n = 4가 출력되고 f(4)가 종료된다.

DETOUR

프로그램 스택과 버퍼 오버플로우 공격

프로그램 스택은 OS 주기억 장치의 주요 구성요소이다. 프로그램 스택은 모든 함수 호출에 대한 스택 프레임을 포함한다. 함수 호출 시 지역 변수들(n 같은)을 저장하기 위해 스택 프레임을 사용한다. 또한 다른 함수를 호출할 때, 언젠가 호출된 다른 함수가 종료되면 실행을 재개할 명령의 줄 번호(즉, 기억장치 주소)를 저장하기 위해 스택 프레임을 사용한다.

또한 프로그램 스택은 컴퓨터 시스템의 약점으로 나타나기도 하는데, **버퍼 오버플로우 공격**(buffer overflow attack)이라는 형태의 컴퓨터 시스템 공격에 흔히 악용된다. 프로그램 스택의 약점은 그림 7.5에 보인 것처럼 f(4)에서 4에 해당하는 함수 호출의 입력 인수가 프로그램 스택에 저장된다는 것이다. 다시 말해서 OS는 예상 입력 인수(이 경우, 정수 값)를 프로그램 스택에 저장하기 위해서 작은 공간을 할당한다.

악의적인 사용자는 할당된 공간보다 훨씬 더 큰 크기의 인수를 전달하며 함수를 호출할 수 있다. 이 인수는 악의적인 코드를 포함할 수 있으며 프로그램 스택에 존재하는 코드 행 번호 중 하나를 새로운 행 번호로 덮어 쓸 것이다. 이 새로운 행 번호는 물론 악의적인 코드를 가리킬 것이다.

결국 실행 중인 프로그램은 덮어 쓴 행 번호가 포함된 스택 프레임을 배출하게 되며 그 행으로부터 시작하는 악의적인 코드 명령어를 실행하게 될 것이다.

7.2 전역 이름공간 대 지역 이름공간

앞서, 모든 함수 호출에 대하여 연관된 이름공간이 생긴다는 것을 보았다. 이 이름공간은 함수가 실행되는 동안 그 함수에서 정의한 이름들이 존재하는 공간이다. 함수 호출로 만들어지는 이름공간을 이러한 이름들의 **영역**(scope, 즉 그 이름들이 존재하는 공간)이라 한다.

Python 프로그램에서 모든 이름(지역 이름뿐만 아니라 변수명이든, 함수명이든, 데이터 형 이름이든, 임의의 이름)에는 영역이, 즉 해당 이름이 존재하는 이름공간이 연관되어 있다. 어떤 이름이든 그 이름의 영역 밖에서는 존재하지 않으며, 따라서 영역 밖에서 그 이름을 참조하면 항상 오류가 발생한다. 함수(의 본체) 내에서 대입된 이름들은 **지역 영역**(함수 호출에 대해 지역적임)에 존재하는데, 이는 해당 이름공간이 함수 호출과 연관된 이름공간이라는 것을 의미한다.

인터프리터 셸 내에서, 혹은 모듈 내 어떤 함수의 외부에서 대입된 이름들은 **전역 영역**(global scope)에 존재한다. 전역 영역은 인터프리터 셸에 연관되어 있거나 모듈 전체에 연관되어 있는 이름공간이다. 전역 영역의 변수들을 **전역 변수**(global variables)라 한다.

전역 변수

인터프리터 셸에서 Python 문장을 실행하면 그 문장은 인터프리터 셸과 연관된 이름공간에서 실행된다. 이러한 상황에서 해당 이름공간은 전역 이름공간이므로 정의된 변수는, 즉 다음 코드처럼 정의된 a와 같은 변수는 전역 변수이며 이 변수의 영역은 전역 영역이다.

```
>>> a = 0
>>> a
0
```

통합 개발 환경 내에서든 외에서든 상관없이 어떤 모듈을 실행하면, 해당 모듈과 관련된 이름공간이 생성된다. 모듈이 실행되는 동안 이 이름공간은 전역 이름공간이 된다. 모듈 내에서 정의된 변수가 함수 외부에 정의되었다면 전역 변수가 되는데, 예컨대 다음과 같이 한 줄짜리 모듈이라고 하더라도 scope.py 내부에 정의된 변수 a는 전역 변수가 된다.

모듈 scope.py

```
# 정말로 작은 모듈
a = 0
```

지역 영역의 변수

전역 영역과 지역 영역 사이의 차이를 이해하기 위해 몇 가지 예제를 차례로 살펴보자. 첫 번째 예제는 다음과 같이 좀 특이한 모듈이다.

모듈 scope1.py

```
def f(b):                         # f는 전역 영역, b는 지역 영역에 있다.
    a = 6                         # 이 a는 함수 호출 f()에 따른 지역 영역에 있다.
    return a*b                    # 이 a는 지역 변수 a이다.

a = 0                             # 이 a는 전역 영역에 있다.
print('f(3) = {}'.format(f(3)))
print('a is {}'.format(a))    # 전역 변수 a는 여전히 0이다.
```

이 모듈을 실행시키면 함수 정의가 먼저 실행되고 나서 모듈의 마지막 세 줄이 차례로 실행된다. 함수 이름 f와 5행의 변수 a는 전역 영역에 놓이게 된다. 함수 f(3)이 6행에서 호출될 때, 지역 변수 b와 a는 함수 호출 f(3)의 이름공간 내에 정의된다. 그림 7.6에서 볼 수 있는 것처럼 지역 변수 a는 전역 이름 a와 관련이 없다.

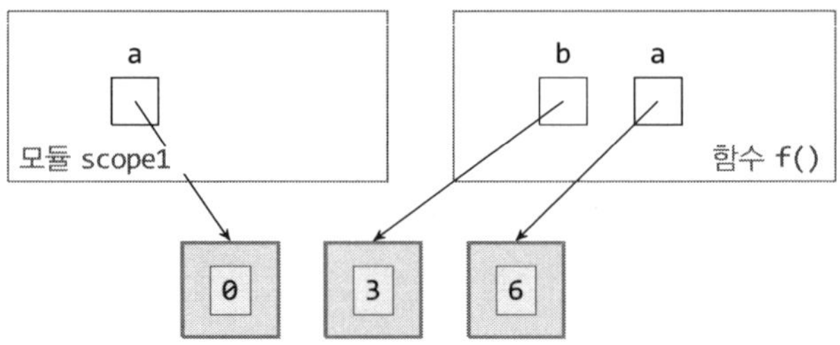

그림 7.6
지역 변수
5행에서 전역 변수명 a에 정수 0을 대입한다. 6행에서 함수 호출 f(3)이 실행되는 동안, 이 함수 호출에 대한 별도의 지역 변수 a가 정의되고 정수 6이 대입된다.

다음은 모듈 scope1을 실행하였을 때의 출력 결과이다.

```
>>>
f(3) = 18
a is 0
```

f(3)의 실행 중에 곱 a*b의 값을 구할 때, 지역 이름 a를 사용한다는 것에 주의하자.

전역 영역의 변수

다음 예제 프로그램으로 모듈 scope1에서 행 2를 지운 프로그램을 생각해 보자.

모듈
scope2.py

```
def f(b):
    return a*b                          # 이 a는 전역 변수 a이다.

a = 0                                   # 이 a는 전역 영역에 있다.
print('f(3) = {}'.format(f(3)))
print('a is {}'.format(a))              # 전역 변수 a는 여전히 0이다.
```

모듈 scope2를 실행시키면 함수 호출 f(3)이 수행된다. 그림 7.7은 함수 호출 f(3)이 수행될 때, 정의되는 변수 명과 이름공간을 보여준다.

f(3)의 실행 중에 곱 a*b의 값을 구할 때, 함수 호출 f(3)의 이름공간에는 어떠한 지역 변수 a도 존재하지 않는다. 이때 사용되는 변수 a는 이제 전역 변수가 되며 전역 변수 a의 값은 0이다. 이 프로그램을 실행시키면 다음과 같은 결과를 얻는다.

그림 7.7
전역 변수
5에서 함수 호출 f(3)이 행되는 동안, 곱 a*b를 계 할 때 변수 a의 값을 구하 된다. 함수 호출의 이름공 에는 어떠한 이름 a도 존재 지 않기 때문에, 전역 이름 간에 정의된 이름 a를 사용 다.

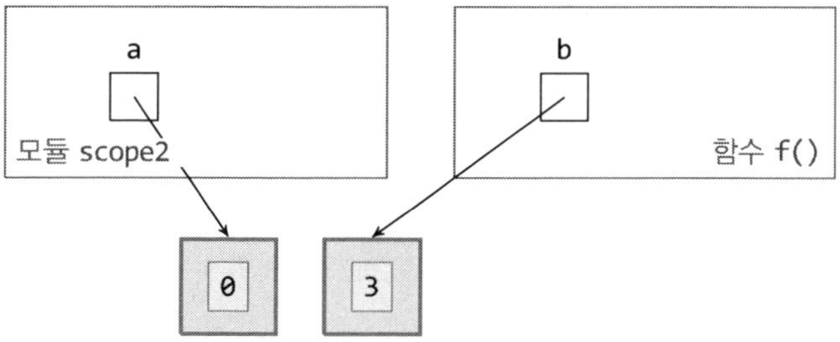


```
>>>
f(3) = 0
a is 0
```

Python 인터프리터는 어떤 이름에 대해 지역 이름으로 값을 구할지, 전역 이름으로 값을 구할지 여부를 어떻게 결정할까?

Python 인터프리터는 어떤 이름(변수 이름, 함수 이름 등)의 값을 구할 필요가 있을 때마다, 다음과 같은 순서대로 해당 이름의 정의를 탐색한다.

1. 먼저 해당 이름을 사용하고 있는 함수의 호출 이름공간 탐색
2. 다음으로 전역(모듈) 이름공간 탐색
3. 마지막으로 모듈 **builtins**의 이름공간 탐색

첫 번째 예제 모듈 **scope1**에서 곱 **a*b**에 나타난 이름 **a**는 지역 이름으로 값을 구했다. 두 번째 예제 모듈 **scope2**에서는 함수 호출의 지역 이름공간에 어떠한 이름 **a**도 정의되어 있지 않기 때문에 **a**는 전역 이름으로 값을 구한다.

내장된 이름들(**sum()**, **len()**, **print()**, 기타 등등)은 Python 시작 시 자동으로 임포트되는 모듈 **builtins**에 미리 정의되어 있다(이 내장 모듈은 7.4절에서 더 자세히 설명

그림 7.8
이름 정의 검색
듈 scope2에서 f(3)이 행되는 동안 세 개의 이름 간이 존재한다. Python 인 터리터가 어떤 이름의 값 구해야 할 때마다, 지역 이 공간에서 그 이름에 대한 색을 시작한다. 지역 이름 간에 그 이름이 없으면, 전 이름공간에서 탐색을 계 한다. 전역 이름공간에서도 을 수 없으면, builtins 이 공간으로 이동하여 탐색을 한다.

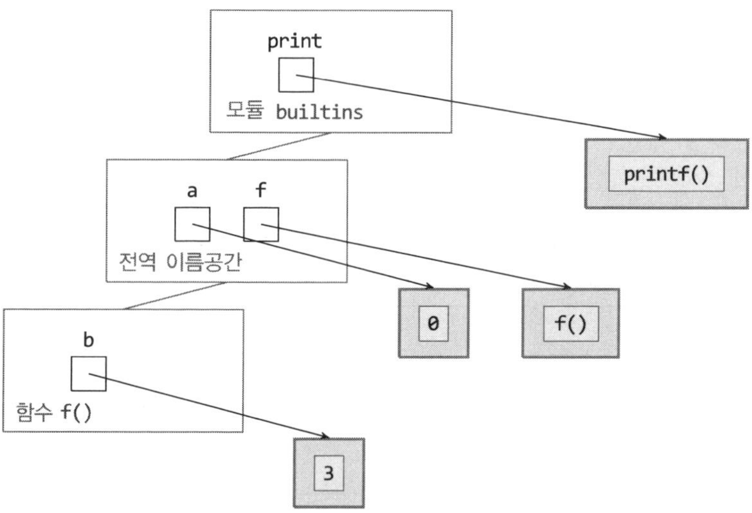

한다). 그림 7.8은 모듈 scope2에서 함수 호출 f(3)이 실행될 때 존재하는 서로 다른 이름공간들을 보여준다.

그림 7.8은 모듈 scope2에서 f(3)이 호출되어 함수 f()의 2행 문장 print(a*b)이 실행되는 동안 이름을 어떻게 탐색하는지 보여준다. print(a*b)을 실행할 때에는 세 개의 이름을 탐색해야 하는데 세 이름 모두 함수 호출 f(3)의 지역 이름공간부터 탐색하기 시작한다.

1. Python 인터프리터는 먼저 이름 a를 탐색한다. 우선 함수 f(3)의 지역 이름공간을 찾아본다. 여기에 이름 a가 없으므로 다음으로 전역 이름공간에서 검색하고 여기에서 이름 a를 찾게 된다.
2. 이름 b에 대한 탐색도 지역 이름공간에서부터 시작하며 바로 여기서 해당 이름을 찾은 후 끝난다.
3. (함수) 이름 print에 대한 탐색도 지역 이름공간에서 시작되고 전역 이름공간에서 계속되며 모듈 builtins의 이름공간에서 성공적으로 찾은 후 끝난다.

함수 내부에서 전역 변수 바꾸기

마지막 예제로 다음과 같은 상황을 고려해 보자. 모듈 scope1의 함수 f()에서 문장 a = 0의 의도가 전역 변수 a를 **수정하기** 위한 것이었다고 가정하자. 모듈 scope1에서처럼 함수 f() 내부에 그냥 문장 a = 6를 쓰면 전역 변수가 수정되는 대신 같은 이름의 새로운 지역 변수가 만들어질 것이다. 만약에 이 함수가 **전역 변수의 값을 바꾸도록** 하는 것이 우리 의도였다면, 해당 이름이 전역이라는 것을 표시하기 위해 예약 키워드인 global을 사용해야 한다. 키워드 global의 사용법을 보기 위해 다음 모듈 scope3을 살펴보자.

모듈 scope3.py

```
1  def f(b):
2      global a          # f()에서 a에 대한 모든 참조는 전역 변수 a이다.
3      a = 6             # 전역 변수 a가 바뀐다.
4      return a*b        # 이 a는 전역 변수 a이다.
5
6  a = 0                 # 이 a는 전역 영역에 있다.
7  print('f(3) = {}'.format(f(3)))
8  print('a is {}'.format(a))    # 전역 변수 a는 6으로 바뀌었다.
```

2행에서 문장 global a는 이름 a가 전역 변수라는 것을 명시하기 때문에, 대입문 a = 6은 전역 변수 a의 값을 바꾼다. 그림 7.9는 이 상황을 보여준다.

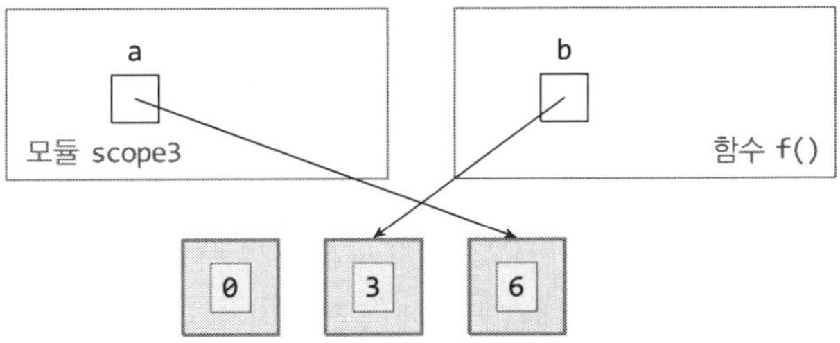

그림 7.9
키워드 global
(3)이 실행되는 동안 대입 a = 6이 실행된다. 이름 가 전역 이름 a를 가리키는 으로 정의되었기 때문에 입된 변수는 전역 변수 a이 . 함수 호출의 지역 이름공 에는 어떠한 이름 a도 생성 지 않는다.

이 모듈을 실행시키면, f(3)을 계산할 때 전역 변수 a의 값을 수정하고 수정된 값이 사용된다.

```
>>>
f(3) = 18
a is 6
```

실습 7.2

다음 모듈의 각 이름에 대해, 그 이름이 전역 이름인지, f(x)의 지역 이름인지, 아니면 g(x)의 지역 이름인지를 나타내어라.

모듈 fandg.py

```
def f(y):
    x = 2
    return g(x)

def g(y):
    global x
    x = 4
    return x*y

x = 0
res = f(x)
print('x = {}, f(0) = {}'.format(x,res))
```

7.3 예외적 제어 흐름

이 장에서 논의의 초점은 이름공간이지만 다른 기본적인 주제도 조금 다루었는데, 즉 함수 호출 등 프로그램의 "정규" 실행 제어 흐름이 운영체제와 이름공간에 의해 어떻게 지원되는지에 대해서도 살펴보았다. 이 절에서는 예외로 인해서 "정규" 실행 제어 흐름이 중단될 때 무슨 일이 발생하는지와 더불어 이 예외적 제어 흐름을 제어하기 위한 방법을 살펴본다. 이 절에서는 또한 4.4절에서 소개한 예외에 관해서도 이어서 살펴본다.

예외와 예외적 제어 흐름

오류 객체들을 **예외**(exception)라 한다. 왜냐하면 오류 객체들이 발생되면 프로그램 순서도로 표시할 수 있는 프로그램의 정규 실행 흐름은 중단되고 **예외적 제어 흐름**(exceptional control flow)이 시작되기 때문이다. 이 예외적 제어 흐름은 정규 프로그램 실행의 일부가 아니기 때문에 통상 순서도로 나타내지 않는다. 기본적인 예외적 제어 흐름(default exceptional control flow)은 프로그램의 수행을 멈추고 예외 객체에 포함된 오류 메시지를 출력한다.

여기서는 7.1절에서 소개한 함수 `f()`와 `g()`, `h()`를 사용하여 이러한 예외적 제어 흐름을 설명하고자 한다. 이미 그림 7.2를 통해 함수 호출 `f(4)` 실행의 정규 흐름을 설명한 바 있다. 그림 7.10은 셀에서 함수 `f(2)`를 호출하면 무슨 일이 발생하는지 보여주고 있다.

프로그램 수행은 함수 호출 `h(0)`이 이루어지는 시점까지 완전히 정상적으로 작동한다. `h(0)`이 실행되는 동안 `n`의 값은 0이다. 그러므로 수식 `1/n`의 값을 구할 때 오류 상황이 발생한다. 인터프리터는 `ZeroDivisionError` 예외를 발생시키고 또한 오류 정보를 포함하는 `ZeroDivisionError` 예외 객체를 생성한다.

예외가 발생하였을 때 기본적인 처리 방법은 오류를 발생시킨 함수 호출을 중단하는 것이다. `h(0)`이 실행되는 동안 오류가 발생하였기 때문에, `h(0)`의 실행이 중단된다. 그러나 이로 인해 함수 호출 `g(1)`과 `f(2)`의 실행 중에도 역시 오류가 발생하고 두 함수 호출 또한 중단된다. 따라서 그림 7.10에서 회색으로 표시한 문장들은 전혀 수행되지 않는다.

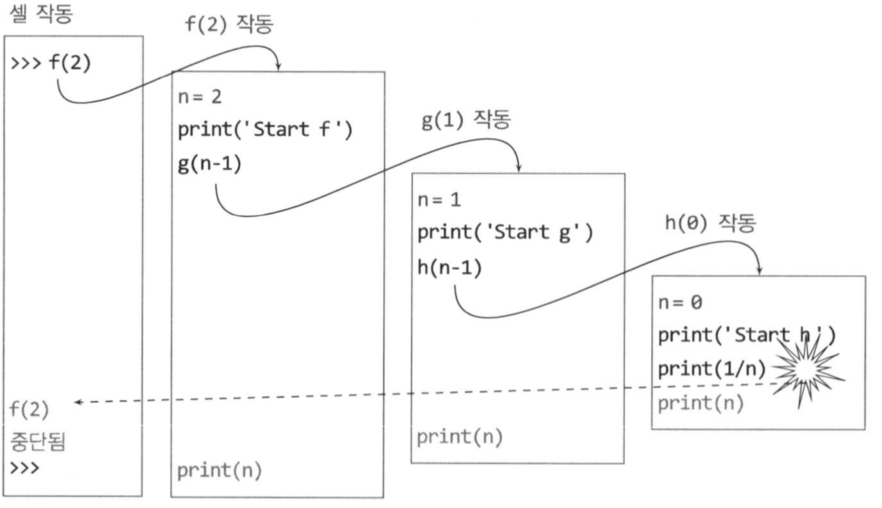

그림 7.10
f(2)의 실행
셀에서 호출한 함수 호출 `f(2)`의 정규 실행 제어 흐름을 실선 화살표로 나타내었다. `f(2)`가 `g(1)`을 호출하고 이어서 `g(1)`은 `h(0)`을 호출한다. 수식 `1/n = 1/0`의 값을 구하려고 할 때, `ZeroDivisionError` 예외가 발생한다. 함수 호출 `h(0)`의 정규 실행 제어 흐름이 중단되므로 함수 호출 `h(0)`은 완료될 수 없으며 `g(1)`과 `f(2)`도 역시 마찬가지로 완료될 수 없다. 예외 제어 흐름은 점선 화살표로 표시하였다. 실행되지 않은 문장들은 회색으로 표시 하였다. 함수 호출 `f(2)`가 중단되었으므로 오류 정보가 셀에 출력된다.

수행흐름이 셸로 돌아오면 예외 객체에 포함된 정보가 셸에 출력된다.

```
Traceback (most recent call last):
  File "<pyshell#116>", line 1, in <module>
    f(2)
  File "/Users/me/ch7.py", line 13, in f
    g(n-1)
  File "/Users/me/ch7.py", line 8, in g
    h(n-1)
  File "/Users/me/ch7.py", line 3, in h
    print(1/n)
ZeroDivisionError: division by zero
```

오류의 종류 및 친절한 오류 메시지 외에도 오류에 의해 중단된 모든 함수 호출들의 **역추적**(traceback) **발자취**도 출력된다.

예외 감지와 처리

어떤 프로그램들은 예외가 발생했을 때도 종료되어서는 안 되는데 서버 프로그램과 셸 프로그램이 그러하며 사용자 요구를 처리하는 거의 모든 프로그램도 종료되어서는 안 된다. 이러한 프로그램들은 (프로그램 사용자든 아니면 파일이든) 프로그램 외부로부터 (대화식으로) 받은 요구를 처리해야 하므로, 잘못된 입력으로 인해 프로그램이 오류 상태로 들어가지 않도록 설계해야 한다. 이들 프로그램들은 비록 내부 오류가 발생할지라도 서비스를 계속 제공할 필요가 있다. 따라서 이는 오류가 발생되었을 때 프로그램을 중단하고 오류 메시지를 출력하는 기본 처리 절차도 변경해야 한다는 것을 의미한다.

예외가 발생하였을 때 대안적 행동을 수행하도록 명시함으로써 기본적인 예외 제외 흐름을 바꿀 수 있다. 이를 위해 `try/except` 쌍의 문장을 사용한다. 다음 작은 프로그램을 통해 `try/except`의 사용법을 살펴보자.

모듈
age1.py

```
strAge = input('Enter your age: ')
intAge = int(strAge)
print('You are {} years old.'.format(intAge))
```

`age1` 모듈에서는 대화식으로 나이를 입력하도록 사용자에게 요청한다. 사용자가 입력하는 값은 문자열이다. 이 값은 출력되기 전에 정수로 변환된다. 이제 직접 프로그램을 실행해 보자!

사용자가 입력한 나이가 정수형으로 변환 가능한 나이 값인 한 이 프로그램은 잘 작동한다. 그러나 사용자가 숫자 대신에 `'fifteen'`을 입력하면 어떻게 될까?

```
>>>
Enter your age: fifteen
Traceback (most recent call last):
   File "/Users/me/age1.py", line 2, in <module>
    intAge = int(strAge)
ValueError: invalid literal for int() with base 10: 'fifteen'
```

문자열 'fifteen'은 정수로 변환될 수 없기 때문에 ValueError 예외가 발생한다.

문장 age = int(strAge)를 실행하는 중에 프로그램 수행이 "멈추는(crash)" 대신에 10진수를 사용하여 나이를 기입해야 한다는 것을 사용자에게 알릴 수 있다면 더 좋을 것이다. 다음과 같이 try와 except 쌍의 문장을 사용함으로써 그렇게 할 수 있다.

모듈 age2.py

```
1  try:
2      # try 블록 --- 먼저 실행됨. 만약 예외가 발생한다면,
3      #         try 블록의 실행이 중단됨
4      strAge = input('Enter your age: ')
5      intAge = int(strAge)
6      print('You are {} years old.'.format(intAge))
7  except:
8      # except 블록 --- try 블록 실행동안 예외가 발생하는
9      #         경우에만 실행됨
10     print('Enter your age using digits 0-9!')
```

try 문과 except 문은 서로 연결되어 동작한다. try 문과 except 문 하부에는 각각 들여 쓴 코드 블록이 나온다. try 문의 하부 코드 블록인 2행부터 6행까지의 코드가 먼저 실행된다. 오류가 발생하지 않는다면, except 하부 코드 블록은 무시된다.

```
>>>
Enter your age: 22
You are 22 years old
```

그러나 try 코드 블록이 실행되는 동안 strAge를 정수로 변환할 수 없어서 예외가 발생하면, Python 인터프리터는 try 코드 블록에서 나머지 문장들의 실행을 생략하고 대신에 except 문의 코드 블록(즉 10행)을 실행한다.

```
>>>
Enter your age: fifteen
Enter your age using digits 0-9!
```

try 블록의 첫 행은 실행되었지만 마지막 행은 실행되지 않았음에 주의하자.

try/except 쌍의 문장 형식은 다음과 같다.

```
try:
    <들여 쓴 코드 블록 1>
except:
    <들여 쓴 코드 블록 2>
<들여 쓰지 않은 문장>
```

<들여 쓴 코드 블록 1>의 실행을 먼저 시도한다. 만약 어떤 예외도 발생하지 않고 통과한다면, <들여 쓴 코드 블록 2>는 무시되고 <들여 쓰지 않은 문장>으로 실행이 계속된다. 그러나 만약에 <들여 쓴 코드 블록 1>의 실행 중에 예외가 발생하면, <들여 쓴 코드 블록 1>에서 나머지 문장들을 실행하지 않고 대신에 <들여 쓴 코드 블록 2>를 실행한다. 만약에 새롭게 예외가 발생되지 않고 <들여 쓴 코드 블록 2>의 수행이 완료된다면, <들여 쓰지 않은 문장>으로 실행이 계속된다.

코드 블록 <들여 쓴 코드 블록 2>는 발생한 예외를 처리하는 데 사용되기 때문에 **예외 처리기**(exception handler)라고 부른다. 그리고 except 문이 예외를 **감지**(catch)한다고 말한다.

■ 기본 예외 처리기

만약에 발생한 예외를 감지할 except 문이 없는 경우에는(그래서 사용자 정의 예외 처리기가 예외를 처리하지 못하는 경우에는) 실행 중인 프로그램이 중단되고 중단된 함수들의 역추적 목록과 오류 정보가 출력된다. 이러한 예로 앞서 모듈 age1.py의 실행 시 나이를 문자열로 입력하였을 때 다음과 같이 출력되는 것을 살펴본 바 있다.

```
>>>
Enter your age: fifteen
Traceback (most recent call last):
    File "/Users/me/age1.py", line 2, in <module>
   intAge = int(strAge)
ValueError: invalid literal for int() with base 10: 'fifteen'
```

이러한 기본 예외 처리는 실제로 Python의 **기본 예외 처리기**(default exception handler)에 의해 수행된 것이다. 다시 말해서, 발생된 예외가 사용자 정의 처리기에서 처리되지 못할 경우에는 항상 기본 예외 처리기가 예외를 감지하고 처리한다.

■ 특정한 형태의 예외 감지

모듈 age2.py의 except 문은 어떤 형태의 예외라도 감지할 수 있다. 하지만 except 문은 또한 특정한 형태의 예외만 감지하도록, 예컨대 모듈 age3.py에서처럼 ValueError 예외만 감지하도록 작성할 수도 있다.

모듈
age3.py

```
try:
    # try 블록
    strAge = input('Enter your age: ')
    intAge = int(strAge)
    print('You are {} years old.'.format(intAge))
except ValueError:
    # except 블록 --- try 블록에서 ValueError 예외가 발생하는
    # 경우에만 실행됨
    print('Enter your age using digits 0-9!')
```

try 코드 블록을 실행하는 동안 예외가 발생하면, 예외 객체의 형태와 except 문에 표시된 예외 형태(이 경우에는 ValueError)가 일치하는 경우에만 예외 처리기가 실행된다. 만일 except 문에서 표시된 형태와 일치하지 않는 예외가 발생하면, except 문은 예외를 감지하지 못하고, 대신 기본 예외 처리기가 예외를 처리한다.

다중 예외 처리기

하나의 try 문 다음에는 여러 개의 except 문이 나타날 수 있으며, 각 except 문은 독자적인 예외 처리기를 나타낸다. 다음 함수 readAge()에서 이러한 예를 볼 수 있는데 이 함수는 파일을 열고, 그 파일의 첫 줄을 읽고, 읽은 내용을 정수로 변환하는 try 코드 블록을 포함하고 있다.

모듈
ch7.py

```
def readAge(filename):
    '''파일 filename 의 첫 줄을 읽고 정수로 변환하여
       변환된 값을 출력한다'''
    try:
    infile = open(filename)
    strAge = infile.readline()
    age = int(strAge)
    print('age is', age)
    except IOError:
    # IOError 예외가 발생할 경우에만 실행됨
    print('Input/Output error.')
    except ValueError:
    # ValueError 예외가 발생할 경우에만 실행됨
    print('Value cannot be converted to integer.')
    except:
    # IOError 혹은 ValueError가 아닌
    # 다른 예외가 발생할 경우에만 실행됨
    print('Other error.')
```

함수 readAge에서 try 코드 블록을 실행하는 동안 여러 형태의 예외가 발생할 수 있다. 파일이 존재하지 않으면 다음과 같이 실행된다.

```
>>> readAge('agg.txt')
Input/Output error.
```

파일이 없으면 try 코드 블록의 첫 문장 실행동안 IOError 예외가 발생하며 try 코드 블록의 나머지 문장들은 건너뛰고 IOError 예외 처리기가 실행된다.

다른 오류로는 파일 age.txt의 첫 줄에 정수 값으로 변환될 수 있는 데이터가 없는 경우를 생각해 볼 수 있다.

```
>>> readAge('age.txt')
Value cannot be converted to integer
```

이 경우에 파일 age.txt의 첫 줄에는 'fifteen\n'이 저장되어 있었는데 그래서 이를 정수로 변환하려고 할 때 ValueError 예외가 발생한다. 해당 예외 처리기는 프로그램 중단 없이 이해하기 쉬운 메시지를 출력한다.

마지막 except 문은 처음 두 except 문이 감지하지 못한 오류를 감지한다.

DETOUR

아리안 5의 처녀 비행

1996년 6월 4일 유럽 우주국이 수년에 걸쳐 개발한 아리안 5 로켓은 첫 시험 비행을 했다. 발사 수 초 후에 로켓은 폭발했다.

실수에서 정수로 변환하는 과정에서 오버플로우 예외가 발생하였고 이로 인해서 사고가 일어났다. 사고의 원인은 정수 변환 실패가 아니었으며 그것은 중요하지 않다고 판명났다. 실제 원인은 예외 처리가 수행되지 않았다는 것이다. 이 때문에 로켓 제어 소프트웨어는 작동되지 않았고 로켓 컴퓨터는 종료되었다. 항법장치가 없는 채로 로켓은 통제 불가능하게 되었고, 탑재된 감시 시스템은 로켓이 자폭되도록 하였다.

이는 아마 역사상 가장 값을 많이 치룬 컴퓨터 버그 중의 하나였을 것이다.

실습 7.3

open() 함수에 대한 "포장(wrapper)" 함수 safe_open()을 작성하라. 현재 작업 디렉터리에 존재하지 않는 파일을 열기 위해 open()을 호출하면 예외가 발생한다는 것에 주의하자.

```
>>> open('ch7.px', 'r')
Traceback (most recent call last):
  File "<pyshell#19>", line 1, in <module>
   open('ch7.px', 'r')
IOError: [Errno 2] No such file or directory: 'ch7.px'
```

파일이 존재할 경우에는 열린 파일 객체에 대한 참조를 반환한다.

```
>>> open('ch7.py', 'r')
<_io.TextIOWrapper name='ch7.py' encoding='US-ASCII'>
```

파일을 열 때 어떠한 예외도 발생하지 않으면, safe_open()은 open() 함수와 마찬가지로 열린 파일 객체에 대한 참조를 반환해야 한다. 만약 파일 열기를 시도하는 동안 예외가 발생하면, safe_open()은 None을 반환해야 한다.

```
>>> safe_open('ch7.py', 'r')
<_io.TextIOWrapper name='ch7.py' encoding='US-ASCII'>
>>> safe_open('ch7.px', 'r')
>>>
```

예외적 제어 흐름을 제어하기

이 절의 도입부에서는 발생된 예외로 인해 프로그램의 정규 흐름이 어떻게 중단되는지 설명하였다. 이제 예외 처리기를 적절히 배치함으로써 예외 흐름을 관리하는 방법을 살펴보자. 예제 프로그램으로는 앞서 예시했던 모듈 stack.py를 다시 사용할 예정인데 이 모듈에는 다음과 같이 함수 f()와 g(), h()가 정의되어 있다.

모듈
stack.py

```
def h(n):
    print('Start h')
    print(1/n)
    print(n)

def g(n):
    print('Start g')
    h(n-1)
    print(n)

def f(n):
    print('Start f')
    g(n-1)
    print(n)
```

앞서 그림 7.10을 통해 f(2)의 값을 구할 때 어떻게 예외가 발생되는지를 살펴보았다. ZeroDivisionError 예외는 h(0) 실행 중에 1/0 값을 구하려고 할 때 발생한다. 함수 호출 h(0)와 g(1), f(2)에서 예외 객체가 감지되지 않으므로 이들 함수 호출은 중단되고 그림 7.10에 보인 것처럼 기본 예외처리기가 예외를 처리한다.

발생한 예외를 감지하고 'Caught!'를 출력한 후, 프로그램의 정규 흐름을 따라가도록 예외를 처리하고 싶다고 하자. 예외를 감지하기 위해 **try** 코드 블록을 놓을 수 있는 위치로는 여러 군데를 생각해 볼 수 있다. 그 중 하나는 그림 7.11에 보인 것처럼 가장 바깥쪽의 함수 호출 **f(2)**에 **try** 블록을 두는 것이다.

```
>>> try:
        f(2)
except:
        print('Caught!')
```

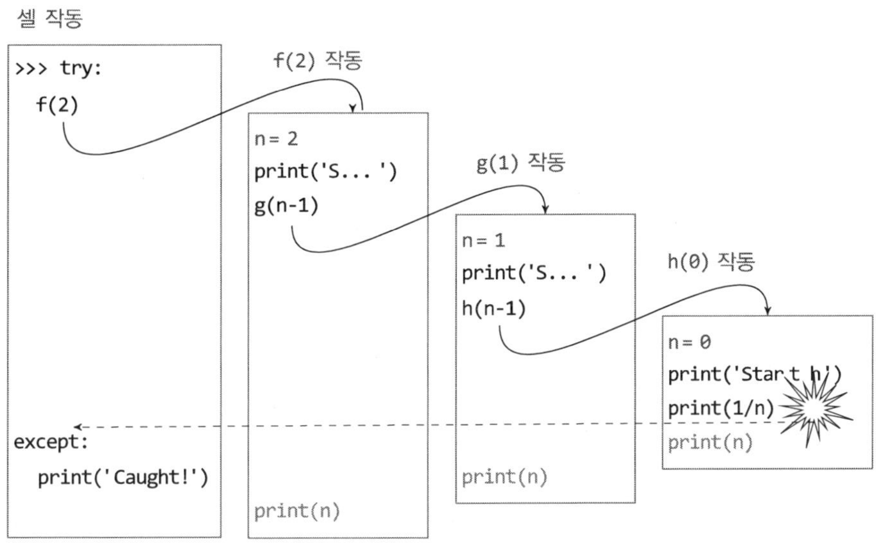

그림 7.11
예외 처리기와 함께 실행한 f(2)
'y 코드 블록 내에서 f(2) 호출하였다. h(0) 호출 인해 예외가 발생하기 전 지 프로그램은 정상적으로 행된다. 예외가 발생하면 상적인 실행 흐름은 중단 고 함수 호출 h(0)은 물론 1)과 f(2)도 완료될 수 다. 점선 화살표는 예외적 행 흐름을 나타낸다. 수행 지 않은 문장들은 회색으 나타냈다. try 코드 블록 상응하는 except 문이 외를 감지하며 해당 예외 리기가 예외를 처리한다.

그림 7.11에 보인 수행 흐름은, 셸에서 호출한 함수 호출 **f(2)**가 예외 발생으로 인해 중단되기 전까지는 그림 7.10에 보인 수행 흐름과 같다. **try** 블록 내에서 함수를 호출하였기 때문에, 해당 **except** 문이 예외를 감지하며 예외 처리기가 이를 처리한다. 다음과 같이 프로그램 실행 결과에는 예외 처리기가 출력한 문자열 **'Caught!'**가 포함된다.

```
Start f
Start g
Start h
Caught!
```

위 실행 결과를 기본 예외 처리기가 실행되었던, 그림 7.10의 실행 결과와 비교해 보자.

위 예에서는 함수 **f(2)**가 호출되는 지점에 예외 처리기를 구현하였다. 이는 함수 **f()** 개발자의 설계상 결정을 나타내고 있는데, 즉 예외 처리 책임이 함수 **f()**의 사용자에게 있다고 결정했음을 의미한다.

다음 예에서는 함수 **h**의 개발자가 설계상 선택 사항을 다르게 결정하였음을 보여주는데, 즉 함수 **h()**가 실행되는 동안 발생하는 모든 예외를 함수 **h**가 처리해야 한다고 결정하였음을 보여준다. 이 예에서 함수 h()는 자신의 코드를 try 블록 내에 기술하는 방식으로 수정되었다.

모듈
stack2.py

```
def h(n):
    try:
        print('Start h')
        print(1/n)
        print(n)
    except:
        print('Caught!')
```

위 예에서 함수 f()와 g()는 stack.py에서와 같다. f(2)를 실행하면 다음과 같은 결과가 나타난다.

```
>>> f(2)
Start f
Start g
Start h
Caught!
1
2
```

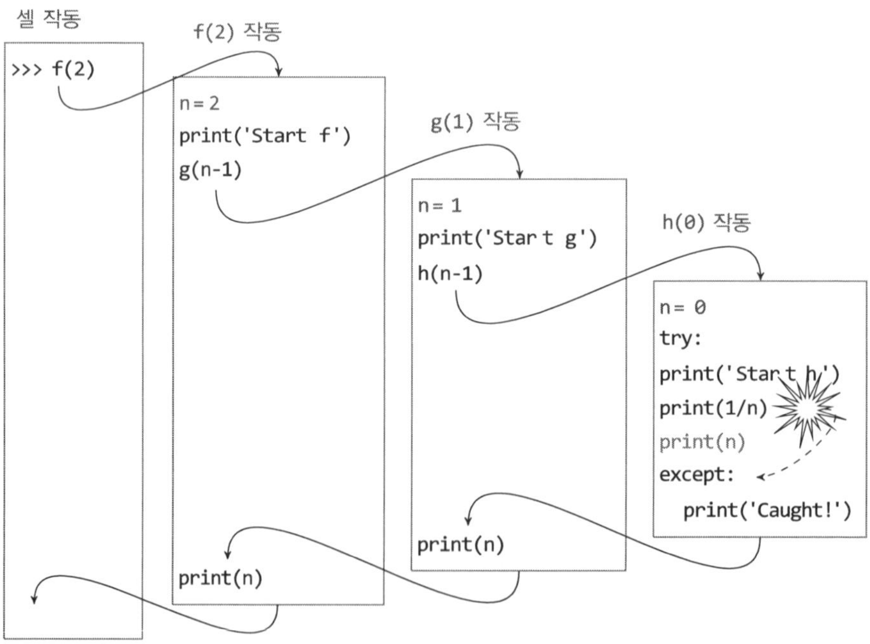

그림 7.12
h() 내부에 예외 처리기를 두었을 때 f(2)의 실행
정상적 실행 흐름은 검은색 화살표로 나타내었다. 1/n = 1/0 값을 구하려고 할 때, ZeroDivisionError 예외가 발생되고 정상적 실행 흐름은 중단된다. 점선 화살표는 실행의 예외적 흐름을 나타내고 실행되지 않는 문장은 회색으로 표시하였다. 예외가 try 블록 내에서 발생하므로 해당 except 문은 예외를 감지하며 관련된 예외 처리기가 예외를 처리한다. 이후 정상적 실행 흐름이 재개되고 h(0)과 g(1), f(2)가 모두 완료된다.

이 실행 과정을 설명하면 그림 7.12와 같다. 이 실행 과정은 1/0의 값을 구할 때 발생하는 예외 전까지는 그림 7.11과 유사하다. 하지만 이제 이 값을 `try` 블록 내부에서 구하므로 해당 `except` 문이 예외를 감지한다. 그리고 해당 예외 처리기는 `'Caught!'`를 출력한다. 예외 처리기 수행이 완료되면 정상적 실행 제어 흐름이 재개되고, 함수 호출 `h(0)` 및 `g(1)`, `f(2)`가 완료된다.

실습 7.4

아래와 같이 `stack.py` 모듈을 변경하였다고 할 때 `f(2)`를 호출하면 `stack.py` 내의 어떤 문장이 실행되지 않는지 작성하라.

(a) `h()`에서 `print(1/n)` 행만 감싸는 `try` 문을 추가함

(b) `g()`의 본체 코드 세 줄을 감싸는 `try` 문을 추가함

(c) `g()`에서 `h(n-1)` 행만 감싸는 `try` 문을 추가함

각 경우에 `try` 블록에 대응하는 예외 처리기는 `'Caught!'`만 출력한다고 가정한다.

7.4 이름공간으로서 모듈

지금까지 Python 코드를 포함하는 파일을 **모듈**이라고 불렀다. 모듈이 실행되면(임포트되면) 그 모듈도 역시 이름공간 기능을 한다. 모듈 이름공간에는 이름이 부여되는데 모듈 이름이 바로 이름공간의 이름이다. 모듈 이름공간에는 모듈의 전역 범위에서 정의한 이름들, 예컨대 모듈에서 정의한 함수와 값, 클래스 등의 이름들이 존재한다. 이러한 이름들을 모두 모듈의 **속성**(attributes)이라 한다.

모듈 속성

이미 살펴본 바와 같이 표준 라이브러리 모듈 `math`의 함수를 사용하려면 모듈을 임포트해야 한다.

```
>>> import math
```

모듈이 임포트되면 Python 내장함수 `dir()`을 사용하여 모듈의 모든 속성들을 확인할 수 있다.

```
>>> dir(math)
['__doc__', '__file__', '__name__', '__package__', 'acos',
 'acosh', 'asin', 'asinh', 'atan', 'atan2', 'atanh', 'ceil',
 'copysign', 'cos', 'cosh', 'degrees', 'e', 'exp', 'fabs',
 'factorial', 'floor', 'fmod', 'frexp', 'fsum', 'hypot', 'isinf',
```

```
 'isnan', 'ldexp', 'log', 'log10', 'log1p', 'modf', 'pi', 'pow',
 'radians', 'sin', 'sinh', 'sqrt', 'tan', 'tanh', 'trunc']
```

위 목록은 사용하는 Python의 버전에 따라 약간 다를 수 있다. 이미 접했던 다양한 수학 함수와 상수들도 위 목록에서 찾아볼 수 있다. 여러분이 잘 알고 있는 점 표기법을 사용하여 이 모듈 내 해당 이름이 참조하는 객체를 확인할 수 있다.

```
>>> math.sqrt
<built-in function sqrt>
>>> math.pi
3.141592653589793
```

이제 이 점 표기법의 실제 의미를 이해할 수 있는데, `math.pi` 예에서 `math`는 이름공간이고 수식 `math.pi`는 이름공간 `math`에서 구한 이름 `pi`의 값이다.

DETOUR

임포트된 "기타" 속성

위 `dir()` 함수의 출력을 보면 수학 함수나 상수가 아닌, 분명히 다른 속성들(`__doc__`와 `__file__`, `__name__`, `__package__`)이 `math` 이름공간 모듈의 이름공간에 포함되어 있는 것을 확인할 수 있다. 어떤 모듈이든 임포트된 모듈에는 항상 이런 이름들이 존재한다. 이 이름들은 임포트 시점에 Python 인터프리터가 정의하며, 모듈을 관리하기 위해 이들 이름을 사용한다.

모듈의 이름은 변수 `__name__`에, 모듈을 포함하는 파일의 절대 경로명은 변수 `__file__`에, 모듈의 문서문자열은 변수 `__doc__`에 각각 저장된다.

모듈을 임포트할 때 발생하는 일

`import` 문을 실행할 때, Python 인터프리터는 다음 세 단계를 실행한다.

1. 모듈에 해당하는 파일을 찾는다.
2. 모듈에서 정의한 객체를 생성하기 위해 모듈의 코드를 실행한다.
3. 생성된 객체들의 이름을 보관할 이름공간을 생성한다.

첫 번째 단계는 잠시 후에 자세히 논의한다. 두 번째 단계는 모듈 내 코드를 실행하는 단계인데, 이는 즉 임포트된 모듈의 모든 Python 문장들을 처음부터 끝까지 차례로 실행하는 것을 의미한다. 모든 대입문, 함수 정의문, 클래스 정의문, `import` 문은 객체(각각 정수나 문자열 객체, 함수 객체, 클래스 객체, 모듈 객체)를 생성하며 결과 객체에 대한 속성(즉 이름)을 생성한다. 생성된 이름은 새로운 이름공간(대개 모듈의 이름으로 명명된 이름공간)에 저장된다.

모듈 탐색 경로

이제 임포트할 모듈에 해당하는 파일을 인터프리터가 어떻게 찾는지 자세히 살펴보자. `import` 문에서는 어떤 디렉터리 정보나 `.py` 접미사도 없이 오직 모듈의 이름만 사용한다. Python은 모듈의 위치를 찾기 위해 Python **탐색 경로(search path)**를 사용한다. 탐색 경로란 단순히 디렉터리(폴더) 리스트인데 Python은 모듈을 찾기 위해 이 리스트를 살펴본다. 표준 라이브러리 모듈 `sys`에는 탐색 경로를 나타내는 변수 `path`가 정의되어 있다. 따라서 현재 탐색 경로를 확인하기 위해서는 셸에서 다음 코드를 실행하면 된다.

```
>>> import sys
>>> sys.path
['/Users/me/Documents', ...]
```

위 실행 결과에서는 표준 라이브러리 모듈을 비롯한 나머지 항목을 생략하였다.[5] 다음에 논의할 **최상위 모듈(top-level module)** 디렉터리와 표준 라이브러리 모듈 디렉터리도 항상 모듈 탐색 경로에 포함된다. Python은 리스트를 왼쪽부터 오른쪽으로 훑어가며 각 디렉터리에 요청된 모듈이 있는지 찾는다. 원하는 모듈을 찾을 수 없으면 `ImportError` 예외가 발생된다.

예를 들어 홈 디렉터리 `/Users/me`에 저장된 다음 모듈 `example.py`를 임포트하려고 한다고 하자.

모듈
example.py

```
'예제 모듈'
def f():
    '함수 f'
    print('Executing f()')

def g():
    '함수 g'
    print('Executing g()')

x = 0       # 전역 변수
```

모듈을 임포트하기 전에 셸 이름공간에 어떤 이름들이 정의되어 있는지 확인하기 위해 셸에서 함수 `dir()`을 실행해 보자.[6]

---

5) 역주: 생략된 나머지 항목의 디렉터리 구분자가 윈도우에서는 슬래시(/)가 아닌 역슬래시(\) 두 개로 표시될 수 있다.
6) 역주: Python 버전에 따라 `dir()`의 실행 결과가 다를 수 있다.

```
>>> dir()
['__builtins__', '__doc__', '__loader__', '__name__', '__package__', '__spec__']
```

함수 dir()을 인수 없이 호출하면 현 이름공간의 이름들이 반환되며, 위 경우에는 셸 이름공간의 이름들이 반환된 것이다. 위 결과를 보면 단지 "관리용" 이름들만 정의된 것으로 보인다(이름 __builtins__에 대해서는 다음 Detour 내용 참고).

이제 모듈 example.py를 임포트해 보자.

```
>>> import example
Traceback (most recent call last):
  File "<pyshell#24>", line 1, in <module>
    import example
ImportError: No module named example
```

리스트 sys.path에 디렉터리 /Users/me가 없어서 제대로 임포트되지 않으므로 디렉터리 /Users/me를 sys.path에 추가하자.

```
>>> import sys
>>> sys.path.append('/Users/me')
```

그리고 다시 시도하면 다음과 같이 제대로 동작하는 것을 볼 수 있다.

```
>>> import example
>>> example.f
<function f at 0x15e7d68>
>>> example.x
0
```

dir()을 다시 실행하여, 모듈 example이 임포트되었는지 확인해 보자.

```
>>> dir()
['__builtins__', '__doc__', '__name__', '__package__', 'example', 'sys']
```

DETOUR

모듈 builtins

이름 __builtins__은 그림 7.8에서 언급한 builtins 모듈의 이름공간을 참조한다.

builtins 모듈은 모든 내장형과 내장함수들을 포함하며 Python 시작 시 항상 자동으로 임포트된다. dir() 함수를 사용하여 모듈 builtins의 속성들을 열거하여 확인할 수 있다.

```
>>> dir(__builtins__)
['ArithmeticError', 'AssertionError', ..., 'vars', 'zip']
```

dir('__builtins__')가 아니라 dir(__builtins__)로 사용함

실습 7.5

sys.path에 열거된 디렉터리 중 하나에서 random 모듈을 찾아서 열고 함수 randrange()와 random(), sample()의 구현을 찾아라. 그러고 나서 인터프리터 셸로 random 모듈을 임포트하고 dir() 함수를 사용하여 그 모듈의 속성을 확인하라.

최상위 모듈

컴퓨터 응용은 일반적으로 여러 개의 파일(모듈)로 구성된 하나의 프로그램이다. 어떤 Python 프로그램이든 여러 모듈 중 하나는 특별한데 이 모듈에는 응용 프로그램을 시작하는 코드인 "메인 프로그램(main program)"이 포함되어 있다. 이 모듈을 **최상위(top-level)** 모듈이라고 한다. 나머지 모듈들은 기본적으로 최상위 모듈에 임포트되는 "라이브러리" 모듈이며, 응용 프로그램에서 사용하는 함수들과 클래스들로 구성된다.

어떤 모듈이 임포트될 때, Python 인터프리터가 모듈 이름공간에 몇 개의 "관리용(bookkeeping)" 변수들을 생성한다는 것을 앞에서 살펴본 바 있다. 이들 변수 중 하나가 변수 `__name__`인데 Python은 이 변수를 다음과 같이 설정한다.

- 실행되고 있는 모듈이 최상위 모듈이라면, 속성 `__name__`은 문자열 `__main__`으로 설정된다.
- 현재 파일이 다른 모듈(최상위 모듈이든 다른 모듈이든 상관없음)에 임포트된 것이라면, 속성 `__name__`은 현재 모듈의 이름으로 설정된다.

`__name__` 값이 어떻게 대입되는지 확인하기 위해 다음 모듈을 살펴보자.

모듈 name.py

```
print('My name is {}'.format(__name__))
```

IDLE 셸에서 이 모듈을 실행(Run〉Run Module 또는 F5 등을 통해)시키면 이 모듈은 메인 프로그램으로(즉 최상위 모듈로) 실행된다.

```
>>>
My name is __main__
```

이처럼 실행 모듈의 `__name__` 속성은 `__main__`으로 설정된다.

DETOUR

최상위 모듈과 모듈 탐색 경로

앞서 최상위 모듈을 포함하는 디렉터리가 탐색 경로 목록에 포함된다는 것을 언급한 적이 있다. 실제로 그런지 확인해 보자. 먼저 특정 디렉터리(예컨대 /Users/me)에 저장된 모듈 name.py를 실행시킨다. 그러고 나서 sys.path의 값을 확인한다.

```
>>> import sys
>>> sys.path
['/Users/me', '/Users/me/Documents', ...]
```

디렉터리 /Users/me가 탐색 경로에 포함되어 있다는 것에 주목하라.

모듈 name은 명령 프롬프트에서 실행해도 역시 최상위 모듈이 된다.

```
> python name.py
My name is __main__
```

그러나 다른 모듈이 모듈 name을 임포트하면, 모듈 name은 최상위 모듈이 될 수 없다. 다음과 같이 import 문을 사용하면 모듈 name.py를 임포트한 셸이 최상위 모듈이 된다.

```
>>> import name
My name is name
```

다른 예를 하나 더 살펴보자. 다음 모듈에는 모듈 name.py를 임포트하는 단 하나의 문장만 존재한다.

모듈 import.py

```
import name
```

셸에서 모듈 import.py를 실행시키면 이 모듈은 모듈 name.py를 임포트하는 메인 프로그램으로 실행된다.

```
>>>
My name is name
```

위에서 예로 든 두 경우 모두, 임포트된 모듈의 이름이 __name__ 속성으로 설정되었다.

모듈의 __name__ 속성을 이용하면 최상위 모듈로서 모듈이 사용될 때에만 실행되어야 하는 코드를 작성할 수 있다. 예를 들어 함수 정의를 포함한 "라이브러리" 모듈 내에, 그 모듈이 최상위 모듈로 사용될 때에만 실행되는 디버깅 코드를 추가하고 싶다고 하자. 그러면 다음과 같이 if 문으로 디버깅 코드 블록을 감싸기만 하면 된다.

```
if __name__ == '__main__':
    # 코드 블록
```

이렇게 하면 이 모듈이 최상위 모듈로 실행될 때에는 코드 블록이 실행되고 그 외의 경우에는 실행되지 않는다.

실습 7.6

모듈에서 정의한 함수를 호출하고 모듈에서 정의한 변수의 값을 출력하기 위한 코드를 모듈 example.py에 추가하라. 추가한 코드는 모듈이 최상위 모듈로 수행될 때만 실행되어야 한다. 예컨대 다음과 같이 셸에서 호출할 때에 실행되어야 한다.

```
>>>
Testing module example:
Executing f()
Executing g()
0
```

모듈 속성을 임포트하는 다양한 방법

이제 모듈 및 모듈의 속성을 임포트하는 세 가지 다른 방법을 살펴보고 각 방법의 장점을 논하고자 한다. 사용할 예제 프로그램은 앞서 살펴봤던 모듈 **example**이다.

모듈 example.py

```
'예제 모듈'
def f():
    print('Executing f()')

def g():
    print('Executing g()')

x = 0        # 전역 변수
```

함수 f()나 g(), 전역 변수 x에 접근하기 위한 첫 번째 방법은 다음과 같이 **import** 문을 사용하는 것이다.

```
>>> import example
```

이 **import** 문은 파일 **example.py**를 찾아서 이 파일에 포함된 코드를 실행시킨다. 그러면 함수 객체 두 개와 정수 객체 하나가 생성되고 생성된 객체들의 이름을 저장하는 이름공간 **example**이 생성된다. 모듈 속성에 접근하여 사용하려면 다음과 같이 모듈 이름공간 **example**을 함께 표시해야 한다.

```
>>> example.f()
Executing f()
```

앞서 살펴본 것처럼 모듈 이름공간을 거치지 않고 직접 f()를 호출하면 오류가 발생한다. 다시 말해서 import 문은 모듈 __main__(example을 임포트한 모듈)의 이름공간에 이름 f를 등록하지 않는다. 그림 7.13에 나타낸 것처럼 모듈 이름 example만 등록할 뿐이다.

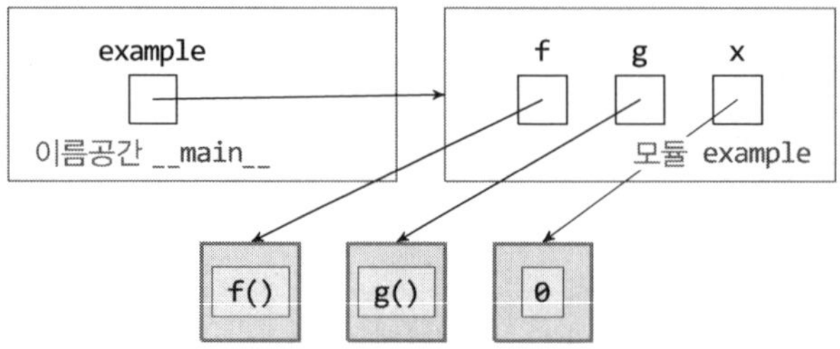

그림 7.13
모듈 임포트
문장 import example은 이 문장을 실행하는 모듈의 이름공간에 이름 example을 등록하는데 이 이름은 임포트된 모듈 example의 이름공간을 가리킨다.

두 번째 방법으로, 모듈의 이름을 임포트하는 대신에 다음과 같이 from 명령을 사용하여 필요한 속성의 이름만 임포트할 수도 있다.

```
>>> from example import f
```

그림 7.14에 나타낸 것처럼, from 문은 메인 프로그램(임포트를 수행하는 모듈)의 영역에 속성 f의 이름을 복사하기 때문에 모듈 이름 없이 직접 f를 참조할 수 있다.

```
>>> f()
Executing f()
```

위 from 문은 속성 f의 이름만 복사하며 속성 g의 이름은 복사하지 않는다는 사실에 주의해야 한다(그림 7.14 참고). 따라서 g를 직접 참조하면 오류가 발생한다.

```
>>> g()
Traceback (most recent call last):
  File "<pyshell#7>", line 1, in <module>
   g()
NameError: name 'g' is not defined
```

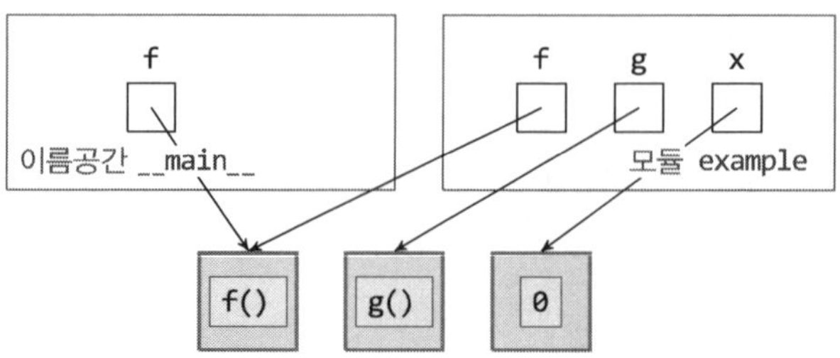

그림 7.14
모듈 속성 임포트
호출하는 모듈 이름공간으로 모듈 속성을 임포트할 수도 있다. 문장 from example import f는 호출하는 모듈 이름공간에 이름 f를 생성하여 해당 함수 객체를 참조할 수 있도록 한다.

세 번째 방법으로 from 문에서 와일드카드 *를 사용하여 모듈의 모든 속성들을 임포트할 수 있다.

```
>>> from example import *
>>> f()
Executing f()
>>> x
0
```

위 코드는 그림 7.15와 같이 example의 모든 속성들을 이름공간 `__main__`에 복사한다.

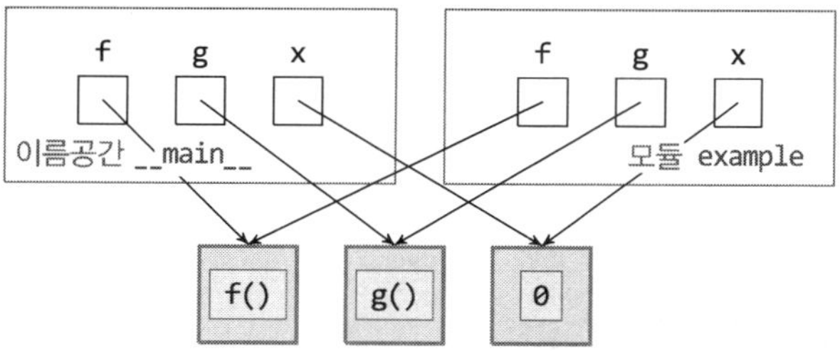

그림 7.15
듈의 모든 속성 임포트
장 from example import *
example의 모든 속성들
호출하는 모듈 이름공간
로 임포트한다.

어떤 방법이 가장 좋을까? 어찌 보면 이는 멍청한 질문이다. 세 가지 방법이 각각 저마다의 장점을 지니고 있기 때문이다. 모듈명만 임포트하면 메인 모듈의 이름공간과 별개의 이름공간을 유지할 수 있다는 장점이 있다. 이렇게 하면 메인 모듈에 정의된 이름과 임포트된 모듈에 정의된 이름이 같은 경우에도 이름 충돌이 발생하지 않는다.

모듈로부터 개별 속성만 임포트하면 해당 속성을 참조할 때 이름공간을 접두사로 사용할 필요가 없다는 장점이 있다. 따라서 코드가 간결해지고 더 읽기 쉽다. 이는 간단히 import *를 사용하여 모듈의 **모든** 속성들을 임포트할 때도 마찬가지인데, 이 경우에는 타이핑해야 하는 글자 수가 줄어든다는 장점도 있다. 그러나 메인 프로그램 내부의 전역 이름과 충돌하는 이름을 무심코 임포트할 수 있기 때문에 import *를 사용하는 것은 일반적으로 좋은 방법이 아니다.

7.5 이름공간으로서 클래스

Python에서는 각 클래스에도 연관된 이름공간이 부여된다. 이 절에서는 이 말의 의미가 무엇인지 살펴보려고 한다. 특히 Python에서 클래스와 클래스 메소드를 구현하기 위해서 어떻게 절묘하게 이름공간을 활용하는지 살펴본다.

하지만 먼저 Python 클래스의 구현 **방법**을 왜 신경 써야 하는지 생각해 보자. 이제까지 우리는 클래스 구현 방법을 모르고도 Python의 내장 클래스를 문제없이 사용해 왔다. 그러나 사용하고자 하는 클래스가 Python에 없는 경우도 있을 텐데 이 경우에는 새로운 클래스를 개발해야 한다. 새로운 클래스 개발 방법은 제8장에서 설명할 예정이다. Python 클래스 구현을 위한 이름공간 활용법을 알면 제8장 내용을 이해하는 데 도움이 될 것이다.

■ 클래스는 이름공간이다

실제 구현 내용을 보면 Python 클래스는 본질적으로 이름공간에 불과하다. 이름공간의 이름이 클래스의 이름이며, 이름공간에 저장된 이름들이 클래스의 속성(예컨대 클래스 메소드 등)이다. 예를 들어 그림 7.16에 나타낸 것처럼 클래스 **list**는 **list** 클래스의 메소드 이름 및 연산자 이름을 포함하는, **list**라는 이름공간이다.

그림 7.16
이름공간 list와 해당 속성
클래스 list는 모든 리스트 연산자와 메소드의 이름을 포함하는 이름공간을 정의한다. 각 이름은 관련된 함수 객체를 참조한다.

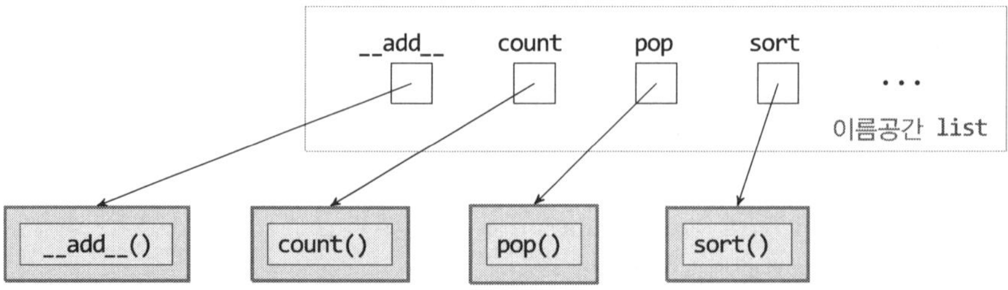

임포트된 모듈의 속성에 접근하기 위해서는 속성이 정의된 이름공간(즉 모듈명)을 명시해야 한다는 것을 기억하자.

```
>>> import math
>>> math.pi
3.141592653589793
```

마찬가지로 클래스 **list**의 속성들도 이름공간 **list**를 사용하여 접근할 수 있다.

```
>>> list.pop
<method 'pop' of 'list' objects>
>>> list.sort
<method 'sort' of 'list' objects>
```

다른 이름공간과 마찬가지로 내장함수 dir()을 사용하여 list 이름공간에 정의된 모든 이름들을 찾아볼 수 있다.

```
>>> dir(list)
['__add__', '__class__', '__contains__', '__delattr__',
 ...,
 'index', 'insert', 'pop', 'remove', 'reverse', 'sort']
```

열거된 이름들은 list 클래스의 연산자 이름과 메소드 이름이다.

클래스 메소드는 클래스 이름공간에 정의된 함수다

이제 Python에서 클래스 메소드가 구현되는 방법을 살펴보자. 구체적 예로 클래스 list를 계속 살펴보자. 예컨대 아래와 같은 리스트를 정렬하고 싶다고 하자.

```
>>> lst = [5,2,8,1,3,6,4,7]
```

2장에서 다음과 같이 리스트를 정렬한다고 배웠다.

```
>>> lst.sort()
```

이제 우리는 함수 sort()가 이름공간 list에 실제로 정의되어 있는 함수라는 것을 알고 있다. 사실 Python 인터프리터가 다음 문장을 실행할 때

```
>>> lst.sort()
```

수행하는 첫 번째 작업은 위 문장을 다음과 같이 변환하는 것이다.

```
>>> list.sort(lst)
```

두 문장을 모두 실행해 보자. 결과가 같다는 것을 알 수 있다!

리스트 객체 lst에 메소드 sort()를 적용할 때, 실제로 발생되는 일은 이름공간 list에 정의된 함수 sort()를 리스트 객체 lst에 대해 호출하는 것이다. 더 일반적으로 말해서 Python은 아래와 같은 클래스 인스턴스에 대한 메소드 호출을

```
instance.method(arg1, arg2, ...)
```

다음과 같이 인스턴스를 첫 번째 인수로 하여 클래스 이름공간에 정의된 함수를 호출하도록 자동 변환한다.

```
class.method(instance, arg1, arg2, ...)
```

여기서 class는 instance의 자료형이다. 이 문장이 바로 실제로 실행되는 문장이다.

몇 가지 예를 좀 더 살펴보자. 리스트 lst에 대한 메소드 호출 lst.append(9)는 인터프리터에 의해 함수 호출 list.append(lst, 9)로 변환된다. 사전 d에 의한 메소드 호출 d.keys()는 dict.keys(d)로 변환된다.

이러한 예를 통해 클래스 메소드 호출은 모두 해당 인스턴스를 추가의 입력 인수로 포함하도록 **구현**된다는 것을 확인할 수 있다.

E-Book 사례연구: 디버거 사용법

이 사례연구에서는 프로그램의 버그를 찾기 위해, 더 일반적으로 프로그램의 실행을 분석하기 위해서 디버거를 사용하는 방법을 설명한다. 이를 위해 디버거는 어떤 프로그램 문장에서 프로그램의 실행을 중지하는 기능과, 그 시점에서 프로그램 변수의 값을 점검하는 기능을 제공한다. 특히 프로그램의 스택 프레임에 저장된 변수들도 점검할 수 있다.

요약

이 장에서는 프로그램 복잡성을 관리하기 위한 프로그래밍 언어 개념과 핵심 구조를 다루었다. 3.3절부터 3.5절까지의 내용을 통해 함수 및 매개변수 전달에 관한 기본 지식을 다루었는데 이는 제8장에서 다룰 새로운 Python 클래스 개발 방법과 제10장에서 소개할 재귀함수 실행 방법을 배울 때 유용하게 사용된다.

함수를 시용하는 주요 장점인 캡슐화는 함수의 블랙박스 특성을 통해 얻어진다. 블랙박스 특성이란 함수가 입력 인수(만약 있다면) 및 반환 값(만약 있다면) 전달을 통해서만 호출함수에 영향을 주어야 하며 다른 간섭이 일어나서는 안 된다는 특성이다. 함수가 호출될 때마다 생성되는 별개의 함수 이름공간 덕분에 이러한 특성이 유지될 수 있는데 그 덕분에 함수 호출이 실행되는 동안 정의된 변수 명이 함수 호출 외부에서는 보이지 않게 된다.

프로그램의 정규 실행 제어 흐름 중에 한 함수가 다른 함수를 호출하면 OS가 제공하는 프로그램 스택을 통해 호출된 함수의 이름공간이 관리된다. 실행 중인 모든 함수 호출들의 이름공간을 관리하기 위해 프로그램 스택이 사용된다. 예외가 발생되면 프로그램의 정규 제어 흐름은 중단되고 예외적 제어 흐름으로 대치된다. 기본 예외 처리기는 실행 중인 모든 함수 호출을 중단하고 오류 메시지를 출력한다. 이 장에서는 필요에 따라 프로그램의 한 부분으로서 try/except 쌍의 문장을 사용하여 예외적 제어 흐름을 관리하는 예외 처리 방법을 소개하였다.

이름공간은 임포트된 모듈뿐만 아니라 제8장에서 소개할 클래스 및 객체와도 관련성이 높다. 그 이유는 함수의 경우와 같은데, 즉 프로그램의 요소들이 의도하지 않은 방법으로 서로 간섭하지 않고 블랙박스처럼 동작하도록, 그래서 더 쉽게 관리할 수 있도록 하기 위해서이다. Python 클래스를 이름공간으로 이해하면 다음 장에서 새로운 클래스를 개발하는 방법을 배울 때 특히 도움이 된다.

실습문제 해답

7.1 g(3)이 실행되는 동안, 함수 호출 f(1)은 아직 종료되지 않았으며 따라서 연관된 이름공간이 존재한다. 이 이름공간에 지역 변수 이름 y와 x가 정의되어 있으며, 각 변수의 값은 1과 2이다. 함수 호출 g(3) 역시 연관된 이름공간이 존재하며, 여기에 다른 변수 이름 y와 x가 포함되어 있고 각 변수의 값은 3과 4이다. 이들 이름공간을 그림으로 나타내면 다음과 같다.

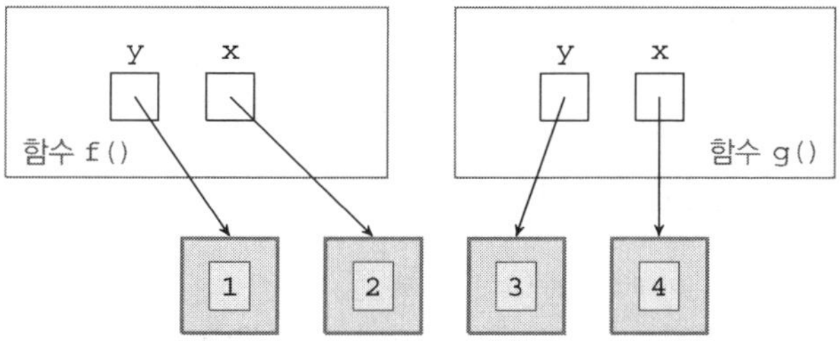

7.2 해답은 인라인 주석으로 표시하였다.

```
def f(y):                 # f는 전역, y는 f()에 지역
    x = 2                 # x는 f()에 지역
    return g(x)           # g는 전역, x는 f()에 지역

def g(y):                 # g는 전역, y는 g()에 지역
    global x              # x는 전역
    x = 4                 # x는 전역
    return x*y            # x는 전역, y는 g()에 지역

x = 0                     # x는 전역
res = f(x)                # res, f와 x도 전역
print('x = {}, f(0) = {}'.format(x, res))     # 여기도 같음
```

7.3 작성할 함수는 open() 함수와 같은 인수를 취해야 한다. 파일을 열고 열린 파일의 주소를 반환하는 문장들은 try 코드 블록 내에 있어야 한다. 예외 처리기

는 단지 None만 반환해야 한다.

```
def safe-open(filename, mode):
    '파일 filename의 주소 반환, 또는 오류 발생시 None 반환'
    try:
        # try 블록
        infile = open(filename, mode)
        return infile
    except:
        # exept 블록
        return None
```

7.4 실행되지 않는 문장은 다음과 같다.

(a) 실행되지 않는 문장이 없음. 즉 모든 문장이 실행됨

(b) h()와 g()에서 마지막 문장

(c) h()에서 마지막 문장

7.5 Windows에서 모듈 random을 포함하는 폴더는 C:\Python3x\lib인데 여기서 x는 사용하는 Python 3의 버전에 따라 1이나 2, 아니면 다른 숫자가 될 수 있다. Mac에서 해당 폴더는
/Library/Frameworks/Python.Framework/Versions/3.x/lib/python31이다.

7.6 다음 코드를 파일 example.py의 끝에 추가한다.

```
if __name__ == '__main__':
    print('Testing module example:')
    f()
    g()
    print(x)
```

연습문제

7.7 그림 7.5와 비슷한 형태로 함수 호출 f(1)의 실행을 설명하고 프로그램 스택의 상태를 그려라. 함수 f()는 모듈 stack.py에 정의되어 있다.

7.8 다음 프로그램의 문제점은 무엇인가?

모듈
probA.py

```
print(f(3))
def f():
    return 2*x+1
```

다음 프로그램에도 같은 문제점이 있는가?

모듈 probB.py

```
def g(x):
    print(f(x))

def f(x):
    return 2*x+1

g(3)
```

7.9 제6장 사례연구에서 개발한 블랙잭 응용 프로그램은 다섯 개의 함수로 구성되어 있다. 프로그램에서 정의한 모든 변수들은 지역 변수다. 그러나 지역 변수 중 몇몇은 다른 함수에 인수로 전달되고, 따라서 이 변수들이 참조하는 객체들은 (프로그래머 의도대로) 공유된다. 각 공유 객체에 대하여 어느 함수가 객체를 생성하고 어느 함수가 그 객체에 접근하는지를 나타내어라.

7.10 다음 모듈 one, two, three와 관련하여 다음 문제를 풀어라.

모듈 one.py

```
import two

def f1():
    two.f2()

def f4():
    print('Hello!')
```

모듈 two.py

```
import three

def f2():
    three.f3()
```

모듈 three.py

```
import one

def f3():
    one.f4()
```

인터프리터 셸에서 모듈 one을 임포트하면 다음과 같이 f1()을 실행할 수 있다.

```
>>> import one
>>> one.f1()
Hello!
```

이를 위해서는 이 세 모듈이 저장된 폴더가 리스트 sys.path에 포함되어 있어야 한다. 그림 7.13처럼 임포트된 세 개의 모듈에 해당하는 이름공간과 셸 이름공간을 그려라. 임포트된 세 개의 이름공간에 정의된 모든 이름과 이들 이름이 참조하는 객체도 그림에 함께 나타내어라.

7.11 앞의 문제에서 one을 임포트하면 다음과 같이 one의 속성들을 볼 수 있다.

```
>>> dir(one)
['__builtins__', '__doc__', '__file__', '__name__', '__package__',
 'f1', 'f4', 'two']
```

그러나 one을 임포트해도 two의 속성들을 볼 수는 없다.

```
>>> dir(two)
Traceback (most recent call last):
  File "<pyshell#202>", line 1, in <module>
    dir(two)
NameError: name 'two' is not defined
```

왜 그럴까? 모듈 one을 임포트하면 모듈 two와 three는 자동으로 임포트된다는 사실을 고려할 때, 함수 dir()을 사용하여 모듈 two와 three의 속성을 보려면 어떻게 해야 하는지 설명하라.

7.12 그림 7.2처럼 함수 호출 one.f1()의 실행을 그림으로 설명하라. 함수 f1()은 모듈 one.py에 정의되어 있다.

7.13 제6장 사례연구(CS.6)의 모듈 blackjack.py를 최상위 모듈로 수행할 때, 함수 blackjack()이 호출되도록(다시 말해서 블랙잭 게임이 시작되도록) 모듈 blackjack.py를 수정하라. 시스템의 명령행 셸에서 수정한 프로그램을 실행하여 맞게 수정했는지 검사하라.

```
> python blackjack.py
House:    7 ♣    8 ◇
  You:   10 ♣    J ♠
Hit or stand? (default: hit):
```

7.14 리스트 lst가 다음과 같이 주어졌을 때,

```
>>> lst = [2,3,4,5]
```

다음에 나열된 리스트 메소드 호출을 이름공간 list 내의 해당 함수 호출로 변환하라.

(a) `lst.sort()`
(b) `lst.append(3)`
(c) `lst.count(3)`
(d) `lst.insert(2, 1)`

7.15 다음에 나열된 문자열 메소드 호출을 이름공간 str 내의 함수 호출로 변환하라.

(a) `'error'.upper()`
(b) `'2,3,4,5'.split(',')`
(c) `'mississippi'.count('i')`
(d) `'bell'.replace('e', 'a')`
(e) `'  '.format(1, 2, 3)`

실전문제

7.16 문제 6.27에서 함수 index()의 첫 번째 입력 인수는 문서 파일명으로 되어 있다. 만약에 그 파일을 인터프리터가 찾을 수 없거나 문서 파일로 읽을 수 없다면, 예외가 발생한다. 예외 발생 시 기본 예외 처리기 대신 다음과 같은 메시지를 출력하도록 함수 index()를 다시 구현하라.

```
>>> index('rven.txt', ['raven', 'mortal', 'dying', 'ghost'])
File 'rven.txt' not found.
```

7.17 문제 6.35에서는 덧셈 문제를 내고 사용자들이 풀도록 하는 응용 프로그램을 개발했다. 이 프로그램에서 사용자들은 0에서 9까지의 숫자를 사용하여 답을 입력해야 했다.

숫자가 아닌 입력이 들어오면 다음과 같이 "Please write your answer using digits 0 though 9. Try again!"과 같은 친절한 메시지를 출력하고 사용자에게 재입력 기회를 주도록 함수 game()을 다시 구현하라.

```
>>> game(3)
8 + 2 =
Enter answer: ten
Please write your answer using digits 0 though 9. Try again!
Enter answer: 10
Correct.
```

7.18 제6장 사례연구에서 개발한 블랙잭 응용 프로그램에는 카드 덱으로부터 첫 번째 카드를 뽑아서 게임 참가자에게 나누어 주는 `dealCard()` 함수가 포함되어 있다. 카드 덱은 카드의 리스트로 구현되며, 카드 덱으로부터 첫 번째 카드를 뽑는 작업은 리스트로부터 첫 번째 카드를 꺼내는 것(pop)에 해당한다. 만약에 빈 카드 덱에 대하여 이 함수를 호출하게 되면 빈 리스트로부터 카드를 꺼내려고 하기 때문에 `IndexError` 예외가 발생한다.

빈 카드 덱에 대하여 `dealCard()`를 수행할 때 발생되는 예외를 처리하도록 블랙잭 응용 프로그램을 수정하라. 구현할 예외 처리기는 카드를 섞어 새로운 카드 덱을 만들고 여기서 첫 번째 카드를 꺼내야 한다.

7.19 0이 아닌 실수값의 집합을 사용자로부터 입력받는 함수 `inValues()`를 구현하라. 사용자가 올바른 실수 형태가 아닌 값을 입력하면 두 번째 입력 기회를 사용자에게 제공해야 한다. 연속으로 두 번 입력 오류가 발생하면 프로그램을 종료한다. 사용자가 0을 입력하면 함수는 이전에 올바르게 입력된 모든 값의 합을 반환한다. 입력 오류를 검출하기 위해 예외 처리를 사용하라.

```
>>> inValues()
Please enter a number: 4.75
Please enter a number: 2,25
Error. Please re-enter the value.
Please enter a number: 2.25
Please enter a number: 0
7.0
>>> inValues()
Please enter a number: 3.4
Please enter a number: 3,4
Error. Please re-enter the value.
Please enter a number: 3,4
Two errors in a row. Quitting ...
```

7.20 위 문제 7.19에서는 사용자가 **연속으로** 두 번 실수했을 때에만 프로그램을 종료하였다. 이 프로그램을 바꾸어, 바로 전 입력이 올바르다고 하더라도 누적하여 두 번 실수하면 종료하도록 프로그램을 구현하라.

7.21 셸에서 `input()` 함수를 실행하는 동안에 Ctrl - C를 입력하면, 다음과 같이 `KeyboardInterrupt` 예외가 발생한다.

```
>>> x = input()          # Ctrl-C  입력
Traceback (most recent call last):
  File "<stdin>", line 1, in <module>
KeyboardInterrupt
```

예외가 발생할 때 아무 것도 반환하지 않는 것(None을 반환)만 제외하면 함수 `input()`과 같은 일을 하는, 포장(wrapper) 함수 `safe_input()`을 작성하라 .

```
>>> x = safe_input()      # Ctrl-C 입력
>>> x                     # x는 None
>>> x = safe_input()      # 34 입력
34
>>> x                     # x는 34
'34'
```

제8장

객체지향 프로그래밍

이 장에서는 새로운 Python 클래스를 구현하는 방법을 설명하고 객체지향 프로그래밍(OOP)을 소개한다.

Python과 같은 프로그래밍 언어에서 왜 개발자가 새로운 클래스를 정의할 수 있도록 해야 하는지에 대해서는 여러 가지 이유를 들 수 있다. 특정 응용 분야를 위해 클래스들을 맞춤 제작하면 더 쉽게, 직관적으로 응용 프로그램을 개발하고, 디버그하고, 읽고, 유지 보수할 수 있다.

새로운 클래스를 만들 수 있게 되면 응용 프로그램을 새로운 방식으로 구성할 수 있다. 함수의 동작은 사용자에게 드러나지만 함수의 구현은 캡슐화를 통해 은닉된다. 마찬가지로 클래스의 경우에도 클래스의 객체에 적용되는 메소드들의 동작은 사용자에게 드러나지만 클래스가 객체에 포함된 데이터를 어떻게 저장하는지와 클래스 메소드를 어떻게 구현했는지는 캡슐화된다. 클래스의 이러한 특징은 클래스 및 객체로 세분화된 이름공간 덕분에 얻을 수 있게 된 것이다. OOP란 클래스 및 객체들을 이용하여 응용 프로그램을 구성함으로써 모듈화 및 코드 이식성을 높이는 소프트웨어 개발 패러다임(방식)을 뜻한다.

8.1 Python 클래스 정의 방법

이 절에서는 Python에서 새로운 클래스를 정의하는 방법을 설명한다. 처음으로 개발할 클래스는 클래스 `Point`로서 평면(혹은 지도) 위의 점을 나타내는 클래스다. 구체적으로 말해서 `Point` 형의 객체는 2차원 평면 상의 한 점에 대응된다. 그림 8.1에 보인 것처럼 평면 상의 한 점은 x 좌표와 y 좌표로 나타낼 수 있다.

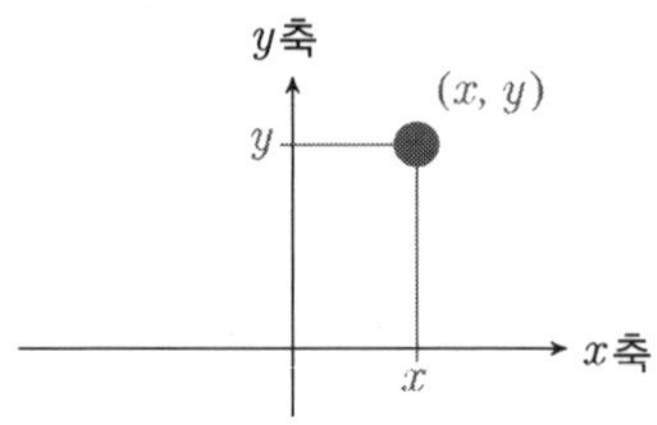

그림 8.1
평면 상의 한 점
Point 형의 객체는 평면 상의 한 점을 나타낸다. 한 점은 x 좌표와 y 좌표로 정의된다.

클래스 `Point`를 구현하기 전에 먼저 이 클래스가 어떻게 동작해야 하는지, 즉 무슨 메소드를 제공해야 하는지 결정해야 한다.

클래스 Point 메소드

우선 클래스 `Point`를 어떻게 사용하고 싶은지 생각해 보자. `Point` 객체를 생성할 때에는 `Point` 클래스의 기본 생성자를 사용하려고 한다. 기본 생성자는 리스트나 정수 객체를 생성할 때 사용했던 `list()`나 `int()`와 별 차이가 없다.

```
>>> point = Point()
```

🔈 아직 클래스 `Point`를 구현하지 않았다는 점에 주의하자. 여기 예시한 코드는 모두 클래스 `Point`의 작동 방식을 설명하기 위해서 보인 것이다.

`Point` 객체를 만든 다음에는 메소드 `setx()`와 `sety()`를 사용하여 좌표를 설정한다.

```
>>> point.setx(3)
>>> point.sety(4)
```

이제 `Point` 객체 `point`의 좌표가 설정되었을 것이다. 메소드 `get()`을 사용하여 이 사실을 확인할 수 있어야 한다.

```
>>> point.get()
(3, 4)
```

메소드 `get()`은 `point`의 좌표를 `tuple` 형태로 반환한다. `point`를 아래쪽으로 단위거리 3만큼 이동하기 위해 메소드 `move()`를 사용한다.

```
>>> point.move(0, -3)
>>> point.get()
(3, 1)
```

point의 좌표 또한 바꿀 수 있어야 한다.

```
>>> point.sety(-2)
>>> point.get()
(3, -2)
```

지금까지 설명한 클래스 Point의 메소드들을 요약하면 표 8.1과 같다.

표 8.1
클래스 Point의 메소드
래스 Point에 대한 4개 메소드 사용법이다. int는 Point 형의 객체 나타낸다.

사용법	설명
point.setx(xcoord)	point의 x 좌표를 xcoord로 설정
point.sety(ycoord)	point의 y 좌표를 ycoord로 설정
point.get()	point의 x와 y 좌표를 튜플 (x, y)로 반환
point.move(dx, dy)	point의 좌표를 현재 (x, y)로부터 (x + dx, y + dy)로 바꿈

클래스와 이름공간

제7장에서 설명한 것처럼 모든 Python 클래스에 대하여 연관된 이름공간이 존재하며 그 이름공간의 이름은 클래스 이름과 같다. 이 이름공간의 목적은 클래스 속성들의 이름을 저장하는 것이다. 클래스 Point에 대하여 연관된 이름공간 Point가 존재해야 한다. 그림 8.2처럼 이 이름공간에는 클래스 Point의 메소드 이름들이 포함되어 있어야 한다.

그림 8.2
래스 Point와 클래스 속성
래스 Point를 정의하면 와 연관된 이름공간 역시 의된다. 이 이름공간에는 당 클래스의 속성들이 포 되어 있다.

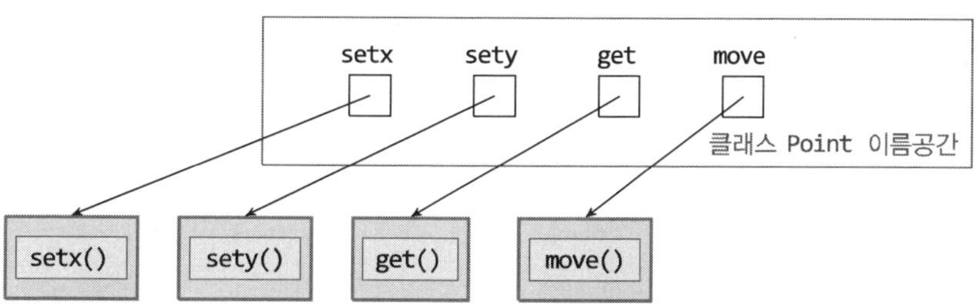

그림 8.2를 보면 이름공간 Point에 있는 각 이름이 함수 구현을 참조하고 있다는 것을 알 수 있다. 이 중에서 함수 setx()의 구현을 생각해 보자.

제7장에서 우리는 다음과 같은 메소드 호출이

```
>>> point.setx(3)
```

Python에 의해 다음과 같은 호출로

```
>>> Point.setx(point, 3)
```

변환된다고 배웠다. 따라서 함수 setx()는 이름공간 Point에 정의되어 있는 함수다. 이 함수는 인수 하나가 아니라 인수 두 개를 취하는데, 하나는 메소드를 호출한 Point 객체이며 다른 하나는 x 좌표이다. 그러므로 setx()의 구현은 다음과 같아야 한다.

```
def setx(point, xcoord):
    # setx의 구현
```

함수 setx()는 나중에 좌표를 찾아볼 수 있도록, 예컨대 메소드 get()이 이용할 수 있도록 x 좌표 xcoord를 어떻게든 저장해야 한다. 불행히도 다음 코드는 원하는 대로 동작하지 않을 것이다.

```
def setx(point, xcoord):
    x = xcoord
```

왜냐하면 x는 함수 호출 setx()가 종료되자마자 사라질 지역 변수이기 때문이다. 그렇다면 나중에 찾아보기 위해서는 xcoord의 값을 어디에 저장해야 할까?

객체에 연관된 이름공간

우리는 각 클래스에 연관된 이름공간이 있다는 것을 이미 알고 있다. 사실 클래스 뿐만 아니라 **모든** Python 객체에는 자신만의 별도의 이름공간이 있다. 다음과 같이 Point 형의 새로운 객체를 만들고 그 객체에 point라는 이름을 부여하면

```
>>> point = Point()
```

그림 8.3(a)에서처럼 point라는 새로운 이름공간이 생성된다.

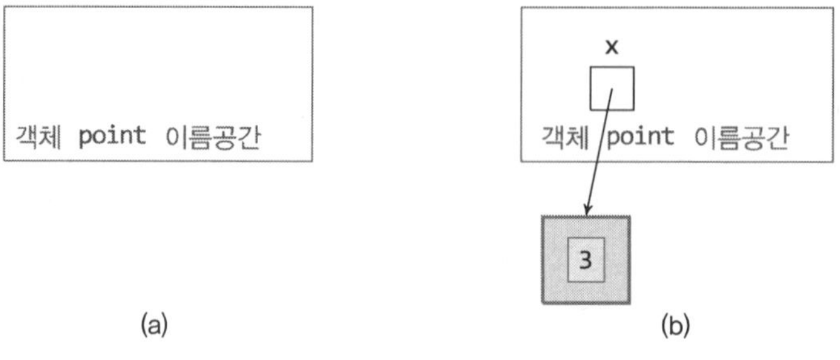

그림 8.3 객체의 이름공간 (a) 모든 Point 객체에는 이름공간이 부여된다. (b) 문장 point.x = 3은 이름공간 point에 정의된 변수 x에 3을 대입한다.

객체 point와 연관된 이름공간이 있기 때문에, 값을 저장할 때 이 이름공간을 사용할 수 있다.

```
>>> point.x = 3
```

이 문장은 그림 8.3(b)에서처럼 이름 x를 이름공간 point에 생성하고 정수 객체 3을 x에 대입한다.

이제 메소드 setx()의 구현으로 돌아와 계속 작성해 보자. 우리에게는 이제 Point 객체의 x 좌표를 저장할 장소가 있다. 객체 point와 연관된 이름공간에 저장하면 된다. 이 방법으로 메소드 setx()를 구현하면 다음과 같이 구현할 수 있을 것이다.

```
def setx(point, xcoord):
    point.x = xcoord
```

클래스 Point의 구현

우리는 이제 클래스 Point를 작성할 수 있다.

모듈 ch8.py

```
class Point:
    '평면 상의 점을 표현하는 클래스'
    def setx(self, xcoord):
        '점의 x 좌표를 xcoord로 설정'
        self.x = xcoord
    def sety(self, ycoord):
        '점의 y 좌표를 ycoord로 설정'
        self.y = ycoord
    def get(self):
        '점의 x 및 y 좌표를 튜플로 반환'
        return (self.x, self.y)
    def move(self, dx, dy):
        'x 및 y 좌표를  dx 및 dy만큼 변경'
        self.x += dx
        self.y += dy
```

새로운 Python 클래스를 정의할 때에는 예약어 class를 사용한다. class 문은 def 문과 대단히 유사하다. def 문이 새로운 **함수**를 정의하고 그 함수에 이름을 부여하는 것과 마찬가지로 class 문은 새로운 **형**을 정의하고 그 형에 이름을 부여한다. 이 두 문장 모두 객체에 이름을 부여하는 대입문과 역시 유사하다.

함수명이 def 문 뒤에 오는 것처럼, 클래스의 이름은 class 키워드 다음에 온다. 함수 정의와 class 정의의 또 다른 유사성으로는 class 문 아래 나오는 문서문자열(docstring)을 들 수 있는데 문서문자열은 함수에서와 마찬가지로 클래스에 대한 설명을 나타내며 Python 인터프리터에 의해 처리된다.

클래스를 정의하려면 클래스 속성들을 정의해야 한다. 클래스 속성(클래스 Point의 경우, 네 가지 메소드)은 다음과 같은 클래스 정의 도입부 바로 아래, 들여 쓴 코드 블록 내에 정의한다.

```
class Point:
```

클래스 내 각 메소드의 첫 번째 입력 인수는 그 메소드가 적용되는 객체를 나타낸다. 메소드 setx()의 구현은 이미 앞에서 다룬 바 있다.

```
def setx(self, xcoord):
    '점의 x 좌표 설정'
    self.x = xcord
```

위 코드는 앞서 작성한 코드와 딱 하나만 다른데, 메소드 setx()가 적용되는 Point 객체를 가리키는 첫 번째 인수 이름이 point에서 self로 바뀌었다. 첫 번째 인수의 이름은 실제로 어떤 이름이어도 상관없는데, 중요한 것은 이 인수가 항상 메소드가 적용되는 객체를 참조한다는 것이다. 메소드가 적용되는 객체 이름으로는 self를 사용하는 것이 Python 개발자들 사이의 관례이므로 여기서도 그 관례를 따른 것이다.

메소드 sety()는 setx()와 마찬가지로 y 좌표를 객체의 이름공간 내 정의된 변수 y에 저장한다. 메소드 get()은 호출 객체의 이름공간에 정의되어 있는 이름 x와 y의 값을 반환한다. 마지막으로, 메소드 move()는 호출 객체의 변수 x와 y의 값을 변경한다.

이제 새로운 클래스 Point를 테스트해 보자. 우선 ch8.py를 실행하여 클래스가 정의되도록 하자. 그 다음에 아래 코드를 실행해 보자.

```
>>> a = Point()
>>> a.setx(3)
>>> a.sety(4)
>>> a.get()
(3, 4)
```

실습 8.1

메소드 getx()를 클래스 Point에 추가하라. 이 메소드는 입력 인수 없이 Point 객체의 x 좌표를 반환한다.

```
>>> a.getx()
3
```

인스턴스 변수

한 객체의 이름공간에 정의된 변수들, 예를 들면 Point 객체 a 내부의 변수 x와 y를 **인스턴스 변수**(instance variable)라 한다. 클래스의 모든 인스턴스(객체)에는 자신만의 이름공간이 있기 때문에 인스턴스 변수들도 객체마다 별개의 사본 형태로 존재한다.

예를 들어 다음 코드처럼 두 번째 Point 객체 b를 생성했다고 하자.

```
>>> b = Point()
>>> b.setx(5)
>>> b.sety(-2)
```

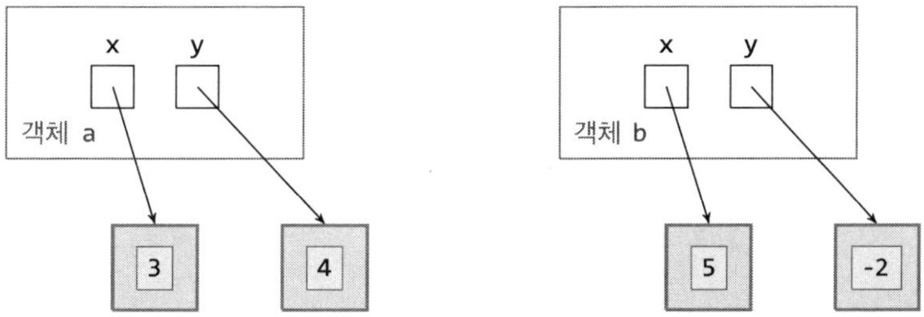

그림 8.4
인스턴스 변수
oint 형의 각 객체는 자신
의 인스턴스 변수 x와 y를
지고 있으며, 이들 인스턴
변수는 객체의 이름공간
저장된다.

그러면 그림 8.4처럼 인스턴스 a와 b는 각자 자신만의 인스턴스 변수 x와 y를 별도로 유지한다.

사실, 인스턴스 변수 x와 y는 해당 인스턴스를 통해 바로 접근할 수 있다.

```
>>> a.x
3
>>> b.x
5
```

물론 다음 코드처럼 인스턴스 변수 값을 직접 변경할 수도 있다.

```
>>> a.x = 7
>>> a.x
7
```

인스턴스에 상속되는 클래스 속성

이름 a와 b는 Point 형의 객체를 나타내므로 a와 b의 이름공간은 이름공간 Point와 어떤 연관성이 있을 수밖에 없는데 이 Point 이름공간에 객체 a와 b에 적용 가능한 클래스 메소드가 포함되어 있다. 제7장에서 소개한 Python 함수 dir()을 사용하여 이 사실을 확인할 수 있는데, 함수 dir()은 이름공간을 인수로 받아 그 이름공간에 정의된 이름들의 리스트를 반환한다.

```
>>> dir(a)
['__class__', '__delattr__', '__dict__', '__doc__', '__eq__',
...
'__weakref__', 'get', 'move', 'setx', 'sety', 'x', 'y']
```

🔈 지면 관계상 위 결과에서는 출력의 일부를 생략하였다.

예상대로 인스턴스 변수명 x와 y가 리스트에 나타나 있다. 하지만 Point 클래스의 메소드 setx와 sety, get, move도 리스트에 있는 것을 볼 수 있다. 아이가 부모로부터 상속받는 것처럼, 객체 a는 클래스 Point의 모든 속성을 **상속**(inherit)받는다고 한다. 따라서 클래스 Point의 모든 속성은 이름공간 a를 통해 접근 가능하다. 이를 확인해 보자.

그림 8.5
인스턴스 속성과 클래스 속성
Point 형의 각 객체는 자신만의 인스턴스 속성 x와 y를 지니고 있다. 또한 모두 클래스 Point의 속성들을 상속받는다.

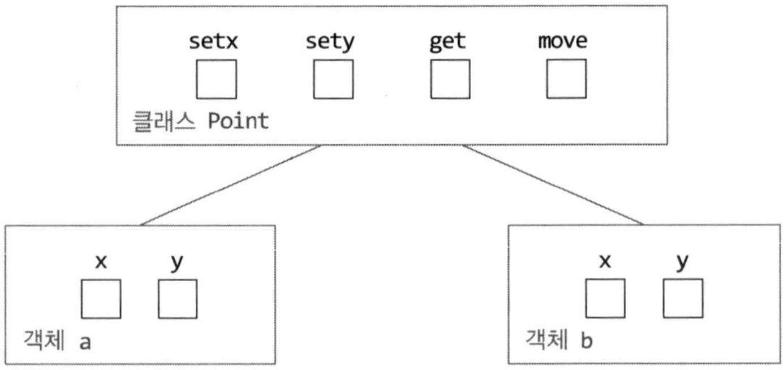


```
>>> a.setx
<bound method Point.setx of <__main__.Point object at 0x14b7ef0>>
```

이름공간 a와 b, Point 사이의 관계를 그림으로 나타내면 그림 8.5와 같다. 메소드명 setx와 sety, get, move는 이름공간 a나 b가 아닌, 이름공간 Point에 정의되어 있다는 것을 이해하는 것이 중요하다. 그러므로 Python 인터프리터는 수식 a.setx 값을 구하려고 할 때 다음 절차를 따른다.

1. Python 인터프리터는 먼저 객체(이름공간) a에서 이름 setx를 찾아본다.
2. 이름 setx가 이름공간 a에 존재하지 않으면, 다음으로 이름공간 Point에서 setx를 찾아본다(바로 여기서 찾게 됨).

일반적인 클래스 정의 형식

클래스를 정의하는 형식은 다음과 같다.

```
class <클래스 이름>:
    <클래스 변수 1> = <값>
    <클래스 변수 2> = <값>
    ...
    def <클래스 메소드 1>(self, arg11, arg12, ...):
        <클래스 메소드 1의 구현>
    def <클래스 메소드 2>(self, arg21, arg22, ...):
        <클래스 메소드 2의 구현>
    ...
```

🔈 더 일반적인 버전의 정의는 후속 절에서 소개할 예정이다.

클래스 정의에서 첫 줄은 class 키워드와 클래스 이름인 <클래스 이름>으로 구성된다. 앞서 보인 예에서 클래스 이름은 Point였다.

클래스 속성의 정의는 첫 줄 다음에 온다. 각 속성 정의는 첫 줄보다 들여쓴다. 클래스 속성은 클래스 메소드거나 클래스 변수다. 클래스 Point에는 네 개의 클래스 메소드가 정의되어 있지만 클래스 변수는 정의되어 있지 않다. 클래스 변수란 변수명이 클래스의 이름공간 내에 정의된 변수를 말한다.

실습 8.2

인터프리터 셸에서 클래스 Test를 정의하고 Test의 두 인스턴스를 생성하자.

```
>>> class Test:
        version = 1.02

>>> a = Test()
>>> b = Test()
```

클래스 Test의 속성은 단 하나뿐인데, float 값 1.02를 가리키는 클래스 변수 version뿐이다.

(a) 이 클래스와 두 객체에 연관된 이름공간들과, 그 이름공간에 포함된 이름(만약에 있다면), 그 이름(들)이 가리키는 값(들)을 그려라.

(b) 다음 문장들을 실행하고 물음표에 해당하는 실행 결과를 적어라.

```
>>> a.version
???
>>> b.version
???
>>> Test.version
???
>>> Test.version=1.03
>>> a.version
???
>>> Test.version
???
>>> a.version = 'Latest!!'
>>> Test.version
???
>>> b.version
???
>>> a.version
???
```

(c) 위 문장들의 실행 후 이름공간의 상태를 그려라. 마지막 세 수식의 값이 어떻게 구해진 것인지 그 이유를 설명하라.

■ 클래스 문서화

help() 도구를 통해 유용한 문서를 제공하기 위해서, 새로운 클래스를 적절히 문서화하는 것이 중요하다. 앞서 정의한 클래스 Point에는 클래스 및 각 메소드에 대한 문서문자열이 기록되어 있다.

```
>>> help(Point)
Help on class Point in module __main__:

class Point(builtins.object)
 | 평면 상의 점을 표현하는 클래스
 |
 | Methods defined here:
 |
 | get(self)
 |     점의 x 및 y 좌표를 튜플로 반환
 |
 ...
```

🔈 지면 관계상 나머지 출력은 생략함

■ 클래스 Animal

다음 절로 진행하기 전에 지금까지 배웠던 내용을 모두 연습해 보자. 다음 세 가지 메소드를 지원하는 추상화된 동물 클래스 Animal을 새로 만들어 보자.

- setSpecies(species): 동물 객체의 종을 species로 설정
- setLanguage(language): 동물 객체의 언어를 language로 설정
- speak(): 아래와 같이 동물의 메시지를 출력

클래스 사용 방법은 다음과 같다.

```
>>> snoopy = Animal()
>>> snoopy.setpecies('dog')
>>> snoopy.setLanguage('bark')
>>> snoopy.speak()
I am a dog and I bark.
```

클래스 정의의 첫 줄은 다음과 같다.

```
class Animal:
```

이제 들여 쓴 코드 블록에 메소드 setSpecies()를 비롯한 세 개의 클래스 메소드를 정의한다. 비록 메소드 setSpecies()를 **사용**할 때 인수는 하나(동물 종)뿐이지만 **정의**할 때에는 다음과 같이 두 개의 인수(메소드가 적용될 객체를 참조하는 self 인수와

species 인수)를 받는 것으로 정의해야 한다.

```
def setSpecies(self, species):
    self.species = species
```

인스턴스 변수 이름 species와 지역변수 이름 species가 같아도 된다는 사실에 주의하자. 인스턴스 변수는 이름공간 self에 정의되고, 지역변수는 함수 호출로 생성된 지역 이름공간에 정의되므로 동일한 이름이라도 하더라도 이름 충돌이 발생하지 않는다.

메소드 setLanguaqe()의 구현도 setSpecies의 구현과 유사하다. 메소드 speak()는 입력 인수 없이 **사용**되므로 입력 인수 self 하나만 받도록 정의해야 한다. 최종 구현 결과는 다음과 같다.

모듈 ch8.py

```
class Animal:
    '동물을 나타내는 클래스'

    def setSpecies(self, species):
        '동물 종을 설정'
        self.spec = species

    def setLanguage(self, language):
        '동물 언어를 설정'
        self.lang = language

    def speak(self):
        '동물이 말하는 문장을 출력'
        print('I am a {} and I {}.'.format(self.spec, self.lang))
```

실습 8.3

사각형을 나타내는 클래스 Rectangle을 구현하라. 이 클래스는 아래와 같은 메소드들을 지원해야 한다.

- setSize(width, length): 두 수를 인수로 받아 사각형의 가로(폭)와 세로(길이)로 설정
- perimeter(): 사각형의 둘레를 반환
- area(): 사각형의 면적을 반환

```
>>> rectangle = Rectangle(3,4)
>>> rectangle.perimeter()
14
>>> rectangle.area()
12
```

8.2 사용자 정의 클래스 예

새로운 클래스를 설계하고 구현하는 과정에 조금 더 친숙해지기 위해 이 절에서는 클래스를 몇 개 더 구현해 보자. 그러나 우선 새로운 객체를 더 쉽게 생성하고 초기화하는 방법을 살펴보자.

겹지정 생성자 연산자

앞에서 개발했던 클래스 Point를 다시 한 번 살펴보자. (x, y) 좌표가 (3, 4)인 Point 객체를 생성하기 위해 다음과 같은 세 개의 문장을 별도로 수행해야만 한다.

```
>>> a = Point()
>>> a.setx(3)
>>> a.sety(4)
```

첫 번째 문장은 Point의 인스턴스를 생성하는 문장이고 나머지 두 문장은 그 점의 x와 y 좌표를 초기화하는 문장이다. 만약에 다음과 같이 객체의 인스턴스 생성과 초기화를 한 단계로 묶을 수 있다면 더 좋을 것이다.

```
>>> a = Point(3, 4)
```

우리는 객체 생성과 더불어 객체를 초기화할 수 있는 자료형들을 이미 접한 바 있다. 예컨대 정수 객체를 생성할 때 다음과 같이 초기화할 수 있다.

```
>>> x = int(93)
>>> x
93
```

마찬가지로 fractions 모듈에 정의된 내장 타입 Fraction 형의 객체를 생성할 때에도 다음과 같이 초기화할 수 있다.

```
>>> import fractions
>>> x = fractions.Fraction(3, 4)
>>> x
Fraction(3, 4)
```

입력 인수를 취하는 이러한 생성자들은 객체가 생성되는 순간 객체의 상태를 초기화할 수 있기 때문에 유용하다.

입력 인수가 있는 Point() 생성자를 사용하려면 명시적으로 __init__() 메소드를 클래스 Point의 구현에 추가해야 한다. __init__() 메소드를 클래스에 추가하면 이 메소드는 객체가 생성될 때마다 Python 인터프리터에 의해 자동적으로 호출된다. 즉, 다음

과 같이 Python 문장을 실행하면

```
Point(3, 4)
```

먼저 "빈" Point 객체가 생성되고 그 후에 다음 문장이 수행된다.

```
self.__init__(3, 4)
```

여기서 self는 새롭게 생성된 빈 Point 객체를 나타낸다. __init__()이 입력 인수 두 개를 취하는 클래스 Point의 메소드이므로, 이 두 입력 인수 외에 **추가로** 인수 self를 취하도록 함수 __init__()을 정의해야 한다는 점에 주의하자.

모듈
ch8.py

```
class Point:
    '평면 상의 점을 표현하는 클래스'
    def __init__(self, xcoord, ycoord):
        '점 좌표를 (xcoord, ycoord)로 초기화'
        self.x = xcoord
        self.y = ycoord

    # 메소드 setx()와 sety(), get(), move() 구현
```

CAUTION

함수 __init__()은 객체가 생성될 때마다 호출된다.

객체가 초기화될 때마다 __init__() 메소드가 호출되므로 이제 Point() 생성자를 호출할 때에는 항상 인수 두 개를 제공해야 한다. 즉, 인수 없이 생성자를 호출하면 오류가 발생한다.

```
>>> a = Point()
Traceback (most recent call last):
  File "<pyshell#23>", line 1, in <module>
    a = Point()
TypeError: __init__() takes exactly 3 positional arguments (1 given)
```

두 개의 인수뿐 아니라 0개 혹은 하나의 인수를 처리하도록 __init()__ 함수를 고쳐 쓰는 것도 **가능**하다. 다음을 계속 읽어 보기 바란다.

■ 기본 생성자

내장 클래스의 생성자는 인수와 함께 사용할 수도 있지만 인수 없이 사용할 수도 있다.

```
>>> int(3)
3
>>> int()
0
```

사용자 정의 클래스의 생성자도 이렇게 사용할 수 있도록 정의할 수 있다. 그러기 위해서는 **혹시** 입력 인수가 제공되지 않을 경우에 사용할 인수 xcoord와 ycoord의 기본값을 설정해야 한다. 다음 __init__ 메소드에서는 기본값 0을 설정하여 구현하였다.

모듈 ch8.py

```
class Point:
    '평면 상의 점을 표현하는 클래스'

    def __init__(self, xcoord=0, ycoord=0):
        '점 좌표를 (xcoord, ycoord)로 초기화'
        self.x = xcoord
        self.y = ycoord

    # 메소드 setx()와 sety(), get(), move() 구현
```

이 Point 생성자는 이제 입력 인수를 두 개 취할 수도 있고

```
>>> a = Point(3, 4)
>>> a.get()
(3, 4)
```

또 하나도 취하지 않을 수도 있으며

```
>>> b = Point()
>>> b.get()
(0, 0)
```

심지어 단 하나의 인수만 취할 수도 있다.

```
>>> c = Point(2)
>>> c.get()
(2, 0)
```

Python 인터프리터는 생성자 인수들을 왼쪽에서 오른쪽 순으로 지역 변수 xcoord와 ycoord에 대입한다.

게임용 카드 클래스

제6장에서 블랙잭 응용 프로그램을 개발할 때에는 게임용 카드를 표현하기 위해서 '3 ♠'와 같은 문자열을 사용했다. 이제 새로운 타입을 만드는 방법을 알기 때문에, 게임용 카드를 표현하는 Card 클래스를 개발할 수 있다.

이 클래스는 Card 객체를 생성하기 위해 두 개의 인수를 받는 생성자를 사용한다.

```
>>> card = Card('3', '\u2660')
```

문자열 '\u2660'은 유니코드 문자 ♠를 표현하는 확장 문자열이다. 이 클래스는 카드 객체의 숫자패와 무늬패를 참조하는 메소드도 지원해야 한다.

```
>>> card.getRank()
'3'
>>> card.getSuit()
'♠'
```

이정도면 충분하다. 클래스 Card는 다음과 같은 메소드들을 지원해야 한다.

- **Card(rank, suit)**: 카드의 숫자패와 무늬패를 초기화하는 생성자
- **getRank()**: 카드의 숫자패를 반환
- **getSuit()**: 카드의 무늬패를 반환

생성자는 정확하게 두 개의 입력 인수를 취하도록 명시되어 있다는 사실에 주의하자. 기본 게임용 카드를 무엇으로 정해야 할지 분명하지 않기 때문에 숫자패와 무늬패의 기본값은 지정하지 않는 것으로 결정하였다. 이제 이 클래스를 구현해 보자.

모듈 cards.py

```
class Card:
    '게임용 카드를 표현하는 클래스'

    def __init__(self, rank, suit):
        '게임용 카드의 숫자패와 무늬패를 초기화'
        self.rank = rank
        self.suit = suit

    def getRank(self):
        '숫자패 반환'
        return self.rank

    def getSuit(self):
        '무늬패 반환'
        return self.suit
```

생성될 카드의 숫자패와 무늬패를 인수로 받도록 메소드 __init__()을 구현한 점에 주의하자.

실습 8.4 **아래와 같이 생성자가 두 개나 하나, 0개의 인수를 받도록 앞 절에서 개발한 클래스 Animal을 수정하라.**

```
>>> snoopy = Animal('dog', 'bark')
>>> snoopy.speak()
I am a dog and I bark.
>>> tweety = Animal('canary')
>>> tweety.speak()
I am a canary and I make sounds.
>>> animal = Animal()
>>> animal.speak()
I am a animal and I make sounds.
```

8.3 새로운 컨테이너 클래스 설계

Python이 다양한 컨테이너 클래스 집합을 제공하긴 하지만, 특정 응용 분야에 특화된 컨테이너 클래스들을 개발할 필요성은 항상 생기게 마련이다. 게임용 카드의 카드 덱을 표현하는 클래스와 고전적인 큐 컨테이너 클래스를 사용하여 새로운 컨테이너 클래스 개발 방법을 설명하고자 한다.

게임용 카드 덱 클래스 설계

다음으로 개발할 클래스의 필요성을 보기 위해 제6장의 블랙잭 응용 프로그램을 한 번 더 생각해 보자. 블랙잭 프로그램에서는 리스트를 사용하여 카드 덱을 구현하였다. 카드 덱을 섞기 위해서 random 모듈의 shuffle() 메소드를 사용하였으며, 카드를 나누어주기 위해서 list 메소드 pop()을 사용하였다. 간단히 말하자면, 블랙잭 응용 프로그램은 해당 프로그램과 무관한 용어와 연산들을 사용하여 작성되었던 것이다.

리스트 컨테이너와 리스트 연산들을 숨기고 대신 Deck 클래스와 Deck 메소드를 사용하여 프로그램을 작성하였다면 블랙잭 프로그램은 한층 더 이해하기 쉬워질 것이다. 그러므로 Deck 클래스를 개발해 보자. 우선 Deck 클래스가 어떤 기능을 해야 하는지 생각해 보자.

우선 기본 생성자를 사용하여 52 개 카드로 구성된 표준 카드 덱을 만들 수 있어야 한다.

```
>>> deck = Deck()
```

또한 카드 덱을 섞기 위한 메소드도 있어야 한다.

```
>>> deck.shuffle()
```

다음으로 카드 덱으로부터 최상위 카드를 뽑아 나누어주는 메소드도 있어야 한다.

```
>>> card = deck.dealCard()
>>> (card.getRank(), card.getSuit())
('9', '♠')
>>> card = deck.dealCard()
>>> (card.getRank(), card.getSuit())
('J', '◇')
>>> card = deck.dealCard()
>>> (card.getRank(), card.getSuit())
('10', '◇')
```

Deck 클래스가 지원해야 할 메소드는 다음과 같다.

- Deck(): 게임용 52개 카드의 표준 카드 덱으로 초기화하는 생성자
- shuffle(): 카드 덱을 섞음
- dealCard(): 카드 덱의 최상위에서 카드를 뽑아서 반환

카드 Deck 클래스 구현

이제 Deck 생성자부터 시작하여 Deck 클래스를 구현해 보자. 앞 절의 두 예제(클래스 Point와 Card)와 달리 Deck 생성자는 입력 인수를 받지 않는다. 하지만 여전히 생성자를 구현해야 하는데, 왜냐하면 카드 덱을 구성하는 52개 게임용 카드를 만들고, 만든 카드를 어딘가에 저장해야 하기 때문이다.

52개 표준 게임용 카드를 생성하기 위하여 블랙잭 응용 프로그램의 함수 shuffledDeck에서 사용한 중첩 루프와 유사한 반복문을 사용한다. 이 프로그램에서 우리는 다음과 같은 무늬패의 집합과 숫자패의 집합을 생성하여 사용하였다.

```
suits = {'\u2660', '\u2661', '\u2662', '\u2663'}
ranks = {'2','3','4','5','6','7','8','9','10','J','Q','K','A'}
```

그리고 모든 숫자패 및 무늬패 조합을 생성하기 위해 중첩 for 루프를 사용하였다.

```
for suit in suits:
    for rank in ranks:
        # 주어진 숫자패와 무늬패의 카드를 생성하여 카드 덱에 추가
```

이때 생성된 게임용 카드를 모두 저장하기 위한 컨테이너가 필요하다. 카드 덱 안에 있는 카드들의 순서가 중요하고 카드 덱을 변경할 수 있어야 하기 때문에, 제6장의 블랙잭 프로그램에서 했던 것처럼 리스트를 컨테이너로 선택하자.

이제 몇 개의 설계상 결정을 내려야만 한다. 첫째, 게임용 카드 리스트를 인스턴스 변수로 만들 것인가 아니면 클래스 변수로 만들 것인가? 모든 Deck 객체는 자신의 게임용 카드 리스트를 유지해야 하기 때문에 카드 리스트는 당연히 인스턴스 변수가 되어야 한다.

설계상 해결해야 하는 또 다른 문제가 있다. 집합 suits와 ranks는 어디에 정의해야 할까? 이 두 집합을 __init__() 함수의 지역 변수로 만들 수 있고, 클래스 Deck의 클래스 변수로 만들 수도 있으며, 인스턴스 변수로 만들 수도 있을 것이다. 집합 suits와 ranks는 변경되는 일 없이 모든 Deck 인스턴스들에 의해 공유되고 있으므로 여기서는 이들 변수를 클래스 변수로 만들자.

모듈 cards.py에서 메소드 __init__()의 구현 내용을 살펴보자. 집합 suits와 ranks는 클래스 Deck의 클래스 변수이기 때문에, 이름공간 Deck에서 정의하였다. 그러므로 15행 및 16행에서 이들 변수를 사용하기 위해서는 다음과 같이 이름공간을 명시해야 한다.

```
for suit in Deck.suits:
    for rank in Deck.ranks:
        # 주어진 숫자패와 무늬패의 카드를 생성하여 카드 덱에 추가
```

이제 클래스 Deck의 나머지 두 메소드만 구현하면 된다. 메소드 shuffle()은 인스턴스 변수 self.deck에 관해 random 모듈 함수 shuffle()만 호출하면 된다.

메소드 dealCard()를 위해서는 카드 덱의 최상위가 어디인지 정해야 한다. 카드 덱의 최상위를 리스트 self.deck의 처음 부분으로 정해야 할까, 끝 부분으로 정해야 할까? 여기서는 끝으로 정했다. 클래스 Deck의 전체 구현 코드는 다음과 같다.

모듈 cards.py

```
1   from random import shuffle
2   class Deck:
3       '52 카드의 카드 덱 표현'
4
5       # ranks와 suits는 Deck 클래스 변수
6       ranks = {'2','3','4','5','6','7','8','9','10','J','Q','K','A'}
7
8       # suits는 4가지 무늬패를 나타내는 4개의 유니코드 부호 집합
9       suits = {'\u2660', '\u2661', '\u2662', '\u2663'}
10
11      def __init__(self):
12          '52 카드의 카드 덱 초기화'
13          self.deck = []                  # 처음에 카드 덱은 비어있음
14
15          for suit in Deck.suits:         # suits와 ranks는 Deck의
```

```
            for rank in Deck.ranks:   # 클래스 변수들
            # 주어진 숫자패와 무늬패의 Card를 카드 덱에 추가
            self.deck.append(Card(rank, suit))

    def dealCard(self):
        '카드 덱의 최상위로부터 카드를 나누어 줌(배출 및 반환)'
        return self.deck.pop()

    def shuffle(self):
        '카드 덱 섞기'
        shuffle(self.deck)
```

실습 8.5

52개 카드의 표준 카드 덱 대신 다른 카드로 카드 게임을 할 수 있도록 클래스 Deck의 생성자를 수정하라. 이렇게 변경하려면 생성자의 인수로 카드 리스트를 받아야 한다. 살짝 부자연스럽지만 이 생성자의 사용 예를 보면 다음과 같다.

```
>>> deck = Deck(['1', '2', '3', '4'])
>>> deck.shuffle()
>>> deck.dealCard()
'3'
>>> deck.dealCard()
'1'
```

컨테이너 클래스 Queue

큐는 슈퍼마켓 계산대의 점원을 기다리는 손님들의 줄과 같은 대기열을 추상화한 컨테이너 형이다. 계산대 줄에서 손님들은 선입선출(FIFO: first-in first-out) 방식으로 처리된다. 새로 온 손님은 대기열의 맨 끝에 서게 되며, 계산대 점원은 대기열의 맨 처음 사람을 먼저 처리한다. 일반적으로 큐에서 모든 입력은 대기열의 뒤에 추가되고, 모든 추출은 대기열 앞에서부터 이루어진다.

이제 큐를 추상화하는 기초적인 Queue 클래스를 개발해 보자. 이 클래스는 큐 내의 항목에 매우 제한적인 접근만 허용해야 하는데 메소드 enqueue()는 큐의 뒤에 한 항목을 추가하고 메소드 dequeue()는 큐의 맨 앞에서 한 항목을 제거한다. 표 8.2에 보인 것처럼, Queue 클래스는 큐가 비어있는지 여부에 따라 참 또는 거짓을 반환하는 메소드인 isEmpty()도 지원한다. 제거된 항목은 가장 먼저 큐에 들어간 항목이기 때문에 Queue 클래스를 FIFO 컨테이너 자료형이라고 부른다.

표 8.2
큐 메소드
큐는 여러 항목을 나열하여 저장하는 컨테이너이다. 항목 나열에 대한 접근은 오직 메소드 enqueue(item)과 dequeue()만을 통해 가능하다.

메소드	설명
enqueue(item)	큐의 끝에 item 추가
depueue()	큐의 앞에서 원소를 제거하고 반환
isEmpty()	큐가 비어있으면 True, 아니면 False 반환

Queue 클래스를 구현하기 전에 그 사용법을 먼저 살펴보자. 처음엔 먼저 Queue 객체를 초기화한다.

```
>>> fruit = Queue()
```

다음에 과일 한 개를 (문자열 형태로) 큐에 추가한다.

```
>>> fruit.enqueue('apple')
```

과일 몇 개를 더 추가하자.

```
>>> fruit.enqueue('banana')
>>> fruit.enqueue('coconut')
```

그러고 나서 큐에서 항목을 제거할 수 있다.

```
>>> fruit.dequeue()
'apple'
```

메소드 dequeue()는 큐의 앞에서 항목을 제거하고 반환해야 한다. 큐를 비우기 위해 큐 제거를 두 번 더 수행한다.

```
>>> fruit.dequeue()
'banana'
>>> fruit.dequeue()
'coconut'
>>> fruit.isEmpty()
True
```

그림 8.6은 앞의 명령들을 차례로 실행하였을 때 큐 fruit의 변화 과정을 보여준다.

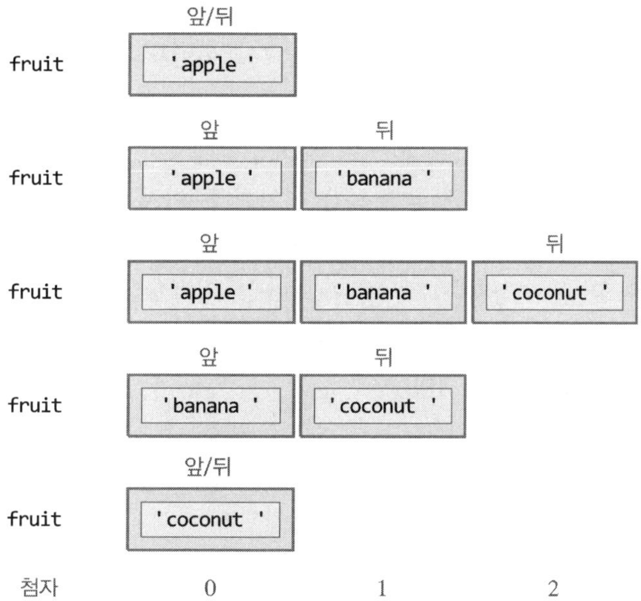

그림 8.6
큐 연산
...을 각 문장 수행 후에 큐 ...uit의 상태를 보여준다.
...uit.enqueue('apple')
...uit.enqueue('banana')
...uit.enqueue('coconut')
...uit.dequeue()
...uit.dequeue()

큐 클래스 구현

이제 큐 클래스의 구현에 대해 논의해 보자. 큐를 구현하기 위하여 해결해야 할 가장 중요한 문제는 큐의 항목들을 어떻게 저장할 것인가이다. 큐 안에는 항목이 전혀 없을 수도 있지만 큐는 제한 없이 항목들을 담을 수도 있다. 큐 안에서 항목들의 순서도 유지되어야 하는데, 이는 큐의 규칙을 유지하기 위해 꼭 필요하기 때문이다. 임의 개수의 항목들을 순서대로 저장하고 한 쪽 끝에 추가, 다른 쪽 끝에 삭제가 가능한 내장 자료형은 무엇일까?

`list` 형은 확실히 이 제약조건들을 만족한다. 그래서 우리는 리스트를 사용할 예정이다. 다음으로 해결해야 할 문제는 `Queue` 클래스를 구현할 때 언제 어디서 이 리스트를 생성할 것인가이다. 예제 코드를 살펴보면 기본 `Queue` 생성자가 빈 큐를 만든다는 것은 분명하다. 그렇다면 `Queue` 객체를 생성하자마자 `__init__()` 메소드 안에서 리스트를 생성해야 한다.

```
def __init__(self):
    '큐 항목들을 포함할 빈 리스트를 생성함'
    self.q = []
...  # 클래스의 나머지 정의
```

이제 세 개의 `Queue` 메소드를 구현해 보자! 메소드 `isEmpty()`는 리스트 `self.q`의 길이를 확인하는 것만으로 쉽게 구현할 수 있다.

```
    def isEmpty(self):
        '큐가 비어있으면 True, 아니면 False 반환'
        return (len(self.q) == 0)
```

메소드 **enqueue()**는 리스트 **self.q**의 맨 뒤에 항목을 추가하고, 메소드 **dequeue()**는 리스트 **self.q**의 맨 앞 항목을 제거한다. 이제 리스트 **self.q**의 맨 앞을 어디로 할지 결정해야 한다. 리스트의 맨 왼쪽 끝 원소(첨자 0)를 맨 앞 원소로 정해도 되고 맨 오른쪽 끝 원소(첨자 -1)를 맨 앞 원소로 정해도 된다. 어떤 선택을 해도 상관없는데 각 경우의 장점은 내장 클래스 **list**의 구현 방법에 따라 다르다(이 내용은 이 장에서 다루기엔 너무 큰 주제임).

그림 8.6에서 큐의 첫 번째 원소를 왼쪽, 즉 첨자 0의 위치에 나타내었는데 따라서 우리도 그림과 같이 구현하려고 한다. 이렇게 결정하고 나면 **Queue** 클래스를 구현할 수 있다.

모듈 ch8.py

```
class Queue:
    '고전적 큐 클래스'

    def __init__(self):
        '빈 리스트 초기화'
        self.q = []

    def isEmpty(self):
        '큐가 비어있으면 True, 아니면 False 반환'
        return (len(self.q) == 0)

    def enqueue(self, item):
        '큐의 제일 뒤에 항목 추가'
        return self.q.append(item)

    def dequeue(self):
        '큐의 앞에서 항목을 제거하고 반환'
        return self.q.pop(0)
```

8.4 겹지정 연산자

지금까지 개발했던 사용자 정의 클래스들은 약간 불편한 점이 있다. 예를 들어 `Point` 객체를 생성했다고 가정하자.

```
>>> point = Point(3,5)
```

그러고 나서 이 객체의 값을 계산하려고 했다고 하자.

```
>>> point
<__main__.Point object at 0x15e5410>
```

이 결과는 전혀 사용자를 배려하고 있지 않다. 그렇지 않은가? 실행 결과는 `point`가 최상위 모듈의 이름공간에 정의된 `Point` 형의 객체를 참조한다는 사실을, 또 객체 ID(실질적으로는 메모리 주소)는 16진수로 0x15e5410임을 나타내고 있다. 아마도 이 둘 중 어느 것도 우리가 `point` 값을 계산할 때 기대했던 정보는 아닐 것이다.

또 다른 문제를 생각해 보자. 우리는 문자열에서 문자의 개수를 구할 때, 리스트나 사전, 튜플, 집합에서 항목 개수를 구할 때 `len()` 함수를 사용했다. `Queue` 컨테이너 객체의 항목 개수를 구할 때에도 같은 함수를 사용하는 것이 자연스럽다. 하지만 불행히도 `Queue` 객체에는 `len()` 함수를 사용할 수 없다.

```
>>> fruit = Queue()
>>> fruit.enqueue('apple')
>>> fruit.enqueue('banana')
>>> fruit.enqueue('coconut')
>>> len(fruit)
Traceback (most recent call last):
  File "<pyshell#356>", line 1, in <module>
    len(fruit)
TypeError: object of type 'Queue' has no len()
```

우리가 말하고 싶은 요지는, 지금까지 만든 클래스들을 내장 클래스처럼 사용할 수 없다는 점이다. 사용자 정의 클래스를 유용하게, 쉽게 사용할 수 있으려면, 더 친숙한 방식으로(즉 내장 클래스처럼) 사용할 수 있도록 하는 것이 중요하다. 다행히도 Python에서는 **연산자 겹지정**(operator overloading)을 통해 이렇게 만들 수 있다.

연산자는 클래스 메소드이다

연산자 +에 대해 생각해 보자. 이 연산자는 두 수를 더할 때 사용할 수 있다.

```
>>> 2 + 4
6
```

이 연산자는 또한 리스트와 문자열을 연결할 때도 사용할 수 있다.

```
>>> [4, 5, 6] + [7]
[4, 5, 6, 7]
>>> 'strin' + 'g'
'string'
```

이때 + 연산자를 **겹지정 연산자**(overloaded operator)라 한다. 겹지정 연산자란 여러 클래스들에 대해 정의된 연산자를 뜻한다. 각 클래스에 대한 연산자의 정의, 즉 의미는 다르다. 예를 들어 `int`와 `list`, `str` 클래스에 대해 정의된 + 연산자를 생각해 보자. 이 연산자는 `int` 클래스에 대해서는 정수 덧셈을, `list` 클래스에 대해서는 리스트 연결을, `str` 클래스에 대해서는 문자열 접합을 구현하고 있다. 이제 남은 문제는 '어떻게 특정 클래스에 대해 연산자 +를 정의할 수 있을까?'라는 것이다.

Python은 객체지향 언어이므로 앞서 말했던 것처럼 어떤 값 계산이, 가령 `2 + 4` 같은 산술식 계산이 실제로 어떤 메소드 호출을 통해 이루어지는지 확인하려면 문서화 도구 `help()`를 사용하면 된다. `help(int)`나 `help(str)`, `help(list)`를 입력하면 다음과 같이 + 연산자에 대한 문서를 확인할 수 있다.

```
...
 |  __add__(...)
 |      x.__add__(y) <==> x+y
...
```

이 문서의 의미는 수식 `x + y`의 값을 구하려고 할 때마다 먼저 수식 `x.__add__(y)`로 바뀌어 계산됨을 의미하는데, 이는 객체 `y`를 입력 인수로 하여 객체 `x`의 메소드를 호출함을 의미한다. 이는 `x`와 `y`가 무엇이든 상관없이 성립한다. 따라서 `2 + 3`과 `[4, 5, 6] + [7]`, `'strin' + 'g'`와 같은 수식의 값은 다음과 같은 메소드 `__add__()` 호출을 통해 계산된다.

```
>>> int(2).__add__(4)
6
>>> [4, 5, 6].__add__([7])
[4, 5, 6, 7]
>>> 'strin'.__add__('g')
'string'
```

DETOUR

어쨌든 덧셈은 그저 함수다

Python 인터프리터는 산술식

```
>>> x+y
```

를 다음과 같은 메소드 호출로 바꾼다.

```
>>> x.__add__(y)
```

7장에서는 인터프리터가 이 메소드 호출을 다음과 같이 바꾼다고 배웠다.

```
>>> type(x).__add__(x,y)
```

type(x)는 객체 x의 클래스 값을 구한다는 것을 기억하라. 실제로 계산되는 수식 값은 이 마지막 수식 값이다.

이는 물론 다른 모든 연산자에 대해서도 마찬가지인데 어떠한 수식이나 메소드 호출도 실제로는 첫 번째 피연산자의 클래스 이름공간에 정의된 함수 호출이다.

\+ 연산자는 Python의 여러 겹지정 연산자 중의 하나일 뿐이다. 표 8.3에는 몇몇 다른 겹지정 연산자들이 정리되어 있는데, 각 연산자가 수 형이나 **list** 형, **str** 형에 대한 해당 함수의 동작이 함께 정리되어 있다. 나열된 모든 연산자들은 다른 내장형들(사전, 집합 등)은 물론 사용자 정의형에 대해서도 정의 가능한데, 그 방법을 이제 살펴보려고 한다.

표 8.3 겹지정

연산자	메소드	수	리스트와 문자열
x + y	x.__add__(y)	덧셈	접합
x - y	x.__sub__(y)	뺄셈	—
x * y	x.__mul__(y)	곱셈	복제후 접합
x / y	x.__truediv__(y)	나눗셈	—
x // y	x.__floordiv__(y)	정수나눗셈(몫)	—
x % y	x.__mod__(y)	나머지	—
x == y	x.__eq__(y)	같다	
x != y	x.__ne__(y)	같지 않다	
x > y	x.__gt__(y)	크다	
x >= y	x.__ge__(y)	크거나 같다	
x < y	x.__lt__(y)	작다	
x <= y	x.__le__(y)	작거나 같다	
repr(x)	x.__repr__()	표준 문자열 표현	
str(x)	x.__str__()	일반 문자열 표현	
lex(x)	x.__len__()	—	객체 크기
<type>(x)	<type>.__init__(x)	생성자	

표에 나열된 마지막 연산자는 함수 __init__()과 연관된 **겹지정 생성자 연산자**(overloaded constructor operator)라는 것에 주의하자. 우리는 앞서 사용자 정의 클래스에 대해 겹지정 생성자를 구현하는 방법을 살펴본 바 있다. 이제 다른 겹지정 연산자들을 구현하는 것도 이와 매우 유사하다는 것을 알게 될 것이다.

클래스 Point를 사용하기 편리하게 만들기

이 절의 도입부에 소개했던 예제를 다시 살펴보자.

```
>>> point = Point(3,5)
>>> point
<__main__.Point object at 0x15e5410>
```

우리는 point가 어떤 값으로 계산되기를 원하는 것일까? 우리가 원하는 방식이 다음과 같다고 하자.

```
>>> point
Point(3, 5)
```

이렇게 하려면 우리는 먼저 Python이 셸에서 point 값을 구할 때 객체의 **문자열 표현**을 출력한다는 것을 이해해야 한다. 객체의 기본 문자열 표현은 다음과 같은 객체의 형과 주소이다.

```
<__main__.Point object at 0x15e5410>
```

어떤 클래스의 문자열 표현을 수정하려면 겹지정 연산자 repr()을 구현하여야 한다. 객체를 문자열로 표현해야 할 때마다 인터프리터는 연산자 repr()을 자동으로 호출한다. 객체를 인터프리터 셸에 출력해야 할 때가 바로 이런 경우이다. 그래서 수 3과 4, 5를 포함하는 리스트 lst의 친숙한 형태 [3, 4, 5]도

```
>>> lst
[3, 4, 5]
```

실제로는 repr(lst)을 호출한 결과 문자열이었던 것이다.

```
>>> repr(lst)
'[3, 4, 5]'
```

모든 내장형 클래스들은 이러한 목적으로 겹지정 연산자 repr()을 구현하고 있다. 사용자 정의 클래스 객체들에 대해서도 기본 문자열 표현을 수정하려면 repr()을 구현해야 한다. 표 8.3에 따르면 연산자 repr()에 해당하는 메소드는 __repr__()이므로 이를 원하는 대로 구현해 보자.

Point 객체를 Point(<x>, <y>) 형태로 출력하기 위해서는 클래스 Point에 다음 메소드를 추가하기만 하면 된다.

모듈 ch8.py

```
class Point:

    # 다른 Point 메소드

    def __repr__(self):
        '표준 문자열 표현 Point(x, y)를 반환'
        return 'Point({}, {})'.format(self.x, self.y)
```

이제 셀에서 Point 객체 값을 구할 때, 다음과 같이 원하는 결과를 얻게 된다.

```
>>> point = Point(3,5)
>>> point
Point(3, 5)
```

CAUTION

객체들의 문자열 표현

실제로 객체의 문자열 표현을 하는 두 가지 방법이 있는데 하나는 겹지정 연산자 repr()이고 다른 하나는 문자열 생성자 str()이다.

연산자 repr()은 객체의 **표준 문자열 표현**(canonical string representation)을 반환하기로 되어 있다. 반드시 그런 건 아니지만 이상적으로는 repr()이 '[2, 3, 4]'나 'Point(3, 5)'와 같이 객체를 생성하는 문자열을 나타내어야 한다.

다시 말해서 수식 eval(repr(o))의 결과는 원래 객체 o가 되어야 한다. 인터프리터 셀에서 객체 값을 구하고 이 객체를 셀 창에 출력해야 할 때 메소드 repr()이 자동적으로 호출된다.

문자열 생성자 str()은 이상적으로 매우 읽기 쉬운, 객체의 비공식적 문자열 표현을 반환한다. 메소드 __str__()이 구현되어 있는 경우 이 문자열 표현은 메소드 호출 o.__str__()에 의해서 얻어진다. Python 인터프리터는 함수 print() 호출 등 객체의 "예쁜 출력(pretty print)"이 필요할 때마다 겹지정 연산자 repr() 대신에 문자열 생성자를 호출한다. 아래 클래스를 통해 이 차이를 살펴보자.

```
class Representation:
    def __repr__(self):
        return 'canonical string representation'
    def __str__(self):
        return 'Pretty string representation.'
```

실제로 그런지 확인해 보자.

```
>>> rep = Representation()
>>> rep
```

```
canonical string representation
>>> print(rep)
Pretty string representation.
```

생성자와 repr() 연산자 사이의 규약

바로 앞의 주의(Caution) 섹션을 통해 겹지정 연산자 `repr()`의 출력은 객체의 표준 문자열 표현이라는 것을 설명하였다. `Point` 객체 `Point(3, 5)`의 표준 문자열 표현은 `'Point(3, 5)'`이다. 같은 `Point` 객체에 대한 `repr()` 연산자의 출력은 다음과 같다.

```
>>> repr(Point(3, 5))
'Point(3, 5)'
```

생성자와 표현 연산자 `repr()` 사이의 **규약**이, 즉 두 표현이 같아야 한다는 조건이 만족된 것처럼 보인다. 확인해 보자.

```
>>> Point(3, 5) == eval(repr(Point(3, 5)))
False
```

뭐가 잘못된 것일까?

이는 생성자나 연산자 `repr()`의 문제가 아니고 연산자 `==`의 문제이다. 이 연산자는 같은 좌표의 두 점이 반드시 같다고 판단하지 않는다. 정말 그런지 확인해 보자.

```
>>> Point(3, 5) == Point(3, 5)
False
```

이렇게 이상한 결과가 나오는 이유는 사용자 정의 클래스에 대한 연산자 `==`의 기본 동작 때문인데 이 비교 연산자는 비교하는 두 객체가 같은 객체일 때만 `True`를 반환한다 정말 그런지 살펴보자.

```
>>> point = Point(3, 5)
>>> point == point
True
```

표 8.3에 따르면 겹지정 연산자 `==`에 해당하는 메소드는 `__eq__()`다. 겹지정 연산자 `==`의 동작을 바꾸려면 클래스 `Point`에 메소드 `__eq__()`를 구현해야 한다. 클래스 `Point`의 마지막 버전인 아래 코드에서는 `__eq__()`를 구현하고 있다.

모듈
ch8.py

```
class Point:
    '평면 상의 점을 표현하는 클래스'

```

```
    def __init__(self, xcoord=0, ycoord=0):
        '점 좌표를 (xcoord, ycoord)로 초기화'
        self.x = xcoord
        self.y = ycoord
    def setx(self, xcoord):
        '점의 x 좌표를 xcoord로 설정'
        self.x = xcoord
    def sety(self, ycoord):
        '점의 y 좌표를 ycoord로 설정'
        self.y = ycoord
    def get(self):
        '점의 x 및 y 좌표를 튜플로 반환'
        return (self.x, self.y)
    def move(self, dx, dy):
        'x 좌표와 y 좌표를 dx 및 dy만큼 변경'
        self.x += dx
        self.y += dy
    def __eq__(self, other):
        '같은 좌표 값이면 self == other'
        return self.x == other.x and self.y == other.y
    def __repr__(self):
        '표준 문자열 표현 Point(x, y)를 반환'
        return 'Point({}, {})'.format(self.x, self.y)
```

이제 새로 구현한 클래스 Point는 우리의 기대대로 == 연산자를 지원한다.

```
>>> Point(3, 5) == Point(3, 5)
True
```

그리고 생성자와 연산자 repr() 사이의 규약 또한 보장된다.

```
>>> Point(3, 5) == eval(repr(Point(3, 5)))
True
```

실습 8.6

Card 클래스에 겹지정 연산자 repr()와 ==를 구현하라. 새로운 Card 클래스는 다음과 같이 동작하여야 한다.

```
>>> Card('3', '♠') == Card('3', '♠')
True
>>> Card('3', '♠') == eval(repr(Card('3', '♠')))
True
```

■ 큐 클래스를 사용하기 편리하게 만들기

이제 겹지정 연산자 repr()과 ==, len()을 이용하여 앞 절의 클래스 Queue를 개선하려고 한다. 이 과정에서 생성자 확장의 유용성을 알게 될 것이다.

아래의 Queue 구현 코드를 바탕으로 시작해 보자.

모듈
ch8.py

```
class Queue:
    '고전적 큐 클래스'

    def __init__(self):
        '빈 리스트 초기화'
        self.q = []

    def isEmpty(self):
        '큐가 비어있으면 True, 아니면 False 반환'
        return (len(self.q) == 0)

    def enqueue(self, item):
        '큐의 뒤에 항목 추가'
        return self.q.append(item)

    def dequeue(self):
        '큐의 앞에서 항목을 제거하고 반환'
        return self.q.pop(0)
```

먼저 "쉬운" 연산자들부터 처리하자. 두 큐가 같다는 것은 무슨 의미일까? 이는 두 큐가 같은 원소들을 같은 순서로 포함하고 있다는 것을 의미한다. 다시 말해서 두 큐의 항목들을 저장하고 있는 두 리스트가 동일하다는 의미이다. 그러므로 클래스 Queue에 대한 연산자 __eq__()의 구현은 비교하는 두 Queue 객체에 해당하는 리스트끼리 비교하는 것으로 작성해야 한다.

```
def __eq__(self, other):
    '''만약에 큐 self와 other가 같은 순서대로 같은 항목들을
       포함한다면 True 반환'''
    return self.q == other.q
```

겹지정 연산자 함수 len()은 컨테이너의 항목 개수를 반환한다. Queue 객체에 대해 연산자 len()을 사용하려면 Queue 클래스에 해당 메소드 __len__()을 구현해야 한다(표 8.3 참고). 큐의 길이는 물론 리스트 self.q의 길이와 같다.

```
    def __len__(self):
        '큐의 항목 수 반환'
        return len(self.q)
```

이제 repr() 연산자를 구현해 보자. 큐를 다음처럼 만들었다고 할 때,

```
>>> fruit = Queue()
>>> fruit.enqueue('apple')
>>> fruit.enqueue('banana')
>>> fruit.enqueue('coconut')
```

이 큐의 표준 문자열 표현은 어떠해야 할까? 다음과 같이 표현하면 어떨까?

```
>>> fruit
Queue(['apple', 'banana', 'coconut'])
```

겹지정 연산자 repr()을 구현할 때, 이상적으로 repr()과 생성자 사이의 규약을 만족해야 한다는 것을 떠올려 보자. 둘 사이의 규약을 만족하기 위해서는 다음과 같이 큐를 생성할 수 있어야 할 것이다.

```
>>> Queue(['apple', 'banana', 'coconut'])
Traceback (most recent call last):
  File "<pyshell#404>", line 1, in <module>
    Queue(['apple', 'banana', 'coconut'])
TypeError: __init__() takes exactly 1 positional argument (2 given)
```

하지만 어떠한 입력 인수도 취할 수 없도록 Queue 생성자를 구현하였기 때문에 위 코드처럼 큐를 구성할 수는 없다. 따라서 다음과 같이 생성자 정의를 바꾸도록 하자. 이렇게 바꿈으로써 얻을 수 있는 두 가지 장점은 (1) 생성자와 repr() 사이의 계약을 만족시킬 수 있고 (2) 새롭게 생성할 Queue 객체를 이제 생성 시점에 초기화시킬 수 있다는 것이다.

모듈 ch8.py

```
class Queue:
    '고전적 큐 클래스'

    def __init__(self, q=None):
        '리스트 q를 기반으로 한 queue 초기화, 기본은 빈 큐'
        if q == None:
            self.q = []
        else:
            self.q = q

    # 메소드 enqueue와 dequeue, isEmpty가 여기 정의됨
```

```

    def __eq__(self, other):
        '''만약에 큐 self와 other가 같은 순서로 같은 항목들을
           포함한다면 True 반환'''
    return self.q == other.q

    def __len__(self):
        '큐의 항목 수 반환'
        return len(self.q)

    def __repr__(self):
        '큐의 표준 문자열 표현 반환'
        return 'Queue({})'.format(self.q)
```

실습 8.7

Deck 클래스에 대해 겹지정 연산자 len()과 repr(), ==를 구현하라. 새로운 Deck 클래스는 다음과 같이 실행되어야 한다.

```
>>> len(Deck())
52
>>> Deck() == Deck()
True
>>> Deck() == eval(repr(Deck()))
True
```

8.5 상속

코드 재사용은 소프트웨어 공학의 근본적인 목표이다. 코드를 함수로 감싸는 주된 이유는 코드를 더 쉽게 재사용하기 위해서이다. 마찬가지로 코드를 사용자 정의 클래스로 구성하여 얻을 수 있는 주요 장점도 다른 프로그램에서 클래스들을 재사용할 수 있다는 것이며, 이는 함수를 다른 프로그램 개발에 재사용하는 것과 같은 원리이다. 클래스는 주어진 그대로 (재)사용할 수 있는데, 이는 제2장 이후부터 지금까지 우리가 클래스를 사용해 온 방식이다. 한편 클래스는 **클래스 상속**(class inheritance)을 통해 새로운 클래스로 "확장될" 수도 있다. 이 절에서는 클래스의 바로 이 두 번째 용도인 상속에 대하여 소개한다.

클래스 속성 상속

우리가 응용 프로그램을 개발하는 중이라고 하자. 그런데 내장 클래스 list같이 동작하면서도 리스트 내의 원소를 무작위로 선택(같은 확률로)하여 반환하는 choice()라는 메소드를 지원하는 클래스가 있다면 매우 편리하다는 것을 알게 되었다고 하자.

더 정확히 말해서 우리가 원하는 클래스 MyList는 클래스 list와 같은 메소드를 지원해야 한다. 예컨대 다음처럼 MyList 컨테이너 객체를 생성할 수 있어야 한다.

```
>>> mylst = MyList()
```

또한 list 메소드 append()를 사용하여 항목을 리스트에 추가하거나 겹지정 연산자 len()을 사용하여 리스트의 항목 수를 세는 것, list 메소드 count()를 사용하여 한 항목의 출현 빈도수를 세는 것도 가능해야 한다.

```
>>> mylst.append(2)
>>> mylst.append(3)
>>> mylst.append(5)
>>> mylst.append(3)
>>> len(mylst)
4
>>> mylst.count(3)
2
```

클래스 MyList는 클래스 list와 같은 메소드들을 지원할 뿐만 아니라, 같은 확률로 리스트의 한 항목을 뽑아 반환하는 메소드 choice()도 추가로 제공해야 한다.

```
>>> mylst.choice()
5
>>> mylst.choice()
2
>>> mylst.choice()
5
```

클래스 MyList를 구현하는 한 가지 방법으로 클래스 Deck와 Queue를 개발할 때 사용했던 방법을 생각해 볼 수 있다. 이 방법에 따르면 MyList의 항목들을 저장하기 위해서 리스트 객체 변수 self.lst를 사용해야 할 것이다.

```
import random
class MyList:
    def __init__(self, initial = []):
        self.lst = initial
    def __len__(self):
        return len(self.lst)
    def append(self, item):
```

```
        self.lst.append(self, item)
    # 기타 "list" 메소드 구현

    def choice(self):
        return random.choice(self.lst)
```

클래스 MyList를 구현하려면 30개가 넘는 메소드들을 작성해야하기 때문에, 시간이 걸리고 지루하다. 이 방법보다는 부가적인 메소드 choice()를 지원하도록 클래스 list를 “확장”하여 클래스 MyList를 간단히 정의할 수 있다면 더 좋지 않을까? 사실 그렇게 할 수 있다.

모듈
ch8.py

```
import random
class MyList(list)
    '메소드 choice를 구현하는 list의 서브클래스'

    def choice(self):
        '리스트로부터 같은 확률로 무작위로 선택된 항목 반환'
        return random.choice(self)
```

이 클래스 정의는 클래스 MyList가 클래스 list의 **서브클래스**(subclass)이며 따라서 클래스 list가 지원하는 모든 메소드들을 지원한다는 것을 나타내고 있다. 이러한 사실은 다음과 같은 코드 첫 줄에 나타나 있다.

```
class MyList(list):
```

클래스 list와 MyList 사이의 계층적 구조를 그려보면 그림 8.7과 같다.

그림 8.7에서는 인터프리터 셸(즉, 이름공간 __main__)에 생성된 MyList 컨테이너 객체 mylst를 보여주고 있다.

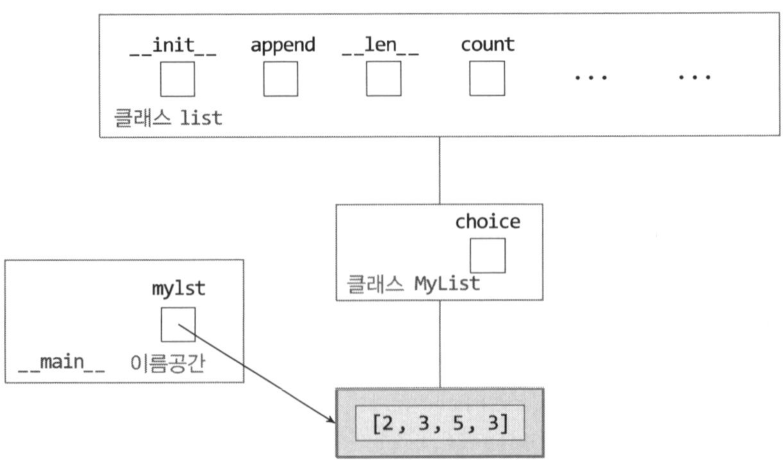

그림 8.7
클래스 list와 MyList의 계층 구조
나열된 클래스 list의 몇몇 속성들은 모두 해당 함수를 나타낸다. 클래스 MyList는 클래스 list의 서브클래스이며 클래스 list의 모든 속성을 상속받는다. 또한 클래스 Mylist는 메소드 choice()를 부가적인 속성으로 정의하고 있다. 변수 mylst가 가리키는 객체는 클래스 MyList의 모든 속성을 상속받는데 이 속성에는 클래스 list의 속성들도 포함된다.

```
>>> mylst = MyList([2, 3, 5, 3])
```

그림 8.7에서 객체 mylst는 클래스 MyList의 "자식"으로 표시되어 있다. 이러한 계층적 표현의 의미는 객체 mylst가 클래스 MyList의 모든 속성들을 상속받는다는 것을 의미한다. 우리는 이미 8.1절을 통해 객체들이 그들 클래스의 속성들을 상속받는 것을 살펴본 바 있다.

그림 8.7에는 또한 클래스 Mylist가 클래스 list의 "자식"으로 나타나 있다. 이러한 계층적인 표현은 클래스 MyList가 list의 모든 속성들을 **상속받는** 것을 의미한다. 내장함수 dir()을 이용하여 이를 확인해 보자.

```
>>> dir(MyList)
['__add__', '__class__', '__contains__', '__delattr__',
 ...
 'append', 'choice', 'count', 'extend', 'index', 'insert',
 'pop', 'remove', 'reverse', 'sort']
```

위 결과를 보면 객체 mylst가 클래스 MyList의 메소드 choice()뿐만 아니라 list의 모든 속성들도 상속받는다는 것을 알 수 있다. 이 사실은 다음과 같이 확인해 볼 수도 있다.

```
>>> dir(mylst)
['__add__', '__class__', '__contains__', '__delattr__',
 ...
 'append', 'choice', 'count', 'extend', 'index', 'insert',
 'pop', 'remove', 'reverse', 'sort']
```

이때 클래스 MyList를 클래스 list의 **서브클래스**(subclass)라고 부른다. 또한 클래스 list는 클래스 MyList의 **슈퍼클래스**(superclass)라고 한다.

일반적인 클래스 정의 형식

앞서 클래스 Point와 Animal, Card, Deck, Queue를 구현할 때에는 클래스 정의문의 첫줄을 다음과 같은 형식으로 기술하였다.

```
class <Class Name>:
```

이미 존재하는 클래스 <Super Class>로부터 속성들을 상속받는 클래스를 정의하려면 클래스 정의문의 첫줄을 다음과 같이 기술한다.

```
class <Class Name>(<Super Class>):
```

둘 이상의 기존 클래스들로부터 속성들을 상속받도록 클래스를 정의할 수도 있다. 이럴 경우에는 클래스 정의문의 첫줄을 다음과 같이 기술한다.

```
class <Class Name>(<Super Class 1>, <Super Class 2>, ...):
```

슈퍼클래스 메소드 재지정

이제 다른 간단한 예를 통해 클래스 상속을 설명하려고 한다. 8.1절의 클래스 `Animal`과 유사한 클래스 `Bird`가 필요하다고 생각하자. 클래스 `Bird`는 클래스 `Animal`과 마찬가지로 메소드 `setSpecies()`와 `setLanguage()`를 지원해야 한다.

```
>>> tweety = Bird()
>>> tweety.setSpecies('canary')
>>> tweety.setLanguage('tweet')
```

클래스 `Bird`는 `speak()`라는 메소드도 지원해야 한다. 그러나 이 메소드는 `Animal` 메소드 `speak()`와 다르게 작용한다.

```
>>> tweety.speak()
tweet! tweet! tweet!
```

클래스 `Bird`의 동작을 보여주는 다른 예를 보면 다음과 같다.

```
>>> daffy = Bird()
>>> daffy.setSpecies('duck')
>>> daffy.setLanguage('quack')
>>> daffy.speak()
quack! quack! quack!
```

이제 클래스 `Bird`를 어떻게 구현할지 생각해 보자. 클래스 `Bird`가 기존 클래스 `Animal`의 속성들을 공유하기 때문에(어쨌든 새는 동물이므로), `Animal`의 서브클래스로 개발한다. 먼저 8.1절에서 만든 클래스 `Animal`의 정의를 살펴보자.

모듈
ch8.py

```
class Animal:
    '동물을 나타내는 클래스'

    def setSpecies(self, species):
        '동물 종을 설정'
        self.spec = species

    def setLanguage(self, language):
        '동물 언어를 설정'
        self.lang = language
```

```
    def speak(self):
        '동물에 의한 문장을 출력'
        print('I am a {} and I {}.'.format(self.spec, self.lang))
```

만약에 클래스 Bird를 클래스 Animal의 서브클래스로 정의한다면 메소드 speak() 실행 시, 예기치 않은 결과가 나타날 것이다. 여기서 이런 궁금증이 생긴다. Bird를 Animal의 서브클래스로 정의하면서도 **또한** 메소드 speak()의 동작을 바꾸는 방법이 없을까?

실제로, 그런 방법이 있다. 그냥 다음과 같이 클래스 Bird에서 새로운 메소드 speak()를 구현하기만 하면 된다.

모듈 ch8.py

```
class Bird(Animal):
    '새를 나타내는 클래스'

    def speak(self):
        '새 소리를 출력'
        print('{}! '.format(self.lang) * 3)
```

위 코드에서 클래스 Bird는 Animal의 서브클래스로 정의되어 있다. 따라서 클래스 Bird는 메소드 speak()를 포함한 클래스 Animal의 모든 속성들을 상속받는다. 하지만 클래스 Bird에 정의된 메소드 speak()가 존재하며, 이 speak() 메소드가 상속받은 Animal의 메소드 speak()를 **대체한다**. 이때 Bird의 speak() 메소드가 슈퍼클래스 메소드 speak()를 **재지정한다(override)**고 말한다.

그림 8.8
스 Animal과 클래스 ird, 객체 daffy, 셀과 연관된 이름공간
턴스 변수들의 값과 클 메소드의 구현 내용은 하였다.

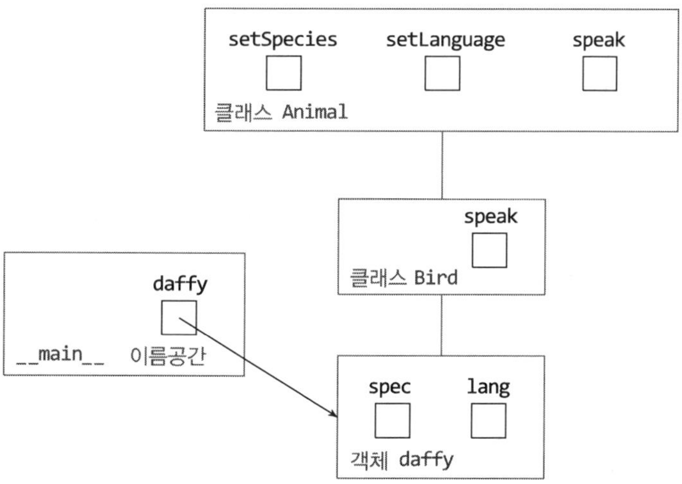

이제 daffy와 같은 Bird 객체에서 메소드 speak()를 호출하게 되면, Python 인터프리터는 서로 다른 두 개의 메소드 speak() 중 어떤 것을 실행할지 어떻게 결정할까? 그림 8.8을 통해 Python 인터프리터가 어떻게 속성 정의를 찾는지 살펴보자.

인터프리터에서 다음 코드

```
>>> daffy = Bird()
```

를 실행하면 daffy라 불리는 Bird 객체와 이와 연관된 비어있는 이름공간이 생성된다. 이제 다음과 같은 호출에 대하여 Python 인터프리터가 setSpecies() 정의를 어떻게 찾을지 생각해 보자.

```
>>> daffy.setSpecies('duck')
```

인터프리터는 객체 daffy와 관련된 이름공간부터 시작하여 클래스 계층 위로 올라가면서 속성 setSpecies의 정의를 계속 찾는다. 이 경우에 인터프리터는 객체 daffy의 이름공간에서도 클래스 Bird의 이름공간에서도 속성 setSpecies의 정의를 찾을 수 없다. 클래스 Animal의 이름공간에 이르러서야 마침내 setSpecies의 정의를 찾게 된다.

인터프리터가 다음 코드

```
>>> daffy.setLanguage('quack')
```

를 실행해도 메소드 정의 탐색 과정은 역시 클래스 Animal의 이름공간에서 끝난다.

그러나 Python 인터프리터가 다음 코드

```
>>> daffy.speak()
quack! quack! quack!
```

를 실행하면 인터프리터는 클래스 Bird에서 메소드 speak()의 정의를 찾게 된다. 다시 말해서 속성 speak에 대한 탐색은 클래스 Animal까지 이어지지 않으며 그래서 Bird 메소드 speak()가 실행되는 것이다.

CAUTION

속성 이름과 관련된 논의 사항

이제 Python 인터프리터가 객체 속성 값을 어떻게 구하는지 이해했으니 우리가 별 생각 없이 명명하는 속성 이름들로 인해 야기될 수 있는 문제들에 대해 생각해 보자. 예를 들면 다음과 같은 클래스 정의가 주어졌다고 할 때,

```
class Problem:
    def value(self, v):
        self.value = v
```

다음 코드를 수행해 보자.

```
>>> p = Problem()
>>> p.value(9)
>>> p.value
9
```

지금까지는 아무 문제가 없다. `p.value(9)`를 실행할 때, 객체 p에는 인스턴스 변수 value가 없으므로 속성 탐색은 클래스 `Problem`의 함수 `value()`를 찾는 것으로 끝난다. 하지만 이제 인스턴스 변수 value가 객체에 생성되었으므로 앞으로 `p.value`를 구하면 이 값을 나타낸다.

이제 다음 코드를 실행해 보자.

```
>>> p.value(3)
Traceback (most recent call last):
  File "<pyshell#324>", line 1, in <module>
    p.value(9)
TypeError: 'int' object is not callable
```

도대체 무슨 일이 일어난 것일까? 속성 value에 대한 탐색은 객체 p에서 시작하자마자 끝난다. 이 객체에 value라는 속성이 있기 때문이다. 이 value 속성은 정수 객체 9를 가리키고 있으므로 더 이상 함수처럼 호출할 수 없게 되는 것이다.

■ 슈퍼클래스 메소드 확장

이제 우리는 서브클래스가 슈퍼클래스의 메소드를 **상속**받을 수도 있고 **재지정**할 수도 있다는 것을 알았다. 이에 더하여 슈퍼클래스 메소드를 **확장**(extend)하는 것도 역시 가능하다. 예제를 통해 세 가지 상속 패턴을 비교하여 살펴보자.

어떤 클래스를 다른 클래스의 서브클래스로 설계할 때, 상속되는 속성들을 여러 다른 방법으로 처리할 수 있다. 있는 그대로 상속받을 수도 있고, 재지정할 수도 있으며, 확장할 수도 있다. 다음 모듈은 클래스 `Super`의 세 가지 형태의 서브클래스를 보여준다. 각 서브클래스는 상속받은 속성을 처리하는 다른 방법을 보여준다.

모듈 ch8.py

```
class Super:
    '하나의 메소드를 포함하고 있는 일반적인 클래스'
    def method(self):                           # Super 메소드
        print('in Super.method')

class Inheritor(Super):
    '메소드를 상속받는 클래스'
    pass

class Replacer(Super):
    '메소드를 재지정하는 클래스'
    def method(self):
        print('in Replacer.method')

class Extender(Super):
    '메소드를 확장하는 클래스'
    def method(self):
        print('starting Extender.method')
        Super.method(self)                      # Super 메소드 호출
        print('ending Extender.method')
```

클래스 Inheritor에서는 클래스 Super의 속성 method()를 있는 그대로 상속받는다. 클래스 Replacer에서는 클래스 Super의 속성 method()를 전혀 다르게 재지정하였다. 클래스 Extender에서는 클래스 Super의 속성 method()를 재지정하긴 하지만, method()의 구현은 클래스 Super의 원래 method()를 호출한다. 결과적으로 클래스 Extender에서는 슈퍼클래스 속성에 부가적인 동작을 추가하게 된다.

대부분의 경우 서브클래스는 서로 다른 속성들을 다른 방법으로 상속받을 수 있지만, 각 상속받은 속성은 이 세 가지 패턴 중 하나를 따르게 된다.

실습 8.8

8.4절에서 개발했던 클래스 Point와 같은 메소드들을 지원하는 클래스 Vector를 구현하라.

```
>>> v1 = Vector(1, 3)
>>> v2 = Vector(-2, 4)
```

클래스 Vector는 벡터 덧셈과 곱셈 연산도 지원한다. 두 벡터의 덧셈은 새로운 벡터로서 그 좌표는 v1과 v2의 해당 좌표들의 합이다.

```
>>> v1 + v2
Vector(-1, 7)
```

v1과 v2의 곱은 두 벡터의 내적이다.

```
>>> v1 * v2
10
```

Vector 객체를 Point(. , .) 대신에 Vector(. , .)로 출력하기 위해 매소드 __repr()__을 재지정해야 한다.

list를 상속한 큐 클래스 구현

8.3절과 8.4절을 통해 개발한 클래스 Queue는 큐 클래스를 설계하고 구현하기 위한 한 가지 방법일 뿐이다. 모든 Queue 객체가 list 객체를 "얇게 포장"한 것뿐이라는 것을 알게 되면 자연스럽게 다른 구현 방법을 생각해 보게 된다. 그러면 왜 Queue 클래스를 설계할 때, "**모든 Queue 객체가 list 객체**"라고 지정하지 않을까? 다시 말해서 왜 Queue 클래스를 list의 서브클래스로 설계하지 않았을까? 여기서 한번 그렇게 해 보자.

모듈 ch8.py

```
class Queue2(list):
    'list의 서브클래스인 큐 클래스'

    def isEmpty(self):
        '큐가 비어있으면 True, 아니면 False 반환'
        return (len(self) == 0)

    def dequeue(self):
        '큐의 앞에서 항목을 제거하고 반환'
        return self.pop(0)

    def enqueue(self, item):
        '큐의 뒤에 항목 추가'
        return self.append(item)
```

변수 self가 list의 서브클래스인 Queue2 객체를 나타내기 때문에 self 역시 list 객체라는 사실에 주의하라. 그래서 pop()이나 append()와 같은 list 메소드를 직접 self를 통해 호출할 수 있다. 또한 메소드 __repr__()과 __len__()을 list 슈퍼클래스로부터 상속받기 때문에 별도로 구현할 필요가 없다.

클래스 Queue2를 개발할 때에는 원래 클래스 Queue를 개발할 때보다 훨씬 더 적은 작업만 하면 된다. 그런데 이렇게 구현하는 것이 과연 더 나은 것일까?

CAUTION

너무 많은 상속

실생활에서 상속은 많이 받을수록 더 좋겠지만, OOP에서는 "너무 많은 상속(too much inheritance)"이라는 개념이 있다. 클래스 Queue2는 바로 쉽게 구현할 수 있다는 장점이 있지만, list의 **모든** 속성을 상속하게 되어 큐의 참뜻을 위반하는 메소드까지 상속하게 되는 문제가 있다. 이 문제를 살펴보기 위해 다음 Queue2 객체를 생각해 보자.

```
>>> q2
[5, 7, 9]
```

현재 Queue2 구현은 큐의 중간에서 항목을 제거하는 것도 허용한다.

```
>>> q2.pop(1)
7
>>> q2
[5, 9]
```

또 큐의 중간에 항목을 추가하는 것도 허용한다.

```
>>> q2.insert(1, 11)
>>> q2
[5, 11, 9]
```

위 결과에 따르면 7이 5보다 먼저 처리되고 11이 9 앞으로 들어가기 때문에, 큐 규칙에 위배된다. 상속받은 list 메소드들 때문에 클래스 Queue2는 진정한 의미의 큐 동작을 수행한다고 말할 수 없게 된다.

8.6 사용자 정의 예외

8.4절에서 개발한 클래스 Queue의 구현에는 문제가 하나 있다. 빈 큐에서 항목을 추출하려고 할 때 무슨 일이 발생할까? 직접 점검해 보기 위해 먼저 빈 큐를 생성하자.

```
>>> queue = Queue()
```

그 다음에 빈 큐에서 항목을 추출해 보자.

```
>>> queue.dequeue()
Traceback (most recent call last):
  File "<pyshell#185>", line 1, in <module>
    queue.dequeue()
  File "/Users/me/ch8.py",
    line 156, in dequeue
    return self.q.pop(0)
IndexError: pop from empty list
```

빈 리스트 self.q로부터 첨자 0의 항목 제거하려고 했기 때문에 IndexError 예외가 발생하였다. 그렇다면 뭐가 문제인 것일까?

문제의 핵심은 예외가 아니다. 빈 리스트에서 원소를 꺼내려고 하는 것과 마찬가지로 빈 큐에서 항목을 추출하려고 할 때, 할 수 있는 다른 묘수는 없다. 문제의 핵심은 예외의 형이다. IndexError 예외나 관련 메시지 'pop from empty list'는 Queue 클래스를 사용하는 개발자에게는, 특히나 Queue 컨테이너가 list 인스턴스 변수를 사용한다는 사실을 모르고 있는 개발자에게는 별 의미가 없다.

이들 개발자에게 훨씬 더 유용한 것은 EmptyQueueError 예외나 'dequeue from empty queue'와 같은 메시지일 것이다. 일반적으로 IndexError같은 범용 내장 예외 클래스를 사용하는 것보다 자신만의 예외 형을 정의하는 것이 바람직하다. 사용자 정의 클래스를 활용하면 오류 처리나 오류 보고 등을 수행할 때, 더 구체적으로 상황에 맞게 처리할 수 있기 때문이다.

더 도움이 되는 오류 메시지를 제공하기 위해서는 다음 두 가지를 알아야 한다.

1. 새로운 예외 클래스를 정의하는 방법
2. 프로그램에서 예외를 발생시키는 방법

이 중에서 두 번째 방법을 먼저 살펴보자.

예외 발생

지금까지 프로그램 실행 중에 발생한 예외는 모두 오류 상황을 보고하기 위해 Python 인터프리터가 발생시킨 것이었다. 오류가 아닌데도 불구하고 발생했던 예외는 딱 한 가지, KeyboardInterrupt 예외뿐이었는데 이는 통상 사용자에 의해 발생한다. 무한 루프를 종료하기 위해 자판 Ctrl - C를 동시에 누를 때 이 KeyboardInterrupt 예외가 발생하는데 구체적인 예를 보면 다음과 같다.

```
>>> while True:
        pass

Traceback (most recent call last):
  File "<pyshell#210>", line 2, in <module>
    pass
KeyboardInterrupt
```

무한 루프는 KeyboardInterrupt 예외에 의해 중단되었다.

사실 사용자는 KeyboardInterrupt 예외뿐만 아니라 모든 형의 예외를 발생시킬 수 있다. raise 문을 이용하면 특정 형의 예외를 강제로 발생시킬 수 있다. 인터프리터 셸에서 ValueError 예외를 발생시키는 예를 보면 다음과 같다.

```
>>> raise ValueError()
Traceback (most recent call last):
  File "<pyshell#24>", line 1, in <module>
    raise ValueError()
ValueError
```

ValueError는 예외 클래스 중 하나일 뿐이다. 키워드 raise 다음에 ValueError()와 같은 예외 생성자를 적음으로써 raise 문을 작성할 수 있다. raise 문이 실행되면 예외가 발생한다. 예외가 발생했는데도 try/except 절에 의해 처리되지 않을 경우, 프로그램은 중단되고 기본 예외 처리기에 의해 셸에 오류 메시지가 출력된다.

예외 생성자는 오류 원인에 대한 정보를 제공하기 위해 입력 인수를 받을 수 있다.

```
>>> raise ValueError('Just joking ...')
Traceback (most recent call last):
  File "<pyshell#198>", line 1, in <module>
    raise ValueError('Just joking ...')
ValueError: Just joking ...
```

'Just joking ...'과 같은 인수를 추가로 전달하면 해당 예외 객체에 문자열 메시지를 부여할 수 있다. 이는 사실 객체의 **비공식적 문자열 표현**(informal string representation)에 해당하며, 따라서 __str__() 메소드의 반환값인 동시에 print() 함수를 통해 출력되는 값이다.

위 두 예제 코드를 통해 우리는 의미가 통하든, 통하지 않든 상관없이 예외를 발생시킬 수 있다는 것을 살펴보았다. 다음 실습문제를 통해 이를 한 번 더 연습해 보자.

실습 8.9

빈 큐에서 항목을 제거하려고 할 때, 실제로 큐에 적합한 오류메시지인 'dequeue from empty queue'를 포함하지만 부적절한 예외형인 KeyboardInterrupt 예외를 발생시키도록 클래스 Queue의 메소드 dequeue()를 다시 구현하라.

```
>>> queue = Queue()
>>> queue.dequeue()
Traceback (most recent call last):
  File "<pyshell#30>", line 1, in <module>
    queue.dequeue()
  File "/Users/me/ch8.py", line 183, in dequeue
    raise KeyboardInterrupt('dequeue from empty queue')
KeyboardInterrupt: dequeue from empty queue
```

사용자 정의 예외 클래스

이제 사용자 자신의 예외 클래스를 정의하는 방법을 살펴보자.

모든 내장 예외형은 클래스 Exception의 서브클래스이다. 사실 새로운 예외 클래스를 정의하기 위해 해야 하는 일은 직접적이든, 아니면 간접적이든 예외 클래스를 Exception의 서브클래스로 정의하는 것뿐이다.

예컨대 Exception 클래스와 정확히 똑같은 동작을 수행하는 새로운 예외 클래스 MyError를 정의하면 다음과 같다.

```
>>> class MyError(Exception):
        pass
```

이 클래스는 Exception으로부터 상속받은 속성만 포함한다. 클래스 문의 다음 줄에는 들여 쓴 코드 블록이 있어야 하기 때문에 pass 문이 필요하다. MyError 예외를 발생시킬 수 있는지를 확인해 보자.

```
>>> raise MyError('test message')
Traceback (most recent call last):
  File "<pyshell#247>", line 1, in <module>
    raise MyError('test message')
MyError: test message
```

오류 메시지 'test message'도 예외 객체에 포함시킬 수 있다는 점에 주의하자.

클래스 Queue의 캡슐화 개선

빈 큐에서 항목을 제거하면 IndexError 예외가 발생되고 큐와는 아무 상관없는 오류 메시지가 출력된다는 문제점을 제시하며 이 절을 시작했다. 이제 새로운 예외 클래스 EmptyQueueError를 정의하고 빈 큐에 메소드 dequeue()를 호출할 때 이 예외가 발생되도록 dequeue()를 다시 구현해 보자.

먼저 어떤 추가 메소드 없이 새로운 예외 클래스를 구현하는 방식을 사용하자.

모듈 ch8.py

```
class EmptyQueueError(Exception):
    pass
```

다음 코드는 새로운 버전의 메소드 dequeue()를 포함하고 있는 클래스 Queue이다. Queue의 다른 메소드는 수정할 필요 없다.

모듈
ch8.py

```
class Queue:
    '고전적 큐 클래스'
    # 메소드 __init__(), enqueue(), isEmpty(), __repr__(),
    # __len__(), __eq__()의 구현이 여기에 옴

    def dequeue(self):
        if len(self) == 0:
            raise EmptyQueueError('dequeue from empty queue')
        return self.q.pop(0)
```

이 새로운 Queue 클래스를 이용하면 빈 큐에서 항목을 추출하려고 할 때 다음과 같이 더 의미 있는 오류 메시지를 얻을 수 있다.

```
>>> queue = Queue()
>>> queue.dequeue()
Traceback (most recent call last):
  File "<pyshell#34>", line 1, in <module>
    queue.dequeue()
  File "/Users/me/ch8.py", line 186, in dequeue
    raise EmptyQueueError('dequeue from empty queue')
EmptyQueueError: dequeue from empty queue
```

결과적으로 클래스 Queue의 세부 구현사항을 감춘 효과를 얻게 되었다.

E-Book 사례연구: 첨자와 반복자

이 사례연구에서는 더욱 더 내장 클래스 느낌이 나도록 컨테이너 클래스를 만드는 방법을 다룬다. 첨자를 이용하여 컨테이너 항목을 참조하는 방법과 컨테이너의 항목들에 대해 반복문 for를 사용할 수 있도록 하는 방법을 살펴본다.

요약

이 장에서는 새로운 Python 클래스를 개발하는 방법을 설명하였다. 객체지향 프로그래밍(OOP) 패러다임의 장점을 설명하고 이후 활용할 핵심 OOP 개념을 논의하였다.

Python에서는 class 문을 이용하여 새로운 클래스를 정의한다. 클래스 문의 본체에는 클래스 속성들의 정의가 포함된다. 각 속성은 클래스 메소드나 변수로서 그 클래스의 인스턴스, 즉 객체에서 활용할 수 있다. 메소드 구현에 대한 사전 지식 없이 메소드 호출만을 통해 클래스 객체를 활용할 수 있다는 개념을 **추상화**라 한다. 추상화는 프로그래머로 하여금 객체를 추상적으로("구체적인" 코드보다는 "추상적인" 메소드 이름을 통해) 다룰 수 있도록 함으로써 편리하게 소프트웨어를 개발할 수 있도록 한다.

추상화의 효과를 보려면 객체와 관련된 데이터와 "구체적인" 코드는 **캡슐화되어야**(즉, 객체를 사용하는 프로그램에는 "보이지 않아야") 한다. **캡슐화**는 다음 두 가지 기능으로 인해 가능하다. (1) 모든 클래스에는 변수와 메소드같은 클래스 속성들이 존재하는 이름공간이 정의된다. (2) 모든 객체에는 상속받은 클래스 속성들과 더불어 인스턴스 속성들이 존재하는 이름공간이 부여된다.

새로운 사용자 정의 클래스의 캡슐화를 완성하기 위해서는 그 클래스에 특화된 예외를 정의해야 할 수도 있다. 클래스의 객체에 대해 메소드를 호출할 때 예외가 발생할 경우, 클래스의 사용자에게 의미 있는 예외 형과 오류 메시지가 나타나야 하기 때문이다. 그래서 이 장에서는 사용자 정의 예외에 대해서도 소개하였다.

OOP란 사용자 정의 클래스를 통해 프로그램을 구조화하고 객체 사용을 통해 모듈화 코드를 작성해 나가는 프로그래밍 방식이다. 제2장부터 객체를 다루어 왔지만 드디어 이 장을 통해 OOP 방식의 장점을 확인하였다.

Python에서는 사용자가 정의한 클래스에 대해서도 +와 == 같은 연산자를 구현할 수 있다. 피연산자의 형에 따라 연산자에 별도의 새로운 의미를 부여할 수 있는 OOP의 특성을 **연산자 겹지정**이라 한다[OOP 개념인 **다형성(polymorphism)**의 특별한 경우임]. 연산자 겹지정을 활용하면 연산자들의 의미를 직관적으로 파악할 수 있으며 코드도 더 간결해지고 깔끔해지기 때문에 소프트웨어 개발 편의성이 높아진다.

이미 존재하는 클래스의 속성을 상속받도록 새로운 클래스를 정의할 수도 있다. 이러한 OOP 특성을 **클래스 상속**이라 한다. 클래스 상속의 궁극적인 이점은 당연히 코드 재사용이다. 제9장에서 그래픽 사용자 인터페이스를 개발할 때, 또 제11장에서 HTML 파서를 개발할 때, 클래스 상속을 충분히 활용하게 될 것이다.

실습문제 해답

8.1 메소드 getx()는 self 외에 어떠한 인수도 취하지 않고, 이름공간 self에 정의된 xcoord를 반환한다.

```
def getx(self):
    'x 좌표 반환'
    return self.xcoord
```

8.2 문제 (a)에 대한 그림은 그림 8.9(a)와 같다. 문제 (b)의 물음표 부분은 명령문을 실행하기만 하면 채울 수 있다. 문제 (c)에 대한 그림은 그림 8.9(c)와 같다. 마지막 문장 `a.version`은 문자열 `'test'`를 반환하는데 그 이유는 `a.version`에 대한 대입문으로 인해 이름공간 a에 이름 version이 생성되기 때문이다.

그림 8.9
실습문제 8.2에 대한 풀이

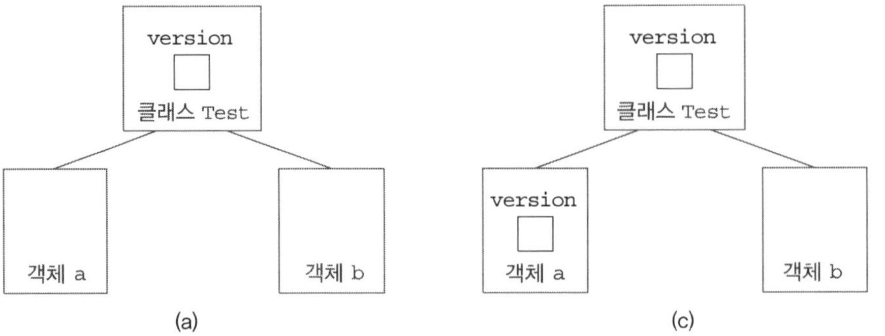

8.3 `Rectangle` 객체가 생성된 직후에는 인스턴스 변수가 없다. 직사각형의 가로와 세로 길이를 저장하기 위한 인스턴스 변수들은 메소드 `setSize()`를 통해 생성하고 초기화해야 한다. 이 인스턴스 변수들은 메소드 `perimeter()`와 `area()`에 의해 사용된다. 클래스 `Rectangle`의 구현을 보면 다음과 같다.

```
class Rectangle:
    '직사각형을 표현하는 클래스'
    def setSize(self, xcoord, ycoord):
        '생성자'
        self.x = xcoord
        self.y = ycoord

    def perimeter(self):
        '직사각형의 둘레 반환'
        return 2 * (self.x + self.y)

    def area(self):
        '직사각형의 면적 반환'
        return self.x * self.y
```

8.4 `__init__()` 메소드를 클래스에 추가한다. 그리고 이 메소드의 입력 인수 `species`와 `language`에 대해서는 기본값을 지정한다.

```
def __init__(self, species='animal', language='make sounds'):
    '생성자'
    self.spec = species
    self.lang = language
```

8.5 카드 리스트를 받거나 혹은 카드 리스트 없이 생성자를 사용하는 것이 허용되므로, 기본값이 설정된 인수 하나를 받도록 함수 __init__()을 구현해야 한다. 이 기본값은 실제로 표준 52개 게임용 카드의 리스트가 되어야 하지만 우리에겐 아직 이 리스트가 없다. 그러므로 리스트 대신에 기본값을 None으로 설정하자. None의 자료형은 NoneType으로서 값이 없음을 표현하기 위해 사용한다. 따라서 다음과 같은 형태로 __init__()을 구현할 수 있다.

```
def __init__(self, cardList=None):
    '생성자'
    if cardList != None:          # 입력 카드 덱 제공됨
        self.deck = cardList
    else:                         # 입력 카드 덱 없음
        # self.deck는 52개 표준 게임용 카드의 리스트
```

8.6 연산자 repr()이 반환한 문자열은 Card 객체 생성문과 같아야 한다. 연산자 ==는 비교할 두 카드가 같은 숫자패, 무늬패라면 True를 반환한다.

```
class Card:
    # 다른 Card 메소드들

    def __repr__(self):
        '공식적 문자열 표현 반환'
        return "Card('{}', '{}')".format(self.rank, self.suit)

    def __eq__(self, other):
        '숫자패와 무늬패가 같다면 self = other'
        return self.rank == other.rank and self.suit == other.suit
```

8.7 문제에서 요구하는 연산자를 구현하면 다음과 같다. 연산자 ==는 두 카드 덱이 같은 카드들을 같은 순서로 포함하고 있다면 같다고 결정한다.

```
class Deck:
    # 다른 Deck 메소드들
    def __len__(self):
        '카드 덱의 크기 반환'
        return len(self.deck)

    def __repr__(self):
        '표준 문자열 표현 반환'
        return 'Deck({})'.format(self.deck)

    def __eq__(self, other):
        '''카드 덱이 같은 카드에 같은 순서를 가지면 True 반환'''
        return self.deck == other.deck
```

8.8 Vector 클래스의 전체 구현은 다음과 같다.

```
class Vector(Point):
    '2D 벡터 클래스'
    def __mul__(self, v):
        '벡터 곱셈'
        return self.x * v.x + self.y * v.y

    def __add__(self, v):
        '벡터 덧셈'
        return Vector(self.x+v.x, self.y+v.y)

    def __repr__(self):
        '표준 문자열 표현 반환'
        return 'Vector{}'.format(self.get())
```

8.9 Queue 객체(즉 self)의 길이가 0이라면, KeyboardInterrupt 예외를 발생시킨다.

```
def dequeue(self):
    '''큐 맨 앞의 항목을 제거하고 반환
       만약 큐가 비어있으면 KeyboardInterrupt 예외가 발생'''
    if len(self) == 0:
        raise KeyboardInterrupt('dequeue from empty queue')

    return self.q.pop(0)
```

연습문제

8.10 클래스 Point에 메소드 distance()를 추가하라. 이 메소드는 다른 Point 객체를 입력 인수로 받아서 (메소드가 호출된 점으로부터) 이 점까지의 거리를 반환한다.

```
>>> c = Point()
>>> c.setx(0)
>>> c.sety(1)
>>> d = Point()
>>> d.setx(1)
>>> d.sety(0)
>>> c.distance(d)
1.4142135623730951
```

8.11 클래스 Animal에 Animal 객체의 나이를 설정하고 검색하기 위한 메소드, setAge()와 getAge()를 추가하라.

```
>>> flipper = Animal()
>>> flipper.setSpecies('dolphin')
>>> flipper.setAge(3)
>>> flipper.getAge()
3
```

8.12 Point 객체를 해당 방향으로 1만큼 이동하는 메소드인 up()과 down(), left(), right()를 클래스 Point에 추가하라. 각 메소드를 구현할 때 인스턴스 변수 x와 y를 직접 수정하지 말고 메소드 move()를 호출하여 간접적으로 수정하도록 한다.

```
>>> a = Point(3, 4)
>>> a.left()
>>> a.get()
(2, 4)
```

8.13 Rectangle 객체가 생성되는 시점에 사각형의 가로와 세로를 설정할 수 있도록 하는 생성자를 클래스 Rectangle에 추가하라. 가로, 세로가 주어지지 않으면, 기본값으로 1을 사용하라.

```
>>> rectangle = Rectangle(2, 4)
>>> rectange.perimeter()
12
>>> rectangle = Rectangle()
>>> rectangle.area()
1
```

8.14 다음 겹지정 연산자 수식을 적합한 메소드 호출로 변환하라.

(a) `x > y`

(b) `x != y`

(c) `x % y`

(d) `x // y`

(e) `x or y`

8.15 카드 랭킹에 따라 카드들의 크기를 비교할 수 있도록 비교 연산자들을 클래스 Card에 겹지정하여 구현하라.

```
>>> Card('3', '♠') < Card('8', '♢')
True
>>> Card('3', '♠') > Card('8', '♢')
```

```
False
>>> Card('3', '♠') <= Card('8', '♢')
True
>>> Card('3', '♠') >= Card('8', '♢')
False
```

8.16 덧셈 연산만 제외하고, 클래스 int와 똑같이 작동하는 클래스 myInt를 구현하라. myInt의 덧셈 연산은 다음과 같이 이상하게 동작한다.

```
>>> x = myInt(5)
>>> x * 4
20
>>> x * (4 + 6)
50
>>> x + 6
'Whatever ...'
```

8.17 다음 두 조건을 제외하고, 클래스 str처럼 작동하는 문자열 클래스 myStr을 구현하라.

- 덧셈(+) 연산자는 두 문자열을 접합하는 대신에 길이의 합을 반환한다.
- 곱셈(*) 연산자는 두 문자열 길이의 곱을 반환한다.

두 연산자 모두 두 개의 피연산자가 문자열로 주어진다고 가정한다. 두 번째 피연산자가 문자열이 아닌 경우에는 연산을 정의하지 않아도 된다.

```
>>> x = myStr('hello')
>>> x + 'universe'
13
>>> x * 'universe'
40
```

8.18 내장 list 클래스의 서브클래스인 클래스 myList를 개발하라. myList와 list 사이의 유일한 차이점은 sort 메소드를 재지정하였다는 점이다. myList 컨테이너는 다음에 나타난 것처럼 sort 메소드만 제외하고 내장 리스트처럼 동작한다.

```
>>> x = myList([1, 2, 3])
>>> x
[1, 2, 3]
>>> x.reverse()
>>> x
[3, 2, 1]
>>> x[2]
```

```
1
>>> x.sort()
You wish...
```

8.19 8.5절의 클래스 Queue2를 사용하여 다음 문장들을 수행한다고 하자.

```
>>> queue2 = Queue2(['a', 'b', 'c'])
>>> duplicate = eval(repr(queue2))
>>> duplicate
['a', 'b', 'c']
>>> duplicate.enqueue('d')
Traceback (most recent call last):
  File "<pyshell#22>", line 1, in <module>
    duplicate.enqueue('d')
AttributeError: 'list' object has no attribute 'enqueue'
```

어떻게 된 일인지 설명하고 해결책을 제시하라.

실전문제

8.20 다음 메소드들을 지원하는 클래스 BankAccount를 개발하라.

- `__init__()`: 은행 계좌 잔고를 입력 인수의 값으로 초기화함. 입력 인수가 없을 경우에는 0으로 초기화
- `withdraw()`: 인출 금액을 입력으로 받아 계좌에서 인출
- `deposit()`: 예금 금액을 입력으로 받아 계좌 잔고에 추가
- `balance()`: 계좌의 잔고 반환

```
>>> x = BankAccount(700)
>>> x.balance()
700.00
>>> x.withdraw(70)
>>> x.balance()
630.00
>>> x.deposit(7)
>>> x.balance()
637.00
```

8.21 다음 메소드들을 지원하는, 정다각형을 추상화한 클래스 Polygon을 구현하라.

- `__init__()`: 변의 수와 변의 길이를 입력으로 취하는 정 n각형(n변 다각형) 객체의 생성자
- `perimeter()`: n각형 객체의 둘레를 반환
- `area()`: n각형 객체의 면적을 반환

🔊 길이가 s인 n개 변으로 구성된 정다각형의 면적은 아래 식으로 구할 수 있다.

$$\frac{s^2 n}{4\tan\left(\frac{\pi}{n}\right)}$$

```
>>> p2 = Polygon(6, 1)
>>> p2.perimeter()
6
>>> p2.area()
2.5980762113533165
```

8.22 다음 메소드를 지원하는 클래스 Worker를 구현하라.

- `__init__()`: 근로자의 이름(문자열)과 시급(수)을 인수로 받는 생성자
- `changeRate()`: 새로운 시급을 인수로 받아서 근로자의 임금을 새로운 시급으로 변경
- `pay()`: 시간 수를 인수로 받아서 `'Not Implemented'`를 출력

그리고 클래스 HourlyWorker(시급 근로자)와 SalraiedWorker(주급 근로자)를 Worker의 서브클래스로 개발한다. 각 근로자의 주급을 계산하기 위해 상속된 메소드 pay()를 재지정한다. 시급 근로자들에게는 실제 작업한 시간에 대한 시급을 지급하는데 40시간을 초과한 시간에 대해서는 2배로 지급한다. 주급 근로자들에게는 일한 시간 수에 상관없이 40시간에 대한 금액을 주급으로 지급한다. 주급 근로자에 대해서는 일한 시간 수가 불필요하므로 메소드 pay()도 인수 없이 호출할 수 있다.

```
>>> w1 = Worker('Joe', 15)
>>> w1.pay(35)
Not implemented
>>> w2 = SalariedWorker('Sue', 14.50)
>>> w2.pay()
580.0
>>> w2.pay(60)
580.0
>>> w3 = HourlyWorker('Dana', 20)
```

```
>>> w3.pay(25)
500
>>> w3.changeRate(35)
>>> w3.pay(25)
875
```

8.23 평면 상의 선분을 나타내기 위한 클래스 Segment를 작성하라. 이 클래스는 다음 메소드를 지원해야 한다.

- __init__(): 선분의 끝 점을 표현하는 한 쌍의 Point 객체를 입력으로 취하는 생성자
- length(): 선분의 길이를 반환
- slope(): 선분의 기울기를 반환. 기울기가 무한대인 경우 None을 반환

```
>>> p1 = Point(3,4)
>>> p2 = Point()
>>> s = Segment(p1, p2)
>>> s.length()
5.0
>>> s.slope()
0.75
```

8.24 아래의 메소드들을 지원하는 클래스 Person을 구현하라.

- __init__(): 사람의 이름(문자열)과 태어난 해(정수)를 입력으로 취하는 생성자
- age(): 사람의 나이를 반환
- name(): 사람의 이름을 반환

나이를 계산하기 위해 표준 라이브러리 모듈 time의 함수 localtime()을 사용하라.

8.25 문서 파일을 분석하기 위한 메소드를 제공하는 클래스 Textfile을 개발하라. 클래스 Textfile은 파일명(문자열)을 입력 인수로 취하여 해당 문서 파일과 관련된 Textfile 객체를 초기화하는 생성자를 지원해야 한다. 또 Textfile 클래스는 관련된 문서 파일 내의 문자 수를 반환하는 메소드 nchars()와 단어 수를 반환하는 메소드 nwords(), 줄 수를 반환하는 메소드 nlines()를 지원해야 한다. 또한 이 클래스는 파일 객체와 마찬가지로 텍스트 파일의 내용을 각각 문자열, 문자열의 리스트로 반환하는 메소드 read(), readline()을 제공한다.

끝으로, 클래스 Textfile은 검색할 문자열을 인수로 취해 문서 파일에서 해당 문자열을 포함하는 행들을 찾는 메소드 grep()을 제공한다. 이 메소드는 목표 문자열을 포함하는 파일 내의 행들을 반환할 뿐만 아니라 추가적으로 행 번호도 출력해야 한다. 행 번호는 0부터 시작한다.

```
>>> t = Textfile('raven.txt')
>>> t.nchars()
6299
>>> t.nwords()
1125
>>> t.nlines()
126
>>> print(t.read())
Once upon a midnight dreary, while I pondered weak and weary,
...
Shall be lifted - nevermore!
>>> t.grep('nevermore')
75: Of 'Never-nevermore.'
89: She shall press, ah, nevermore!
124: Shall be lifted - nevermore!
```

8.26 문제 8.25의 클래스 Textfile에 메소드 words()를 추가하라. 메소드 words()는 입력 인수를 받지 않으며 파일에 존재하는 단어들을 중복되지 않게 선택하여 만든 리스트를 반환한다.

8.27 문제 8.25의 클래스 Textfile에 메소드 occurrences()를 추가하라. 메소드 occurrences()는 입력 인수를 받지 않으며 파일의 각 단어(키)마다 그 단어가 파일에 몇 번 나타나는지 횟수(값)를 대응시킨 사전을 반환한다.

8.28 문제 8.25의 클래스 Textfile에 메소드 average()를 추가하라. 메소드 average()는 입력 인수를 받지 않으며 다음 정보, (1) 파일 내의 문장당 평균 단어 수, (2) 가장 많은 단어를 포함한 문장의 단어 수, (3) 가장 적은 단어를 포함한 문장의 단어 수, 이 세 가지를 원소로 하는 순서쌍을 tuple 형으로 반환한다. 문장을 구분하는 기호는 '!?.'이라고 가정한다.

8.29 게임용 카드의 패를 표현하는 클래스 Hand를 구현하라. 이 클래스는 참가자 ID(문자열)를 입력 인수로 취하는 생성자를 지원해야 한다. 또 카드 하나를 입력으로 취하여 이 카드를 패에 추가하는 메소드 addCard()와 참가자의 패를 다음 형태대로 보여주는 메소드 showHand()를 지원해야 한다.

```
>>> hand = Hand('House')
>>> deck = Deck()
>>> deck.shuffle()
>>> hand.addCard(deck.dealCard())
>>> hand.addCard(deck.dealCard())
>>> hand.addCard(deck.dealCard())
>>> hand.showHand()
House:  10 ♡    8 ♠    2 ♠
```

8.30 이 장에서 개발한 클래스 Card와 Deck, 그리고 문제 8.29에서 개발한 클래스 Hand를 사용하여 제6장의 사례연구(운에 맡기는 게임)인 블랙잭 응용 프로그램을 다시 구현하라.

8.31 다음 메소드들을 지원하는 클래스 Date를 구현하라.

- __init__(): 입력 인수 없이 현재 날짜로 Date 객체를 초기화하는 생성자
- display(): 서식 인수를 취해서 요청된 서식으로 날짜를 보여줌

현재 날짜를 구하기 위해 표준 라이브러리 모듈 time의 함수 localtime()을 사용하라. 서식 인수는 다음 문자열 중 하나이다.

- 'MDY': MM/DD/YY(예: 02/18/09)
- 'MDYY': MM/DD/YYYY(예: 02/18/2009)
- 'DMY': DD/MM/YY(예: 18/02/09)
- 'DMYY': DD/MM/YYYY(예: 18/02/2009)
- 'MODY': Mon DD, YYYY(예: Feb 18, 2009)

표준 라이브러리 모듈 time의 메소드 localtime()과 strftime()을 사용해야 한다.

```
>>> x = Date()
>>> x.display('MDY')
'02/18/09'
>>> x.display('MODY')
'Feb 18, 2009'
```

8.32 컴퓨터에서 크랩스 게임을 하기 위한 클래스 `Craps`를 개발하라. 크랩스 게임의 규칙은 문제 6.31에 기술되어 있다. 클래스 `Craps`는 다음 메소드들을 지원해야 한다.

- `__init__()`: 한 쌍의 주사위를 던져 시작한다. 던진 결과 값(두 주사위 눈의 합)이 7이나 11이면 승리 메시지를 출력한다. 던진 결과 값이 2나 3, 12라면 패배 메시지를 출력한다. 나머지 값들에 대해서는 사용자에게 더 던지라는 메시지(`Throw for Point.`)를 출력한다.
- `forPoint()`: 주사위 한 쌍을 한 번 더 던지고 결과 값에 따라 다음과 같이 세 가지 메시지 중에서 적합한 메시지 하나를 출력한다.

```
>>> c = Craps()
Throw total: 11. You won!
>>> c = Craps()
Throw total: 2. You lost!
>>> c = Craps()
Throw total: 5. Throw for Point.
>>> c.forPoint()
Throw total: 6. Throw for Point.
>>> c.forPoint()
Throw total: 5. You won!
>>> c = Craps()
Throw total: 4. Throw for Point.
>>> c.forPoint()
Throw total: 7. You lost!
```

8.33 **선형 합동 생성기**(linear congruential generator)를 통해 일련의 정수 의사난수를 발생시키는 클래스 `Pseudorandom`을 구현하라. 선형 합동 생성법은 주어진 초깃값(seed number) x로부터 출발하여 일련의 수를 생성한다. 생성된 수열에서 각 수는 바로 앞의 수에 수학 함수 $f(x)$를 적용하여 구한다. 함수 $f(x)$는 정확하게 세 가지 값, a(곱하는 수), c(더하는 수), m(나누는 수)을 이용하여 정의된다.

$$f(x) = (ax + c) \bmod m$$

예컨대 $m = 31$, $a = 17$, $c = 7$이라면 선형 합동 생성법은 초깃값 x=12로부터 시작하여 다음 수열을 생성한다.

12, 25, 29, 4, 13, 11, 8, 19, 20, ...

함수 f를 적용하면 $f(12) = 25$, $f(25) = 29$, $f(29) = 4$, ...와 같은 결과가 나오기 때문이다. 클래스 `Pseudorandom`은 다음 메소드를 지원해야 한다.

- `__init__()`: 입력 인수로 a와 x, c, m을 취하고 Pseudorandom 객체를 초기화하는 생성자
- `next()`: 의사난수열에서 다음 수를 발생시켜 반환

```
>> x = pseudorandom(17, 12, 7, 31)
>>> x.next()
25
>>> x.next()
29
>>> x.next()
4
```

8.34 일련의 수를 저장하고 그 수에 대한 통계적 정보를 제공하는 컨테이너 클래스 Stat을 구현하라. 이 클래스는 컨테이너를 초기화하는 겹지정 생성자를 지원해야 하며 다음과 같은 메소드를 지원해야 한다.

```
>>> s = Stat()
>>> s.add(2)    # Stat 컨테이너에 2 추가
>>> s.add(4)
>>> s.add(6)
>>> s.add(8)
>>> s.min()     # 컨테이너의 최소값 반환
2
>>> s.max()     # 컨테이너의 최대값 반환
8
>>> s.sum()     # 컨테이너의 값들의 합 반환
20
>>> len(s)      # 컨테이너의 원소의 수 반환
4
>>> s.mean()    # 컨테이너의 원소들의 평균 반환
5.0
>>> 4 in s      # 컨테이너에 있다면 True 반환
True
>>> s.clear()   # 컨테이너를 비움
```

8.35 스택은 항목의 저장 순서가 중요한 컨테이너 형으로서 큐처럼 매우 제한적인 접근 방법만 지원한다. 스택에서 모든 삽입과 삭제 연산은 통상 스택의 최상위라고 부르는 스택의 한쪽 끝에서만 이루어진다. 스택을 구현하는 컨테이너 클래스 Stack을 구현하라. 이 클래스는 object의 서브클래스로 구현해야 하며 겹지정 연산자 `len()` 및 다음 메소드들을 지원해야 한다.

- `push()`: 입력 인수로 주어진 항목을 스택의 최상위에 밀어 넣음

- pop(): 스택의 최상위 항목을 추출하여 반환
- isEmpty(): 스택이 비어있으면 True, 아니면 False를 반환

또한, 스택은 다음 코드처럼 동작해야 한다. 스택에서는 마지막으로 삽입된 항목이 먼저 삭제되기 때문에 흔히 스택을 후입선출(LIFO: last-in first-out) 컨테이너라 한다.

```
>>> s = Stack()
>>> s.push('plate 1')
>>> s.push('plate 2')
>>> s.push('plate 3')
>>> s
['plate 1', 'plate 2', 'plate 3']
>>> len(s)
3
>>> s.pop()
'plate 3'
>>> s.pop()
'plate 2'
>>> s.pop()
'plate 1'
>>> s.isEmpty()
True
```

8.36 PriorityQueue라 불리는 컨테이너 클래스를 작성하라. 그 클래스는 다음 메소드를 지원해야 한다.

- insert(): 입력으로 주어진 수를 컨테이너에 추가
- min(): 컨테이너에서 가장 작은 수를 반환
- removeMin(): 컨테이너에서 가장 작은 수를 삭제
- isEmpty(): 컨테이너가 비어있으면 True, 아니면 False를 반환

겹지정 연산자 len()도 역시 지원해야 한다.

```
>>> pq = PriorityQueue()
>>> pq.insert(3)
>>> pq.insert(1)
>>> pq.insert(5)
>>> pq.insert(2)
>>> pq.min()
1
>>> pq.removeMin()
```

```
>>> pq.min()
2
>>> len(pq)
3
>>> pq.isEmpty()
False
```

8.37 문제 8.21에서 설명한 클래스 Polygon의 서브클래스로 클래스 Square와 Triangle을 구현하라. 각 클래스 모두 인수 l(변의 길이)을 받도록 생성자 메소드 __init__을 겹지정해야 하며, 각각 더 간단한 방법으로 면적을 계산하도록 메소드 area()를 재지정해야 한다. 메소드 __init__은 슈퍼클래스 __init__ 메소드를 활용해야 하며, 따라서 어떠한 인스턴스 변수(l이나 n)도 서브클래스에서 정의하지 않도록 한다.

🔊 한 변의 길이가 s 인 정삼각형의 면적은 $s^2 \times \sqrt{3}/4$이다.

```
>>> s = Square(2)
>>> s.perimeter()
8
>>> s.area()
4
>>> t = Triangle(3)
>>> t.perimeter()
9
>>> t.area()
6.3639610306789285
```

8.38 문제 8.24에서 설명한 클래스 Person의 두 개의 서브클래스를 구현하라. 클래스 Instructor는 다음 메소드들을 지원한다.

- __init__(): 이름과 출생 연도 외에 학위를 추가의 인수로 취하는 생성자
- degree(): 강사의 학위를 반환

클래스 Person의 서브클래스인 클래스 Student는 다음을 지원한다.

- __init__(): 이름과 출생 연도 외에 전공을 추가의 인수로 취하는 생성자
- major(): 학생의 전공을 반환

세 개의 클래스는 다음처럼 동작하도록 구현해야 한다.

```
>>> x = Instructor('Smith', 1963, 'PhD')
>>> x.age()
45
>>> y = Student('Jones', 1987, 'Computer Science')
```

```
>>> y.age()
21
>>> y.major()
'Computer Science'
>>> x.degree()
'PhD'
```

8.39 다음 클래스 트리 계층구조를 생각해 보자.

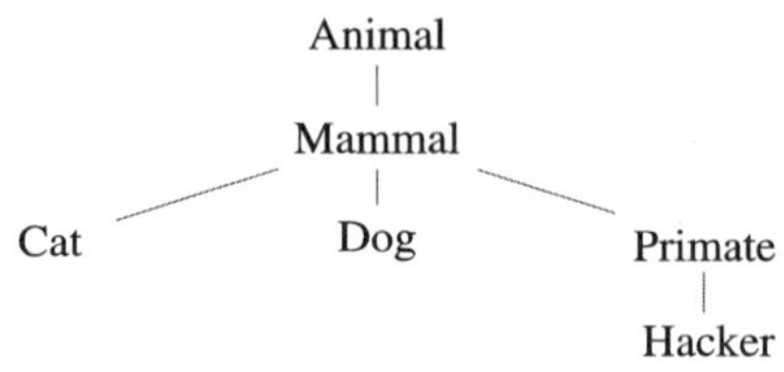

이 분류대로 그림에 보인 여섯 개 클래스를 Python 상속을 이용하여 구현하라. 클래스 `Animal`에서는 `Animal`의 후손 클래스에 상속될 메소드 `speak()`를 구현하라. 다음과 같이 동작할 수 있도록 여섯 개 클래스의 구현을 완성하라.

```
>>> garfield = Cat()
>>> garfield.speak()
Meeow
>>> dude = Hacker()
>>> dude.speak()
Hello world!
```

8.40 문제 8.20에 제시한 클래스 `BankAccount`의 구현에는 다음과 같은 몇 가지 문제점이 있다.

```
>>> x = BankAccount(-700)
>>> x.balance()
-700
>>> x.withdraw(70)
>>> x.balance()
-770
>>> x.deposit(-7)
>>> x.balance()
Balance: -777
```

위 결과에서 드러난 문제점을 요약하면 (1) 마이너스 잔고를 가진 은행 계좌가 생성 가능하고, (2) 인출액이 잔고보다 클 수 있으며, (3) 마이너스 입금액이 가능하다는 것이다. 각 오류에 대해 적절한 메시지(`'Illegal balance'`, `'OverDraft'`, `'Negative deposit'`)와 함께 `ValueError` 예외가 발생되도록

BankAccount 클래스 코드를 수정하라.

```
>>> x = BankAccount2(-700)
Traceback (most recent call last):
...
ValueError: Illegal balance
```

8.41 문제 8.40에서는 세 가지 오류 중에 아무 오류나 발생하면 일반적인 예외인 ValueError가 발생되었다. 일반적인 예외 대신 더 구체적인 사용자 정의 예외가 발생된다면 이해하기 더 쉬울 것이다. 이를 위하여 새로운 예외 클래스 NegativeBalanceError와 OverDraftError, DepositError를 정의하라. 추가로 오류가 발생한 계좌의 잔고를, 마이너스 잔고 계좌 생성, 초과 인출, 마이너스 입금 등에 해당하는 각 예외 객체의 일반 문자열 표현에 포함시켜라.

예를 들어 마이너스 잔고로 은행 계좌를 생성하려고 할 때에는 해당 계좌 생성이 허용된다고 가정하였을 때 발생할 잔고를 오류 메시지에 함께 나타낸다.

```
>>> x = BankAccount3(-5)
Traceback (most recent call last):
...
NegativeBalanceError: Account created with negative balance -5
```

인출 후에 마이너스 잔고가 되는 경우에도, 인출이 허용된다고 가정하였을 때 발생할 잔고를 오류 메시지에 같이 나타낸다.

```
>>> x = BankAccount3(5)
>>> x.withdraw(7)
Traceback (most recent call last):
...
OverdraftError: Operation would result in negative balance -2
```

마이너스 입금을 시도할 경우에도 마이너스 입금액을 오류 메시지에 같이 나타낸다.

```
>>> x.deposit(-3)
Traceback (most recent call last):
...
DepositError: Negative deposit -3
```

끝으로 ValueError 대신에 이 새로 작성한 예외 클래스들(NegativeBalanceError와 OverDraftError, DepositError)을 사용하도록 클래스 BankAccount를 다시 구현하라.

제9장

그래픽 사용자 인터페이스

Introduction to Computing Using Python

이 장에서는 그래픽 사용자 인터페이스(GUI: Graphical User Interface)를 소개한다.

웹 브라우저, 이메일 클라이언트, 컴퓨터 게임, Python 통합개발환경(IDE) 등과 같은 컴퓨터 응용 프로그램을 사용할 때, 일반적으로 마우스와 키보드를 이용하여 GUI를 통해 프로그램을 사용하게 된다. GUI를 사용하는 이유로는 두 가지를 꼽을 수 있다. 첫째, GUI를 통해서 응용 프로그램을 더 잘 표현할 수 있고, 둘째, GUI를 이용하면 응용 프로그램을 더 쉽게 사용할 수 있다.

GUI 개발자는 GUI 응용 프로그래밍 인터페이스(API: Application Programming Interface)를 잘 활용할 수 있어야 한다. Python에서 사용할 수 있는 GUI API는 다양하지만, 이 책에서는 Python 표준 라이브러리 내의 모듈인 **tkinter**[7]를 사용할 것이다.

이 장에서는 GUI를 개발할 때 보편적으로 적용하는 기본적인 소프트웨어 개발 기법에 대해서도 다룰 것이다. 버튼 클릭과 같은 이벤트에 반응하는 프로그램을 제작할 때 사용하는 **이벤트 방식 프로그래밍**(event-driven programming)을 소개한다. 또한 사용자 정의 클래스로 GUI를 완벽하게 개발할 수 있다는 것을 배우고, 이를 통해 객체지향 프로그래밍(OOP)의 이점을 다시 한 번 체험하게 될 것이다.

7) 역주: '티-킨터' 또는 '티케이-인터'라고 읽음

9.1 tkinter GUI 개발의 기초

그래픽 사용자 인터페이스(GUI)는 표준 윈도우에 부착되어 있는 버튼, 레이블, 텍스트 입력 폼, 메뉴, 체크박스, 스크롤바 등과 같은 기본적인 시각적 블록으로 구성된다. 시각적 블록을 보통 **위젯**(widget)이라고 부른다. GUI를 개발하려면 이러한 위젯을 담당하는 모듈이 필요하다. 여기서는 Python 표준 라이브러리에 포함되어 있는 모듈인 tkinter를 사용한다.

이 절에서는 tkinter를 이용한 GUI 개발의 기초, 즉 윈도우를 생성하는 방법, 텍스트와 이미지를 윈도우에 그리는 방법, 위젯의 모습과 위치를 조정하는 방법을 설명한다.

위젯 Tk: GUI 윈도우

첫 번째 GUI의 예로서 윈도우 기본 틀 외에는 아무 것도 없는 GUI를 만들어 보자. 이를 위해 먼저 모듈 tkinter로부터 클래스 Tk를 임포트한다. 그 다음 Tk 객체를 생성한다.

```
>>> from tkinter import Tk
>>> root = Tk()
```

Tk 객체는 GUI 윈도우에 해당하는 GUI 위젯으로서 인수 없이 Tk()만 호출함으로써 생성할 수 있다.

위 코드를 실행시키더라도 화면에는 어떤 윈도우도 나타나지 않는다. Tk 메소드인 mainloop()를 실행시켜야만 화면에 윈도우가 나타난다.[8]

```
>>> root.mainloop()
```

화면에 나타난 윈도우의 모습은 그림 9.1과 같다.

그림 9.1 **tkinter GUI 윈도우** 윈도우를 최소화시키거나 닫을 수 있다. 윈도우는 운영체제의 종류에 따라서 다른 모습으로 나타날 수 있다.

이 GUI 윈도우에는 윈도우 기본 틀 외에 아무 것도 없다. 윈도우 안에 텍스트나 그림을 나타내고 싶다면, tkinter 위젯인 Label을 사용하면 된다.

8) 역자 주: Python 버전에 따라서는 Tk() 만으로도 윈도우가 나타나기도 한다.

■ 문자열을 나타내기 위한 위젯 Label

위젯 `Label`을 이용하여 윈도우 안에 텍스트를 표시할 수 있다. 고전적인 "Hello World!" 프로그램의 GUI 버전을 제작하는 과정을 살펴보자. 먼저, `tkinter`로부터 클래스 `Tk`뿐만 아니라 클래스 `Label`도 임포트해야 한다.

```
>>> from tkinter import Tk, Label
>>> root = Tk()
```

그 다음으로 텍스트 "Hello GUI world!"를 포함하는 `Label` 객체를 생성한다.

```
>>> hello = Label(master = root, text = 'Hello GUI world!')
```

`Label` 생성자에서 `master`라는 이름의 첫 번째 인수는 `Label` 위젯이 `root` 위젯의 내부에 위치한다는 것을 명시한다. 일반적으로 GUI는 많은 위젯의 계층적인 구조로 구성된다. 어떤 위젯 X가 위젯 Y의 내부에 위치하고 있으면, Y를 X의 **마스터**(master)라고 부른다.

`text`라고 명명된 두 번째 인수는 `Label` 위젯에 나타낼 텍스트를 가리킨다. `text` 인수는 `Label` 생성자에 전달 가능한 20여개의 **선택적 인수**(optional arguments)들 중의 하나이다. `tkinter`의 다른 위젯에서와 마찬가지로 이 인수들은 `Label` 위젯의 모습을 결정한다. 표 9.1에는 이 절에서 다루게 될 선택적 인수(옵션)들의 목록이 정리되어 있다.[9)]

`Label` 생성자는 위젯 `root`의 내부에 표시될 자신의 형태를 결정하지만, 위젯 `root`에 배치될 자신의 위치까지 결정하지는 않는다. GUI의 위치(마스터 내부에 배치될 위젯의 위치)를 명시하는 방법에는 여러 가지가 있다. 마스터 내부에서의 위젯 위치를 명시하는 간단한 방법은 그 위젯의 `pack()` 메소드를 호출하는 것이다. 메소드 `pack()`은 마스터 내부에서의 위젯의 위치를 명시하는 값을 인수로 가질 수 있으며, 인수를 사용하지 않을 시에는 기본 위치(수직 방향으로는 위쪽, 수평 방향으로는 중앙)가 지정된다.

```
>>> hello.pack()      # hello를 마스터 위쪽 경계에 맞닿게 배치함
>>> root.mainloop()
```

첫 번째 예와 마찬가지로 `mainloop()` 메소드를 호출하면 그림 9.2와 같은 윈도우가 화면에 나타난다.

그림 9.2
텍스트 레이블
xt 인수로 Label 위젯을 성하면 화면에 해당 텍스트 이블이 나타난다. 레이블은 위젯의 마스터 윈도우의 위 경계에 맞닿게 배치되었다.

9) 역자 주: 선택적 인수와 옵션은 같은 의미로 사용된다.

표 9.1에서 볼 수 있듯이, `text` 인수는 단지 위젯의 모습을 정의하는 생성자의 선택적 인수들 중 하나이다. 다음에 나오는 세 개의 GUI 예제들을 통해 다른 옵션들의 사용법도 소개할 예정이다.

표 9.1
`tkinter` 위젯의 옵션들
위젯의 모습을 결정하는 옵션들 중 일부가 나열되어 있다. 옵션은 위젯 생성자의 입력 인수로서 전달된다. 이 옵션들은 `Label` 이외의 다른 `tkinter` 위젯들에도 똑같이 적용된다. 이 절 전체를 통해 이 표에 나온 옵션들의 사용법을 소개할 예정이다.

옵션	설명
`text`	표시할 텍스트
`image`	표시할 이미지
`width`	위젯의 픽셀 단위 너비(이미지용) 또는 문자 단위 너비(텍스트용). 이 옵션을 생략하는 경우 너비는 내용에 따라 자동 계산됨
`height`	위젯의 픽셀 단위 높이(이미지용) 또는 문자 단위 높이(텍스트용). 이 옵션을 생략하는 경우 높이는 내용에 따라 자동 계산됨
`relief`	경계선 종류. 인수의 값은 `FLAT`(기본), `GROOVE`, `RAISED`, `RIDGE`, `SUNKEN`으로 `tkinter`에서 정의됨
`borderwidth`	경계선의 두께. 기본 두께는 0(경계선 없음)
`background`	배경색 이름(문자열)
`foreground`	전경색 이름(문자열)
`font`	글꼴 서술자(글꼴 패밀리명, 글꼴 크기, 글꼴 스타일-생략가능)
`padx, pady`	위젯의 x축 여백과 y축 여백

■ 이미지 나타내기

`Label` 위젯은 텍스트가 아닌 내용도 화면에 나타낼 수 있다. 이미지를 나타내려면 `text` 인수 대신에 `image` 인수를 `Label` 생성자에 사용해야 한다. 다음 프로그램은 GUI 윈도우 내부에 GIF 이미지를 하나 배치한다. 이 예에서는 이미지 파일 `peace.gif`를 사용했다. 이 파일은 `peace.py` 모듈과 같은 폴더에 저장되어야 한다.

파일: peace.gif
모듈: peace.py

```
from tkinter import Tk, Label, PhotoImage
root = Tk()                              # 윈도우
# GIF 이미지를 tkinter 포맷으로 변환
photo = PhotoImage(file='peace.gif')

peace = Label(master=root,
              image=photo,
              width=300,                 # 레이블의 너비, 픽셀 단위
              height=180)                # 레이블의 높이, 픽셀 단위
peace.pack()
root.mainloop()
```

프로그램의 수행 결과는 그림 9.3과 같다. 생성자 인수 `image`는 반드시 `tkinter` 포맷으로 변환된 이미지를 참조해야 한다. 모듈 `tkinter`에서 정의된 `PhotoImage` 클래스는 GIF 이미지를 `tkinter` 포맷을 가진 객체로 변환해 준다. 인수 `width`와 `height`는 레이블의 너비와 높이를 픽셀 단위의 값으로 설정해 준다.

그림 9.3
이미지 레이블
bel 위젯은 인수 `image` 사용하여 이미지를 나타낸다. 션 `width`와 `height`는 이블의 너비와 높이를 픽 단위의 값으로 명시한다. 일 이미지의 크기가 레이 보다 작으면, 이미지 주변 흰색의 여백으로 채운다.

DETOUR

GIF와 다른 이미지 포맷

GIF는 수많은 이미지 파일 형식 중의 하나이다. 널리 알려진 JPEG(Joint Photographic Experts Group)은 사진을 위한 포맷으로 주로 사용된다. 그 밖에 BMP(Bitmap image File), PDF(Portable Document Format), TIFF(Tagged Image file format) 등이 널리 사용되고 있다.

GIF가 아닌 이미지 포맷은 PIL(Python Imaging Library) 라이브러리를 사용하여 변환할 수 있다. PIL은 30개 이상의 다양한 포맷의 이미지를 tkinter에서 사용 가능한 이미지 객체로 변환하는 여러 클래스를 제공한다. 또한, PIL은 이미지 처리를 위한 다양한 도구도 제공하고 있다. 더 자세한 내용은 아래 웹사이트를 참조하기 바란다.

`www.pythonware.com/products/pil/`

이 책을 쓰고 있던 시기에는 Python 3에서 PIL을 지원하지 않았다.[10)]

■ 위젯 패킹

`tkinter`의 배치관리자(geometry manager)는 마스터 내부에서의 위젯들의 위치 설정을 담당한다. 만일 여러 개의 위젯들을 배치해야 하는 경우, 배치관리자는 정교한 알고리즘을 사용하여 프로그래머의 지시 사항을 바탕으로 위젯들을 보기 좋게 배치해 준다. 한 개 이상의 위젯을 담고 있는 마스터 위젯의 크기는 위젯들의 크기와 위치에 근거하여 계산된다. 게다가 사용자에 의해 GUI 윈도우의 크기가 달라지면 위젯들의 크기와 위치는 자동으로 조정된다.

배치관리자에게 지시 사항을 전달할 수 있는 메소드는 세 개가 있는데, `pack()` 메소드는 그 중의 하나이다. (이 절 후반부에서 다른 메소드인 `grid()`를 소개할 예정이

---

10) 역자 주: Python 3에서는 Pillow라는 라이브러리를 사용할 수 있다. 사용 방법은 PIL과 거의 동일하다.

다.) 지시 사항은 마스터 내부에서의 위젯들의 상대적인 위치를 명시한다.

지시 사항의 사용법과 위젯 생성자의 다른 옵션들을 살펴보기 위해, 그림 9.4의 GUI 즉, 두 개의 이미지 레이블과 한 개의 텍스트 레이블이 있는 윈도우를 제작해 보자.

그림 9.4
복수 위젯 GUI
세 개의 `Label` 위젯들이 GUI 윈도우 안에 배치되어 있다. 이미지 peace는 왼편에, 이미지 smiley는 오른편에, 텍스트 레이블은 하단에 배치되었다.

메소드 `pack()`에서 옵션 `side`를 설정하면, 위젯을 마스터의 특정 경계에 맞닿게 배치할 수 있다. `side`의 값은 `TOP`, `BOTTOM`, `LEFT`, `RIGHT` 중 하나로 지정할 수 있다. 이 값들은 `tkinter` 모듈에 정의되어 있으며 기본값은 `TOP`이다. 이 GUI 구현에서는 세 개의 위젯을 적절하게 배치하기 위해 `side` 옵션을 사용하고 있다.

파일: peace.gif, smiley.gif
모듈: smileyPeace.py

```
from tkinter import Tk, Label, PhotoImage, BOTTOM, LEFT, RIGHT, RIDGE
# 위젯 생성자 옵션과 pack() 메소드의 사용법을 보여 주기 위한 GUI
root = Tk()

# 텍스트 "peace begins with a smile."을 가진 레이블
text = Label(root,
             font = ('Helvetica', 16, 'bold italic'),
             foreground='white',       # 글자 색상
             background='black',       # 배경 색상
             padx=25,          # 레이블의 좌우 안쪽 여백을 25 픽셀로 둠
             pady=10,          # 레이블의 상하 안쪽 여백을 10 픽셀로 둠
             text='Peace begins with a smile.')
text.pack(side=BOTTOM)                 # 레이블을 하단에 배치

# 이미지 peace를 가진 레이블
peace = PhotoImage(file='peace.gif')
peaceLabel = Label(root,
                   borderwidth=3,      # 레이블 경계선 두께
                   relief=RIDGE,       # 레이블 경계선 스타일
                   image=peace)
peaceLabel.pack(side=LEFT)             # 레이블을 왼편에 배치
# 이미지 smiley face를 가진 레이블
smiley = PhotoImage(file='smiley.gif')
```

```
smileyLabel = Label(root,
                    image=smiley)
smileyLabel.pack(side=RIGHT)          # 레이블을 오른편에 배치

root.mainloop()
```

표 9.2에는 메소드 pack()의 나머지 두 개 옵션도 정리되어 있다. expand 옵션은 마스터 내부의 빈 공간을 채우기 위해 위젯을 확장시킬 것인지 여부를 명시하기 위한 것으로 True 또는 False로 설정될 수 있다. expand 옵션이 True로 설정된 후에는 fill 옵션을 사용하여 위젯을 어떤 방향(x축, y축, 또는 양 방향)으로 확장시킬 것인가를 명시할 수 있다.

표 9.2
패킹 옵션
소드 pack()에는 side
션 외에도 fill과 expand
션을 지정할 수 있다.

옵션	설명
side	위젯을 배치할 경계 구역을 명시함. tkinter 상수인 TOP, BOTTOM, LEFT, RIGHT를 사용. 기본값은 TOP
fill	마스터 내부에서 위젯이 확장될 가로 또는 세로 방향을 명시함. 옵션은 'both', 'x' 'y', 'none'(기본값)
expand	마스터 내부의 빈 공간을 채우기 위해 위젯을 확장시킬 것인가를 명시함. 디폴트는 False로 확장 안 함

GUI 프로그램 smileyPeace.py에는 아직 소개하지 않은 위젯 생성자 옵션이 포함되어 있다. 옵션 borderwidth와 relief를 사용하여 peace 기호의 주변에 두께가 3인 RIDGE 스타일의 경계선을 명시할 수 있다. 또한 텍스트 레이블(테레사 수녀의 격언)도 여러 옵션으로 생성하고 있는데, 옵션 background와 foreground를 사용하여 검은색 배경에 흰색 글씨를 만들고 옵션 pady와 padx를 사용하여 상하 여백을 10 픽셀로, 좌우 여백을 25 픽셀로 설정하고 있다. 옵션 font를 사용하여 텍스트 글꼴을 크기 16 포인트의 굵은 이탤릭체 헬베티카(Helvetica)로 명시하고 있다.

실습 9.1

아래의 GUI를 생성하는 프로그램 peaceandlove.py를 작성하라.

파일: peace.gif

"Peace & Love" 텍스트 레이블은 5행 20열 크기의 검은색 배경으로 윈도우의 왼쪽 경계에 붙어있어야 한다. 사용자가 윈도우를 확대하더라도 레이블은 여전히 윈도우의 왼쪽 경계에 붙어있어야 한다. peace 기호 이미지 레이블은 윈도우 오른편에 배치된다. 윈도우가 확대되면, 더 넓어진 공간은 여백으로 채워져야 한다. 위 그림은 윈도우를 확대시킨 후의 GUI 상태를 보여준다.

CAUTION

배치 사항의 명시 누락

실수로 위젯의 배치 사항을 명시하는 것을 잊기 쉽다. 위젯이 GUI 윈도우에 나타나려면 마스터에 배치되어야 한다. 위젯 배치는 메소드 `pack()`이나 `grid()`, `place()` 호출에 의해 수행된다. 메소드 `grid()`는 바로 소개할 예정이며 `place()`는 이 책에서 다루지 않는다.

위젯을 격자에 배치하기

이제 세 개 이상의 레이블을 포함한 GUI 윈도우를 생각해 보자. 그림 9.5와 같은 전화기 다이얼 GUI를 만든다면 어떻게 만들 수 있을까?

그림 9.5 **전화기 다이얼 GUI** GUI의 레이블들은 4×3 격자에 배치된다. 위젯을 격자 형태로 배치하려면 `pack()` 메소드보다 `grid()` 메소드를 사용하는 것이 좋다. 격자의 각 행과 열에는 상하, 좌우 순으로 첨자가 부여되며 첨자는 0부터 시작한다.

우리는 이미 `Label` 위젯을 사용하여 전화기의 각 다이얼 버튼을 만드는 방법을 알고 있다. 우리가 정확히 모르는 것은 12개의 다이얼 버튼을 어떻게 격자에 배치할 수 있는가 하는 것이다.

여러 위젯들을 격자 형태로 배치하려면 메소드 `pack()`보다는 `grid()`를 사용하는 것이 더 적합하다. `grid()` 메소드를 사용하면 마스터 위젯을 여러 행과 열로 구성된 셀들로 분리하며, 이때 각 셀에는 위젯 하나를 둘 수 있다. 어떤 위젯을 `r`행 `c`열의 셀에 배치하려면 배치될 위젯의 `grid()` 메소드를 호출하면 된다. 다음 전화기 다이얼 GUI의 구현 코드에서 볼 수 있는 것처럼 `grid()` 메소드의 입력 인수로 `row=r`과 `column=c`를 사용하면 된다.

모듈
phone.py

```
1  from tkinter import Tk, Label, RAISED
2  root = Tk()
3  labels = [['1', '2', '3'],     # 격자에 배치될 전화기 다이얼 레이블 텍스트들
4            ['4', '5', '6'],
5            ['7', '8', '9'],
6            ['*', '0', '#']]
7
8  for r in range(4):        # 각 행  r = 0, 1, 2, 3
9      for c in range(3): # 각 열  c = 0, 1, 2
10     # r행 c열의 레이블 생성
11     label = Label(root,
12                   relief=RAISED,              # 양각 경계선
13                   padx=10,                    # 레이블 너비
14                   text=labels[r][c])          # 레이블 텍스트
15     # r행 c열에 레이블 배치
16     label.grid(row=r, column=c)
17
18 root.mainloop()
```

프로그램의 3~6번 행에서는 전화기 다이얼의 각 레이블에 기입될 텍스트를 2차원 리스트로 정의하고 있다. 즉, 전화기 다이얼의 `r`행 `c`열 레이블 텍스트는 리스트의 `r`행 `c`열에 저장되어 있다. 레이블 생성과 배치는 8~16번 행에 나타낸 것처럼 중첩 루프를 통해서 수행된다. `grid()` 메소드를 호출할 때 입력 인수 `row`와 `column`을 지정한 것에 주의하자.

`grid()` 메소드에서 사용할 수 있는 옵션들은 표 9.3에 정리되어 있다.

표 9.3
grid() 메소드 옵션들
columnspan 옵션(혹은 rowspan 옵션)은 하나의 위젯이 여러 열(혹은 여러 행)에 걸쳐 배치되는 경우에 사용한다.

옵션	설명
column	위젯이 배치될 열을 명시함. 기본값은 0번 열임
columnspan	위젯이 차지하는 열의 개수를 명시함
row	위젯이 배치될 행을 명시함. 기본값은 0번 행임
rowspan	위젯이 차지하는 행의 개수를 명시함

CAUTION

pack()과 grid()의 혼용

메소드 pack()과 grid()는 서로 다른 방식으로 위젯 배치 위치를 계산한다. 이 두 배치 알고리즘은 함께 사용할 수 없다. 각 배치 알고리즘은 다른 알고리즘의 배치 위치를 취소시키면서 각각 자신만의 방식으로 배치 방식을 최적화하기 때문에 함께 사용하면 프로그램 수행이 끝나지 않을 수도 있다.

간단히 말해서 같은 마스터 내의 위젯들을 배치시킬 때에는 둘 중에 하나만 사용해야 한다.

실습 9.2

년과 월(1과 12사이의 수)을 입력받아서 아래 그림과 같이 해당 월의 달력을 GUI로 보여주는 함수 `cal()`을 구현하라.

```
>>> cal(2012, 2)
```

이를 구현하려면 (1) 주어진 달의 1일이 무슨 요일인지와 (2) 주어진 달의 날의 수(윤년 여부를 고려해야 함)를 알아야 한다. 모듈 **calendar**에 정의된 함수인 **monthrange()**는 정확하게 이 정보들을 반환해 준다.

```
>>> from calendar import monthrange
>>> monthrange(2012, 2)                # 2012년 2월
(2, 29)
```

이 함수의 반환 값은 튜플이다. 튜플의 첫 번째 값인 2는 수요일임을 나타낸다(월요일은 0, 화요일은 1, 이런 방식으로 증가함). 두 번째 값인 29는 윤년인 2012년 2월의 날의 수이다.

DETOUR

더 상세한 내용이 궁금하다면

이 장은 **tkinter**를 이용한 GUI 개발에 대한 소개에 불과하다. GUI 개발과 **tkinter**에 대한 세부 사항은 책 전체를 채울 만큼 방대하다. 만일 더 상세한 내용을 알고 싶다면, 아래 웹사이트의 Python 문서(Python documentation)를 참고하기 바란다.

`www.docs.python.org/py3k/library/tkinter.html`

또 다른 무료 온라인 자료를 이용해서 학습할 수도 있다. 온라인 자료 목록은 아래 웹사이트에서 찾아볼 수 있다.

`http://wiki.python.org/moin/TkInter`

특히 유용한 자료 두 개를 꼽자면 아래 웹사이트를 들 수 있다(Python 2에 해당함).

`http://www.pythonware.com/library/tkinter/introduction/`
`http://infohost.nmt.edu/tcc/help/pubs/tkinter/`

9.2 이벤트를 처리하는 tkinter 위젯

이 절에서는 tkinter에서 이용할 수 있는 다른 유형의 위젯을 살펴본다. 특히 마우스 클릭이나 키보드 입력 등 사용자 입력에 반응하는 위젯들을 공부한다. 이러한 위젯들은 **이벤트 구동 프로그래밍**(event-driven programming)이라고 불리는 프로그래밍 기법을 이용하여 대화식(interactive)으로 수행된다. 이벤트 구동 프로그래밍은 GUI 개발뿐만 아니라 컴퓨터 게임이나 분산 클라이언트/서버 응용 등의 개발에도 이용된다.

Button 위젯과 이벤트 핸들러

전통적인 버튼 위젯부터 살펴보자. 모듈 **tkinter**의 클래스인 **Button**은 GUI 버튼을 나타낸다. 버튼 사용법을 보기 위해 그림 9.6과 같이 버튼 하나로 구성된 GUI 프로그램을 작성해 보자.

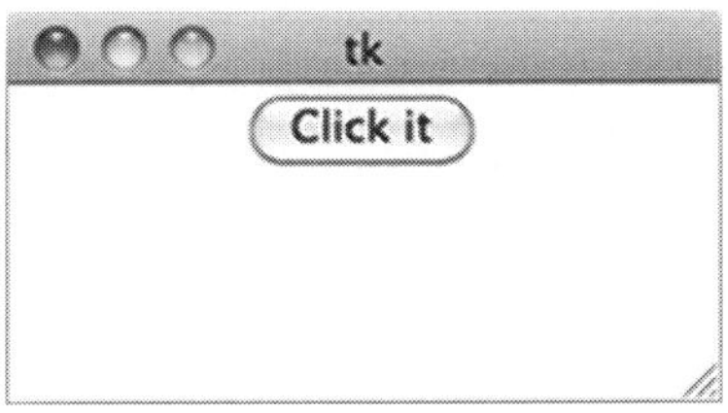

그림 9.6
나의 Button 위젯으로 구성된 GUI
스트 "Click it"은 버튼 위에 시된다. 버튼을 클릭하면 날와 시간 정보가 출력된다.

이 프로그램의 버튼 "Click it"을 클릭하면 클릭 당시의 날짜와 시간이 인터프리터 셸에 출력된다.

```
>>>
Day:  07 Jul 2011
Time: 23:42:47 PM
```

버튼을 다시 클릭하면 다음과 같이 출력될 것이다.

```
>>>
Day:  07 Jul 2011
Time: 23:42:47 PM

Day:  07 Jul 2011
Time: 23:42:50 PM
```

이 GUI 프로그램을 구현해 보자. 버튼 위젯은 **Button** 생성자로 만든다. **Label** 생성자와 마찬가지로 **Button** 생성자의 경우에도 첫 번째 인수는 버튼의 마스터여야 한다. 버튼 위에 표시될 텍스트도 **Label** 위젯처럼 **text** 인수를 사용하여 나타낸다. 사실 표 9.1에 보인 위젯 옵션은 버튼 위젯을 만들 때도 그대로 사용할 수 있다.

버튼과 레이블 사이의 차이점은 버튼이 대화형 위젯이라는 것이다. 버튼이 클릭되면 항상 어떤 동작이 수행된다. 이 "동작"은 사실 버튼이 클릭될 때마다 호출되는 함수에 의해 수행된다. `Button` 생성자를 호출할 때 `command` 옵션을 사용하여 호출될 함수의 이름을 명시할 수 있는데, 구체적인 버튼 위젯을 생성 예를 보면 다음과 같다.

```
root = Tk()
button = Button(root, text='Click it', command=clicked)
```

버튼을 클릭하면 곧바로 함수 `clicked()`가 수행된다. 이제 이 함수를 구현해 보자. 이 함수는 호출될 때 현재 날짜와 시간 정보를 출력해야 한다. 4.2절에서 다루었던 모듈 `time`을 사용하면 현지 시간 정보를 얻을 수 있다. GUI 프로그램 전체 코드는 다음과 같다.

모듈
clickit.py

```
from tkinter import Tk, Button
from time import strftime, localtime

def clicked():
    '날짜와 시간 정보를 출력한다.'
    time = strftime('Day:  %d %b %Y\nTime: %H:%M:%S %p\n',
                    localtime())
    print(time)

root = Tk()

# 'Click it'이 표시된 버튼과 이벤트 핸들러 clicked()을 생성함
button = Button(root,
                text='Click it',      # 버튼 위에 표시될 텍스트
                command=clicked)      # 버튼 클릭 이벤트 핸들러
button.pack()
root.mainloop()
```

함수 `clicked()`를 **이벤트 핸들러**(event handler)라고 부른다. 이 함수는 버튼 "Click it"을 클릭할 때 발생하는 **이벤트**를 담당하여 처리한다.

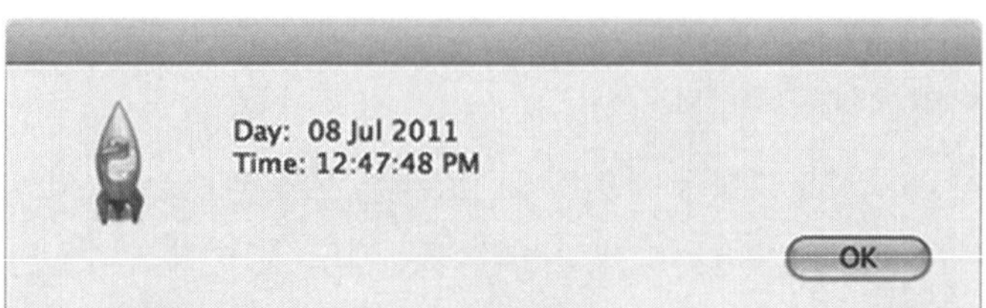

그림 9.7
윈도우 `showinfo()`
모듈 `tkinter.messagebox`의 함수 `showinfo()`는 별도의 윈도우에 메시지를 표시한다. "OK" 버튼을 클릭하면 이 윈도우는 사라진다.

clicked()의 첫 번째 구현에서는 날짜 및 시간 정보를 셀에 출력하였다. 셀에 출력하는 대신 그림 9.7과 같이 작은 GUI 윈도우에 출력하고 싶다고 하자.

모듈 tkinter.messagebox에는 별도의 윈도우에 문자열을 출력하는 showinfo라는 함수가 있다. 그래서 원하는 대로 변경하려면 원래 함수 clicked()를 다음과 같이 변경하기만 하면 된다.

모듈 clickit.py

```
from tkinter.messagebox import showinfo

def clicked():
    '날짜와 시간 정보를 출력한다.'
    time = strftime('Day:    %d %b %Y\nTime:  %H:%M:%S %p\n',
                    localtime())
    showinfo(message=time)
```

실습 9.3

버튼 레이블이 각각 "Local time", "Greenwich time"인 두 개의 버튼을 포함한 GUI 프로그램을 구현하라. 첫 번째 버튼을 누르면 현지 시간이 셀에 출력되고 두 번째 버튼을 누르면 그리니치 표준시가 셀에 출력되어야 한다.

```
>>>
Local time
Day:   08 Jul 2011
Time:  13:19:43 PM

Greenwich time
Day:   08 Jul 2011
Time:  13:19:46 PM
```

그리니치 표준시를 구하기 위해서는 모듈 time에 있는 함수 gmtime()을 사용하면 된다.

이벤트와 이벤트 핸들러, mainloop()

앞에서 대화식 Button 위젯이 어떻게 동작하는지 살펴보았다. 이제 버튼 클릭과 같은 사용자 생성 이벤트를 GUI가 어떻게 처리하는지 살펴보자. mainloop() 메소드 호출을 통해 GUI가 시작되면 Python은 **이벤트 루프**(event loop)라고 불리는 무한 루프를 수행시킨다. 이벤트 루프를 의사코드(pseudo-code)로 표현하면 다음과 같다.

```
while True:
    이벤트가 발생하길 기다린다.
    연관된 이벤트 핸들러 함수를 수행시킨다.
```

다시 말하면 GUI는 언제나 이벤트를 기다리고 있다. 버튼 클릭과 같은 이벤트가 발생하면, GUI는 해당 이벤트를 처리하도록 지정된 함수, 즉 핸들러를 수행시킨다. 핸들러 수행이 종료되면 GUI는 이벤트 루프로 복귀하여 다음 이벤트를 기다린다.

버튼 클릭은 GUI에서 발생되는 이벤트 종류 중 하나일 뿐이다. 마우스 이동이나 입력 필드(entry field) 내의 키 입력 역시 GUI 이벤트를 발생시킨다. 이 절의 후반부에서 이들 이벤트의 처리 예를 살펴볼 예정이다.

DETOUR

GUI의 역사

GUI를 탑재한 첫 번째 컴퓨터 시스템은 1973년 미국 서부의 도시 팔로알토에 위치한 Xerox PARC(Palo Alto Research Center)의 연구진들에 의해 개발된 Xerox Alto이다. 제록스사의 연구개발부서로서 1970년에 설립된 Xerox PARC는 GUI뿐만 아니라 레이저 프린팅, 이더넷, PC 등과 같은 현재 일반화된 컴퓨터 기술을 개발하였다.

Xerox Alto의 GUI는, 미국 캘리포니아 멘로파크에 위치한 스탠퍼드연구소(Stanford Research Institute International)의 더글라스 엥겔바트(Douglas Engelbart)가 이끈 연구진들에 의해 개발된 온라인 시스템(On-Line System)에서 마우스로 클릭할 수 있는 텍스트 기반 하이퍼링크에 영감을 받았다. Xerox Alto GUI에는 마우스와 키보드를 사용하여 조작할 수 있는 윈도우, 메뉴, 라디오버튼, 체크박스, 아이콘 등과 같은 그래픽 요소들이 포함되어 있다.

1979년 Xerox PARC를 방문한 애플 공동 창업자 스티브 잡스는 마우스로 제어하는 Xerox Alto의 GUI를 배웠다. 그는 지체 없이 그것을 자사의 시스템에 통합하였는데, 먼저 1983년 애플 리사에, 그 다음 1984년 매킨토시에 통합하였다. 그 이후 주요 운영 체제는 모두 GUI를 지원하게 되었다.

Entry 위젯

다음에 소개할 GUI 위젯은 `Entry` 위젯 클래스이다. `Entry`는 입력 서식에서 흔히 볼 수 있는 한 줄짜리 텍스트 박스를 나타낸다. 이번에 작성할 GUI 프로그램은 사용자가 날짜를 입력하면 그 날에 해당하는 요일을 출력하는 프로그램이다. GUI의 형태는 그림 9.8과 같다.

그림 9.8
요일 프로그램
날짜는 "Jan 21, 1967"과 같이 MMM DD, YYYY의 형식으로 입력해야 한다.

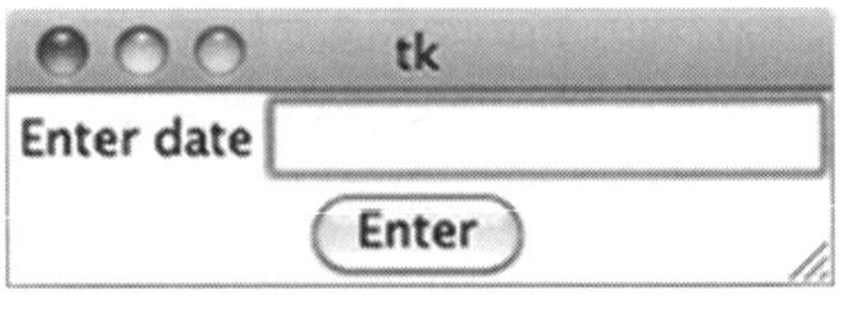

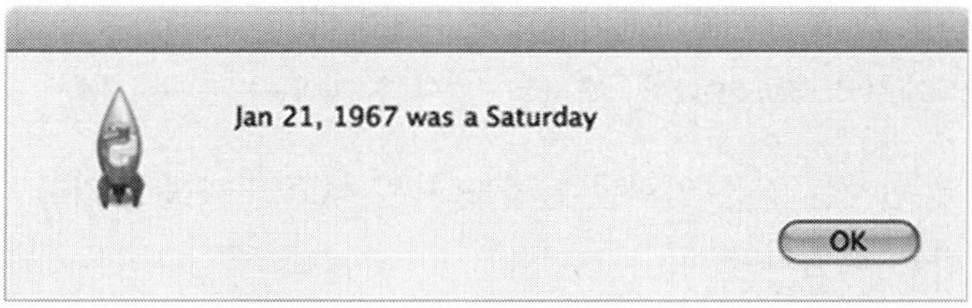

그림 9.9
일 프로그램 팝업 윈도우
용자가 날짜를 입력하고 튼 "Enter"를 누르면, 그 날 해당하는 요일이 팝업 윈 우에 표시된다.

사용자가 입력 박스에 "Jan 21, 1967"을 입력한 후에 버튼 "Enter"를 클릭하면, 그림 9.9처럼 새로운 팝업 윈도우가 생성된다.

이 프로그램 GUI에는 `Label`과 `Button` 위젯이 있어야 한다. 텍스트 입력 박스를 위해서는 `tkinter`에서 정의된 `Entry` 위젯이 필요하다. `Entry` 위젯은 한 줄짜리 텍스트를 입력받음과 동시에, 입력되는 텍스트를 화면에 표시하기 위한 위젯이다. 사용자는 키보드를 사용하여 위젯 내에 텍스트를 입력할 수 있다. 이제 이 GUI 프로그램을 구현해 보자.

모듈
day.py

```
1  # import문
2  # 요일을 출력하는 이벤트 핸들러 compute()
3
4  root = Tk()
5
6  # 레이블
7  label = Label(root, text='Enter date')
8  label.grid(row=0, column=0)
9
10 # 엔트리
11 dateEnt = Entry(root)
12 dateEnt.grid(row=0, column=1)
13
14 # 버튼
15 button = Button(root, text='Enter date', command=compute)
16 button.grid(row=1, column=0, columnspan=2)
17
18 root.mainloop()
```

11번 행에서 `Entry` 위젯을 생성한다. 메소드 `grid()`를 사용하여 세 개의 위젯을 배치한 것에 주의하자. 이제 이벤트 핸들러인 함수 `compute()`만 구현하면 된다. 먼저 이 함수가 해야 할 일을 정리해 보자.

1. 엔트리 `dateEnt`로부터 날짜를 읽는다.
2. 날짜에 해당하는 요일을 계산한다.

3. 팝업 윈도우에 요일 정보를 표시한다.
4. 엔트리 dateEnt에 표시된 날짜를 지운다.

마지막 단계는 기존 입력된 날짜를 지워 새로 날짜를 입력할 때 편리하도록 깔끔히 마무리하는 작업이다.

Entry 위젯에 담긴 문자열은 Entry 메소드 get()을 사용하여 읽을 수 있다. 이 메소드는 엔트리에 있는 문자열을 반환한다. Entry 위젯에 담긴 문자열을 삭제하려면 Entry 메소드 delete()를 사용하면 된다. 이 메소드는 엔트리에 있는 문자열의 일부 또는 전체를 삭제해 준다. 두 개의 첨자 first와 last가 인수로 주어지면, 이 메소드는 첨자 first부터 첨자 last-1까지의 구간에 있는 부분 문자열을 삭제한다. 또한 첨자 0과 END(tkinter에서 정의된 상수)를 인수로 사용하면 엔트리 문자열 전체를 삭제한다. 이들 Entry 메소드의 사용법은 표 9.4에 정리되어 있다.

표 9.4
Entry 메소드
Entry 클래스의 핵심적인 세 메소드이다. 상수 END는 tkinter에서 정의된 것으로 엔트리의 마지막 문자 위치의 바로 다음 위치를 나타내는 첨자이다.

옵션	설명
e.get()	엔트리 e에 있는 문자열을 반환함
e.insert(index, text)	엔트리 e의 첨자 index 위치에 문자열 text를 삽입함. index가 END이면 문자열 끝에 추가됨
e.delete(from, to)	엔트리 e의 첨자 from부터 첨자 to-1까지의 부분 문자열을 삭제함 (첨자 to 위치의 문자는 삭제되지 않음). delete(0, END)는 엔트리에 있는 모든 텍스트를 제거함

Entry 위젯 클래스의 메소드를 이용하면 이벤트 핸들링 함수 compute()를 다음과 같이 구현할 수 있다.

모듈
day.py

```
from tkinter import Tk, Button, Entry, Label, END
from time import strptime, strftime
from tkinter.messagebox import showinfo

def compute():
    '''dateEnt의 날짜에 해당하는 요일을 보여준다.
       날짜 서식은 MMM DD, YYYY 형태여야 함(예: Jan 21, 1967)'''

    global dateEnt              # dateEnt는 전역 변수이다.

    # 엔트리 dateEnt로부터 날짜 date를 읽는다.
    date = dateEnt.get()

    # 날짜 date에 해당하는 요일을 계산한다.
```

```
15        weekday = strftime('%A', strptime(date, '%b %d, %Y'))
16
17        # 팝업 윈도우에 요일을 표시한다.
18        showinfo(message = '{} was a {}'.format(date, weekday))
19
20        # 엔트리 dateEnt에서 날짜를 삭제한다.
21        dateEnt.delete(0, END)
22
23    # 프로그램의 나머지 부분
```

9번 행에서는 dateEnt를 전역 변수로 선언하고 있다. 함수 compute()에서 dateEnt에 어떤 값도 대입하지 않기 때문에 사실 dateEnt 선언이 반드시 필요한 것은 아니지만 이렇게 선언해 두면 나중에 이 코드를 보게 될 프로그래머에게 dateEnt가 지역 변수가 아니라는 것을 알려주는 의미가 있다.

15번 행에서는 날짜 date에 해당하는 요일을 계산하기 위해 모듈 time의 함수 두 개를 사용하고 있다. 함수 strptime('%A')은 날짜를 나타내는 문자열(date)과 시간 서식 문자열('%b %d, %Y')을 인수(서식 문자열은 표 4.3 참고)로 받아서 날짜 정보를 자료형 time.struct_time의 객체 형태로 반환한다. 4.2절에서 소개한 것처럼 함수 strftime()은 이 객체와 서식 문자열('%A')을 인수로 받아서 지정된 서식에 맞는 날짜 데이터를 반환한다. 서식 지시자로 %A만 사용하였으므로 요일명만 반환된다.

실습 9.4

GUI 프로그램 day.py를 변형한 day2.py를 구현하라. 별도의 팝업 윈도우에 요일 정보를 표시하는 대신, 아래 그림처럼 엔트리 박스의 날짜 앞에 요일을 삽입하라. 또한 엔트리 박스에 있는 내용을 제거하는 버튼 "Clear"를 추가하라.

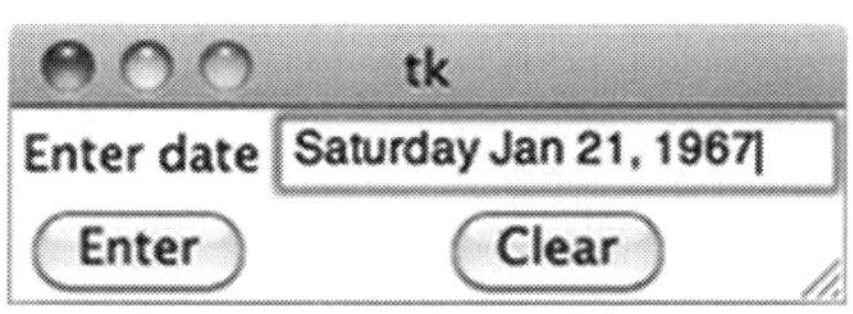

Text 위젯과 이벤트 바인딩

다음으로 소개할 위젯은 Text 위젯인데, 이 위젯은 일반 텍스트 편집기에서 텍스트를 입력하는 것과 같은 방식으로 여러 줄에 걸친 텍스트를 대화식으로 입력할 때 사용한다. Text 위젯 클래스가 제공하는 메소드도 Entry 클래스와 마찬가지로 get(), insert(), delete()인데 메소드 이름은 같지만 형식이 다르다(표 9.5 참조).

표 9.5
Text **메소드들**
Entry 메소드에서 사용된 첨자와는 달리, Text 메소드에서는 '행.열'의 형식의 첨자를 사용한다(예를 들어, 첨자 2.3은 세 번째 행의 네 번째 문자 위치임).

옵션	설명
t.insert(index, text)	Text 위젯 t의 첨자 index 위치에 텍스트 text를 삽입함
t.get(from, to)	Text 위젯 t의 첨자 from부터 to-1까지의 부분 문자열을 반환함(첨자 to 위치의 문자는 포함되지 않음)
t.delete(from, to)	Text 위젯 t의 첨자 from부터 to-1까지의 부분 문자열을 삭제함(첨자 to 위치의 문자는 포함되지 않음)

Text 위젯을 사용하여 텍스트 편집기와 유사한 프로그램을 개발해 보자. 단 사용자가 입력한 모든 키 정보(keystroke)를 비밀리에 기록하고 출력하려고 한다. 예를 들어, 그림 9.10에 나온 것처럼 문장을 입력한다고 하자.

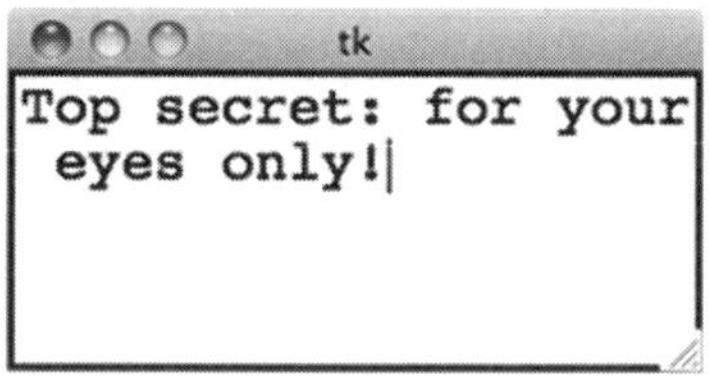

그림 9.10
키 자동 기록 프로그램
키 자동 기록 GUI는 Text 위젯으로 구성된다. 사용자가 텍스트 박스에다 텍스트를 입력할 때마다 해당 키 정보가 기록되고 셸에 출력된다.

그러면 셸에 다음과 같이 출력되어야 한다(나머지 문자들을 생략함).

```
>>>
char = Shift_L
char = T
char = o
char = p
char = space
char = s
char = e
char = c
char = r
char = e
char = t
...
```

이런 프로그램을 흔히 **키로거**(keylogger, 입력 키 자동 기록기)라고 부른다.

이제 이 GUI 프로그램을 개발해 보자. 5행 20열 크기의 Text 위젯을 생성하기 위하여 생성자 옵션으로 width와 height를 사용한다.

```
from tkinter import Text
text = Text(root, width=20, height=5)
```

Text 위젯인 text의 내에서 입력된 모든 키 정보를 기록하기 위하여, 키 입력 이벤트를 이벤트 핸들링 함수와 연관시켜야 한다. 이를 위해 bind() 메소드를 사용한다. 이 메소드는 각 **이벤트 유형**을 **이벤트 핸들러**에 바인딩(또는 연관)시켜 준다. 예를 들어 다음 문장은 키 입력 이벤트(문자열 '<KeyPress>'로 나타냄)를 이벤트 핸들러 record()와 연결한다.

```
text.bind('<KeyPress>', record)
```

키로거 프로그램을 완성하기 위해서는, 이벤트 패턴과 tkinter의 Event 클래스에 대해 좀 더 살펴보아야 한다.

이벤트 패턴과 tkinter 클래스 Event

일반적으로 bind() 메소드의 첫 번째 인수는 연결하고 싶은 이벤트의 유형이다. 이 이벤트 유형은 하나 이상의 이벤트 패턴을 이어 붙여 만든 문자열로 표시된다. 이벤트 패턴은 다음 형식으로 나타낸다.

```
<modifier-modifier-type-detail>
```

여기서 modifier와 type, detail에 대응될 수 있는 값은 표 9.6에 나와 있다. 키로거 프로그램에서는 이벤트 패턴이 단지 KeyPress형으로만 구성되어 있었다. 연결할 이벤트로 명시할 수 있는 다양한 이벤트 패턴의 예를 보면 다음과 같다.

- <Control-Button-1>: Ctrl 키와 마우스 왼쪽 버튼을 동시에 누름
- <Button-1><Button-3>: 마우스 왼쪽 버튼과 오른쪽 버튼을 차례로 클릭
- <KeyPress-D><Return>: D 키와 Enter/Return 키를 차례로 누름
- <Button1-Motion>: 왼쪽 버튼을 누른 상태로 마우스 이동

메소드 bind()의 두 번째 인수는 이벤트 핸들링 함수이다. 이 함수는 Event형의 객체 하나만 인수로 입력받는 함수로서 개발자가 직접 정의해야 한다. 클래스 Event는 tkinter에 정의되어 있다. 키를 누르는 것과 같은 이벤트가 발생할 때, Python 인터프리터는 이 이벤트에 대응하는 Event 객체를 생성하고 이 객체를 인수로 하여 이벤트 핸들링 함수를 호출한다.

Event 객체는 발생한 이벤트에 대한 정보를 속성으로 지니고 있다. 예를 들어 키를 누르는 이벤트가 발생하면 Python 인터프리터는 Event 객체를 생성하여 눌려진 키의 기호와 유니코드를 각각 keysym, keysym_num 속성에 대입한다.

표 9.6
이벤트 패턴의 modifier와 type, detail 값
이벤트 패턴은 '<'와 '>'로 묶인 문자열로서 최대 두 개의 modifier와 한 개의 type, 최대 한 개의 detail이 순서대로 나열된다.

Modifier	설명
Control	Ctrl 키
Button1	마우스 왼쪽 버튼
Button3	마우스 오른쪽 버튼
Shift	Shift 키
Type	
Button	마우스 버튼
Return	Enter/Return 키
KeyPress	키보드 키를 누름
KeyRelease	키보드 키를 뗌
Motion	마우스 이동
Detail	
<button number>	마우스 버튼 번호: 1(왼쪽 버튼), 2(가운데 버튼), 3(오른쪽 버튼)
<key symbol>	키 문자 기호

따라서 우리 키로거 프로그램에서 이벤트 핸들링 함수 record()는 이 Event 객체를 인수로 받아야 하며 이 객체로부터 키 기호와 해당 유니코드를 읽은 후에 이 정보를 셸에 출력해야 한다. 결과적으로 이 프로그램은 GUI 사용자에 의해 입력되는 키 정보를 계속 표시하게 된다.

모듈
keyLogger.py

```
from tkinter import Tk, Text, BOTH

def record(event):
    '''키보드 누름 이벤트를 처리하는 이벤트 핸들링 함수
       입력 이벤트 타입은 tkinter.Event임'''
    print('char = {}'.format(event.keysym)) # 키 기호 출력

root = Tk()

text = Text(root,
            width=20,          # 너비(열 개수)를 20으로 설정
            height=5)          # 높이(행 개수)를 5로 설정

# KeyPress 이벤트를 이벤트 핸들링 함수 record()와 바인딩시킴
text.bind('<KeyPress>', record)

# 위젯을 마스터 크기로 확장시킴
text.pack(expand=True, fill=BOTH)

root.mainloop()
```

표 9.7
이벤트 속성
ent 클래스의 일부 속성 정리한 것이다. 또한 각 속 을 정의하는 관련 이벤트 형도 함께 나타내었다. 예 들어 time 속성은 모든 이 트 유형에 설정되어 있다.

속성	이벤트 유형	설명
num	ButtonPress, ButtonRelease	눌린 마우스 버튼 번호
time	all	이벤트가 발생한 시간
x	all	마우스의 x 좌표
y	all	마우스의 y 좌표
keysym	KeyPress, KeyRelease	눌린 키의 기호
keysym_num	KeyPress, KeyRelease	눌린 키의 유니코드

Python 인터프리터는 이벤트 유형에 따라 각각 다른 이벤트 속성들을 설정한다. 주요 속성을 나타내면 표 9.7과 같다. 이 표에는 각 속성별로 연관된 이벤트 유형도 함께 나타나있다. 예를 들어 속성 num은 ButtonPress 이벤트에 의해서 정의되지만 KeyPress 나 KeyRelease 이벤트와는 관련이 없다.

실습 9.5

원래의 day.py 프로그램에서 사용자는 입력 창에 날짜를 입력한 후에 "Enter" 버튼을 클릭해야 한다. 키보드의 키를 누른 후에 곧바로 마우스를 사용하도록 하는 것은 다소 불편하다. 사용자가 "Enter" 버튼을 클릭하는 것 대신에 키보드의 Enter/Return 키를 눌러도 가능하도록 day.py 프로그램을 수정하라.

CAUTION

이벤트 핸들링 함수

tkinter는 이벤트 핸들링 함수를 두 가지 유형으로 다룬다. 그 중 하나는 Button 위젯에서 클릭을 다루는 함수 buttonHandler()이다. 이 함수는 인수를 하나도 입력받지 않도록 정의해야 한다.

```
Button(root, text='example', command=buttonHandler)
```

다른 하나는 이벤트 유형을 다루는 함수 eventHandler()이다. 이 함수는 Event 객체 하나만 인수로 입력받도록 정의해야 한다.

```
widget.bind('<event type>', eventHandler)
```

9.3 GUI 설계

이 절에서도 계속해서 새로운 유형의 대화식 위젯을 소개할 예정이다. 이 절에서는 이벤트 핸들러가 참조하고 수정하는 값을 계속해서 추적하는 GUI를 어떻게 설계하는지 다룬다. 또한 여러 위젯을 포함하는 GUI를 계층적으로 구성하는 방법을 예를 통해 살펴본다.

위젯 Canvas

Canvas 위젯은 선과 기하학적 형태로 구성되는 그림을 그릴 수 있는 재미있는 위젯이다. 이 위젯은 turtle 그래픽스의 원시적인 버전이라고 볼 수 있다. (사실 turtle 그래픽스는 본질적으로 tkinter GUI이다.)

Canvas 위젯을 예를 들어 설명하기 위해 매우 간단한 펜 드로잉 프로그램을 제작해 보자. 이 프로그램은 초기에 빈 캔버스로 시작한다. 사용자는 마우스를 사용하여 캔버스에 곡선을 그릴 수 있다. 곡선을 그리기 위해서는 마우스 왼쪽 버튼을 먼저 눌러야 한다. 버튼을 누른 상태에서 마우스를 이동함으로써 펜을 움직여 곡선을 그릴 수 있다. 마우스 버튼에서 손가락을 떼면 곡선 그리기가 완료된다. 이 프로그램을 사용하여 그린 그림의 예를 보면 그림 9.11과 같다.

그림 9.11
펜 드로잉 프로그램
이 GUI 프로그램은 펜 드로잉을 구현한 것이다. 곡선을 그리려면 먼저 마우스 왼쪽 버튼을 눌러야 한다. 버튼을 누른 상태로 마우스를 이동하면 곡선을 그릴 수 있다. 그리기 작업은 버튼을 놓을 때 끝난다.

먼저 150×100 픽셀 크기의 Canvas 위젯을 생성한다. 마우스 왼쪽 버튼을 눌러 곡선 그리기를 시작해야 하기 때문에 이벤트 유형 <Button-1>을 이벤트 핸들링 함수에 연결시켜야 한다. 게다가 마우스 왼쪽 버튼을 누른 상태에서만 곡선을 그려야 하기 때문에 이벤트 유형 <Button1-Motion>을 또 다른 이벤트 핸들링 함수에 연결시켜야 한다. 지금까지 설명한 내용을 구현하면 다음과 같다.

모듈 draw.py

```
from tkinter import Tk, Canvas

# 이벤트 핸들러의 시작과 드로잉

root = Tk()

oldx, oldy = 0, 0    # 마우스 좌표 (전역 변수)

# 캔버스
canvas = Canvas(root, height=100, width=150)

# 마우스 왼쪽 버튼 클릭 이벤트를 begin() 함수에 바인딩함
canvas.bind("<Button-1>", begin)

# 마우스 왼쪽 버튼을 누르고 있는 상태의 마우스 이동 이벤트를 바인딩함
canvas.bind("<Button1-Motion>", draw)

canvas.pack()
root.mainloop()
```

이제 실제로 곡선을 그릴 이벤트 핸들러 begin()과 draw()를 구현해 보자. 먼저 draw() 구현부터 생각해 보자. 마우스 왼쪽 버튼이 눌린 상태에서 마우스를 이동하는 동안 핸들러 draw()가 호출되며 이때 새로운 마우스 위치를 보관하고 있는 Event 객체가 인수로 전달된다. 곡선을 연속적으로 그리기 위해서는 마우스의 새 위치와 직전 위치를 연결하는 직선을 그려야 한다. 연속적인 마우스 위치를 연결하는 매우 짧은 선분들로 곡선을 효과적으로 표현할 수 있다.

점들 사이의 직선은 Canvas의 메소드 create_line()을 이용하여 그릴 수 있다. 이 메소드는 여러 (x, y) 좌표의 순열 (x1, y1, x2, y2, ... , xn, yn)를 입력 인수로 받아들여 인접한 두 점 사이에 선분을 그린다. 즉 점 (x1, y1)과 점 (x2, y2) 사이의 선분과 점 (x2, y2)와 점 (x3, y3) 사이의 선분 등을 그린다. 마우스의 직전 위치의 좌표 (oldx, oldy)와 새 위치의 좌표 (newx, newy)를 연결하는 선분을 그리려면 다음과 같이 메소드 create_line()을 호출하면 된다.

```
canvas.create_line(oldx, oldy, newx, newy)
```

마우스의 직전 위치와 새 위치를 연결하는 선분을 반복적으로 그림으로써 곡선을 완성할 수 있는 것이다. 이는 마우스의 초기 위치(즉, 곡선의 시작점)가 어딘가에 설정되어 있어야 함을 의미한다. 이 위치는 마우스 왼쪽 버튼을 누를 때 호출되는 이벤트 핸들러 begin()에 의해 설정된다.

모듈
draw.py

```
def begin(event):
    '곡선의 시작점을 마우스의 초기 위치로 설정한다.'

    global oldx, oldy
    oldx, oldy = event.x, event.y
```

마우스 왼쪽 버튼을 누르면 핸들러 begin()을 통해 마우스 좌표가 변수 oldx와 oldy에 대입된다. 이 두 전역 변수는 핸들러 draw()에서 곡선을 그릴 때마다 새로운 값으로 갱신된다. 이제 이벤트 핸들러 draw()의 구현을 보자.

모듈
draw.py

```
def draw(event):
    '마우스의 직전 위치와 새 위치 사이를 잇는 선분을 그린다.'
    global oldx, oldy, canvas          # oldx와 oldy의 값은 갱신됨
    newx, newy = event.x, event.y      # 마우스의 새 위치

    # 마우스의 직전 위치와 현재 위치를 연결함
    canvas.create_line(oldx, oldy, newx, newy)

    oldx, oldy = newx, newy            # 새 위치를 직전 위치로 설정
```

Canvas 위젯이 제공하는 메소드 몇 가지가 표 9.8에 나와 있다.

표 9.8
Canvas 메소드
tkinter의 Canvas 위젯 클래스 메소드 몇 개를 정리한 것이다. 캔버스에 그린 모든 객체에는 고유 ID(정수로 표현되는 식별번호)가 부여된다.

메소드	설명
create_line(x1, y1, x2, y2, ...)	인접한 두 점 (x1, y1)와 (x2, y2), ..., 사이를 연결하는 선분들을 생성함. 생성된 객체의 ID를 반환
create_rectangle(x1, y1, x2, y2)	마주보는 두 꼭지점 좌표가 (x1, y1)과 (x2, y2)인 직사각형을 생성함. 생성된 객체의 ID를 반환
create_oval(x1, y1, x2, y2)	꼭지점 좌표가 (x1, y1)과 (x2, y2)인 직사각형에 둘러싸인 타원을 생성함. 생성된 객체의 ID를 반환
delete(ID)	ID로 식별되는 객체를 삭제함
move(item, dx, dy)	객체 item을 오른쪽으로 dx만큼, 아래쪽으로 dy만큼 이동시킴

CAUTION

상태 값을 전역 변수에 저장하기

프로그램 draw.py에서 변수 oldx와 oldy에는 마우스의 마지막 위치 좌표가 저장된다. 이 변수들은 begin() 함수에 의해 초기화되고 draw() 함수에 의해 갱신된다. 그래서 oldx와 oldy는 각 함수의 지역 변수가 아닌 전역 변수로 정의해야 한다.

전역 변수의 가시영역은 모듈 전체이기 때문에 무심코 사용하는 전역 변수로 인해 문제가 야기될 수 있다. 모듈의 규모가 클수록 모듈에서 사용하는 이름이 많을수록, 동일한 이름을 중복해서 정의할 가능성이 높아진다. 변수, 함수, 클래스가 다른 모듈로부터 import되면 이름이 중복될 가능성이 더 높아진다. 동일한 이름이 여러 개 정의되면 그 중 하나만 사용되고 나머지는 모두 무시되기 때문에 그 결과로 매우 이상한 오류가 발생하게 된다.

다음 절에서는 OOP 기법을 사용하여 GUI를 새로운 위젯 클래스로 개발하는 방법을 알아본다. 이렇게 구현하면 GUI의 상태를 전역 변수 대신 인스턴스 변수에 저장할 수 있다는 이점이 있다.

실습 9.6

프로그램 draw.py를 변형하여, Ctrl키와 마우스 왼쪽 버튼을 동시에 누르면 캔버스에 마지막으로 그린 곡선을 제거하는 기능을 제공하는 draw2.py를 구현하라. 이를 구현하려면 create_line()에 의해 생성된, 마지막 곡선을 구성하는 짧은 선분 모두를 제거해야 한다. 즉 마지막 곡선을 구성하는 모든 선분들을 특정 컨테이너에 저장해야 한다.

위젯을 구조화하기 위한 위젯 Frame

이제 소개할 Frame 위젯은 주로 다른 위젯의 마스터 위젯으로 사용되며 GUI의 기하학적 배치 편의를 위해 사용된다. 이 위젯을 사용하여 그림 9.12에 나타낸 **플로터**(plotter)라는 그래픽 GUI를 제작하려고 한다. 플로터 GUI는 캔버스의 오른쪽에 위치한 버튼들을 사용하여 펜을 수평 또는 수직 방향으로 움직여 그림을 그리는 프로그램이다. 버튼을 한 번 클릭하면 버튼에 표시된 방향으로 펜을 10 픽셀만큼 이동시킨다.

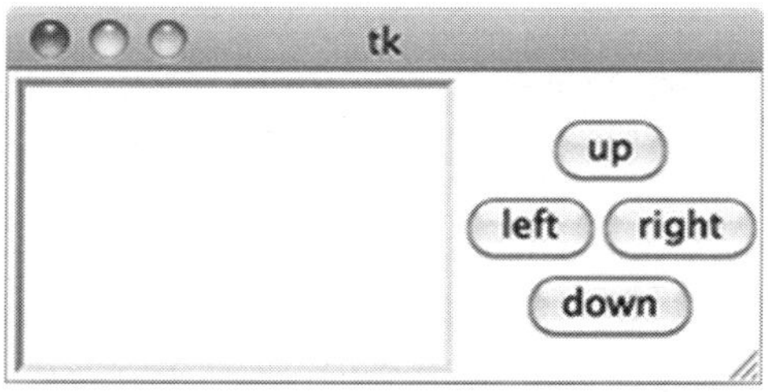

그림 9.12
플로터 프로그램
GUI에는 캔버스 하나와 을 움직이기 위한 네 개의 튼이 있다. 각 버튼은 표시 방향으로 펜을 10 단위만 이동시킬 수 있다.

플로터 GUI가 Canvas 위젯 하나와 Button 위젯 네 개로 구성된다는 점은 명확하다. 그러나 마스터(윈도우 자체) 내부에 어떻게 이 위젯들을 배치해야 하는가는 명확하지 않다. 메소드 pack()이나 grid()를 사용해서는 그림 9.12와 같은 모습으로 캔버스와 버튼들을 배치할 수 없다.

기하학적 배치를 단순화하기 위해 Frame 위젯을 네 버튼 위젯의 마스터로 사용할 수 있다. 위젯들의 계층적인 배치는 두 단계로 이루어진다. 첫번째 단계는 grid() 메소드를 사용하여 네 개의 버튼 위젯을 마스터인 Frame 위젯에 배치하는 것이다. 그러고 나서 Canvas 위젯과 Frame 위젯을 나란히 배치하기만 하면 된다.

모듈
plotter.py

```python
from tkinter import Tk, Canvas, Frame, Button, SUNKEN, LEFT, RIGHT

# 이벤트 핸들러 up(), down(), left(), right()

root = Tk()

# 경계선을 포함한 100 x 150 크기의 캔버스
canvas = Canvas(root, height=100, width=150,
                relief=SUNKEN, borderwidth=3)
canvas.pack(side=LEFT)

# 네 개의 버튼이 놓일 프레임
box = Frame(root)
box.pack(side=RIGHT)

# Frame 위젯을 마스터로 하는 네 개의 버튼 위젯
button = Button(box, text='up', command=up)
button.grid(row=0, column=0, columnspan=2)
button = Button(box, text='left',command=left)
button.grid(row=1, column=0)
button = Button(box, text='right', command=right)
button.grid(row=1, column=1)
button = Button(box, text='down', command=down)
button.grid(row=2, column=0, columnspan=2)

x, y = 50, 75                   # 펜 위치, 중앙으로 초기화

root.mainloop()
```

네 개의 버튼 이벤트 핸들러는 펜을 적절한 방향으로 이동시켜야 한다. 여기서는 up 버튼 핸들러만 제시할 예정이며 나머지 세 개 핸들러의 구현은 연습문제로 남겨둔다.

모듈 plotter.py

```
def up():
    '펜을 위로 10픽셀 이동한다'
    global y, canvas                    # y는 갱신됨
    canvas.create_line(x, y, x, y-10)
    y -= 10
```

DETOUR

왜 위로 이동시키려면 y좌표를 감소시켜야 하는가?

함수 up()은 좌표 (x, y)에 위치한 펜을 10 단위만큼 위로 이동시킨다. 전형적인 수학 좌표계에서는 이를 위해 y좌표를 10 단위만큼 증가시켜야 하지만, 여기서는 반대로 y좌표를 10 단위만큼 감소시켜야 한다.

그 이유는 캔버스에서 사용하는 좌표계가 우리가 보통 사용하는 좌표계와 다르기 때문이다. 캔버스에서 원점 (0,0)의 위치는 좌상단 끝이다. 따라서 x좌표는 캔버스의 오른쪽으로 갈수록 증가되고 y좌표는 캔버스의 아래쪽으로 갈수록 증가한다. 그러므로 펜을 위로 이동시키기 위해서는 함수 up()에서 구현한 것처럼 y좌표를 감소시켜야 한다.

특이하긴 하지만 캔버스 좌표 시스템은 스크린의 좌표 시스템을 따른 것이다. 스크린의 모든 픽셀은 스크린의 좌상단 끝의 좌표 (0,0)을 기준으로 정의된다. 왜 스크린 좌표계는 이렇게 구성되어 있을까?

그 이유는 컴퓨터 모니터의 전신인 텔레비전의 픽셀 갱신 순서 때문이다. 텔레비전에서 픽셀들은 맨 위쪽 줄의 왼쪽에서 오른쪽 방향으로, 그 다음에는 두 번째 줄, 세 번째 줄 순서로 갱신된다.

실습 9.7

함수 down(), left(), right()를 구현하여 프로그램 plotter.py를 완성하라.

9.4 GUI를 위한 OOP

지금까지 이 장에서는 tkinter 위젯들을 사용하는 방법에 초점을 맞춰 설명하였다. 또한 위젯의 사용법을 예시하기 위해 GUI 프로그램을 개발했다. 간단하게 설명하기 위해서 지금까지는 GUI 프로그램의 재사용 편의성에 대해서 관심을 두지 않았다.

GUI 프로그램이든 어떤 프로그램이든 재사용하려면 데이터(위젯 포함) 및 구현 세부 사항이 캡슐화된 컴포넌트(함수나 클래스) 형태로 개발되어야 한다. 이 절에서는 GUI 설계를 위한 OOP 기법을 소개한다. OOP 접근 방식을 사용하면 GUI 프로그램을 더 쉽게 재사용할 수 있다.

GUI OOP 기초

GUI 개발에 활용되는 OOP 기법을 설명하기 위해 **clickit.py** 프로그램을 다시 구현해 보자. 이 프로그램의 GUI에는 한 개의 버튼이 있으며 이 버튼을 클릭하면 현재 시간을 보여 주는 팝업 윈도우가 나타난다. 다음은 처음에 소개되었던 코드이다(프로그램 구조에 초점을 맞추기 위해 **import** 문과 주석을 생략함).

모듈
clickit.py

```
def clicked():
    '날짜와 시간 정보를 출력한다.'
    time = strftime('Day:    %d %b %Y\nTime:  %H:%M:%S %p\n',
                    localtime())
    showinfo(message=time)

root = Tk()
button = Button(root,
                text='Click it',
                command=clicked)      # 버튼 클릭 이벤트 핸들러
button.pack()
root.mainloop()
```

이 프로그램에는 바람직하지 못한 특징이 몇 가지 있다. 이름 **button**과 **clicked**의 가시영역은 전역이다(윈도우 위젯 **root**는 곧 소개할 "응용 프로그램 외부"에 속하기 때문에 무시함). 또한 프로그램은 더 큰 GUI에서 쉽게 참조·결합될 수 있는 형태의 컴포넌트(함수 또는 클래스)로 캡슐화되어 있지 않다.

GUI 개발에 대한 OOP 접근 방식의 핵심 아이디어는 GUI 응용 프로그램을 새로운 사용자 정의 클래스로 개발하는 것이다. 위젯은 다루기 힘든 짐승과 같기 때문에 아무것도 없는 상태에서 처음부터 위젯 클래스를 구현하는 것은 매우 어려운 일이다. 이에 대한 해결책은 바로 OOP의 상속을 이용하는 것이다. 기존의 위젯 클래스로부터 속성들을 상속받아 만든 새로운 클래스가 위젯 클래스라는 것은 명확하다. 우리가 개발하려는 새 클래스는 다른 위젯(버튼)을 포함해야 하기 때문에, 다른 위젯들을 포함할 수 있는 위젯(즉, **Frame** 클래스)으로부터 상속받아야 한다.

그래서 GUI 프로그램 **clickit.py**는 새 클래스(예컨대 **ClickIt**)를 **Frame**의 서브클래스로 구현한 형태로 다시 작성할 수 있다. **ClickIt** 위젯은 버튼 위젯 하나만 포함한다. 버튼은 GUI가 시작될 때부터 GUI의 일부분으로 나타나야 하므로 **ClickIt** 위젯 생성 시점에 곧바로 버튼이 생성되어 배치되어야 한다. 즉 **ClickIt** 생성자 내에서 버튼 위젯이 생성되어 배치되어야 한다.

버튼의 마스터는 무엇이 되어야 할까? 버튼은 **ClickIt** 위젯 객체에 포함되어 있으

므로 ClickIt 위젯 자체(self)가 마스터가 되어야 한다.

끝으로 기억해야 할 것은 위젯을 생성할 때마다 항상 마스터를 명시해야 한다는 것이다. 따라서 ClickIt 위젯도 다음과 같은 형태로 마스터를 명시하여 생성해야 한다.

```
>>> root = Tk()
>>> clickit = ClickIt(root)            # root 내부에서 ClickIt 위젯을 생성
>>> clickit.pack()
>>> root.mainloop()
```

그러므로 ClickIt 생성자는 하나의 인수, 즉 마스터 위젯을 받도록 정의해야 한다. (한편 이 코드는 왜 root 위젯을 ClickIt 클래스 내부에 캡슐화하지 않았는지에 보여준다.)

지금까지 살펴본 내용을 바탕으로 ClickIt 위젯 클래스를 구현하자. 먼저 생성자부터 구현해 보자.

모듈 ch9.py

```
1   from tkinter import Tk, Button, Frame
2   from tkinter.messagebox import showinfo
3   from time import strftime, localtime
4
5   class ClickIt(Frame):
6       '현재 시간을 보여주는 GUI'
7
8       def __init__(self, master):
9           '생성자'
10          Frame.__init__(self, master)
11          self.pack()
12          button = Button(self,
13                          text='Click it',
14                          command=self.clicked)
15          button.pack()
16
17      # 이벤트 핸들링 함수 clicked()
```

생성자 __init__()과 관련하여 세 가지 사항에 주목해야 한다. 먼저 주목할 것은 10번 행에 나타낸 것처럼 ClickIt의 __init__() 생성자는 Frame의 __init__() 생성자를 확장했다는 점이다. 그 이유는 다음 두 가지로 꼽을 수 있다.

1. ClickIt 위젯은 완전한 Frame 위젯으로 초기화되어야 한다.
2. ClickIt 위젯은 Frame 위젯과 같은 방식으로 마스터를 설정해야 한다. 그래서 ClickIt 생성자의 master 인수를 Frame 생성자에 전달한 것이다.

두 번째로 주목해야 할 점은 예전 프로그램 clickit.py와는 달리 전역 변수로 button을 선언하지 않았다는 점이다. 여기서 button은 단지 지역 변수일 뿐이므로 ClickIt 클래스를 사용하는 프로그램과 이름 충돌 문제를 야기하지 않는다. 마지막으로 주목할 점은 버튼 이벤트 핸들러를 self.clicked로 정의했다는 점인데, 이는 clicked()가 ClickIt 클래스의 메소드임을 의미한다. 메소드 clicked()의 구현은 다음과 같다.

모듈 ch9.py

```
    def clicked(self):
        '날짜와 시간 정보를 출력한다.'
        time = strftime('Day: %d %b %Y\nTime: %H:%M:%S %p\n',
                        localtime())
        showinfo(message=time)
```

원래 프로그램 clickit.py에서 clicked의 가시영역은 전역이었던 것과 달리 여기서는 클래스의 메소드이므로 전역이 아니다.

따라서 클래스 ClickIt은 코드와 더불어 이름 clicked 및 button도 캡슐화한다고 볼 수 있다. 이는 두 이름 중 어느 이름도 ClickIt 위젯을 사용하는 프로그램에 보이지 않는다는 것을 의미한다. 따라서 개발자는 이름 충돌에 대해 걱정할 필요가 없다. 게다가 ClickIt 위젯은 독자적으로 사용하는 것은 물론 더 큰 GUI에 결합시켜 사용하기에도 매우 쉽다. 예컨대 다음 코드에서는 ClickIt 위젯을 GUI 윈도우에 포함시켜서 사용하고 있다.

```
>>> root = Tk()
>>> app = ClickIt(root)
>>> app.pack()
>>> root.mainloop()
```

공유 위젯을 인스턴스 변수에 대입함

다음 예제로 GUI 프로그램 day.py를 클래스로 다시 구현해 보자. 이를 통해 어떤 경우에 위젯을 인스턴스 변수에 대입해야 하는지 살펴보고자 한다. 변경 전 day.py 프로그램은 다음과 같다(import문과 주석은 생략함).

모듈 day.py

```
def compute():
    global dateEnt              # dateEnt는 전역 변수임

    date = dateEnt.get()
    weekday = strftime('%A', strptime(date, '%b %d, %Y'))
```

```
        showinfo(message = '{} was a {}'.format(date, weekday))
        dateEnt.delete(0, END)

root = Tk()

label = Label(root, text='Enter date')
label.grid(row=0, column=0)

dateEnt = Entry(root)
dateEnt.grid(row=0, column=1)

button = Button(root, text='Enter', command=compute)
button.grid(row=1, column=0, columnspan=2)

root.mainloop()
```

이 코드에서 compute와 label, dateEnt, button이란 이름의 가시영역은 전역이다. 이제 이 프로그램을 수정하여 이들 이름 및 코드를 캡슐화하는 클래스 Day를 구현하고자 한다.

ClickIt 생성자가 버튼 위젯의 생성을 담당했던 것처럼 Day 생성자도 레이블과 엔트리, 버튼 위젯을 책임지고 생성해야 한다. 다만 엔트리 dateEnt는 이벤트 핸들러 compute()에서 참조해야 하므로 단순히 Day 생성자의 지역 변수로 만들면 안 된다. 대신 이벤트 핸들러가 참조할 수 있도록 인스턴스 변수로 만든다.

모듈 ch9.py

```
from tkinter import Tk, Button, Frame, Entry, Label, END
from time import strptime, strftime, localtime
from tkinter.messagebox import showinfo

class Day(Frame):
    '주어진 날짜의 요일을 계산하는 프로그램'

    def __init__(self, master):
        Frame.__init__(self, master)
        self.pack()

        label = Label(self, text='Enter date')
        label.grid(row=0, column=0)

        self.dateEnt = Entry(self)      # 인스턴스 변수
```

```
            self.dateEnt.grid(row=0, column=1)

            button = Button(self, text='Enter',
                            command=self.compute)
            button.grid(row=1, column=0, columnspan=2)

        def compute(self):
            '''dateEnt에 있는 날짜에 상응하는 요일을 표시한다.
               날짜는 MMM DD, YYYY 형식을 따른다(예: Jan 21, 1967).'''
            date = self.dateEnt.get()
            weekday = strftime('%A', strptime(date, '%b %d, %Y'))
            showinfo(message = '{} was a {}'.format(date, weekday))
            self.dateEnt.delete(0, END)
```

Label 위젯과 Button 위젯은 이벤트 핸들러가 전혀 참조하지 않으므로 인스턴스 변수에 대입할 필요가 없다. 생성자의 지역 변수에 대입하기만 해도 된다. 이벤트 핸들러 compute()는 ClickIt의 clicked()처럼 클래스에 소속된 메소드이다. 사실 사용자 정의 위젯 클래스에서 이벤트 핸들러는 항상 메소드 형태로 구현된다.

클래스 Day는 프로그램 day.py에서 전역이었던 네 개의 이름을 캡슐화한다. ClickIt 클래스처럼 Day 위젯도 GUI에 쉽게 결합될 수 있다. 실제로 그런지 보기 위해 이 두 위젯을 하나의 GUI에 결합시켜 실행시키면 다음과 같다.

```
>>> root = Tk()
>>> day = Day(root)
>>> day.pack()
>>> clickit = ClickIt(root)
>>> clickit.pack()
>>> root.mainloop()
```

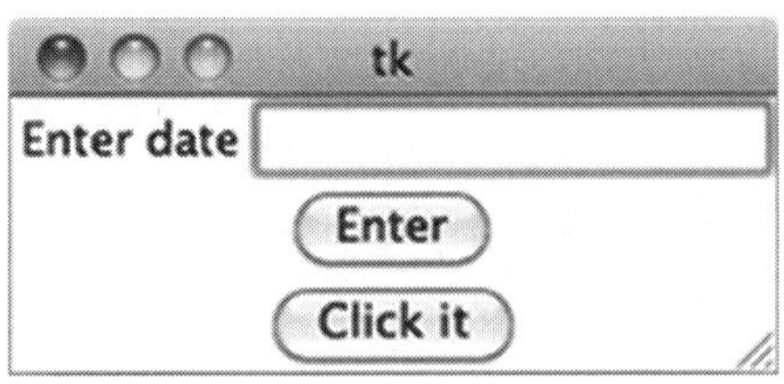

그림 9.13
GUI에 결합된 두 개의 사용자 정의 위젯
사용자 정의 위젯 클래스도 내장 위젯 클래스처럼 사용할 수 있다.

그림 9.13에 나타낸 실행 결과를 보면 ClickIt 위젯 위쪽에 Day 위젯이 배치된 것을 볼 수 있다.

실습 9.8

GUI 프로그램 `keylogger.py`를 사용자가 정의한 새로운 위젯 클래스로 다시 구현하라. 이 GUI에 포함된 `Text` 위젯을 인스턴스 변수에 대입할 것인지 여부를 판단해야 한다.

공유 데이터를 인스턴스 변수에 대입하기

GUI를 사용자 정의 위젯 클래스로 캡슐화하여 구현할 때의 장점을 좀 더 살펴보기 위해 GUI 프로그램 `draw.py`를 다시 구현해 보자. 이 프로그램에는 마우스를 사용하여 그림을 그릴 수 있는 캔버스가 있다는 점을 기억하자. 다음은 `draw.py`의 최초 구현 버전이다.

모듈 draw.py

```
from tkinter import Tk, Canvas

def begin(event):
    '곡선의 시작점을 마우스의 초기 위치로 설정한다.'
    global oldx, oldy
    oldx, oldy = event.x, event.y

def draw(event):
    '마우스의 직전 위치와 새 위치 사이를 잇는 선분을 그린다.'
    global oldx, oldy, canvas          # oldx와 oldy는 수정됨
    newx, newy = event.x, event.y      # 마우스의 새 위치
    canvas.create_line(oldx, oldy, newx, newy)
    oldx, oldy = newx, newy            # 새 위치를 직전 위치로 설정

root = Tk()

oldx, oldy = 0, 0                      # 마우스 좌표 (전역 변수)

canvas = Canvas(root, height=100, width=150)
canvas.bind("<Button-1>", begin)
canvas.bind("<Button1-Motion>", draw)
canvas.pack()

root.mainloop()
```

원본 `draw.py` 프로그램에서는 연속적으로 전달되는 마우스 좌표를 저장하기 위해 `oldx`와 `oldy`라는 전역 변수를 사용했다. 전역 변수를 사용했던 이유는 이벤트 핸들러 `begin()`과 `draw()`에서 이들 변수를 참조하기 때문이었다. 새로운 위젯 클래스에서는

마우스 좌표를 인스턴스 변수에 저장할 수 있다.

마찬가지로 canvas도 이벤트 핸들러 draw()에서 참조하기 때문에 인스턴스 변수에 저장해야 한다.

모듈 ch9.py

```
from tkinter import Tk, Canvas, Frame, BOTH
class Draw(Frame):
    '간단한 그림 그리기 프로그램'

    def __init__(self, parent):
        Frame.__init__(self, parent)
        self.pack()

        # 마우스 좌표는 인스턴스 변수임
        self.oldx, self.oldy = 0, 0

        # 캔버스를 생성하고 마우스 이벤트를 핸들러에 바인딩함
        self.canvas = Canvas(self, height=100, width=150)
        self.canvas.bind("<Button-1>", self.begin)
        self.canvas.bind("<Button1-Motion>", self.draw)
        self.canvas.pack(expand=True, fill=BOTH)

    def begin(self,event):
        '마우스 위치를 기록함으로써 마우스 좌측 버튼 누름 이벤트를 처리함'
        self.oldx, self.oldy = event.x, event.y

    def draw(self, event):
        '''마우스 좌측 버튼을 누르며 움직일 때
           이전 위치와 새로운 위치를 연결함'''
        newx, newy = event.x, event.y
        self.canvas.create_line(self.oldx, self.oldy, newx, newy)
        self.oldx, self.oldy = newx, newy
```

실습 9.9

플로터 GUI 프로그램을 사용자 정의 위젯 클래스로 다시 구현하라. 이 위젯 클래스는 플로터의 상태(즉, 펜 위치)를 캡슐화해야 한다. 어떤 위젯들을 인스턴스 변수에 대입해야 하는지 곰곰이 생각해 보자.

E-Book 사례연구: 계산기 개발

사례연구 CS.9에서는 간단한 계산기 GUI를 구현한다. OOP 기법을 사용하여 계산기 GUI를 하나의 사용자 정의 클래스로 처음부터 새로 구현한다. 그 과정에서 여러 버튼에서 발생되는 이벤트를 어떻게 이벤트 핸들링 함수 하나로 처리하도록 작성할 수 있는지 살펴본다.

요약

이 장에서는 Python에서의 GUI 개발에 관해 소개하였다.

우리가 소개한 구체적인 Python GUI API는 표준 라이브러리 모듈 `tkinter`였다. 이 모듈에는 GUI의 전형적인 컴포넌트인 버튼, 레이블, 텍스트 입력창 등에 대응하는 위젯들이 구비되어 있다. 이 장에서는 위젯 클래스인 `Tk`와 `Label`, `Button`, `Text`, `Entry`, `Canvas`, `Frame`을 다루었다. 다른 위젯 클래스 학습을 위해서 온라인 `tkinter` 문서가 수록된 웹사이트를 소개하였다.

GUI를 구성하는 위젯들의 크기와 위치를 정하는(배치하는) 방법에는 여러 가지가 있었다. 이 장에서는 그 중에서 위젯 클래스 메소드 `pack()`과 `grid()`를 소개하였다. 또한 상당히 복잡한 GUI의 기하학적 형태를 계층적인 방식으로 구성하는 방법을 예를 통해 설명하였다.

GUI는 마우스 버튼 클릭, 마우스 이동, 키보드 키 입력 등과 같은 사용자 이벤트에 대해 반응하는 대화식 프로그램이다. 이 장에서는 이러한 이벤트에 응답하는 이벤트 핸들러를 정의하는 방법도 설명하였다. 이벤트 핸들러(즉, 이벤트에 응답하는 함수)를 개발함으로써 이벤트 구동 프로그래밍이라는 새로운 스타일의 프로그래밍 방법을 접할 수 있었다. 이벤트 핸들러는 11장에서 HTML 파일 분석에 대해 논할 때 한 번 더 소개할 예정이다.

마지막으로 GUI 개발 과정에서 OOP의 이점을 설명하였는데 이것이 아마 이 장의 가장 중요한 내용일 것이다. 더 큰 GUI의 구성요소로 쉽게 결합 가능한 새로운 위젯 클래스 형태로 GUI 프로그램을 개발하는 방법을 설명하였다. 이 과정에서 상속, 모듈화, 추상화, 캡슐화와 같은 OOP 개념을 이용하였다.

실습문제 해답

9.1 텍스트 레이블의 너비와 높이를 명시하기 위해 `width`와 `height` 옵션을 사용한다(`width` 값 20은 레이블 안에 20개의 문자를 넣을 수 있다는 것을 의미함). `peace` 기호 위젯의 주변 공간을 여백으로 채우려면 `pack()`을 호출할 때 옵션 `expand`와 `fill`을 각각 `True`와 `BOTH`로 설정하여 호출한다.

모듈 peaceandlove.py

```
from tkinter import Tk, Label, PhotoImage, BOTH, RIGHT, LEFT
root = Tk()

label1 = Label(root, text="Peace & Love", background='black',
               width=20, height=5, foreground='white',
               font=('Helvetica', 18, 'italic'))
label1.pack(side=LEFT)

photo = PhotoImage(file='peace.gif')

label2 = Label(root, image=photo)
label2.pack(side=RIGHT, expand=True, fill=BOTH)

root.mainloop()
```

9.2 반복문을 사용하여 모든 레이블들을 생성한다. 첫 번째 행에 배치될 "요일"에 해당하는 레이블에 대한 처리를 위해, 먼저 요일 리스트를 만들고 이 리스트에 대한 반복문을 통해 각 레이블 위젯을 생성하여 첫 번째 행의 적절한 위치에 배치하는 것이 가장 효과적이다. 관련 코드는 다음과 같다.

모듈 ch9.py

```
days = ['Mon', 'Tue', 'Wed', 'Thu', 'Fri', 'Sat', 'Sun']
# 요일 레이블을 생성하고 배치한다.
for i in range(7):
    label = Label(root, text=days[i])
    label.grid(row=0, column=i)
```

날짜 레이블을 생성하고 배치할 때에도 반복문을 사용한다. 변수 `week`와 `weekday`는 각각 행과 열을 순서대로 기록할 때 사용한다.

모듈 ch9.py

```
# 주어진 달의 1일에 해당하는 요일과 그 달의 날 수를 구한다.
weekday, numDays = monthrange(year, month)
# 첫 번째 행(week = 1)과 첫 번째 열(weekday = 1)부터 시작하여 달력을 생성한다.
week = 1
for i in range(1, numDays+1):          # for i = 1, 2, ..., numDays
    # i에 대한 레이블을 생성하여 행 week과 열 weekday에 배치한다.
    label = Label(root, text=str(i))
    label.grid(row=week, column=weekday)

    # weekday(열)과 week(행)을 갱신한다.
    weekday += 1
    if weekday > 6:
        week += 1
        weekday = 0
```

9.3 두 개의 버튼을 만들어야 한다. 다음 코드는 각 버튼에 대한 이벤트 핸들링 함수를 보여준다.

모듈 twotimes.py

```
def greenwich():
    '그리니치 표준 날짜와 시간 정보를 출력한다.'
    time = strftime('Day: %d %b %Y\nTime: %H:%M:%S %p\n',
                    gmtime())
    print('Greenwich time\n' + time)

def local():
    '지역 날짜와 시간 정보를 출력한다.'
    time = strftime('Day: %d %b %Y\nTime: %H:%M:%S %p\n',
                    localtime())
    print('Local time\n' + time)

# 지역 시간 버튼
buttonl = Button(root, text='Local time', command=local)
buttonl.pack(side=LEFT)

# 그리니치 표준시 버튼
buttong = Button(root,text='Greenwich time', command=greenwich)
buttong.pack(side=RIGHT)
```

9.4 여기에는 프로그램 day.py에서 바뀌는 부분만 기술한다. 버튼 "Enter"를 위한 이벤트 핸들링 함수 compute()는 다음과 같이 수정한다.

```
def compute():
    global dateEnt                    # dateEnt는 전역 변수임
    # 엔트리 dateEnt로부터 데이터를 읽음
    date = dateEnt.get()
    # 데이터에 해당되는 요일을 계산
    weekday = strftime('%A', strptime(date, '%b %d, %Y'))
    # 팝업 윈도우에 요일을 표시함
    dateEnt.insert(0, weekday+' ')
```

버튼 "Clear"에 대한 이벤트 핸들링 함수는 다음과 같다.

```
def clear():
    'datEnt를 지움'
    global dateEnt
    dateEnt.delete(0, END)
```

마지막으로, 각 버튼은 다음과 같이 정의한다.

```
# Enter 버튼
button = Button(root, text='Enter', command=compute)
button.grid(row=1, column=0)

# Clear 버튼
button = Button(root, text='Clear', command=clear)
button.grid(row=1, column=1)
```

9.5 [Enter/Return] 키에 대한 이벤트를 이벤트 핸들링 함수와 연결해야 한다. 이 함수는 Event 객체를 인수로 받는데 하는 일은 단순히 핸들러 compute()를 호출하는 것이다. 따라서 day.py에 다음 코드만 추가하면 된다.

```
def compute2(event):
    compute()

dateEnt.bind('<Return>', compute2)
```

9.6 문제 해결의 핵심은 canvas.create_line(x,y,newX,newY)에 의해 반환되는 항목들을 리스트 curve와 같은 컨테이너에 저장하는 것이다. 이 컨테이너는 새로 그림을 그릴 때마다 매번 빈 리스트로 초기화되어야 한다.

모듈
draw2.py

```
def begin(event):
    '곡선의 시작점을 마우스 초기 위치로 설정한다.'
    global oldx, oldy, curve
```

```
        oldx, oldy = event.x, event.y
        curve = []
```

마우스를 움직이면 Canvas 메소드 create_line()에 의해 생성된 선분의 ID들을 리스트 curve에 추가한다. 이벤트 핸들링 함수 draw()를 다시 구현하면 다음과 같다.

모듈 draw2.py

```
def draw(event):
    '마우스의 직전 위치와 새 위치 사이를 잇는 선분을 그린다.'
    global oldx, oldy, canvas, curve            # x and y는 갱신됨
    newx, newy = event.x, event.y               # 마우스의 새 위치
    # 마우스 직전 위치와 현재 위치를 연결함
    curve.append(canvas.create_line(oldx, oldy, newx, newy))
    oldx, oldy = newx, newy                     # 새 위치를 직전 위치로 설정
def delete(event):
    '마지막에 그린 곡선을 제거한다.'
    global curve
    for segment in curve:
        canvas.delete(segment)
# Ctrl-마우스 왼쪽 버튼 클릭을 delete()에 바인딩함
canvas.bind('<Control-Button-1>', delete)
```

<Control-Button-1> 이벤트에 대한 핸들러 함수 delete()는 curve에 있는 모든 선분 ID에 대해 canvas.delete()를 호출해야 한다.

9.7 함수 up()과 유사하게 구현한다.

모듈 plotter.py

```
def down():
    '펜을 아래로 10 픽셀 이동시킴'
    global y, canvas                            # y는 갱신됨
    canvas.create_line(x, y, x, y+10)
    y += 10
def left():
    '펜을 좌측으로 10 픽셀 이동시킴'
    global x, canvas                            # x는 갱신됨
    canvas.create_line(x, y, x-10, y)
    x -= 10
def right():
    '펜을 우측으로 10 픽셀 이동시킴'
```

```
        global x, canvas                          # x는 갱신됨
        canvas.create_line(x, y, x+10, y)
        x += 10
```

9.8 Text 위젯은 이벤트 핸들러에서 사용되지 않으므로 인스턴스 변수에 저장하지 않아도 된다.

모듈
ch9.py

```
from tkinter import Text, Frame, BOTH
class KeyLogger(Frame):
    '키 입력을 기록하는 기본 편집기'
    def __init__(self, master=None):
        Frame.__init__(self, master)
        self.pack()
        text = Text(width=20, height=5)
        text.bind('<KeyPress>', self.record)
        text.pack(expand=True, fill=BOTH)
    def record(self, event):
        '''키 입력 이벤트에 대해
           해당 문자를 출력하도록 처리함'''
        print('char={}'.format(event.keysym))
```

9.9 버튼 클릭을 처리하는 move() 함수에서는 Canvas 위젯만 참조하기 때문에 위젯 중에서는 Canvas 위젯만 인스턴스 변수 self.canvas에 대입하면 된다. 펜의 좌표(즉, 펜의 상태) 또한 인스턴스 변수 self.x와 self.y에 저장해야 한다. 정답 코드는 모듈 ch9.py와 같다. 이 코드에서는 "up" 버튼을 생성하는 생성자 코드 일부와 해당 핸들러만 보였는데 나머지 버튼도 이와 유사하게 구현하면 된다.

모듈
ch9.py

```
        # up 버튼 생성
        b = Button(buttons, text='up', command=self.up)
        b.grid(row=0, column=0, columnspan=2)

    def up(self):
        '펜을 위로 10 픽셀 이동시킴'
        self.canvas.create_line(self.x, self.y, self.x, self.y-10)
        self.y -= 10
```

연습문제

9.10 좌측에는 자신의 사진을, 우측에는 이름, 성, 출생지, 생년월일을 보여주는 GUI 윈도우 프로그램을 작성하라. 사진은 GIF 형식이어야 한다. GIF 사진이 없으면 JPEG 사진을 GIF 형식으로 변환해 주는 무료 온라인 변환기를 찾아서 변환하여라.

9.11 실습문제 9.3의 해답을 수정하여 독립적인 팝업 윈도우에 시간을 표시하는 프로그램을 작성하라.

9.12 9.1절에서 소개한 전화기 다이얼 GUI 프로그램에서 레이블 대신 버튼들로 다이얼이 구성되도록 프로그램을 수정하라. 사용자가 어떤 전화번호를 입력하면 전화번호가 대화식 셸에 출력되어야 한다.

9.13 프로그램 `plotter.py`에서 사용자는 펜을 이동시키기 위해 네 개의 버튼 중 하나를 클릭해야 한다. 이 프로그램을 수정하여 버튼 대신에 키보드의 방향키를 사용할 수 있도록 하라.

9.14 위젯 클래스 `Plotter`에는 네 개의 비슷한 이벤트 핸들러 `up()`, `down()`, `left()`, `right()`가 구현되어 있다. 이 네 개의 함수 대신에 하나의 함수 `move()`만 사용하도록 클래스를 다시 작성하라. 함수 `move()`는 두 개의 인수 `dx`와 `dy`를 받아들여 펜의 위치를 `(x, y)`에서 `(x+dx, y+dy)`로 변경시키는 함수이다.

9.15 `Plotter` 위젯에 두 개의 버튼을 추가하라. 추가할 버튼 하나는 "clear" 버튼으로서 캔버스를 지우는 버튼이며 다른 하나는 "delete" 버튼으로서 최종 펜 이동을 제거하는 버튼이다.

실전문제

9.16 실습문제 5.1에서 정의한 체질량 지수(BMI)를 사용자에게 알려주는 GUI 프로그램을 구현하라. 구현할 GUI는 아래 그림과 같은 형태여야 한다.

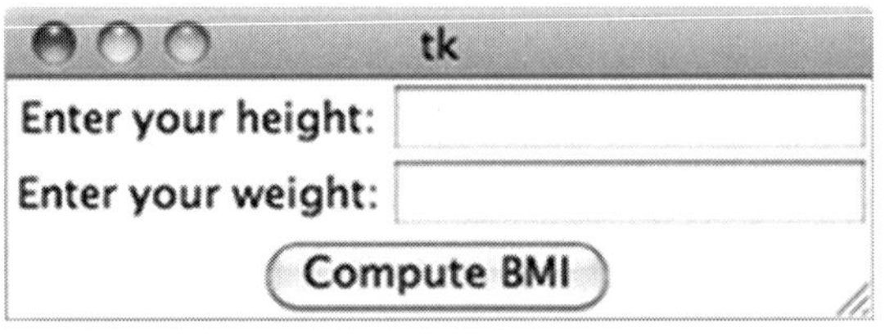

몸무게와 키를 입력한 후에 버튼을 클릭하면 BMI 정보를 나타내는 새로운 윈도우가 팝업되어야 한다. 몸무게와 키를 다시 입력할 때 이전 데이터를 삭제해야 하는 번거로움을 없애기 위해 GUI 프로그램이 자동으로 삭제하도록 하라.

9.17 대출원금과 대출이율(%), 대출기간(대출 개월 수)을 입력으로 받아 월별 대출 상환금을 계산하는 GUI 프로그램을 개발하라. 개발할 GUI에는 사용자로부터 입력 정보를 받기 위한 세 개의 레이블 및 입력 창이 있어야 한다. 또한 "Compute mortgage" 버튼을 만들어 이 버튼을 클릭하면 별도의 네 번째 입력 창에 월 상환금을 표시해야 한다.

대출원금이 a, 대출이율이 r, 대출기간이 t일 때 월별 대출 상환금 m은 다음과 같이 계산한다.

$$m = \frac{a \times c \times (1+c)^t}{(1+c)^t - 1}$$

여기서 $c = r/1200$이다.

9.18 크기가 480×640인 `Frame` 위젯 하나로 구성된 GUI를 제작하라. 이 GUI 프로그램은 사용자가 프레임 내의 임의 위치를 클릭할 때마다 클릭된 위치의 좌표를 대화식 셸에 출력해야 한다.

```
>>>
you clicked at (55, 227)
you clicked at (426, 600)
you clicked at (416, 208)
```

9.19 9.1절의 전화기 다이얼 GUI에서 레이블 대신에 버튼을 사용하도록, 또 위쪽에 입력 창 하나가 배치되도록 수정하라. 사용자가 전화번호를 입력하면 이 번호를 전통적인 미국 전화번호 형식으로 입력 창에 표시해야 한다. 예를 들어, 사용자가 1234567890을 입력하면, 엔트리 박스에는 123-456-7890이 표시되어야 한다.

🔊 미국에서는 지역번호와 국번이 모두 세 자리임.

9.20 숫자 알아맞히기 게임을 구현하기 위한 새로운 위젯 클래스 `Game`을 개발하라. 게임이 시작되면 프로그램은 0과 9사이의 비밀 숫자를 임의로 골라 저장한다. 그런 다음 사용자에게 비밀 숫자를 추측하여 입력하도록 요청한다. GUI에는 사용자가 추측한 숫자를 입력하기 위한 `Entry` 위젯과 그 숫자를 프로그램에 전달하는 `Button` 위젯이 있어야 한다.

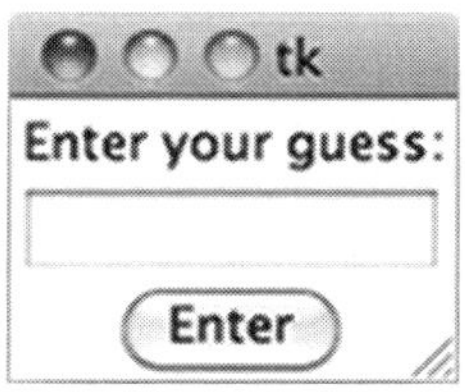

추측한 숫자가 맞으면 별도의 팝업 윈도우에 맞았다는 사실을 나타낸다. 사용자가 숫자를 맞힐 때까지 계속해서 추측한 수를 입력할 수 있도록 해야 한다.

9.21 문제 9.20에서는 입력 창에 추측한 수를 입력한 후에 키보드의 Enter/Return 키를 눌러도 그냥 무시된다. Enter/Return 키를 눌러도 버튼 클릭처럼 동작하도록 `Game` GUI를 수정하라.

9.22 문제 9.21의 `Game` 위젯을 수정하여 사용자가 숫자를 맞혔을 때 자동으로 새로운 게임이 시작되도록 하라. 사용자에게 숫자를 알아맞혔다는 사실을 알려주는 윈도우에 "게임을 다시 시작합니다."와 같은 메시지를 표시해야 한다. 새로운 게임을 시작할 때마다 다시 새로운 숫자를 선택해야 한다는 점에 주의하자.

9.23 두 개의 주사위를 사용하는 도박 게임 크랩스를 흉내내는 GUI 위젯 `Craps`를 구현하라. GUI에는 새로운 게임을 시작하는 버튼이 있어야 하며 이 버튼을 누르면 두 개의 주사위를 처음 던져서 나온 결과(initial roll)를 `Entry` 위젯에 표시해야 한다.

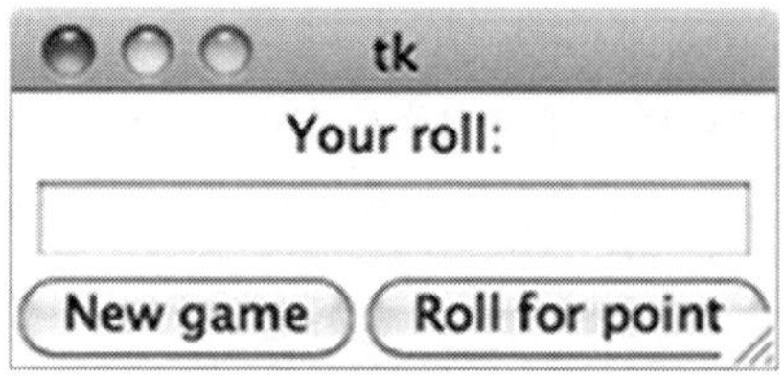

처음 던진 주사위가 이기거나 지는 상태가 아니면 사용자는 이길 때까지 "Roll for point" 버튼을 계속 누를 수 있어야 한다.

9.24 텍스트 박스를 이용하여 타이핑 속도를 측정하는 응용 프로그램을 개발하라. 프로그램은 사용자가 첫 문자를 입력할 때의 시간을 기록하여야 한다. 그리고 공백 문자를 입력할 때마다 (1) 바로 앞 단어를 입력하는 데 걸린 시간과 (2) 지금까지의 타이핑 속도를 1분당 입력 단어 수로 출력한다. 단어 당 평균 2초 걸려 입력했다면 1분당 입력 단어 수는 30으로 표시되어야 한다.

9.25 초등학교 1학년 학생을 위한 덧셈 및 뺄셈 학습 클래스 `Ed`를 새로운 위젯 클래스 형태로 개발하라. 이 위젯의 GUI는 두 개의 `Entry` 위젯과 "Enter"라고 표시된 `Button` 위젯으로 구성된다.

프로그램은 처음에 (1) 임의의 한 자릿수 `a`와 `b`를 생성하고 (2) 덧셈이나 뺄셈을 나타내는 연산자 `o`를 생성해야 한다. 모듈 `random`의 `randrange()` 함수를 이용하면 같은 확률로 `a`와 `b`, 연산자 `o`를 뽑을 수 있다. 그 다음엔 수식 `a o b`를 첫 번째 `Entry` 위젯에 표시한다(이때 `a`가 `b`보다 작고 `o`가 뺄셈이면 `b o a`를 표시함으로써 수식의 결과가 음수가 되지 않도록 함). 예컨대 3+2, 4+7, 5−2, 3−3과 같은 수식은 가능하지만 2−6과 같은 수식은 나오면 안 된다.

사용자는 첫 번째 `Entry` 위젯에 표시된 수식의 결과를 두 번째 `Entry` 위젯에 입력하고 "Enter" 버튼(또는 키보드의 Return 키)를 눌러야 한다. 정답을 입력하면 새로운 윈도우에 "You got it!"을 표시한다.

9.26 문제 9.25의 GUI에 기능을 보강하여 사용자가 문제에 정확하게 답하면 새로운 문제가 출제되도록 하라. 또한 각 문제에 대해 몇 번 입력하여 정답을 맞혔는지 계산하여 정답을 맞혔을 때 나타나는 메시지에 그 정보가 포함되도록 하라.

9.27 문제 9.26의 위젯 `Ed`를 개선하여 최근에 출제된 문제가 다시 출제되는 일이 없도록 하라. 구체적으로 말해서, 새 문제는 앞선 10개의 문제와는 다르게 항상 출제되어야 한다.

9.28 GUI를 기반으로 달력 프로그램을 만들기 위한 위젯 클래스 `Calendar`를 개발하라. `Calendar` 생성자는 마스터 위젯과 연도, 월(1부터 12까지의 수)을 인수로 받아야 한다. 예를 들어 `Calendar(root, 2012, 2)`를 호출하면 마스터 위젯 `root` 내에 `Calender` 위젯이 생성되어야 한다. `Calendar` 위젯은 주어진 연도의 해당 월에 대한 달력 화면을 표시하며 모든 날짜가 버튼으로 구성되도록 해야 한다.

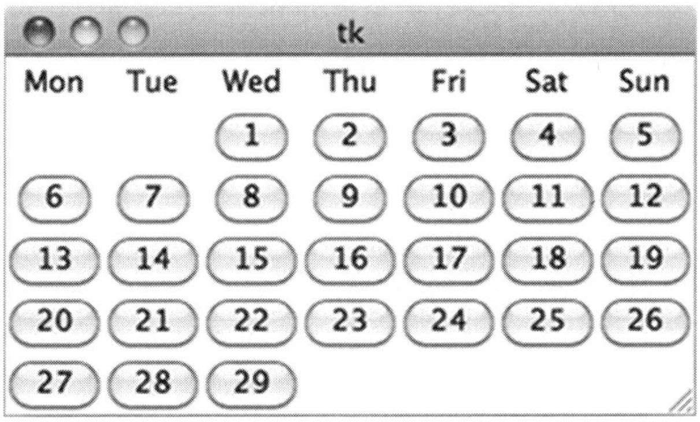

그 다음엔 어떤 날을 클릭하면 다음과 같은 대화상자를 보여 주어야 한다.

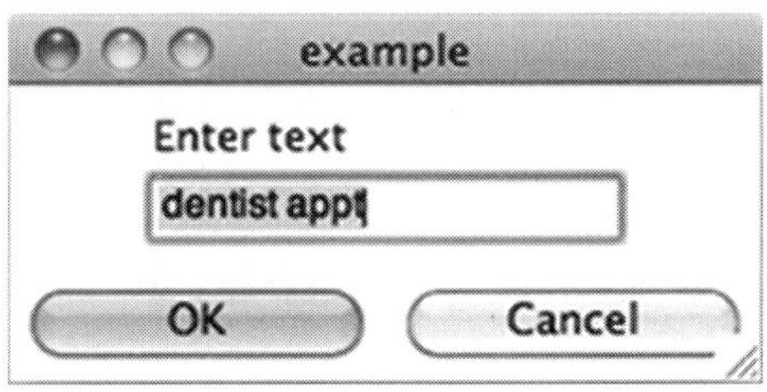

이 대화상자의 입력 창에는 해날 날짜의 일정을 입력할 수 있다. 버튼 "OK"를 클릭하면 대화상자는 사라진다. 그러나 달력 윈도우에서 같은 날짜의 버튼을 다시 클릭하면 입력한 정보를 포함하고 있는 대화상자가 나타나야 한다.

모듈 `tkinter.simpledialog`의 `askstring` 함수를 사용하면 대화상자 윈도우를 만들 수 있다. 이 함수는 윈도우 제목과 레이블을 입력 인수로 받고 사용자가 입력한 내용을 반환한다. 앞서 예시한 대화상자는 다음과 같이 호출함으로써 생성할 수 있다.

```
askstring('example', 'Enter text')
```

사용자가 "OK" 버튼을 클릭하면 이 함수는 입력 창에 입력된 문자열을 반환한다.

이 함수의 옵션 인수 `initialvalue`에 문자열을 대입하면 입력 창에 그 문자열을 넣어준다.

```
askstring('example', 'Enter text', initialvalue='appt with John')
```

9.29 문제 9.28의 `Calendar` 클래스를 수정하여 임의의 해, 임의의 달에 대해서도 사용할 수 있도록 하라. 프로그램이 시작되면 이번 달에 대한 달력이 표시된다. 또한 두 개의 버튼 "previous"와 "next"를 추가하여 각 버튼이 클릭될 때마다 이전 달이나 다음 달로 달력이 바뀌도록 하라.

제10장

재귀호출

이 장에서는 강력한 문제 해결 기법인 재귀호출과 이와 관련하여 프로그램의 실행시간 분석에 대해 설명한다.

재귀호출은 문제의 해를 그 문제의 부분 문제(subproblem)들의 해를 이용하여 표현하는 문제 해결 기법이다. 재귀호출을 이용하면 꽤 어렵게 느껴지는 문제가 간단히 해결되기도 한다. 문제를 재귀적으로 풀기 위해 함수를 개발하다 보면 함수는 자연스럽게 자기 자신을 호출하게 되는데, 이러한 함수를 재귀함수라고 한다. 재귀함수의 실행을 지원하기 위해 이름공간과 프로그램 스택이 사용된다.

이 장에서는 구체적인 예를 통해서 수 패턴, 프랙탈, 바이러스 검사, 탐색 등에서 재귀호출이 어떻게 이용되는지를 살펴볼 예정이다. 선형 재귀호출과 비선형 재귀호출의 차이점을 살펴본 후에 반복 구조와 선형 재귀호출 사이의 밀접한 관계에 대하여 예를 통해 알아본다.

재귀호출을 사용해야 하는 경우와 사용하지 않아야 하는 경우에 대해 논의하면서 프로그램의 실행시간이라는 주제를 다룬다. 지금까지는 프로그램의 효율성에 대해서 고민하지 않았다. 이 장에서는 프로그램 효율성을 엄밀히 정의하고 기본적인 탐색 문제를 대상으로 프로그램의 효율성을 분석해 본다. 또한 입력의 크기를 기반으로 하여 함수의 실행시간을 실험적으로 분석해 주는 도구도 개발한다.

10.1 재귀호출 소개

재귀함수(recursive function)란 자기 자신을 호출하는 함수이다. 이 절에서 재귀함수의 의미와 재귀함수의 실행 과정을 설명한다. 또한 문제 해결 기법으로서 **재귀적 사고방식**(recursive thinking)의 개념을 소개한다. 다음 절에서는 재귀적 사고를 문제에 적용하여 재귀함수를 개발하는 방법을 살펴볼 예정이다.

자신을 호출하는 함수

다음은 자신을 호출하는 함수의 예이다.

모듈
ch10.py

```
1 def countdown(n):
2     print(n)
3     countdown(n-1)
```

함수 countdown() 구현의 세 번째 행에서 countdown() 호출을 확인할 수 있다. 결국 함수 countdown()은 자기 자신을 호출하고 있는 것이다. 이렇게 함수가 자기 자신을 호출하는 것을 **재귀호출**(recursive call)이라고 부른다.

함수의 작동 방식을 이해하기 위해 countdown(3)을 호출하였을 때, 어떻게 수행되는지 추적해 보자.

- countdown(3)이 수행되면 입력 인수 3이 출력되고 그 다음엔 n-1, 즉 3-1=2를 입력 인수로 하여 countdown()이 호출된다. 화면에 3이 출력된 상태에서 다시 countdown(2)의 수행을 계속해서 추적하자.
- countdown(2)가 수행되면 입력 인수 2가 출력되고 그 다음엔 n-1, 즉 2-1=1을 입력 인수로 하여 countdown()이 호출된다. 화면에는 현재 3과 2가 출력되어 있다. 여기서 다시 countdown(1)의 수행을 계속해서 추적해 보자.
- countdown(1)이 수행되면 입력 인수 1이 출력되고 그 다음엔 n-1, 즉 1-1=0을 입력 인수로 하여 countdown()이 호출된다. 화면에는 3, 2, 1이 출력되어 있다. 여기서 다시 countdown(0)의 수행을 계속해서 추적해 보자.
- countdown(0)이 수행되면 입력 인수 0이 출력되고 그 다음엔 n-1, 즉 0-1=-1을 입력 인수로 하여 countdown()이 호출된다. 화면에는 3, 2, 1, 0이 출력되어 있다. 여기서 다시 countdown(-1)의 수행을 계속해서 추적해 보자.
- countdown(-1)이 수행되면, ...

이 수행 과정은 결코 끝나지 않는 것 같다. 이제 인터프리터 셸에서 이 함수를 실행시켜 정말 그런지 확인해 보자.

```
>>> countdown(3)
3
2
1
0
-1
-2
-3
...
```

함수는 최초의 입력 값을 시작으로 하여 카운트다운을 수행한다. countdown(3)을 호출한 후에 한동안 기다려보면 인터프리터 셸에는 다음과 같은 결과가 나타난다.

```
...
-974
-975
Traceback (most recent call last):
  File "<pyshell#0>", line 1, in <module>
    countdown(3)
  File "C:\me\ch10.py", line 3, in countdown
    countdown(n-1)
...
```

위 결과에서 볼 수 있는 것처럼 여러 줄에 걸쳐 오류 메시지를 출력한 후, 마지막으로 다음 메시지를 출력하고 끝난다.

```
RecursionError: maximum recursion depth exceeded while pickling an object
```

실행은 영원히 계속되어야 하지만 Python 인터프리터가 이를 중단시킨 것이다. Python이 왜 그렇게 했는지 그 이유는 곧 설명할 예정이다. 현 시점에서 우리가 알아야 할 것은 재귀함수에 **중단 조건**(stopping condition)이 없으면 재귀 호출이 무한히 계속된다는 점이다.

중단 조건

함수 countdown()이 다음과 같이 수행되어야 한다고 하자.

```
>>> countdown(3)
3
2
```

```
1
Blastoff!!!
```

또 아래와 같이 수행되어야 한다고 하자.

```
>>> countdown(0)
Blastoff!!!
```

함수 countdown()은 주어진 입력인 n부터 시작하여 0이 될 때까지 카운트다운을 수행하며, 0에 도달하면 **Blastoff!!!**를 출력해야 한다.

countdown()이 이렇게 수행되도록 하려면 입력 값 n에 따라 두 가지 경우를 고려해야 한다. 첫 번째는 입력 n이 0이나 음수인 경우인데, 이때는 그냥 **'Blastoff!!!'**만 출력하면 된다.

```
def countdown(n):
    '0까지 카운트다운한다.'
    if n <= 0:                    # 기저조건
        print('Blastoff!!!')
    else:
        # 함수의 나머지 부분
```

이 조건을 재귀호출의 **기저조건**(base case)라고 부른다. 이 조건은 재귀함수가 영원히 자신을 호출하지 않도록 보장해 주는 조건이다.

두 번째는 n이 양수인 경우로서, 앞서 보인 다음 코드처럼 수행되어야 한다.

```
        print(n)
        countdown(n-1)
```

어떻게 이 코드가 입력 값 $n > 0$에 대한 countdown() 함수의 구현이 될 수 있을까? 이 코드에 실린 의미는 "(양수) n부터 시작한 카운트다운은 n을 출력하고 난 후에 다시 $n-1$부터 카운트다운을 하는 것과 같다"라는 것이다. 이러한 부분 코드를 **재귀단계**(recursive step)라고 부른다.

이 두 경우를 통합한 재귀함수는 다음과 같다.

모듈 ch10.py

```
def countdown(n):
    'n부터 0까지 카운트다운한다.'
    if n <= 0:                    # 기저조건
        print('Blastoff!!!')
    else:                         # n > 0: 재귀단계
        print(n)                  # n을 출력함
        countdown(n-1)            # n-1부터 0까지 재귀적으로 카운트다운함
```

재귀함수의 속성

재귀함수가 종료하기 위해서는 다음 두 조건을 만족해야 한다.

1. 재귀호출을 종료시키는 기저조건이 하나 이상 있어야 한다. 함수 countdown()에서 기저조건은 입력 n에 대해 $n \le 0$이라는 것이다.
2. 함수의 입력 인수보다 기저조건에 더 "가까운" 인수를 이용한 재귀호출이 하나 이상 있어야 한다. 함수 countdown()에 있는 재귀호출은 입력 n보다 기저조건에 "더 가까운" $n-1$을 인수로 하여 실행된다.

"더 가깝다"는 것의 의미는 재귀함수가 해결하려고 하는 문제에 따라 다르다. 핵심은 기저조건에 더 가까운 입력 인수를 이용하여 재귀호출을 해야 한다는 것이다. 이렇게 함으로써 재귀호출은 궁극적으로 기저조건에 도달하게 되며 결국 재귀함수가 종료된다.

이 절의 후반부와 다음 절을 통해 다양한 재귀호출 예를 소개할 예정인데, 우리 목표는 재귀함수 작성법을 익히는 것이다. 그러려면 재귀적 사고방식을 배워야 하는데, 다시 말해서 주어진 문제의 해답을 부분 문제들의 해답을 이용하여 표현하는 방식을 배워야 한다. 굳이 왜 이런 복잡한 방법을 익혀야 할까? 어쨌든 함수 countdown()은 반복 구조를 이용해도 쉽게 작성할 수 있을 텐데 말이다(직접 구현해 보기 바람). 그 이유는 재귀함수가 제5장에서 사용한 반복 구조와는 다른 새로운 접근방식으로 문제를 해결할 수 있도록 해주기 때문이다. 주어진 문제에 따라서는 이 새로운 접근방식으로 실제 문제를 더 쉽게, 때론 엄청나게 쉽게 해결할 수 있다. 가령 당신이 웹 검색 프로그램을 작성하고 있다면 재귀함수에 대고 절이라도 하고 싶어질 것이다.

재귀적 사고방식

0 이상의 정수를 입력 인수로 받아 인수의 각 자릿수를 한 행에 하나씩 차례로 출력하는 재귀함수 vertical()을 재귀적 사고방식대로 개발해 보자. 이 함수의 수행 예는 다음과 같다.

```
>>> vertical(3124)
3
1
2
4
```

vertical()을 재귀함수로 개발하려면 먼저 재귀호출의 기저조건을 결정해야 한다. 그러려면 "문제가 쉽게 풀리는 조건은 무엇인가?" 찾아야 한다. 입력 인수가 어떤 수일 때 문제를 가장 쉽게 풀 수 있을까?

입력 인수 n이 한 자릿수라면 확실히 문제를 간단히 해결할 수 있다. 이 경우엔 n을 그냥 출력하기만 하면 된다.

```
>>> vertical(6)
6
```

그러므로 $n < 10$을 기저조건으로 둔다. 따라서 vertical()의 구현을 다음과 같이 시작할 수 있다.

```
def vertical(n):
    'n의 자릿수를 수직으로 출력한다.'
    if n < 10:           # 기저조건: n은 한 자릿수임
        print(n)           # n을 그냥 출력함
    else:                # 재귀단계: n은 둘 이상의 자릿수로 구성됨
        # 함수의 나머지 부분
```

함수 vertical()은 n이 10보다 작으면, 즉 n이 한 자릿수면, n을 출력한다.

기저조건에 대해서는 해결하였으므로, 이제 n이 둘 이상의 자릿수로 구성되는 경우를 생각해 보자. 이 경우, 숫자 n을 수직으로 출력하는 문제를 **"좀 더 쉬운"** 부분 문제, 즉 n보다 **"더 작은" 수**를 수직으로 출력하는 문제로 분할(또는 변환)하고자 한다. 이 문제에서 "더 작은" 수는 기저조건인 한 자릿수에 더 가까운 수를 말한다. 그러므로 이 문제에 대한 재귀함수는 n보다 자릿수가 더 적은 수를 인수로 하여 호출해야 한다.

이에 착안하여 알고리즘을 작성하면 다음과 같다. 기저조건이 아닌 경우에 n은 둘 이상의 자릿수로 구성되므로 문제를 다음과 같이 분할한다.

a. n에서 마지막 자릿수를 제거한 수를 세로로 출력한다. 마지막 자릿수를 제거한 수는 "더 작은" 수가 된다. 즉, n = 3124이라면 312를 인수로 하여 vertical()을 호출한다는 것을 의미한다.
b. 마지막 자릿수를 출력한다. 즉, n = 3124이라면 4를 출력한다는 것을 의미한다.

이제 남은 문제는 (1) n의 마지막 자릿수를 추출하는 것과 (2) 마지막 자릿수를 제거한 수를 구하는 것이다. 나머지 연산자(%)를 사용하면 마지막 자릿수를 구할 수 있다.

```
>>> n = 3124
>>> n%10
4
```

또한 정수 나누기 연산자(//)를 사용하면 마지막 자릿수를 제거한 수를 구할 수 있다.

```
>>> n//10
312
```

지금까지의 내용을 바탕으로 재귀함수를 작성하면 다음과 같다.

모듈 ch10.py

```
def vertical(n):
    'n의 자릿수를 수직으로 출력한다.'
    if n < 10:              # 기저조건: n은 한 자릿수임
        print(n)                # n을 그냥 출력함
    else:                   # 재귀단계: n은 둘 이상의 자릿수로 구성됨
        vertical(n//10)         # 마지막 자릿수를 제외하고 재귀적으로 출력함
        print(n%10)             # n의 마지막 자릿수를 출력함
```

실습 10.1

입력으로 0 이상의 정수를 받아 낮은 자릿수부터 순서대로 수직으로 출력하는 재귀함수 reverse()를 구현하라.

```
>>> reverse(3124)
4
2
1
3
```

재귀적으로 문제를 해결하는 과정을 요약하면 다음과 같다.

1. 먼저 주어진 문제에서 재귀호출 없이 바로 해결할 수 있는, 하나 이상의 기저조건을 찾는다.
2. 주어진 문제를 하나 이상의 부분 문제, 즉 기저조건에 더 가까운 부분 문제로 분할하고 이를 재귀적으로 해결한다. 그리고 재귀적으로 해결된 부분 문제들의 해답을 이용하여 원래 문제의 해를 구성한다.

실습 10.2

정수 n을 입력 인수로 받아 n개의 'Hip' 문자열 다음에 'Hurray!!!'를 출력하는 재귀함수 cheers()를 구현하라.

```
>>> cheers(0)
Hurray!!!
>>> cheers(1)
Hip Hurray!!!
>>> cheers(4)
Hip Hip Hip Hip Hurray!!!
```

재귀호출의 기저조건은 n이 0인 경우이다. 이때 함수는 'Hurray!!!!'를 출력한다. $n \geq 1$이면, 함수는 'Hip'을 출력한 후, 입력 인수를 $n-1$로 바꾸어 자신을 재귀적으로 호출해야 한다.

실습 10.3

제5장에서는 반복 구조를 이용하여 함수 `factorial()`을 구현하였다. 계승 함수 $n!$은 다음과 같이 자연스럽게 재귀적으로 정의된다.

$$n! = \begin{cases} 1 & n = 0\text{이면} \\ n \times (n-1)! & n > 0\text{이면} \end{cases}$$

재귀호출을 사용하여 함수 `factorial()`을 다시 구현하라. 또한 입력 인수 n이 $n > 0$인 경우에 `factorial()`이 몇 번 호출되는지 분석하라.

재귀함수 호출과 프로그램 스택

재귀호출을 사용하여 문제를 해결하는 예들을 더 다루기 전에, 재귀함수가 실행될 때 어떤 일이 벌어지는지 좀 더 살펴보기로 하자. 이 설명은 재귀호출의 실행 과정을 이해하는 데 도움이 될 것이다.

먼저, 함수 `vertical()`이 입력 인수 $n = 3124$와 함께 호출될 때 어떤 일이 벌어지는지 살펴보자. 제7장에서 함수 호출과 프로그램의 실행 제어 흐름이 이름공간과 프로그램 스택을 이용해서 이루어진다는 것을 살펴보았다. 그림 10.1은 `vertical(3124)`이 실행되고 있는 동안의 재귀함수의 호출 순서와 이에 연관된 이름공간 및 프로그램 스택의 상태를 보여준다.

모듈 ch10.py

```
def vertical(n):
    'n의 자릿수를 수직으로 출력한다.'
    if n < 10:              # 기저조건: n은 한 자릿수임
        print(n)                # n을 그냥 출력함
    else:                   # 재귀단계: n은 둘 이상의 자릿수로 구성됨
        vertical(n//10)         # 마지막 자릿수를 제외하고 재귀적으로 출력함
        print(n%10)             # n의 마지막 자릿수를 출력함
```

그림 10.1이 제7장의 그림 7.5와 다른 점은 동일한 함수에 대한 호출이라는 점이다. 즉, `vertical()`이 `vertical()`을 호출하고, 이 `vertical()`이 `vertical()`을 호출하고, 이 `vertical()`이 또 `vertical()`을 호출한다는 점이다. 그림 7.5에서는 함수 `f()`가 `g()`를 호출하고 `g()`가 `h()`를 호출했다. 그림 10.1에서는 함수 자체에 이름공간이 부여되는 것이 아니라, 함수의 개별 호출마다 따로 이름공간이 부여된다는 것을 분명히 보여주고 있다.

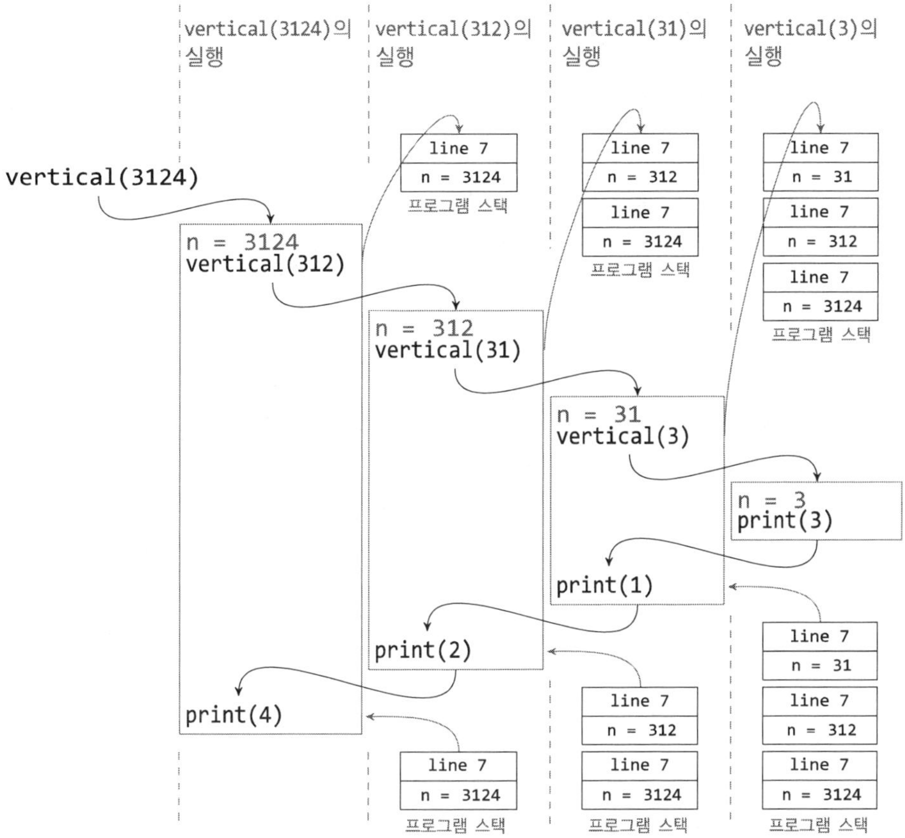

그림 10.1
재귀함수의 실행
ertical(3124)는 n이 .24인 이름공간에서 실행 다. vertical(312)에 한 호출이 수행되기 전 , 이름공간에 있는 값 124)과 다음에 실행할 령(7번째 줄)이 프로그 스택에 저장된다. 그런 음, vertical (312)는 | 312인 이름공간에서 행된다. 마찬가지로 각 택 프레임은 vertical 31)과 vertical(3)이 출되기 전에 각각 추가된 , vertical(3)은 n이 인 이름공간에서 실행되며 3 출력한다. vertical(3) 종료되면, vertical(31) 이름공간이 복원되어 n은 .이 되고 7번 행의 명령인 int(n%10)이 실행되어 | 출력된다. 유사한 과정을 해 vertical(312)와 ertical(3124)의 이름 간도 각각 복원된다.

10.2 재귀호출 예

앞 절에서 우리는 재귀호출이 무엇인지, 또 재귀적 사고방식으로 어떻게 문제를 해결할 수 있는지 살펴보았다. 그러나 사실 우리가 다루었던 문제들은 반복 구조로도 쉽게 해결할 수 있기 때문에 이들 예를 통해서 특별히 재귀호출의 강력함을 찾아볼 수는 없었다. 이 절에서는 재귀호출을 사용할 경우 훨씬 쉽게 해결할 수 있는 문제들을 살펴보고자 한다.

■ 재귀적 수열 패턴

먼저 0 이상의 정수 n을 입력 인수로 받아 수 패턴을 출력하는 함수 pattern()을 구현해 보자.

```
>>> pattern(0)
0
```

```
>>> pattern(1)
0 1 0
>>> pattern(2)
0 1 0 2 0 1 0
>>> pattern(3)
0 1 0 2 0 1 0 3 0 1 0 2 0 1 0
>>> pattern(4)
0 1 0 2 0 1 0 3 0 1 0 2 0 1 0 4 0 1 0 2 0 1 0 3 0 1 0 2 0 1 0
```

이 문제를 재귀적으로 해결할 수 있다는 것을 어떻게 알 수 있을까? 바로 알아차리기 어려우므로 일단 먼저 재귀적으로 시도해 본 다음에 제대로 동작하는지 알아보자. 먼저 기저조건을 확인한다. 실행 예를 보면 기저조건은 입력 인수가 0인 경우이며 이때 함수 pattern()은 그냥 0을 출력한다. 따라서 함수는 다음 형태로 구현해 볼 수 있다.

```
def pattern(n):
    'n번째 패턴을 출력한다.'
    if n == 0:
        print(0)
    else:
        # 함수의 나머지 부분
```

이제 함수 pattern()이 양수 입력 n에 대해서 어떻게 수행되는지 알아야 한다. 구체적으로 pattern(3)의 출력을 살펴보자.

```
>>> pattern(3)
0 1 0 2 0 1 0 3 0 1 0 2 0 1 0
```

이 결과를 pattern(2)의 출력과 비교해 보자.

```
>>> pattern(2)
0 1 0 2 0 1 0
```

그림 10.2에서 볼 수 있듯이 pattern(3)의 출력에는 pattern(2)의 출력이 정확하게 두 번 나타난다.

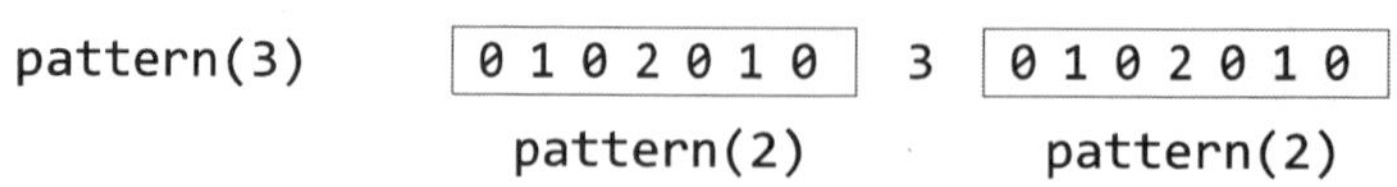

그림 10.2
pattern(3)의 출력
pattern(2)의 출력이 두 번 나타난다.

pattern(2)를 호출하고 3을 출력한 후 다시 pattern(2)를 호출하면 pattern(3)의 출력이 생성되는 것 같다. 그림 10.3을 보면 pattern(2)와 pattern(1)의 출력도 유사한 방식으로 구할 수 있음을 알 수 있다.

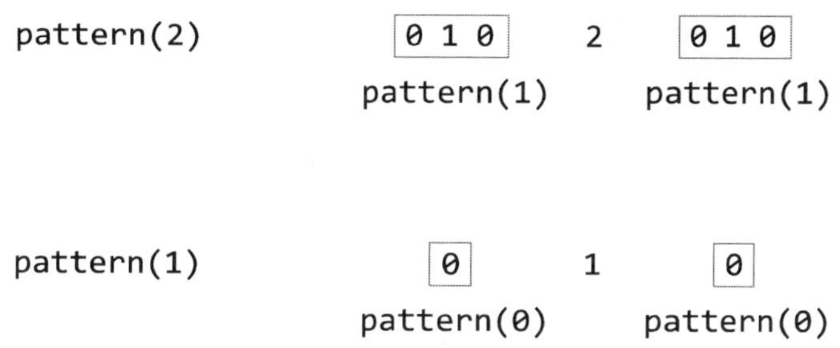

그림 10.3 pattern(2)와 pattern(1)의 출력

ttern(2)의 출력은 ttern(1)의 출력을 통 구할 수 있다. pattern(1) 출력은 pattern(0)의 력을 통해 구할 수 있다.

일반적으로 pattern(n)의 출력은 pattern(n-1)을 실행하고 n 값을 출력하고 pattern(n-1)을 실행함으로써 얻을 수 있다.

```
    ... # 함수의 기저조건
else:
    pattern(n-1)
    print(n)
    pattern(n-1)
```

이제 지금까지 구현된 함수를 수행시켜 보자.

```
>>> pattern(1)
0
1
0
```

이제 거의 완성되었다. 남은 줄바꿈 없이 같은 줄에 수들이 출력되도록 print 문을 사용하는 것뿐이다. 최종 구현된 프로그램은 다음과 같다.

모듈 ch10.py

```
def pattern(n):
    'n번째 패턴을 출력한다.'
    if n == 0:                      # 기저조건
        print(0, end=' ')
    else:                           # 재귀단계: n > 0
        pattern(n-1)                # n-1번째 패턴을 출력
        print(n, end=' ')           # n을 출력
        pattern(n-1)                # n-1번째 패턴을 출력
```

실습 10.4

입력으로 0 이상의 정수를 인수로 받아 다음과 같은 패턴을 출력하는 재귀 함수 pattern2()를 구현하라. 입력 0에 대한 패턴은 아무 것도 출력되지 않고 입력 1에 대한 패턴으로는 별표 하나만 출력된다.

```
>>> pattern2(0)
>>> pattern2(1)
*
```

입력 2와 3에 대한 패턴은 다음과 같다.

```
>>> pattern2(2)
*
**
*
>>> pattern2(3)
*
**
*
***
*
**
*
```

■ 프랙탈

다음에 예시할 재귀호출도 패턴을 출력하는 것인데 이번에는 `Turtle` 그래픽 객체로 패턴을 출력고자 한다. 출력할 패턴은 0 이상의 정수 n에 대하여 **코흐 곡선**(Koch curve) K_n이라는 곡선이다. 예를 들어 코흐 곡선 K_5는 그림 10.4와 같다.

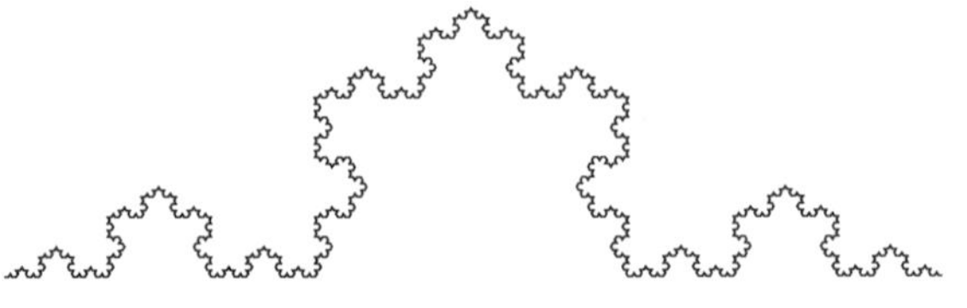

그림 10.4
코흐 곡선 K_5
코흐 곡선은 흔히 눈송이에 비유되는 프랙탈 곡선이다.

이제 재귀호출을 사용하여 K_5와 같은 코흐 곡선을 그리고자 한다. 코흐 곡선을 그리는 함수를 개발하기에 앞서, 그림 10.5의 왼편에서 나와 있는 코흐 곡선 K_0, K_1, K_2, K_3의 모양을 살펴보자.

패턴들을 주의 깊게 살펴보면, $i > 0$일 때, 각 코흐 곡선 K_i 자체에 여러 개의 K_{i-1}을 포함하고 있다는 것을 관찰할 수 있다. 예를 들어 곡선 K_2는 (더 작은 크기의) 곡선 K_1을 4개 포함하고 있다.

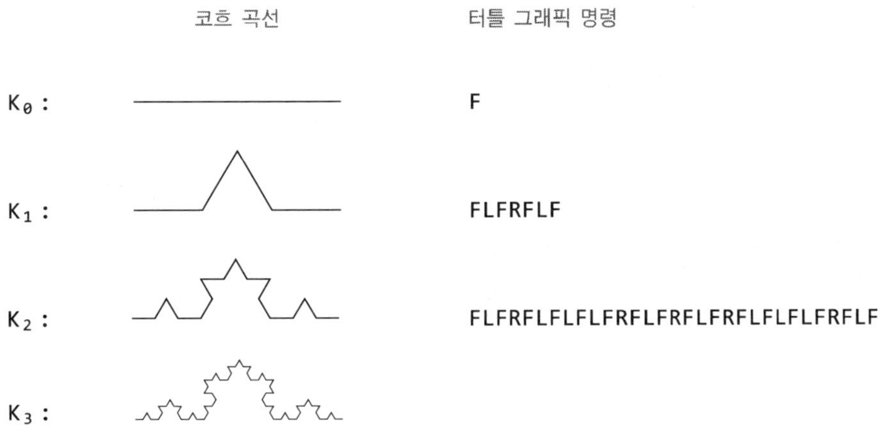

그림 10.5
호 곡선과 그리기 명령
)에서부터 차례로 코흐 곡 K_0, K_1, K_2, K_3이 나 있다. 또한 코흐 곡선 K_0, K_1, K_2를 그리기 위한 명 도 함께 나타내었다. 명령 은 F, L, R 문자로 표시되 있다. F는 "앞으로 이동", 는 "왼쪽으로 60도 회전", 는 "오른쪽으로 120도 회 "을 나타낸다.

더 자세히 설명하면, 코흐 곡선 K_2를 그리기 위해 `Turtle` 객체는 아래 명령을 순서대로 수행해야 한다.

1. 코흐 곡선 K_1을 그려라.
2. 왼쪽으로 60도 회전하라.
3. 코흐 곡선 K_1을 그려라.
4. 오른쪽으로 120도 회전하라.
5. 코흐 곡선 K_1을 그려라.
6. 왼쪽으로 60도 회전하라.
7. 코흐 곡선 K_1을 그려라.

그리기 명령이 재귀적으로 서술되어 있다는 점에 주의하자. 따라서 0 이상의 정수 n을 입력 인수로 받아서 코흐 곡선 K_n을 그리기 위한 `Turtle` 객체 명령을 생성하는 재귀함수 `koch(n)`을 작성하기만 하면 된다. 명령들은 `F`, `L`, `R` 문자로 구성된 문자열로 표시된다. `F`, `L`, `R`은 각각 "앞으로 이동", "왼쪽으로 60도 회전", "오른쪽으로 120도 회전"을 나타낸다. 구체적으로 그림 10.5의 오른편에 나타낸 것과 같은 명령어(코흐 곡선 K_0, K_1, K_2를 그리는 터틀 명령어)를 생성하면 된다. 함수 `koch()`의 반환값은 다음과 같아야 한다.

```
>>> koch(0)
'F'
>>> koch(1)
'FLFRFLF'
>> koch(2)
'FLFRFLFLFLFRFLFRFLFRFLFLFLFRFLF'
```

이제 곡선 K_1을 이용한 K_2 구성 방법을 바탕으로, K_1을 그리는 명령(**koch(1)**의 반환값)을 이용하여 어떻게 곡선 K_2를 그리는 명령(**koch(2)**의 반환값)을 구할 수 있는지 생각해 보자. 그림 10.6에서 볼 수 있는 것처럼 K_2를 그리는 명령에는 K_1을 그리는 명령이 총 4번 나타난다.

그림 10.6
koch(2)의 출력
koch(1)의 출력을 사용하여 koch(2)의 출력을 구성할 수 있다.

koch(2)	FLFRFLF	L	FLFRFLF	R	FLFRFLF	L	FLFRFLF
	koch(1)		koch(1)		koch(1)		koch(1)

이와 마찬가지로 그림 10.7에 나타낸 것처럼 K_1을 그리는 명령에도 K_0을 그리는 명령(**koch(0)**의 반환값)이 포함되어 있음을 볼 수 있다.

그림 10.7
koch(1)의 출력
koch(0)의 출력을 사용하여 koch(1)의 출력을 구성할 수 있다.

koch(1)	F	L	F	R	F	L	F
	koch(0)		koch(0)		koch(0)		koch(0)

이제 함수 koch()를 재귀적으로 구현할 수 있다. 기저조건은 입력이 0인 경우이다. 이 경우 함수는 명령 'F'를 반환하기만 하면 된다.

```
def koch(n):
    if n == 0:
        return 'F'
    # 함수의 나머지 부분
```

$n > 0$인 입력에 대해서는 그림 10.6과 그림 10.7의 예에서 관찰한 사실을 일반화시켜 보자. 그러면 koch(n)의 반환값은 다음과 같이 구성되어야 할 것이다.

```
koch(n-1) + 'L' + koch(n-1) + 'R' + koch(n-1) + 'L' + koch(n-1)
```

따라서 함수 koch()는 다음과 같이 구현된다.

```
def koch(n):
    if n == 0:
        return 'F'
    return koch(n-1) + 'L' + koch(n-1) + 'R' + koch(n-1) + 'L' + \
           koch(n-1)
```

이 함수를 테스트해 보면 올바르게 동작하는 것을 확인할 수 있다. 그러나 이 구현 코드에는 효율성 문제가 있다. 프로그램의 마지막 줄에서 **같은 인수**로 함수 koch()를 네 번이나 호출한다. 각 호출의 결과는 모두 같으므로 이 코드는 매우 비효율적이다.

CAUTION

같은 재귀호출을 반복하지 않기

재귀적인 해법에는 종종 동일한 재귀호출을 여러 번 사용하는 것이 자연스러울 때가 있다. 재귀함수 koch()가 바로 그런 경우이다. 이 경우, 같은 입력에 대해 같은 함수를 반복적으로 호출하는 것 대신에, 함수를 한 번만 호출하고 그 결과를 여러 번 재사용하는 것이 좋다.

더 효율적으로 구현한 koch() 함수는 다음과 같다.

모듈 ch10.py

```
def koch(n):
    '곡선 koch(n)을 그리기 위한 터틀 명령을 반환한다.'

    if n == 0:          # 기저조건
        return 'F'

    tmp = koch(n-1)  # 재귀단계: koch(n-1)에 대한 명령을 구함
                     # 이들을 사용하여 koch(n)에 대한 명령을 구성함

    return tmp + 'L' + tmp + 'R' + tmp + 'L' + tmp
```

마지막 남은 것은 koch() 함수와 Turtle 그래픽 객체를 사용하여 코흐 곡선을 그리는 함수를 구현하는 것이다. 이 코드는 다음과 같다.

모듈 ch10.py

```
from turtle import Screen, Turtle
def drawKoch(n):
    '함수 koch()로부터 반환된 명령을 사용하여 n번째 코흐 곡선을 그린다.'

    s = Screen()                        # 스크린 생성
    t = Turtle()                        # Turtle 객체 생성
    directions = koch(n)                # koch(n)을 그리는 명령들을 구함

    for move in directions:             # 명시된 이동을 수행함
        if move == 'F':
            t.forward(300/3**n)         # 앞으로 이동, 정규화된 길이
        if move == 'L':
            t.lt(60)                    # 왼쪽으로 60도 회전
        if move == 'R':
            t.rt(120)                   # 오른쪽으로 120도 회전
    s.bye()
```

11번 행은 조금 설명이 필요한데, 값 `300/3**n`은 n의 값에 따른 직선 이동 거리이다. 코흐 곡선을 n의 값에 상관없이 300픽셀 너비의 스크린 내부에 표시하도록 다르게 계산한 것이다. n을 1로 하여 이를 확인해 보기 바란다.

DETOUR

코흐 곡선과 프랙탈

코흐 곡선 K_n은 스웨덴 수학자인 헬게 폰 코흐(Helge von Koch)의 1904년 논문에서 처음 발표되었다. 그는 특히 n을 ∞로 대체한 K_∞에 대해 관심을 가졌다.

코흐 곡선은 **프랙탈**의 예이다. **프랙탈**(fractal)은 프랑스 수학자인 브누아 맨델브로(Benoit Mandelbrot)가 1975년에 만든 용어로서 다음과 같은 곡선을 의미한다.

- 매끄럽다기 보다는 "굴절된(fractured) 형태"로 나타난다.
- 자기 닮은꼴(self-similar)이다. 즉, 확대해도 같은 모습으로 나타난다.
- 재귀적으로 정의하는 것이 자연스럽다.

재귀적인 물리적 프로세스를 통해 개발된 물리적 프랙탈은 눈송이와 차가운 유리잔에 서린 성에 결정, 번개와 구름, 해안선과 수계, 꽃양배추와 브로콜리, 나무와 양치류, 폐혈관 등과 같이 자연에서 볼 수 있다.

실습 10.5

영 이상의 정수 n을 입력 인수로 받아서 세 개의 코흐 곡선 K_n에 의해 구성되는 눈송이 패턴을 출력하는 함수 `snowflake()`를 구현하라. 첫 번째 코흐 곡선을 그린 후, 오른쪽으로 120도 회전한 다음 두 번째 코흐 곡선을 그리고, 두 번째 코흐 곡선을 그린 후에도 같은 방식으로 세 번째 코흐 곡선을 그리면 눈송이를 만들 수 있다. `snowflake(4)`의 출력은 다음과 같다.

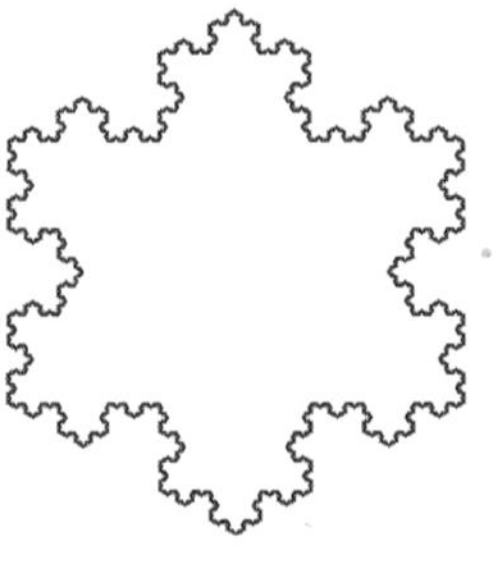

바이러스 검사

이제 재귀호출을 사용하여 바이러스 스캐너(바이러스 검사 프로그램)를 작성해 보자. 즉, 파일 시스템에 있는 모든 파일을 검색하여 알려진 **컴퓨터 바이러스 시그너처**(computer virus signature)를 포함한 파일의 이름을 출력하는 프로그램을 개발하려고 한다. 바이러스 시그너처란 파일에 바이러스가 존재한다는 것을 알려주는 특정 문자열을 뜻한다.

DETOUR

바이러스와 바이러스 스캐너

컴퓨터 바이러스란 보통 사용자 몰래 호스트 컴퓨터의 파일에 기생하여 컴퓨터가 실행될 때 악의적인 행위를 수행하는 작은 프로그램이다. 컴퓨터 바이러스는 컴퓨터 내부의 데이터를 훼손시키거나 삭제하기도 한다.

바이러스는 다른 프로그램과 마찬가지로 바이트 열(byte sequence)로서 파일에 저장되어 있는 실행 가능한 프로그램이다. 만일 바이러스가 컴퓨터 보안 전문가에 의해 식별되어 그 바이트 열이 알려져 있다면, 파일이 이 바이러스에 감염되었는지 알기 위해서는 단지 해당 바이트 열이 파일에 존재하는지 검색하면 된다. 사실, 바이트 열을 전부 다 검색할 필요가 없다. 이 바이트 열에서 신중하게 선택된 일부분에 대한 검색을 통해, 높은 확률로 바이러스를 식별할 수 있다. 바이러스 시그너처라고 불리는 이것은 바이러스 코드에만 나타나는 특징으로 감염되지 않은 파일에는 거의 존재하지 않는다.

바이러스 스캐너는 파일 시스템에 있는 모든 파일을 주기적으로, 또 체계적인 방식으로 바이러스에 감염된 파일을 검색하는 프로그램이다. 스캐너 프로그램은 주기적, 자동적으로 갱신되는 바이러스 시그너처의 목록을 보유한다. 또한 각 파일마다 이 목록에 있는 시그너처의 존재 여부를 조사하고, 시그너처를 가진 파일을 식별한다.

다양한 바이러스 시그너처를 저장하기 위해 사전 데이터를 사용할 수 있다. 사전의 키와 값은 각각 바이러스 이름과 바이러스 시그너처로 정한다.

```
>>> signatures = {'Creeper':'ye8009g2h1azzx33',
                  'Code Red':'99dh1cz963bsscs3',
                  'Blaster':'fdp1102k1ks6hgbc'}
```

🔈 이 사전에 있는 이름은 실제 바이러스 이름이지만 시그너처는 완전히 가짜다.

바이러스 스캐너 함수는 바이러스 시그너처 사전과 최상위 폴더(또는 파일)의 경로명을 문자열로 입력받는다. 이 함수는 최상위 폴더에 포함된 모든 파일을 방문한 다음, 하위 폴더와 하위 폴더의 하위 폴더 등 폴더 내부의 모든 파일을 탐색한다. 구체적인 예로 그림 10.8을 보면 폴더 `'test'`와 그 내부에 직·간접적으로 포함된 폴더 및 파일들로 구성된 파일 시스템의 일부가 나타나 있다. 바이러스 스캐너는 그림 10.8에 있는 모든 파일을 탐색하여 다음과 같이 바이러스에 감염된 파일을 출력하는 프로그램이다.

```
>>> scan('test', signatures)
test/fileA.txt, found virus Creeper
test/folder1/fileB.txt, found virus Creeper
test/folder1/fileC.txt, found virus Code Red
test/folder1/folder11/fileD.txt, found virus Code Red
test/folder2/fileD.txt, found virus Blaster
test/folder2/fileE.txt, found virus Blaster
```

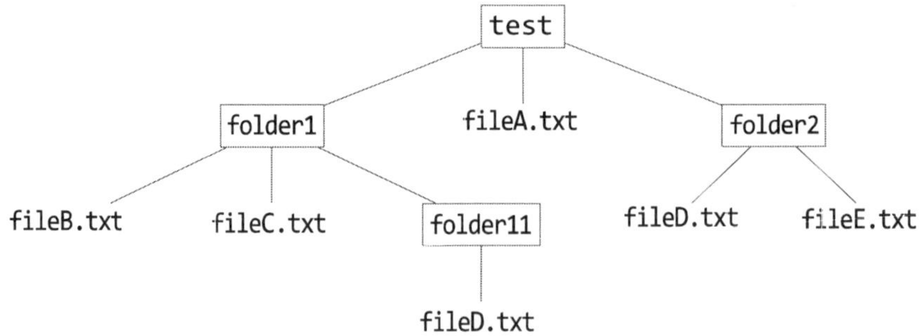

그림 10.8
파일 시스템의 일부분
폴더 'test'와 하위 폴더 및 파일들이 나와 있다.

파일 시스템은 재귀적인 구조(폴더에는 파일뿐 아니라 다른 폴더도 포함될 수 있는 구조)이므로 바이러스 스캐너 함수 scan()도 재귀호출을 사용하여 개발한다. 입력으로 주어진 경로명이 파일의 경로명이면 이 함수는 파일을 열어서 읽고 바이러스 시그너처가 있는지 탐색해야 한다. 이 경우가 기저조건이다. 입력으로 주어진 경로명이 폴더의 경로명이면 scan()은 재귀적으로 모든 파일과 하위 폴더를 가지고 자신을 호출해야 한다. 이 경우가 재귀단계이다. 바이러스 스캐너를 구현한 프로그램 전체는 다음과 같다.

모듈
ch10.py

```
import os
def scan(pathname, signatures):
    '''파일 pathname을 스캔하거나 또는, pathname이 폴더이면,
       폴더 pathname에 직접 또는 간접적으로 포함된 모든 파일들을 스캔한다.'''
    if os.path.isfile(pathname):      # 기저조건, 파일 pathname을 스캔
        infile = open(pathname)
        content = infile.read()
        infile.close()

        for virus in signatures:
            # 바이러스 시그너처가 content에 존재하는지 검사
            if content.find(signatures[virus]) >= 0:
                print('{}, found virus {}'.format(pathname, virus))
        return

    # pathname이 폴더인 경우에 재귀적으로 그 내부를 스캔함
```

```
    for item in os.listdir(pathname):

        # item에 대해 경로명을 현재 작업 디렉터리로 생성함
        # fullpath = pathname + '/' + item               # 매킨토시인 경우
        # fullpath = pathname + '\\' + item              # 윈도우인 경우
        fullpath = os.path.join(pathname, item)          # 모든 운영체제

        scan(fullpath, signatures)
```

이 프로그램은 표준 라이브러리 모듈인 os의 함수들을 사용한다. 모듈 os는 파일 시스템과 같은 운영체제 자원을 다루는 여러 함수를 포함하고 있다. 여기서는 모듈 os의 함수 중 다음 세 함수를 사용한다.

a. listdir(): 폴더의 절대 경로명이나 상대 경로명 문자열을 입력으로 받아, 입력 폴더에 포함된 모든 파일과 하위 폴더를 반환한다.
b. path.isfile(): 절대 경로명이나 상대 경로명 문자열을 입력으로 받아, 경로명이 일반 파일에 해당하면 True를, 그렇지 않으면 False를 반환한다.
c. path.join(): 두 개의 경로명을 입력으로 받아, 이들을 연결하여 새로운 경로명을 만들어 반환한다. 필요시 ‘\’나 ‘/’를 경로명에 삽입한다.

함수 listdir()은 **경로명** 리스트가 아니라 단지 파일과 폴더의 **이름**만으로 구성된 리스트를 반환하기 때문에 path.join() 함수가 필요하다. 예를 들어 scan('test')를 실행시키면 함수 listdir()이 다음과 같은 형태로 호출된다(당분간 scan()의 두 번째 인수를 무시한다).

```
>>> os.listdir('test')
['fileA.txt', 'folder1', 'folder2']
```

이때 재귀적으로 scan('folder1')을 호출하면, 이 함수는 다시 'folder1'을 인수로 하여 함수 listdir()을 호출할 것이며 그 결과 다음과 같은 오류가 발생한다.

```
>>> os.listdir('folder1')
Traceback (most recent call last):
  File "<pyshell#387>", line 1, in <module>
    os.listdir('folder1')
OSError: [Errno 2] No such file or directory: 'folder1'
```

문제는 scan('test') 실행 중의 **현재 작업 디렉터리**(current working directory)가 test 폴더의 상위 폴더이기 때문인데 따라서 폴더 'folder1'은 현재 작업 디렉터리에 없다. 그래서 오류가 발생한다.

그러므로 scan('folder1')으로 호출하는 대신 현재 작업 디렉터리에서의 상대 경로명이나 절대 경로명으로 호출해야 한다. (윈도우 운영체제의 경우) 'folder1'의 경로명은 'test'와 'folder1'을 다음과 같이 연결하면 구할 수 있다.

```
'test' + '\\' + 'folder1'
```

더 일반적으로 말해서 pathname과 item을 다음과 같이 연결하면 된다.

```
path = pathname + '\\' + item
```

역슬래시(\)는 윈도우 운영체제에서만 동작하며 UNIX나 Linux, MAC OS X 운영체제의 경우에는 역슬래시 대신에 슬래시(/)를 사용해야 한다. 코드의 이식성을 높이려면 모듈 os의 path.join() 함수를 사용하는 것이 좋다. 이 함수는 모든 운영체제에서 올바르게 동작하므로 시스템 독립적이다. 예를 들어 매킨토시에서는 다음과 같이 동작한다.

```
>>> pathname = 'test'
>>> item = 'folder1'
>> os.path.join(pathname, item)
'test/folder1'
```

윈도우에서 유사한 예를 보면 다음과 같다.

```
>>> pathname = 'C:\\Test\\virus'
>>> item = 'folder1'
>>> os.path.join(pathname, item)
'C:\\Test\\virus\\folder1'
```

선형 재귀

이 절에서 살펴본 세 가지 문제(수열 패턴 출력, 코흐 곡선 그리기, 파일 시스템에서 바이러스 검색 문제)는 모두 재귀호출 없이 해결할 수도 있을 것이다. 실제로 이들 문제에 대한 반복 구조 해법이 존재한다. 그러나 반복 구조 해법의 알고리즘은 재귀호출보다 훨씬 더 복잡하며, 따라서 컴퓨터 과학 개론서인 이 책에서는 다루지 않겠다.

한편, 10.1절에서 다룬 문제들에 대해서는 단순한 구조의 반복적 해법이 존재한다. 10.1절에서 소개한 재귀함수 vertical()과 reverse(), cheers(), factorial()은 반복 구조를 사용해도 쉽게 구현할 수 있다. 사실, 재귀적 해법과 반복적 해법은 서로 밀접한 관련이 있다. 이는 실습문제 10.3과 실습문제 5.4에서 구현한 factorial() 함수를 통해서도 알 수 있다. 하나는 재귀적 구현이고 다른 것은 반복적 구현이다. $n!$을 계산하는 계산 절차가 유사한데, 두 프로그램 모두 $i = 1, \ldots, n$인 i에 대하여 중간 결과 $(i-1)!$에 i를 곱하여 $i!$을 구한다. 이 아이디어를 재귀적으로 구현한 것이 바로 재귀함수이다.

재귀 함수에서 "다음" 결과를 계산하기 위한 재귀단계가 "이전" 결과를 계산하는 단 하나의 재귀호출로 구성되며 비재귀적인 "기저" 단계도 단 하나뿐일 때 이러한 재귀

함수를 **선형 재귀**(linear recursion) 형태라고 부른다. 선형 재귀 함수 vertical()을 예로 보면 재귀단계는 마지막 자릿수를 제외하고 모든 자릿수를 출력하는 단 하나의 재귀호출 vertical(n//10)으로 구성되고 기저 단계는 마지막 자릿수를 출력하는 명령 print(n%10)으로 구성된다.

선형 재귀는 리스트를 다루는 기초적인 함수를 구현할 때 매우 유용하다. 예를 들어 수 리스트의 원소 합을 구하는 함수는 다음과 같이 선형 재귀를 사용하여 구현할 수 있다.

모듈 ch10.py

```
def recSum(lst):
    '리스트 lst의 원소 합을 반환함'
    if len(lst) == 0:
        return 0
    return recSum(lst[:-1]) + lst[-1]
```

이 함수는 리스트의 마지막 수를 제외한 모든 수들을 더하는 하나의 재귀호출로 이루어진 재귀 단계와 호출 결과 합에 마지막 숫자를 더하는 "기저" 연산으로 구성된다.

실습 10.6

수들의 리스트를 입력으로 받아 리스트에 음수가 있으면 True, 없으면 False를 반환하는 함수 recNeg()를 선형 재귀 방식으로 구현하라.

```
>>> recNeg([3, 1, -1, 5])
True
>>> recNeg([3, 1, 0, 5])
False
```

다음 예로 수들의 리스트를 입력으로 받아 리스트의 각 원소를 1 증가시킨 리스트 사본을 반환하는 함수 recIncr()을 구현해 보자.

```
>>> lst = [1, 4, 9, 16, 25]
>> recIncr(lst)
[2, 5, 10, 17, 26]
```

여기서는 반복 구조 대신에 선형 재귀를 사용하여 함수를 구현하였다.

모듈 ch10.py

```
def recIncr(lst):
    '리스트 [lst[0]+1, lst[1]+1, ..., lst[n-1]+1]을 반환한다.'
    if len(lst) == 0:
        return []
    return recIncr(lst[:-1]) + [lst[-1]+1]
```

이 함수의 재귀단계는 재귀호출에 의해 생성된 리스트에 원래 리스트의 마지막 원소를 1 증가시킨 수 하나로 구성된 리스트를 접합하는 연산으로 이루어진다.

함수 `recIncr()`은 리스트를 입력으로 받아 동일한 연산을 모든 리스트 항목에 수행시켜 만든 리스트 사본을 반환하는 함수의 예이다. 리스트의 모든 수에 1을 증가시키는 연산은 리스트의 모든 항목에 대해 수행할 여러 연산들 중의 하나일 뿐이다. 따라서 리스트뿐만 아니라 **연산** 자체를 입력으로 받아 리스트의 모든 항목에 이 연산을 적용하는, 더욱 추상적인 함수 `recMap()`을 구현하면 더 편리할 것이다. 물론 여기서 "연산"이란 실제로 함수를 뜻한다. 예를 들어 수 리스트의 모든 수에 1을 증가시키는 함수 `recMap()`을 구현하고 싶다면 먼저 모든 수에 적용할 함수를 다음과 같이 정의한다.

```
>>> def f(i):
        return i + 1
```

그러면 리스트의 모든 수에 함수 `f`를 적용하는 `recMap()`을 다음과 같이 사용할 수 있다.

```
>>> recMap(lst, f)
[2, 5, 10, 17, 26]
```

리스트 `lst`의 각 수의 제곱근을 취한 리스트를 구하고 싶다면 함수 `f` 대신에 `math.sqrt`를 적용할 수 있다.

```
>>> from math import sqrt
>>> recMap(lst, sqrt)
[1.0, 2.0, 3.0, 4.0, 5.0]
```

`recMap()`의 입력 인수는 `f()`나 `sqrt()`가 아니라 `f`, `sqrt`라는 것에 주의하자. 인수로 함수 이름을 전달해야 하는 이유는 함수 호출 대신 함수 객체에 대한 참조를 인수로 전달해야 하기 때문이다.

함수 `recMap()`은 다음과 같이 선형 재귀를 사용하여 구현할 수 있다.

모듈
ch10.py

```
def recMap(lst, f):
    '리스트 [f(lst[0]), f(lst[1]), ..., f(lst[n-1])]를 반환함'
    if len(lst) == 0:
        return []
    return recMap(lst[:-1], f) + [f(lst[-1])]
```

DETOUR

고차함수

함수 recMap()에서 두 번째 입력 인수는 함수이다. 이처럼 다른 함수를 인수로 받아들이거나 함수를 반환하는 함수를 **고차함수**(higher-order function)라고 부른다. 함수를 값처럼 다루는 기능은 **함수형 프로그래밍**(functional programming) 패러다임에서 사용하는 프로그래밍 스타일인데 12.3절에서 소개하고자 한다.

Python은 함수 이름을 다른 객체 이름과 차이 없이 다루며 함수를 값처럼 취급하기 때문에 고차함수를 지원한다. 모든 언어가 고차함수를 지원하는 것은 아니다. LISP, Perl, Ruby, JavaScript와 같은 일부 언어만이 고차함수를 지원한다.

실습 10.7

수로 구성된 2차원 표 `table`을 입력으로 받아서 각 행들의 합으로 구성된 리스트를 만드는 짧은 문장을 함수 `recMap()`을 사용하여 작성하라.

10.3 실행시간 분석

프로그램의 정확성은 물론 제일 중요한 요소이다. 그러나 프로그램 사용 가능성과 프로그램의 효율성도 그에 못지않게 중요하다. 이 절에서도 계속 재귀호출을 다룰 예정이지만 이번에는 효율성 관점에서 살펴보고자 한다. 첫 번째 예로, 재귀호출을 이용할 필요가 없어 보이지만 재귀호출을 사용하여 구현할 때 매우 효율적으로 해결되는 문제를 소개한다. 두 번째 예로는 재귀호출을 사용하는 것이 적합해 보이지만 의외로 굉장히 비효율적인 결과가 초래되는 문제를 소개한다.

■ 지수 함수

이제 지수 함수 a^n을 구현하는 프로그램을 생각해 보자. 알고 있는 것처럼 Python은 지수 연산자 **를 제공한다.

```
>>> 2**4
16
```

그런데 연산자 **는 어떻게 구현되어 있을까? 이 연산자가 없다면 우리는 지수 연산을 어떻게 구현해야 할까? 가장 간단한 해법은 a를 n번 곱하는 것이다. 이는 누산기 패턴(accumulator pattern)을 이용하여 다음과 같이 구현할 수 있다.

모듈 ch10.py

```
def power(a, n):
    'a의 n 승을 반환한다.'
    res = 1
    for i in range(n):
        res *= a
    return res
```

함수 power()가 올바르게 수행된다는 것은 쉽게 알 수 있다. 그러나 이 함수의 구현 방법이 가장 좋은 방법일까? 더 빠르게 수행하는 구현 방법은 없을까? 함수 power()는 a^n을 계산하기 위하여 n번의 곱셈을 수행한다. 만일 n이 10,000이면, 10,000번의 곱셈이 수행된다. 곱셈의 횟수를 획기적으로 줄일 수 있는 구현, 가령 10,000번 곱셈 대신에 20번 정도의 곱셈만으로 계산하는 것이 가능할까?

이제 재귀호출 방식의 구현을 고려해 보자. 입력으로 a와 음이 아닌 정수 n을 받아들여 a^n을 반환하는 재귀함수 rpower()을 개발하려고 한다.

자연스럽게 기저조건은 n이 0인 경우인데 이 경우에는 $a^n = 1$이므로 1을 반환해야 한다.

```
def rpower(a, n):
    'a의 n 승을 반환한다.'
    if n == 0:                    # 기저조건: n == 0
        return 1
    # 함수의 나머지 부분
```

이제 재귀단계를 생각해 보자. 재귀단계에서는 수식 $a^n (n > 0)$을 a의 n보다 작은 정수 승으로, 즉 기저조건에 가까워지도록 나타내는 것이 필요하다. 이는 그렇게 어렵지 않은데 다음과 같이 그러한 식을 많이 찾을 수 있다.

$$a^n = a^{n-1} \times a$$
$$a^n = a^{n-2} \times a^2$$
$$a^n = a^{n-3} \times a^3$$
$$...$$
$$a^n = a^{n/2} \times a^{n/2}$$

가장 눈길을 끄는 마지막 식은 두 개의 같은 항, $a^{n/2}$과 $a^{n/2}$으로 구성되기 때문에 $a^{n/2}$을 계산하는 재귀호출 한 번만 수행하면 a^n을 계산할 수 있다. 다만 문제는 n이 홀수일 때는 $n/2$이 정수가 아니라는 점이다. 그래서 두 가지 경우로 나누어 생각한다.

방금 살펴본 것처럼 n이 짝수이면 rpower(a, n//2)의 결과 값을 사용하여 그림 10.9와 같이 rpower(a, n)을 계산할 수 있다.

그림 10.9
귀적으로 a^n을 계산함
이 짝수일 때,
$= a^{n/2} \times a^{n/2}$이다.

rpower(2, n) = [2 × 2 × ... × 2] × [2 × 2 × ... × 2]
rpower(2, n//2) rpower(2, n//2)

n이 홀수인 경우에도 여전히 재귀호출 `rpower(a, n//2)`의 결과를 사용할 수 있는데 다만 그림 10.10처럼 a를 한 번 더 곱해 주기만 하면 `rpower(a, n)`을 계산할 수 있다.

그림 10.10
귀적으로 a^n을 계산함
이 홀수일 때,
$= a^{\lfloor n/2 \rfloor} \times a^{\lfloor n/2 \rfloor} \times a$이다.

rpower(2, n) = [2 × 2 × ... × 2] × [2 × 2 × ... × 2] × [2]
rpower(2, n//2) rpower(2, n//2)

이 방법을 이용하면 재귀함수 `rpower()`를 다음과 같이 구현할 수 있다. 재귀호출 `rpower(a, n//2)`는 한 번만 호출된다는 사실에 주의하자.

모듈 ch10.py

```
def rpower(a, n):
    'a의 n 승을 반환한다.'
    if n == 0:                  # 기저조건: n == 0
        return 1

    tmp = rpower(a, n//2)       # 재귀단계: n > 0

    if n % 2 == 0:
        return tmp*tmp              # a**n = a**(n//2) * a**a(n//2)
    else: # n % 2 == 1
        return a*tmp*tmp            # a**n = a**(n//2) * a**a(n//2) * a
```

이제 두 지수 함수, `power()`와 `rpower()` 중에서 어떤 것이 더 효율적인지 살펴보자.

연산 수 세기

두 함수의 효율성을 비교하는 방법으로는 같은 입력에 대해서 각 함수가 수행하는 연산의 수를 세는 방법이 있다. `power()`와 `rpower()`의 경우에는 곱셈의 수만 세는 것으로 한정하자.

`power(2, 10000)`를 위해서는 확실히 10,000번의 곱셈이 필요할 것이다. `rpower(2, 10000)`의 경우는 어떨까? 이 질문에 대답하기 위해, `global` 변수 `counter`를 함수 외부에서 정의하여 수행되는 곱셈의 수를 세도록 `rpower()`를 다음과 같이 수정한다.

모듈
ch10.py

```
def rpower(a, n):
    'a의 n 승을 반환한다.'
    global counter              # 곱셈의 수를 셈

    if n == 0:
        return 1
    # if n > 0:
    tmp = rpower(a, n//2)

    if n % 2 == 0:
        counter += 1
        return tmp*tmp          # 한 번의 곱셈

    else:  # n % 2 == 1
        counter += 2
        return a*tmp*tmp        # 두 번의 곱셈
```

이제 이를 수행하여 다음과 같이 결과를 확인해 보자.

```
>>> counter = 0
>>> rpower(2, 10000)
199506311688...792596709376
>>> counter
19
```

재귀호출로 인해서 지수 계산을 위한 곱셈의 수는 10,000번에서 19번으로 줄어든다.

■ 피보나치 수열

제5장에서 다음과 같이 정수로 구성된 피보나치 수열을 소개했다.

$$1, 1, 2, 3, 5, 8, 13, 21, 34, 55, 89, \ldots$$

또한 피보나치 수열의 규칙, 즉 수열에서 맨 처음 두 개의 1을 제외하면 어떤 수는 바로 앞 두 수의 합이라는 것도 소개했다. 이 규칙은 본질적으로 재귀적이다. 그래서 0 이상의 정수 n을 입력으로 받아서 n번째 피보나치 수를 반환하는 함수 `rfib()`는 자연스럽게 재귀함수로 구현할 수 있다. 그렇게 재귀함수로 구현해 보자.

피보나치 수열의 규칙은 0번째와 1번째 수 이후부터 적용되기 때문에 기저조건을 $n \le 1$, 즉 $n=0$인 경우와 $n=1$인 경우로 정하는 것이 합당하다. 이 경우 `rfib()`는 1을 반환해야 한다.

```
def rfib(n):
    'n번째 피보나치 수를 반환한다.'
    if n < 2:      # 기저조건
       return 1
    # 함수의 나머지 부분
```

재귀단계는 $n > 1$인 경우이다. 이 경우, n번째 피보나치 수는 $n-1$번째 수와 $n-2$번째 수의 합이다.

모듈 ch10.py

```
def rfib(n):
    'n번째 피보나치 수를 반환한다.'
    if n < 2:                              # 기저조건
       return 1

    return rfib(n-1) + rfib(n-2)           # 재귀단계
```

이제 함수 `rfib()`가 올바르게 동작하는지 검사해 보자.

```
>>> rfib(0)
1
>>> rbif(1)
1
>>> rfib(4)
5
>>> rfib(8)
34
```

함수는 올바르게 수행되는 것 같다. 매우 큰 수에 대해서도 테스트해 보자.

```
>>> rfib(35)
14930352
```

올바르게 수행은 되지만 결과를 출력하는데 시간이 꽤 걸리는 것을 알 수 있다(직접 실행해 보기 바람). 혹시 `rfib(100)`을 수행하면

```
>>> rfib(100)
...
```

매우 오랫동안 기다려야 할 것이다(Ctrl - C키를 누르면 항상 프로그램의 실행을 중단시킬 수 있다는 것을 기억하기 바란다).

35번째 피보나치 수를 계산하는 데 정말로 이 정도의 실행시간이 필요할까? 우린 이미 제5장에서 이미 n번째 피보나치 수를 반환하는 함수를 구현했었다.

모듈 ch10.py

```
def fib(n):
    'n번째 피보나치 수를 반환한다.'
    previous = 1              # 0번째 피보나치 수
    current = 1               # 1번째 피보나치 수
    i = 1                     # 현재 피보나치 수는 n번째 피보나치 수

    while i < n:              # current가 n번째 피보나치 수가 아닌 동안
        previous, current = current, previous+current
        i += 1

    return current
```

이 프로그램을 실행해 보자.

```
>>> fib(35)
14930352
>>> fib(100)
573147844013817084101
>>> fib(10000)
54438373113565...
```

어떤 경우든 순식간에 결과가 나온다. 이제 `rfib()`의 문제점을 살펴보자.

실험적인 실행시간 분석

두 함수 `fib()`와 `rfib()`를 상세하게 비교하는 한 가지 방법은 같은 입력으로 실행시켜 각각의 실행시간을 비교해 보는 것이다. 이 방법은 이와 유사한 문제점을 보이는 다른 함수들에도 적용할 수 있다. 우리는 이 비교 과정을 자동화하기 위해 함수의 실행시간을 분석해 주는 프로그램을 개발하려고 한다. 또한 이 프로그램을 일반화시켜 `fib()`와 `rfib()` 이외의 함수에 대해서도 사용할 수 있도록 할 것이다.

프로그램은 여러 함수로 구성된다. 주어진 입력에 대한 실행시간을 측정하는 핵심적인 함수는 `timing()`이다. 이 고차함수는 두 개의 입력 인수, 즉 (1) 함수 `func`와 (2) "입력 크기"(정수)를 받아서 주어진 크기의 입력에 대해 함수 `func`를 실행시키고 그 실행시간을 반환한다. 함수 `timing()`은 `time` 모듈의 함수 `time()`을 사용하여 함수 `func`의 실행 전후 시각을 각각 측정한다. 두 시각 사이의 간격이 실행시간이 된다.

🔊 컴퓨터가 수행하는 다른 작업들로 인해 측정된 시간 정보에 약간의 오차가 포함될 수 있으나 여기서는 그냥 무시함

모듈
ch10.py

```
import time
def timing(func, n):
    'buildInput의 반환값을 입력으로 사용하여 func를 실행한다.'
    funcInput = buildInput(n)           # func를 위한 입력
    start = time.time()                 # 시작 시간
    func(funcInput)                     # funcInput에 대해 func를 실행
    end = time.time()                   # 종료 시간
    return end - start                  # 실행시간을 반환함
```

함수 `buildInput()`은 입력으로 받은 값을 크기로 하는 적절한 입력 데이터를 만들어 반환한다. 이 데이터는 함수 `func()`의 입력으로 제공된다. 따라서 `buildInput()`의 구현 내용은 우리가 분석하려고 하는 함수 `func()`에 따라 다르다. 피보나치 함수 `fib()`와 `rfib()`의 경우에는 입력 크기가 n에 해당하는 입력은 그냥 n이다.

모듈
ch10.py

```
def buildInput(n):
    '피보나치 함수를 위한 입력을 반환한다.'
    return n
```

두 함수의 실행시간을 비교하기 위해, 같은 입력 하나에 대해서만 실행시켜 봐서는 어떤 함수가 더 나은지, 즉 더 빠른지 잘 모를 수 있다. 여러 다양한 입력에 대해 실행시간을 비교해 보면 더 유용할 것이다. 이런 방식으로 서로 다른 크기의 입력에 따라, 즉 문제의 입력 크기가 점점 커짐에 따라 두 함수의 성향이 어떻게 달라지는지 살펴보려고 한다. 이를 위해 점점 증가하는 크기의 연속된 입력으로 주어진 함수를 실행하고 실행시간을 측정하는 함수 `timingAnalysis()`를 개발한다.

모듈
ch10.py

```
def timingAnalysis(func, start, stop, inc, runs):
    '''입력 크기를 start, start+inc, start+2*inc, ... , stop까지
       차례로 바꿔가면서 함수 func의 실행 시간을 출력한다.'''
    for n in range(start, stop, inc): # 각 입력 크기 n에 대해
        acc = 0.0                     # 누산기를 초기화함

        for i in range(runs):     # runs번 반복
            acc += timing(func, n)    # 입력 크기 n에 대한 func를 실행시키고
                                      # 실행시간을 누적시킴
        # 입력 크기 n에 대한 평균 실행시간을 출력함
        formatStr = 'Run time of {}({}) is {:.7f} seconds.'
        print(formatStr.format(func.__name__, n, acc/runs))
```

함수 timingAnalysis는 함수 func와 네 개의 정수 start, stop, inc, runs를 인수로 받는다. 먼저 크기가 start인 여러 입력에 대해 func를 실행시켜 그 평균 시간을 출력한다. 그런 다음, 입력 크기를 start+inc, start+2*inc, ... , stop까지 차례로 바꿔가면서 이를 반복한다.

함수 timingAnalysis()를 사용하여 입력 크기 24, 26, 28, 30, 32, 34에 대해 함수 fib()를 실행시킨 결과는 다음과 같다.

```
>>> timingAnalysis(fib, 24, 35, 2, 10)
Run time of fib(24) is 0.0000173 seconds.
Run time of fib(26) is 0.0000119 seconds.
Run time of fib(28) is 0.0000127 seconds.
Run time of fib(30) is 0.0000136 seconds.
Run time of fib(32) is 0.0000144 seconds.
Run time of fib(34) is 0.0000151 seconds.
```

같은 입력에 대해 rfib()를 실행시킨 결과는 다음과 같다.

```
>>> timingAnalysis(rfib, 24, 35, 2, 10)
Run time of fibonacci(24) is 0.0797332 seconds.
Run time of fibonacci(26) is 0.2037848 seconds.
Run time of fibonacci(28) is 0.5337492 seconds.
Run time of fibonacci(30) is 1.4083670 seconds.
Run time of fibonacci(32) is 3.6589111 seconds.
Run time of fibonacci(34) is 9.5540136 seconds.
```

두 실험 결과를 비교하면 그림 10.11의 그래프와 같다.

그림 10.11
실행시간 그래프
입력 크기 $n = 24, 26, 28, 32, 34$에 대해 fib()와 rfib()의 평균 실행시간이 초 단위로 나와 있다.

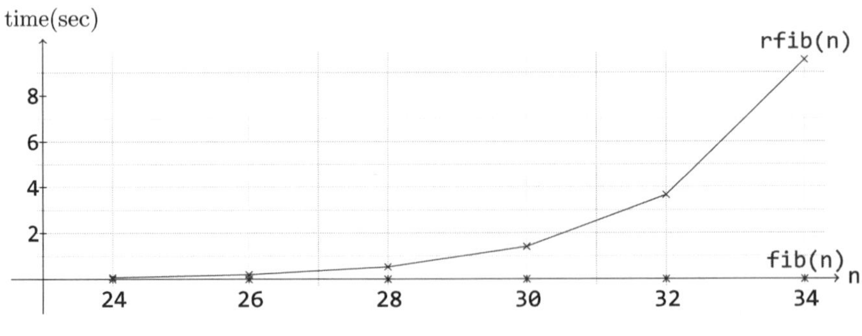

fib()의 실행시간은 무시해도 될 정도이다. 그러나 rfib()의 실행시간은 입력 크기가 커짐에 따라 급속도로 증가한다. 사실 두 인접한 입력 크기에 대한 실행시간의 차이는 두 배 이상이다. 이는 실행시간이 입력 크기에 대해 기하급수적으로 증가한다는 것을 의미한다. 재귀호출 rfib()의 형편없는 성능의 이유를 이해하기 위해 이 함수의 수행 과정을 살펴보면 그림 10.12와 같다.

그림 10.12는 **rfib(n)**이 수행될 때 발생되는 재귀호출을 보여준다. **rfib(n)**을 수행하기 위해서는 재귀호출 **rfib(n-1)**과 **rfib(n-2)**가 수행되어야 한다. **rfib(n-1)**과 **rfib(n-2)**를 수행하기 위해서는 독립적인 재귀호출 **rfib(n-2)**와 **rfib(n-3)**, 그리고 **rfib(n-3)**과 **rfib(n-4)**가 각각 수행되어야 한다.

rfib(n)의 수행에는 두 번의 독립적인 **rfib(n-2)**의 수행이 포함되어 있다. 따라서 **rfib(n)**의 실행시간은 **rfib(n-2)**의 실행시간의 두 배 이상이 된다. 이는 실행시간이 기하급수적으로 증가한다는 것을 의미한다. 이는 또한 재귀적 해법 **rfib()**의 문제점을 드러내는데, 문제의 원인은 같은 함수 호출을 계속해서 수행한다는 것이다. 예를 들면, 함수 호출 **rfib(n-4)**는 5번 수행된다. 수행 결과는 당연히 항상 같은데도 불구하고 말이다.

그림 10.12
재귀호출 트리
ib(n)의 수행으로 인해 개의 재귀호출 rfib -1)과 rfib(n-2)가 생 된다. rfib(n-1)의 수 으로 인해 두 개의 재귀호 rfib(n-2)와 rfib -3)이 생성된다. rfib -2)의 수행으로 인해 두 의 재귀호출 rfib(n-3) rfib(n-4)가 생성된다. 일한 재귀호출이 여러 번 행된다. 예를 들어 rfib -4)는 5번 호출된다.

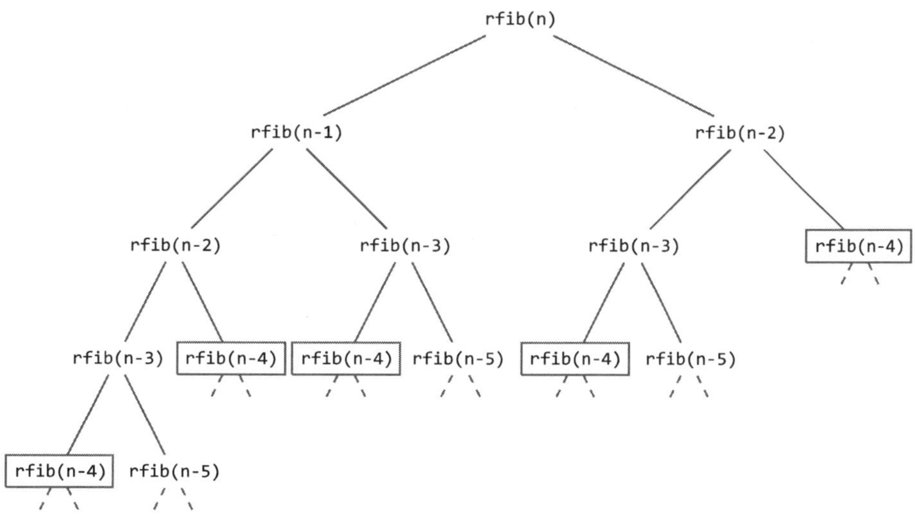

실습 10.8

이 절에서 개발한 실행시간 분석 프로그램을 사용하여, 함수 power()와 rpower(), 내장 연산자 **의 실행시간을 분석하라. 함수 timingAnalysis()에 다음 세 함수 power2(), rpower2(), pow2()를 전달하고 20,000부터 80,000까지 20,000 간격으로 입력 크기를 생성하여 사용하라.

```
def power2(n):
    return power(2,n)
def rpower2(n):
    return rpower(2,n)
def pow2(n):
    return 2**n
```

분석이 끝나면 내장 연산자 **가 어떤 방식을 사용하였을지 논하라.

10.4 탐색

바로 앞 절에서는 알고리즘의 설계와 프로그램 구현 방식이 프로그램의 실행시간에 지대한 영향을 끼치며, 나아가 큰 데이터에 대한 프로그램의 유용성도 이에 따라 결정된다는 사실을 배웠다. 이 절에서는 입력 데이터를 재구성하여 데이터를 구조화함으로써 프로그램의 실행시간과 유용성을 크게 개선시킬 수 있다는 것을 살펴본다. 여러 기본적인 탐색 작업과 더불어 정렬을 이용한 데이터 구조화를 중점적으로 살펴본다. 먼저 주어진 값이 리스트에 존재하는지 여부를 검사하는 기본적인 문제부터 살펴보자.

■ 선형 탐색

연산자 in과 클래스 list의 메소드 index()는 둘 다 리스트에서 주어진 항목을 탐색하는데 사용된다. 이들은 앞으로도 자주 사용되기 때문에 이들이 얼마나 빨리 실행되는지 이해하는 것이 중요하다.

in 연산자는 어떤 항목이 리스트에 존재하는지 여부를 검사하는 데 사용된다.

```
>>> lst = random.sample(range(1,100), 17)
>>> lst
[28, 72, 2, 73, 89, 90, 99, 13, 24, 5, 57, 41, 16, 43, 45, 42, 11]
>>> 45 in lst
True
>>> 75 in lst
False
```

index() 메소드도 이와 유사하다. index()는 True나 False를 반환하는 대신 리스트에서 해당 항목이 처음 나타나는 위치의 첨자를 반환한다. 항목이 리스트에 없으면 예외가 발생된다.

리스트에 저장된 데이터가 특정한 방식으로 구조화되어 있지 않으면, in과 index()를 구현하는 방법은 한 가지 방법밖에 없다. 즉, 리스트에 있는 n개의 항목들을 첨자 0부터 시작하여 n-1까지, 아니면 첨자 n-1부터 역으로 0까지 체계적으로 탐색하는 방법뿐이다. 이러한 방법을 **선형 탐색**(linear search)이라고 부른다. 첨자 0부터 순서대로 탐색을 수행할 경우, 위의 리스트에서 45를 찾으려면 15개의 항목을 검사해야 하며 리스트에 75가 없다는 사실을 알아내기 위해서는 모든 항목을 조사해야 한다.

선형 탐색은 최악의 경우에 리스트에 존재하는 모든 항목을 조사해야 한다. 그리하여 최악의 경우 실행시간은 리스트의 크기에 비례한다. 데이터가 구조화되어 있지 않고 데이터 항목들 사이의 순서를 정할 수 없다면 실제로 리스트에서 수행할 수 있는 유일한 탐색 방법은 선형 탐색뿐이다.

이진 탐색

리스트에 있는 데이터를 서로 비교할 수 있다면 리스트를 먼저 정렬함으로써 탐색 시간을 개선할 수 있다. 정말 그런지 살펴보기 위해 앞의 예와 동일한 리스트 lst를 먼저 정렬한 후 탐색해 보자.

```
>>> lst.sort()
>>> lst
[2, 5, 11, 13, 16, 24, 28, 41, 42, 43, 45, 57, 72, 73, 89, 90, 99]
```

리스트 lst에서 탐색하려는 값을 target이라고 하자. 선형 탐색은 target을 lst의 첨자 0 위치의 항목과 비교한다. 그 다음 첨자가 1, 2, 3, ...인 항목과 차례로 비교한다. 이렇게 비교하는 대신 탐색의 첫 번째 단계로, target을 lst의 임의의 첨자 i에 해당하는 항목과 비교한다고 하자. 그러면 그 결과로 다음의 세 가지 가능한 경우가 발생한다.

- lst[i] == target(운이 좋은 경우)
- target < lst[i]
- target > lst[i]

예를 들어 target의 값이 45이고 첨자가 5인 항목, 즉 24와 비교한다고 하자. 그러면 세 번째 경우인 target > lst[i]에 해당한다. lst는 정렬되어 있으므로, 이 결과로 target은 24의 왼쪽 부리스트 lst[0:5]에 존재할 가능성이 없다는 것을 알 수 있다. 그래서 그림 10.13에 보인 것처럼, 그 다음엔 24의 오른쪽 부리스트 lst[6:17]에서 target을 탐색하여야 한다.

0	1	2	3	4	5	6	7	8	9	10	11	12	13	14	15	16
2	5	11	13	16	24	28	41	42	43	45	57	72	73	89	90	99
						28	41	42	43	45	57	72	73	89	90	99

그림 10.13
이진 탐색
rget의 값인 45를 lst 첨자 5인 항목과 비교함으써, 탐색 공간을 부리스트 t[6:]으로 축소시킬 수 다.

여기서 우리는 target과 lst[5]와의 비교 한 번으로 탐색 공간의 크기가 17에서 11로 작아졌다는 점이다(선형 탐색에서는 한 번의 비교로 탐색 공간의 크기가 겨우 1만큼 작아졌다). 이제 고민해야 할 것은 어떻게 비교하면 탐색 공간을 더욱더 줄일 수 있을까 하는 점이다.

어떤 면에서 보면 target > lst[5]의 결과는 운이 좋은 편이 아니다. target이 두 서브리스트 lst[0:5]와 lst[6:17] 중에서 더 큰 쪽에 들어 있기 때문이다. 만일 두 서브리스트의 크기가 거의 같다면 운에 기대지 않아도 된다. 이를 위해서 맨 처음에 target과 비교할 항목으로 리스트의 중앙에 있는 항목[이를 **중앙값**(median)[1])이라고 부

---

1) 역주: 엄밀히 말해서 리스트 길이가 홀수인 경우에는 중앙값이 아니다. 여기서는 리스트의 중앙에 있는 항목으로 생각해야 한다.

름], 즉 42를 선택하면 된다.

이에 착안하여 개발된 탐색 기법을 **이진 탐색**(binary search)이라고 부른다. 리스트와 target이 주어졌을 때, 이진 탐색은 리스트에 있는 target의 위치, 즉 첨자를 반환한다. target이 리스트에 없으면 -1을 반환한다.

이진 탐색은 재귀적으로 쉽게 구현할 수 있다. 기저조건은 리스트 lst가 공백인 경우이다. target은 당연히 리스트에 존재하지 않으므로 -1을 반환한다. 그렇지 않으면, target을 리스트의 중앙에 있는 항목과 비교한다. 비교 결과에 따라 탐색이 끝나든지 아니면 부리스트에서 재귀적으로 탐색을 계속한다.

다음 함수 search()는 이진 탐색을 구현한 프로그램이다. 재귀호출은 부리스트 lst[i:j]에 대해서 수행된다. 함수 search()의 입력 인수에는 lst와 target 뿐만 아니라 첨자 i와 j도 포함된다는 것에 유의하라.

모듈 ch10.py

```
def search(lst, target, i, j):
    '''정렬된 부리스트 lst[i:j]에서 target을 검색한다.
       target이 존재하면 target의 첨자를, 그렇지 않으면 -1을 반환한다.'''
    if i == j:                          # 기저조건: 공백 리스트
       return -1                        # target이 리스트에 존재하지 않음

    mid = (i+j)//2                      # lst[i:j]의 중앙 항목의 첨자

    if lst[mid] == target:              # target이 중앙값
        return mid
    if target < lst[mid]:               # 왼쪽 부리스트에서 탐색
        return search(lst, target, i, mid)
    else:                               # 오른쪽 부리스트에서 탐색
        return search(lst, target, mid+1, j)
```

탐색을 시작하려면 첨자 0과 len(lst)를 인수로 사용한다.

```
>>> target = 45
>>> search(lst, target, 0, len(lst))
10
```

이 탐색의 수행 과정이 그림 10.14에 나타나 있다.

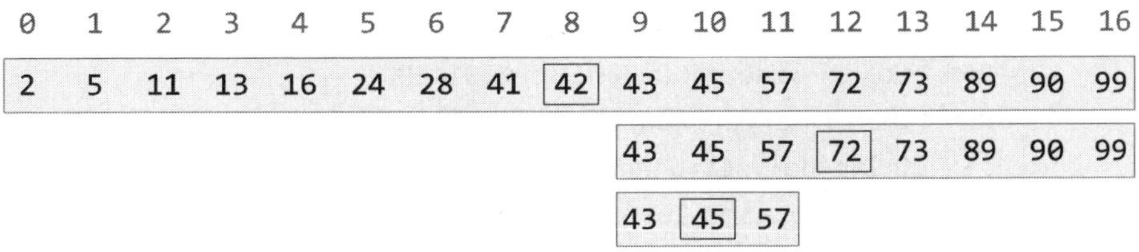

그림 10.14 이진 탐색
스트 lst[0:17]에서 45 대한 탐색이 시작된다. 45 리스트 중앙값 42와 비교 후, 부리스트 lst [9:17] 서 탐색을 계속한다. 45 부리스트의 중앙 값 72 비교한 후, 부리스트 lst :12]에서 탐색을 계속한 45는 lst[9:12]의 중 값이므로, 탐색이 종료된다.

선형 탐색 대 이진 탐색

이진 탐색이 평균적으로 선형 탐색보다 훨씬 빠른지 확인하기 위해 실험을 수행해 보자. 앞 절에서 개발한 timingAnalysis() 프로그램을 사용하여 함수 search()와 내장 메소드 index()의 성능을 비교한다. 이를 위해, 함수 binary()와 linear()를 개발하여 입력 리스트에서 임의의 항목을 뽑은 후에 각각 search()와 index()를 수행시켜 이 항목을 탐색하도록 한다.

모듈 ch10.py

```
def binary(lst):
    '리스트 lst에서 무작위로 뽑은 항목에 대해 search()를 실행한다.'
    target=random.choice(lst)
    return search(lst, target, 0, len(lst))

def linear(lst):
    '리스트 lst에서 무작위로 뽑은 항목에 대해 index()를 실행한다.'
    target=random.choice(lst)
    return lst.index(target)
```

크기가 n인 리스트 lst는 0과 2n-1 사이에 있는 정수 중에서 무작위로 n개를 뽑아서 만든다.

모듈 ch10.py

```
def buildInput(n):
    '범위 [0, 2n)에서 무작위로 뽑은 숫자 n개 정수 리스트를 정렬하여 반환한다.'
    lst = random.sample(range(2*n), n)
    lst.sort()
    return lst
```

수행 결과는 다음과 같다.

```
>>> timingAnalysis(linear, 200000, 1000000, 200000, 20)
Run time of linear(200000) is 0.0046095
```

```
Run time of linear(400000) is 0.0091411
Run time of linear(600000) is 0.0145864
Run time of linear(800000) is 0.0184283
>>> timingAnalysis(binary, 200000, 1000000, 200000, 20)
Run time of binary(200000) is 0.0000681
Run time of binary(400000) is 0.0000762
Run time of binary(600000) is 0.0000943
Run time of binary(800000) is 0.0000933
```

확실히 이진 탐색이 훨씬 빠르며 선형 탐색의 실행시간은 리스트 크기에 비례하여 증가된다. 흥미로운 것은, 이진 탐색의 실행시간이 그다지 증가하지 않는 것처럼 보인다는 점이다. 왜 그럴까?

선형 탐색은 최악의 경우에 리스트의 모든 항목을 한 번씩 조사해야 하는 것에 비해, 이진 탐색은 훨씬 적은 항목들만 조사한다. 앞서 관찰한 것처럼 이진 탐색에서 비교를 수행할 때마다 탐색 공간이 절반 이상 줄어든다는 사실을 기억하자. 물론 탐색 공간의 크기가 1 이하이면 탐색은 종료된다. 따라서 크기가 n인 리스트에 대해서 이진 탐색을 수행할 경우 비교 횟수는, 1이 될 때까지 n을 계속 2로 나눈 횟수에 해당한다. 이 횟수를 x라고 하면 다음 수식과 같이 나타낼 수 있다.

$$\frac{n}{2^x} = 1$$

이 수식의 해는 밑수가 2인 로그함수로 나타난다. 즉, $x = \log_2 n$이 된다. 이 함수는 n이 커지는 것에 비해서 매우 느리게 증가하는 특성이 있다.

이 절의 후반부에서는 몇 가지 기본적인 탐색 관련 문제들을 소개하고 그 문제들을 해결하기 위한 여러 가지 해법을 분석한다.

■ 유일성 검사

이제 주어진 리스트에서 리스트의 각 항목이 유일한지 판단하는 문제를 생각해 보자. 이 문제에 대한 자연스런 해법은 리스트의 각 항목에 대해 리스트에 두 번 이상 나타나는지를 반복하여 조사하는 것이다. 함수 dup1은 이 아이디어를 구현한 것이다.

모듈 ch10.py

```
def dup1(lst):
    '리스트에 중복된 항목이 있으면 True를, 없으면 False를 반환한다.'
    for item in lst:
        if lst.count(item) > 1:
            return True
    return False
```

리스트 메소드 count()는 in 연산자나 index 메소드와 마찬가지로 목표 항목이 리스트에 몇 번 나타나는지를 선형 검색을 통해 수행한다. 그래서 함수 dup1()에서는 모든 리스트 항목에 대해 선형 탐색이 수행된다. 더 좋은 방법이 있을까?

먼저 리스트를 정렬한다면 어떨까? 정렬의 이점은 중복된 항목이 정렬된 리스트에서 서로 인접한 위치에 존재한다는 것이다. 그러므로 중복이 있는지 검사하려면 각 항목이 바로 이전 항목과 비교하여 같은지 여부만 판단하면 된다.

모듈 ch10.py

```
def dup2(lst):
    '리스트에 중복된 항목이 있으면 True를, 없으면 False를 반환한다.'
    lst.sort()
    for index in range(1, len(lst)):
        if lst[index] == lst[index-1]:
            return True
    return False
```

이 방법의 장점은 리스트를 한 번만 훑어보아도 된다는 점이다. 물론 이 방법에도 추가 비용이 드는데, 바로 리스트 정렬 비용이다.

제6장에서 우리는 리스트에 중복이 있는지 검사하기 위해 사전이나 집합을 이용할 수 있다는 점을 살펴보았다. 함수 dup3()와 dup4()는 입력 리스트에 중복이 있는지 여부를 검사하기 위해 집합을 사용한다.

모듈 ch10.py

```
def dup3(lst):
    '리스트에 중복된 항목이 있으면 True를, 없으면 False를 반환한다.'
    s = set()
    for item in lst:
        if item in s:
            return False
        else:
            s.add(item)
    return True

def dup4(lst):
    '리스트에 중복된 항목이 있으면 True를, 없으면 False를 반환한다.'
    return len(lst) != len(set(lst))
```

이들 네 함수의 성능 분석은 실습문제로 남겨둔다.

실습 10.9

실험을 통해 함수 dup1(), dup2(), dup3(), dup4()의 실행시간을 분석하라. 다음의 방식으로 생성한 크기가 각각 2000, 4000, 6000, 8000인 10개씩의 리스트에 대해 각 함수를 검사하라.

```
import random
def buildInput(n):
    '범위 [0, n**2)에서 무작위로 뽑은 n개 정수 리스트를 반환한다.'
    res = []
    for i in range(n):
        res.append(random.choice(range(n**2)))
    return res
```

이 함수가 반환하는 리스트는 0부터 n^2-1까지 범위에서 선택한 n개의 수로 구성된다. 이 리스트에는 중복된 항목이 있을 수도 있고, 없을 수도 있다. 실험 후에는 실험 결과를 설명하라.

k번째로 큰(작은) 항목 고르기

정렬되지 않은 리스트에서 가장 큰(또는 가장 작은) 항목을 찾는 것은 선형 탐색을 사용하는 것이 최선이다. 두 번째나 세 번째로 큰(또는 작은) 항목을 찾는 것도, 비록 그렇게 간단하진 않지만, 선형 탐색을 사용할 수 있다. k가 큰 경우, k번째로 큰(또는 작은) 항목을 찾는 것은 리스트를 먼저 정렬함으로써 쉽게 해결할 수 있다. (더욱 효율적인 방법도 있지만, 이 책의 범위를 벗어난다.) 다음 함수는 리스트에서 k번째 작은 값을 반환한다.

모듈 ch10.py

```
def kthsmallest(lst, k):
    '리스트 lst에서 k번째 작은 수를 반환한다.'
    lst.sort()
    return lst[k-1]
```

최빈 출현 항목 계산

이제 리스트에서 가장 빈번하게 나타나는 항목을 찾는 문제를 생각해 보자. 사실 우리는 이 문제에 대한 해답을 이미 알고 있다. 바로 제6장에서 다루었던 사전을 사용하여 리스트의 모든 항목들의 빈도수를 구하는 것이다. 그러나 가장 빈도수가 높은 항목을 찾는데 사전을 사용하는 것은 과잉 작업이며 메모리 공간의 낭비이다.

우리는 리스트를 정렬하면 모든 중복된 항목들이 서로 인접한 위치에 존재한다는 것을 이미 알고 있다. 정렬된 리스트를 순차적으로 검사한다면 중복된 항목들의 구간 길이를 계산하면서 가장 긴 구간 정보도 기록할 수 있다. 이 아이디어를 구현하면 다음과 같다.

모듈 ch10.py

```
def frequent(1st):
    '''공백이 아닌 리스트 1st에서
       가장 빈도수가 큰 항목을 반환한다.'''
    lst.sort()                          # 정렬

    currentLen = 1                      # 현재 구간의 길이
    longestLen = 1                      # 가장 긴 구간의 길이
    mostFreq = lst[0]                   # 가장 긴 구간에 속한 항목

    for i in range(1, len(lst)):
        # 바로 앞 항목과 비교함
        if lst[i] == lst[i-1]:          # 똑같으면
            # 현재 구간의 길이를 1증가시킴
            currentLen+=1

        else:                           # 다르면
            # 필요시 가장 긴 구간 갱신
            if currentLen > longestLen:        # 현재 구간의 길이가 지금까지
                                               # 가장 긴 구간의 길이보다 크면
                longestLen = currentLen        # 가장 긴 구간의 길이와
                mostFreq = lst[i-1]            # 항목을 갱신함
            # 새 구간의 시작
            currentLen = 1

    return mostFreq
```

실습 10.10

사전을 사용하여 입력 리스트에 있는 각 항목의 빈도수를 계산하고 그 중 빈도수가 가장 큰 항목을 반환하는 함수 **frequent2()**를 구현하라. 그 다음, 실습문제 10.9에서 정의한 함수 **buildInput()**를 사용하여 구한 리스트에 대해 **frequent()**와 **frequent2()**의 실행시간을 비교하는 실험을 수행하라.

E-Book 사례연구: 하노이 탑

사례연구 CS.10에서는 재귀호출을 사용하여 문제를 쉽게 해결할 수 있는 대표적인 예로서 하노이 탑(Tower of Hanoi) 문제를 다룬다. 또한 객체지향 프로그래밍 기법을 사용하여 새로운 클래스를 개발하고 시각적 프로그램도 개발해 볼 것이다.

요약

이 장에서는 재귀호출에 초점을 맞추어 문제 해결을 위해 재귀함수를 개발하는 과정을 살펴보았다. 이 장은 또한 프로그램의 실행시간을 분석에 대해 소개하고 이를 여러 탐색 문제들에 적용하여 살펴보았다.

재귀호출은 기본적인 문제 해결 기법으로서, 문제의 해가 “쉬운” 버전 문제의 해로 구성되는 문제에 적용할 수 있다. 재귀함수는 종종 같은 문제에 대해 비재귀적 해법보다 훨씬 쉽게 구현될 수 있다. 그 이유는 재귀호출이 운영체제의 자원, 특히 프로그램 스택을 지렛대로 활용하기 때문이다.

이 장에서 프랙탈의 가시적 표현과 파일에서 바이러스 검사 등 여러 가지 문제들에 대한 재귀함수를 개발하였다. 하지만 궁극적인 목표는, 주어진 문제에 대해 재귀적 해를 도출하기 위한 접근 방식인 재귀적 사고 방법을 구체적으로 보여주기 위한 것이었다.

어떤 경우에는 명백한 본래의 비재귀적 해보다 더욱 효율적인 해를 재귀적 사고를 통해 찾을 수 있었다. 하지만 어떤 경우에는 재귀적 해법이 훨씬 나쁜 경우도 있었다. 이 장에서는 또한 다양한 프로그램의 실행시간을 계량화하고 비교하기 위해 프로그램의 실행시간을 분석하는 방법을 소개하였다. 실행시간 분석은 재귀함수에만 국한된 것은 아니며, 이를 통해 다양한 탐색 문제를 분석해 볼 수 있었다.

실습문제 해답

10.1 함수 reverse()는 함수 vertical()을 수정한 것이다. 함수 vertical()은 마지막 자릿수를 뺀 나머지 자릿수를 출력한 후에 마지막 자릿수를 출력한다는 것에 주의하자. 함수 reverse()는 이 순서의 반대로 출력하면 된다.

```
def reverse(n):
    '낮은 자릿수부터 시작하여 n의 자릿수를 수직으로 출력한다.'
    if n < 10:          # 기저조건: 한 자릿수
        print(n)
    else:               # n의 자릿수가 둘 이상이면
        print(n%10)     # n의 마지막 자릿수를 출력함
        reverse(n//10)  # 마지막 자릿수를 뺀 나머지 수를 재귀적으로 출력함
```

10.2 기저조건이면, 즉 $n = 0$이면 'Hurray!!!'만 출력해야 한다. $n > 0$이면, 적어도 하나 이상의 'Hip'을 출력해야 한다. 그러므로 한 개의 'Hip'을 출력하고 나면 남은 일은 $n - 1$개의 'Hip'을 출력하고 끝으로 'Hurray!!!'를 출력하는 것이다. 이는 바로 cheers(n-1)이 수행하는 작업이다.

```
def cheers(n):
    '환호성을 출력한다.'
    if n == 0:
        print('Hurray!!!')
    else: # n > 0
        print('Hip', end=' ')
        cheers(n-1)
```

10.3 계승 함수 $n!$의 정의에 의해 재귀호출의 기저조건은 $n = 0$이나 $n = 1$인 경우이다. 이들 각 경우에 함수 factorial()은 1을 반환해야 한다. $n > 1$이면, $n!$의 재귀적 정의에 의해 함수 factorial()은 n * factorial(n-1)을 반환해야 한다.

```
def factorial(n):
    'n!을 반환한다.'
    if n == 0:                    # 기저조건
        return 1
    return factorial(n-1) * n     # 재귀단계: n > 0
```

10.4 기저조건 $n = 0$이면 아무 것도 출력하지 않는다. $n > 0$이면 pattern2(n)의 출력은 pattern2(n-1)의 출력과 이어서 n개의 별표로 구성된 줄, 그리고 다시 pattern2(n-1)의 출력으로 구성된다.

```
def pattern2(n):
    'n번째 패턴을 출력한다.'
    if n > 0:
        pattern2(n-1)              # pattern2(n-1)의 출력
        print(n * '*')             # n개의 별표 출력
        pattern2(n-1)              # pattern2(n-1)의 출력
```

10.5 그림 10.15와 같이 snowflake(4)는 정삼각형의 각 변에 그려진 세 개의 koch(3)으로 구성된 패턴이다.

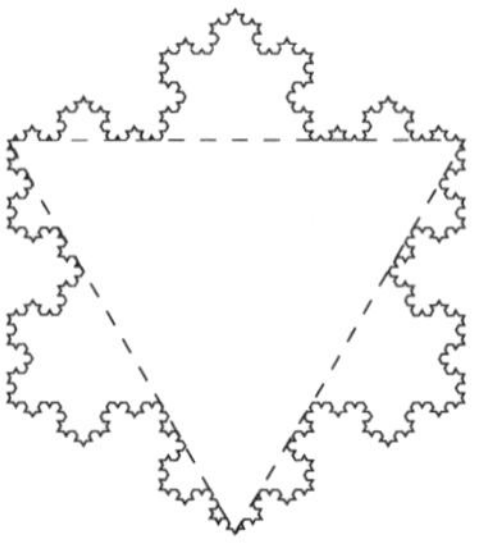

그림 10.15 패턴 snowflake(4).

패턴 snowflake(n)을 그리는 방법은, 먼저 패턴 koch(n)을 그리고 나서 오른쪽으로 120도 돌려서 패턴 koch(n)을 또 그리고, 다시 오른쪽으로 120도 돌려서 마지막으로 한 번 더 패턴 koch(n)을 그리면 된다.

```
def drawSnowflake(n):
    '함수 koch()를 세 번 사용하여 n번째 눈송이 곡선을 출력한다.'
    s = Screen()
    t = Turtle()
    directions = koch(n)
    for i in range(3):
        for move in directions:          # koch(n) 그리기
            if move == 'F':
                t.fd(300/3**n)
            if move == 'L':
                t.lt(60)
            if move == 'R':
                t.rt(120)
        t.rt(120)                        # 오른쪽으로 120도 회전
    s.bye()
```

10.6 리스트가 공백이면 False를 반환해야 한다. 그렇지 않고 lst[-1]이 음수이거나 lst[:-1]에 음수가 포함되어 있으면 True를 반환한다.

```
def recNeg(lst):
    '''리스트 lst에 음수가 존재하면 True를,
       그렇지 않으면 False를 출력한다.'''
    if len(lst) == 0:
        return False
    return recNeg(lst[:-1]) or lst[-1] < 0
```

10.7 내장함수 sum()을 table의 각 항목(각 행)에 적용해야 한다.

```
>>> table = [[1,2,3], [4,5,6]]
>>> recMap(table, sum)
[6, 15]
```

10.8 테스트를 수행하면 power2()의 실행시간이 pow2()와 rpower2()의 실행시간보다 월등히 나쁘다는 것과 pow2()와 rpower2()의 실행시간은 거의 비슷하다는 것을 알 수 있을 것이다. 이를 통해 내장 연산자 **는 재귀적 해법과 유사한 방법을 사용하는 것으로 추정할 수 있다.

10.9 비록 dup2()는 별도의 정렬 과정을 포함하고 있지만 dup1()에 비해 훨씬 빠르다는 것을 알 수 있을 것이다. 이는 dup1()의 다중 선형 탐색 기법이 매우 비효율적이라는 것을 의미한다. dup3()나 dup4()에 사용했던 방법, 즉 집합을 이용한 방법이 가장 효율적이다. 다만 마지막 두 방법은 추가의 컨테이너를 사용해야 하므로 메모리 공간이 추가로 필요하다는 점을 고려해야 한다.

10.10 6장에서 다룬 함수 frequency()를 사용하여 frequent2()를 구현할 수 있다.

연습문제

10.11 그림 10.1과 유사한 형태로 countdown(3)의 실행 동안에 발생하는 모든 단계를 그려라. 각 재귀호출의 시작 시점과 종료 시점에서 프로그램 스택의 상태도 함께 그려라.

10.12 함수 countdown()의 6번째 줄과 7번째 줄의 문장을 서로 바꾼 함수 countdown2()를 만들어라. 이 함수가 countdown()과 어떻게 다른지 설명하라.

10.13 그림 10.1과 유사한 형태로 연습문제 10.12의 함수 countdown2(3)의 실행 단계를 모두 그려라.

10.14 다음과 같이 수행되도록 함수 countdown()을 수정하라.

```
>>> countdown3(5)
5
4
3
    BOOM!!!
    Scared you...
2
1
Blastoff!!!
```

10.15 그림 10.1과 유사한 형태로 pattern(2)의 실행 단계를 모두 그려라. 각 재귀호출의 시작 시점과 종료 시점의 프로그램 스택의 상태도 함께 그려라.

10.16 n개의 항목 중에서 k개를 선택하는 경우의 수 $C(n,k)$는 다음과 같이 점화식(recursive formula) 형태로 정의할 수 있다.

$$C(n,k) = \begin{cases} 1 & k = 0 \text{일 때} \\ 0 & n < k \text{일 때} \\ C(n-1, k-1) + C(n-1, k) & \text{그 외} \end{cases}$$

첫 번째 경우는 어떤 항목도 뽑지 않는 경우가 한 가지만 있다는 것을 말하고, 두 번째 경우는 주어진 항목 수보다 더 많은 개수의 항목을 뽑을 수 있는 방법이 없다는 것을 말한다. 마지막 경우는, 특정 항목 하나를 포함해서 k개를 뽑는 경우의 수와 그 항목을 빼고 k개를 뽑는 경우의 수를 따로 계산한 것이다. 이 점화식을 사용하여 $C(n,k)$를 계산하는 재귀함수 combinations()를 작성하라.

```
>>> combinations(2, 1)
0
>>> combinations(1, 2)
2
>>> combinations(2, 5)
10
```

10.17 함수 rpower()에서 했던 것처럼, 호출된 재귀호출 수를 세도록 함수 rfib()를 수정하여라. 그런 다음, 이 함수를 사용하여 n = 10, 20, 30에 대해 재귀호출의 횟수를 구하라.

실전문제

10.18 영 이상의 정수 n을 입력으로 받아 n개의 별표와 n개의 느낌표를 차례대로 출력하는 재귀함수 silly()를 작성하라. 프로그램에는 반복 구조를 사용하면 안 된다.

```
>>> silly(0)
>>> silly(1)
* !
>>> silly(10)
* * * * * * * * * * ! ! ! ! ! ! ! ! ! !
```

10.19 영 이상의 정수 n을 입력으로 받아 n의 이진수 표현에 존재하는 1의 개수를 반환하는 재귀함수 numOnes()를 작성하라. 구하려고 하는 1의 개수는 n이 짝수이면 $n//2$(정수 나눗셈)의 이진수 표현에 있는 1의 개수와 같고, n이 홀수이면 $n//2$의 이진수 표현에 있는 1의 개수에 1을 더한 값과 같다는 사실을 이용하라.

```
>>> numOnes(0)
0
>>> numOnes(1)
1
>>> numOnes(14)
3
```

10.20 제5장에서는 최대공약수를 구하는 유클리드 알고리즘을 반복 구조를 사용하여 개발했다. 유클리드 알고리즘은 자연스럽게 재귀적으로 정의된다.

$$gcd(a, b) = \begin{cases} a & b = 0 \text{이면} \\ gcd(b, a\%b) & \text{그 외} \end{cases}$$

이 재귀적 정의를 사용하여, 두 개의 음이 아닌 정수 a와 $b(a > b)$를 입력으로 받아 a와 b의 최대공약수를 반환하는 재귀함수 rgcd()를 구현하라.

```
>>> rgcd(3,0)
3
>>> rgcd(18,12)
6
```

10.21 원소 중복을 허용하는 리스트를 입력으로 받아, 모든 값을 하나씩 삭제한 리스트 사본을 반환하는 함수 rem()을 작성하라. 단, 중복된 값은 한 번만 삭제된다.

```
>>> rem([4])
[]
>>> rem([4, 4])
[4]
>>> rem([4, 1, 3, 2])
[]
>>> rem([2, 4, 2, 4, 4])
[2, 4, 4]
```

10.22 오랜만에 고향을 방문한 당신은 친구 집에 머물 계획이다. 친구들의 집은 모두 같은 도로 변에 위치해 있다. 친구 집의 위치는 도로의 시작 지점부터 집까지의 거리로 표시된다. 당신은 중앙 위치에 있는 친구 집에 머물려고 한다. 중앙 위치란, 그 위치를 기준으로 도로를 양분할 때, 양쪽에 있는 집들의 수가 서로 같거나 또는 하나만 차이가 나는 지점을 말한다. 만일 그러한 집이 두 개 있으면 도로의 시작 지점에서의 거리가 가까운 집을 선택한다.

친구 집들의 위치로 구성된 리스트를 입력으로 받아 당신이 머물 집의 위치를 반환하는 함수 address()를 작성하라.

```
>>> address([2, 1, 8, 5, 9])
5
>>> address([2, 1, 8, 5])
2
>>> address([1, 1, 1, 2, 3, 3, 4, 4, 4, 5])
3
```

10.23 영 이상의 정수 두 개를 입력 인수로 받아 다음과 같은 패턴을 출력하는 재귀함수 tough()를 개발하라. 힌트: 첫 번째 인수는 패턴의 들여쓰기 정보를 나타내고, 두 번째 인수-항상 2의 거듭제곱으로 표현되는 수-는 패턴에서 "*" 개수가 최대인 행의 "*"의 개수를 나타낸다.

```
>>> tough(0, 0)
>>> tough(0, 1)
*
>>> tough(0, 2)
*
**
 *
>>> tough(0, 4)
*
```

```
**
 *
****
  *
  **
   *
```

10.24 영 이상의 정수 n과 양수 $1 < b < 10$를 입력으로 받아, 정수 n의 b진수 표현을 출력하는 재귀함수 base()를 작성하라.

```
>>> base(0, 2)
0
>>> base(1, 2)
1
>>> base(10, 2)
1010
>>> base(10, 3)
101
```

10.25 입력으로 리스트 lst를 받아서 lst의 모든 순열로 구성된 리스트를 반환하는 함수 permutations()를 구현하라. 각 순열이 리스트로 표현되므로, 이 함수의 반환 값은 리스트의 리스트여야 한다. 이 함수는 다음과 같이 재귀적으로 수행하여야 한다. 만일 입력 리스트 lst의 크기가 1이나 0이면, lst 하나를 유일한 원소로 포함하는 리스트를 반환한다. 그렇지 않으면, lst[0]를 제외한 lst의 모든 항목들로 구성되는 모든 순열의 리스트를 구하기 위해 서브리스트 lst[1:]에 대한 재귀호출을 수행한다. 그 다음에는 재귀호출의 결과로 생성된 각 순열 perm에 대해, perm의 가능한 각 위치에 lst[0]을 삽입하여 만든 순열들을 생성한다.

```
>>> permutations([1, 2])
[[1, 2], [2, 1]]
>>> permutations([1, 2, 3])
[[1, 2, 3], [2, 1, 3], [2, 3, 1], [1, 3, 2], [3, 1, 2], [3, 2, 1]]
>>> permutations([1, 2, 3, 4])
[[1, 2, 3, 4], [2, 1, 3, 4], [2, 3, 1, 4], [2, 3, 4, 1],
[1, 3, 2, 4], [3, 1, 2, 4], [3, 2, 1, 4], [3, 2, 4, 1],
[1, 3, 4, 2], [3, 1, 4, 2], [3, 4, 1, 2], [3, 4, 2, 1],
[1, 2, 4, 3], [2, 1, 4, 3], [2, 4, 1, 3], [2, 4, 3, 1],
[1, 4, 2, 3], [4, 1, 2, 3], [4, 2, 1, 3], [4, 2, 3, 1],
[1, 4, 3, 2], [4, 1, 3, 2], [4, 3, 1, 2], [4, 3, 2, 1]]
```

10.26 주어진 단어의 애너그램(anagram)을 구하는 함수 anagrams()를 구현하라. 단어 A의 애너그램은 A를 구성하는 문자들의 위치를 바꾸어서 만든 단어를 말한다. 예를 들면, 단어 pot는 단어 top의 애너그램이다. 구현할 함수는, 단어들이 저장된 파일 이름과 입력 단어를 두 개의 입력 인수로 받아서, 해당 파일에 있는 단어들 중 입력 단어의 애너그램인 모든 단어를 출력해야 한다. 단어 파일의 이름으로 words.txt를 사용한 예를 보면 다음과 같다.

파일: words.txt

```
>>> anagrams('words.txt', 'trace')
crate
cater
react
```

10.27 정수 리스트와 목표 정수를 입력으로 받아서, 목표 정수를 리스트에 있는 두 정수의 합으로 나타낼 수 있으면 True를 반환하고, 그렇지 않으면 False를 반환하는 함수 pairs1()을 작성하라. 이 함수는 중첩된 루프를 사용하여 리스트에 있는 모든 정수 쌍을 검사해야 한다.

```
>>> pairs1([4, 1, 9, 3, 5], 13)
True
>>> pairs1([4, 1, 9, 3, 5], 11)
False
```

이 함수를 작성한 후에는 이와 같은 일을 하는 함수를 다르게 작성해 보자. 리스트를 먼저 정렬하고 정수 쌍을 효율적으로 탐색하는 함수 pairs2()를 작성하라. 그리고 timeingAnalysis()를 사용하여 두 함수의 실행시간을 분석하라. (함수 buildInput()은 정수들의 리스트와 목표 정수를 생성해야 한다.)

10.28 이 문제에서는 주어진 파일에 "연결(링크, link)된" 파일을 수집하는 함수를 개발해 보자. 방문할 각 파일에는 다른 파일에 대한 링크가 한 개 이상 포함되어 있으며 각 링크는 한 행에 주어진다. 파일에 링크 이외의 내용은 없다. 파일에 대한 링크는 단순히 파일 이름으로 나타낸다. 예를 들어, 파일 file0.txt에 다음과 같은 내용이 들어있다고 하자.

```
file1.txt
file2.txt
```

이는 파일의 첫 번째 줄에는 file1.txt에 대한 링크가, 두 번째 줄에는 file2.txt에 대한 링크가 존재한다는 것을 나타낸다.

파일 이름을 문자열로 입력받아서 방문된 파일에 대한 메시지를 출력하는 재귀 함수 crawl()을 구현하라. 이 함수는 파일을 열고 각 링크를 읽어서 각 링크에 해당하는 파일을 재귀적으로 방문해야 한다. 아래의 예는 압축 파일 **files.zip**에 압축된 파일들을 대상으로 수행한 예이다.

파일: files.zip

```
>>> crawl('file0.txt')
Visiting file0.txt
Visiting file1.txt
Visiting file3.txt
Visiting file4.txt
Visiting file8.txt
Visiting file9.txt
Visiting file2.txt
Visiting file5.txt
Visiting file6.txt
Visiting file7.txt
```

10.29 파스칼의 삼각형(Pascal's triangle)은 수로 구성된 무한 이차원 패턴인데 처음 다섯줄은 그림 10.16과 같은 패턴으로 구성된다. 첫 줄, 즉 0번째 줄에는 1만 있다. 그 외 모든 줄에는 1이 맨 앞과 맨 뒤에 위치한다. 각 줄에 있는 다른 수들은 다음 규칙을 통해 구할 수 있다. i번째 위치에 있는 수는 바로 이전 줄의 $i-1$번째 수와 i번째 수의 합이다.

그림 10.16
파스칼의 삼각형
스칼의 삼각형을 구성하는 음 다섯 줄을 보여준다.

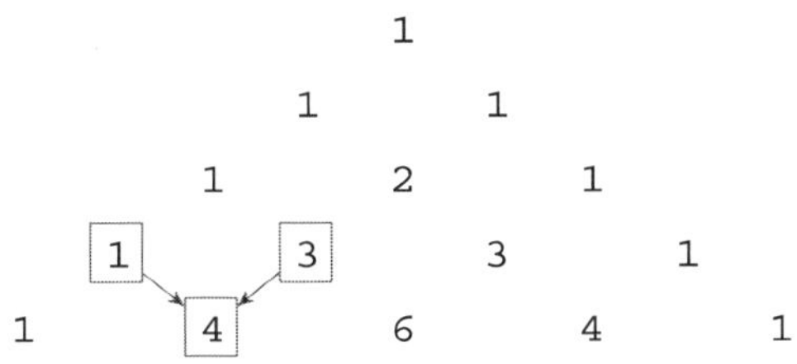

영 이상의 정수 n을 입력으로 받아서 파스칼의 삼각형의 n번째 줄을 구성하는 숫자들의 리스트를 반환하는 재귀함수 **pascalLine()**을 구현하라.

```
>>> pascalLine(0)
[1]
>>> pascalLine(2)
[1, 2, 1]
>>> pascalLine(3)
[1, 3, 3, 1]
>>> pascalLine(4)
[1, 4, 6, 4, 1]
```

10.30 폴더의 경로명을 문자열로 입력받아, 이 폴더에 직접적으로나 간접적으로 포함되어 있는 모든 파일 및 하위 폴더의 경로명을 화면에 출력하는 재귀함수 `traverse()`를 구현하라. 파일과 하위 폴더의 경로명은 최상위 폴더를 기준으로 그 깊이에 비례하도록 들여 써서 출력해야 한다. 다음 예는 그림 10.8에 나타낸 폴더 `'test'`에 대해 `traverse()`를 실행한 결과를 보여준다.

파일: test.zip

```
>>> traverse('test')
test/fileA.txt
test/folder1
  test/folder1/fileB.txt
  test/folder1/fileC.txt
  test/folder1/folder11
    test/folder1/folder11/fileD.txt
test/folder2
  test/folder2/fileD.txt
  test/folder2/fileE.txt
```

10.31 파일의 이름과 폴더의 경로명을 입력으로 받아서, 주어진 폴더 및 그 폴더에 직접적으로나 간접적으로 포함된 폴더에서 주어진 파일을 탐색하는 함수 `search()`를 구현하라. 이 함수는 파일을 발견하면 파일의 경로명을 반환하고, 그렇지 않으면 `None`을 반환해야 한다. 아래 예는 그림 10.8에 나타낸 폴더 `'test'`의 부모 폴더에서 `search('file.txt', 'test')`를 실행한 결과를 보여준다.

파일: test.zip

```
>>> search('fileE.txt', 'test')
test/folder2/fileE.txt
```

10.32 레비(Lévy) 곡선은 재귀적으로 정의되는 프랙탈 그래픽 패턴이다. 코흐 곡선과 같이, 모든 영 이상의 정수 $n > 0$에 대해서 Lévy 곡선 L_n은 Lévy 곡선 L_{n-1}을 이용하여 정의할 수 있다. Lévy 곡선 L_0는 그냥 직선이다. 그림 10.17은 Lévy 곡선 L_8을 보여준다.

그림 10.17
Lévy 곡선 L_8

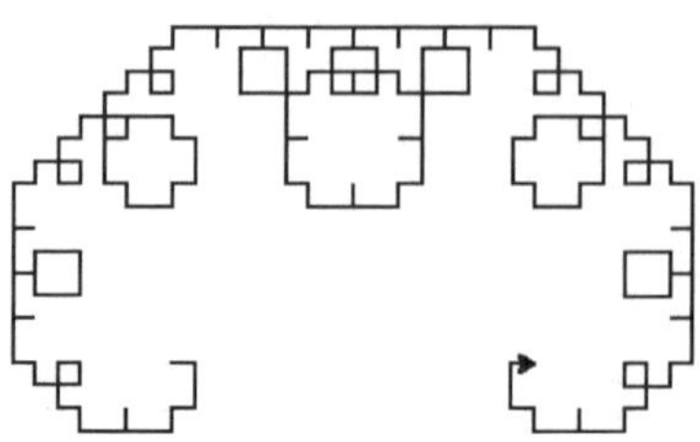

(a) Lévy 곡선에 대한 정보를 인터넷에서 찾아보고 그 정보를 이용하여 곡선을 그리는 터틀 그래픽 명령어를 반환하는 재귀함수 levy()를 구현하라. levy()는 영 이상의 정수 n을 입력으로 받아, 문자 L, R, F로 부호화된 터틀 그래픽 명령을 반환한다. 여기서 L은 "왼쪽으로 45도 회전", R은 "오른쪽으로 90도 회전", F는 "전진"을 의미한다.

```
>>> levy(0)
'F'
>>> levy(1)
'LFRFL'
>>> levy(2)
'LLFRFLRLFRFLL'
```

(b) 영 이상의 정수 n을 입력으로 받아, 함수 levy()가 생성한 명령을 이용하여 Lévy 곡선 L_n을 그리는 함수 drawLevy()를 구현하라.

10.33 동전을 정해진 개수만큼 남기는 간단한 동전 게임이 있다. 처음에는 n개의 동전이 당신에게 주어지는데 게임을 진행하면서 매번 다음 규칙에 따라 정해진 개수의 동전을 내놓을 수 있다.

- n이 10으로 나누어지면 9개의 동전을 내놓을 수 있다.
- n이 짝수면, 정확하게 $n/2-1$개의 동전을 내놓을 수 있다.
- n이 3으로 나누어지면, 7개의 동전을 내놓을 수 있다.
- n이 4로 나누어지면, 6개의 동전을 내놓을 수 있다.

들고 있는 동전의 개수가 위의 규칙에 어느 것도 해당하지 않으면 게임에서 진다. 게임의 목표는 정확하게 8개의 동전을 남기는 것이다.

주의할 점은 동전 개수 n에 따라서 둘 이상의 규칙이 적용될 수 있다는 점이다. 예를 들어 n이 20일 때, 첫 번째 규칙을 적용할 수 있으므로 이를 적용하여 11개가 남을 수 있다. 11개의 동전으로는 적용할 수 있는 규칙이 없으므로 게임에서 진다. 첫 번째 규칙을 적용하는 대신 네 번째 규칙을 적용하면 14개의 동전이 남게 되고 그 다음 두 번째 규칙을 적용하면 정확하게 8개의 동전이 남아서 게임에서 이긴다.

입력으로 초기 동전의 개수를 받아서 게임에서 이길 수 있는 방법, 즉 8개의 동전을 남길 수 있는 방법이 있으면 True를, 그렇지 않으면 False를 반환하는 함수 coins()를 구현하라.

```
>>> coins(7)
False
```

```
>>> coins(8)
True
>>> coins(20)
True
>>> coins(66)
False
>>> coins(99)
True
```

10.34 선형 재귀를 사용하여, 입력 리스트의 각 항목을 두 개로 만든 리스트를 반환하는 함수 `recDup()`를 구현하라.

```
>>> recDup(['ant', 'bat', 'cat', 'dog'])
['ant', 'ant', 'bat', 'bat', 'cat', 'cat', 'dog', 'dog']
```

10.35 선형 재귀를 사용하여, 입력 리스트의 항목들을 역순으로 배치한 리스트 사본을 반환하는 함수 `recReverse()`를 구현하라.

```
>>> lst = [1, 3, 5, 7, 9]
>>> recReverse(lst)
[9, 7, 5, 3, 1]
```

10.36 입력 리스트 `lst`와, `lst`의 길이 이하이고 영 이상인 정수 `i`를 인수로 받아서 `lst`를 두 부리스트로 분할하는 함수 `recSplit()`을 선형 재귀를 사용하여 구현하라. 분할된 두 부리스트 중에서 두 번째 부리스트는 정확하게 `lst`의 뒤쪽 `i`개의 항목을 포함해야 한다. 이 함수는 또한 두 부리스트로 구성된 리스트를 반환한다.

```
>>> recSplit([1, 2, 3, 4, 5, 6, 7], 3)
[[1, 2, 3, 4], [5, 6, 7]]
```

10.37 아래 그림과 같이 정사각형들로 구성된 패턴을 그리는 함수를 구현하라.

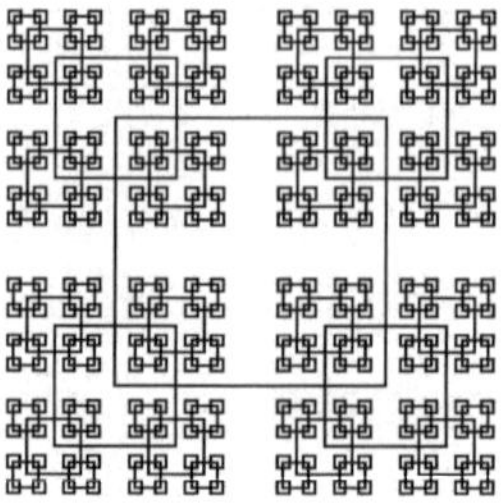

(a) 먼저 구현해야 할 것은 입력으로 `Turtle` 객체와 세 개의 정수 x, y, s를 받아서 중심 좌표가 (x,y)이고 한 변의 길이가 s인 정사각형을 `Turtle` 객체로 그리는 함수 `square()`이다.

```
>>> from turtle import Screen, Turtle
>>> s = Screen()
>>> t = Turtle()
>>> t.pensize(2)
>>> square(t, 0, 0, 200)        # 정사각형 그리기
```

(b) 이제 함수 `square()`의 인수에 추가로 정수 n을 입력으로 받아서 정사각형들의 패턴을 그리는 재귀함수 `squares()`를 구현하면 된다. $n=0$이면 아무 것도 그리지 않는다. $n=1$이면 `square(t, 0, 0, 200)`의 결과와 똑같은 정사각형을 그린다. $n=2$이면 다음과 같은 패턴을 그린다.

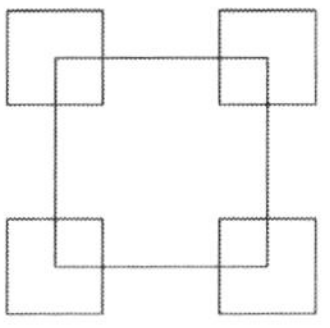

각 네 개의 작은 정사각형은 큰 정사각형의 꼭짓점을 중심으로 하고 한 변의 길이가 큰 정사각형 한 변의 길이의 $1/2.2$인 정사각형이다. $n=3$이면 다음과 같은 패턴을 그린다.

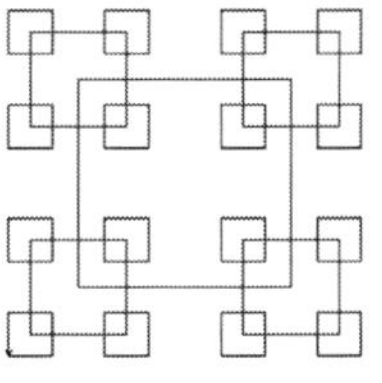

제11장

웹과 탐색

Introduction to Computing Using Python

이 장에서는 WWW 또는 간단히 웹(web)이라고 부르는 월드 와이드 웹(World Wide Web)에 대해 소개한다. 웹은 컴퓨터 과학에서 있었던 가장 중요한 개발 결과 중 하나이다. 웹은 정보를 공유하고 소통할 수 있는 플랫폼이 되었다. 따라서 웹은 최첨단 응용 프로그램 개발의 풍부한 원천이라고 할 수 있다.

이 장에서는 먼저 세 가지 핵심적 WWW 기술인 URL(Uniform Resource Locators, 통합 자원 식별자), 하이퍼텍스트 전송 프로토콜(HyperText Transfer Protocol, HTTP), 하이퍼텍스트 마크업 언어(HyperText Markup Language, HTML)에 대해 설명한다. 특히 웹페이지의 언어인 HTML에 초점을 맞춘 다음, 웹에서 문서를 접근, 다운로드, 처리할 수 있는 프로그램을 개발자들이 작성할 수 있도록 해주는 표준 라이브러리(Standard Library) 모듈에 대해 다룬다. 특히 HTML 파서(HTML parser)와 정규식(regular expression)과 같은 도구에 초점을 맞춰 설명한다. 이 도구들은 웹페이지를 처리하고 텍스트 문서의 내용을 분석할 수 있도록 도와준다.

이 장과 다음 장에서 배우게 될 기술들은 웹페이지와 같은 데이터 파일을 마이닝(mining, 채굴)하거나 검색 엔진, 추천 시스템, 빅 데이터 앱과 같은 응용 프로그램을 개발하는 데 유용하게 사용된다.

11.1 월드 와이드 웹

월드 와이드 웹(WWW, 간단히 웹)은 하이퍼링크를 통해 연결된 문서의 분산 시스템으로서 인터넷 상의 웹 서버를 통해 제공된다. 이 절에서는 웹이 어떻게 동작하는지 설명하고 어떤 기술들을 사용하는지 대해 알아본다. 이러한 웹 기술을 사용하여 웹을 기반으로 한 응용 프로그램을 개발하는 방법을 이 장 전반에 걸쳐 살펴본다.

■ 웹 서버와 웹 클라이언트

이전에 언급했던 바와 같이, 인터넷은 전 세계의 컴퓨터를 서로 연결하는 전역적인 네트워크이다. 인터넷은 두 컴퓨터에서 동작하는 프로그램이 서로 메시지를 전송할 수 있도록 해준다. 보통 한 프로그램이 다른 프로그램에 자원(파일 등)을 요청하기 위해 통신을 수행한다. 자원을 제공하는 프로그램을 **서버**(server)라 하며(서버 프로그램을 호스팅하는 컴퓨터도 종종 서버라고 부른다), 자원을 요청하는 프로그램은 **클라이언트**(client)라 한다.

WWW는 엄청나게 많은 웹페이지, 문서, 멀티미디어 등의 자원을 담고 있다. 이 자원은 **웹 서버**(web server)라 하는 서버 프로그램을 운영하고 있는, 인터넷에 연결된 컴퓨터에 저장되어 있다. 웹페이지는 웹 자원을 가리키는 하이퍼링크를 포함하기 때문에 특히 중요한 자원이다.

웹 서버에게 자원을 요청하는 프로그램을 **웹 클라이언트**(web client)라 한다. 요청을 받은 웹 서버는 요청된 자원(이 존재한다면 그 자원)을 클라이언트에게 전송한다.

여러분이 사용하는 웹 브라우저(크롬, 파이어폭스, 인터넷 익스플로러, 사파리 등)가 바로 웹 클라이언트이다. 웹 브라우저는 웹 자원을 요청하고 받을 수 있는 것 외에도 여러 기능을 지원하고 있다. 웹 브라우저는 웹페이지, 텍스트 문서, 이미지, 비디오, 멀티미디어 등의 자원을 처리하고 보여준다. 웹 브라우저의 가장 중요한 기능은 웹페이지에 포함되어 있는 하이퍼링크를 보여주고 사용자가 하이퍼링크를 클릭만 하면 웹페이지 사이를 이동할 수 있도록 해주는 것이다.

DETOUR

웹의 역사

WWW는 영국 컴퓨터 과학자 팀 버너스 리(Tim Berners-Lee)가 유럽 입자 물리 연구소에서 일하고 있을 때 발명했다. 그의 목표는 전 세계의 입자 물리학자들이 전자 문서를 공유하는데 사용할 수 있는 플랫폼을 만드는 것이었다. 첫 번째 웹 사이트는 1991년 8월 6일에 온라인에 올렸고 URL은 다음과 같았다.

http://info.cern.ch/hypertext/WWW/TheProject.html

웹은 과학자들 사이에서 하나의 협업 도구로서 빠르게 확산되었다. 하지만 일리노이 대학교 어바나샴페인(University of Illinois at Urbana-Champaign)의 NCSA(슈퍼컴퓨터 응용 국가 센터, National Center for Supercomputing Applications)에서 개발한 모자이크(Mosaic) 웹 브라우저와 이후 개발된 넷스케이프(Netscape) 브라우저가 공개된 이후, 웹은 일반 대중 사이에서 엄청난 호응을 얻게 되었다. 2010년 말 구글은 239개국의 서버에서 호스팅하는 총 180억 개의 웹페이지를 수집하였다고 보고하고 있다.

Berners-Lee가 창립하여 이끌고 있는 WWW 컨소시엄(WWW Consortium, W3C)은 WWW 표준의 개발 및 정의를 담당하고 있는 국제 조직이다. 여기에는 전 세계의 정보 기술 업체, 비영리 조직, 대학교, 정부 기관, 개인 등이 회원으로 가입되어 있다.

WWW와 연결하기

웹의 자원을 사용하는 응용 프로그램을 작성하기 위해서는 웹이 바탕으로 하고 있는 기술에 대해 더 알아볼 필요가 있다. 하지만 그 전에 이러한 기술로 구현하는 웹의 구성요소를 살펴보자.

웹에서 자원을 요청하기 위해서는 그 자원을 명시할 수 있는 방법이 있어야 한다. 다시 말해서 웹의 모든 자원에는 각각 유일한 이름이 부여되어야 한다. 더욱이 자원이 보관되어 있는 곳을 찾아낼 수 있어야 한다. 즉, 인터넷 상에서 어떤 컴퓨터가 자원을 가지고 있는지 찾아내야 한다. 따라서 웹 클라이언트가 자원을 확인하고 위치를 찾을 수 있도록, 웹은 **명명 정책**(naming scheme)과 **위치 검색 정책**(locator scheme)을 갖추고 있어야 한다.

자원의 위치를 찾은 후에는 그 자원을 요청하기 위한 방법이 필요하다. "이봐 친구, 그 mp3를 내게 좀 줘!"와 같은 메세지 전송은 그냥 보낸다고 되는 것이 아니다. 클라이언트 프로그램과 서버 프로그램은, 요청 메시지와 응답 메시지를 각각 어떻게 구성해야 하는지 정확하게 규정하고 있는 공인된 **프로토콜**(protocol, **규약**)을 사용하여 통신해야 한다.

웹페이지는 웹의 핵심 자원이다. 웹페이지는 형식에 맞춘 정보와 데이터, 그리고 웹 서핑을 가능하게 해주는 하이퍼링크를 포함한다. 웹페이지의 형식을 명시하고 하이퍼링크를 포함하기 위해서는 서식 명령어 및 하이퍼링크를 정의해주는 **언어**(language)가 필요하다.

이 세 가지 구성요소, 즉 명명정책과 프로토콜, 웹 출판 언어는 Berners-Lee가 모두 개발하였으며, 이러한 것들이 실제로 WWW를 정의하는 기술들이다.

■ 명명 정책: 통합 자원 식별자

웹에서 자원의 위치를 확인(식별)하고 접근하기 위해서는 각각의 자원에 유일한 식별자가 부여되어야 한다. 이 식별자를 URL(Uniform Resource Locator, **통합 자원 식별자**)이라고 한다. 사람을 찾을 때 주소를 사용하는 것처럼 URL은 자원을 구별해줄 뿐만 아니라 자원에 접근하는 방법도 명시해준다. 예를 들어 W3C의 웹 사이트가 저장하고 있는 W3C 강령(mission statement)의 URL은 다음과 같다.

```
http : // www.w3.org /Consortium/mission.html
```

이 URL은 W3C의 강령 문서인 웹 자원을 유일하게 식별해준다. 또한 그림 11.1에서 볼 수 있듯이 자원에 접근하는 방법(정책)도 명시하고 있다.

그림 11.1
URL의 구조
URL은 자원의 정책, 서버, 경로명을 명시한다.

```
http://www.w3.org/Consortium/mission.html
```

정책 (http) / 서버 (www.w3.org) / 경로명 (/Consortium/mission.html)

URL의 **정책**(scheme)은 자원에 접근하는 방법을 나타낸다. 그림 11.1에서 정책은 우리가 곧 다루게 될 HTTP 프로토콜이다. 서버(`www.w3c.org`)는 문서를 저장하고 있는 서버의 이름을 나타내는데, 서버 이름은 각 서버마다 유일하게 정해진다. **경로명**(path)은 **웹 서버 루트 디렉터리**(web server root directory)라고 부르는 서버의 특별한 디렉터리에서 바라본 웹 문서의 상대경로명(4.3절 참고)이다. 그림 11.1에서 경로명은 `/Consortium/mission.html`이다.

HTTP 프로토콜은 URL에 명시할 수 있는 여러 정책 중 하나일 뿐이다. 다른 정책으로는 HTTP의 보안된(암호화된) 버전인 HTTPS 프로토콜, 인터넷을 통해 파일을 전송하는 표준 프로토콜인 FTP 프로토콜이 있다.

```
https://webmail.cdm.depaul.edu/
ftp://ftp.server.net/
```

다른 정책으로는 다음과 같은 `mailto`와 `file`을 들 수 있다.

```
mailto:lperkovic@cs.depaul.edu
file:///Users/lperkovic/
```

`mailto` 스킴은 마이크로소프트 아웃룩(Microsoft Outlook)과 같은 이메일 클라이언트를 열고 (이 예의 경우 저자에게) 이메일을 작성한다. `file` 스킴은 로컬 파일 시스템(이 예의 경우 저자의 홈 디렉터리 `/Users/lperkovic/`)의 폴더나 파일에 접근하기 위해 사용한다.

프로토콜: 하이퍼텍스트 전송 프로토콜

웹 서버는 요청에 따라 자신이 관리하고 있는 웹 자원을 제공해 주는 컴퓨터 프로그램을 뜻한다. 웹 클라이언트는 웹 자원을 요청하는 컴퓨터 프로그램(예를 들어 브라우저)이다. 클라이언트는 서버에 대한 네트워크 연결을 열고(읽고 쓰기 위해 파일을 여는 것과 유사함) 이 연결을 통해 **요청 메시지**(request message)를 전송한다(파일을 쓰는 것과 유사함). 요청된 내용이 서버에서 처리되면 클라이언트는 결국—네트워크 연결을 통해 서버로부터—요청된 내용을 포함하는 **응답 메시지**(response message)를 받는다(파일을 읽어오는 것과 유사함).

일단 네트워크 연결이 성립되면 요청 및 응답 메시지의 정확한 형식뿐만 아니라 클라이언트와 서버 사이의 통신 방법도 **하이퍼텍스트 전송 프로토콜**(HTTP: HyperText Transfer Protocol)에 의해 규정된다.

예를 들어 웹 브라우저를 사용하여 다음 URL에 있는 W3C 강령을 다운로드한다고 가정해 보자.

```
http://www.w3.org/Consortium/mission.html
```

웹 브라우저가 호스트 `www.w3.org`로 전송하게 될 요청 메시지는 다음과 같이 시작될 것이다.

```
GET /Consortium/mission.html HTTP/1.1
```

요청 메시지의 첫 번째 줄을 **요청 라인**(request line)이라 한다. 요청 라인은 HTTP 메소드 중 하나로 시작되어야 한다. GET 메소드는 HTTP 메소드 중 하나이며 자원을 요청하기 위해 흔히 사용된다. 그 다음은 URL에 내장된 자원의 경로이다. 이 경로는 요청하는 자원이 있는 웹 서버의 루트 디렉터리로부터의 상대적인 위치와 식별자를 명시한다. 요청 라인의 맨 끝에는 HTTP 프로토콜의 버전이 나온다.

요청 메시지의 요청 라인 다음에는 여러 행으로 구성된 **요청 헤더 필드**(request header fields)가 추가로 나올 수 있는데, 이 예의 경우 다음과 같은 헤더 필드가 추가로 나온다.

```
Host: www.w3.org
User-Agent: Mozilla/5.0 (Windows; U; Windows NT 6.1; en-US; ...
Accept: text/html,application/xhtml+xml,application/xml;...
Accept-Language: en-us,en;q=0.5
...
```

요청 헤더 필드를 통해 클라이언트는 요청에 대해 더 자세한 정보를 서버에게 제공할 수 있는데 예컨대 인코딩(encoding) 정보, 브라우저의 기본 언어(영어 등), 캐시 정보 등이 이러한 정보에 해당한다.

웹 서버가 클라이언트로부터 요청을 받으면 먼저 서버는 요청 라인에 나타나는 경로를 사용하여 요청된 문서를 찾는다. 성공적으로 찾게 되면 요청된 자원을 포함하는 응답 메시지를 생성한다.

응답 메시지의 시작 부분은 다음과 같다.

```
HTTP/1.1 200 OK
Date: Mon, 28 Feb 2011 18:44:55 GMT
Server: Apache/2
Last-Modified: Fri, 25 Feb 2011 04:22:57 GMT
...
```

응답 메시지의 첫 번째 줄을 **응답 라인**(request line)이라고 하는데 응답 라인은 요청이 성공적으로 이루어졌는지 여부를 알려 준다. 요청을 성공적으로 처리할 수 없었으면 오류 메시지가 나타난다. 첫 번째 줄을 제외한 나머지 줄을 **응답 헤더 필드**(response header fields)라 부르는데 응답 헤더 필드는 서버가 요청을 수행한 정확한 시간, 요청된 자원이 마지막으로 수정된 시간, 서버 프로그램 "종류(brand)", 요청된 자원의 문자 인코딩과 같은 부가적인 정보를 클라이언트에게 제공해 준다.

헤더 필드의 다음에는 요청된 자원이 나타나는데 우리 예의 경우에는 W3C 강령 HTML 문서가 나타난다. 이 응답을 받는 클라이언트가 웹 브라우저라면, HTML 코드로 작성된 문서의 레이아웃을 계산하고 문서를 서식에 맞춰 웹 브라우저에 보여 줄 것이다.

하이퍼텍스트 마크업 언어

웹 브라우저에서 다음 URL로 이동할 때,

```
http://www.w3.org/Consortium/mission.html
```

다운로드한 W3C 강령 `mission.html`을 브라우저로 보면 일반 웹페이지와 유사하다. 제목, 문단, 목록, 링크, 그림이 잘 구성되어 있기 때문에 "내용"을 알아보기 쉽다. 하지만 텍스트 파일 `mission.html`의 실제 내용을 살펴보면 다음(파일의 처음과 끝 부분만 발췌함)과 같다.

```
<!DOCTYPE html PUBLIC "-//W3C//DTD XHTML 1.0 Strict//EN" ...
<html xmlns="http://www.w3.org/1999/xhtml" xml:lang="en" ...
...
<script type="text/javascript" src="/2008/site/js/main" ...
</div></body></html>
```

DETOUR

웹페이지 소스 파일 보기

브라우저에 보이는 파일의 실제 내용을 클릭해서 볼 수 있다. 예를 들어 파이어 폭스에서 메뉴 View의 Page Source를 클릭하거나 인터넷 익스플로러에서 메뉴 Page의 View Source를 클릭한다.

파일 `mission.html`은 출력된 웹페이지의 **소스파일**(source file)이다. 웹페이지 소스 파일은 HTML(HyperText Markup Language, **하이퍼텍스트 마크업 언어**)이라는 언어를 사용하여 작성한다. HTML을 사용하면 제목, 목록, 이미지, 웹페이지의 하이퍼링크를 정의할 수 있으며 비디오나 다른 멀티미디어 자료도 삽입할 수 있다.

HTML 요소

HTML 소스 파일은 여러 HTML **요소**(element)로 구성되어 있다. 각 요소는 관련된 웹페이지의 구성 요소(제목, 목록이나 목록의 항목, 이미지, 링크 등) 하나를 정의한다. HTML 소스 파일에 HTML 요소를 어떻게 정의할 수 있는지 알아보기 위해 그림 11.2의 웹페이지를 보자. 그림 11.2는 W3C 강령을 요약한 기본적인 웹페이지이다.

그림 11.2
웹페이지 `w3c.html`
페이지는 서로 다른 유형 HTML 요소들로 구성되어 다. 요소 `h1`과 `h2`는 각각 장 큰 제목과 두 번째로 큰 목을 나타내고 p는 문단 aragraph) 요소이며, `br` 줄바꿈(line break) 요소, 은 목록(unordered list) 소, `li`는 목록의 항목(list n) 요소, a는 하이퍼링크를 타내기 위한 앵커(anchor) 소이다.

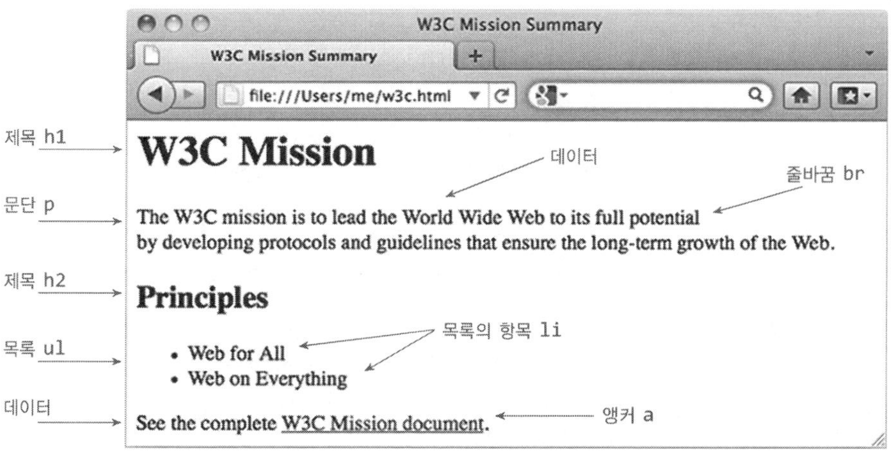

그림에서 화살표로 나타낸 것은 문서의 각 구성 요소(크기가 다른 제목, 문단, 목록 등)에 대한 HTML 요소이다. 우리가 실제로 보는 화면은 브라우저가 각 HTML 요소를 해석한 후의 모습이다. 웹페이지 소스파일에 정의된 실제 HTML 요소를 보면 다음과 같다.

파일: w3c.html

```
<html>
 <head><title>W3C Mission Summary</title></head>
 <body>
 <h1>W3C Mission</h1>
 <p>
 The W3C mission is to lead the World Wide Web to its full
 potential<br>by developing protocols and guidelines that
 ensure the long-term growth of the Web.
 </p>
 <h2>Principles</h2>
 <ul>
 <li>Web for All</li>
 <li>Web on Everything</li>
 </ul>
 See the complete
 <a href="http://www.w3.org/Consortium/mission.html">
 W3C Mission document
 </a>.
 </body>
</html>
```

제목 "W3C Mission"을 나타내는 HTML 요소를 보자.

```
<h1>W3C Mission</h1>
```

h1은 큰 제목 요소로서, **시작 태그**(start tag) <h1>과 **종료 태그**(end tag) </h1>을 사용하여 표시한다. 두 태그 사이에 있는 문자열은 웹브라우저에서 큰 제목으로 나타난다. 시작 태그와 종료 태그는 요소 이름을 각괄호(<와 >)로 묶은 형태인데 종료 태그에는 역슬래시가 포함된다.

일반적으로 HTML 요소는 다음과 같이 구성된다.

1. 태그 한 쌍: 시작 태그와 종료 태그
2. 시작 태그 안의 속성(attribute) 옵션
3. 시작 태그와 종료 태그 사이의 다른 요소나 데이터

HTML 소스 파일 w3c.html에는 head 요소 사이에 title 요소가 포함되어 있다.

```
<head><title>W3C Mission Summary</title></head>
```

어떤 요소의 시작 태그와 종료 태그 사이에 나타나는 모든 요소는 그 요소 안에 포함되어 있다고 말한다. 이러한 포함 관계로 인해서 HTML 문서의 요소들 간에 트리와 같은 계층적인 구조가 형성된다.

HTML 문서의 트리 구조

HTML 문서의 요소들은 파일 시스템(4장)의 트리와 유사한 트리 계층 구조를 형성한다. 모든 HTML 문서의 루트 요소는 `html`요소이다. `html` 요소 안에는 두 개의 요소(둘 다 선택적 요소이지만 통상 모두 사용됨)가 있다. 첫 번째 요소는 `head`로서 `title` 요소(문서를 볼 때 브라우저 창이나 탭의 제목)와 같은 문서의 메타데이터 정보를 포함한다. 두 번째 요소는 `body`이며, 브라우저 창에 보이는 모든 요소들과 데이터를 포함한다.

그림 11.3은 파일 `w3c.html`의 모든 요소들을 보여준다. 이 그림을 보면 어느 요소가 어느 요소에 포함되는지, 문서의 트리 구조는 어떠한지 명확하게 알 수 있다. 이 트리 구조는 HTML 요소와 더불어 웹페이지의 레이아웃(layout)을 결정한다.

그림 11.3
w3c.html의 구조
ML 문서의 요소는 계층적 트리 구조를 형성하며, 트 구조를 통해 내용이 어떻 구성되어 있는지 명시적 로 알 수 있다. HTML 요소 계층적 구조에 따라 웹 이지의 레이아웃이 결정 다.

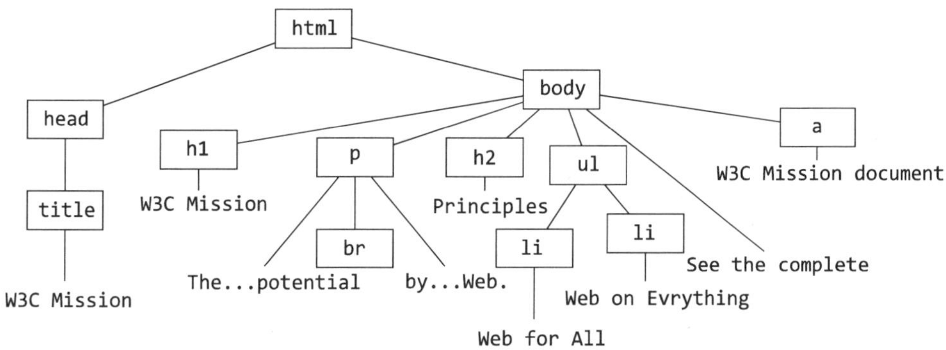

앵커 HTML 요소와 절대 링크

HTML 앵커 요소(a)는 하이퍼링크 텍스트를 생성하기 위해 사용한다. 소스파일 `w3c.html`에서는 다음과 같은 하이퍼링크 텍스트를 생성했다.

```
<a href="http://www.w3.org/Consortium/mission.html">
W3C Mission document
</a>
```

위 예는 속성(attribute)을 포함하는 HTML 요소의 예라고 할 수 있는데, 앞서 언급한 것처럼 요소의 시작 태그는 하나 이상의 속성을 포함할 수 있다. 각 속성의 값은 시작 태그에서 지정한다. 앵커 요소 `a`의 시작 태그에는 `href` 속성이 명시되어야 하는데 `href` 속성의 값은 연결되는 자원의 URL이어야 한다. 위 예의 경우 `href` 속성 값은 다음과 같다.

```
http://www.w3.org/Consortium/mission.html
```

이 URL은 W3C 강령 웹페이지가 서버 `www.w3.org`에서 제공되고 있음을 나타낸다. 연결된 자원은 HTML 페이지, 이미지, 음성 파일, 영화 등 URL로 확인할 수 있는 것이면 어떤 것이든 될 수 있다.

앵커 요소에 포함된 문자열(예를 들어 텍스트 W3C Mission document)은 웹브라우저에 나타내기 위한 문자열로서 실제 하이퍼링크 서식은 웹브라우저에 따라 다를 수 있다. 그림 11.2에서 하이퍼링크 문자열에는 밑줄이 그어져 있다. 하이퍼링크 텍스트를 클릭하면 연결된 자원이 다운로드되어 웹브라우저에 나타난다.

위의 예시에서 하이퍼링크에 명시된 URL은 절대 URL이다. 즉, 스킴, 호스트, 연결된 자원의 완전한 경로 등 URL의 모든 구성요소를 명시적으로 포함하고 있다. 동일한 스킴을 통해 연결된 자원에 접근할 수 있으며 링크를 포함하고 있는 HTML 문서와 동일한 호스트에 해당 자원이 저장되어 있다면, URL의 축약 버전을 사용할 수 있다. 이제 이 축약 버전에 대해 살펴보자.

상대 링크

다음과 같은 URL 웹페이지 소스파일이 있다고 할 때,

```
http://www.w3.org/Consortium/mission.html
```

그 파일에 다음과 같은 앵커 요소가 포함되어 있다고 하자.

```
<a href="/Consortium/facts.html">Facts About W3C</a>
```

href 속성 값이 완전한 URL이 아니라 스킴 및 호스트가 없는 경로 /Consortium/facts.html만 포함하고 있다는 사실에 주의하자. 도대체 facts.html 문서의 완전한 URL은 무엇일까?

URL /Consortium/facts.html은 **상대 URL(relative URL)**이다. 이 URL은 다음과 같은 URL의 문서에 포함되어 있기 때문에

```
http://www.w3.org/Consortium/mission.html
```

URL /Consortium/facts.html은 문서 URL에 상대적이며, 누락된 스킴과 호스트 이름은 각각 http와 www.w3.org이다. 즉, 연결된 웹페이지 /Consortium/facts.html의 완전한 URL은 다음과 같다.

```
http://www.w3.org/Consortium/facts.html
```

또 다른 예제로 다음 URL을 보자.

```
http://www.w3.org/Consortium/mission.html
```

위 웹 문서가 다음과 같은 앵커를 포함하고 있다고 하자.

```
<a href="facts.html">Facts About W3C</a>
```

그러면 facts.html의 완전한 URL은 무엇일까? 마찬가지로 이 URL도 다음과 같은 문서의 URL

```
http://www.w3.org/Consortium/mission.html
```

에 대해 상대적이므로 facts.html은 호스트 www.w3.org의 디렉터리 Consortium에 포함되어 있다. 따라서 facts.html의 완전한 URL은 다음과 같다.

```
http://www.w3.org/Consortium/facts.html
```

DETOUR

HTML에 대해 더 배우기

웹 개발과 HTML은 이 교재의 중심 내용이 아니다. HTML에 대해 더 배우고 싶다면, 웹에서 좋은 무료 자료를 많이 찾아볼 수 있다. 특히 아래의 HTML 튜토리얼에서는 HTML 코드를 작성하고 결과를 바로 확인할 수 있는 대화형 HTML 편집기를 사용할 수 있다.

```
http://www.w3schools.com/html/default.asp
```

11.2 Python WWW API

앞 절에서 우리는 기본적인 WWW 개념을 설명하고 웹 연결을 위한 세 가지 주요 기술에 대해 다루었다. 또한, 웹이 동작하는 방식과 HTML 소스파일의 구조에 대해서도 살펴보았다. 이제 웹을 Python 응용 프로그램 내에서 사용해 보자. 이 절에서는 Python 개발자가 웹의 자원에 접근하고 처리할 수 있도록 해주는 몇 가지 표준 라이브러리 모듈에 대해 소개하고자 한다.

모듈 urllib.request

웹에서 웹페이지에 접근하기 위해서는 통상 웹브라우저를 사용한다. 하지만 웹브라우저는 웹 클라이언트의 한 종류일 뿐이므로 어떤 프로그램이든 웹 클라이언트가 되어 웹의 자원에 접근하고 다운로드할 수 있다. Python 표준 라이브러리 모듈인 urllib.request는 웹 클라이언트 기능을 개발자들에게 제공해주는 모듈이다. 이 모듈은 파일을 열고 읽는 것과 유사한 방식으로 Python 프로그램이 웹의 자원을 열고 읽을 수 있도록 하는 함수 및 클래스를 제공하고 있다.

urllib.request 모듈의 함수 urlopen()은 파일(지역 파일)을 열기 위해 사용하는 내장 함수 open()과 비슷하다. 하지만 다음과 같은 세 가지 차이점이 있다.

1. urlopen()은 로컬 파일 경로이름 대신에 URL을 입력받는다.
2. 이 함수를 호출하면 호스팅 웹 서버에 HTTP 요청을 전송하게 된다.
3. 이 함수의 결과 값으로는 HTTP 응답 전체가 반환된다.

다음 코드는 함수 urlopen()을 사용하여 웹 서버에서 관리하고 있는 HTML 문서를 요청하고 받은 예를 보여준다.

```
>>> from urllib.request import urlopen
>>> response = urlopen('http://www.w3c.org/Consortium/facts.html')
>>> type(response)
<class 'http.client.HTTPResponse'>
```

함수 urlopen()이 반환하는 객체의 자료형을 보면 표준 라이브러리 모듈 http.client에 정의된 HTTPResponse 형임을 알 수 있다. 이 자료형의 객체는 서버로부터 온 HTTP 응답을 캡슐화하여 저장하고 있다. 이전에 살펴본 바와 같이 HTTP 응답에는 요청된 자원 외에도 추가적인 정보가 포함되어 있다. 그러므로 HTTPResponse의 메소드 geturl()을 이용하면 요청된 자원의 URL을 얻을 수 있다.

```
>>> response.geturl()
'http://www.w3.org/Consortium/facts.html'
```

HTTP 응답 헤더 필드 전체를 얻으려면 메소드 getheaders()를 사용할 수 있다.

```
>>> for field in response.getheaders():
        print(field)
('Date', 'Sat, 16 Jul 2011 03:40:17 GMT')
('Server', 'Apache/2')
('Last-Modified', 'Fri, 06 May 2011 01:59:40 GMT')
...
('Content-Type', 'text/html; charset=utf-8')
...
```

🔊 응답 헤더 필드 일부만 나타내었다.

urlopen이 반환한 HTTPResponse 객체는 요청한 자원을 포함하고 있다. 일반 파일을 여는 함수 open()의 반환 객체 형과 마찬가지로 HTTPResponse 클래스도 read(), readline(), readlines() 메소드를 지원하기 때문에, 이 클래스를 **유사파일(filelike)** 클래스라고 부른다. 이들 메소드는 모두 요청된 자원의 내용을 가져온다. 예를 들어 메소드 read()의 사용 예를 보자.

```
>>> html = response.read()
>>> type(html)
<class 'bytes'>
```

메소드 read()의 반환값은 자원의 내용이 될 것이다. 예를 들어 파일이 HTML 문서라면 HTML 문서의 내용이 반환된다. 하지만 메소드 read()의 반환 객체 타입은 bytes임에 주의하자. 그 이유는 urlopen()을 통해 열린 자원은 음성이나 비디오 파일(이진 파일)일 가능성도 있기 때문이다. urlopen()의 기본 동작은 해당 자원이 이진파일이라고 가정하고 파일을 읽은 결과를 바이트 열로 반환하는 것이다.

자원이 HTML 파일(텍스트 파일)이라면 당연히 바이트 열을 유니코드 문자열로 해독해야 한다. 이 작업을 위해 bytes 클래스의 decode() 메소드(6.3절 참조)를 사용하면 다음과 같다(출력 내용 중 일부는 생략하였음).

```
>>> html = html.decode()
>>> html
'<!DOCTYPE html PUBLIC "-//W3C//DTD XHTML 1.0 Strict//EN"
"http://www.w3.org/TR/xhtml1/DTD/xhtml1-strict.dtd">\n
...
</div></body></html>\n'
```

HTML 문서는 텍스트 파일이기 때문에 당연히 유니코드 문자열로 해독할 수 있다. 문자열로 해독하고 나면, 문자열 연산자와 문서를 처리하기 위한 메소드를 사용할 수 있다. 예를 들어 문자열 'Web'이 다음 웹페이지(소스파일)에 나타나는 횟수를 알아낼 수 있는데,

```
http://www.w3c.org/Consortium/facts.html
```

다음과 같이 하면 된다.

```
>>> html.count('Web')
26
```

지금까지 배운 내용을 종합하면 웹페이지의 URL을 입력받아 웹페이지 소스 파일의 내용을 문자열로 반환하는 함수를 작성할 수 있다.

모듈 ch11.py

```
from urllib.request import urlopen
def getSource(url):
    'url로 표현된 자원 내용을 문자열로 반환함'
    response = urlopen(url)
    html = response.read()
    return html.decode()
```

구글 웹페이지에 대하여 이 코드를 수행해 보면 다음과 같다.

```
>>> getSource('http://www.google.com')
'<!doctype html><html><head><meta http-equiv="content-type"
content="text/html; charset=ISO-8859-1"><meta name="description"
content="Search the world&#39;s information, including webpages,
...
```

실습 11.1 **뉴스 웹 사이트의 URL과 뉴스 주제(문자열)의 리스트를 입력받아 뉴스에서 각 주제가 나타나는 횟수를 계산하는 news() 메소드를 작성하라.**

```
>>> news('http://bbc.co.uk',['economy','climate','education'])
economy appears 3 times.
climate appears 3 times.
education appears 1 times.
```

모듈 html.parser

모듈 urllib.request는 웹에서 웹페이지와 같은 자원을 요청하고 다운로드하기 위한 도구를 제공한다. 다운로드한 자원이 HTML 파일이라면, 문자열로 읽고 문자열 연산자와 메소드를 사용하여 처리할 수 있다. 웹페이지 내용에 대해 몇 가지 질문에 답하는 거라면 이것으로 충분하다. 하지만 예를 들어 웹페이지의 앵커 태그와 연관된 모든 URL을 모아야 한다면 어떨까?

이 문제는 잠깐만 생각해 봐도 매우 복잡함을 알 수 있다. 문자열 연산자와 메소드를 사용해 HTML 파일에 있는 모든 앵커 태그의 URL을 찾아야 하기 때문이다. 하지만 수행 내용은 명확하다. 파일을 살펴보고 모든 앵커 시작 태그의 href 속성 값을 수집하면 된다. 하지만 그러기 위해서는 HTML 파일의 여러 요소(표제, 제목, 링크, 이미지, 텍스트 데이터 등)를 알아내야 하며 특히 앵커 요소의 시작 태그를 구별해내야 한다. 문서를 여러 구성요소로 분해하고 문서 분석을 통해 문서 구조를 알아내는 과정을 **파싱**(parsing)이라고 한다.

Python 표준 라이브러리 모듈 html.parser는 HTML 파일을 파싱하는 HTMLParser 클래스를 제공한다. HTML 파일이 주어지면 이 모듈은 처음부터 끝까지 모든 시작 태그, 종료 태그, 텍스트 데이터 등 소스 파일의 모든 구성요소를 찾아내고 각각을 "처리(process)"한다.

11.1절의 HTML 파일 w3c.html을 예로 사용하여 HTMLParser 객체의 사용법과 "처리"의 의미를 알아보자.

파일 w3c.html 시작 부분은 다음과 같다.

```
<html>
 <head><title>W3C Mission Summary</title></head>
 <body>
   <h1>W3C Mission</h1>
...
```

HTMLParser 클래스는 HTML 소스 파일의 내용을 문자열 형태로 입력받는 메소드 feed()를 제공한다. 따라서 파일 w3c.html을 파싱하기 위해서는 먼저 파일을 문자열로 읽은 후에 파서에 이 문자열을 제공해야 한다.

```
>>> infile = open('w3c.html')
>>> content = infile.read()
>>> infile.close()
>>> from html.parser import HTMLParser
>>> parser = HTMLParser()
>>> parser.feed(content)
```

위 코드에서 마지막 명령이 실행될 때(즉, 문자열 content가 파서에 입력될 때), 실제로는 다음과 같은 일들이 무대 뒤에서 일어난다. 파서가 문자열 content를 HTML 시작 태그, 종료 태그, 텍스트 데이터, 기타 HTML 구성요소에 맞는 토큰(token)들로 나누고 난 후, 이 토큰들을 소스파일에 나타나는 순서대로 처리한다. 여기서 "처리한다"는 의미는 각 토큰에 해당하는 적절한 **핸들러(handler)** 메소드를 실행한다는 의미이다. 각 핸들러는 클래스 HTMLParser의 메소드로서, 대표적인 핸들러를 몇 개 정리하면 표 11.1과 같다.

표 11.1
요 HTMLParser **핸들러**
메소드들은 막상 호출해
아무 일도 하지 않는다. 원
는 일을 하도록 하려면 재
의(override)해야 한다.

토큰	핸들러	설명
<tag attrs>	handle_starttag(tag, attrs)	시작 태그 핸들러
</tag>	handle_endtag(tag)	종료 태그 핸들러
data	handle_data(data)	텍스트 데이터 핸들러

파서가 시작 태그 토큰을 만나게 되면 핸들러 메소드 handle_starttag()를 실행하며, 텍스트 데이터 토큰을 만나면 핸들러 메소드 handle_data()를 실행한다. 메소드 handle_starttag()는 시작 태그 요소 이름과 태그의 속성들을 포함하는 리스트(태그에 속성이 없을 경우 None)를 입력으로 받는다. 각 속성은 속성의 이름과 값을 저장하는 tuple로 표현된다. 메소드 handle_data()는 텍스트 토큰만을 입력으로 받는다. 파일 w3c.html의 파싱 과정을 보면 그림 11.4와 같다.

그림 11.4
HTML 파일 w3c.html**의 파싱 과정**
토큰은 나타나는 순서대로 처리된다. 첫 번째 토큰인 시작 태그 <html>은 handle_starttag()가 처리한다. 그 다음 토큰은 태그 <http>와 <head> 사이의 문자열인데 줄바꿈문자와 공백으로 구성되어 있다. 텍스트 데이터는 handle_data()가 처리한다.

토큰	핸들러
<http>	handle_starttag('http')
''	handle_data('\n')
<head>	handle_starttag('head')
''	handle_data('')
<title>	handle_starttag('title')
'W3C Mission Summary'	handle_data('W3CMission Summary')
</title>	handle_endtag('title')

HTMLParser 클래스의 핸들러 메소드(handle_starttag()와 같은 메소드)가 실제로 하는 일은 무엇일까? 아무것도 하지 않는다. 클래스 HTMLParser의 핸들러 메소드를 호출하면 이 메소드는 아무것도 하지 않도록 구현되어 있다. 이 메소드를 실행해도 아무런 흥미로운 일이 일어나지 않는 이유가 바로 이 때문이다.

```
>>> parser.feed(content)
```

HTMLParser 클래스의 핸들러 메소드를 만들어 놓은 이유는 이를 재정의(override)함으로써 프로그래머가 원하는 동작을 수행하도록 하기 위해서이다. 다시 말해서 클래스 HTMLParser는 직접적 그대로 사용하기 위한 것이 아니라 프로그래머가 원하는 파싱 동작을 구현하도록 확장하라고 만들어 놓은 슈퍼클래스이다.

HTMLParser 핸들러 재정의

이제 HTML 파일의 모든 앵커 시작 태그에 포함된 href 속성의 URL 값을 출력하는 파서를 개발해 보자. 이 프로그램을 구현하기 위해서는 HTMLParser 핸들러인 handle_starttag() 메소드를 재정의해야 한다. 이 메소드가 모든 시작 태그 토큰을 처리한다. 지금까지는 아무것도 하지 않았지만, 이제부터는 입력된 태그가 앵커 태그인지 확인하고 앵커 태그라면 속성 리스트에서 href 속성을 찾은 다음 그 값을 출력하도록 해야 한다. 구현한 LinkParser 클래스는 다음과 같다.

모듈
ch11.py

```
from html.parser import HTMLParser
class LinkParser(HTMLParser):
    '''앵커 시작 태그에서 href 속성을 추출하여
       그 값을 출력하는 HTML 문서 파서'''

    def handle_starttag(self, tag, attrs):
        'href 속성이 있으면 속성 값을 출력함'

```

```
9            if tag == 'a':                       # 앵커 태그이면
10
11               # href 속성을 찾고 해당 값을 출력함
12               for attr in attrs:
13                   if attr[0] == 'href':
14                       print(attr[1])
```

12번째 줄과 14번째 줄에서 href 속성을 찾기 위하여 속성 리스트를 탐색한 방법을 기억해두자. 다음 HTML 파일을 대상으로 이 파서를 시험해 보자.

파일: links.html

```
<html>
<body>
<h4>Absolute HTTP link</h4>
<a href="http://www.google.com">Absolute link to Google</a>
<h4>Relative HTTP link</h4>
<a href="w3c.html">Relative link to w3c.html.</a>
<h4>mailto scheme</h4>
<a href="mailto:me@example.net">Click here to email me.</a>
</body>
</html>
```

HTML 파일 links.html에는 앵커 태그가 세 개 있다. 첫 번째 태그는 구글에 대한 하이퍼링크이고, 두 번째 태그는 로컬 파일 w3c.html로 연결되는 URL이며, 세 번째 태그는 메일 클라이언트를 시작하는 URL이다. 이 파일을 파서의 입력으로 전달하고 세 개의 URL을 구하는 코드는 다음과 같다.

```
>>> infile = open('links.html')
>>> content = infile.read()
>>> infile.close()
>>> linkparser = LinkParser()
>>> linkparser.feed(content)
http://www.google.com
w3c.html
mailto:me@example.net
```

실습 11.2

HTML 파일을 입력받아 문서에 나타나는 순서대로 시작 태그와 종료 태그의 이름을 출력하는 **HTMLParser**의 하위 클래스 **MyHTMLParser**을 구현하라. 또한, 문서의 트리 구조에 나타나는 요소의 깊이만큼 들여쓰기를 하라. **p**나 **br**과 같이 종료 태그가 없어도 되는 HTML 요소들은 무시하라.

파일: links.htmlw3c.html

```
>>> infile = open('w3c.html')
>>> content = infile.read()
>>> infile.close()
>>> myparser = MyHTMLParser()
>>> myparser.feed(content)
html start
    head start
        title start
        title end
    head end
    body start
        h1 start
        h1 end
        h2 start
        h2 end
        ul start
            li start
...
        a end
    body end
html end
```

모듈 urllib.parse

우리가 조금 전에 구현한 LinkParser는 모든 앵커 href 속성의 URL 값을 출력한다. 예를 들어 다음과 같이 W3C 강령 웹페이지에 대해 실행하면,

```
>>> rsrce = urlopen('http://www.w3.org/Consortium/mission.html')
>>> content = rsrce.read().decode()
>>> linkparser = LinkParser()
>>> linkparser.feed(content)
```

다음과 같은 상대 HTTP URL과

```
/Consortium/contact.html
```

다음과 같은 절대 HTTP URL을 포함하여

```
http://twitter.com/W3C
```

다음과 같은 HTTP가 아닌 URL을 얻을 수 있다(구체적인 내용은 다를 수 있음).

```
mailto:site-comments@w3.org
```

그런데 만약 우리가 HTTP 하이퍼링크에 해당하는 URL(스킴이 HTTP 프로토콜인 URL)만을 얻으려면 어떻게 하면 될까? 단순히 "문자열 **http**로 시작하는 URL만 고르면 된다"고 말할 수는 없다. 그렇게 하면 **/Consortium/contact.html**와 같은 상대 URL을 누락될 것이기 때문이다. 우리에게 필요한 것은 상대 URL(**/Consortium/contact.html**과 같은 URL)과 이를 포함한 웹페이지의 절대 URL(**http://www.w3.org/Consortium/mission.html**과 같은 URL)로부터 절대 URL을 만들어내는 방법이다.

Python 표준 라이브러리 모듈 **urllib.parse**는, 바로 우리가 원하는 작업을 정확하게 실행해주는 메소드 **urljoin()**을 포함하여 URL을 다루는 메소드를 여럿 제공한다. 구체적인 사용 예를 보면 다음과 같다.

```
>>> from urllib.parse import urljoin
>>> url = 'http://www.w3.org/Consortium/mission.html'
>>> relative = '/Consortium/contact.html'
>>> urljoin(url, relative)
'http://www.w3.org/Consortium/contact.html'
```

HTTP 하이퍼링크를 모으는 파서

이제 LinkParser 클래스의 다른 버전, Collector를 개발해 보자. 이 클래스도 역시 HTTP URL을 모으긴 하지만 화면에 출력하는 대신 리스트에 넣는다. 리스트 안의 URL은 상대 URL이 아닌 절대 URL이다. 클래스 Collector는 모은 URL 리스트를 반환하는 getLinks() 메소드를 지원해야 한다.

예상되는 Collector 파서의 동작 예는 다음과 같다(역시 다수의 URL을 생략하였음).

```
>>> url = 'http://www.w3.org/Consortium/mission.html'
>>> resource = urlopen(url)
>>> content = resource.read().decode()
>>> collector = Collector(url)
>>> collector.feed(content)
>>> for link in collector.getLinks():
        print(link)
http://www.w3.org/
http://www.w3.org/standards/
...
http://www.w3.org/Consortium/Legal/ipr-notice
```

Collector를 구현하기 위해서는 **handle_starttag()**를 재정의해야 한다. 시작 태그에 포함된 **href** 속성의 값을 단순히 출력하는 대신 핸들러는 절대 HTTP URL들을 모으도록 속성 값을 처리해야 한다. 따라서 핸들러는 각 href 값에 대해 다음과 같은 작업을 수행해야 한다.

1. href 값을 절대 URL로 변환한다.
2. 이것이 HTTP URL이라면 리스트에 추가한다.

첫 번째 단계를 수행하려면 입력된 HTML 파일의 URL을 핸들러가 이용할 수 있어야 한다. 따라서 Collector 파서의 인스턴스 변수는 URL을 저장해야 한다. 저장된 URL은 Collector 객체에 전달되어야 하는데, 여기서는 URL을 Collector 생성자의 입력 인수로 전달하자.

두 번째 단계를 수행하려면 URL을 저장하기 위한, 리스트 형의 인스턴스 변수가 있어야 한다. 이 리스트는 생성자 내에서 초기화되어야 한다. 이를 모두 구현하면 다음과 같다.

모듈
ch11.py

```
from urllib.parse import urljoin
from html.parser import HTMLParser
class Collector(HTMLParser):
    '하이퍼링크 URL을 모아서 리스트에 저장함'

    def __init__(self, url):
        '파서와 url, 리스트를 초기화함'
        HTMLParser.__init__(self)
        self.url = url
        self.links = []

    def handle_starttag(self, tag, attrs):
        '하이퍼링크 URL을 절대 URL 형식으로 수집함'
        if tag == 'a':
            for attr in attrs:
                if attr[0] == 'href':
                    # 절대 URL 구성
                    absolute = urljoin(self.url, attr[1])
                    if absolute[:4] == 'http':  # HTTP URL 수집
                        self.links.append(absolute)

    def getLinks(self):
        '하이퍼링크 URL을 절대 URL로 반환함'
        return self.links
```

실습 11.3

메소드 getData()를 사용하여 모든 텍스트 데이터를 문자열로 수집하도록 Collector클래스를 보완하라(아래 예는 처음 부분만 나타낸 것임).

```
>>> url = 'http://www.w3.org/Consortium/mission.html'
>>> resource = urlopen(url)
>>> content = resource.read().decode()
>>> collector = LinksCollector(url)
>>> collector.feed(content)
>>> collector.getData()
'\nW3C Mission\n ...'
```

11.3 문자열 패턴 매칭

웹페이지나 다른 텍스트 파일의 내용을 분석하여 해당 페이지나 파일에 있는 이메일 주소를 모두 찾는 응용 프로그램을 개발하고 싶다고 하자. 문자열 메소드 find()는 특정 이메일 주소만을 찾을 수 있다. 따라서 find() 메소드는 "이메일 주소처럼 보이는" 모든 하위 문자열을 찾거나 이메일 주소의 패턴을 찾는 데에는 적합한 도구가 아니다.

웹페이지나 다른 텍스트 문서에서 텍스트 내용을 찾아내기 위해서는 텍스트 패턴을 정의하고 이 텍스트 패턴과 일치하는 문자열을 찾아내는 도구가 필요하다. 이 절에서는 문자열 패턴을 나타내는 **정규식**(regular expression, **정규 표현식**)에 대해 소개한다. 또한 주어진 문자열 패턴과 일치하는 문자열을 텍스트에서 찾아내는 Python 도구에 대해서도 소개한다.

정규식

텍스트 문서에서 이메일 주소를 어떻게 인식할 수 있을까? 우리는 보통 이것을 매우 어렵다고 생각하지는 않는다. 이메일 주소는 다음과 같은 패턴의 문자열이다.

> 이메일 주소는 사용자 ID("허용된" 문자열) 다음에 @ 문자가 나오고 그 다음에 호스트 이름(점으로 나뉜 허용된 문자열)이 나오는 형태로 구성되어 있다.

이메일 주소의 문자열 패턴에 대한 이러한 정보는 유용하긴 하지만 프로그램에서 사용할 수 있을 만큼 명확하지는 않다.

컴퓨터 과학자들은 문자열 패턴을 나타내기 위해 정규식이라는 더 엄밀한 방법을 개발했다. 정규식은 문자와 정규식 연산자로 이루어진 문자열이다. 이제 몇 가지 정규식 연산자와 더불어, 원하는 문자열 패턴을 명확하게 정의하는 방법에 대해 살펴보자.

가장 단순한 정규식은 정규식 연산자를 사용하지 않는 것이다. 예를 들어 정규식 best는 오직 하나의 문자열 'best'와 매치된다.

정규식	문자열
best	best

연산자 .(점)은 임의의 문자에 대응되는데, 줄바꿈문자('\n')를 제외한 모든 (유니코드) 문자와 매치된다. 따라서 'be.t'는 best와 매치될 수도 있지만 'belt', 'beet', 'be3t', 'be!t' 등 다른 것과도 매치될 수 있다.

정규식	매치되는 문자열
be.t	best, belt, beet, bezt, be3t, be!t, be t, ...

정규식 be.t는 문자열 'bet'와 매치되지는 않는다. 그 이유는 연산자 '.'가 반드시 어떤 문자에 대응되어야 하기 때문이다.

정규식 연산자 *, +, ?는 직전 문자(또는 정규식)를 특정 횟수만큼 반복한 것에 매치된다. 예를 들어 정규식 be*t에서 연산자 *는 직전 문자(e)를 0번 이상 반복한 것과 매치된다. 따라서 bt, bet, beet 등과도 매치될 수 있다.

정규식	매치되는 문자열
be*t	bt, bet, beet, beeet, beeeet, ...
be+t	bet, beet, beeet, beeeet, ...
bee?t	bet, beet

위 예를 보면 연산자 +는 직전 문자(또는 정규식)를 1번 이상 반복한 것과 매치되며, ?는 0번이나 한 번 반복한 것과 매치된다는 것을 알 수 있다.

연산자 []는 대괄호 사이에 나열된 문자들 중 하나와 매치된다. 예를 들어 정규식 [abc]는 문자열 a, b, c 중의 하나와 매치된다. 연산자 [] 사이에서 연산자 -는 문자의 범위를 명시하기 위해 사용된다. 이 범위는 유니코드 문자 순서의 범위를 뜻한다. 따라서 정규식 [l-o]는 문자 l, m, n, o와 매치된다.

정규식	매치되는 문자열
be[ls]t	belt, best
be[l-o]t	belt, bemt, bent, beot
be[a-cx-z]t	beat, bebt, bect, bext, beyt, bezt

범위 안에 있지 않거나 특정 집합에 속해 있지 않은 문자와 매치시키려면 삽입 기호(caret) ^을 사용한다. 예를 들어 [^0-9]는 숫자가 아닌 모든 문자와 매치된다.

정규식	매치되는 문자열
be[^0-9]t	belt, best, be#t, ...(be4t와 매치되지는 않음).
be[^xyz]t	belt, be5t, ...(bext, beyt, bezt와 매치되지는 않음).
be[^a-zA-Z]t	be!t, be5t, be t, ...(beat와 매치되지는 않음).

연산자 |는 "또는" 연산자이다. 두 정규식 A와 B가 주어졌을 때, 정규식 A|B는 A 또는 B와 매치되는 문자열이다. 예를 들어 정규식 hello|Hello는 문자열 "hello" 혹은 "Hello"와 매치된다.

정규식	매치되는 문자열
hello | Hello	hello, Hello
a+ | b+	a, b, aa, bb, aaa, bbb, aaaa, bbbb, ...
ab+ | ba+	ab, abb, abbb, ..., and ba, baa, baaa, ...

위에서 설명한 연산자들을 요약하면 표 11.2와 같다.

DETOUR

추가적인 정규식 연산자

Python은 더 많은 정규식 연산자를 지원하지만 이 절에서는 일부분만 살펴보았다. 더 자세히 알고 싶다면 다음과 문서를 참고하기 바란다.

http://docs.python.org/py3k/howto/regex.html
http://docs.python.org/py3k/library/re.html

실습 11.4

다음 각각의 경우는 정규식과 문자열 집합을 나타낸다. 정규식과 매치되는 문자열을 골라라.

정규식	문자열
(a) [Hh]ello	ello, Hello, hello
(b) re-?sign	re-sign, resign, re-?sign
(c) [a-z]*	aaa, Hello, F16, IBM, best
(d) [^a-z]*	aaa, Hello, F16, IBM, best
(e) <.*>	<h1>, 2 < 3, <<>>>>, ><

표 11.2
주요 정규식 연산자
연산자 ., *, +, ?는 연산자 직전에 나오는 정규식에 적용된다. 연산자 |는 연산자의 왼쪽과 오른쪽에 나오는 정규식에 적용된다.

연산자	설명
.	줄바꿈문자를 제외한 모든 문자와 매치된다
*	직전 정규식을 0번 이상 반복한 것과 매치된다. 정규식 ab*에서 연산자 *는 ab가 아닌 b를 0번 이상 반복한 것과 매치된다.
+	직전 정규식을 1번 이상 반복한 것과 매치된다.
?	직전 정규식을 0번 또는 1번 반복한 것과 매치된다.
[ ]	대괄호 사이에 들어 있는 문자 집합 중 하나와 매치된다. 문자의 범위는 범위의 첫 번째 문자와 마지막 문자 사이에 '-'를 넣어 명시할 수 있다.
^	S를 문자의 집합 또는 범위라 한다면, [^S]는 S에 포함되어 있지 않은 문자와 매치된다.
|	A와 B가 정규식이라면, A|B는 A 또는 B와 매치되는 문자열과 매치된다.

연산자 *, ., [는 정규식 내에서 특별한 의미로 사용되기 때문에 문자 '*', '.', '['와 매치시키기 위해 사용될 수 없다. 특별한 의미의 문자와 매치시키기 위해서는 확장열(escape sequence) \를 사용해야 한다. 예를 들어, 정규식 *\[는 문자열 '*['와 매치된다. 확장열 역할 외에도 역슬래시 \는 정규식 특수열(regular expression special sequence)의 표시이기도 하다. **정규식 특수열**은 자주 쓰이는 문자와 함께 정의된 문자 집합이다. 주요 정규식 특수열을 나타내면 표 11.3과 같다.

표 11.3
주요 특수열 정규식
여기서 설명한 확장열(escape sequence)은 정규식에서만 사용할 수 있다. 임의의 문자열에서는 사용할 수 없다.

특수열	문자 집합
\d	모든 십진수 숫자와 매치되며, [0-9]와 동일하다.
\D	숫자가 아닌 문자와 매치되며, [^0-9]와 동일하다.
\s	공백 문자, 탭 \t, 줄바꿈문자 \n, 줄처음문자 \r을 포함한 모든 공백 문자와 매치된다.
\S	공백 문자가 아닌 모든 문자와 매치된다.
\w	모든 글자와 숫자, 문자와 매치되며, [a-zA-Z0-9]와 동일하다.
\W	글자와 숫자가 아닌 모든 문자와 매치되며, [^a-zA-Z0-9]와 동일하다.

실습 11.5

각 패턴 설명 혹은 문자열 집합에 대해서 정확히 해당 문자열과만 매치되는 정규식을 정의하라.

(a) aac, abc, acc
(b) abc, xyz
(c) a, ab, abb, abbb, abbbb, ...
(d) 알파벳 소문자(a, b, c, ..., z) 하나 이상으로 이루어진 문자열
(e) oe를 부문자열(substring)로 포함하는 문자열
(f) HTML 시작 태그나 종료 태그를 나타내는 문자열

Python 표준 라이브러리 모듈 re

표준 라이브러리의 모듈 re는 정규식을 처리하기 위한 Python 도구이다. 이 모듈에 정의되어 있는 메소드들 중에서 메소드 findall()이 있는데, 이 메소드는 하나의 정규식과 하나의 문자열을 입력받아서, 정규식과 매치되는 입력 문자열의 모든 부문자열을 반환한다. findall()의 사용 예를 보면 다음과 같다.

```
>>> from re import findall
>>> findall('best', 'beetbtbelt?bet, best')
['best']
>>> findall('be.t', 'beetbtbelt?bet, best')
['beet', 'belt', 'best']
>>> findall('be?t', 'beetbtbelt?bet, best')
['bt', 'bet']
>>> findall('be*t', 'beetbtbelt?bet, best')
['beet', 'bt', 'bet']
>>> findall('be+t', 'beetbtbelt?bet, best')
['beet', 'bet']
```

정규식과 매치되는 두 개의 부문자열 중에서 한 문자열이 다른 문자열을 포함하고 있다면, 함수 findall()은 더 긴 부문자열만을 반환한다. 예를 들어 다음과 같은 경우 반환된 리스트에는 부문자열 'ee'와 'eee'가 없다.

```
>>> findall('e+', 'beeeetbet bt')
['eeee', 'e']
```

만약 정규식이 두 개의 중복된 부문자열과 매치된다면 함수 findall()은 왼쪽 부문자열을 반환한다. 사실, 함수 findall()은 입력 문자열을 왼쪽에서 오른쪽으로 살펴보면서 매치된 것을 찾은 순서대로 리스트에 모은다. 다음 코드를 실행하면 이 사실을 확인할 수 있다.

```
>>> findall('[^bt]+', 'beetbtbelt?bet, best')
['ee', 'el', '?', 'e', ', ', 'es']
```

또 다른 예를 보면 다음과 같다.

```
>>> findall('[bt]+', 'beetbtbelt?bet, best')
['b', 'tbtb', 't', 'b', 't', 'b', 't']
```

CAUTION

빈 문자열은 어디에든 있다

위 마지막 예를 다음 코드와 비교해 보자.

```
>>> findall('[bt]*', 'beetbtbelt?bet, best')
['b', '', '', 'tbtb', '', '', 't', '', 'b', '', 't', '', '',
 'b', '', '', 't', '']
```

정규식 [bt]*은 공백 문자열 ''과도 매치되기 때문에, 함수 findall()은 입력 문자열 'beetbtbelt?bet, best'에서 더 긴 매치 문자열에 포함되어 있지 않은 공백인 하위 문자열을 찾는다. 결국 b 또는 t가 아닌 모든 문자 앞의 공백 문자열을 찾게 된다. 여기에는 첫 번째 b와 첫 번째 e 사이의 공백 문자열과 첫 번째 e와 두 번째 e 사이의 공백 문자열 등이 포함된다.

실습 11.6

하나의 문자열을 입력받아 문자열에 포함된 모든 단어의 빈도수를 계산하고 문자열 내의 단어와 빈도수 쌍을 원소로 하여 만든 사전을 반환하는 함수 frequency()를 구현하라. 문자열 안의 모든 단어 리스트를 만들기 위해 정규식을 사용해야 한다.

```
>>> content = 'The pure and simple truth is rarely pure and never\
simple.'
>>> frequency(content)
{'and': 2, 'pure': 2, 'simple': 2, 'is': 1, 'never': 1,
'truth': 1, 'The': 1, 'rarely': 1}
```

모듈 re에 정의된 또 다른 유용한 함수로는 search()가 있다. 이 함수도 정규식과 문자열을 입력받아 정규식과 매치되는 첫 번째 부문자열을 반환한다. 이 함수는 문자열 메소드 find()의 더 강력한 버전이라고 생각할 수 있다. 사용 예를 보면 다음과 같다.

```
>>> from re import search
>>> match = search('e+', 'beetbtbelt?bet')
>>> type(match)
<class '_sre.SRE_Match'>
```

메소드 search는 흔히 매치 객체(match object)라고 일컬어지는 SRE_Match 형의 객체에 대한 참조를 반환한다. 예를 들어 이 자료형은 입력받은 문자열과 매치되는 부분의 시작 첨자와 끝 첨자를 반환하는 메소드들을 지원한다.

```
>>> match.start()
1
>>> match.end()
3
```

매치된 'beetbtbelt?bet'의 부문자열은 첨자 1에서 시작하며 첨자 3 앞에서 끝난다. 매치 객체는 또한 탐색대상 문자열을 저장하는 string이라는 속성 변수도 제공한다.

```
>>> match.string
'beetbtbelt?bet
```

매치된 부문자열을 찾으려면 match.string에 슬라이스 연산을 적용하여 색인 match.start()부터 색인 match.end() 직전까지 추출하면 된다.

```
>>> match.string[match.start():match.end()]
'ee'
```

E-Book 사례연구: 웹 크롤러

이번 사례연구 CS.11에서는 재귀 함수와 이 장에서 배운 내용을 적용하여 기본적인 **웹 크롤러**(web crawler)를 개발한다. 웹 크롤러는 하이퍼링크를 따라 웹페이지를 체계적으로 방문하는 프로그램이다. 웹 크롤러는 하이퍼링크를 따라가며 웹페이지의 내용을 파싱하고 데이터를 수집하는 일을, 웹페이지에 포함된 모든 하이퍼링크마다 반복하면서 연관된 웹페이지를 다운로드하는 방식으로 동작한다. 크롤러에서 사용하는 재귀 알고리즘은 기본적인 탐색 알고리즘인 깊이우선 탐색(depth-first search)의 한 예이다.

요약

이 장에서는 가까이 있는 문서이든 멀리 있는 문서이든 상관없이 문서에서 데이터를 탐색하고 수집하는 컴퓨터 응용 프로그램의 개발에 대해 다루었다. 특히 월드와이드 웹을 통해 제공되는 데이터에 접근하고 탐색하고 수집하는 것에 초점을 맞추었다.

웹은 오늘날 인터넷에서 동작하는 가장 중요한 응용 프로그램 중 하나이다. 지난 20년 동안 웹은 우리가 일하고 쇼핑하고 사회 활동을 하고 즐거움을 얻는 방식에 혁명을 불러일으켰다. 웹은 우리가 서로 통신할 수 있도록 했으며 이전에 보지 못한 규모의 정보 공유를 가능하게 했고 데이터의 거대한 저장소가 되었다. 결국, 이 데이터로 인해 또 다른 기회, 즉 데이터를 수집하고 처리하며 가치 있는 정보를 생산해 내는 새로운 컴퓨터 응용 프로그램을 개발할 수 있는 기회가 열린 셈이다. 이 장에서는 웹 기술인 Python 표준 라이브러리 웹 API와 이러한 응용 프로그램을 개발하는 데 사용할 수 있는 알고리즘을 소개하였다.

이 장에서는 주요 웹 기술인 URL, HTTP, HTML을 소개하였다. 또한, 웹의 자원에 접근(모듈 urllib.request 이용)하고 웹페이지를 처리(모듈 html.parser 이용)하기 위한 Python 표준 라이브러리 API를 소개하였다. 이 두 API를 이용하여 어떻게 웹페이지 HTML 소스 파일을 다운로드하고 웹페이지 내용을 파싱할 수 있는지 살펴보았다.

웹페이지나 기타 텍스트 문서의 내용을 처리하기 위해서는 텍스트 내 문자열 패턴을 찾는 도구가 도움이 된다. 이 장에서는 이러한 도구인 정규식과 표준 라이브러리 모듈 re를 소개하였다.

실습문제 해답

11.1 HTML 문서를 다운로드하고 문자열로 해석하면 문자열 메소드들을 사용할 수 있다.

```
def news(url, topics):
    '''URL url에 있는 자원에서 주제 목록의
       각 주제 등장 빈도를 계산함'''
    # 다운로드하고 해석한 문자열을 소문자로 변경함
    response = urlopen(url)
    html = response.read()
    content = html.decode().lower()

    for topic in topics: # 내용에서 주제의 빈도를 계산함
        n = content.count(topic)
        print('{} appears {} times.'.format(topic, n))
```

11.2 메소드 handle_starttag()와 handle_endtag()를 재정의해야 한다. 각 메소드는 태그에 대응하는 요소 이름을 출력하되 적절한 들여쓰기로 출력한다.

들여쓰기는 정수 값으로 계산하는데 이 값은 시작 태그 토큰을 만날 때마다 증가되어야 하고 종료 태그 토큰을 만날 때마다 감소되어야 한다(요소 p와 br의 경우에는 무시함). 들여쓰기 값은 파서 객체의 인스턴스 변수에 저장해야 하며 생성자 내에서 초기화해야 한다.

모듈 ch11.py

```
from html.parser import HTMLParser
class MyHTMLParser(HTMLParser):
    '태그를 깊이에 따라 들여 쓰며 출력하는 HTML doc parser'

    def __init__(self):
        '파서 및 들여쓰기 값을 초기화함'
        HTMLParser.__init__(self)
        self.indent = 0            # 최초의 들여쓰기 값

```

```
    def handle_starttag(self, tag, attrs):
        '''문서 내 태그 요소의 깊이에 비례하여
           시작 태그를 출력함'''
        if tag not in {'br', 'p'}:
            print('{}{} start'.format(self.indent*' ', tag))
            self.indent += 4

    def handle_endtag(self, tag):
        '''문서 내 태그 요소의 깊이에 비례하여
           종료 태그를 출력함'''
        if tag not in {'br', 'p'}:
            self.indent -= 4
            print('{}{} end'.format(self.indent*' ', tag))
```

11.3 Collector 생성자 안에서 인스턴스 변수 self.text를 공백 문자열로 초기화해야 한다. 그러면 핸들러 handle_data()에서 텍스트 데이터 토큰을 self.text와 접합하여 처리할 수 있을 것이다. 구현 코드는 다음과 같다.

모듈 ch11.py

```
    def handle_data(self, data):
        '텍스트 데이터를 모아 연결함'
        self.text += data

    def getData(self):
        '모든 텍스트 데이터를 연결한 결과를 반환함'
        return self.text
```

11.4 정답은 다음과 같다.

(a) Hello, hello

(b) 're-sign', 'resign'

(c) aaa, best

(d) F16, IBM

(e) <h1>, <<>>>>

11.5 정답은 다음과 같다.

(a) a[abc]c

(b) abc|xyz

(c) a[b]*

(d) [a-z]+

(e) [a-zA-Z]*oe[a-zA-Z]*

(f) <[^>]*>

11.6 이 문제는 제6장에서 이미 풀어 본 문제이다. 여기 제시한 정답은 단어를 매치시킬 때 정규식을 사용하기 때문에 이전 답보다 더 깔끔하다.

```
def frequency(content):
    '''문자열 conent 내의 단어 빈도를
       사전 형태로 반환함'''
    pattern = '[a-zA-Z]+'
    words = findall(pattern, content)
    dictionary = {}
    for w in words:
        if w in dictionary:
            dictionary[w] +=1
        else:
            dictionary[w] = 1
    return dictionary
```

연습문제

11.7 다음 각각의 경우에 주어진 정규식과 매치되는 문자열을 골라라.

정규식	매치 후보 문자열
[ab]	ab, a, b, 빈 문자열
a.b.	ab, acb, acbc, acbd
a?b?	ab, a, b, 빈 문자열
a*b+a*	aa, b, aabaa, aaaab, ba
[^\d]+	abc, 123, ?.?, 3M

11.8 다음 각 설명에 따른 패턴의 문자열이나 문자열 집합에 대해 정확히 일치하는 정규식을 작성하라.

(a) 작은따옴표(')를 포함하는 문자열

(b) 세 개의 소문자 알파벳으로 이루어진 문자열

(c) 양의 정수를 나타내는 문자열

(d) 음이 아닌 정수를 나타내는 문자열

(e) 음의 정수를 나타내는 문자열

(f) 정수(양수든 아니든 상관없음)를 나타내는 문자열

(g) 소수점이 있는 실수 값을 나타내는 문자열

11.9 파일 `frankenstein.txt`의 텍스트를 대상으로 다음 각 설명에 맞는 정규식을 작성하라. 또한 모듈 `re`의 `findall()` 함수를 사용하여 답을 찾아보라.

(a) 문자열 'Frankenstein'

(b) 텍스트에 나타나는 수

(c) 부문자열 'ible'로 끝나는 단어

(d) 대문자로 시작하고 'y'로 끝나는 단어

(e) 'horror of 〈소문자 문자열〉 〈소문자 문자열〉' 형식의 문자열 리스트

(f) 어느 한 단어 다음에 'death'가 나타나는 형태로 이루어진 표현

(g) 단어 'laboratory'를 포함하는 문장

11.10 HTML 소스파일에서 `href` 속성과 속성 값(HTML 시작 태그에 나타남)에 매치되는 정규식을 작성하라.

11.11 가격을 미국 달러로 표현하는 문자열과 매치되는 정규식을 작성하라. 정규식은 예를 들어 '$13.29', '$1,099.29'와 같은 문자열과 매치되어야 한다. 정규식은 $9,999.99 이상의 가격에 매치되지 않아도 된다.

11.12 주어진 형식 DD/MM/YYYY(DD는 일을 두 자릿수로, MM은 달을 두 자릿수로, YYYY는 연도를 네 자릿수로 표현한 것임)으로 날짜를 표현하는 문자열과 매치되는 정규식을 작성하라.

11.13 이메일 주소와 매치되는 정규식을 작성하라. 이 문제는 어렵기 때문에 여러분이 최대한 할 수 있는 만큼 이메일 주소와 매치되는 정규식을 만들어 보기 바란다.

11.14 HTTP 프로토콜을 사용하는 절대 URL과 매치되는 정규식을 작성하라. 역시 이 문제도 어렵기 때문에 할 수 있는 만큼 최대한 노력해 보기 바란다.

실전문제

11.15 이 책에서는 문자열에서 문장부호를 제거하는 세 가지 방법에 대해 다루었다. 제4장에서 배운 대로 문자열 메소드 `replace()`를 사용할 수도 있고 문자열 메소드 `translate()`를 사용할 수도 있으며 이 장에서 배운 정규식을 사용할 수도 있다. 10.3절에서 다룬 실행시간 분석 프레임워크를 사용하여 각 방법의 실행 시간을 비교하라.

11.16 HTML은 순번 목록과 무순 목록을 지원한다. 순번 목록은 요소 `ol`로 정의되며 목록 내 각 항목은 요소 `li`를 사용하여 정의된다. 무순 목록은 요소 `ul`로 정의되며 목록 내 항목은 역시 요소 `li`를 사용하여 정의된다. 예를 들어 파일 `w3c.html`의 무순 목록 예를 보면 다음과 같다.

파일: w3c.html

```
<ul>
 <li>Web for All</li>
 <li>Web on Everything</li>
</ul>
```

HTML 파일이 주어지면 HTML 문서 내의 순번 목록과 무순 목록을 Python 리스트로 생성하는 `HTMLParser`의 하위 클래스 `ListCollector`를 구현하라. Python 리스트의 각 항목은 해당하는 HTML 목록의 각 해당 항목에 나타나는 텍스트 데이터여야 한다. HTML 문서에서 목록의 항목은 항상 텍스트 데이터만 포함한다고, 즉 다른 HTML 요소는 포함하지 않는다고 가정하자. 클래스 `ListCollector`는 모든 목록의 항목들을 Python 리스트로 반환하는, 인수 없는 메소드 `getLists()`를 지원해야 한다.

파일: lists.html

```
>>> infile = open('lists.html')
>>> content = infile.read()
>>> infile.close()
>>> myparser = ListCollector()
>>> myparser.feed(content)
>>> myparser.getLists()
[['An item', 'Another', 'And another one'],
 ['Item one', 'Item two', 'Item three', 'Item four']]
```

11.17 여러분은 무서운 단어 사전을 만들려고 한다. 문제는 사전에 들어갈 수많은 단어를 떠올리는 것이 어렵다는 것인데, 여러분은 아주 기발한 방법을 생각해 냈다. 그 방법이란 바로 메리 울스턴크래프트(Mary Wollstonecraft Shelly)가 쓴 프랑켄슈타인(Frankenstein)이라는 무서운 책의 전자책 버전을 읽고, 정규식을 이용하여 그 안에 사용된 모든 단어를 골라낸 후, `dictionary.txt`라는 새로운 파일에 알파벳 순서대로 이들 단어를 출력하는 함수 `scary()`를 작성하는 것이다. 함수 `scary()`는 파일 이름(예를 들어 `frankenstein.txt`)을 입력 인수로 받아야 한다. 생성된 `dictionary.txt`의 처음 몇 줄은 다음과 같다.

파일: dictionary.txt

```
a
abandon
abandoned
abbey
abhor
>>> myparser.getLists()
abhorrence
abhorrent
...
```

11.18 URL을 문자열로 입력받아 해당 웹페이지의 텍스트 데이터 내용(태그 제외)만 출력하는 함수 `getContent()`를 구현하라. 연이어 나오는 빈 줄은 출력하지 말고 출력되는 모든 행의 앞 뒤 공백 문자는 제거하라.

```
>>> getContent('http://www.nytimes.com/')
The New York Times - Breaking News, World News &amp; Multimedia
Subscribe to The Times

Log In
Register Now

Home Page
...
```

11.19 문서를 하나 입력받아(문자열로 입력받음) 문서 내의 이메일 주소 집합(즉 문자열 집합)을 반환하는 함수 `emails()`를 구현하라. 문서 내에서 이메일 주소를 찾을 때 정규식을 사용하라.

```
>>> from urllib.request import urlopen
>>> url = 'http://www.cdm.depaul.edu'
>>> content = urlopen(url).read().decode()
>>> emails(content)
{'advising@cdm.depaul.edu', 'wwwfeedback@cdm.depaul.edu',
'admission@cdm.depaul.edu', 'webmaster@cdm.depaul.edu'}
```

11.20 1.4절에서 개발한 웹 탐색 알고리즘을 구현하는 응용 프로그램을 만들어라. 이 프로그램은 웹페이지 주소 리스트와 목표 가격 리스트를 입력으로 받아서(두 리스트의 길이는 같아야 함) 목표 가격보다 싼 가격의 상품이 있는 웹페이지 주소들을 출력해야 한다. HTML 소스파일 안에서 가격을 찾기 위해서 문제 11.11의 해답 프로그램을 사용하라.

11.21 모듈 `urllib.request`에서 제공하는 또 다른 유용한 함수로는 `urlretrieve()`를 들 수 있다. 이 함수는 URL과 파일 이름을 입력 인수로 받아(둘 다 문자열로 받음) 해당 URL로 찾아낸 자원의 내용을 주어진 파일 이름의 파일에 복사한다. 이 함수를 사용하여 메인 웹페이지에서 시작하여 모든 웹페이지를 컴퓨터의 로컬 폴더에 복사하는 프로그램을 구현하라.

제12장

데이터베이스와 데이터 처리

오늘날의 컴퓨터 응용 프로그램은 막대한 양의 데이터를 생성하고 저장하고 접근하며 처리하는데, 이 장에서는 대량의 데이터를 다루는 몇 가지 방법을 소개한다.

먼저 관계형 데이터베이스(relational database)와 이를 사용하기 위한 언어 SQL에 대해 소개한다. 이 책에서 지금까지 구현한 많은 프로그램들과 달리, 실제 응용 프로그램은 대개 데이터를 저장하고 접근하기 위해서 흔히 데이터베이스를 사용한다. 그 이유는 데이터베이스에 저장된 데이터에는 쉽고 빠르게 접근할 수 있기 때문이다. 따라서 데이터베이스의 장점을 사전에 이해하고 효과적으로 사용할 수 있도록 능력을 갖추는 것이 중요하다.

웹 크롤러나 과학 실험, 주식 시장 등을 통해 생성되는 데이터의 양은 컴퓨터 한 대로 효과적으로 처리할 수 없을 만큼 방대하다. 따라서 다수의 컴퓨터 노드(여러 개의 컴퓨터나 프로세서, 코어 등)가 함께 협력하여 처리해야 한다. 따라서 이 장에서는 최근 개발된 마이크로프로세서에서 제공하는 여러 개의 코어들을 효과적으로 사용하기 위한 병렬 프로그램 개발 방법에 대해서도 소개한다. 그리고 이 방법을 이용하여 구글의 맵리듀스(MapReduce) 프레임워크를 개발할 예정인데, 맵리듀스는 개인 컴퓨터에 있는 몇 개의 코어뿐 아니라 서버 팜(server farm)에 존재하는 수백, 수천 개 코어에 이르기까지 다수의 코어를 이용하여 데이터 처리하는 방법이다.

12.1 데이터베이스와 SQL

프로그램에 의해 처리된 데이터는 프로그램이 실행되는 동안에만 존재한다. 프로그램이 실행된 이후에도 데이터를 존속시키고 나중에 다른 프로그램에서 사용할 수 있도록 하려면 데이터를 파일에 저장해야 한다.

이 책에서 지금까지는 데이터를 영구적으로 저장하기 위해 표준 텍스트 파일을 사용하였다. 텍스트 파일은 범용적이고 사용하기 쉽다는 장점이 있지만 구조적이지 못하다는 단점도 있다. 특히 데이터에 **효율적으로** 접근하고 처리하도록 해주는 구조를 갖추고 있지 못하다.

이 절에서는 데이터를 구조적인 방법으로 저장하는 **데이터베이스 파일**(database file), 또는 간단히 **데이터베이스**(database)라 부르는 특수한 형태의 파일을 소개한다. 데이터베이스 구조는 삽입, 갱신, 삭제 등 데이터를 다루는 연산을 효율적으로 처리하는데, 특히 데이터 접근 연산을 매우 효율적으로 처리한다. 다양한 응용 프로그램에서 데이터를 저장하는 데에는 일반 텍스트 파일보다 데이터베이스가 더 적합하며 따라서 데이터베이스 사용법을 익히는 것이 중요하다.

데이터베이스 테이블

제11장의 사례연구를 통해 하이퍼링크를 따라 웹페이지들을 연속적으로 방문하는 웹 크롤러 프로그램에 대해 다루었다. 크롤러는 각 웹페이지의 내용을 살펴보고 웹페이지에 포함된 하이퍼링크 URL과 페이지의 모든 단어 빈도수 등의 정보를 출력한다. 그림 12.1에 서로 연결된 웹페이지의 예가 나와 있는데, 각 웹페이지에는 몇 개의 도시들의 이름과 출현 빈도가 표시되어 있다. 그림 12.1처럼 연결된 웹페이지에 크롤러를 적용하면 다음과 같은 형태로 하이퍼링크 URL이 출력될 것이다.

```
URL              Link
one.html         two.html
one.html         three.html
two.html         four.html
...
```

그림 12.1
서로 연결된 다섯 개의 웹페이지
페이지에 주요 도시의 출 빈도수를 나타냈다. 예를 어 페이지 one.html 는 'Beijing'이 세 번, aris'가 다섯 번, 'Chicago' 다섯 번 나온다. 또한 이 이지에는 웹페이지 two.ml과 three.html로의 이퍼링크가 있다.

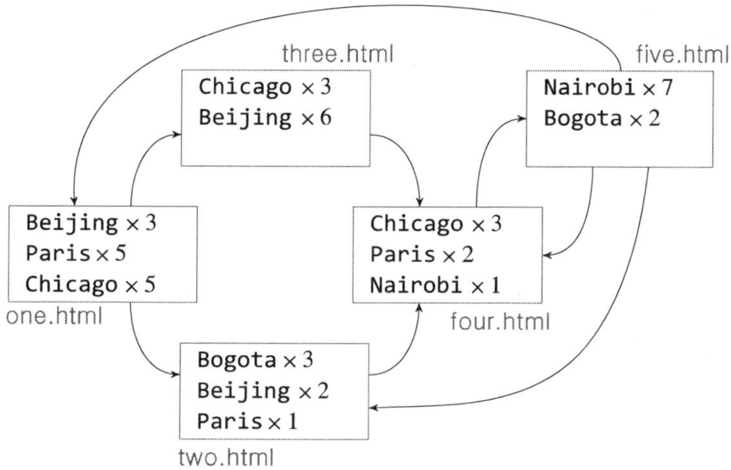

출력 결과의 처음 두 줄을 보면 페이지 one.html이 페이지 two.html과 three.html로 연결되어 있다는 것을 알 수 있다.

크롤러는 다음과 같은 형식으로 모든 웹페이지에 들어 있는 모든 단어의 빈도수를 출력할 것이다.

```
URL          Word        Freq
one.html     Beijing        3
one.html     Paris          5
one.html     Chicago        5
two.html     Bogota         3
...
```

즉, 페이지 one.html에는 'Beijing'이 세 번, 'Paris'가 다섯 번, 'Chicago'가 다섯 번 나온다는 것을 보여준다.

크롤러로 수집한 데이터를 분석한다고 가정해 보자. 예를 들어 사람들이 궁금해할 만한 흥미로운 질문으로는 다음과 같은 질문을 생각해 볼 수 있을 것이다.

1. 단어 X는 어느 웹페이지에 나타나는가?
2. 단어 X가 나타나는 횟수를 바탕으로 한 웹페이지들의 순위(rank)는?
3. 단어 X를 포함하는 웹페이지는 몇 개인가?
4. 웹페이지 Y로 연결되는 하이퍼링크를 포함하는 웹페이지는?
5. 웹페이지 전체를 통틀어 단어 'Paris'가 나타나는 빈도수는?
6. 방문한 각 웹페이지에 있는, 나가는(outgoing) 링크의 개수는?
7. 방문한 각 웹페이지로 들어오는(incoming) 링크의 개수는?
8. 단어 X를 포함하는 웹페이지로 나가는 링크가 있는 웹페이지는?
9. 단어 X를 포함하는 웹페이지들 중에서 들어오는 링크가 가장 많은 웹페이지는?

크롤러로 만든 데이터 집합에 대해 이러한 질문에 답하는 것은 꽤 힘든 일이 될 것이다. 텍스트 파일 형식으로 데이터 집합을 문자열로 읽어 들이고, 연관된 데이터를 분석하는데 그때마다 필요한 문자열 연산자들을 만들어 사용해야 할 것이다. 예를 들어 질문 1에 답하기 위해서는 단어 X를 포함하는 파일의 모든 줄(line)들을 찾아내고, 각 줄을 단어(word; 공백으로 구별된 문자열)들로 나누고, 모든 줄에서 첫 번째 단어(URL)를 수집한 다음, 중복되는 URL을 제거해야 한다.

이에 대한 대안으로, 크롤러로 모은 정보를 일반 텍스트 파일이 아닌 **데이터베이스 파일**에 저장하는 것을 생각해 볼 수 있다. 데이터베이스 파일은 데이터에 효율적으로 접근하고 처리할 수 있도록 하는 구조화된 방식으로 데이터를 저장한다.

구조화되었다는 것은 데이터베이스 파일 안의 데이터가 한 개 이상의 **테이블**에 저장되었다는 뜻이다. 각 테이블은 `Customers` 또는 `Products`와 같은 이름으로 식별하며 행과 열로 구성되어 있다. 각 **열(column)**에는 이름이 있으며, 특정 타입[문자열, 정수, 실수(소수) 등]의 데이터를 저장한다. 테이블의 각 **행(row)**은 하나의 **데이터베이스 레코드**와 관련된 데이터를 저장한다.

그림 12.1에 표시된 크롤러로 얻은 웹페이지의 정보는 그림 12.2와 같이 두 개의 데이터베이스 테이블로 저장할 수 있다. `Hyperlinks`라는 첫 번째 테이블의 열 이름은 `Url`과 `Link`이다. 이 테이블의 각 행(레코드)은 `Url` 열의 문자열 `X`와 `Link` 열의 문자열 `Y`로 구성되며 웹페이지 URL `X`에서 URL `Y`로 하이퍼링크가 존재한다는 것을 나타낸다. `Keywords`라는 두 번째 테이블의 열 이름은 `Url`, `Word`, `Freq`이다. 각 레코드는 `Url`, `Word`에 해당하는 문자열 `X, Y`와 `Freq`에 해당하는 정수 `Z`로 구성되어 있는데, 이것은 URL `X`라는 웹페이지에 단어 `Y`가 나타나는 빈도수 `Z`를 의미한다.

데이터베이스 테이블에 저장된 데이터에 대하여 데이터베이스 프로그래밍의 특별한 언어를 사용하여 데이터 질의(queries)를 할 수 있다.

그림 12.2
데이터베이스 테이블 Hyperlinks와 Keywords
크롤러가 웹페이지들을 처리하여 표시한 그림 12.1의 데이터를 두 개의 테이블에 저장한 것이다. `Hyperlinks`의 각 행은 `Url` 페이지에서 `Link` 페이지로 가는 하이퍼링크를 나타낸다. `Keywords`의 각 행은 `Url` 페이지에 나오는 단어 `Word`의 빈도수가 `Freq`임을 나타낸다.

Url	Link
one.html	two.html
one.html	three.html
two.html	four.html
three.html	four.html
four.html	five.html
five.html	one.html
five.html	two.html
five.html	four.html

(a) 테이블 `Hyperlinks`

Url	Word	Freq
one.html	Beijing	3
one.html	Paris	5
one.html	Chicago	5
two.html	Bogota	3
two.html	Beijing	2
two.html	Paris	1
three.html	Chicago	3
three.html	Beijing	6
four.html	Chicago	3
four.html	Paris	2
four.html	Nairobi	5
five.html	Nairobi	7
five.html	Bogota	2

(b) 테이블 `Keywords`

SQL

데이터베이스 파일을 읽거나 쓸 때에는 일반 파일에 대한 입출력 인터페이스를 사용하지 않는다. 통상 데이터베이스 파일에 직접 접근하는 경우도 없다. 대신 일반적으로 응용 프로그램은 **데이터베이스 엔진**(database engine) 혹은 **데이터베이스 관리 시스템**(database management system)이라고 부르는 특별한 형식의 서버 프로그램에 명령을 전송하며, 이 서버 프로그램이 응용 프로그램을 대신하여 데이터베이스의 데이터에 접근한다.

데이터베이스 엔진은 **SQL**(**Structured Query Language**)이라고 하는 질의어를 사용한다. 이제 데이터베이스를 사용해야 할 경우에 사용할 수 있는 SQL 명령어를 일부 소개할 예정이다.

SELECT 문

SQL의 SELECT 문은 데이터베이스에 질의하기 위해 사용한다. 가장 간단한 형태의 SELECT 문은 데이터베이스의 열을 추출하는데, 예를 들어 테이블 `Hyperlinks`에서 열 `Link`를 추출하려면 다음과 같이 나타낼 수 있다.

```
SELECT Link FROM Hyperlinks
```

이 문장의 실행 결과는 그림 12.3(a)와 같은 **결과 테이블**(result table)에 저장되는데 이 결과를 **결과 집합**(result set)이라고 부르기도 한다.

SQL 문은 대소문자를 구별하지 않기 때문에 소문자를 사용해도 되지만 여기서는 SQL 문의 키워드를 강조하기 위해서 대문자를 사용하였다. 보통 SQL의 SELECT 문은 테이블에서 열의 부분집합을 반환하며 다음과 같은 형식으로 사용한다.

```
SELECT 열(들)이름 FROM 테이블이름
```

예를 들어 테이블 `Keywords`에서 열 `Url`과 `Word`의 내용을 선택하려면 다음과 같이 나타낸다.

```
SELECT Url, Word FROM Keywords
```

결과 테이블은 그림 12.3(b)와 같다. 테이블 `Hyperlinks`의 모든 열을 반환하려면 와일드카드 문자 `*`를 사용할 수 있다.

```
SELECT * FROM Hyperlinks
```

그림 12.3
세 가지 질의에 대한 결과 테이블
각 테이블은 그 아래에 나타나는 질의에 대한 결과이다. 테이블 (a)는 테이블 Hyperlinks의 모든 Link 값을 포함한다. 테이블 (b)는 테이블 Keywords의 모든 Url 값과 Word 값을 포함한다. 테이블 (c)는 테이블 Hyperlinks의 Link에 있는 서로 다른 값들만을 포함한다.

Link
two.html
three.html
four.html
four.html
five.html
one.html
two.html
four.html

```
SELECT Link
FROM Hyperlinks
```

(a)

Url	Word
one.html	Beijing
one.html	Paris
one.html	Chicago
two.html	Bogota
two.html	Beijing
two.html	Paris
three.html	Chicago
three.html	Beijing
four.html	Chicago
four.html	Paris
four.html	Nairobi
five.html	Nairobi
five.html	Bogota

```
SELECT Url, Word
FROM Keywords
```

(b)

Link
two.html
three.html
four.html
five.html
one.html

```
SELECT DISTINCT Link
FROM Hyperlinks
```

(c)

이 문장의 실행 결과 테이블은 그림 12.2(a)에 보인 초기 테이블 Hyperlinks와 같다. 다음과 같이 질의하면

```
SELECT Link FROM Hyperlinks
```

결과 집합에는 같은 링크가 여러 번 나타난다. 열 Link 중에서 서로 다른 링크만 선택(중복을 제외) 하려면 다음과 같이 SQL DISTINCT 키워드를 사용할 수 있으며

```
SELECT DISTINCT Link FROM Hyperlinks
```

그림 12.3(c)와 같은 결과 테이블을 얻게 된다.

DETOUR

SQL을 직접 사용해 보기

다음 절에서는 sqlite3 Python 표준 라이브러리 모듈을 소개한다. 이 모듈은 Python 프로그램이 데이터베이스 파일에 접근하고 SQL 명령문을 실행할 수 있도록 응용 프로그램 인터페이스(application programming interface, API)를 제공한다.

지금까지 설명한 SQL 질의들을 바로 실행해 보고 싶다면, SQLite 명령행 셸(command-line shell)을 사용할 수 있다. 이것은 데이터베이스 파일에 대해 SQL 문을 대화형으로(interactive) 실행할 수 있도록 하는 독립형 프로그램이다. 하지만 이를 위해서는 먼저 다음 웹사이트에서 셸 실행 파일(precompiled shell binary)을 다운로드해야 한다.

www.sqlite.org/download.html

다운로드한 셸 실행 파일은 여러분이 사용할 데이터베이스 파일이 있는 폴더에 저장한다. 다음에서는 데이터베이스 파일 link.db(여기에 저장된 두 개의 테이블은 그림 12.2에 보인 바 있음)를 기준으로 SQLite 명령행 셸 사용법을 설명하고자 한다.

SQLite 명령행 셸을 실행하려면 먼저 여러분이 사용하고 시스템의 명령행 셸을 열어야 한다. 그 다음에는 **sqlite3** 실행 파일이 있는 디렉터리로 이동하여 다음 명령어를 수행함으로써 데이터베이스 파일 **links.db**에 접근한다.

```
> ./sqlite3 links.db
SQLite version 3.7.7.1
Enter ".help" for instructions
Enter SQL statements terminated with a ";"
sqlite>
```

🔊 위 코드는 Unix/Linux/Mac OS X 시스템에서 실행한 것이다. 마이크로소프트 윈도우에서는 **sqlite3.exe links.db**명령어를 실행해야 한다.

sqlite> 프롬프트에서 이제 데이터베이스 파일 **links.db**에 대해 SQL 문을 실행할 수 있다. 한 가지 더 알아야 할 것은 SQL 문 뒤에 세미콜론(;)을 넣어야 한다는 것이다. 예를 들어 다음과 같이 실행하면 된다(실행 결과 중 일부 결과만 나타내었음).

```
sqlite> SELECT Url, Word FROM Keywords;
one.html|Beijing
one.html|Paris
one.html|Chicago
two.html|Bogota
two.html|Beijing
...
five.html|Nairobi
five.html|Bogota
sqlite>
```

SQLite 명령행 셸을 사용하여 이 절에서 설명하는 모든 SQL 문을 실행할 수 있다.

WHERE 절

"단어 X는 어느 웹페이지에 나타나는가?"와 같은 질문에 답하기 위해서는 테이블에서 몇 개의 레코드(특정 조건을 만족하는 레코드)만 선택하도록 데이터베이스 질의를 만들어야 한다. 조건에 따라 레코드를 선택하기 위해 SQL SELECT 문에 WHERE 절을 추가할 수 있다. 예를 들어 `'Paris'`를 포함하는 웹페이지의 URL을 선택하려면 다음과 같이 질의문을 작성할 수 있다.

```
SELECT Url FROM Keywords
WHERE Word = 'Paris'
```

Url
one.html
two.html
four.html

```
SELECT Url FROM Keywords
WHERE Word = 'Paris'
```

(a)

Url	Freq
one.html	5
four.html	2
two.html	1

```
SELECT Url, Freq FROM Keywords
WHERE Word = 'Paris'
ORDER BY Freq DESC
```

(b)

그림 12.4
두 질의에 대한 결과 테이블
테이블 (a)는 테이블 Keywords에서 단어 'Paris'를 포함하는 웹페이지의 URL을 보여준다. 테이블 (b)는 단어 빈도수의 내림차순으로 단어 'Paris'를 포함하는 웹페이지의 순위를 보여준다.

질의 결과 반환된 결과 집합은 그림 12.4(a)와 같다. SQL도 Python처럼 작은 따옴표를 이용하여 문자열 값을 나타낸다. 일반적으로 WHERE 절을 포함하는 SELECT 문의 형식은 다음과 같다.

```
SELECT 열(들) FROM 테이블
WHERE 열 연산자 값
```

조건식 '열 연산자 값'은 해당 조건을 만족하는 행에만 SELECT 문이 적용되도록 제한한다. 조건식에 사용할 수 있는 연산자는 표 12.1에 정리되어 있다. 조건식은 괄호로 묶을 수 있으며 둘 이상의 조건식을 논리 연산자 AND와 OR로 묶을 수 있다. BETWEEN 연산자를 사용할 때에는 WHERE 절의 형식이 다음과 같이 조금 달라진다는 점에 유의하자.

```
WHERE 열 BETWEEN 값1 AND 값2
```

웹페이지에 나타난 단어 'Paris'의 빈도수를 기준으로 그림 12.4(a)의 결과 집합을 정렬하고 싶다고 하자. 다시 말해서 질문이 "웹페이지에 문자열 X이 나오는 빈도수를 기준으로 한 단어 X를 포함하는 웹페이지의 순위는?"이라고 가정하자. 어떤 열의 특정 값에 대한 결과 집합의 레코드를 정렬하려면 SQL 키워드 ORDER BY를 이용하여 다음과 같이 사용할 수 있다.

```
SELECT Url,Freq FROM Keywords
WHERE Word='Paris'
ORDER BY Freq DESC
```

이 SQL 문을 실행하면 그림 12.4(b)와 같은 결과 집합이 반환된다. 키워드 ORDER BY 다음에는 열 이름이 나오는데 선택된 레코드는 해당 열의 값을 기준으로 정렬된다. 기본 정렬 기준은 오름차순이지만 위 예에서는 키워드 DESC["내림차순(descending)"을 나타냄]를 사용하여 'Paris'를 가장 많이 포함하고 있는 웹페이지가 먼저 나오도록 하였다.

표 12.1
SQL의 조건 연산자
건식은 괄호로 감쌀 수 있
며 논리 연산자 AND와 OR
이용하여 두 개 이상의 조
식을 결합할 수 있다.

연산자	의미	사용
=	같다	`column = value`
<>	다르다	`column <> value`
>	크다	`column > value`
<	작다	`column < value`
>=	크거나 같다	`column >= value`
<=	작거나 같다	`column <= value`
BETWEEN	(양 끝 경계)포함 범위 이내	`column BETWEEN value1 and value2`

실습 12.1

다음 나열된 결과를 반환하는 SQL 질의를 작성하라.

(a) 웹페이지 `four.html`로 가는 하이퍼링크가 있는 모든 페이지의 URL

(b) 웹페이지 `four.html`로부터 들어오는 링크가 있는 모든 페이지의 URL

(c) 어떤 웹페이지에 해당 단어가 정확히 세 번만 나타날 때, 이러한 모든 웹페이지 URL과 해당 단어

(d) 어떤 웹페이지에 해당 단어가 세 번 이상 다섯 번 이하 나타날 때, 이러한 모든 웹페이지 URL과 해당 단어, 단어 출현 빈도 수

SQL 내장 함수

"Paris를 포함하고 있는 페이지들은 몇 개나 있을까?"와 같은 질의에 답하려면 어떤 질의로 얻은 레코드의 개수를 셀 수 있어야 한다. SQL에는 이러한 용도로 사용할 수 있는 내장 함수가 있다. SQL 함수 COUNT()를 결과 테이블에 적용하면 결과 테이블의 행 개수를 반환한다.

```
SELECT COUNT(*) FROM Keywords
WHERE Word = 'Paris'
```

위 질의의 결과 테이블은 그림 12.5(a)에 보인 바와 같이 하나의 열, 하나의 레코드만으로 구성된다. 결과 테이블의 열은 질의 대상 테이블의 열이 아니라 없다는 사실에 주의하자.

"모든 웹페이지에 걸쳐 Paris는 총 몇 번 나타나는가?"라는 질문에 답하려면 테이블 `Keywords`에서 `Word` 열에 'Paris'를 포함하고 있는 각 행에서 `Freq` 열의 값을 모두 더해야 한다. 합을 수행하려면 다음과 같이 SQL 함수 SUM()을 이용할 수 있다.

```
SELECT SUM(Freq) FROM Keywords
WHERE Word = 'Paris'
```

위 질의의 결과 테이블은 그림 12.5(b)와 같다.

그림 12.5
세 질의의 결과 테이블
테이블 (a)는 'Paris'가 나타나는 페이지의 개수를 나타낸다. 테이블 (b)는 데이터베이스의 모든 웹페이지에서 'Paris'가 나타나는 횟수의 합을 나타낸다. 테이블 (c)는 각 웹페이지에서 나가는 하이퍼링크의 개수를 나타낸다.

(a)

3

```
SELECT COUNT(*)
FROM Keywords
WHERE Word = 'Paris'
```

(b)

8

```
SELECT SUM(Freq)
FROM Keywords
WHERE Word = 'Paris'
```

(c)

Url	
one.html	2
two.html	1
three.html	1
four.html	1
five.html	3

```
SELECT Url, COUNT(*)
FROM Hyperlinks
GROUP BY Url
```

GROUP BY 절

"각 웹페이지에는 나가는 링크가 몇 개나 있는가?" 알고 싶다고 하자. 이 질문에 답하려면 서로 다른(중복을 제외한) Url 값에 대하여 링크 개수를 모두 더해야 한다. SQL GROUP BY 절을 이용하면 테이블의 레코드를 특정 열의 값을 기준으로 분류할 수 있다. 다음 질의는 Url 값을 기준으로 테이블 Hyperlinks의 행을 분류하고 각 그룹에서 행의 개수를 세는 질의문이다.

```
SELECT COUNT(*) FROM Hyperlinks
GROUP BY Url
```

결과에 웹페이지 URL이 포함되도록 이 질의문을 조금 수정하면 다음과 같다.

```
SELECT Url, COUNT(*) FROM Hyperlinks
GROUP BY Url
```

위 질의문의 결과는 그림 12.5(c)와 같다.

실습 12.2

다음 각 질문에 답하기 위한 SQL 질의를 작성하라.

(a) 중복을 포함하여 **two.html** 페이지에는 몇 개의 단어가 있는가?
(b) **two.html** 페이지에는 서로 다른 단어가 몇 개 있는가?
(c) 중복을 포함하여 각 웹페이지에는 몇 개의 단어가 있는가?
(d) 각 웹페이지로 들어오는 링크는 몇 개 인가?

질의문 (c)와 (d)의 결과 테이블에는 웹페이지의 URL이 포함되어야 한다.

■ 다수의 테이블에 대한 SQL 질의문 구성하기

"단어 'Bogota'가 있는 페이지로 가는 링크가 포함된 웹페이지는 무엇인가?" 알고 싶다고 하자. 이 질문에 답하려면 테이블 **Keywords**와 **Hyperlinks**를 모두 찾아야 한다. 단어 'Bogota'를 포함하는 웹페이지의 URL 집합 S를 찾아내기 위해 테이블 **Keywords**를 살펴봐야 하고, 그 다음으로 S에 포함된 페이지로 가는 링크가 있는 페이지의 URL을 찾기 위해 다시 테이블 **Hyperlinks**를 살펴봐야 한다.

SELECT 문은 여러 테이블에 대해서 사용할 수도 있다. 여러 테이블에 대한 SELECT 문의 동작을 이해하기 위해 몇 가지 예를 살펴보자. 먼저 다음 질의를 보면

```
SELECT * FROM Hyperlinks, Keywords
```

이 질의는 **Hyperlinks**의 레코드와 **Keywords**의 레코드를 조합하여 104개의 레코드를 포함하는 테이블을 반환한다. 그림 12.6과 같은 결과 테이블을 생성하는 이러한 연산을 **교차 조인**(**cross join, 상호결합, 크로스 조인**)이라고 하는데, 결과 테이블은 테이블 **Hyperlinks**의 두 열과 테이블 **Keywords**의 세 열을 포함하는 다섯 개의 열로 구성된다.

교차 조인 결과 테이블에서 조건을 만족하는 레코드만 선택하는 것도 물론 가능하다. 예를 들어 다음 질의는 교차 조인의 104개 레코드 중 테이블 **Keywords**의 열 **Word**가 'Bogota'인 16개의 레코드(그 중 2개는 그림 12.6에 나타나 있음)만 선택한다.

```
SELECT * FROM Hyperlinks, Keywords
WHERE Keywords.Word = 'Bogota'
```

SQL 질의의 마지막 부분의 구문을 눈여겨 보자. 여러 테이블을 다루는 질의문에서 특정 열을 찾으려면 열 이름 앞에 테이블 이름과 점을 추가하여 표기해야 한다. 그래야 다른 테이블에 같은 이름의 열이 있어도 혼동되지 않기 때문이다. 따라서 테이블 **Keywords**의 열 **Word**을 나타내려면 **Keywords.Word**라고 써야 한다.

그림 12.6
이터베이스 테이블 결합 (join, 조인)
테이블은 테이블 Hyper .nks의 행과 테이블 ywords의 행을 모두 조 하여 구성되었다. 테이블 perlinks에는 8개의 행 테이블 Keywords에는 개의 행이 있기 때문에, 교 조인은 총 8×13= 104개 행으로 구성된다. 여기에 처음 4개의 행과 마지막 l의 행만 나타낸 것이다.

Hyperlinks		Keywords		
Url	**Link**	**Url**	**Word**	**Freq**
one.html	two.html	one.html	Beijing	3
one.html	two.html	one.html	Paris	5
one.html	two.html	one.html	Chicago	5
one.html	two.html	two.html	Bogota	3
…	…	…	…	…
five.html	four.html	four.html	Nairobi	5
five.html	four.html	five.html	Nairobi	7
five.html	four.html	five.html	Bogota	2

SELECT * FROM Hyperlinks, Keywords

다른 예를 하나 더 살펴보자. 다음 질의는 교차 조인 중에서 `Hyperlink.Link`와 `Keyword.Url`의 값이 같은 레코드만 선택한다.

```
SELECT * FROM Hyperlinks, Keywords
WHERE Hyperlinks.Link = Keywords.Url
```

이 질의의 결과는 그림 12.7과 같다.

그림 12.7
데이터베이스 테이블 결합
이 테이블은 그림 12.6의 테이블 행 중에서 `Hyperlinks.Link = Keywords.Url`인 행들로 구성된다.

Hyperlinks		Keywords		
Url	**Link**	**Url**	**Word**	**Freq**
one.html	two.html	two.html	Bogota	3
one.html	two.html	two.html	Beijing	2
one.html	two.html	two.html	Paris	1
one.html	three.html	three.html	Chicago	3
…	…	…	…	…
five.html	four.html	four.html	Paris	2
five.html	four.html	four.html	Nairobi	5

```
SELECT * FROM Hyperlinks, Keywords
WHERE Hyperlinks.Url = Keywords.Url
```

그림 12.7의 테이블은 개념적으로 하이퍼링크(`Hyperlinks.Url`에서 `Hyperlinks.Link`로 가는 링크)와 해당 하이퍼링크가 가리키는 웹페이지(URL이 `Hyperlinks.Link`인 웹페이지)에 포함된 단어를 연관 지은 레코드들로 구성되어 있다.

우리의 원래 질문은 "단어 'Bogota'가 있는 페이지로 가는 링크가 포함된 웹페이지는 무엇인가?"였다. 이 질문에 답하기 위해 `Keyword.Word` 값이 'Bogota'이고 `Keyword.Url` 값이 `Hyperlinks.Link` 값과 같은 교차 조인의 레코드를 선택해야 한다. 이러한 레코드를 나타내면 그림 12.8과 같다.

그림 12.8
데이터베이스 테이블 결합.
이 테이블은 그림 12.7의 테이블 행 중에서 `Keywords.Word = 'Bogota'`인 행으로 구성되어 있다.

Hyperlinks		Keywords		
Url	**Link**	**Url**	**Word**	**Freq**
one.html	two.html	two.html	Bogota	3
four.html	five.html	five.html	Bogota	2
five.html	two.html	two.html	Bogota	3

```
SELECT * FROM Hyperlinks, Keywords
WHERE Keywords.Word = 'Bogota' AND Hyperlinks.Link = Keywords.Url
```

'Bogota'를 포함하는 페이지로 연결되는 모든 웹페이지 URL만 선택하려면 그림 12.9와 같은 질의문을 구성해야 한다.

그림 12.9
이터베이스 테이블 결합
결과 테이블은 그림 12.8
테이블 행 Hyperlinks.
1로 구성된다.

Hyperlinks
Url
one.html
four.html
five.html

```
SELECT Hyperlinks.Url From Hyperlinks, Keywords
WHERE Keywords.Word = 'Bogota' AND Hyperlinks.Link = Keywords.Url
```

CREATE TABLE 문

물론 데이터베이스의 질의를 만들기 전에 먼저 테이블을 생성하고 레코드를 삽입해야 한다. 데이터베이스 파일을 처음 생성하면 빈 파일로 생성되며 테이블도 하나도 없을 것이다. SQL의 CREATE TABLE 문을 이용하면 테이블을 생성할 수 있는데 사용 형식은 다음과 같다.

```
CREATE TABLE 테이블명
(
  열1 자료형,
  열2 자료형,
  ...
)
```

시각적으로 이해하기 쉽도록 위 SQL 문은 여러 줄에 걸쳐 작성하며 열 정의는 들여쓴다. 물론 SQL 문 전체를 한 줄에 쓸 수도 있다.

예를 들어 테이블 Keywords를 생성하려면 다음과 같이 SQL 문을 쓸 수 있다.

```
CREATE TABLE Keywords
(
  Url text,
  Word text,
  Freq int
)
```

CREATE TABLE 문은 테이블의 각 열 이름과 해당 자료형을 명확하게 명시한다. Url열과 Word열은 text 형인데 이는 Python str 형에 해당한다. Freq열은 정수 데이터를 저장한다. 대표적인 SQL 자료형과 이에 해당하는 Python 자료형을 함께 나타내면 표 12.2와 같다.

표 12.2
주요 SQL 데이터 형
Python 정수형과 달리 SQL 정수형은 크기가 제한되어 있다(-2^{31}부터 $2^{31}-1$까지).

SQL 타입	Python 타입	설명
INTEGER	int	정수 값을 저장
REAL	float	실수 값을 저장
TEXT	str	문자열 값을 따옴표로 표시
BLOB	bytes	바이트 열을 저장

INSERT 문과 UPDATE 문

SQL INSERT 문은 데이터베이스 테이블에 새 레코드(행)를 삽입하기 위해 사용된다. 데이터베이스의 모든 열들의 값이 결정된 행을 삽입하려면 다음과 같은 형식으로 명령을 입력한다.

```
INSERT INTO 테이블명 VALUES (값1, 값2, ...)
```

예를 들어 테이블 Keywords의 첫 번째 행을 삽입하려면 다음과 같이 명령을 입력한다.

```
INSERT INTO Keywords VALUES ('one.html', 'Beijing', 3)
```

SQL UPDATE 문은 테이블의 데이터를 수정할 때 사용한다. 일반 형식은 다음과 같다.

```
UPDATE 테이블명 SET 열1 = 값1
WHERE 열2 = 값2
```

페이지 two.html의 'Bogota'의 빈도수를 수정하고 싶다면 다음과 같이 테이블 Keywords를 수정하면 된다.

```
UPDATE Keywords SET Freq = 4
WHERE Url = 'two.html' AND Word = 'Bogota'
```

DETOUR

SQL에 대해 더 알아보기

SQL은 특별히 **관계형 데이터베이스(relational database)**에 저장된 데이터에 접근하고 처리하기 위해, 즉 테이블에 저장된 데이터 항목을 다양한 방법으로 처리하기 위해 설계된 것이다. '**관계형(relational)**'이라는 용어는 수학적 개념인 '**관계(relation)**'를 의미하는데, 수학적 의미의 관계란 통상 항목 쌍(pairs)의 집합을 의미하며 더 일반적으로는 항목의 튜플(tuple) 집합을 뜻한다.

이 책에서는 다소 경험적인 방법으로 SQL 문을 다루었다. 수학적 관점으로 테이블을 바라보면 수학에서 제공하는 추상화를 통해 SQL로 무엇을 할 수 있는지, 또 어떻게 할 수 있는지를 파악할 수 있다는 장점이 있다. 수학의 한 분야인 **관계 대수(relational algebra)**는 정확히 이러한 목적으로 개발된 분야이다.

SQL에 대해 더 공부하고 싶다면 인터넷에서 많은 자료를 찾아볼 수 있는데 다음 자료를 추천한다.

www.w3schools.com/sql/default.asp

12.2 Python을 이용한 데이터베이스 프로그래밍

이제 SQL을 조금 배웠으므로 데이터베이스에 데이터를 저장하고 질의를 수행하는 응용 프로그램을 작성해 보자. 이 절에서는 웹 크롤러로 수집한 데이터를 데이터베이스에 저장하고, 저장된 데이터베이스를 이용하여 간단한 검색 엔진 응용 프로그램과 같은 일을 수행해 보려고 한다. 먼저 데이터베이스 파일을 다룰 수 있도록 해 주는 API에 대해 살펴보자.

■ 데이터베이스 엔진과 SQLite

Python 표준 라이브러리에는 API 모듈 **sqlite3**가 포함되어 있는데 이 모듈은 Python 개발자가 데이터베이스 파일을 다룰 수 있도록 기본적인 API를 제공한다. 일반적인 데이터베이스 API와 달리 **sqlite3** 모듈은 데이터베이스 엔진 프로그램과 별개의 인터페이스가 아니라 데이터베이스 파일에 직접 접근할 수 있는 SQLite라는 함수 라이브러리에 대한 인터페이스이다.

DETOUR

SQLite 및 기타 데이터베이스 관리 시스템

응용 프로그램은 통상 데이터베이스 파일을 직접 읽고 쓰지 않는다. 대신 SQL 명령어를 **데이터베이스 엔진**(database engine)으로, 더 정확히 말하면 관계형 데이터베이스 관리 시스템(RDBMS)으로 전송한다. RDBMS는 응용 프로그램을 대신하여 데이터베이스를 관리하고 데이터베이스 파일에 접근한다.

최초의 RDBMS는 1970년대 초반 메사추세츠 공과 대학(Massachusetts Institute of Technology)에서 개발하였다. 요즘 주로 사용되고 있는 RDMBMS로는 Ingres, Postgres, MySQL과 같은 오픈 소스 프로그램뿐만 아니라 IBM, 오라클(Oracle), 사이베이스(Sybase), 마이크로소프트 사의 상업용 제품도 있다. 이러한 엔진들은 모두 Python과 독립적인 별개의 프로그램으로 작동한다. 이들 데이터베이스에 접근하려면 Python 응용 프로그램에서 SQL 문을 데이터베이스 엔진으로 전송할 수 있도록 해 주는, 클래스 및 함수로 구성된 API(Python 모듈)를 사용해야 한다.

하지만 SQLite는 응용 프로그램과 별개로 동작하지 않으며 응용 프로그램의 맥락(context)에서 실행될 수 있도록 SQL 데이터베이스 엔진을 구현한 라이브러리 함수이다. SQLite는 매우 가벼우며 파이어폭스와 오페라 브라우저, 스카이프, 애플 iOS, 구글의 안드로이드 운영 체제 등을 비롯한 많은 응용 프로그램에서 데이터를 지역적으로 저장하기 위해 많이 사용한다. 따라서 SQLite는 가장 널리 사용되는 데이터베이스 엔진이라 할 수 있다.

■ sqlite3로 데이터베이스 생성하기

이제 웹페이지에 포함된 단어 및 하이퍼링크 URL의 빈도수를 저장하기 위해 필요한 단계를 진행하며 sqlite3 데이터베이스의 사용법을 살펴보자. 제일 먼저 해야 할 일은 텍스트 파일을 여는 것과 마찬가지로 데이터베이스 파일과 연결해야 한다.

```
>>> import sqlite3
>>> con = sqlite3.connect('web.db')
```

함수 connect()는 데이터베이스 파일(현재 작업 디렉터리에 있는 파일)의 이름을 입력으로 받아 모듈 sqlite3에 정의된 Connection 타입의 객체를 반환한다. Connection 객체는 데이터베이스 파일과 연관된 객체이다. 위 문장의 의미는 데이터베이스 파일 web.db가 현재 작업 디렉터리에 존재할 경우 Connection 객체 con을 이용하여 이 데이터베이스 파일을 나타낼 것이라는 뜻이다. 그러나 혹시 파일이 존재하지 않으면 새로운 데이터베이스 파일 web.db을 생성한다.

데이터베이스와 연결된 Connection 객체를 얻은 뒤에는 SQL 문을 실행하기 위한 커서 객체를 생성해야 한다. Connection 클래스의 메소드 cursor()를 호출하면 Cursor 형 객체를 생성할 수 있다.

```
>>> cur = con.cursor()
```

Cursor 객체는 데이터를 처리하는 일꾼이다. 이 객체는 SQL 문을 문자열로 받아서 실행하는 메소드 execute()를 제공한다. 예를 들어 데이터베이스 테이블 Keywords를 생성하려면 다음과 같이 SQL 문을 execute() 메소드로 전달하기만 하면 된다.

```
>>> cur.execute("""CREATE TABLE Keywords(Url text,
                                         Word text,
                                         Freq int)""")
```

이제 테이블 Keywords를 생성했으므로 테이블 안에 레코드를 삽입할 수 있다. 그러려면 SQL INSERT INTO문을 execute() 함수의 입력 값으로 보내기만 하면 된다.

```
>>> cur.execute("""INSERT INTO Keywords
                   VALUES ('one.html', 'Beijing', 3)""")
```

이 예에서 데이터베이스에 삽입한 값('one.html', 'Beijing', 3)은 SQL 문 문자열 표현식으로서 "하드코딩[2)]"한 것이다. 프로그램 안에서 실행되는 SQL 문은 대개 Python 변수의 값을 사용하므로 대개 이렇게 '하드코딩'하지 않는다. SQL 문에서 Python 변수 값을 사용하도록 하기 위해서는 문자열 서식 지정과 유사한 방식의 **매개변수 치환**(parameter substitution)이라는 기법을 이용한다.

---

2) 역자 주: 코드 내에 구체적인 값을 직접 집어넣는 방식으로 프로그램을 작성하는 것

예를 들어 데이터베이스에 다음과 같은 값을 레코드로 삽입하려 한다고 하자.

```
>>> url, word, freq = 'one.html', 'Paris', 5
```

그러면 앞의 예와 마찬가지로 SQL 문을 문자열로 구성하되 Python 변수 값이 놓여야 할 곳을 ?로 표시하면 된다. 이 문자열은 `execute()` 메소드의 첫 번째 인수로 사용된다. 두 번째 인수는 세 개 변수를 포함하는 튜플이다.

```
>>> cur.execute("""INSERT INTO Keywords
                   VALUES (?, ?, ?)""", (url, word, freq))
```

각 튜플 변수의 값은 그림 12.10과 같이 각각의 위치에 대응된다.

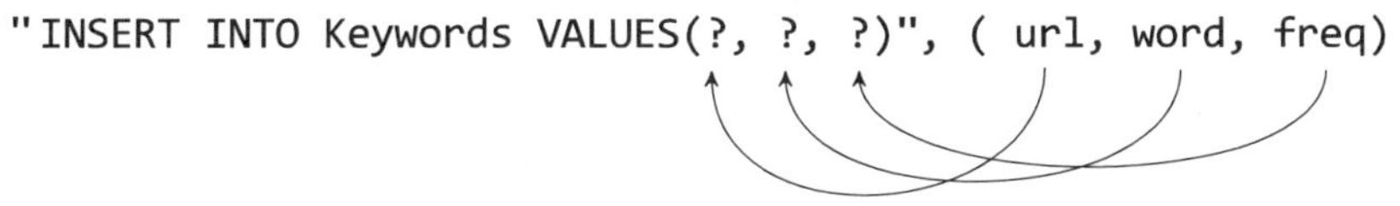

그림 12.10
매개변수 치환
환될 자리를 나타내는 ?를
L 문자열 표현식 안에 변
값이 놓여야 할 위치에 표
하여 나타낸다.

물론 다음과 같이 필요한 값을 미리 튜플 객체에 모아 놓을 수도 있다.

```
>>> record = ('one.html','Chicago', 5)
>>> cur.execute("INSERT INTO Keywords VALUES (?, ?, ?)", record)
```

CAUTION

보안 문제: SQL 인젝션

형식지정 문자열과 문자열의 `format()` 메소드를 사용하여 SQL 문의 문자열 수식을 만들 수 있다. 하지만 이런 방식은 **SQL 인젝션 공격(SQL injection attack)**이라는 보안 공격에 취약하기 때문에 안전하지 않다. 따라서 절대로 형식지정 문자열을 사용해서 SQL 표현식을 만들어서는 안 된다.

데이터베이스 변경과 데이터베이스 닫기

테이블 생성 및 삭제나 행 삽입 및 수정을 등 연산을 통해 데이터베이스 파일을 변경해도 사실 데이터베이스 파일에 바로 기록되는 것이 아니라 메모리에 일시적으로 저장된다. 변경된 내용을 확실히 기록하기 위해 `Connection` 객체의 `commit()` 메소드를 실행하여 변경 내용을 반영해야 한다.

```
>>> con.commit()
```

텍스트 파일을 닫았던 것처럼 데이터베이스 파일에 대한 작업이 끝난 후에도 파일을 닫아야 한다. `Connection` 객체의 `close()` 메소드를 호출하면 데이터베이스 파일을 닫을 수 있다.

```
>>> con.close()
```

실습 12.3

다음을 입력 인수로 받는 함수 webData()을 구현하라.

(a) 데이터베이스 파일의 이름
(b) 웹페이지의 URL
(c) 웹페이지 안의 모든 하이퍼링크 URL 리스트
(d) 웹페이지 안의 각 단어를 해당 웹페이지 내의 빈도수에 대응시키는 사전

데이터베이스 파일은 그림 12.2(a)와 (b)에서 설명한 Keywords와 Hyperlinks라는 테이블을 포함해야 한다. 구현할 함수는 하이퍼링크 리스트의 각 링크를 테이블 Hyperlinks의 한 행으로 삽입해야 하며 사전 안의 각 (단어, 빈도수) 쌍을 테이블 Keywords에 한 행으로 삽입해야 한다. 또한 끝으로 데이터베이스 파일에 수정사항을 반영한 후 종료해야 한다.

sqlite3을 이용한 데이터베이스 질의

이제 Python 프로그램 내에서 SQL 질의를 만드는 방법을 살펴보자. 예제로 사용할 대상 데이터베이스는 그림 12.2의 테이블 Hyperlinks와 Keywords를 포함하고 있는 links.db로 정하자.

```
>>> import sqlite3
>>> con = sqlite3.connect('links.db')
>>> cur = con.cursor()
```

SQL SELECT 문을 실행하려면 커서의 execute() 메소드에 SQL 문을 문자열로 보내면 된다.

```
>>> cur.execute('SELECT * FROM Keywords')
```

SELECT 문은 결과 테이블을 반환한다. 그럼 이 결과 테이블은 어디에 저장될까?

결과 테이블은 Cursor 객체 cur 자체에 저장된다. 결과 테이블을 보려면 테이블을 불러와야 하는데 이 작업은 여러 가지 방법으로 수행할 수 있다. 튜플의 리스트로 보려면 fetchall() 메소드(Cursor 클래스에 있음)를 사용하면 된다.

```
>>> cur.fetchall()
[('one.html', 'Beijing', 3), ('one.html', 'Paris', 5),
('one.html', 'Chicago', 5), ('two.html', 'Bogota', 3)
...
('five.html', 'Bogota', 2)]
```

다른 방법으로는 Cursor 객체 cur를 반복자로 간주하여 cur에 대해 반복하는 방법을 들 수 있다.

```
>>> cur.execute('SELECT * FROM Keywords')
<sqlite3.Cursor object at 0x15f93b0>
>>> for record in cur:
        print(record)

('one.html', 'Beijing', 3)
('one.html', 'Paris', 5)
...
('five.html', 'Bogota', 2)
```

위 방법 중 두 번째 방법이 메모리 절약 측면에서 유리하다. 메모리에 큰 리스트를 저장하지 않아도 되기 때문이다.

질의 내에서 Python 변수 값을 사용해야 한다면 어떻게 질의를 구성하면 될까? 다음과 같이 정의된 `word` 값을 포함하는 웹페이지를 검색하고 싶다고 하자.

```
>>> word = 'Paris'
```

그럴 경우에도 매개변수 치환 방법을 사용한다.

```
>>> cur.execute('SELECT Url FROM Keywords WHERE Word = ?', (word,))
<sqlite3.Cursor object at 0x15f9b30>
```

그러면 SQL 질의문에서 물음표로 표시한 자리에 `word`의 값이 들어간다. 실제로 위 질의가 단어 'Paris'를 포함하는 모든 웹페이지를 찾는지 확인해 보자.

```
>>> cur.fetchall()
[('one.html',), ('two.html',), ('four.html',)]
```

Python 변수 두 개를 사용하는 예를 살펴보자. 이번에는 `word`를 `n`번 이상 포함하는 웹페이지의 URL을 알고 싶다고 하자.

```
>>> word, n = 'Beijing', 2
```

그림 12.11에 보인 것과 같이 이 경우에도 매개변수 치환 방법을 사용하면 된다.

```
>>> cur.execute("""SELECT * FROM Keywords
                   WHERE Word = ? AND Freq > ?""", (word, n))
<sqlite3.Cursor object at 0x15f9b30>
```

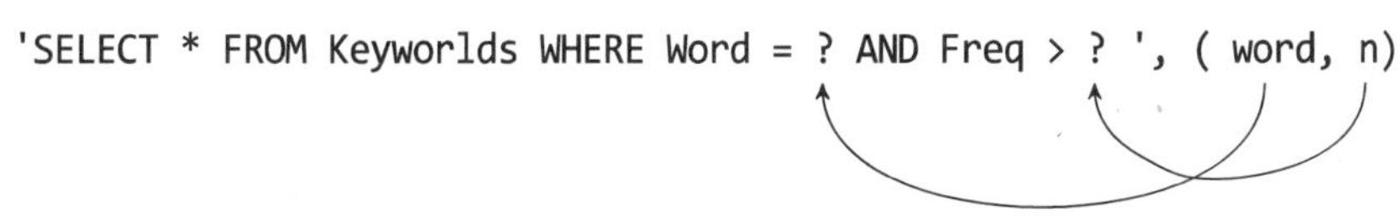

그림 12.11
변수 두 개의 SQL 치환 방법
번째 변수는 첫 번째 치환 에, 두 번째 변수는 두 번 치환 위치에 대응된다.

CAUTION

Cursor 사용 시 주의해야 할 점 두 가지

cur.execute()을 실행한 후에 다음 코드를 실행하면

```
>>> cur.fetchall()
[('one.html', 'Beijing', 3), ('three.html', 'Beijing', 6)]
```

예상한 대로 결과 테이블을 얻을 수 있다. 하지만 cur.fetchall()을 한 번 더 실행하면

```
>>> cur.fetchall()
[]
```

아무 결과도 나오지 않는다. 문제의 원인은 fetchall() 메소드가 Cursor 객체 버퍼를 비우기 때문이다. Cursor 객체에 대해 반복하여 결과 테이블을 참조할 때에도 버퍼를 비우는 것은 마찬가지다.

이전 질의한 결과를 불러오지 않고 SQL 질의를 한 번 더 실행하면 다른 문제가 발생한다.

```
>>> cur.execute("""SELECT Url FROM Keywords
                   WHERE Word = 'Paris'""")
<sqlite3.Cursor object at 0x15f9b30>
>>> cur.execute("""SELECT Url FROM Keywords
                   WHERE Word = 'Beijing'""")
<sqlite3.Cursor object at 0x15f9b30>
>>> cur.fetchall()
[('one.html',), ('two.html',), ('three.html',)]
```

fetchall()을 호출하면 두 번째 질의의 결과만 반환된다. 첫 번째 질의의 결과는 사라지게 된다.

실습 12.4

검색 엔진(**search engine**)은 사용자로부터 키워드를 입력받아 해당 키워드를 포함하는 웹페이지의 URL들을 어떤 기준에 따라 순서를 매겨 반환하는 서버 응용 프로그램이다. 이번 실습문제에서는 웹페이지를 빈도수로 정렬하는 간단한 검색 엔진을 개발하려고 한다.

웹을 크롤링하여 그 결과에 따라 데이터베이스 테이블 **Keywords**에 단어 빈도수를 그림 12.2(b)와 같이 저장하는 검색 엔진 응용 프로그램을 작성하라. 이 검색 엔진은 사용자로부터 키워드를 입력받아 키워드를 포함하는 웹페이지를 키워드 빈도수의 내림차순으로 정렬하여 반환해야 한다.

```
>>> freqSearch('links.db')
Enter keyword: Paris
URL             FREQ
one.html           5
four.html          2
```

```
two.html          1
Enter keyword:
```

12.3 함수형 언어의 접근법

이 절에서는 구글에서 개발한 데이터 처리 프레임워크인 맵리듀스(MapReduce)에 대해 살펴본다. 맵리듀스의 핵심적인 특성은 확장성(scalability)이다. 즉, 매우 큰 데이터 집합도 처리할 수 있다는 것이다. 컴퓨터 노드가 하나의 마이크로프로세서에 탑재된 여러 코어이든, 클라우드 컴퓨팅 플랫폼의 여러 컴퓨터이든 상관없이 맵리듀스는 여러 컴퓨팅 노드를 사용해서 큰 데이터 집합을 쉽게 처리할 수 있다. 사실, 다음 절에서 컴퓨터의 마이크로프로세서의 모든 코어들을 사용하기 위해 이 절에서 개발한 프레임워크를 확장하는 방법에 대해 다룰 예정이다.

맵리듀스를 최대한 간단하게 구현하기 위해 새로운 Python 기능인 **리스트 조건제시법(list comprehension)**을 소개한다. 리스트 조건제시법과 맵리듀스 프레임워크는 모두 함수형 프로그래밍 언어 패러다임에 기초를 두고 있는데 이에 대해서도 간단히 설명할 예정이다.

■ 리스트 조건제시법

텍스트 파일을 열고 파일을 읽기 위해 메소드 `readlines()`을 사용하면 각 라인으로 이루어진 리스트를 얻을 수 있다. 이 리스트의 각 라인은 줄바꿈문자 `\n`로 끝난다. 이렇게 얻은 리스트 `lines`가 다음과 같다고 하자.

```
>>> lines
['First Line\n','Second\n','\n', 'and Fourth.\n']
```

줄바꿈문자 `\n`은 일반적인 응용 프로그램에서 라인을 처리할 때 방해가 되므로 이를 제거해야 할 경우가 있다. 제거하기 위한 한 가지 방법으로는 다음과 같이 `for` 루프 및 누적 패턴(accumulator pattern)을 사용하는 방법을 들 수 있다.

```
>>> newlines = []
>>> for i in range(len(lines)):
        newlines.append(lines[i][:-1])
```

`for` 루프가 한 번 반복될 때마다 라인 `i`의 마지막 문자(줄바꿈문자 `\n`)를 제거하고 이렇게 수정한 라인을 리스트 `newlines`에 추가한다(누적한다).

```
>>> newlines
['First Line', 'Second', '', 'and Fourth.']
```

Python에는 이와 같은 작업을 할 수 있는 다른 방법이 있다.

```
>>> newlines = [line[:-1] for line in lines]
>>> newlines
['First Line', 'Second', '', 'and Fourth.']
```

Python 구문 `[line[:-1] for line in lines]`는 리스트 `lines`에서 새로운 리스트를 만드는데 이를 Python의 **리스트 조건제시법**(list comprehension)이라고 한다. 리스트 조건제시법이 동작되는 과정은 다음과 같다. 리스트 `lines`의 각 항목 `line`은 왼쪽에서 오른쪽으로 사용되는데, `line`에 `line[:-1]`을 적용하여 얻어진 새로운 항목으로 리스트를 구성한다. 새로운 리스트에 나타나는 항목의 순서는 해당 항목이 원래 리스트 `lines`에 나타나는 순서와 같다(그림 12.12 참고).

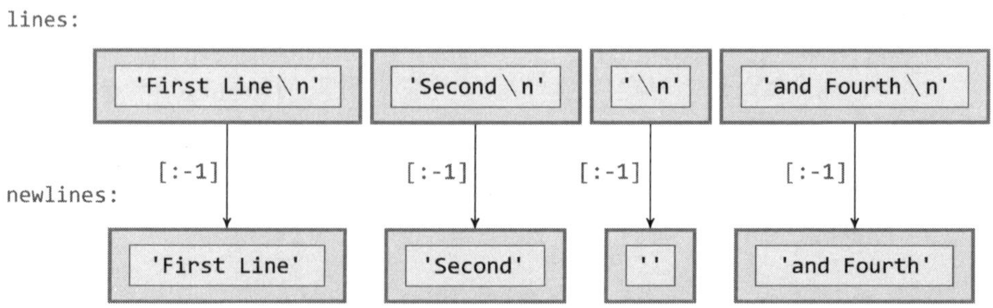

그림 12.12
리스트 조건제시법
리스트 조건제시법은 기존 리스트에서 새로운 리스트를 만들어낸다. 기존 리스트의 각 항목에 같은 함수를 적용하여 새로운 리스트의 항목을 만든다.

일반적으로 리스트 조건제시법은 다음과 같은 문법을 따른다.

```
[<수식> for <항목> in <수열/반복자>]
```

이 구문은 <수열/반복자>의 각 항목인 <항목>에 대하여 변수 <항목>을 포함하는 Python 수식 <수식>을 적용하여 얻은 결과를 리스트에 넣는다. 더 확장된 형태의 리스트 조건제시법에서는 조건식을 옵션으로 포함할 수도 있다.

```
[<수식> for <항목> in <수열/반복자> if <조건>]
```

이 경우 결과 리스트에는 <조건>이 참인 <수열/반복자>의 각 항목에 <수식>을 적용하여 얻은 원소들이 포함된다.

몇 가지 예를 더 살펴보자. 위 예제 프로그램을 다음과 같이 수정하면 기존 파일의 빈 라인에 해당하는 문자열을 제외하고 리스트가 생성된다.

```
>>> [line[:-1] for line in lines if line != '\n']
['First Line', 'Second', 'and Fourth.']
```

다음 예제에서는 20까지 짝수로 구성된 리스트가 생성된다.

```
>>> [i for i in range(0, 20, 2)]
[0, 2, 4, 6, 8, 10, 12, 14, 16, 18]
```

마지막 예로, 다음 식은 리스트 내의 문자열 길이를 계산한다.

```
>>> [len(word) for word in ['hawk', 'hen', 'hog', 'hyena']]
[4, 3, 3, 5]
```

실습 12.5

문자열 리스트 words가 다음과 같이 정의되어 있다고 하자.

```
>>> words = ['hawk', 'hen', 'hog', 'hyena']
```

words를 기존 리스트로 사용하여 다음 리스트를 만드는 리스트 조건제시법 구문을 작성하라.

(a) `['Hawk', 'Hen', 'Hog', 'Hyena']`

(b) `[('hawk', 4), ('hen', 3), ('hog', 3), ('hyena', 5)]`

(c) `[[('h', 'hawk'), ('a', 'hawk'), ('w', 'hawk'), ('k', 'hawk')], [('h', 'hen'), ('e', 'hen'), ('n', 'hen')], [('h', 'hog'), ('o', 'hog'), ('g', 'hog')], [('h', 'hyena'), ('y', 'hyena'), ('e', 'hyena'), ('n', 'hyena'), ('a', 'hyena')]]`

(c)의 리스트에 대해서는 조금 설명이 필요한데, 기존 리스트의 각 문자열 s에 대해 여러 튜플을 생성하는데 한 튜플은 문자열 s의 각 문자들과 s를 짝지은 것이다.

DETOUR

함수형 프로그래밍

리스트 조건제시법은 함수형 프로그래밍 언어로부터 가져온 프로그래밍 구조이다. 리스트 조건제시법의 기원은 프로그래밍 언어 SETL과 NPL로 거슬러 올라가는데 함수형 프로그래밍 언어 Haskell(하스켈)과, 특히 Python 내에 구현됨에 따라 널리 알려지게 되었다.

함수형 언어 패러다임(paradigm, 사고체계)은 "문장"을 지원하지 않고 수식만 지원하기 때문에 명령형(imperative) 언어나 선언형(declarative) 언어, 객체 지향 언어와는 사뭇 다르다. 함수형 언어 프로그램은 데이터를 다른 함수의 인자로 전달하는 함수 호출로 구성된다. 대표적인 함수형 프로그래밍 언어로는 Lisp, Scheme, Clojure, ML, Erlang, Scala, F#, Haskell 등을 들 수 있다.

Python은 함수형 언어는 아니지만 더 깔끔하고 간결한 Python 프로그램을 만들어주는 몇 가지 함수형 언어의 구조를 도입하여 사용한다.

맵리듀스 문제 해결 프레임워크

지난번에 문자열 내에 등장하는 단어의 빈도수를 계산하는 문제를 다룬 적이 있다. 사전 컨테이너 클래스의 유용성을 보이기 위해 매우 간단한 검색 엔진을 만들 때 이 예를 사용했었다. 이번에는 맵리듀스 접근법의 유용성을 보기 위해 이 문제를 다시 생각해 보자. 맵리듀스는 구글에서 데이터 처리 문제를 해결하기 위해 개발한 것이다.

다음 리스트에 있는 모든 단어의 빈도수를 계산하려고 한다고 가정해 보자.

```
>>> words = ['two', 'three', 'one', 'three', 'three', 'five', 'one', 'five']
```

맵리듀스 접근법은 세 단계를 거친다.

첫 번째 단계에서는 리스트 words에 있는 각 단어 word에 대해 튜플 (word, 1)을 생성한다. (word, 1) 쌍은 (키, 값)을 나타내며 각 키에 대한 값 1은 단어의 출현 빈도를 나타낸다. 각 단어 word가 원래 리스트 words에서 나타날 때마다 (word, 1) 쌍이 생성된다는 것에 주의하자.

그림 12.13
단어 빈도수를 세기 위한 맵리듀스
리스트 words의 각 단어 word를 리스트 [(word, 1)]에 대응시키기 위해 리스트 조건제시법을 사용한다. 이 새로운 리스트들은 리스트 intermediate1에 저장된다. 그리고 같은 word를 포함하는 intermediate1의 모든 [(word, 1)]를 꺼내서 튜플(word, [1, 1, ..., 1])를 생성한다. 마지막 단계로 모든 튜플들에 있는 1을 변수 count에 누적시켜 더하고 튜플(word, count)를 리스트 frequency에 추가한다.

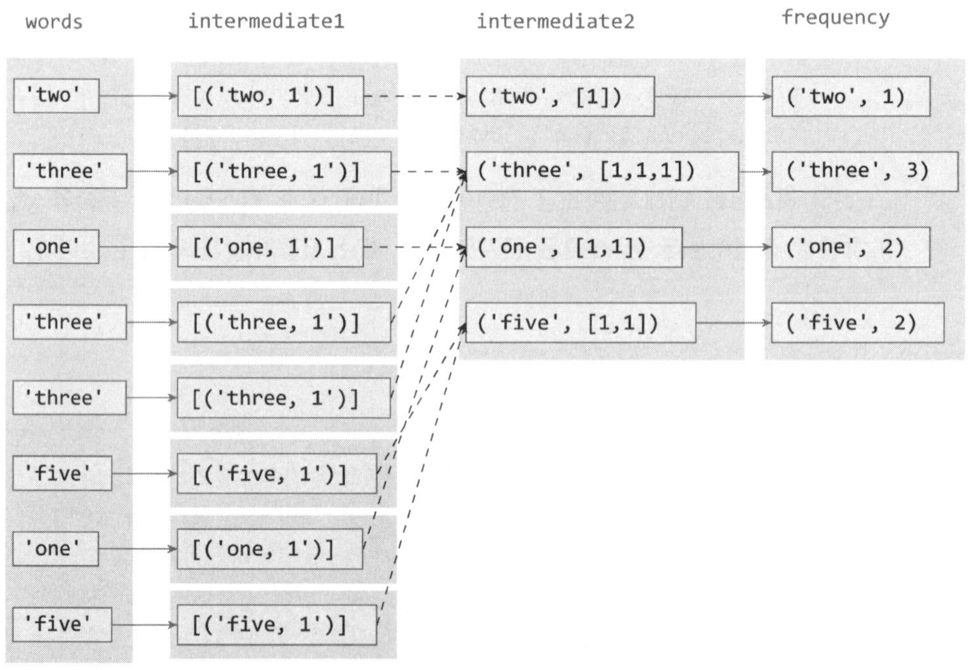

각 (키, 값) 쌍은 별개의 리스트로 저장되며 그림 12.13과 같이 모든 단일 원소 리스트는 리스트 intermediate1에 저장된다.

맵리듀스의 중간 단계에서는 같은 word 키에 대한 모든 (word, 1) 쌍을 모아서, 새로운 (키, 값) 쌍인 (word, [1, 1,... 1])을 생성하는데 여기서 [1, 1,..., 1]은 word 키에 대한 값을 모은 리스트이다. 기존 리스트 words에서 word가 나타날 때마다 빈도수

1이 모여 [1, 1, ..., 1] 리스트가 구성되었다는 점에 주의하자. 이 중간 단계에서 얻은 (키, 값) 쌍의 리스트를 intermediate2라 하자(그림 12.13 참고).

마지막 단계에서는 intermediate2의 각 쌍 (word, [1, 1, ..., 1])의 모든 1을 더하여 그림 12.13과 같이 새로운 쌍 (word, count)를 만든다. 이렇게 만들어진 (키, 값) 쌍의 리스트를 result라 한다.

이제 이 세 단계를 Python에서 어떻게 나타낼 수 있는지 살펴보자. 첫 번째 단계는 리스트 words의 모든 단어에 대해 함수 occurrence()를 적용하여 리스트 words로부터 새로운 리스트를 만드는 단계이다.

모듈
ch12.py

```
def occurrence(word):
    '튜플 (word, 1)로 구성된 리스트를 반환'
    return [(word, 1)]
```

리스트 조건제시법을 사용하면 맵리듀스의 첫 번째 단계를 간단하게 표현할 수 있다.

```
>>> intermediate1 = [occurrence(word) for word in words]
>>> intermediate1
[[('two', 1)], [('three', 1)], [('one', 1)], [('three', 1)],
[('three', 1)], [('five', 1)], [('one', 1)], [('five', 1)]]
```

이 단계를 맵리듀스에서는 **맵**(map) 단계라고 하며 함수 occurrence()는 단어 빈도수 문제에서 맵 함수라고 한다.

CAUTION

맵 단계는 튜플의 리스트를 반환한다

함수 occurrence()는 단 하나의 튜플을 포함하는 리스트 하나를 반환한다. 여기서 왜 튜플 자체를 반환하지 않는지 궁금할 것이다.

그 이유는 우리의 목표가 단순하게 단어 빈도수 문제를 해결하는 것이 아니기 때문이다. 우리의 목표는 더 큰 문제를 해결하기 위해 사용할 수 있는 보편적인 프레임워크를 개발하는 것이다. 단어 빈도수 문제 이외의 다른 문제들에서 맵 단계는 하나 이상의 튜플들을 반환할 수 있다. 이는 나중에 이 절에서 다른 예를 통해 살펴볼 것이다. 그래서 맵 함수가 튜플로 이루어진 하나의 리스트를 반환하도록 한 것이다.

맵리듀스의 중간 단계는 **분할**(partition) 단계라고 부르며 이 단계에서는 아래와 같은 모든 쌍을 뽑아낸다.

```
(키, 값1), (키, 값2), ... (키, 값k)
```

즉 intermediate1(의 부리스트)에서 키가 같은 쌍을 추출한다. 서로 다른 값의 키에 대

모듈 ch12.py

```
def partition(intermediate1):
    '''intermediate1은 [(key, value)] 리스트들을 포함하는 리스트이다.
       intermediate1에 있는 서로 다른 키에 대해 (key, values) 튜플로 구성된, 반복 가능
       컨테이너를 반환한다. 여기서 values는 intermediate1에서 key와 연관된 모든
       값을 모은 리스트이다.
    '''
    dct = {}                    # (key, value)쌍으로 이루어진 사전

    # intermediate1의 모든 리스트에 있는 각 (key, value)쌍에 대해
    for lst in intermediate1:
        for key, value in lst:

            if key in dct:      # 키가 이미 dct 딕셔너리에 있으면 추가함
                dct[key].append(value)   # dct[key] 리스트에 더함
            else:               # 키가 dct 딕셔너리에 없으면 새 항목을 만듦
                dct[key] = [value]       # (key, [value])를 dct에 더함

    return dct.items()          # (key, values) 튜플들의 컨테이너를 반환
```

해 새로운 (key, values)를 만드는데 이때 values는 리스트 [값1, 값2, ..., 값k]이다. 이 단계는 다음과 같은 함수 partition()으로 캡슐화하여 나타낼 수 있다.

함수 partition()은 리스트 intermediate1을 입력받아 리스트 intermediate2를 만든다.

```
>>> intermediate2 = partition(intermediate1)
>>> intermediate2
dict_items([('one', [1, 1]), ('five', [1, 1]), ('two', [1]),
            ('three', [1, 1, 1])])
```

끝으로, 마지막 단계는 intermediate2의 각 (key, values) 쌍으로부터 values의 값들을 누적하여 새로운 (key, count) 쌍을 만드는 것이다.

모듈 ch12.py

```
def occurrenceCount(keyVal):
    return (keyVal[0], sum(keyVal[1]))
```

이 경우에도 리스트 조건제시법으로 이 단계를 간결하게 작성할 수 있다.

```
>>> [occurrenceCount(x) for x in intermediate2]
[('six', 1), ('one', 2), ('five', 2), ('two', 1), ('three', 3)]
```

이것을 맵리듀스의 **리듀스(reduce)** 단계라고 한다. 함수 occurrenceCount()는 단어 빈도수 문제에서 **리듀스 함수**라고 한다.

맵리듀스 추상화

이전 절에서 보인, 단어 빈도수를 계산하기 위해 사용한 맵리듀스 접근법은 상당히 불편하고 이상한 방법인 것처럼 보인다. 이 방법은 제6장에서 제시한 사전을 이용한 접근법의 복잡한 버전이라고 할 수 있다. 하지만 맵리듀스 접근법의 이점도 있다. 첫 번째 이점은 이 접근법이 보편적이기 때문에 여러 문제에 적용할 수 있다는 것이다. 두 번째 이점은 한 CPU의 여러 코어이든, 클라우드 컴퓨팅 시스템에 펼쳐진 수천 개의 코어이든 상관없이 하나가 아닌 여러 개의 컴퓨팅 노드를 사용하도록 구현할 수 있다는 점이다.

다음 절에서는 이 방법의 두 번째 이점에 대해 살펴볼 것이다. 여기서는 맵리듀스 단계를 추상화하여 단순히 맵 함수와 리듀스 함수만 정의하면 다양한 다른 문제를 풀 수 있도록 하려고 한다. 간단히 말해서 다음과 같이 쉽게 단어 빈도수를 계산할 수 있도록 클래스 SeqMapReduce를 개발하려고 한다.

```
>>> words = ['two', 'three', 'one', 'three', 'three', 'five', 'one', 'five']
>>> smr = SeqMapReduce(occurrence, occurrenceCount)
>>> smr.process(words)
[('one', 2), ('five', 2), ('two', 1), ('three', 3)]
```

이 클래스를 정의하면 SepMapReduce 객체 smr을 이용해서 다른 데이터의 빈도수도 계산할 수 있다. 예를 들어 다음과 같이 정수 빈도수를 계산할 수 있다.

```
>>> numbers = [2,3,4,3,2,3,5,4,3,5,1]
>>> smr.process(numbers)
[(1, 1), (2, 2), (3, 4), (4, 2), (5, 2)]
```

뿐만 아니라 특정 문제에 대해 다른 맵 함수와 리듀스 함수를 명시함으로써 해당 문제를 해결할 수 있다.

이렇게 생각해 보면 클래스 SeqMapReduce 생성자가 맵 함수와 리듀스 함수를 인수로 받는 것이 적절하다는 것을 알 수 있다. 메소드 process는 반복 가능한 순차 데이터를 입력으로 받아 맵, 분할, 리듀스 단계를 수행해야 한다.

모듈 ch12.py

```
class SeqMapReduce(object):
    '순차적 맵리듀스의 구현'
    def __init__(self, mapper, reducer):
        '주어지는 문제에 따라 달라질 수 있는 mapper와 reducer 함수의 초기화'
        self.mapper = mapper
        self.reducer = reducer
    def process(self, data):
        'mapper와 reducer함수를 data에 적용하여 맵리듀스를 실행'
```

```
        intermediate1 = [self.mapper(x) for x in data]    # 맵
        intermediate2 = partition(intermediate1)
        return [self.reducer(x) for x in intermediate2]   # 리듀스
```

CAUTION

맵리듀스의 입력은 변경 불가 자료여야 한다

리스트 lists의 부리스트에 대한 빈도수를 계산하려 한다고 하자.

```
>>> lists = [[2,3], [1,2], [2,3]]
```

문자열 및 정수의 빈도수를 셀 때 사용한 방법과 같은 방법을 사용해도 될 것 같으므로 다음과 시도해 볼 수 있다.

```
>>> smr = SeqMapReduce(occurrence, occurrenceCount)
>>> smr.process(lists)
Traceback (most recent call last):
...
TypeError: unhashable type: 'list'
```

왜 이런 결과가 나온 것일까? 문제는 함수 partition() 내에서 사용한 딕셔너리 dct의 키로 리스트를 사용할 수 없기 때문이다. 우리가 정의한 방법은 해시 값을 계산할 수 있고(hashable) 변경할 수 없는(immutable) 자료형에만 적용할 수 있다. 리스트를 튜플로 바꾸면 제대로 동작한다.

```
>>> lists = [(2,3), (1,2), (2,3)]
>>> m.process(lists)
[((1, 2), 1), ((2, 3), 2)]
```

역 색인

이제 맵리듀스 프레임워크를 적용하여 **역 색인**(inverted index **또는** reverse index) 문제를 풀어 보자. 이 문제는 여러 가지 버전으로 알려져 있는데 우리가 다룰 버전은 다음과 같다. 여러 텍스트 파일이 주어졌을 때 어떤 파일에 어떤 단어가 나오는지 찾아내고자 한다. 이 문제의 해결책은 각 단어에 대해 그 단어를 포함하는 파일 리스트를 대응(맵)시키는 것으로 표현할 수 있다. 이 대응관계를 역 색인이라 한다.

예를 들어 그림 12.14에 보인 것과 같은 텍스트 파일 a.txt, b.txt, c.txt의 역 색인을 만든다고 하자.

a.txt	b.txt	c.txt
Paris, Miami	Tokyo	Cario, Cario
Tokyo, Miami	Tokyo, Quito	Paris

그림 12.14 **세 텍스트 파일**
역 색인은 각 단어와 해당 단어를 포함하는 파일의 리스트를 대응시킨다.

이 예의 경우 역 색인은 'Paris'에 대해 리스트 ['a.txt', 'c.txt']를 대응시키고 'Quito'에 대해 ['b.txt']를 대응시켜야 할 것이다. 따라서 역 색인은 다음과 같다.

```
[('Paris', ['c.txt', 'a.txt']), ('Miami', ['a.txt']),
('Cairo', ['c.txt']), ('Quito', ['b.txt']),
('Tokyo', ['a.txt', 'b.txt'])]
```

맵리듀스를 사용하여 역 색인을 구하려면 파일 이름 리스트

```
['a.txt', 'b.txt', 'c.txt']
```

를 입력받아서 역 색인을 구하는 맵 함수와 리듀스 함수를 정의해야 한다. 이들 함수의 동작을 개략적으로 나타내면 그림 12.15와 같다.

그림 12.15 역 색인 문제에 대한 맵리듀스

단계에서는 파일 안의 모든 rd에 대해 튜플 (word, le)을 생성한다. 분할 단 에서는 같은 word에 대해 (word, file) 튜플을 은다. 분할 단계를 거치면 어와 단어를 포함하는 파 을 대응시키는 역 색인이 과로 얻어진다. 리듀스 단 는 특별히 할 일이 없으며 할 단계의 결과를 그대로 용한다.

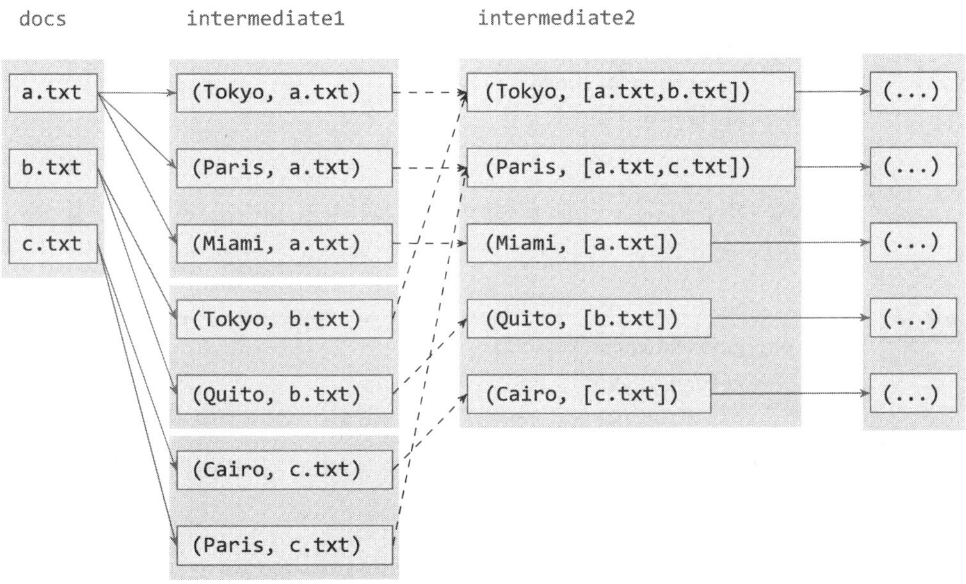

맵 단계 중에 맵 함수는 모든 파일을 대상으로 하나의 리스트를 만든다. 파일에 포함된 모든 단어 `word`에 대해 튜플 `(word, file)`을 이 리스트에 추가한다. 함수 `getWordsForFile()`은 맵 함수를 구현한 것이다. 이 맵 함수는 리스트가 아닌, 집합을 반환한다는 점에 주의하자. 맵 함수에 대한 유일한 요구조건은 반환된 객체가 반복 가능해야 한다는 것이기 때문에 집합을 반환해도 아무런 문제가 되지 않는다. 여기서 집합을 사용한 이유는 중복되는 입력 값이 없도록 하기 위해서인데 이 문제의 경우 중복된 값은 불필요하며 분할 단계와 리듀스 단계를 느리게 만들 뿐이다.

맵 단계 이후에 분할 함수는 모든 튜플 `(word, file)`들을 꺼내서 같은 `word`에 대해 하나의 튜플 `(word, files)`로 합하는데, 이때 `files`는 `word`를 포함하는 모든 파일의 리스트이다. 다시 말해서 분할 함수의 결과 역 색인이 구성된다.

모듈 ch12.py

```
from string import punctuation
def getWordsFromFile(file):
    '''파일 안에 있는 모든 word에 대해 [(word, file)]를 반환한다.'''
    infile = open(file)
    content = infile.read()
    infile.close()

    # 문장부호를 제거한다(4.1절 참조).
    transTable = str.maketrans(punctuation, ' '*len(punctuation))
    content = content.translate(transTable)

    # [(word, file)] 항목들이 중복되지 않도록 집합을 만든다.
    res = set()
    for word in content.split():
        res.add((word, file))
    return res
```

이는 결국 리듀스 단계에서는 아무 일도 하지 않아도 된다는 것을 의미한다. 리듀스 함수는 다만 결과 리스트를 그대로 역 색인으로 반환한다.

모듈 ch12.py

```
def getWordIndex(keyVal):
    return keyVal
```

역 색인을 구하려면 다음과 같이 호출하기만 하면 된다.

```
>>> files = ['a.txt', 'b.txt', 'c.txt']
>>> print(SeqMapReduce(getWordsFromFile, getWordIndex)
    process(files))
[('Paris', ['c.txt', 'a.txt']), ('Miami', ['a.txt']),
('Cairo', ['c.txt']), ('Quito', ['c.txt', 'b.txt']),
('Tokyo', ['a.txt', 'b.txt'])]
```

실습 12.6 단어 리스트를 받아서 역 "문자 색인"을 만드는 맵리듀스 프로그램을 제시하라. 결과로 생성될 색인은 적어도 한 번 등장하는 모든 문자에 대해 해당 문자를 포함하는 단어의 리스트를 대응시켜야 한다. 여러분이 해야 할 일은 맵 함수 **getChars()**와 리듀스 함수 **getCharIndex()**를 구현하는 것이다.

```
>>> mp = SeqMapReduce(getChars, getCharIndex)
>>> mp.process(['ant', 'bee', 'cat', 'dog', 'eel'])
[('a', ['ant', 'cat']), ('c', ['cat']), ('b', ['bee']),
```

```
('e', ['eel', 'bee']), ('d', ['dog']), ('g', ['dog']),
('l', ['eel']), ('o', ['dog']), ('n', ['ant']),
('t', ['ant', 'cat'])]
```

12.4 병렬 컴퓨팅

오늘날 컴퓨팅 작업은 대개 방대한 양의 데이터를 처리해야 한다. 검색 엔진은 수십 억 개의 웹페이지에서 지속적으로 정보를 추출한다. 스위스 제네바 인근에서 이루어지고 있는, 대형 강입자 충돌기(Large Hadron Collider)를 이용한 입자 물리학 실험에서는 매년 몇 페타바이트(petabyte)의 데이터를 생성하며, 이 데이터는 우주에 대한 근본적인 질문을 해결하기 위해 처리되고 있다. 아마존, 이베이, 페이스북과 같은 회사에서는 매일 수백만 개의 작업을 관리하고 있으며 이 작업 정보를 데이터 마이닝 프로그램으로 분석한다.

우리가 방금 다루었던 문제와 같은 유형을 독자적으로 다루기에 충분하게 강력한 컴퓨터는 없다. 오늘날 큰 데이터 집합은 다수의 프로세서를 사용하여 병렬로 처리된다. 이 절에서는 병렬 프로그래밍과 관련 Python API를 소개할 예정인데 이를 이용하면 병렬 컴퓨터에서 제공하는 다중 코어를 최대한 활용할 수 있다. 분산 시스템에서의 실용적인 병렬 컴퓨팅 세부 사항은 이 책의 범위를 넘어서기 때문에 다루지 않지만, 이 장에서 소개할 일반적인 원리는 분산 컴퓨팅에도 그대로 적용된다.

병렬 컴퓨팅

2000년대 중반에 이르는 수십 년 동안 PC의 마이크로프로세서는 하나의 코어(core, 처리장치)로 구성되어 있었다. 이는 즉, 한 번에 하나의 프로그램만 실행할 수 있다는 것을 의미한다. 2000년대 중반부터 인텔과 AMD와 같은 주요 마이크로프로세서 제조사에서는 일반적으로 **코어(core)**라 부르는 처리 장치 여러 개를 하나의 마이크로프로세서에 탑재하여 판매하기 시작했다. 오늘날 판매하는 거의 모든 PC 및 모바일 장치에는 두 개 이상의 코어를 가진 마이크로프로세서가 탑재된다. 우리가 지금까지 개발한 프로그램은 두 개 이상의 코어를 사용하지 않는다. 멀티코어를 이용하려면 Python 병렬 프로그래밍 API를 사용해야 한다.

DETOUR

무어의 법칙

인텔의 공동 창립자인 고든 무어(Gordon Moore)는 1965년에 마이크로프로세서 칩의 트랜지스터의 개수가 2년마다 두 배가 될 것이라고 예측했다. 놀랍게도 그의 예측은 지금까지 적중하고 있다. 트랜지스터 집적도가 기하급수적으로 증가함에 따라 마이크로프로세서의 처리 능력, 즉 일 초에 처리되는 명령어의 개수는 지난 몇십 년간 엄청나게 증가했다.

트랜지스터 집적도는 두 가지 이유로 처리 능력 증가에 기여한다. 하나는 트랜지스터가 서로 가까이 있으면 있을수록 명령을 더 빠르게 실행할 수 있기 때문인데, 이로 인해서 명령 실행 시간이 단축[그래서 프로세서 **클럭 속도**(clock rate)가 증가]될 수 있다. 2000년대 중반까지 마이크로프로세서 제조 회사가 이런 노력을 하고 있었던 것이다.

클럭 속도가 증가되면 전력 소비가 증가된다는 문제점이 나타나는데 이로 인해서 발열 문제도 발생된다. 처리 능력을 증대시키는 다른 방법으로는 집적도가 높은 트랜지스터 구성을 변경하여 여러 명령어를 병렬로 수행할 수 있는 다수의 코어를 만드는 것이다. 이 방법 또한 초당 수행 명령어 수를 증가시킨다. 최근 프로세서 제조사는 이 두 번째 방법을 채택하여 두 개나 네 개, 여덟 개, 그 이상의 코어를 탑재한 프로세서를 생산하기 시작했다. 이렇게 마이크로프로세서의 설계를 근본적으로 바꾼 것은 기회인 동시에 새로운 도전이기도 하다. 다수의 코어를 활용하도록 프로그램을 작성하는 것은 단일 코어 프로그래밍보다 복잡하기 때문이다.

multiprocessing 모듈의 클래스 Pool

여러분의 컴퓨터가 멀티코어 마이크로프로세서를 탑재하고 있다면 여러분은 **어떤** Python 프로그램을 여러 개의 작업(task)으로 나누어 여러 코어에서 병렬로 실행되도록 할 수 있다. 표준 라이브러리 모듈 `multiprocessing`을 사용하면 Python에서 병렬 실행을 할 수 있다.

여러분 컴퓨터의 코어 개수를 모른다면 `multiprocessing` 모듈의 함수 `cpu_count()`를 사용하면 된다.

```
>>> from multiprocessing import cpu_count
>>> cpu_count()
8
```

실제로 여러분 컴퓨터의 코어 개수는 위 결과보다 더 적을 수도 있고 더 많을 수도 있다. 코어가 8개라면 이론적으로는 8배 더 빠르게 프로그램을 실행할 수 있다. 8배 더 빠르게 수행하려면 해결해야 하는 문제를 같은 크기의 8개 조각으로 나누고 각 코어가 하나씩 담당하여 병렬로 처리하도록 해야 한다. 불행히도 모든 문제를 같은 크기의 조각으로 나눌 수 없다. 하지만 어떤 문제의 경우에는, 특히 데이터 처리 문제 같은 경우에는 이것이 가능한데, 이에 대해서 더 논의해 보자.

DETOUR

프로세스란 무엇인가?

프로세스는 보통 "실행 중인 프로그램"이라고 정의된다. 하지만 프로세스의 실질적 의미는 무엇일까? 컴퓨터에서 프로그램을 실행하면 프로그램 명령어와 변수, 프로그램 스택, CPU의 상태 등 제반 상황을 관리하는 "환경" 내에서 프로그램이 실행된다. 이 "환경"은 프로그램의 실행을 지원하기 위해서 운영체제에 의해 생성된다. 이 "환경"을 우리는 프로세스라고 부른다.

오늘날 컴퓨터는 다중 처리를 수행하며 이는 다수의 프로그램, 더 정확하게는 다수의 프로세스를 **동시에(concurrently)** 실행할 수 있다는 의미이다. 여기서 "동시"라는 용어는 실제로 "같은 시간"이라는 의미가 아니다. 단일 코어 마이크로프로세서를 사용하는 컴퓨터 구조에서는 어느 한 시점에 하나의 프로세스만 실제로 실행할 수 있다. 이 경우에 "동시"가 의미하는 바는 한 시점에 다수의 프로세스(실행 중인 프로그램) 중에서 하나만 실제로 CPU를 사용하며 다른 프로세스는 중지된 상태에서 운영체제가 CPU를 할당해 주기를 기다린다는 의미이다. 다중 코어가 탑재된 컴퓨터 구조에서는 상황이 다르다. 여러 프로세스가 서로 다른 코어에서 동시에 실행될 수 있다.

우리는 multiprocessing 모듈의 클래스 Pool을 이용하여 문제를 나누고, 나눈 각 문제를 병렬로 실행하려고 한다. Pool 객체는 한 개 이상의 **프로세스**를 나타내며, 각 프로세스는 이용 가능한 프로세서 코어 상에서 독립적으로 코드를 실행할 수 있다.

간단한 예를 통해 클래스 Pool의 사용법을 살펴보자.

모듈
parallel.py

```
1  from multiprocessing import Pool
2
3  if __name__ == '__main__':
4      pool = Pool(2)                        # 2개의 프로세스가 있는 Pool 생성한다.
5
6      animals = ['hawk', 'hen', 'hog', 'hyena']
7      res = pool.map(len, animals)          # animals의 각 항목에 len()을 적용한다.
8
9      print(res)                            # 문자열 길이의 리스트를 출력한다.
```

이 프로그램은 두 개의 프로세스 풀을 사용하여 리스트 animals의 문자열 길이를 계산한다.[3] 이 프로그램을 시스템 명령 프롬프트(Python 대화형 셸이 아님)에서 실행하면 다음과 같은 결과를 얻을 수 있다.

```
> python parallel.py
[4, 3, 3, 5]
```

3) 역주: 윈도우 운영체제에서는 3번 행이 없으면 오류가 발생하므로 여기서는 원본 프로그램을 수행 가능하도록 수정하였다.

프로그램 parallel.py에서 map() 메소드는 리스트 animals의 모든 항목에 함수 len()을 적용하여 얻은 값으로 새로운 리스트를 만들어 반환한다. 다음 수식

```
pool.map(len, animals)
```

다음 리스트 조건제시법 수식은

```
[len(x) for x in animals]
```

실제로는 같은 일을 하며 같은 값으로 계산된다. 유일한 차이점은 동작되는 방식이다.

Pool을 기반으로 한 방법에서는 리스트 animals의 각 항목에 함수 len()을 적용할 때 리스트 조건제시법과 달리 두 개의 프로세스를 사용한다. 호스트 컴퓨터에 적어도 두 개의 코어가 탑재되어 있다면 프로세서는 동시에(병렬적으로) 두 개의 프로세스를 실행할 수 있다.

실제로 두 개의 프로세스가 동시에 실행되는지 알아보기 위해 서로 다른 프로세스가 리스트 animal의 서로 다른 항목을 처리한다는 사실을 명시적으로 드러내도록 프로그램 parallel.py를 수정해 보자. 프로세스를 구별하려면 각 프로세스에 부여된 고유한 ID를 이용하는 것이 편리하다. 이 프로세스 ID는 표준 라이브러리 모듈 os의 getpid() 함수를 사용하여 얻을 수 있다.

모듈 parallel2.py

```
from multiprocessing import Pool
from os import getpid

def length(word):
    '문자열 word의 길이를 반환한다.'

    # 함수를 실행하는 프로세스의 id를 출력한다.
    print('Process {} handling {}'.format(getpid(), word))
    return len(word)

if __name__ == '__main__':                # 메인 프로그램
   pool = Pool(2)
   res = pool.map(length, ['hawk', 'hen', 'hog', 'hyena'])
   print(res)
```

함수 length()는 len()처럼 문자열을 입력받아 이 길이를 반환하는데, 추가로 함수를 실행하는 프로세스 ID도 출력한다. 명령 프롬프트(Python 대화형 셸이 아님)에서 위 프로그램을 실행하면 다음과 유사한 결과를 얻을 수 있다.

```
> python parallel2.py
Process 36715 handling hawk
```

```
Process 36716 handling hen
Process 36716 handling hyena
Process 36715 handling hog
[4, 3, 3, 5]
```

위 결과를 보면 ID가 36715인 프로세스가 문자열 'hawk'와 'dog'를, ID가 36716인 프로세스가 문자열 'hen'과 'hyena'를 처리했음을 알 수 있다. 여러 코어가 탑재된 컴퓨터에서는 프로세스가 완전히 병렬로 실행된다.

CAUTION

왜 대화형 셀에서 병렬프로그램을 실행하면 안 될까?

이 책의 범위를 벗어나는 기술적인 이유로 인해서 어떤 운영체제 상에서는 대화형 셀에서 Pool을 사용하여 프로그램을 실행하는 것이 불가능하다. 그래서 우리는 여러 프로세스를 이용하는 모든 프로그램을 호스트 운영체제의 명령 프롬프트를 사용하여 프로그램을 실행한다.

parallel2.py의 pool 크기를 바꾸려면 Pool 생성자의 입력 인자를 바꾸기만 하면 된다. 기본 생성자(default constructor) Pool()을 이용하여 pool을 만들게 되면(pool의 크기가 명시되지 않음) Python은 할당할 프로세스의 개수를 스스로 결정한다. 물론 호스트 시스템에 있는 코어 수보다 더 많은 프로세스를 할당하지는 않을 것이다.

실습 12.7

parallel2.py의 리스트 조건제시법 버전인 프로그램 notParallel.py를 작성하라. 그리고 이를 실행하여 사용하는 프로세스의 개수를 확인해 보라. 그리고 pool의 크기를 1, 3, 4개로 정하여 parallel2.py를 여러 번 실행하라. 또한 기본 생성자 Pool()로 pool을 생성한 후 실행해 보라.

병렬 처리 속도 증가율

병렬 컴퓨팅의 이점을 설명하기 위해 정수론(number theory)에 나오는 계산 집약적 문제를 생각해 보자. 임의의 정수 범위에서 소수(prime number)의 분포를 계산하여 비교하려고 한다. 더 정확하게 말하면 100,000개의 정수들을 포함하는 같은 크기의 여러 범위에 대해서 소수의 개수를 세어보려고 한다.

예컨대 이런 범위들 중 하나로 12,345,678 이상 12,445,678 미만까지의 범위를 들 수 있다. 범위 내의 소수를 찾는 간단한 방법은 범위 내의 각 수에 대해 반복하며 소수인지 확인하는 것이다. 함수 countPrimes()은 리스트 조건제시법을 사용하여 이를 구현하고 있다.

모듈
primeDensity.py

```
from os import getpid

def countPrimes(start):
    '[start, start+rng) 범위에 있는 소수의 개수를 반환한다.'

    rng = 100000
    formatStr = 'process {} processing range [{}, {})'
    print(formatStr.format(getpid(), start, start+rng))

    # [start, start_rng) 범위에 있는 소수마다 1을 리스트에 추가하고 합한다.
    return sum([1 for i in range(start,start+rng) if prime(i)])
```

함수 prime()은 양의 정수를 입력받아 소수이면 True를, 그렇지 않으면 False를 반환한다. 이 프로그램은 문제 5.36의 해답 프로그램이다. 다음 프로그램을 사용하여 함수 countPrimes()의 실행 시간을 계산하자.

모듈
primeDensity.py

```
from multiprocessing import Pool
from time import time

if __name__ == '__main__':

    p = Pool()
    # starts는 정수 범위의 왼쪽 경계치 리스트이다.
    starts = [12345678, 23456789, 34567890, 45678901,
              56789012, 67890123, 78901234, 89012345]

    t1 = time()                               # 시작 시간
    print(p.map(countPrimes, starts))         # countPrimes() 실행
    t2 = time()                               # 종료 시간

    p.close()
    print('Time taken: {} seconds.'.format(t2-t1))
```

프로그램 라인 p = Pool()을 p = Pool(1)로 수정하면 한 개의 프로세스만으로 구성된 풀을 사용하므로 다음과 같이 출력된다.

```
> python map.py
process 4176 processing range [12345678, 12445678]
process 4176 processing range [23456789, 23556789]
process 4176 processing range [34567890, 34667890]
process 4176 processing range [45678901, 45778901]
```

```
process 4176 processing range [56789012, 56889012]
process 4176 processing range [67890123, 67990123]
process 4176 processing range [78901234, 79001234]
process 4176 processing range [89012345, 89112345]
[6185, 5900, 5700, 5697, 5551, 5572, 5462, 5469]
Time taken: 47.84 seconds.
```

다시 말해서 하나의 프로세스가 8개의 정수 범위를 모두 처리하였으며 47.84초가 걸렸다(실행 시간은 기계에 따라 다를 수 있음). 크기가 2인 프로세스 풀을 사용하면 실행 속도가 상당히 향상되어 24.60초밖에 걸리지 않는다. 따라서 한 개의 프로세스 대신에 두 개의 코어에서 실행되는 두 개의 프로세스를 사용하여 거의 절반으로 실행 시간을 단축했다.

순차 실행과 병렬 실행의 실행 시간을 비교하는 더 좋은 방법은 두 실행 시간의 비율, 즉 속도증가율(speedup)을 계산하는 것이다. 위 실험의 경우에는 다음과 같이 속도증가율을 계산할 수 있다.

$$\frac{47.84}{24.6} \approx 1.94$$

이 수치의 의미는 두 개의 프로세스(두 개의 코어에서 실행되는 프로세스)로 이 문제를 1.94배, 즉 거의 두 배나 빠르게 해결했다는 것이다. 이는 본질적으로 최선의 결과임에 주목하자. 병렬로 실행되는 두 개의 프로세스는 프로세스 한 개로 실행할 때보다 최대 두 배 빨라질 수 있다.

프로세스 4개를 사용하면 실행 시간을 16.78초로 더 향상시킬 수 있는데 속도증가율은 $47.84/16.78 \approx 2.85$이다. 프로세스 4개를 사용할 때의 최대 속도증가율은 4이다. 프로세스 8개를 사용하면 실행속도를 14.29초로 더 향상시킬 수 있으며, 속도증가율은 $47.84/14.29 \approx 3.35$이다. 물론 이때의 최대 속도증가율은 8이다.

병렬 맵리듀스

이제 리스트 조건제시법의 병렬 버전을 배웠으므로 맵 및 리듀스 단계가 병렬로 실행되도록 지난 번 구현했던 순차 맵리듀스를 수정해 보자. 생성자에 필요한 수정 사항은 입력 인수에 원하는 프로세스의 개수를 추가하는 것뿐이다.

모듈 ch12.py

```
from multiprocessing import Pool
class MapReduce(object):
    '병렬 맵리듀스 구현'

    def __init__(self, mapper, reducer, numProcs=None):
        '맵 및 리듀스 함수, 프로세스 풀의 초기화'
```

```
        self. mapper = mapper
        self. reducer = reducer
        self. pool = Poll(numProcs)
```

메소드 process()의 수정 사항은 맵 및 리듀스 단계에서 리스트 조건제시법 대신에 Pool 메소드 map()을 사용하도록 수정하는 것이다.

모듈 ch12.py

```
    def process(self, data):
        '순차 데이터 data에 맵리듀스를 실행한다.'

        intermediate1 = self.pool.map(self.mapper, data)  # 맵
        intermediate2 = partition(intermediate1)
        return self.pool.map(self.reducer, intermediate2) # 리듀스
```

병렬 맵리듀스 대 순차 맵리듀스

우리는 맵리듀스의 병렬 구현을 사용하여 이름의 교차 확인 문제를 해결하고자 한다. 이전에 비밀 문서였던 수많은 문서가 이제 막 웹에 공개되었는데 이 문서가 다양한 인물들을 언급한다고 하자. 우리는 특정 인물이 어떤 문서에 언급되어 있는지 찾으려고 하는데, 이 작업을 하나 이상의 문서에 언급된 모든 사람들에 대해 반복하여 수행하고자 한다. 다행히 인물 이름의 첫 글자는 대문자로 되어 있기 때문에 고유명사를 쉽게 찾을 수 있다.

해결해야 할 문제를 정확히 기술하면 다음과 같다. 주어진 URL(문서의 URL) 리스트로부터 (proper, urlList) 쌍으로 구성된 리스트를 얻으려고 하는데, 여기서 proper는 특정 문서에 포함된 고유명사, 즉 대문자로 시작하는 단어이고 urlList는 proper를 포함하는 문서의 URL 리스트이다. 맵리듀스를 사용하려면 맵 함수와 리듀스 함수를 정의해야 한다.

맵 함수는 URL을 입력받아 (키, 값) 쌍의 리스트를 반환해야 한다. 이 문제의 경우에는 URL이 가리키는 문서에서 대문자로 시작하는 각 단어에 대해 하나의 (키, 값) 쌍을 생성하는데 키는 단어, 값은 URL이 되어야 한다. 따라서 맵 함수는 다음과 같다.

모듈 ch12.py

```
from urllib.request import urlopen
from re import findall

def getProperFromURL(url):
    '''url이 가리키는 웹문서 내용에서 모든 단어에 대해
       [(word, url)]을 항목으로 하는 리스트를 반환한다.'''

```

```
8         content = urlopen(url).read().decode()
9         pattern = '[A-Z][A-Za-z\'\-]*'              # 대문자로 시작하는 단어 패턴
10        propers = set(findall(pattern, content))    # 중복 제거
11
12        res = []                               # 대문자로 시작하는 모든 단어
13        for word in propers:                   # (word, url)쌍을 만든다.
14            res.append((word, url))
15        return res
```

9번 행에 정의된 정규식은 10번 행에서 대문자 단어를 찾기 위해 사용된다(정규식에 대해서는 11.3절 참조). re 함수 `findall()`에서 반환된 리스트를 집합으로 바꾸어 중복된 단어를 제거하고 있는데, 이렇게 하는 이유는 중복된 단어들이 불필요할 뿐만 아니라 이후 수행될 분할 단계와 리듀스 단계의 속도를 높이기 위해서이다.

맵리듀스의 분할 단계는 맵 단계의 결과를 입력받아 같은 키를 갖는 모든 (키, 값) 쌍들을 추출한다. 이 문제에서 분할 단계의 결과는 모든 대문자 단어에 대한 (`word`, `urls`)쌍의 리스트가 되는데, 여기서 `urls`은 `word`를 포함하는 문서 URL들의 리스트이다. 바로 이 결과가 우리가 필요로 하는 쌍이기 때문에 리듀스 단계에서 추가적으로 처리할 것은 없다.

모듈 ch12.py

```
def getWordIndex(keyVal):
    '입력 값을 그대로 반환'
    return keyVal
```

순차 구현과 병렬 구현의 속도 차이는 얼마나 될까? 다음 코드는 순차 구현과 네 개의 프로세스를 사용한 병렬 구현의 실행 시간을 비교하는 테스트 프로그램이다(실제 테스트는 8개의 코어를 가진 컴퓨터에서 실행하였음). 이 테스트에서는 기밀문서 대신 찰스 디킨스(Charles Dickens)의 소설 8권을 사용하였는데, 사용된 소설은 구텐베르크 프로젝트를 통해 공개된 소설이다.

모듈 ch12.py

```
from time import time

if __name__ == '__main__':

    urls = [                      # 찰스 디킨스의 8개 소설이 있는 URL
        'http://www.gutenberg.org/cache/epub/2701/pg2701.txt',
        'http://www.gutenberg.org/cache/epub/1400/pg1400.txt',
        'http://www.gutenberg.org/cache/epub/46/pg46.txt',
```

```
            'http://www.gutenberg.org/cache/epub/730/pg730.txt',
            'http://www.gutenberg.org/cache/epub/766/pg766.txt',
            'http://www.gutenberg.org/cache/epub/1023/pg1023.txt',
            'http://www.gutenberg.org/cache/epub/580/pg580.txt',
            'http://www.gutenberg.org/cache/epub/786/pg786.txt']

    t1 = time()       # 순차 실행 시작 시간
    SeqMapReduce(getProperFromURL, getWordIndex).process(urls)
    t2 = time()       # 순차 실행 종료 시간 및 병렬 실행 시작 시간
    MapReduce(getProperFromURL, getWordIndex, 4).process(urls)
    t3 = time()       # 병렬 실행 종료 시간

    print('Sequential: {:5.2f} seconds.'.format(t2-t1))
    print('Parallel:   {:5.2f} seconds.'.format(t3-t2))
```

다음과 같이 테스트를 실행해 보자.

```
> python ch12.py
Sequential: 19.89 seconds.
Parallel:   14.81 seconds.
```

테스트 결과 네 개의 코어를 이용하여 실행 시간을 5.08초 단축했으며 이에 따른 속도 증가율은 다음과 같다.

$$\frac{19.89}{14.81} \approx 1.34$$

네 개의 코어로 달성할 수 있는 최대 속도 증가율은 4이다. 위 예에서는 네 개의 코어로 얻은 속도 증가율은 1.34뿐으로 이는 이론적인 최댓값 4와 다소 동떨어진 값이다.

DETOUR

왜 속도 증가율을 더 높일 수 없을까?

속도 증가율을 더 높일 수 없는 이유는 병렬로 프로그램을 실행할 때 오버헤드가 발생하기 때문이다. 별개의 코어에서 실행되는 여러 프로세스를 관리하기 위해 운영체제는 추가 작업을 수행해야 한다. 다른 이유로는 병렬 맵리듀스 구현 문제를 들 수 있는데 병렬 맵리듀스에서 맵 단계와 리듀스 단계는 병렬로 실행되지만 분할 단계는 여전히 순차적이기 때문이다. 분할 단계에서 매우 큰 중간 리스트를 생성해야 하는 문제의 경우에는 분할 단계를 병렬로 수행한다고 해도 순차 구현과 같은 시간이 걸릴 것이다. 결과적으로 병렬로 수행되는 맵 단계와 리듀스 단계의 혜택이 실질적으로 감소된다.

분할 단계를 병렬로 수행하는 것도 가능하긴 하지만, 이를 위해서는 구글이 사용하는 것과 같은 분할 파일 시스템을 적절히 구성하여 사용해야 한다. 사실, 이 분할 파일 시스템은 구글이 맵리듀스 프레임워크를 개발할 때 만들어진 실제 성과이다. 이에 대해서 더 알고 싶다면 맵리듀스 프레임워크에 대한 구글 논문을 참고하기 바란다.

https://research.google.com/archive/mapreduce.html

실습문제 12.8번에서 여러분은 맵 단계에 시간이 많이 걸리고 분할 단계에 시간이 덜 걸리는 프로그램을 구현할 예정인데, 이 문제를 통해 더 높은 속도 증가율을 볼 수 있을 것이다.

실습 12.8

양의 정수 리스트가 주어졌을 때, 소수를 해당 소수로 나누어지는 정수와 대응시키는 대응관계를 구하고자 한다. 예를 들어 리스트가 **[24, 15, 35, 60]**일 때 대응관계는 다음과 같다(소수 2는 24와 60을 나누고 소수 3은 15와 60을 나눔).

```
[(2, [24, 60]), (3, [15, 60]), (5, [15, 35]), (7, [35])]
```

여러분이 작성할 응용 프로그램은 매우 큰 정수 리스트를 입력으로 받게 될 것으로 예상된다. 따라서 맵리듀스 프레임워크를 사용하여 이 문제를 해결해야만 한다. 그러려면 이 문제에 대한 맵 함수와 리듀스 함수를 구현해야 한다. 맵 함수와 리듀스 함수가 각각 **mapper()**, **reducer()**라고 할 때, 다음과 같이 대응관계를 구할 수 있다.

```
>>> SeqMapReduce(mapper, reducer).process([24,15,35,60])
```

맵 함수와 리듀스 함수를 구현한 후에 맵리듀스 프로그램의 순차 구현과 병렬 구현의 실행 시간을 비교하되 10,000,000과 20,000,000 사이에서 무작위로 선택한 64개 정수를 대상으로 테스트 프로그램을 만들어 속도 증가율을 계산하라. 무작위 선택을 위해서는 모듈 **random()**에 정의되어 있는 **sample()** 함수를 사용하면 편리하다.

E-Book 사례연구: 데이터 교환

이번 사례연구 CS.12에서는 웹페이지를 방문하여 정보를 수집하는 간단한 웹 크롤러를 개발한다. 수집된 정보는 검색 엔진을 만드는 데 사용될 수 있다. 수집한 데이터를 파일에 저장하여 다른 프로그램에서 사용할 수 있도록 할 수 있다. 이 사례연구에서는 **데이터 교환**(data interchange)을 다룰 예정인데, 데이터를 필요로 하는 프로그램이 쉽고 효율적으로 데이터에 접근 가능하도록, 서식에 맞춰 데이터를 저장하는 방법에 대해 살펴본다.

요약

이 장에서는 데이터를 처리하는 최신 기법에 초점을 맞추어 설명하였다. 오늘날 "실제" 컴퓨터 응용 프로그램은 대부분 데이터베이스를 기초로 하고 있다. 데이터베이스 파일은 보통 일반 파일보다 데이터를 저장하기에 더 적합하다. 그렇기 때문에 데이터베이스를 일찍 접하고 데이터베이스의 장점을 이해한 후, 사용법을 아는 것이 중요하다.

이 장에서는 데이터베이스 파일에 접근하기 위해 사용하는 언어인 SQL에 대해서도 일부 다루었다. 또한 데이터베이스 파일을 사용하기 위한 Python 표준 라이브러리 API인 `sqlite3`도 소개하였다. 우리는 SQL과 `sqlite3`을 사용법을 보이기 위해 웹 크롤링에서 얻은 결과를 데이터베이스 파일에 저장하고 검색 엔진과 같은 형태의 질의를 수행하는 예를 보였다.

확장성(scalability)은 데이터 처리와 관련한 중요한 문제이다. 오늘날 컴퓨터 응용 프로그램들이 생성하고 처리하는 데이터의 양은 엄청나다. 하지만 모든 프로그램이 많은 양의 데이터를 처리할 만큼 확장성이 보장되지는 않는다. 따라서 대량의 데이터에 대해 확장성을 유지할 수 있는(그래서 다수의 프로세서나 코어에서 병렬로 실행할 수 있는) 프로그래밍 기법에 대해 특히 초점을 맞추어 살펴보았다. 이 장에서는 함수형 언어를 기반으로 한 여러 확장 가능한 프로그래밍 기법에 대해 소개하였다. 먼저 간결한 표현을 통해 리스트의 모든 항목에 대해 함수를 적용할 수 있도록 하는 Python 구조인 리스트 조건제시법을 소개하였다. 그리고 표준 라이브러리 모듈 `multiprocessing`에 정의되어 있는 함수 `map()`을 소개하였는데, 이는 마이크로프로세서의 가용 코어를 여러 개 사용하여 병렬로 리스트 조건제시법을 실행할 수 있도록 한다. 그 다음에 이것을 바탕으로 구글 맵리듀스 프레임워크의 기본적인 버전을 설명하고 개발하였다. 구글을 비롯한 여러 회사들은 맵리듀스 프레임워크를 사용하여 매우 큰 데이터 집합을 처리한다.

여기서 개발한 프로그램은 비록 하나의 컴퓨터에서 실행되도록 구현되었지만 이 장에서 소개한 개념과 기술은 일반적인 분산 컴퓨팅, 특히 오늘날 클라우드 컴퓨팅 시스템에도 그대로 적용된다.

실습문제 해답

12.1 원하는 SQL 질의는 다음과 같다.

(a) `SELECT DISTINCT Url FROM Hyperlinks WHERE Link = 'four.html'`

(b) `SELECT DISTINCT Link FROM Hyperlinks WHERE Url = 'four.html'`

(c) `SELECT Url, Word FROM Keywords WHERE Freq = 3`

(d) `SELECT * FROM Keywords WHERE Freq BETWEEN 3 AND 5`

12.2 원하는 SQL 질의는 다음과 같다.

(a) `SELECT SUM(Freq) FROM Keywords WHERE Url = 'two.html'`

(b) `SELECT Count(*) FROM Keywords WHERE Url = 'two.html'`

(c) `SELECT Url, SUM(Freq) FROM Keywords GROUP BY Url`

(d) `SELECT Link, COUNT(*) FROM Hyperlinks GROUP BY Link`

12.3 매개변수 치환(parameter substitution)을 정확히 사용하여야 하며, 변경 사항이 반영되도록 커밋(commit)하고 종료하는 것을 잊지 말아야 한다.

```
import sqlite3
def webData(db, url, links, freq):
    '''db는 Hyperlinks와 Keywords 테이블을 포함한 데이터베이스이다.
       url은 웹페이지의 URL이다.
       links는 웹페이지에 있는 하이퍼링크 URL들의 리스트이다.
       freq는 웹페이지에 있는 각 단어와 그 빈도수를 나타내는 사전이다.

       webData는 freq에 있는 각 단어에 대해 row(url, word, freq[word])를
       Keywords에 삽입하고, links에 있는 각 링크에 대해 record(url, link)를
       Hyperlinks에 삽입한다.
    '''
con = sqlite3.connect(db)
cur = con.cursor()
for word in freq:
    record = (url, word, freq[word])
    cur.execute("INSERT INTO Keywords VALUES (?,?,?)", record)
for link in links:
    record = (url, link)
    cur.execute("INSERT INTO Keywords VALUES (?,?)", record)
con.commit()
con.close()
```

12.4 검색 엔진은 사용자의 검색 요청에 응답하는 일을 계속 반복하는 간단한 서버 프로그램이다.

```
def freqSearch(webdb):
    '''webdb는 Keywords 테이블을 포함하는 데이터베이스이다.

       freqSearch는 간단한 탐색엔진으로서 사용자에게
       키워드를 받고 키워드를 포함하고 있는 웹페이지의 URL을
       단어 빈도수의 내림차순으로 출력한다.
    '''
    con = sqlite3.connect(webdb)
    cur = con.cursor()
    while True:     # 무한 반복 실행
        keyword = input("Enter keyword: ")

        # 키워드 빈도수의 내림차순으로
        # 키워드를 포함하고 있는 웹페이지를 선택한다.
        cur.execute("""SELECT Url, Freq
                       FROM Keywords
                       WHERE Word = ?
                       ORDER BY Freq DESC""", (keyword,))
        print('{:15}{:4}'.format('URL', 'FREQ'))
        for url, freq in cur:
            print('{:15}{:4}'.format(url, freq))
```

12.5 각 리스트 조건제시법 수식은 다음과 같다.

(a) `[word.capitalize() for word in words]`: 모든 단어를 대문자화한다.

(b) `[(word, len(word)) for word in words]`: 모든 단어마다 하나의 튜플을 생성한다.

(c) `[[(c,word) for c in word] for word in words]`: 각 단어에 대하여 단어를 구성하는 문자들의 리스트를 생성하는데, 이 작업도 마찬가지로 리스트 조건제시법을 사용하여 기술할 수 있다.

12.6 맵 함수는 word에 나오는 모든 문자 c에 대해서 튜플 (c, word)의 리스트를 대응시켜야 한다.

```
def getChars(word):
    '''word는 문자열이다.
       word에 있는 모든 문자 c에 대해 (c, word) 튜플의 리스트를 반환한다.
    '''
    return [(c, word) for c in word]
```

리듀스 함수는 튜플 (c, lst)를 입력으로 받는데 여기서 lst는 문자 c를 포함하는 단어 목록이다. 리듀스 함수는 lst의 중복 값만 제거하면 된다.

```
def getCharIndex(keyVal):
    '''keyVal은 하나의 (c, lst) 튜플이며 여기서 lst는 word들의 리스트이다.
       함수는 (c, lst)를 반환하며, 여기서 lst는 중복 항목이 없는 lst이다.
    '''
    return (keyVal[0], list(set(keyVal[1])))
```

12.7 다른 버전의 프로그램은 다음과 같다.

모듈 notParallel.py

```
from os import getpid

def length(word):
    'word의 길이를 반환한다.'
    print('Process {} handling {}'.format(getpid(), word))
    return len(word)

animals = ['hawk', 'hen', 'hog', 'hyena']
print([length(x) for x in animals])
```

이 프로그램은 물론 단 하나의 프로세스만 사용하여 실행된다.

12.8 divisors()라는 이름의 맵 함수는 number를 입력받아 number를 나누는 모든 소수 i에 대해 (i, number) 쌍으로 이루어진 리스트를 반환한다.

```
from math import sqrt
def divisors(number):
    '''number를 i로 나누어떨어질 경우에 대해 (i, number)의 튜플을 만들어
       리스트로 반환한다.'''
    res = []                        # number의 약수 모음
    n = number
    i = 2
    while n > 1:
        if n%i == 0:                # i가 n의 약수라면
            # n의 약수 i에 대하여 반복적으로
            # n을 i로 나누고 이때의 i를 모은다.
            res.append((i, number))
            while n%i == 0:
                n //= i
        i += 1                      # 다음 i 시도
    return res
```

분할 단계에서는 키 i가 같은 모든 쌍(i, number)들을 함께 모은다. 분할 단계에서 생성되는 리스트가 사실 우리가 원하는 최종 리스트이기 때문에 리듀스 단계에서는 (키, 값) 쌍들을 단순히 넘겨주기만 하면 된다.

```
def identity(keyVal):
    return keyVal
```

테스트 프로그램은 다음과 같다.

```
from random import sample
from time import time
if __name__ == '__main__':
    # 무작위로 발생시킨 큰 정수 64개로 이루어진 리스트를 생성한다.
    numbers = sample(range(10000000, 20000000), 64)
    t1 = time()
    SeqMapReduce(divisors, identity).process(numbers)
    t2 = time()
    MapReduce(divisors, identity).process(numbers)
    t3 = time()
    print('Sequential: {:5.2f} seconds.'.format(t2-t1))
    print('Parallel:   {:5.2f} seconds.'.format(t3-t2))
```

여러 코어가 탑재된 마이크로프로세서를 사용하는 컴퓨터에서 이 테스트를 실행하면 병렬 맵리듀스 프로그램이 더 빠르게 실행됨을 알 수 있다. 네 개의 코어를 사용하여 실행한 결과는 다음과 같다.

```
Sequential: 26.77 seconds.
Parallel:   11.18 seconds.
```

속도 증가율은 2.39이다.

연습문제

12.9 그림 12.2의 테이블 `Hyperlinks`와 `Keywords`에 대하여 다음과 같은 결과가 반환도록 SQL 질의를 작성하라.

(a) URL이 `four.html`인 웹페이지에 나오는, 서로 다른 단어들

(b) `'Chicago'` 또는 `'Paris'`를 포함하는 웹페이지의 URL

(c) 각 웹페이지에 나타나는, 서로 다른 단어들의 빈도수

(d) `'Nairobi'`가 있는 웹페이지로부터 들어오는 링크가 있는 웹페이지들의 URL

12.10 그림 12.16의 테이블 `WeatherData`에 대하여 다음 결과가 반환되도록 SQL 질의를 작성하라.

(a) 런던의 모든 레코드

(b) 모든 여름 레코드

(c) 평균 기온이 20° 미만인 도시와 나라, 계절

(d) 평균 기온이 20°보다 높고 총 강우량이 10mm 미만인 도시와 나라, 계절

(e) 총 강우량의 최댓값

(f) 강우량을 기준으로 내림차순으로 정렬한 모든 레코드의 도시와 계절, 강우량

(g) 카이로와 이집트의 연간 총 강우량

(h) 서로 다른 모든 도시에 대한 도시 이름과 나라, 연간 총 강우량

그림 12.16
세계 날씨 데이터베이스의 일부
의 몇몇 도시에 대해 사
절[Season: 겨울(1), 봄
여름(3), 가을(4)]의 24시
평균 기온(Temperature,
온도)과 총 강우량(Rainfall,
미터)을 나타낸 표이다.

City	Country	Season	Temperature	Rainfall
Mumbai	India	1	24.8	5.9
Mumbai	India	2	28.4	16.2
Mumbai	India	3	27.9	1549.4
Mumbai	India	4	27.6	346.0
London	United Kingdom	1	4.2	207.7
London	United Kingdom	2	8.3	169.6
London	United Kingdom	3	15.7	157.0
London	United Kingdom	4	10.4	218.5
Cairo	Egypt	1	13.6	16.5
Cairo	Egypt	2	20.7	6.5
Cairo	Egypt	3	27.7	0.1
Cairo	Egypt	4	22.2	4.5

12.11 모듈 `sqlite3`을 이용해서 데이터베이스 파일 `weather.db` 및 테이블 `WeatherData`를 생성하라. 그림 12.16의 테이블과 같은 열 이름 및 열 타입을 정의하고 그림에 나타낸 모든 행을 레코드로 입력하라.

12.12 `sqlite3`와 대화형 셸을 사용하여 실습문제 12.11에서 생성한 데이터베이스 파일 `weather.db`를 열고 적절한 Python 문을 통해 실습문제 12.10의 질의를 실행하라.

12.13 리스트 `lst`가 다음과 같이 정의되어 있다고 하자.

```
>>> lst = [23, 12, 3, 17, 21, 14, 6, 4, 9, 20, 19]
```

리스트 `lst`를 바탕으로 다음과 같은 리스트를 생성하는 리스트 조건제시법 수식을 작성하라.

(a) `[3, 6, 4, 9]` (리스트 `lst`의 수 중에서 한 자릿수)
(b) `[12, 14, 6, 4, 20]` (리스트 `lst`의 수 중에서 짝수)
(c) `[12, 3, 21, 14, 6, 4, 9, 20]` (2나 3으로 나누어 떨어지는 수)
(d) `[4, 9]` (리스트 `lst`의 수 중에서 제곱수)
(e) `[6, 7, 3, 2, 10]` (리스트 `lst`의 수 중에서 짝수를 골라 2로 나눈 결과)

12.14 한 개, 두 개, 세 개, 네 개 등 여러분 컴퓨터의 사용 가능한 최대 개수의 코어까지를 사용하여 프로그램 `primeDensity.py`를 실행하고 실행 시간을 기록하라. 그리고 `primeDensity.py` 프로그램을 순차 버전(리스트 조건제시법을 사용함)으로 작성하고 이 프로그램의 실행 시간도 기록하라. 두 개 이상의 코어로 두 버전의 `primeDensity.py`를 실행하였을 때의 속도증가율을 계산하라.

12.15 맵리듀스에서 각 단계(맵, 분할, 리듀스)마다 걸리는 실행 시간을 기록하여 프로그램 `ch12.py`에서 수행했던 실행 시간 분석을 더 정밀하게 수행하라(이를 위해서는 클래스 맵리듀스를 수정해야 함). 어느 단계에서 속도 증가율이 가장 좋은가?

실전문제

12.16 그림 12.2(a)의 테이블과 같은 형식의 Hyperlinks 테이블을 포함하는 데이터베이스 파일의 이름을 입력받는 함수 ranking()을 작성하라. 이 함수는 데이터베이스에 새로운 테이블을 추가하는데, 이 테이블은 Hyperlinks의 Link 열에 나열된 모든 URL에 대하여 해당 페이지로 들어오는 하이퍼링크의 개수를 저장하고 있는 테이블이다. 새로 추가되는 테이블의 이름은 Ranks, 레코드의 열 이름은 각각 Url, Rank로 한다. 데이터베이스 파일 links.db의 테이블 Rank에 대하여 와일드카드 질의를 수행하면 다음과 같이 실행되어야 한다.

```
>>> cur.execute('SELECT * FROM Ranks')
<sqlite3.Cursor object at 0x15d2560>
>>> for record in cur:
        print(record)
('five.html', 1)
('four.html', 3)
('one.html', 1)
('three.html', 1)
('two.html', 2)
```

12.17 텍스트 파일의 이름을 입력으로 받아 이 파일 안의 모든 단어에 대해 빈도수를 계산하고, 계산된 (단어, 빈도수) 쌍을 새로운 데이터베이스 파일의 새로운 테이블 Wordcounts에 저장하는 프로그램을 개발하라. (단어, 빈도수) 쌍을 저장하기 위한 테이블의 열 이름은 각각 Word, Freq여야 한다.

12.18 터틀 그래픽스를 사용하여 텍스트 파일에서 빈도수가 높은 단어 n개를 보여주는 프로그램을 개발하라. 실전문제 12.17에서 한 것과 같이 파일의 단어 빈도수는 이미 계산되어 데이터베이스 파일에 저장되어 있다고 가정하자. 작성할 프로그램은 데이터베이스 파일의 이름과 출력할 단어 수 n을 입력으로 받는다. 그리고 터틀 스크린의 임의의 위치에 가장 빈도수가 높은 n개의 단어를 출력하는데, 빈도수가 가장 높은 단어가 제일 크게, 그 다음으로 많이 나오는 단어 두 개는 작게, 그 다음으로 많이 나오는 단어 네 개는 더 작게 출력하는 방식으로 서로 다른 글꼴 크기를 이용하여 단어를 출력하라.

12.19 실습문제 12.4에서 우리는 단어 빈도수로 웹페이지의 순위를 매기는 간단한 검색 엔진을 개발하였다. 하지만 이 프로그램에는 순위를 쉽게 조작할 수 있다는 문제점 외에도 웹페이지 순위를 결정하기에 부적합한 다른 이유가 몇 가지 있다. 구글과 같은 현대 검색 엔진은 웹페이지의 순위를 매기기 위해 하이퍼링크 정보를 사용한다. 예를 들어 웹페이지로 들어오는 링크가 거의 없다면 유용한 정보를 포함하지 않을 가능성이 높다. 하지만 웹페이지로 들어오는 링크가 많다면 유용한 정보를 포함할 가능성이 크기 때문에 높은 순위를 매겨야 할 것이다. 그림 12.1에 나타낸 웹페이지를 크롤링하여 얻은 데이터베이스 파일 `links.db`와 실전문제 12.16에서 계산한 테이블 `Rank`를 이용하여, 들어오는 링크의 개수에 따라 웹페이지의 순위를 매기도록 실습문제 12.4의 검색 엔진을 다시 개발하라.

```
>>> search2('links.db')
Enter keyword: Paris
URL             RANK
four.html          3
two.html           2
one.html           1
Enter keyword:
```

12.20 UNIX의 텍스트 검색 도구 grep은 텍스트 파일과 정규식을 입력으로 받아 정규식 패턴과 일치하는 문자열을 포함하는 텍스트 라인 리스트를 반환한다. grep과 마찬가지로 사용자로부터 텍스트 파일 이름과 정규식을 입력으로 받아 파일의 라인을 검색하는 프로그램을 개발하되 프로세스 풀의 여러 프로세스를 사용하도록 병렬 버전으로 개발하라.

12.21 매우 큰 정수를 포함하는 여러 넓은 구간에서 소수의 밀도를 비교하기 위해서 우리는 프로그램 `primeDensity.py`를 사용하였다. 이 문제에서는 쌍둥이 소수(twin primes)들의 밀도를 비교하려고 한다. 쌍둥이 소수란 차이가 2인 소수 쌍을 뜻한다. 처음 몇 개의 쌍둥이 소수를 예로 들면 3과 5, 5와 7, 11과 13, 17과 19, 29와 31 등을 들 수 있다. 여러분이 현재 사용하고 있는 컴퓨터의 모든 코어를 사용하여 `primeDensity.py`와 같은 정수 구간에서 쌍둥이 소수의 개수를 비교하는 프로그램을 작성하라.

12.22 실전문제 10.26에서는 사전(단어의 리스트)을 사용하여 주어진 문자열의 모든 애너그램[4]을 계산하는 함수 `anagram()`을 개발하였다. 단어의 리스트를 입력받아 각 단어마다 애너그램 리스트를 계산하도록 `anagram()`의 병렬 버전 `panagram()`을 개발하라.

12.23 이 책의 말미에는 색인이 있는데, 색인이란 각 단어에 대하여 해당 단어를 포함하는 페이지의 쪽수를 대응시킨 것이다. 이와 마찬가지로 행 색인도 생각해 볼 수 있다. 각 단어에 대하여 해당 단어가 나타나는 텍스트 행 번호를 대응시킨 것이 바로 행 색인이다. 텍스트 파일의 이름을 입력받아 행 색인을 생성하는 응용 프로그램을, 맵리듀스 프레임워크를 사용하여 개발하라. 개발할 응용 프로그램은 한 줄에 한 단어씩 알파벳 순서대로 단어가 나타나도록 파일에 색인을 출력해야 하며, 각 단어에 대한 행 번호는 해당 단어 다음에 출력하되 오름차순으로 정렬하여 출력한다.

12.24 각 웹페이지의 들어오는 링크 개수를 맵리듀스를 이용하여 계산하도록 실전문제 12.16을 다시 풀어라.

12.25 웹페이지의 하이퍼링크 연결 구조를 나타내는 그래프를 **웹-링크 그래프**(web-link graph)라고 한다. 웹-링크 그래프를 구성하는 한 가지 방법으로는 각 웹페이지마다 (`url`, `linksList`) 쌍을 만들고 이 쌍의 리스트로 그래프를 나타내는 방법을 들 수 있다. 이때, `url`은 웹페이지의 URL이며 `linksList`는 페이지에 포함된 하이퍼링크의 URL 리스트이다. 이 정보는 웹 크롤러를 통해 쉽게 수집할 수 있다.

웹페이지의 하이퍼링크 구조를 다르게 표현한 것으로 **역 웹-링크 그래프**(reverse web-link graph)를 들 수 있다. 역 웹-링크 그래프는 (`url`, `incomingList`) 쌍의 리스트로 나타낼 수 있는데, 이때 `url`은 웹페이지의 URL이고 `incomingList`는 이 웹페이지로 **들어오는** 하이퍼링크 URL 리스트이다. 따라서 역 웹-링크 그래프는 나가는 링크 대신 들어오는 링크를 명시적으로 나타낸 것이다. 역 웹-링크 그래프는 웹페이지에 대해 구글에서 사용하는 페이지랭크를 효율적으로 계산하고자 할 때 매우 유용하다.

위에서 설명한 것과 같은 방식으로 나타낸 웹-링크 그래프를 입력으로 받아서 역 웹-링크 그래프를 반환하는 함수를 개발하라.

---

4) 단어나 문장을 구성하고 있는 문자의 순서를 바꾸어 만들 수 있는 다른 단어나 문장으로서 어구전철(語句轉綴)이라고 부르기도 한다.

12.26 웹 서버는 처리하는 모든 HTTP 요청에 대해 로그를 생성하며 로그 문자열을 로그 파일에 추가한다. 로그 파일은 다양한 용도로 유용하게 사용될 수 있다. 대표적으로 로그 파일을 이용하면 서버가 관리하고 있는 리소스(URL로 나타내는 리소스) 중 어느 리소스가 가장 빈번하게 접근되었는지, 또 얼마나 자주 접근되었는지 파악할 수 있는데, 이를 URL 접근 빈도수라고 부른다. 이 문제에서는 주어진 로그 파일로부터 URL 접근 빈도수를 계산하는 프로그램을 개발한다.

웹 서버 로그 항목은 잘 알려진 표준 형식으로 기록되는데, 이를 **공통 로그 형식(Common Log Format)**이라고 부르기도 한다. 공통 로그 형식은 아파치 httpd 웹 서버 등에서 사용되고 있는 표준 형식이다. 표준 형식을 사용하면 로그 파일에 접근하여 로그를 분석하는 프로그램을 개발하는 것이 가능하다. 공통 로그 형식으로 생성된 로그 파일 항목의 예를 보면 다음과 같다.

```
127.0.0.1 - - [16/Mar/2010:11:52:54 -0600] "GET /index.html
HTTP/1.0" 200 1929
```

이 로그에는 많은 정보가 포함되어 있다. 우리 목적에 부합하는 주요 정보로는 요청된 리소스 `index.html`이 있다. 로그 파일에 나타나는 각 리소스의 접근 빈도수를 계산하고, 리소스 URL 열과 접근 빈도수 열로 구성된 데이터베이스 테이블에 접근 빈도를 기록하는 프로그램을 작성하라. 데이터베이스에 접근 빈도수를 기록하면 URL 접근 빈도수에 대해 질의 및 분석을 수행할 수 있다.

12.27 맵리듀스를 사용하여 소설의 용어 색인을 구하는 응용 프로그램을 작성하라. 용어 색인(concordance)이란 단어 집합의 각 단어에 대해 소설 내에서 해당 단어를 포함하는 문장들의 리스트를 대응시키는 대응관계를 뜻한다. 이 프로그램의 입력 값은 소설 본문이 있는 텍스트 파일들의 이름과 대응관계를 구할 단어 집합이다. 프로그램의 출력인 용어 색인은 파일로 출력한다.

찾아보기

| ㅈ |